# 河北省明长城资源调查报告

## 共四卷（第一至四卷）

河 北 省 文 物 局
河北省文物与古建筑保护研究院　编著

图书在版编目（ＣＩＰ）数据

河北省明长城资源调查报告 ／ 河北省文物局， 河北
省文物与古建筑保护研究院编著 ． — 北京 ： 文物出版社，
2024．12． —ISBN 978—7—5010—8469—2

Ⅰ．K928.77
中国国家版本馆 CIP 数据核字第 20245UM672 号

审图号：冀 S（2024）007 号
图内界线仅供参考，不作为划界依据。

## 河北省明长城资源调查报告

编　　著：河北省文物局
　　　　　河北省文物与古建筑保护研究院

责任编辑：卢可可　宋 丹
封面设计：嘉胜时代 & 尽心斋
责任印制：王 芳
版式设计：北京嘉胜时代图文制作有限公司

出版发行：文物出版社
社　　址：北京市东城区东直门内北小街 2 号楼
邮　　编：100007
网　　址：http://www.wenwu.com
邮　　箱：wenwu1957@126.com
经　　销：新华书店
印　　刷：河北雪迎世纪印刷有限公司
开　　本：889mm×1194mm 1/16
印　　张：181.75
版　　次：2024 年 12 月第 1 版
印　　次：2024 年 12 月第 1 次印刷
书　　号：ISBN 978—7—5010—8469—2
定　　价：2980.00 元（全五册）

# 河北省明长城资源调查报告

编辑委员会（第一卷）

# 序言

长城是中华民族的精神象征，是我国现存体量最大、分布最广的文化遗产，以其上下两千年、纵横数万里的时空跨度，成为人类历史上宏伟壮丽的建筑奇迹和无与伦比的历史文化景观。做好长城保护，对于展示中华民族灿烂文明，坚定文化自信，弘扬社会主义核心价值观，促进经济社会发展，具有十分重要的意义。

党中央、国务院历来高度重视长城保护。新中国成立伊始即开展长城调查与保护工作，1961年起，一批长城段落陆续被国务院公布为全国重点文物保护单位。1984年，党和国家领导人邓小平、习仲勋为"爱我中华 修我长城"活动题词，激发了长城的时代价值，推动长城保护上升到弘扬民族精神的高度，开创了长城保护的新格局。1987年，万里长城—山海关被联合国教科文组织列入世界文化遗产。2006年，国家启动全国长城资源调查工作，河北省文物局组成长城资源调查队，对分布在8个设区市、40个县（市、区）的明长城进行了全面系统调查。2009年，河北省作为试点省率先完成调查工作。2012年，河北省明长城资源信息通过了国家文物局认定。河北省明长城资源数量大、范围广、类型多、价值高，其中，万里长城—山海关、万里长城—九门口、金山岭长城、万里长城—紫荆关、长城—乌龙沟段、马水口段等22个点段先后被国务院公布为全国重点文物保护单位。

在国家文物局的大力支持下，在河北省委、省政府坚强的领导下，河北省文物局积极推动长城保护管理和价值研究工作，取得了一系列丰硕成果，颁布《河北省长城保护条例》，实施百余项长城保护工程，编辑出版《河北长城》《河北省明长城碑刻辑录》等学术专著。河北省明长城以其1339千米的长度、5388座单体建筑、302座关堡、156处相关遗存，成为中国明长城最具标志性和代表性的重要地段。

为将河北省明长城资源调查资料转化为研究成果，河北省文物局、河北省文物与古建筑保护研究院联合编著，委托文物出版社出版《河北省明长城资源调查报告》。本书全面总结了河北省明长城资源调查成果，系统展示了省、市、县三级长城资源分布图、重要点段长城本体测绘图以及历史文献线图，完整反映了明长城本体的保存现状、自然与人文环境及保护管理状况等内容，并对河北省明长城防御体系研究进行了有益的探索，使得内容更为丰富、更加形象。

希冀本书的出版，能够为新时代长城保护、管理、利用和研究提供更多有益的帮助。

2024年12月于石家庄

# 目　录

# 河北省明长城概述

长城是我国现存规模最大的文化遗产，是中华民族的精神象征，在中华文明史和中华传统文化发展史上具有不可替代的重要价值与地位。

河北省地处太行山山脉东麓，跨长城内外，燕山南北，自古为中华文明发祥地之一，历史上北部山区为古代游牧民族活动区域，经济形态以畜牧为主；中南部属华北平原的一部分，有着历史悠久的农业文明，自古以来即为拱卫京师的"京畿重地"，具有重要的军事战略地位。

河北境内长城始建于战国时期，现存战国、中山、燕南、赵南、汉、北魏、北齐、唐、金、明等历史时期的长城，涉及秦皇岛市、唐山市、承德市、张家口市、保定市、廊坊市、石家庄市、邢台市、邯郸市9个设区市及雄安新区共59个县（市、区），其中以明代长城保存较为完好。

河北省境内的明长城东起秦皇岛市山海关区老龙头，西至张家口市怀安县西洋河堡，南至邯郸市涉县响堂铺长城。涉及秦皇岛市、唐山市、承德市、张家口市、保定市、石家庄市、邢台市、邯郸市共8个设区市40个县（市、区），墙体总长1338.625千米（平面投影长度1253.056千米），共1153段，单体建筑5388座、关堡302座、相关遗存156处。

### 河北省明长城资源调查统计表

| 地域 | 墙体（段、米） | | 单体建筑（座） | | | | | | 关堡（座） | 相关遗存（处） |
|---|---|---|---|---|---|---|---|---|---|---|
| | 段数 | 长度 | 敌台 | 马面 | 烽火台 | 水关（门） | 其他单体建筑 | 铺房 | | |
| 秦皇岛市 | 248 | 161983 | 565 | 224 | 108 | 2 | 6 | 1 | 63 | 11 |
| 唐山市 | 288 | 220169 | 646 | 178 | 96 | 2 | 9 | | 65 | 27 |
| 承德市 | 19 | 14037 | 53 | 4 | 32 | 1 | 1 | | 4 | 30 |
| 张家口市 | 361 | 686699 | 478 | 111 | 2248 | | | | 136 | 19 |
| 保定市 | 175 | 152959 | 309 | 126 | 100 | 2 | 1 | | 20 | 69 |
| 石家庄市 | 41 | 10150 | 12 | 10 | 27 | | | | 4 | |
| 邢台市 | 8 | 2395 | 6 | 1 | 8 | | | | 9 | |
| 邯郸市 | 13 | 4664 | 5 | | 16 | | | | 1 | |
| 总计 | 1153 | 1253056 | 2074 | 654 | 2635 | 7 | 17 | 1 | 302 | 156 |
| | | | 5388 | | | | | | | |

## 一、明长城资源调查工作回顾

2003 年 4 月，文化部、国家文物局、公安部、国土资源部、建设部、国家环境保护总局、国家旅游局发布了《关于进一步加强长城保护管理工作的通知》，就长城保护管理工作作出了进一步安排。

为切实加强长城保护力度，2005 年，国家文物局启动了"长城保护工程（2005—2014 年）"总体工作方案，方案要求开展长城调查、摸清家底、建立档案，做好长城保护工程的基础性工作。

2006 年 2 月 24 日，长城保护工程启动会议在秦皇岛市山海关举行。国家文物局决定在河北、甘肃两省开展长城资源调查试点工作。

为切实做好我省的长城资源调查试点工作，省文物局从全省抽调了 13 名熟悉文物保护规划、维修、考古、摄影等方面业务的专业人员组成了调查队。

2006 年 4 月 6 日开始，河北省长城资源调查队在山海关集中报到，4 月 20 日完成为期半个月的全员上岗培训。

2006 年 6 月 26 日，国家长城资源调查工作项目组领导亲临现场指导长城资源调查试点工作。

2007 年 3 月，试点工作完成后，省文物局从全省再次抽调了 37 名专业人员重新组队，长城资源调查队队员共 50 人，在正定县进行了半个月的上岗培训。

2007 年 11 月 3 日，国家长城资源调查工作项目组领导至张家口市赤城县指导调查工作。

2008 年 8 月 20 日，国家文物局领导检查和指导我省保定市易县紫荆关及涞源县乌龙沟长城资源调查。

2008 年 11 月 2 日，国家文物局、国家测绘局领导考察、指导保定市涞源县乌龙沟长城资源调查工作。

2008 年 11 月 12 日，国家长城资源调查工作项目组专家对我省调查资料进行第一阶段验收。

2009 年 1 月 6 日开始，我省对河北省明长城资源调查资料开展全面验收。

2009 年 4 月 28 日，国家长城资源调查工作项目组专家对河北省明长城资源调查资料进行全面验收。

## 二、河北省明长城资源调查工作情况

### （一）调查工作分期

我省明长城资源调查工作共分为九个阶段。

第一阶段为试点省调查阶段，根据《河北省长城资源调查工作方案》的要求开展调查工作，同时，积极探索，积累经验；第二阶段，以《长城资源调查工作手册》为依据，在国家长城资源工作项目组的具体指导下，全面开展我省明长城资源调查工作；第三阶段，根据国家文物局的要求，全面汇总、整理外业调查数据成果，密切与省测绘部门开展定性、定量工作，按时提交资料，接受国家长城资源工作项目组进行第一阶段"明长城测量所需调查资料"的检查验收；第四阶段，根据《验收报告》中提出的"主要问题"和"处理意见"，及时开展整改工作；第五阶段，按国家项目组的要求整改完成后，接受省文物局检查验收小组第二阶段的全面验收；第六阶段，综合省级全面验收报告中所提出的问题，全面开展整改工作；第七阶段，整改完毕，申请国家长城资源工作项目组进行全面验收；第八阶段，根据《验收报告》中所提出的问题继续开展整改工作，至全面达标为止；第九阶段，按照《长城资源调查资料检查验收规定》提交河北省明长城资源调查资料。

**（二）调查进度**

根据《河北省明长城资源调查工作方案》的计划要求，我省于 2008 年 8 月底完成了明长城资源调查田野调查工作。同年 9～11 月全面开展内业资料整合、汇总与系统录入工作，完成我省明长城 GPS 点位数据校核工作。为确保我省成果数据"定性"准确，并于 10 月底之前提交测绘部门验收通过，及时配合了测绘部门"定量"工作的开展。11 月 12 日顺利通过了国家长城资源工作项目组第一阶段的检查验收。2009 年 1 月 10 日通过了河北省长城资源专家组的全面验收。

## 三、河北省明长城调查成果

河北省境内的明长城分布在包括明代九镇中的蓟镇、宣府，而蓟镇中又附昌平、真保两镇，合为四部分。其中昌镇大部分属于北京。蓟、宣两镇，因近明廷腹心之地京师北平，长城防御体系完整、建筑技术与艺术成就高，是明长城的精华地段。

河北省明长城资源田野调查时间历经 1000 多个日夜，行程 80000 余千米，共计填写长城资源调查登记表 6999 份，调查日志 4500 余份，采集标本 322 件。向测绘部门提交了用于量测的 GPS 长城特征点 23000 余个，测绘部门采定了 22665 个，采用率为 98.6%，满足了测绘部门长城量测的实际需求。

**（一）类型**

河北省明长城包括长城墙体、单体建筑、关堡、相关遗存。

1. 长城墙体：砖墙（条石基础、毛石基础、墙芯夯土、墙芯土石混筑、城砖包砌等），石墙（毛石包砌、墙芯夯土、墙芯土石混筑、毛石干垒、土石混筑等）以及山险墙、山险和水险等遗存。

长城墙体设施包括：垛口、礌石孔、瞭望孔、射孔、女墙、排水设施、障墙、马道、登城步道、敌台、马面、铺舍、瓮城、城门、水门、暗门、城楼等。

2. 单体建筑：城楼、敌台、马面、水关（门）、铺舍、烽火台（也称烽燧、墩台、烽堠、烟墩、狼烟台、狼烟墩）等。

单体建筑设施包括：垛口、铺舍、射孔、瞭望孔、排水孔、阶梯、围墙。

3. 关堡：关、堡（也称镇城、路城、卫所、营城、关隘）。

关堡设施包括：堡墙、护城河、城门、城楼、角楼、马面、瓮城、罗城、仓储、衙署、兵营、楼台、桥涵、水井、街道、民居、店铺、庠学、牌楼、作坊、庙宇、其他。

4. 相关遗存类型包括：碑碣、刻石、题刻、石雕、戍卒墓地、品字窖、壕沟、挡马墙、砖瓦窖、采石场、居住址等。

**（二）历史沿革**

河北境内明长城分属于蓟镇（昌镇、真保镇）、宣府镇，永乐七年（1409）设置宣府镇；成化年间，设蓟州镇；嘉靖三十年（1551），蓟镇增设昌镇和真保镇。

河北省明长城的修筑分为三个阶段：明前期（洪武至正统），明中期（正统至嘉靖），明晚期（隆庆至崇祯）。

1. 明前期（洪武至正统）

明洪武元年，朱元璋（即明太祖）派大将军徐达修筑蓟镇长城。

明永乐七年（1409）设置了九镇，修筑宣府镇长城。

明宣德年间，筑张家口堡、赤城堡，建新河口、洗马林堡。在宣府设万全都司。

明正统五年（1440），宣府镇镇城土城砖包。

2. 明中期（正统至嘉靖）

明正统十四年（1449），土木堡之变后，明朝进一步加强了长城军事防御体系建设。

明景泰元年至三年（1450～1452），修建喜峰口以东至九门口各关城池，建喜峰营城。

明成化二十一年（1485），余子俊总督大同、宣府军务时增筑墩台440所。

明弘治十一年至十三年（1498～1500），洪钟整修山海关，扩筑蓟镇长城，建重峪口，重修大毛山关、九门口关。

明嘉靖六年至四十五年（1527～1566），帮修新河口，扩筑狼窝沟口，建山海关，挑修边墙千余里，重新扩建喜峰营。

3. 明晚期（隆庆至崇祯）

明隆庆年间，蓟镇总兵戚继光、蓟辽总督谭纶，在徐达所建长城的基础上续建、改建蓟镇长城。

明万历元年至四十七年（1573～1619），修建浮图峪、乌龙沟、插箭岭、三道关、白石口、老龙头、大境门等长城。

明万历四十六年（1618），设立山海镇，主辖蓟镇东协四路。

明天启五年（1625），大学士孙承宗修建山海关宁远城。

明崇祯六年（1633），杨嗣昌修筑山海关南、北翼城、宁海城和龙武营。

**（三）保存环境**

河北省明长城主要位于内蒙古高原南缘和东北平原南缘燕山一线，以及沿太行山一线南北狭长区域，具有重要地理分界线意义的地带。

明长城主要分布区域以中温带干旱气候、中温带半干旱气候的农牧交错地带为主。历史特征主要表现为农耕民族与游牧、渔猎民族的经贸交流与文化融合。

**（四）本体保存现状**

河北省明长城历经六百多年的自然侵蚀和社会变化，现状保存程度如下：

1. 长城墙体

较好：长城墙体保存比例为1/2以上，墙基、墙体留存比例为3/4以上的，属于保存现状较好长城点段占总数的14.51%。

一般：长城墙体留存比例为1/2以下，墙基、墙体留存比例为1/4～3/4的，属于保存现状一般长城点段占总数的14.88%。

较差：长城墙体大部分无存，墙基、墙体留存比例为1/4以下的，属于保存现状较差长城点段占总数的36.36%。

差：长城墙体、墙基仅留地面遗迹，墙体遗址濒临消失的，属于保存现状差长城点段占总数的29.18%。

消失：长城墙体地表未见墙体遗迹，属于已消失长城点段占总数的5.07%。

### 2. 单体建筑

较好：主体保存比例为3/4以上，主体设施保存比例为1/2以上。属于保存现状较好的，占总数的6.85%。

一般：主体保存比例为1/4至3/4，主体设施保存比例为1/2以下。属于保存现状一般的，占总数的15.19%。

较差：主体保存比例为1/4以下，主体设施无存。属于保存现状较差的，占总数的39.52%。

差：仅存遗迹，濒临消失。属于保存现状差的，占总数的38.44%。

### 3. 关堡

较好：格局基本完整，建筑大部分保存，墙体保存3/4以上，其他设施保存1/2以上。属于保存现状较好的，占总数的3.6%。

一般：格局不完整，建筑少量保存，墙体保存比例为1/4～3/4，其他设施保存1/2～1/4。属于保存现状一般的，占总数的9.13%。

较差：格局尚可辨认，建筑无存，墙体保存比例为1/4以下，其他设施保存1/4以下。属于保存现状较差的，占总数的28.8%。

差：格局不清，建筑无存，墙体濒临消失。属于保存现状差的，占总数的58.47%。

### （五）环境保存现状

河北省明长城分布带上基本保持了农牧、渔猎交错地带的地理环境特征。部分段落受到城镇建设、农业开垦、开矿取石等生产生活的影响。

#### 1. 自然环境

河北省明长城分布范围覆盖了河北省北部地区农牧交错地带，沿线地区有平原、丘陵、山地、滨海等不同地形和地貌类型，主要受温带季风气候和温带大陆性气候影响。在长期发展过程中积累的生态环境问题，影响着长城点段的保存环境。

#### 2. 城乡发展

河北省明长城所在地各县（市、区）城乡人口密度、资源环境、产业结构、经济与社会发展水平具有不平衡性。根据经济发展特征可分为东北部地区、西北部地区、西部地区三个区域。

东北部地区：包括秦皇岛市、唐山市、承德市，位于燕山山脉及余脉沿线，自然资源丰富，传统农业及工业经济占主导地位，资源密集型产业集中，自然资源、土地资源、矿产资源大量开发利用是影响该区域长城保护的主要因素。

西北部地区：主要是张家口市，位于大马群山沿线，经济欠发达，近年来旅游业快速发展，传统农业生产、油气管线建设和风电开发项目是影响该区域长城保护的主要因素。

西部地区：包括保定市、石家庄市、邢台市、邯郸市，位于太行山山脉沿线，经济发展较快，传统农业和居民生产生活建设等是影响该区域长城保护的主要因素。

### 3. 土地利用

河北省明长城主要沿燕山、大马群山、太行山山脉分布，主要沿旱地—林地、草原—旱地过渡地带。随着我国土地管理不断加强，土地利用现状较为稳定。仅在少部分地区因农业、林业、畜牧业发展，致使部分长城周边景观风貌和生态环境局部发生改变，对长城点段及文化景观产生影响。

### 4. 人口现状

河北省明长城沿线涉及村镇 456 个，周边区域人口密度约 50 人～1000 人／平方千米；位于山海关区、永平府、张家口桥西区、赤城县城、宣化区、万全右卫城区域人口密度约 1000 人／平方千米；位于三屯营镇、赤城县城、独石口镇、雕鄂镇、浮图峪镇等区域人口密度约 500 人～1000 人／平方千米；位于九门口、义院口、板厂峪、界岭口、桃林口、刘家口、冷口、青山关、洪山口、五道梁、青边口、龙门、大白杨、小白杨、插箭岭、倒马关、龙泉关等区域人口密度约 250 人～500 人／平方千米；从总体上看，明长城受人类活动影响和干扰程度，人口密度越小受干扰程度越小，人口密度越大受干扰程度越大。

## （六）影响因素

### 1. 自然因素

东北部燕山地区的砖石长城点段和裸露墙芯土体，受到雨水冲刷、水土流失、动物活动、植物生长、雷击、地震和风灾等自然侵蚀影响；西北部大马群山和西部太行山地区的石墙长城点段和裸露墙芯土体，受到风蚀、冻融、动物活动和植物生长等自然侵蚀影响。

### 2. 人为因素

人为破坏因素包括旅游开发、城镇建设、大型基础设施建设、居民生产生活和不当干预等。在长城文物本体以及在紧邻长城的周边区域进行农林作物耕种、灌溉、挖土取石、矿产开发、风电建设、道路交通、管线建设等，对长城本体及环境风貌造成较大影响。此外，在已辟为参观游览区的长城点段，长城周边环境受旅游等开发建设活动影响的压力比较突出。

从地域分布看，位于东北部和西北部地区的长城点段，人为破坏因素以建设压力为主，尤其是长城关堡等受居民生活、城镇建设、旅游开发等影响；位于西部地区的长城点段，人为破坏因素以交通等基础设施建设影响为主。

## 四、其他工作成果

根据《河北省长城资源调查工作方案》的要求，启动田野调查前期准备工作按照"文献先行"的原则，长城资源调查队自 2006 年试点工作始至调查结束，共检索文献约 14 万字，还完成长城 CAD 实测图 420 幅，2009 年出版了《河北省明长城碑刻辑录》、2010 年出版了《河北省明长城资源调查报告（涞源卷）》、2011 年出版了《河北长城》。

## 五、特殊情况的处理

长城资源调查数据中未包含我省涉及军事管理区内的长城。其中包括：张家口市宣化区宣府镇城西城墙、南城墙西段、北城墙西段，涿鹿县河东镇赵家蓬村马水口段长城。

由于军管区所辖长城保存状况较好，我们利用地理信息技术进行判读，采取文物部门"定性"、测绘部门"定量"的方式予以解决。

# 河北省明长城资源分布图

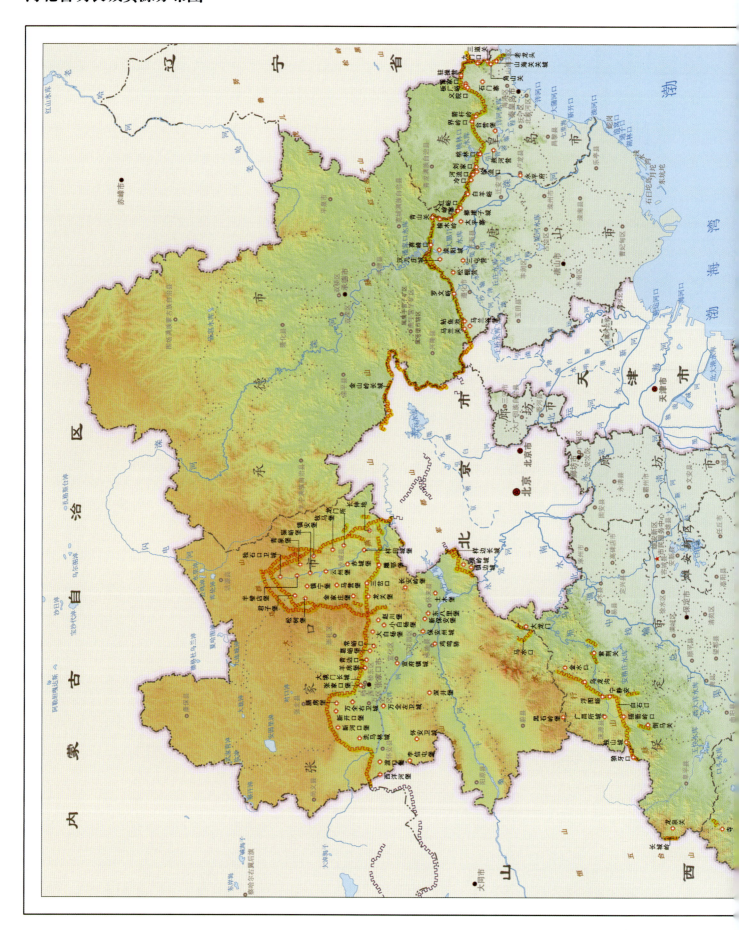

河北省明长城资源分布图

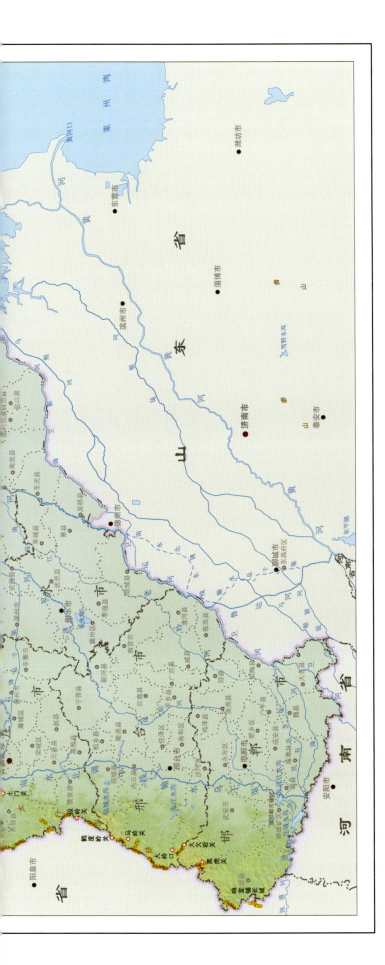

## 图 例

〰〰〰〰〰〰　　河北省明长城

⊙　　关堡

比例尺　1：2330 000

### 全国重点文物保护单位

| 序号 | 公布名称 | 县（区） |
|---|---|---|
| 1 | 万里长城——山海关 | 山海关区 |
| 2 | 金山岭长城 | 滦平县 |
| 3 | 万里长城——紫荆关 | 易县 |
| 4 | 万里长城——九门口 | 海港区 |
| 5 | 长城——乌龙沟段 | 涞源县 |
| 6 | 宣化古城 | 宣化区 |
| 7 | 万全右卫城 | 万全区 |
| 8 | 喜峰口长城 | 宽城县、迁西县 |
| 9 | 大境门长城 | 桥西区 |
| 10 | 浮图峪长城 | 涞源县 |
| 11 | 宁静安长城 | 涞源县 |
| 12 | 白石口长城 | 涞源县 |
| 13 | 插箭岭长城 | 涞源县 |
| 14 | 狼牙口长城 | 涞源县 |
| 15 | 倒马关长城 | 唐县 |
| 16 | 板厂峪窑址群遗址 | 海港区 |
| 17 | 永平府城墙 | 卢龙县 |
| 18 | 洗马林城墙 | 万全区 |
| 19 | 张家口堡 | 桥西区 |
| 20 | 马水口段 | 涿鹿县 |
| 21 | 样边段 | 怀来县 |
| 22 | 板厂峪段 | 海港区 |

＊河北省明长城全国重点文物保护单位共11处22个点段。

### 第一批国家级长城重要点段

| 序号 | 点段名称 | 县（区） | 保护级别 |
|---|---|---|---|
| 1 | 山海关段 | 山海关区 | 国保 |
| 2 | 锥子山段 | 海港区 | 省保 |
| 3 | 九门口段 | 海港区 | 国保 |
| 4 | 板厂峪段 | 海港区 | 国保 |
| 5 | 义院口段 | 海港区 | 省保 |
| 6 | 界岭口段 | 抚宁区 | 省保 |
| 7 | 刘家口段 | 卢龙县 | 省保 |
| 8 | 青山关段 | 迁西县 | 省保 |
| 9 | 喜峰口段 | 宽城县、迁西县 | 国保 |
| 10 | 金山岭段 | 滦平县 | 国保 |
| 11 | 庙港（样边）段 | 怀来县 | 国保 |
| 12 | 独石口段 | 赤城县 | 省保 |
| 13 | 紫荆关段 | 易县 | 国保 |
| 14 | 青边口段 | 桥东区 | 省保 |
| 15 | 乌龙沟段 | 涞源县 | 国保 |
| 16 | 大境门段 | 桥西区 | 国保 |
| 17 | 白石口段 | 涞源县 | 国保 |
| 18 | 茨沟营段 | 阜平县 | 省保 |

＊第一批国家级长城重要点段涉及河北省明长城共18段，其中包括全国重点文物保护单位10段、省级文物保护单位8段。

# 秦皇岛市

秦皇岛市位于河北省东北部，别称港城，地理坐标东经 118° 33′ ~ 119° 51′，北纬 39° 24′ ~ 40° 37′，市域东西宽 101 千米，南北长 131 千米，总面积 7802 平方千米。东北接辽宁省，东南临渤海，西近京津，西南与唐山市交界，西北与承德市接壤，距北京市 265 千米，距天津市 218 千米，距石家庄市 479 千米。

## 一、地形地貌

秦皇岛市位于燕山山脉东段丘陵地区与山前平原地带，地势北高南低，形成北部山区—低山丘陵区—山间盆地区—冲积平原区—沿海区。北部山区位于秦皇岛市青龙满族自治县境内，海拔在 1000 米以上的山峰有都山、祖山等 4 座。

低山丘陵区主要为北部的山间丘陵区，海拔一般在 100 ~ 200 米，集中分布于卢龙县和抚宁县，该区是秦皇岛市甘薯、旱粮及工矿区。山间盆地区位于秦皇岛市西北和北部区域的抚宁、燕河营、柳江三处较大盆地，该区是粮食作物的主产区。

冲积平原区，主要在海拔 0 ~ 20 米区域，分布在抚宁县和昌黎县。沿海区，主要分布在城市四区和昌黎县，该区域是秦皇岛市重要沿海旅游资源区，有山海关、北戴河、南戴河等独特的自然和人文景观，是中国著名的避暑胜地。

## 二、气候

秦皇岛属于暖温带半湿润大陆性季风气候。因受海洋影响较大，春季少雨干燥，夏季温热无酷暑，秋季凉爽多晴天，冬季漫长无严寒。全市平均气温 11.1℃，平均最高 24.8℃，最低零下 8.9℃，年平均降水 602.3 毫米。

## 三、自然资源

### （一）水资源

秦皇岛市有流域面积大于 500 平方千米河流 6 条，大于 100 平方千米河流 23 条，大于 30 平方千米的河流 54 条。滦河在秦皇岛市境内流域面积 3773.7 平方千米，地下水资源量 7.45 亿立方米，水资源总量 16.4 亿立方米。兴建各类水库：含桃林口水库 283 座，总库容 14.86 亿立方米。不含桃林口水库 282 座，总库容 6.27 亿立方米。

### （二）渔业资源

秦皇岛海区地处渤海西部，辽东湾两翼。海岸线东起山海关金丝河口，西止昌黎县滦河口，总长 162.7 千米。所辖海区 15 米等深线海域面积 1000 平方千米。全市现有捕捞作业渔场 1 万平方千米，有适宜发展养殖的浅海 80 万亩，滩涂 2 万亩。

### （三）矿产资源

秦皇岛市境内矿产资源较为丰富，种类较为齐全。截至到 2013 年，已发现各类矿产 56 种，已开发利用的 26 种，已探明储量的 22 种。优势矿种有金、铁、水泥灰岩及非金属建材，其中铁矿规模较大，储量达 27515 万吨，水泥灰岩储量达 7.5 亿吨，玻璃用白云岩 1.5 亿吨，青龙满族自治县为中国"万两黄金"县之一。

## 四、明长城资源

此次调查明长城资源涉及山海关区、抚宁县、青龙满族自治县、卢龙县共 4 个县、区。抚宁县东与辽宁省葫芦岛市绥中县锥子山段长城、荆条沟北山长城相接，卢龙县西与唐山市迁安县徐流口长城 1 段相接。

长城起点：山海关区第一关镇小湾村，坐标：东经 119° 47′ 43.60″，北纬 39° 57′ 59.90″，高程 3 米。

长城止点：卢龙县刘家营乡刘家口村，坐标：东经 118° 55′ 06.40″，北纬 40° 08′ 52.80″，高程 341 米。

秦皇岛市调查长城资源墙体 248 段，总长 161983 米；单体建筑 906 座，其中：敌台 565 座、马面 224 座、烽火台 108 座、水关（门）2 座、铺房 1 座、其他单体建筑 6 座；关堡 63 座；相关遗存 11 处。

秦皇岛市明长城资源调查统计表

| 地域 | 墙体（段、米） | | 单体建筑（座） | | | | | | 关堡（座） | 相关遗存（处） |
|------|------|------|------|------|------|------|------|------|------|------|
| | 段数 | 长度 | 敌台 | 马面 | 烽火台 | 水关（门） | 其他单体建筑 | 铺房 | | |
| 山海关区 | 36 | 27639 | 23 | 60 | 18 | 1 | | | 11 | |
| 抚宁县 | 191 | 113156 | 462 | 131 | 56 | 1 | 6 | 1 | 39 | 11 |
| 卢龙县 | | | | | 20 | | | | 2 | |
| 青龙满族自治县 | 21 | 21188 | 80 | 33 | 14 | | | | 11 | |
| 总计 | 248 | 161983 | 565 | 224 | 108 | 2 | 6 | 1 | 63 | 11 |
| | | | 906 | | | | | | | |

# 山海关区

山海关区位于秦皇岛市东部，古称榆关，别名临榆，地理坐标东经119°24′～119°51′，北纬38°48′～40°07′，陆域东西宽19.3千米，南北长18千米，陆域总面积193.5平方千米。东与辽宁省葫芦岛市绥中县交界，北邻抚宁县，西接秦皇岛市区，南临渤海。距北京市300千米，距石家庄600千米，距辽宁省沈阳市380千米。

山海关区明长城分布在共2个乡镇，分别为第一关镇、孟姜镇。北接抚宁县九门口长城1段。

长城起点：第一关镇小湾村，坐标：东经119°47′43.60″，北纬：39°57′59.90″，高程3米。

长城止点：抚宁县驻操营镇九门口村东南，坐标：东经119°44′11.60″，北纬40°06′49.00″，高程：232米。

山海关区调查长城资源墙体36段，总长27639米；单体建筑102座，其中：敌台23座、马面60座、烽火台18座、水关（门）1座；关堡11座。

## （一）墙体

山海关区明长城墙体一览表（单位：米）

| 编号 | 认定名称 | 认定编码 | 类型 | 长度 | 保存程度 | | | | |
|------|------|------|------|------|------|------|------|------|------|
| | | | | | 较好 | 一般 | 较差 | 差 | 消失 |
| 1 | 滨海长城 | 1303033382103170001 | 砖墙 | 763 | 763 | | | | |
| 2 | 南翼长城1段 | 1303033382103170002 | 砖墙 | 2405 | | 511 | 1894 | | |
| 3 | 南翼长城2段 | 1303033382103170003 | 砖墙 | 1764 | | 854 | 910 | | |
| 4 | 南翼长城3段 | 1303033382103170004 | 砖墙 | 268 | | | | | 268 |
| 5 | 南翼长城4段 | 1303033382103170005 | 砖墙 | 682 | | 682 | | | |
| 6 | 山海关关城东墙 | 1303033382103170006 | 砖墙 | 1393 | 1393 | | | | |
| 7 | 北水关长城第1段墙体 | 1303033382103170007 | 砖墙 | 963 | | 482 | 457 | | 24 |

（续）

| 编号 | 认定名称 | 认定编码 | 类型 | 长度 | 保存程度 | | | | |
|---|---|---|---|---|---|---|---|---|---|
| | | | | | 较好 | 一般 | 较差 | 差 | 消失 |
| 8 | 北水关长城第2段墙体 | 1303033382103170008 | 砖墙 | 2491 | 792 | | | 1699 | |
| 9 | 角山长城第1段墙体 | 1303033382103170009 | 砖墙 | 2509 | 633 | | | 1876 | |
| 10 | 角山长城第1段山险 | 1303033382106170010 | 山险 | 74 | | 74 | | | |
| 11 | 角山长城第2段墙体 | 1303033382102170011 | 石墙 | 125 | | | 125 | | |
| 12 | 角山长城第2段山险 | 1303033382106170012 | 山险 | 85 | | 85 | | | |
| 13 | 角山长城第3段墙体 | 1303033382102170013 | 石墙 | 80 | | | 80 | | |
| 14 | 角山长城第3段山险 | 1303033382106170014 | 山险 | 313 | | 313 | | | |
| 15 | 角山长城第4段墙体 | 1303033382102170015 | 石墙 | 502 | | | 502 | | |
| 16 | 角山长城第5段山险 | 1303033382106170016 | 山险 | 184 | | 184 | | | |
| 17 | 角山长城第5段墙体 | 1303033382102170017 | 石墙 | 567 | | | 567 | | |
| 18 | 角山长城第6段山险 | 1303033382106170018 | 山险 | 42 | | 42 | | | |
| 19 | 角山长城第6段墙体 | 1303033382102170019 | 石墙 | 1131 | 375 | | 756 | | |
| 20 | 角山长城第7段山险 | 1303033382106170020 | 山险 | 60 | | 60 | | | |
| 21 | 角山长城第7段墙体 | 1303033382102170021 | 石墙 | 822 | | | 822 | | |
| 22 | 三道关长城第1段山险 | 1303033382106170022 | 山险 | 186 | | 186 | | | |
| 23 | 三道关长城第1段墙体 | 1303033382102170023 | 石墙 | 690 | 337 | 353 | | | |
| 24 | 三道关长城第2段山险 | 1303033382106170024 | 山险 | 51 | | 51 | | | |
| 25 | 三道关长城第2段墙体 | 1303033382102170025 | 石墙 | 690 | 337 | 353 | | | |
| 26 | 三道关长城第3段山险 | 1303033382106170026 | 山险 | 263 | | 263 | | | |
| 27 | 三道关长城第3段墙体 | 1303033382102170027 | 石墙 | 373 | | 373 | | | |
| 28 | 三道关长城第4段山险 | 1303033382106170028 | 山险 | 620 | | 620 | | | |
| 29 | 三道关长城第4段墙体 | 1303033382102170029 | 石墙 | 736 | | 268 | 268 | 200 | |
| 30 | 三道关长城第5段山险 | 1303033382106170030 | 山险 | 226 | | 226 | | | |
| 31 | 三道关长城第5段墙体 | 1303033382102170031 | 石墙 | 1209 | | 115 | 1094 | | |
| 32 | 寺儿峪长城第1段山险 | 1303033382106170032 | 山险 | 630 | | 630 | | | |
| 33 | 寺儿峪长城第1段墙体 | 1303033382102170033 | 石墙 | 1126 | 963 | 163 | | | |
| 34 | 寺儿峪长城第2段山险 | 1303033382106170034 | 山险 | 185 | | 185 | | | |
| 35 | 寺儿峪长城第2段墙体 | 1303033382103170035 | 砖墙 | 255 | | 255 | | | |
| 36 | 寺儿峪长城第3段山险 | 1303033382106170036 | 山险 | 3176 | | 3176 | | | |
| 合计 | | 共36段：砖墙10段，石墙12段，山险14段 | | 27639 | 5593 | 10504 | 7475 | 3775 | 292 |
| 百分比（%） | | 100 | | | 20.2 | 38 | 27 | 13.7 | 1.1 |

类型：砖墙、石墙、土墙、山险墙、山险

保存程度：较好、一般、较差、差、消失

**1. 滨海长城 1303033382103170001**

位于第一关镇小湾村东南1.3千米，起点坐标：东经119°47′43.60″，北纬39°57′59.90″，高程3米；止点坐标：东经119°47′40.30″，北纬39°58′20.60″，高程19米。

墙体全长763米，原墙体已严重坍塌，现存墙体为1985～1987年以后恢复重建，整体保存完好，从建筑形制上已基本恢复原貌。

根据构筑形制分为三段，第一段入海石城南端至靖卤台为石墙，长17米，保存较好；第二段靖卤台至南海口关门为砖墙，长约101米，保存较好。墙上辟南海口关门1座，设敌台靖卤台1座；第三段南海口关门至南翼长城1号马面为砖墙，长约645米，保存较好。设马面2座，包括滨海长城马面01号和王绥二号台。

第一段石墙宽7.16米，高6.2米，墙体立面为两段式，下段条石砌筑共9层，高5.58米，其中四、五、六层使用遗留下来的原石料，条石规格为长1～1.2米，宽0.7～0.95米，厚0.6～0.65米，其他6层为新加工花岗岩条石，墙芯为毛石混凝土浇筑。上段顶部地面用花岗岩细作条石海墁。内外侧设垛口墙，垛口墙用花岗岩细作条石错缝砌筑，垛口墙高1.66米，厚0.4米，每垛长2.65米，垛口宽0.38米，高0.86米，共设垛口16个，垛墙顶做披水，垛口内外及垛口基石做抹角，抹角外边距离宽0.6米。垛口基石中间有铳孔。在每垛中部下方距地面0.4米处，设望孔，望孔高0.21米，宽0.25米，孔上边做凸形卷草纹状。墙西侧（内侧）设两个吐水口，外伸吐水石嘴。

第二段砖墙宽8.26米，高6.2米，墙体立面为三段式，东立面下部过凿条石基础14层，东立面下部过凿条石基础11层，逐层收分，中部墙身为城砖包砌，逐层收分，墙芯为三七灰土分层夯筑，中段与上段间设一层直檐分隔，上段地面方砖错缝海墁，东侧建垛口墙，西侧建宇墙。在垛口墙一侧设障墙5道，间距2.1～6.63米，障墙高1.65米，宽1.13米，厚0.4米。

第三段砖墙顶宽10.96～11.8米，高8米，墙体立面为三段式，下段基础条石3层，中段墙身为城砖包砌墙体，高1～6.3米，白灰勾缝，墙芯为素土分层夯筑，中部墙体上部及内侧均为1987年维修，用新砖补砌，上段设施无存。墙体上多生槐树、榆树，最大直径0.1米，树根深入墙体之内，导致包砖开裂、鼓闪和脱落。南海口关门平面呈矩形，立面呈梯形，高19米。关门坐西朝东，墙体立面为三段式，下段基础条石2层；中段墙身为城砖包砌墙体，白灰勾缝，墙芯为三七灰土分层夯筑。墙身与垛口墙间以一层直檐砖分隔，上段设垛口墙、宇墙，门洞起券方式为三伏三券，外侧券洞高2.64米，宽2.54米，内侧券洞高3.69米，宽3.22米，进深14.5米，由外侧向内深4.41米处设对开关门两扇，外侧券洞上方镶嵌一石匾，上书"南海口关"。

关门内侧登城马道为后期修复，由南向北上墙体，宽4.6米，西半部为马道，东半部为登城台阶，两侧边上有宇墙。马道底部端头西侧竖立着邓小平题写的"爱我中华，修我长城"碑刻，东侧竖立着长城保护标志碑。

**2. 南翼长城1段 130303382103170002**

位于第一关镇小湾村东南730米，起点坐标：东经119°47′40.30″，北纬39°58′20.60″，高程19米；止点坐标：东经119°47′11.20″，北纬39°59′35.00″，高程40米。

墙体全长2405米，设马面16座，包括南翼长城01～16号马面，壕沟1道，登城马道4座。

墙体顶宽1～5米，高7米，墙体立面为三段式，下段基础条石；中段墙身为城砖包砌墙体，大部分不存，墙芯为灰土分层夯筑，夯层厚0.2～0.35米；上段设施无存。

墙体存豁口 4 处，长 9～50 米，南翼长城 04 号马面至南翼长城 05 号马面之间存人为取土形成的洞坑 7 个，每个面积均在 6 平方米左右，深 1～2 米。

存登城马道 4 座，第一座长 15 米，宽 3 米；第二座、第三座宽 6 米；第四座长 30 米，宽 7 米。

墙体外侧存壕沟 1 道，顶部宽 25 米，底宽 15 米，深 3.5 米。

### 3. 南翼长城 2 段 130303382103170003

位于南涂庄村东北 350 米，起点坐标：东经 119°47′11.20″，北纬 39°59′35.00″，高程 40 米；止点坐标：东经 119°46′10.00″，北纬 39°59′59.40″，高程 15 米。

墙体长 1764 米，设马面 11 座，包括南翼长城 17～27 号马面，壕沟 1 道，登城马道 4 处。

墙体顶宽 5～6 米，底宽 15 米，高 9 米，墙体立面为三段式，下段基础条石，中段墙身为城砖包砌墙体，大部分不存，墙芯为灰土分层夯筑，夯层厚 02～0.35 米，上段设施无存。墙体存豁口 3 处，长 4～40 米，墙体外侧存壕沟遗迹。

### 4. 南翼长城 3 段 130303382103170004

位于南营子村西北 680 米，起点坐标：东经 119°46′10.00″，北纬 39°59′59.40″，高程 15 米；止点坐标：东经 119°46′03.50″，北纬 40°00′06.50″，高程 9 米。

墙体长 268 米，京沈铁路从此处通过，造成此段墙体消失。

### 5. 南翼长城 4 段 130303382103170005

位于南营子村西北 950 米，起点坐标：东经 119°46′03.50″，北纬 40°00′06.50″，高程 9 米；止点坐标：东经 119°45′39.40″，北纬 40°00′18.40″，高程 12 米。

墙体全长 682 米，设马面 3 座，包括南翼长城 28、29、30 号马面，壕沟 1 道，登城马道 4 座。

墙体顶宽 5.5 米，底宽 10 米，高 6.5 米，墙体立面为三段式，下段基础条石，中段墙身为城砖包砌墙体，城砖规格为 0.42 米 ×0.2 米 ×0.125 米，大部分不存，墙芯为灰土分层夯筑，夯层厚 0.2～0.35 米，上段设施无存。

墙体存豁口 1 处，长 23 米，坍塌 2 处，一处长 20 米，一处长 37 米，墙体外侧存壕沟 1 道，宽 12 米，靖边楼东侧近年建有一座券门，112 国道从此处通过。

### 6. 山海关关城东墙 130303382103170006

位于山海关城东南角，起点坐标：东经 119°45′39.40″，北纬 40°00′18.40″，高程 12 米；止点坐标：东经 119°44′58.60″，北纬 40°00′47.90″，高程 42 米。

墙体长 1393 米，设马面 2 座，包括山海关城马面、烽号楼、登城马道 3 座、护城河 1 条，城楼 5 座，包括靖边楼、牧营楼、镇东楼、临闾楼、威远堂。

总体呈南北走向，但南北两端外挺，中间凹进，形成弧线，呈环抱状，将东瓮城、东罗城揽在怀中。墙上原建有靖边楼、新楼、牧营楼、镇东楼、临闾楼、临北墙台和威远堂。新中国成立时只残存东门镇东楼，墙体也大部塌毁，仅存夯土。1956～1984 年，山海关区政府先后修补了镇东楼至威远堂的墙芯石墙和外层砖墙，重修了垛口墙和宇墙，填补平整了墙心夯土，修复了镇东楼以南的部分墙体。1985～1988 年，又陆续修复了镇东楼以南的全部墙体，包括部分基础、内外墙砖、垛口、宇墙、夯土及靖边楼至牧营楼的海墁。恢复重建了靖边楼、牧营楼、临闾楼，全面整修了镇东楼。1994 年完成了牧营楼至镇东楼的全部海墁。

墙体顶宽 12 米，底宽 17 米，高 10 米，墙体立面为三段式，下段基础条石三层；中段墙身为城砖包砌墙体，底厚 2.4 米，上厚 0.8 米。白灰勾缝，墙芯为三七灰土分层夯筑，上段墙顶方砖海墁。墙外侧设垛墙，高 1.81 米，垛口宽 0.4 米，垛口间距 3.75 米，垛口基石长 0.9 米，宽 0.4 米，厚 0.12 米，垛口石中心有铳孔。两垛口之间中段下方设望孔，宽 0.22 米，高 0.22 米。墙内侧砌筑宇墙，高 1.2 米，厚 0.4 米。在墙内侧每 20 米设一个向城内凸出的出水嘴。

登城马道：靖边楼内侧有一登城马道，为后期修复，原本为北向南上，修复时改为西向东方向。长 52.54 米，下宽 9.2 米，中宽 6.4 米，142 级台阶，保存较好；镇东楼内侧有一登城马道，长 77 米，为 1952 年复建，保存较好；威远堂内侧有一登城马道，长 67 米。

护城河：墙外侧有护城河，宽约 40 米。

### 7. 北水关长城第 1 段墙体 130303382103170007

位于山海关城内，北水关南侧，起点坐标：东经 119° 44′ 58.60″，北纬 40° 00′ 47.90″，高程 40 米；止点坐标：东经 119° 44′ 42.10″，北纬 40° 01′ 13.70″，高程 41 米。

墙体长 2491 米，设马面 9 座。墙体底宽 1～7 米，墙体立面为三段式，下段基础条石，中段墙身为城砖包砌墙体，大部分不存，墙芯为灰土分层夯筑，夯层厚 0.2～0.35 米，上段设施无存。

墙体存豁口 3 处，长 19～29 米。

### 8. 北水关长城第 2 段墙体 130303382103170008

位于山海关城内，角山 3 号敌台北侧，起点坐标：东经 119° 44′ 42.10″，北纬 40° 01′ 13.70″，高程 41 米；止点坐标：东经 119° 43′ 48.60″，北纬 40° 02′ 19.70″，高程 257 米。

墙体长 2491 米，设敌台 4 座，包括水门（关）关口 2 座，包括北水关、旱门关、马面 9 座，墙体底宽 1～4 米，墙体立面为三段式，下段基础条石，中段墙身为城砖包砌墙体，内侧包砖均已无存，外侧也大部分缺失。墙芯为灰土分层夯筑，上段设施无存。旱门关 2 号马面至角山 3 号敌台之间墙体长 530 米，保存状况较好，角山内为新修复段落，顶部地面海墁、排水砖、垛口、望孔俱全。

### 9. 角山长城第 1 段墙体 130303382103170009

位于山海关城内，角山 3 号敌台北侧，起点坐标：东经 119° 43′ 48.60″，北纬 40° 02′ 19.70″，高程 257 米；止点坐标：东经 119° 43′ 40.30″，北纬 40° 02′ 48.40″，高程 438 米。

墙体长 2509 米，设敌台 1 座，马面 2 座，包括角山 3 号敌台、角山 1～2 号马面。

块石墙体立面为三段式，下段为条石基础，白灰砌筑，白灰勾缝，呈叠落式；中段内、外两侧为毛石砌筑墙体，墙芯素土夯筑；上段设施无存。

城砖墙体立面为三段式，下段为条石基础，白灰砌筑，白灰勾缝，呈叠落式；中段内、外两侧为包砖为城砖砌筑，墙芯素土夯筑；上段设施无存。

自角山 3 号敌台至角山 1 号马面之间墙体长 633 米，保存状况一般。该段部分墙体为包砖墙，后期经过修缮，保存较好，其余地段坍塌严重。

角山 1 号马面至山险起之间墙体，保存状况较差。该段墙体均为块石墙，均极残破，仅存大部墙体，各段落均有消失的墙体。

**10. 角山长城第 1 段山险 1303033382106170010**

位于角山 5 号敌台西南侧，起点坐标：东经 119° 43′ 40.30″，北纬 40° 02′ 48.40″，高程 438 米；止点坐标：东经 119° 43′ 42.20″，北纬 40° 02′ 49.70″，高程 478 米。

山险长 74 米，山上怪石裸露，地势陡峭，墙体两侧植被覆盖多为荆棘等灌木和杂草。

**11. 角山长城第 2 段墙体 130303382102170011**

位于角山 5 号敌台西侧，起点坐标：东经 119° 43′ 42.20″，北纬 40° 02′ 49.70″，高程 478 米；止点坐标：东经 119° 43′ 46.10″，北纬 40° 02′ 52.40″，高程 547 米。

墙体长 125 米，自然基础，外包毛石砌筑，白灰勾缝，内外均有坍塌，墙体两侧植被覆盖多为荆棘等灌木和杂草。

**12. 角山长城第 2 段山险 130303382106170012**

位于角山 4 号敌台东侧，起点坐标：东经 119° 43′ 46.10″，北纬 40° 02′ 52.40″，高程 547 米；止点坐标：东经 119° 43′ 48.90″，北纬 40° 02′ 52.30″，高程 516 米。

山险长 85 米，山上怪石裸露，地势陡峭，墙体两侧植被覆盖多为荆棘等灌木和杂草。

**13. 角山长城第 3 段墙体 130303382102170013**

位于角山 4 号敌台东侧，起点坐标：东经 119° 43′ 48.90″，北纬 40° 02′ 52.30″，高程 516 米；止点坐标：东经 119° 43′ 52.20″，北纬 40° 02′ 51.70″，高程 500 米。

墙体长 81 米，自然基础，外包毛石砌筑，白灰勾缝，内外均有坍塌，墙体两侧植被覆盖多为荆棘等灌木和杂草。

**14. 角山长城第 3 段山险 130303382106170014**

位于角山 4 号敌台东侧，起点坐标：东经 119° 43′ 52.20″，北纬 40° 02′ 51.70″，高程 500 米；止点坐标：东经 119° 43′ 59.80″，北纬 40° 02′ 57.50″，高程 415 米。

山险长 313 米，山上怪石裸露，地势陡峭，墙体两侧植被覆盖多为荆棘等灌木和杂草。

**15. 角山长城第 4 段墙体 130303382102170015**

位于孟姜镇贺家楼村西 1.71 千米处，起点坐标：东经 119° 43′ 59.80″，北纬 40° 02′ 57.50″，高程 415 米；止点坐标：东经 119° 44′ 15.40″，北纬 40° 03′ 04.20″，高程 162 米。

墙体长 502 米，设角山 4 号马面 1 座，根据建筑材质分为二段，第一段为砖墙，第二段为石墙。砖墙立面为三段式，下段条石基础，中段城砖包砌，白灰勾缝，墙芯为三七灰土分层夯筑；中段与上段间设一层拔檐分隔；上段设垛口墙、宇墙，顶部地面方砖海墁。石墙分为毛石墙与片石墙，自然基础，外包毛石或片石砌筑，白灰勾缝。

砖墙保存状况较差，从角山极顶向东，过一沟谷，东侧山坡石崖存一段砖砌墙体，两砖并砌，宽 0.4 米，最高处 0.8 米。毛石墙坍塌严重，宽 2.2～3.9 米，最高处 1.3～4.1 米。片石墙保存较好，宽 2.1 米，高 2.1 米，外侧垛口墙厚 0.65 米，高 0.98 米。

### 16. 角山长城第 5 段山险 130303382106170016

位于孟姜镇贺家楼村西北 1.27 千米处，起点坐标：东经 119° 44′ 15.40″，北纬 40° 03′ 04.20″，高程 462 米；止点坐标：东经 119° 44′ 22.20″，北纬 40° 03′ 04.60″，高程 420 米。

山险长 184 米，山上怪石裸露，地势陡峭，墙体两侧植被覆盖多为荆棘等灌木和杂草。

### 17. 角山长城第 5 段墙体 130303382102170017

位于孟姜镇贺家楼村西北 1.21 千米处，起点坐标：东经 119° 44′ 22.20″，北纬 40° 03′ 04.60″，高程 420 米；止点坐标：东经 119° 44′ 38.20″，北纬 40° 03′ 16.70″，高程 381 米。

墙体长 81 米，其间设敌台 2 座、马面 1 座，包括角山 6、7 号敌台，角山 5 号马面。自然基础，外包毛石砌筑，白灰勾缝，通宽 2.1 米，最高处 2.9 米，内外均有坍塌，部分段落残存垛口墙痕迹，垛口墙宽 0.78 米，墙体两侧植被覆盖多为荆棘等灌木和杂草。

### 18. 角山长城第 6 段山险 130303382106170018

位于孟姜镇贺家楼村西北 1.2 千米处，起点坐标：东经 119° 44′ 38.20″，北纬 40° 03′ 16.70″，高程 381 米；止点坐标：东经 119° 44′ 39.20″，北纬 40° 03′ 17.20″，高程 410 米。

山险长 42 米，山上怪石裸露，地势陡峭，墙体两侧植被覆盖多为荆棘等灌木和杂草。

### 19. 角山长城第 6 段墙体 130303382102170019

位于孟姜镇贺家楼村西北 1.2 千米处，起点坐标：东经 119° 44′ 39.20″，北纬 40° 03′ 17.20″，高程 410 米；止点坐标：东经 119° 45′ 09.70″，北纬 40° 03′ 40.40″，高程 154 米。

墙体长 1131 米，其间设敌台 1 座、马面 1 座、烽火台 2 座，包括角山 8 号敌台，角山 6 号马面，角山 1、2 号烽火台。

自然基础，外包毛石砌筑，白灰勾缝，通宽 2 米，内外均有坍塌，部分段落残存垛口墙，垛口墙宽 0.6 米，墙体两侧植被覆盖多为荆棘等灌木和杂草。

### 20. 角山长城第 7 段山险 130303382106170020

位于孟姜镇贺家楼村北 1.32 千米处，起点坐标：东经 119° 44′ 06.20″，北纬 40° 03′ 05.10″，高程 493 米；止点坐标：东经 119° 44′ 04.80″，北纬 40° 03′ 06.60″，高程 475 米。

山险长 60 米，山上怪石裸露，地势陡峭，墙体两侧植被覆盖多为荆棘等灌木和杂草。

### 21. 角山长城第 7 段墙体 130303382102170021

位于孟姜镇贺家楼村北 1.36 千米处，起点坐标：东经 119° 44′ 04.80″，北纬 40° 03′ 06.60″，高程 475 米；止点坐标：东经 119° 43′ 42.40″，北纬 40° 03′ 26.80″，高程 232 米。

墙体长 822 米，自然基础，外包毛石砌筑，白灰勾缝，坍塌严重，大部分残存墙体基础，墙体两侧植被覆盖多为荆棘等灌木和杂草。

### 22. 三道关长城第 1 段山险 130303382106170022

位于三道关村东 930 米处，起点坐标：东经 119° 45′ 09.70″，北纬 40° 03′ 40.40″，高程 154 米；止点坐标：东经 119° 45′ 14.40″，北纬 40° 03′ 42.70″，高程 189 米。

山险长 186 米，山上怪石裸露，地势陡峭，墙体两侧植被覆盖多为荆棘等灌木和杂草。

### 23. 三道关长城第 1 段墙体 130303382102170023

位于孟姜镇三道关村东 490 米处，起点坐标：东经 119° 45′ 14.40″，北纬 40° 03′ 42.70″，高程 189 米；止点坐标：东经 119° 45′ 12.10″，北纬 40° 04′ 02.30″，高程 247 米。

墙体长 690 米，其间设敌台 1 座、马面 1 座、烽火台 1 座，包括三道关 2 号敌台，角山 8 号马面，三道关 1 号烽火台。

自然基础，外包毛石砌筑，白灰勾缝，内侧墙高 1.6 米，外侧墙高 4.1 米，内外均有坍塌，部分段落残存垛口墙，垛口墙宽 0.38 ～ 0.47 米，墙体两侧植被覆盖多为荆棘等灌木和杂草。

### 24. 三道关长城第 2 段山险 130303382106170024

位于孟姜镇三道关村东 710 米处，起点坐标：东经 119° 45′ 12.10″，北纬 40° 04′ 02.30″，高程 247 米；止点坐标：东经 119° 45′ 12.90″，北纬 40° 04′ 03.30″，高程 254 米。

山险长 51 米，山上怪石裸露，地势陡峭，墙体两侧植被覆盖多为荆棘等灌木和杂草。

### 25. 三道关长城第 2 段墙体 130303382102170025

位于孟姜镇三道关村东北 750 米处，起点坐标：东经 119° 45′ 12.90″，北纬 40° 04′ 03.30″，高程 254 米；止点坐标：东经 119° 45′ 17.80″，北纬 40° 04′ 06.70″，高程 333 米。

墙体长 690 米，其间设敌台 1 座、马面 1 座，包括三道关 3 号敌台，角山 6 号马面，三道关 1 号烽火台。

自然基础，外包毛石砌筑，白灰勾缝，顶宽 1 米，高 2.7 米，垛口墙宽 1.05 米，南面山坡下 50 米，存毛石墙一道，西与长城墙体相接，东到山头中断，墙体两侧植被覆盖多为荆棘等灌木和杂草。

### 26. 三道关长城第 3 段山险 130303382106170026

位于孟姜镇三道关村东北 1.1 千米处，起点坐标：东经 119° 45′ 17.80″，北纬 40° 04′ 06.70″，高程 333 米；止点坐标：东经 119° 45′ 24.40″，北纬 40° 04′ 08.70″，高程 351 米。

山险长 263 米，其间设敌台 1 座、烽火台 1 座，包括三道关 4 号敌台，三道关 2 号烽火台，山上怪石裸露，地势陡峭，墙体两侧植被覆盖多为荆棘等灌木和杂草。

### 27. 三道关长城第 3 段墙体 130303382102170027

位于孟姜镇三道关村东北 1.4 千米处，起点坐标：东经 119° 45′ 24.40″，北纬 40° 04′ 08.70″，高程 351 米；止点坐标：东经 119° 45′ 31.80″，北纬 40° 04′ 19.30″，高程 380 米。

墙体长 373 米，自然基础，外包毛石砌筑，白灰勾缝，顶宽 3.79 米，高 4.2 米，内外均有坍塌，保存一般，墙体两侧植被覆盖多为荆棘等灌木和杂草。

### 28. 三道关长城第 4 段山险 130303382106170028

位于孟姜镇三道关村东北 2.1 千米处，起点坐标：东经 119° 45′ 31.80″，北纬 40° 04′ 19.30″，高程 380 米；止点坐标：东经 119° 45′ 33.40″，北纬 40° 04′ 37.20″，高程 348 米。

山险长 620 米，山上怪石裸露，地势陡峭，墙体两侧植被覆盖多为荆棘等灌木和杂草。

### 29. 三道关长城第 4 段墙体 130303382102170029

位于孟姜镇三道关村东北 2.15 千米处，起点坐标：东经 119° 45′ 33.40″，北纬 40° 04′ 37.20″，高程

348 米；止点坐标：东经 119° 45′ 56.40″，北纬 40° 04′ 51.20″，高程 342 米。

墙体长 736 米，其间设敌台 5 座，包括三道关 7～11 号敌台。

自然基础，外包毛石砌筑，白灰勾缝，宽 0.9～2.4 米，高 3.85 米，内外均有坍塌，部分段落残存垛口墙，宽 0.7 米，墙体两侧植被覆盖多为荆棘等灌木和杂草。

**30. 三道关长城第 5 段山险 130303382106170030**

位于孟姜镇三道关村北 2.4 千米处，起点坐标：东经 119° 45′ 56.40″，北纬 40° 04′ 51.20″，高程 342 米；止点坐标：东经 119° 45′ 52.90″，北纬 40° 04′ 54.50″，高程 330 米。

山险长 226 米，其间设寺儿峪 1 号烽火台，山上怪石裸露，地势陡峭，墙体两侧植被覆盖多为荆棘等灌木和杂草。

**31. 三道关长城第 5 段墙体 130303382102170031**

位于孟姜镇三道关村北 2.44 千米处，起点坐标：东经 119° 45′ 52.90″，北纬 40° 04′ 54.50″，高程 330 米；止点坐标：东经 119° 45′ 09.10″，北纬 40° 05′ 10.50″，高程 353 米。

墙体长 1209 米，其间设敌台 6 座，包括三道关 7～12 号敌台，根据建筑材质分为石墙、砖墙。

石墙为自然基础，外包毛石砌筑，白灰勾缝，三道关 7 号敌台至三道关 10 号敌台之间墙体长 501 米，坍塌严重，保存较好，顶宽 1.9～2 米，高 2.85～3.1 米，存垛口墙遗迹，厚 0.7～1.2 米。三道关 11 号敌台至三道关 12 号敌台之间墙体长 593 米，保存状况较差，坍塌严重，宽 4.2 米，高 3.55 米，地面存少量墁地砖。

砖墙立面为三段式，下段条石基础，中段城砖包砌，白灰勾缝，墙芯为三七灰土分层夯筑，中段与上段间设一层拔檐分隔，上段设垛口墙、宇墙，顶部地面方砖海墁。三道关 10 号敌台至三道关 11 号敌台之间墙体长 115 米，保存状况一般，顶宽 4.1 米，高 4.1 米，内侧包砖厚 1 米，外侧包砖厚 1.1 米，存垛口墙遗迹。三道关 10 号敌台至三道关 11 号敌台之间墙体长 115 米，顶宽 4.1 米，高 4.1 米，内侧包砖厚 1 米，外侧包砖厚 1.1 米，存垛口墙遗迹。

**32. 寺儿峪长城第 1 段山险 130303382106170032**

位于孟姜镇三道关村北 3.37 千米处，起点坐标：东经 119° 45′ 09.10″，北纬 40° 05′ 10.50″，高程 353 米；止点坐标：东经 119° 44′ 56.90″，北纬 40° 05′ 16.70″，高程 238 米。

山险长 630 米，山上怪石裸露，地势陡峭，墙体两侧植被覆盖多为荆棘等灌木和杂草。

**33. 寺儿峪长城第 1 段墙体 130303382102170033**

位于孟姜镇三道关村北 3.32 千米处，起点坐标：东经 119° 44′ 56.90″，北纬 40° 05′ 16.70″，高程 238 米；止点坐标：东经 119° 44′ 33.10″，北纬 40° 05′ 44.60″，高程 456 米。

墙体长 1126 米，其间设寺儿峪 2 号烽火台，根据建筑材质分为二段，第一段为石墙，第二段为砖墙。

石墙自然基础，外包毛石砌筑，白灰勾缝，寺儿峪长城第 1 段山险至寺儿峪 2 号烽火台之间墙体长 163 米，坍塌严重。

砖墙立面为三段式，下段条石基础，中段城砖包砌，白灰勾缝，墙芯为三七灰土分层夯筑，中段与

上段间设一层拔檐分隔，上段设垛口墙、宇墙，顶部地面方砖海墁。寺儿峪 2 号烽火台至寺儿峪长城第
2 段山险之间墙体长 963 米，保存较好，顶宽 3.45 米，高 4.2 米，垛口墙宽 0.45 米，高 1.1 米，存垛口、
望孔，设战台一座，宽 0.96 米，高 1.1 米。

**34. 寺儿峪长城第 2 段山险 130303382106170034**

位于孟姜镇三道关村北 3.55 千米处，起点坐标：东经 119° 44′ 33.10″，北纬 40° 05′ 44.60″，高程 456
米；止点坐标：东经 119° 44′ 26.30″，北纬 40° 05′ 44.80″，高程 402 米。

山险长 185 米，山上怪石裸露，地势陡峭，墙体两侧植被覆盖多为荆棘等灌木和杂草。

**35. 寺儿峪长城第 2 段墙体 130303382103170035**

位于孟姜镇贺家楼村西 1.74 千米处，起点坐标：东经 119° 44′ 26.30″，北纬 40° 05′ 44.80″，高程 402
米；止点坐标：东经 119° 44′ 17.30″，北纬 40° 05′ 49.20″，高程 498 米。

墙体长 255 米，立面为三段式，下段条石基础，中段城砖包砌，白灰勾缝，墙芯为三七灰土分层夯
筑。中段与上段间设一层拔檐分隔，上段设垛口墙、宇墙，顶部地面方砖海墁，部分地段坍塌严重，残
存垛口墙遗迹。

**36. 寺儿峪长城第 3 段山险 130303382106170036**

位于孟姜镇贺家楼村西 1.74 千米处，起点坐标：东经 119° 44′ 17.30″，北纬 40° 05′ 49.20″，高程 498
米；止点坐标：东经 119° 44′ 11.60″，北纬 40° 06′ 49.00″，高程 232 米。

山险长 3176 米，山上怪石裸露，地势陡峭，墙体两侧植被覆盖多为荆棘等灌木和杂草。

## （二）单体建筑

山海关区明长城单体建筑一览表（单位：座）

| 编号 | 认定名称 | 认定编码 | 材质 | 保存程度 | | | | |
|---|---|---|---|---|---|---|---|---|
| | | | | 较好 | 一般 | 较差 | 差 | 消失 |
| 1 | 靖卤台 | 130303352101170001 | 砖 | √ | | | | |
| 2 | 澄海楼 | 130303352104170002 | 木 | √ | | | | |
| 3 | 北水关敌台 | 130303352101170042 | 砖 | √ | | | | |
| 4 | 北翼城敌台 | 130303352101170043 | 砖 | | | | √ | |
| 5 | 角山 1 号敌台 | 130303352101170044 | 砖 | √ | | | | |
| 6 | 角山 2 号敌台 | 130303352101170045 | 砖 | √ | | | | |
| 7 | 角山 3 号敌台 | 130303352101170046 | 砖 | √ | | | | |
| 8 | 角山 4 号敌台 | 130303352101170047 | 石 | | | √ | | |
| 9 | 角山 5 号敌台 | 130303352101170048 | 石 | | | √ | | |
| 10 | 角山 6 号敌台 | 130303352101170049 | 石 | | | √ | | |
| 11 | 角山 7 号敌台 | 130303352101170050 | 砖 | | | | √ | |
| 12 | 角山 8 号敌台 | 130303352101170051 | 砖 | | √ | | | |
| 13 | 三道关村 1 号敌台 | 130303352101170052 | 石 | | | √ | | |
| 14 | 三道关村 2 号敌台 | 130303352101170053 | 砖 | | | | √ | |

（续）

| 编号 | 认定名称 | 认定编码 | 材质 | 保存程度 | | | | |
|---|---|---|---|---|---|---|---|---|
| | | | | 较好 | 一般 | 较差 | 差 | 消失 |
| 15 | 三道关村 3 号敌台 | 1303033352101170054 | 砖 | | √ | | | |
| 16 | 三道关村 4 号敌台 | 1303033352101170055 | 砖 | | √ | | | |
| 17 | 三道关村 5 号敌台 | 1303033352101170056 | 砖 | | √ | | | |
| 18 | 三道关村 6 号敌台 | 1303033352101170057 | 砖 | | √ | | | |
| 19 | 三道关村 7 号敌台 | 1303033352101170058 | 砖 | | √ | | | |
| 20 | 三道关村 8 号敌台 | 1303033352101170059 | 砖 | | √ | | | |
| 21 | 三道关村 9 号敌台 | 1303033352101170060 | 砖 | | | √ | | |
| 22 | 三道关村 10 号敌台 | 1303033352101170061 | 砖 | | | √ | | |
| 23 | 三道关村 11 号敌台 | 1303033352101170062 | 砖 | | | √ | | |
| 24 | 三道关村 12 号敌台 | 1303033352101170063 | 砖 | | | | √ | |
| 25 | 滨海长城 01 号马面 | 1303033352102170003 | 砖 | | | √ | | |
| 26 | 王绥二号台 | 1303033352102170004 | 砖 | √ | | | | |
| 27 | 南翼长城 01 号马面 | 1303033352102170005 | 砖 | | | √ | | |
| 28 | 南翼长城 02 号马面 | 1303033352102170006 | 砖 | | | √ | | |
| 29 | 南翼长城 03 号马面 | 1303033352102170007 | 砖 | | | √ | | |
| 30 | 南翼长城 04 号马面 | 1303033352102170008 | 砖 | | | √ | | |
| 31 | 南翼长城 05 号马面 | 1303033352102170009 | 砖 | | | √ | | |
| 32 | 南翼长城 06 号马面 | 1303033352102170010 | 砖 | | | √ | | |
| 33 | 南翼长城 07 号马面 | 1303033352102170011 | 砖 | | | √ | | |
| 34 | 南翼长城 08 号马面 | 1303033352102170012 | 砖 | | | √ | | |
| 35 | 南翼长城 09 号马面 | 1303033352102170013 | 砖 | | | √ | | |
| 36 | 南翼长城 10 号马面 | 1303033352102170014 | 砖 | | | √ | | |
| 37 | 南翼长城 11 号马面 | 1303033352102170015 | 砖 | | | √ | | |
| 38 | 南翼长城 12 号马面 | 1303033352102170016 | 砖 | | | √ | | |
| 39 | 南翼长城 13 号马面 | 1303033352102170017 | 砖 | | | √ | | |
| 40 | 南翼长城 14 号马面 | 1303033352102170018 | 砖 | | | √ | | |
| 41 | 南翼长城 15 号马面 | 1303033352102170019 | 砖 | | | √ | | |
| 42 | 南翼长城 16 号马面 | 1303033352102170020 | 砖 | | | √ | | |
| 43 | 南翼长城 17 号马面 | 1303033352102170021 | 砖 | | √ | | | |
| 44 | 南翼长城 18 号马面 | 1303033352102170022 | 砖 | | | √ | | |
| 45 | 南翼长城 19 号马面 | 1303033352102170023 | 砖 | | | √ | | |
| 46 | 南翼长城 20 号马面 | 1303033352102170024 | 砖 | | | √ | | |
| 47 | 南翼长城 21 号马面 | 1303033352102170025 | 砖 | | | √ | | |
| 48 | 南翼长城 22 号马面 | 1303033352102170026 | 砖 | | √ | | | |
| 49 | 南翼长城 23 号马面 | 1303033352102170027 | 砖 | | √ | | | |
| 50 | 南翼长城 24 号马面 | 1303033352102170028 | 砖 | | | √ | | |
| 51 | 南翼长城 25 号马面 | 1303033352102170029 | 砖 | | √ | | | |

（续）

（续）

| 编号 | 认定名称 | 认定编码 | 材质 | 保存程度 | | | | |
|---|---|---|---|---|---|---|---|---|
| | | | | 较好 | 一般 | 较差 | 差 | 消失 |
| 52 | 南翼长城 26 号马面 | 1303033521021 70030 | 砖 | | √ | | | |
| 53 | 南翼长城 27 号马面 | 1303033521021 70031 | 砖 | | √ | | | |
| 54 | 南翼长城 28 号马面 | 1303033521021 70032 | 砖 | √ | | | | |
| 55 | 南翼长城 29 号马面 | 1303033521021 70033 | 砖 | | √ | | | |
| 56 | 南翼长城 30 号马面 | 1303033521021 70034 | 砖 | | √ | | | |
| 57 | 山海关城马面 | 1303033521021 70035 | 砖 | | √ | | | |
| 58 | 烽号楼 | 1303033521021 70036 | 砖 | | √ | | | |
| 59 | 北水关 1 号马面 | 1303033521021 70064 | 砖 | | √ | | | |
| 60 | 北水关 2 号马面 | 1303033521021 70065 | 砖 | | | | √ | |
| 61 | 北水关 3 号马面 | 1303033521021 70066 | 砖 | | | √ | | |
| 62 | 北水关 4 号马面 | 1303033521021 70067 | 砖 | | | | √ | |
| 63 | 北水关 5 号马面 | 1303033521021 70068 | 砖 | | | √ | | |
| 64 | 北水关 6 号马面 | 1303033521021 70069 | 砖 | | | √ | | |
| 65 | 北水关 7 号马面 | 1303033521021 70070 | 砖 | | √ | | | |
| 66 | 北水关 8 号马面 | 1303033521021 70071 | 砖 | | √ | | | |
| 67 | 北水关 9 号马面 | 1303033521021 70072 | 砖 | | | √ | | |
| 68 | 北翼城 1 号马面 | 1303033521021 70073 | 砖 | | | | √ | |
| 69 | 北翼城 2 号马面 | 1303033521021 70074 | 砖 | | √ | | | |
| 70 | 北翼城 3 号马面 | 1303033521021 70075 | 砖 | | | | √ | |
| 71 | 北翼城 4 号马面 | 1303033521021 70076 | 砖 | | | | √ | |
| 72 | 北翼城 5 号马面 | 1303033521021 70077 | 砖 | | √ | | | |
| 73 | 北翼城 6 号马面 | 1303033521021 70078 | 砖 | | | √ | | |
| 74 | 旱门关 1 号马面 | 1303033521021 70079 | 砖 | | √ | | | |
| 75 | 旱门关 2 号马面 | 1303033521021 70080 | 砖 | √ | | | | |
| 76 | 旱门关 3 号马面 | 1303033521021 70081 | 砖 | √ | | | | |
| 77 | 角山 1 号马面 | 1303033521021 70082 | 砖 | | | √ | | |
| 78 | 角山 2 号马面 | 1303033521021 70083 | 石 | | | | √ | |
| 79 | 角山 3 号马面 | 1303033521021 70084 | 石 | | | | √ | |
| 80 | 角山 4 号马面 | 1303033521021 70085 | 石 | | | | √ | |
| 81 | 角山 5 号马面 | 1303033521021 70086 | 石 | | | | √ | |
| 82 | 角山 6 号马面 | 1303033521021 70087 | 石 | | √ | | | |
| 83 | 角山 7 号马面 | 1303033521021 70088 | 石 | | √ | | | |
| 84 | 角山 8 号马面 | 1303033521021 70089 | 石 | | | | √ | |
| 85 | 铁三局烽火台 | 1303033532011 70037 | 土 | | | √ | | |
| 86 | 欢喜岭烽火台 | 1303033532011 70038 | 土 | | | √ | | |
| 87 | 刘道庄烽火台 | 1303033532011 70039 | 土 | | | √ | | |
| 88 | 边墙子烽火台 | 1303033532011 70040 | 砖 | | √ | | | |

（续）

| 编号 | 认定名称 | 认定编码 | 材质 | 保存程度 | | | | |
|---|---|---|---|---|---|---|---|---|
| | | | | 较好 | 一般 | 较差 | 差 | 消失 |
| 89 | 梁家沟烽火台 | 1303033553201170041 | 砖 | | | √ | | |
| 90 | 上庄烽火台 | 1303033553201170090 | 砖 | | √ | | | |
| 91 | 角山1号烽火台 | 1303033553201170091 | 石 | | | | √ | |
| 92 | 角山2号烽火台 | 1303033553201170092 | 石 | | | | √ | |
| 93 | 三道关1号烽火台 | 1303033553201170093 | 石 | | | | √ | |
| 94 | 三道关2号烽火台 | 1303033553201170094 | 石 | | | | √ | |
| 95 | 寺儿峪1号烽火台 | 1303033553201170095 | 石 | | | | √ | |
| 96 | 寺儿峪2号烽火台 | 1303033553201170096 | 石 | | | | √ | |
| 97 | 九门口南1号烽火台 | 1303033553201170097 | 石 | | | | √ | |
| 98 | 九门口南2号烽火台 | 1303033553201170098 | 砖 | | √ | | | |
| 99 | 九门口南3号烽火台 | 1303033553201170099 | 石 | | | | √ | |
| 100 | 九门口南4号烽火台 | 1303033553201170100 | 石 | | | | √ | |
| 101 | 九门口南5号烽火台 | 1303033553201170101 | 石 | | | | √ | |
| 102 | 九门口南6号烽火台 | 1303033553201170102 | 砖 | | | √ | | |
| 合计 | | 共102座：砖77座，石21座，土3座，木1座 | | 10 | 28 | 40 | 24 | |
| 百分比（%） | | 100 | | 9.8 | 27.4 | 39.3 | 23.5 | |

类型：单体建筑包括敌台、烽火台、马面、水关（门）等
保存程度：较好、一般、较差、差、消失

**1. 靖卤台 130303352101170001**

位于第一关镇小湾村东南1.3千米，坐标：东经119°47′43.10″，北纬39°58′00.20″，高程9米。

敌台平面呈不规则四边形，立面及剖面呈梯形，东、西、南、北四底边分别长13、14、12、11.5米。立面为三段式，下段条石基础14层，高2米，条石规格：长1米，高0.3米，东西两层一收分，南北一层一收分，收分0.04～0.08米，白灰砌筑，白灰勾缝；中段城砖砌筑，城砖尺寸为0.36米×0.2米×0.1米，并逐层收分0.015米至台顶拔檐砖下，高5.1米；上段设垛口墙，高1.71米，垛口高0.79米，宽0.4米，垛墙顶做拔水，内外及垛口石做抹角，东立面设垛口2个，北、西、南立面各垛口3个，垛墙中部下侧设望孔，西立面设吐水嘴2个。

内部券室南北长8.4米，宽1.85米，高3.35米，券室间隔墙厚1.05米；通道宽1米，高2米。东券室顶中部偏北开天窗，架设17蹬木制扶梯通往台顶，每层抬步高0.265米。东、西立面各设箭窗3个，北墙设一门一箭窗，南墙设一门两箭窗。箭窗宽0.48米，高0.8米，距室内地面0.8米。

顶部东西9.2米，南北10.8米，地面方砖错缝海墁。铺房南北长3.8米，东西宽2.61米，通高3.39米，内为棚券式，外做小式硬山布瓦卷棚顶，寿字勾头，莲花滴水，铺房东墙紧贴台顶垛口墙，南山墙居中开门，宽1米，高1.98米，安装双开四穿带板门两扇，门板高1.85米，宽0.59米，厚0.05米。

修缮情况：据《临榆县志》载，"靖卤一号台，在南海口尽头，屹立海水中，明嘉靖四十四年（1565），主事孙应元建，实为敌台之始。隆庆四年（1570），总兵戚继光改名靖卤台"。原已坍塌，圮毁年代不详，1986～1988年山海关区人民政府组织在原址修复。

**2. 澄海楼 130303352104170002**

位于第一关镇小湾村东南1.2千米，坐标：东经119°47′40.10″，北纬39°58′02.90″，高程22米。

建筑面积327.26平方米，楼高13.86米，建筑形制为重檐歇山布瓦顶，面阔三间，进深二间，外加一步廊，七架迭梁式。

廊柱上以单头拱承托雀替，角部廊柱间用骑马雀替，雀替浮雕卷叶纹饰，上层檐下不用雀替，安置镂雕花楣子。卷云花梁头，梁头、额枋作青绿墨线小点金旋子彩绘。

一层前后明间五抹头隔扇门，次间下为槛墙，上为三抹头槛窗，门窗均做斜格子棂窗心屉，阑额以上设障板。两山檐墙到顶。墙外侧镶嵌明、清两代帝王或名臣碑文各四品。一层内两侧设木制扶梯通向二层，共计27级，抬步高0.215米。一层檐下外部悬挂后仿清乾隆皇帝御题"澄海楼"和"元气混茫"匾额及两侧楹联"日曜月华从太始，天容海色本澄清"。

二层前后明次间均为四扇隔扇门，明间隔扇宽于次间。门上檩垫枋到顶。两山面上为三抹头槛窗，下为槛墙，楼内顶部彻上明造，遍施朱漆，檩枋两端彩绘青绿墨线旋子箍头。楼外设平座环廊，置栏杆围护，凭栏眺望极目沧海。二层南面檐下悬挂仿明代大学士孙承宗题"雄襟万里"匾额。

修缮情况：据史料记载，该处原为建于明代万历四十二年的观海楼，明兵部主事王致中因观海亭而建。后经清康熙、乾隆年间多次重修，毁于清光绪二十六年（1900），于1987年重建。

**3. 北水关敌台 130303352101170042**

位于山海关北水关上，坐标：东经119°44′41.00″，北纬40°01′16.00″，高程39米。

敌台平面呈矩形，立面及剖面呈梯形。立面为三段式，下段条石基础白灰砌筑，白灰勾缝；中段城砖砌筑，敌台下层向内开有一个券门，起券方式为一伏一券，北立面设箭窗2个，顶部南北各设垛口6个，东西各设垛口4个。

**4. 北翼城敌台 130303352101170043**

位于山海关北翼城北侧，坐标：东经119°44′27.00″，北纬40°01′37.40″，高程60米。

敌台平面呈矩形，立面及剖面呈梯形，东西长15米，南北宽10米，立面为三段式，下段条石基础，白灰砌筑，白灰勾缝；中段城砖砌筑，台体上段大部分坍塌，券室宽1.72米，高3.3米。敌台临沟而建，周边多为耕地。

**5. 角山1号敌台 130303352101170044**

位于角山景区内，坐标：东经119°44′02.00″，北纬40°02′14.20″，高程114米。

敌台平面布局为三券室三通道，立面及剖面呈梯形，立面为三段式，下段条石基础4层，高1.05米，白灰砌筑，白灰勾缝；中段城砖砌筑；中段与上段间设三层拔檐分隔；上段设垛口墙、铺房，顶部铺墁砖地面，为20世纪末新修复，保存较好。

**6. 角山 2 号敌台 130303352101170045**

位于角山景区内，坐标：东经 119° 43′ 52.00″，北纬 40° 02′ 17.80″，高程 239 米。

敌台东西接墙，平面呈矩形，立面及剖面呈梯形。立面为三段式，下段条石基础，白灰砌筑，白灰勾缝；中段城砖砌筑；中段与上段间设三层拔檐分隔；上段设垛口墙、铺房，顶部铺墁砖地面，为 20 世纪末新修复，保存较好。

**7. 角山 3 号敌台 130303352101170046**

位于角山景区内，坐标：东经 119° 43′ 48.60″，北纬 40° 02′ 19.70″，高程 257 米。

敌台南北接墙，平面布局为三券室三通道，立面及剖面呈梯形。立面为三段式，下段条石基础，白灰砌筑，白灰勾缝；中段城砖砌筑；中段与上段间设三层拔檐分隔；上段设垛口墙，顶部铺墁砖地面，为 20 世纪末新修复，保存较好，部分包砖风化酥碱，石吐水残损。

**8. 角山 4 号敌台 130303352101170047**

位于角山景区内，坐标：东经 119° 43′ 46.70″，北纬 40° 02′ 51.40″，高程 537 米。

敌台东西接墙，实心台，平面呈矩形，立面及剖面呈梯形，东西长 12.9 米，南北宽 3.85 米，毛石砌筑，白灰勾缝，东立面坍塌，西立面左侧上部缺失，顶部及四周植被多为灌木和杂草。

**9. 角山 5 号敌台 130303352101170048**

位于角山景区内，坐标：东经 119° 43′ 47.00″，北纬 40° 02′ 51.80″，高程 548 米。

敌台平面呈矩形，立面及剖面呈梯形，东西宽 8.1 米，南北长 7.4 米，东立面高 4 米，西立面高 4.4 米，台芯毛石砌筑，外包城砖砌筑。东立面北侧、北立面东侧坍塌，四周植被多为灌木和杂草。

**10. 角山 6 号敌台 130303352101170049**

位于角山景区东北，坐标：东经 119° 44′ 24.50″，北纬 40° 03′ 04.80″，高程 425 米。

敌台平面呈矩形，立面及剖面呈梯形，东西长 6.8 米，南北宽 6.2 米，高 2.4 米，西立面高 4.4 米，毛石砌筑。上部缺失，四周植被多为灌木和杂草。

**11. 角山 7 号敌台 130303352101170050**

位于角山景区东北，坐标：东经 119° 44′ 31.90″，北纬 40° 03′ 10.40″，高程 378 米。

敌台东西接墙，平面呈矩形，立面及剖面呈梯形。立面为两段式，下段条石基础，白灰砌筑，白灰勾缝；中段城砖砌筑，坍塌严重，仅存北门及两侧部分包砖墙，北门为石券门，宽 0.78 米，高 1.82 米，残存包砖墙高 3.97 米，四周植被多为灌木和杂草。

**12. 角山 8 号敌台 130303352101170051**

位于角山景区东北，三道关西南，坐标：东经 119° 44′ 47.50″，北纬 40° 03′ 18.70″，高程 390 米。

敌台东西接墙，平面呈矩形，立面及剖面呈梯形，顶部东西长 9.8 米，南北宽 9.8 米，底部东西长 10.9 米，南北宽 10.9 米，高 12.45 米。立面为三段式，下段条石基础 14 层，基础放脚 4 层，白灰砌筑，白灰勾缝；中段城砖砌筑，东西辟 1 门 2 箭窗，南北辟 3 箭窗，门宽 0.79 米，高 1.82 米，箭窗宽 0.58 米，券室高 3.3 米，东、北、南侧券道墙体设壁龛 4 个，宽 0.76 米，高 1.3 米；中段与上段间设三层拔檐分隔；上段设垛口墙、铺房。

顶部铺房坍塌，垛口墙坍塌严重，箭窗、台室内部部分坍塌，室内地面大部分缺失，四周植被多为灌木和杂草，敌台西 10 米处有石质拴马桩一个，高 1 米，宽 0.19 米，顶部存两道凹槽。

### 13. 三道关村 1 号敌台 130303352101170052

位于孟姜镇三道关村西南，坐标：东经 119° 45′ 18.60″，北纬 40° 03′ 48.20″，高程 302 米。

敌台南北接墙，实心台，平面呈矩形，立面及剖面呈梯形，顶部东西宽 6.5 米，南北长 6.7 米，高 2 米，毛石砌筑。台体坍塌严重，四周植被多为灌木和杂草。

### 14. 三道关村 2 号敌台 130303352101170053

位于孟姜镇三道关村北，坐标：东经 119° 45′ 12.90″，北纬 40° 04′ 03.30″，高程 254 米。

敌台平面呈矩形，立面及剖面呈梯形，东西长 10.8 米，条石基础，白灰砌筑，白灰勾缝，外包城砖砌筑。包砖缺失，仅存下部条石基础 4 层，四周植被多为灌木和杂草。

### 15. 三道关村 3 号敌台 130303352101170054

位于孟姜镇三道关村北，坐标：东经 119° 45′ 17.90″，北纬 40° 04′ 07.70″，高程 352 米。

敌台平面呈矩形，立面及剖面呈梯形，顶部东西宽 7.73 米，南北长 7.76 米，底部东西宽 8.4 米，南北长 8.48 米，高 6.6 米。立面为三段式，下段条石基础，白灰砌筑，白灰勾缝；中段城砖砌筑，北立面辟门，宽 0.78 米，高 1.78 米，东立面、西立面设箭窗 2 个，南立面设箭窗 3 个，箭窗宽 0.54 米，高 0.5 米；中段与上段间设三层拔檐分隔；上段设垛口墙，垛口墙部分缺失，外包砖风化酥碱严重。四周植被多为灌木和杂草。

敌台内存一石碑座，长 0.78 米，宽 0.39 米，高 0.36 米，插槽长 0.2 米，宽 0.1 米，深 0.12 米；敌台北 15 米处存建筑基址，东西长 5.6 米，南北宽 3.7 米；敌台北侧 8.3 米处存一圆形石臼，直径 0.33 米，深 0.2 米；敌台北侧存摩崖石刻，分为文字刻石和其他刻石，文字石刻两处，第一处位于敌台北 13 米的一块岩石上，刻字为竖排五行，大小 17 个字，自右至左释读如下：

胡广人

身在兵中

来得回　刘

刘楚槐

包继怀

第二处位于敌台北侧 3 米的石面上，在象棋盘两旁，一侧刻"女子"，一侧刻"王八"及一"女"字；棋盘石刻两块，一为象棋盘，上面棋格清晰可见，长 0.38 米，宽 0.34 米，一为游戏盘，规格与象棋盘相同。

### 16. 三道关村 4 号敌台 130303352101170055

位于孟姜镇三道关村北，坐标：东经 119° 45′ 33.90″，北纬 40° 04′ 37.90″，高程 355 米。

敌台东西接墙，平面呈矩形，内部布局为二券室二通道，立面及剖面呈梯形，顶部东西长 6.8 米，南北宽 6.5 米，底部东西长 6.84 米，南北宽 6.6 米。立面为三段式，下段条石基础，白灰砌筑，白灰勾缝；中段城砖砌筑，东立面、西立面辟门，宽 0.75 米，高 1.7 米。设石质登台梯道 12 级，南立面、北立面各设箭窗 2 个，东立面、西立面各设箭窗 1 个；中段与上段间设三层拔檐分隔；上段设垛口墙、铺房。

铺房坍塌、垛口墙、箭窗部分缺失，外包砖风化酥碱严重，四周植被多为灌木和杂草。

**17. 三道关村 5 号敌台 130303352101170056**

位于孟姜镇三道关村北，坐标：东经 119° 45′ 43.80″，北纬 40° 04′ 39.70″，高程 361 米。

敌台东西接墙，平面呈矩形，立面及剖面呈梯形，顶部东西长 9.75 米，南北宽 9.65 米，底部东西长 10.4 米，南北宽 10.35 米，高 8.8 米。立面为三段式，下段条石基础，白灰砌筑，白灰勾缝；中段城砖砌筑，东立面、西立面辟门，宽 0.8 米，高 1.91 米，各设箭窗 2 个，南立面、北立面上下两层各设箭窗 5 个；中段与上段间设三层拔檐分隔；上段存垛口墙，高 1.43 米，垛口高 0.55 米，宽 0.4 米，厚 0.4 米。

披水砖缺失，外包砖风化酥碱严重，四周植被多为灌木和杂草。

**18. 三道关村 6 号敌台 130303352101170057**

位于孟姜镇三道关村北，坐标：东经 119° 45′ 50.50″，北纬 40° 04′ 46.60″，高程 324 米。

敌台南北接墙，平面呈矩形，立面及剖面呈梯形，顶部东西宽 9.46 米，南北长 9.7 米，底部东西宽 9.8 米，南北长 10 米，高 6.8 米。立面为三段式，下段条石基础，白灰砌筑，白灰勾缝；中段城砖砌筑，北立面辟门，宽 0.81 米，高 1.86 米，东立面、西立面、南立面各设箭窗 3 个；中段与上段间设三层拔檐分隔；上段存垛口墙，垛口宽 0.52 米，高 0.67 米，厚 0.56 米。

铺房坍塌、垛口墙、箭窗部分缺失，外包砖风化酥碱严重，四周植被多为灌木和杂草。

**19. 三道关村 7 号敌台 130303352101170058**

位于孟姜镇三道关村北，辽宁省绥中县李家乡王家峪村西南，坐标：东经 119° 45′ 52.90″，北纬 40° 04′ 54.50″，高程 330 米。

敌台南北接墙，平面呈矩形，立面及剖面呈梯形，顶部东西长 9.75 米，南北宽 9.05 米，底部东西长 9.9 米，南北宽 9.8 米，高 9.35 米。立面为三段式，下段条石基础，白灰砌筑，白灰勾缝；中段城砖砌筑，西立面辟门，南立面、北立面墙分层各设箭窗 3 个；中段与上段间设三层拔檐分隔；上段存垛口墙。

铺房坍塌、垛口墙、箭窗部分缺失，外包砖风化酥碱严重，四周植被多为灌木和杂草。

**20. 三道关村 8 号敌台 130303352101170059**

位于孟姜镇三道关村北，辽宁省绥中县李家乡王家峪村西南，坐标：东经 119° 45′ 48.90″，北纬 40° 04′ 57.10″，高程 305 米。

敌台南北接墙，平面呈矩形，立面及剖面呈梯形，顶部东西宽 10 米，南北长 11.41 米，底部东西宽 10.05 米，南北长 12.2 米。立面为三段式，下段条石基础，白灰砌筑，白灰勾缝；中段城砖砌筑，西立面辟门，设箭窗 4 个，南立面设箭窗 4 个；中段与上段间设三层拔檐分隔；上段存垛口墙。

铺房坍塌、垛口墙、箭窗部分缺失，西门缺失，外包砖风化酥碱严重，四周植被多为灌木和杂草。

**21. 三道关村 9 号敌台 130303352101170060**

位于孟姜镇三道关村北，辽宁省绥中县李家乡王家峪村西南，坐标：东经 119° 45′ 42.40″，北纬

40° 04′ 59.50″，高程 304 米。

敌台东西接墙，平面呈矩形，立面及剖面呈梯形，顶部东西长 6.4 米，南北宽 4.2 米，底部南北宽 7 米。立面为三段式，下段条石基础，白灰砌筑，白灰勾缝；中段城砖砌筑，南立面辟门，两侧各设一箭窗，东立墙、西立墙各存一箭窗，存石质登台梯道 12 层，宽 0.63 米；中段与上段间设三层拔檐分隔；上段垛口墙无存。

铺房缺失，垛口墙大部分损毁，北立面坍塌，四周植被多为灌木和杂草。

敌台外西南侧距城墙 8 米有建筑基址，长 18 米，宽 7.2 米。

### 22. 三道关村 10 号敌台 130303352101170061

位于孟姜镇三道关村北，辽宁省绥中县李家乡王家峪村西南，坐标：东经 119° 45′ 33.90″，北纬 40° 04′ 58.80″，高程 270 米。

敌台平面呈矩形，立面及剖面呈梯形，底部南北长 11.72 米。立面为三段式，下段条石基础，白灰砌筑，白灰勾缝；中段城砖砌筑，北立面保存较好，其他立面坍塌严重；中段与上段间设三层拔檐分隔；上段垛口墙无存。四周植被多为灌木和杂草。

附属设施：敌台南侧墙体外 2 米处有大面积建筑遗址，仅见墙垣，东西长 29.6 米，南北宽 21.2 米。

### 23. 三道关村 11 号敌台 130303352101170062

位于孟姜镇三道关村北，辽宁省绥中县李家乡王家峪村西南，坐标：东经 119° 45′ 29.20″，北纬 40° 04′ 59.30″，高程 261 米。

敌台平面呈矩形，立面及剖面呈梯形，顶部东西长 11.5 米，南北宽 9.6 米，高 10.3 米。立面为两段式，下段条石基础，白灰砌筑，白灰勾缝；中段城砖砌筑，西立面坍塌严重。四周植被多为灌木和杂草。

西南距墙体 8 米处，有建筑遗址，仅存墙垣，南北长 12.8 米，东西宽 10.8 米。遗址前，距城墙 25.3 米处，石面上有一石臼，直径 0.37 米，深 0.26 米。

### 24. 三道关村 12 号敌台 130303352101170063

位于孟姜镇三道关村北，辽宁省绥中县李家乡王家峪村西南，坐标：东经 119° 45′ 09.10″，北纬 40° 05′ 10.50″，高程 353 米。

敌台平面呈矩形，立面及剖面呈梯形，底部东西宽 6.95 米，南北长 9.65 米。立面为三段式，下段条石基础，白灰砌筑，白灰勾缝；中段城砖砌筑，坍塌严重，仅存条石基础。四周植被多为灌木和杂草。

### 25. 滨海长城 01 号马面 130303352102170003

位于第一关镇小湾村东南 1 千米，坐标：东经 119° 47′ 40.30″，北纬 39° 58′ 07.10″，高程 16 米。

马面平面呈矩形，立面及剖面呈梯形，底部南北长 13.5 米，凸出墙体 8 米，高 1.5 米。立面为两段式，下段条石基础，白灰砌筑，白灰勾缝；上段城砖砌筑，城砖规格：0.38 米 ×0.2 米 ×0.12 米。坍塌严重，四周植被多为灌木和杂草。

### 26. 王绥二号台 130303352102170004

位于第一关镇小湾村东南 850 米，坐标：东经 119° 47′ 42.70″，北纬 39° 58′ 16.70″，高程 8 米。

马台平面呈该台平面呈"品"字形凸出长城墙体，西立面两级凸出 20.6 米，东立面两级凸出 28.65

米，二级台体底部东西 9.2 米，南北 11.6 米，高 11.71 米。立面为三段式，下段条石基础 11 层，高 3.63 米，条石规格：长 0.9～1.5 米，宽 0.35～0.38 米，厚 0.33～0.48 米，白灰砌筑，白灰勾缝；中段城砖砌筑，城砖存在三种规格：0.4 米 ×0.2 米 ×0.1 米，0.45 米 ×0.22 米 ×0.1 米，0.4 米 ×0.195 米 ×0.12 米，高 4.49 米，中段与上段间设三层拔檐分隔，垛墙高 1.81 米，厚 0.4 米。

东立面下部存竖向通裂缝 2 条，裂缝最宽处可达 0.2 米，同时有多道较小的裂缝，包砖脱落、风化酥碱严重，四周植被多为灌木和杂草。

修缮情况：该台为明代万历二年（1574）军门参将杨兆行、沈思学在滨海长城北端紧贴原明初所建城台增筑而成。1985 年曾进行过修补和整体加固。

**27. 南翼长城 01 号马面 130303352102170005**

位于第一关镇小湾村东南 730 米，坐标：东经 119° 47′ 40.30″，北纬 39° 58′ 20.60″，高程 19 米。

马面平面呈矩形，立面及剖面呈梯形，凸出墙体 11 米，高 7 米，台芯素土分层夯筑，夯层厚 0.2～0.35 米。坍塌严重，四周植被多为灌木和杂草。

**28. 南翼长城 02 号马面 130303352102170006**

位于第一关镇小湾村东南 730 米，坐标：东经 119° 47′ 35.80″，北纬 39° 58′ 27.50″，高程 25 米。

马面平面呈矩形，立面及剖面呈梯形，南北长 17.4 米，凸出墙体 14 米，高 7 米，台芯素土分层夯筑。坍塌严重，台芯外侧夯土被人为挖去一部分，形成两层台，台上坟墓 5 座，四周植被多为灌木和杂草。

**29. 南翼长城 03 号马面 130303352102170007**

位于第一关镇小湾村东南 410 米，坐标：东经 119° 47′ 33.30″，北纬 39° 58′ 30.80″，高程 25 米。

马面平面呈矩形，立面及剖面呈梯形，南北长 15.6 米，凸出墙体 14.8 米，高 7 米，台芯素土分层夯筑。坍塌严重，台芯外侧夯土被人为挖去一部分，形成三层台，四周植被多为灌木和杂草。

**30. 南翼长城 04 号马面 130303352102170008**

位于第一关镇小湾村东 290 米，坐标：东经 119° 47′ 29.60″，北纬 39° 58′ 34.90″，高程 30 米。

马面平面呈矩形，立面及剖面呈梯形，南北长 18.4 米，凸出墙体 27 米，高 7 米，台芯素土分层夯筑，坍塌严重，台芯夯土东南、东北两角被人为取土削去一大部分，使外形轮廓已近圆弧形。台顶南部有一圆形蓄水池残址，直径 5.52 米，深 0.8 米，台上生长着 10 余株刺槐树，树龄在百年左右，四周植被多为灌木和杂草。

**31. 南翼长城 05 号马面 130303352102170009**

位于第一关镇小湾村东北 180 米，坐标：东经 119° 47′ 22.00″，北纬 39° 58′ 40.70″，高程 19 米。

马面平面呈矩形，立面及剖面呈梯形，南北长 15.6 米，凸出墙体 13.5 米，高 5 米，台芯素土分层夯筑。坍塌严重，北侧被人挖去近一半，四周植被多为灌木和杂草。

**32. 南翼长城 06 号马面 130303352102170010**

位于第一关镇小湾村东北 220 米，坐标：东经 119° 47′ 20.00″，北纬 39° 58′ 42.80″，高程 7 米。

马面平面呈矩形，立面及剖面呈梯形，南北长 17 米，凸出墙体 4 米，台芯素土分层夯筑。坍塌，呈堆状，四周植被多为灌木和杂草。

**33. 南翼长城 07 号马面 1303033521102170011**

位于第一关镇小湾村北 400 米，坐标：东经 119° 47′ 18.50″，北纬 39° 58′ 49.20″，高程 26 米。

马面平面呈矩形，立面及剖面呈梯形，南北长 12 米，凸出墙体 13 米，高 8.5 米，台芯素土分层夯筑。台芯保存较好，四周植被多为灌木和杂草。

**34. 南翼长城 08 号马面 1303033521102170012**

位于第一关镇小湾村北 640 米，坐标：东经 119° 47′ 17.60″，北纬 39° 58′ 56.70″，高程 25 米。

马面平面呈矩形，立面及剖面呈梯形，南北长 11 米，凸出墙体 14 米，高 8 米，台芯素土分层夯筑。坍塌严重，四周植被多为灌木和杂草。

**35. 南翼长城 09 号马面 1303033521102170013**

位于第一关镇小湾村北 740 米，坐标：东经 119° 47′ 17.10″，北纬 39° 59′ 00.00″，高程 29 米。

马面平面呈矩形，立面及剖面呈梯形，南北长 12 米，凸出墙体 12.9 米，高 8 米，台芯素土分层夯筑。坍塌严重，四周植被多为灌木和杂草。

**36. 南翼长城 10 号马面 1303033521102170014**

位于第一关镇小湾村北 860 米，坐标：东经 119° 47′ 16.30″，北纬 39° 59′ 03.80″，高程 26 米。

马面平面呈矩形，立面及剖面呈梯形，南北长 12 米，凸出墙体 15.4 米，高 7 米，台芯素土分层夯筑。坍塌严重，四周植被多为灌木和杂草。

**37. 南翼长城 11 号马面 1303033521102170015**

位于南涂庄村东南 700 米，坐标：东经 119° 47′ 17.70″，北纬 39° 59′ 10.40″，高程 30 米。

马面平面呈矩形，立面及剖面呈梯形，南北长 30 米，凸出墙体 22.6 米，高 7 米，台芯素土分层夯筑。坍塌严重，四周植被多为灌木和杂草。

**38. 南翼长城 12 号马面 1303033521102170016**

位于南涂庄村东南 640 米，坐标：东经 119° 47′ 19.30″，北纬 39° 59′ 13.90″，高程 31 米。

马面平面呈矩形，立面及剖面呈梯形，南北长 15.4 米，凸出墙体 17.5 米，高 8 米，台芯素土分层夯筑。台芯保存较好，环马面有坟墓 7 座，植被多为灌木和杂草。

**39. 南翼长城 13 号马面 1303033521102170017**

位于南涂庄村东南 550 米，坐标：东经 119° 47′ 19.00″，北纬 39° 59′ 18.00″，高程 26 米。

马面平面呈矩形，立面及剖面呈梯形，南北长 11.8 米，凸出墙体 15.3 米，高 7 米，台芯素土分层夯筑。坍塌严重，四周植被多为灌木和杂草。

**40. 南翼长城 14 号马面 1303033521102170018**

位于南涂庄村东南 430 米，坐标：东经 119° 47′ 17.20″，北纬 39° 59′ 23.60″，高程 36 米。

马面平面呈矩形，立面及剖面呈梯形，南北长 12 米，凸出墙体 11.1 米，高 7.35 米。立面为两段式，下段为毛石基础，白灰砌筑，白灰勾缝；上段城砖砌筑，台芯素土分层夯筑，仅东南角、东北角存有部分包砖和毛石基础，条石高 2.4 米，包砖墙高 2.55 米，厚 1 ～ 1.3 米。四周植被多为灌木和杂草。

**41. 南翼长城 15 号马面 1303033352102170019**

位于南涂庄村东 350 米，坐标：东经 119° 47′ 15.50″，北纬 39° 59′ 28.70″，高程 28 米。

马面平面呈矩形，立面及剖面呈梯形，南北长 18 米，凸出墙体 6 米，高 8 米，台芯素土分层夯筑，夯层厚 0.07 米。坍塌严重，四周植被多为灌木和杂草。

**42. 南翼长城 16 号马面 1303033352102170020**

位于南涂庄村东北 350 米，坐标：东经 119° 47′ 14.40″，北纬 39° 59′ 32.30″，高程 35 米。

马面平面呈矩形，立面及剖面呈梯形，南北长 9.66 米，凸出墙体 13 米，高 7 米，台芯素土分层夯筑。坍塌严重，四周植被多为灌木和杂草。

**43. 南翼长城 17 号马面 1303033352102170021**

位于南涂庄村东北 320 米，坐标：东经 119° 47′ 11.20″，北纬 39° 59′ 35.00″，高程 40 米。

马面平面呈矩形，立面及剖面呈梯形，东西长 8.32 米，凸出墙体 3.78 米，高 6 米，外包城砖砌筑，厚 1 米，台芯碎砖毛石砌筑。外侧包砖部分，风化酥碱严重，四周植被多为灌木和杂草。

**44. 南翼长城 18 号马面 1303033352102170022**

位于南涂庄村东北 290 米，坐标：东经 119° 47′ 07.30″，北纬 39° 59′ 36.60″，高程 42 米。

马面平面呈矩形，立面及剖面呈梯形，东西长 73 米，凸出墙体 11.6 米，高 8 米，台芯素土分层夯筑，夯层厚 0.16 米，内侧形制相对复杂，从东向西凹进凸出呈"山"字形，凹进部位已被人作为坟地，台上东西两侧各有一座混凝土建筑物，体积 1.5 立方米，马面内侧存双向登城步道，分东西两边上行。坍塌严重，四周植被多为灌木和杂草。

**45. 南翼长城 19 号马面 1303033352102170023**

位于南涂庄村北 300 米，坐标：东经 119° 47′ 02.50″，北纬 39° 59′ 38.50″，高程 38 米。

马面平面呈矩形，立面及剖面呈梯形，东西长 14 米，凸出墙体 12.5 米，高 8 米，台芯素土分层夯筑。坍塌严重，四周植被多为灌木和杂草。

**46. 南翼长城 20 号马面 1303033352102170024**

位于南涂庄村西北 380 米，坐标：东经 119° 46′ 56.60″，北纬 39° 59′ 40.80″，高程 40 米。

马面平面呈矩形，立面及剖面呈梯形，东西长 11.6 米，凸出墙体 15.8 米，高 9 米，外包城砖砌筑，白灰砌筑，白灰勾缝，台芯素土分层夯筑。上部包砖不存，下部包砖风化酥碱严重，四周植被多为灌木和杂草。

**47. 南翼长城 21 号马面 1303033352102170025**

位于南涂庄村西北 470 米，坐标：东经 119° 46′ 51.30″，北纬 39° 59′ 42.30″，高程 34 米。

马面平面呈"品"字形，一层台东西长 17 米，凸出墙体 16.5 米，高 9 米，二层台东西长 11.5 米，台芯素土分层夯筑。上部坍塌，南高北低，四周植被多为灌木和杂草。

**48. 南翼长城 22 号马面 1303033352102170026**

位于南营子村东北 390 米，坐标：东经 119° 46′ 43.20″，北纬 39° 59′ 45.60″，高程 37 米。

马面平面呈矩形，立面及剖面呈梯形，底部东西长 12.78 米，凸出墙体 7 米，高 13 米。立面为三段式，下段条石基础 4 层，条石规格：长 0.82 ～ 1.64 米，宽 0.5 米，厚 0.33 米，白灰砌筑，白灰勾缝；中段城砖砌筑，包砖厚度 1.1 ～ 1.3 米，城砖尺寸：0.38 米 ×0.18 米 ×0.1 米，白灰砌筑，白灰勾缝；上部包砖缺失，下部包砖风化酥碱严重，四周植被多为灌木和杂草。

### 49. 南翼长城 23 号马面 1303033521102170027

位于南营子村东北 310 米，坐标：东经 119° 46′ 38.40″，北纬 39° 59′ 47.20″，高程 32 米。

马面平面呈矩形，立面及剖面呈梯形，底部东西长 15 米，凸出墙体 5 米，高 9.8 米。立面为两段式，下段存条石基础 2 层，高 0.66 米，白灰砌筑，白灰勾缝；上段城砖砌筑，白灰砌筑，白灰勾缝。仅存背里砖，四周植被多为灌木和杂草。

### 50. 南翼长城 24 号马面 1303033521102170028

位于南营子村东北 250 米，坐标：东经 119° 46′ 31.40″，北纬 39° 59′ 49.10″，高程 34 米。

马面平面呈矩形，立面及剖面呈梯形，东西长 13 米，凸出墙体 12 米，高 11 米，外包城砖砌筑，白灰砌筑，白灰勾缝，台芯素土分层夯筑。外包砖缺失，四周植被多为灌木和杂草。

### 51. 南翼长城 25 号马面 1303033521102170029

位于南营子村西北 380 米，坐标：东经 119° 46′ 20.70″，北纬 39° 59′ 52.90″，高程 35 米。

马面平面呈"品"字形，分为前后两部分，后部分东西长 17 米，凸出墙体 18.8 米，高 9.8 米，前部分东西长 11.4 米，凸出后半部分 13.7 米，高 9 米。立面为三段式，前部分底部下段条石基础 10 层，后部下段条石基础 5 层，白灰砌筑，白灰勾缝，中段城砖砌筑，白灰砌筑，白灰勾缝。包砖缺失，四周植被多为灌木和杂草。

### 52. 南翼长城 26 号马面 1303033521102170030

位于南营子村西北 490 米，坐标：东经 119° 46′ 16.90″，北纬 39° 59′ 55.50″，高程 31 米。

马面平面呈矩形，立面及剖面呈梯形，底部东西长 12 米，凸出墙体 15 米，高 8.2 米。立面为两段式，下段存条石基础，白灰砌筑，白灰勾缝；上段城砖砌筑，白灰砌筑，白灰勾缝。包砖风化酥碱严重，四周植被多为灌木和杂草。

### 53. 南翼长城 27 号马面 1303033521102170031

位于南营子村西北 660 米，坐标：东经 119° 46′ 11.10″，北纬 39° 59′ 59.20″，高程 22 米。

马面平面呈矩形，立面及剖面呈梯形，顶部南北长 12 米，底部南北长 20 米，凸出墙体 19.1 米，高 8 米。立面为两段式，下段存条石基础，白灰砌筑，白灰勾缝；上段城砖砌筑，白灰砌筑，白灰勾缝，台芯素土分层夯筑。东立面、南立面存部分包砖，四周植被多为灌木和杂草。

### 54. 南翼长城 28 号马面 1303033521102170032

位于南关区莲花湖公园东侧，坐标：东经 119° 45′ 56.30″，北纬 40° 00′ 10.40″，高程 18 米。

马面平面呈矩形，立面及剖面呈梯形，顶部南北长 12.5 米，底部南北长 20 米，凸出墙体 7.6 米，高 9 米。立面为两段式，下段存条石基础，白灰砌筑，白灰勾缝；上段城砖砌筑，白灰砌筑，白灰勾缝，台芯素土分层夯筑。外包风化酥碱严重，四周植被多为灌木和杂草。

### 55. 南翼长城 29 号马面 1303033521102170033

位于南关区莲花湖公园东北侧，坐标：东经 119° 45′ 52.00″，北纬 40° 00′ 12.80″，高程 16 米。

马面平面呈矩形，立面及剖面呈梯形，顶部南北长 12 米，凸出墙体 8.2 米，高 7 米，立面为三段式，下段存条石基础，白灰砌筑，白灰勾缝；中段城砖砌筑，白灰砌筑，白灰勾缝，台芯素土分层夯筑；上段包砖缺失，顶部长有刺槐树 7 株，四周植被多为灌木和杂草。

### 56. 南翼长城 30 号马面 1303033521102170034

位于南关区莲花湖公园北侧，坐标：东经 119° 45′ 47.80″，北纬 40° 00′ 15.20″，高程 16 米。

马面平面呈矩形，立面及剖面呈梯形，顶部南北长 7 米，凸出墙体 6.5 米，高 9.7 米。立面为两段式，下段存条石基础，白灰砌筑，白灰勾缝；上段城砖砌筑，白灰砌筑，白灰勾缝，台芯素土分层夯筑。东南角、东北角存少量包砖，四周植被多为灌木和杂草。

### 57. 山海关城马面 1303033521102170035

位于山海关城东墙上，坐标：东经 119° 45′ 02.60″，北纬 40° 00′ 45.80″，高程 41 米。

马面平面呈矩形，立面及剖面呈梯形，顶部南北长 23 米，凸出墙体 16 米。立面为两段式，下段存条石基础，白灰砌筑，白灰勾缝；上段城砖砌筑，白灰砌筑，白灰勾缝，台芯素土分层夯筑。现台体为 1958 年山海关区人民政府组织修复，四周植被多为灌木和杂草。

### 58. 烽号楼 1303033521102170036

位于山海关城东北角，坐标：东经 119° 44′ 58.60″，北纬 40° 00′ 47.90″，高程 42 米。

烽号楼整体向北凸出，中部与关城北墙呈"T"字形相接，台面高出北翼长城顶面 2.1 米，有台阶上下。台东北角为直角，距关城北墙 14 米，距北翼长城外墙皮 15 米；台西北角也为直角，距关城北墙 16 米，距北翼长城西侧墙皮 13 米，台体南北长 35 米。立面为两段式，下段条石基础，白灰砌筑，白灰勾缝；上段城砖砌筑，白灰砌筑，白灰勾缝，台芯素土分层夯筑。四周植被多为灌木和杂草。

### 59. 北水关 1 号马面 1303033521102170064

位于山海关关城北 29 米处，坐标：东经 119° 44′ 57.90″，北纬 40° 00′ 49.40″，高程 38 米。

马面平面呈矩形，立面及剖面呈梯形，顶部南北长 12.78 米，凸出墙体 9.88 米，高 8.87 米。立面为两段式，下段条石基础，白灰砌筑，白灰勾缝；上段城砖砌筑，白灰砌筑，白灰勾缝，台芯素土分层夯筑。存下部存背里砖，四周植被多为灌木和杂草。

### 60. 北水关 2 号马面 1303033521102170065

位于山海关关城北 159 米处，坐标：东经 119° 44′ 56.40″，北纬 40° 00′ 52.30″，高程 36 米。

马面平面呈矩形，立面及剖面呈梯形，顶部东西长 7.31 米，凸出墙体 8.41 米，高 6.18 米。立面为两段式，下段条石基础，白灰砌筑，白灰勾缝；上段城砖砌筑，白灰砌筑，白灰勾缝，台芯素土分层夯筑。坍塌严重，四周植被多为灌木和杂草。

### 61. 北水关 3 号马面 1303033521102170066

位于山海关关城北 272 米处，坐标：东经 119° 44′ 55.20″，北纬 40° 00′ 55.60″，高程 38 米。

马面平面呈矩形，立面及剖面呈梯形，南北长 12.3 米，凸出墙体 11.46 米，高 4.95 米。立面为两段式，下段条石基础，白灰砌筑，白灰勾缝；上段城砖砌筑，白灰砌筑，白灰勾缝，台芯素土分层夯筑。上部外包砖缺失，四周植被多为灌木和杂草。

**62. 北水关 4 号马面 1303033352102170067**

位于山海关关城北 388 米处，坐标：东经 119° 44′ 53.20″，北纬 40° 00′ 58.50″，高程 42 米。

马面平面呈矩形，立面及剖面呈梯形，南北长 18.7 米，凸出墙体 8.83 米，高 4.47 米，外包城砖砌筑，白灰砌筑，白灰勾缝，台芯素土分层夯筑。坍塌成堆状，四周植被多为灌木和杂草。

**63. 北水关 5 号马面 1303033352102170068**

位于公路豁口北 340 米，山海关关城北 540 米处，坐标：东经 119° 44′ 51.80″，北纬 40° 01′ 03.20″，高程 47 米。

马面平面呈矩形，立面及剖面呈梯形，南北长 18.7 米，凸出墙体 8.83 米，高 4.47 米。立面为两段式，下段条石基础，白灰砌筑，白灰勾缝；上段城砖砌筑，台芯素土分层夯筑。南立面、东南角、西南角存部分背里砖，四周植被多为灌木和杂草。

**64. 北水关 6 号马面 1303033352102170069**

位于山海关关城北 719 米处，坐标：东经 119° 44′ 49.60″，北纬 40° 01′ 08.00″，高程 54 米。

马面平面呈矩形，立面及剖面呈梯形，南北长 26 米，凸出墙体 20.6 米，高 8.68 米。立面为两段式，下段条石基础，白灰砌筑，白灰勾缝；上段城砖砌筑，台芯素土分层夯筑。外包砖风化酥碱严重，南立面东侧外包砖缺失，四周植被多为灌木和杂草。

**65. 北水关 7 号马面 1303033352102170070**

位于山海关关城北 750 米处，坐标：东经 119° 44′ 48.40″，北纬 40° 01′ 08.80″，高程 54 米。

马面平面呈矩形，立面及剖面呈梯形，南北长 15.24 米，凸出墙体 10.13 米，高 9.47 米。立面为两段式，下段条石基础，白灰砌筑，白灰勾缝；上段城砖砌筑，台芯素土分层夯筑。外包砖风化酥碱严重，东立面、南立面各存裂缝 1 条，四周植被多为灌木和杂草。

**66. 北水关 8 号马面 1303033352102170071**

位于山海关关城北 824 米处，坐标：东经 119° 44′ 48.20″，北纬 40° 01′ 11.30″，高程 52 米。

马面平面呈矩形，立面及剖面呈梯形，南北长 25 米，凸出墙体 8.4 米，高 9.1 米。立面为两段式，下段条石基础，白灰砌筑，白灰勾缝；上段城砖砌筑，台芯素土分层夯筑。外包砖风化酥碱严重，四周植被多为灌木和杂草。

**67. 北水关 9 号马面 1303033352102170072**

位于山海关关城北 932 米处，坐标：东经 119° 44′ 46.40″，北纬 40° 01′ 14.20″，高程 52 米。

马面平面呈矩形，立面及剖面呈梯形，南北长 20 米，凸出墙体 17.15 米，高 9.87 米。立面为两段式，下段条石基础，白灰砌筑，白灰勾缝；上段城砖砌筑，台芯素土分层夯筑。东北角底部外包砖缺失，四周植被多为灌木和杂草。

**68. 北翼城 1 号马面 1303033352102170073**

位于北翼城东 202 米处，坐标：东经 119° 44′ 35.40″，北纬 40° 01′ 25.90″，高程 49 米。

马面平面呈矩形，立面及剖面呈梯形，南北长 20 米，凸出墙体 17.15 米，高 9.87 米。立面为两段式，下段条石基础，白灰砌筑，白灰勾缝；上段城砖砌筑，台芯素土分层夯筑。东立面外包砖坍塌缺失，露出夯土台芯，南立面、北立面包砖风化酥碱严重，四周植被多为灌木和杂草。

### 69. 北翼城 2 号马面 130303352102170074

位于北翼城东北 224 米处，坐标：东经 119° 44′ 31.60″，北纬 40° 01′ 31.30″，高程 53 米。

马面平面呈矩形，立面及剖面呈梯形，南北长 12.1 米，凸出墙体 6.1 米。立面为两段式，下段条石基础 12 层，白灰砌筑，白灰勾缝；上段城砖砌筑，台芯素土分层夯筑。外包砖风化酥碱严重，四周植被多为灌木和杂草。

### 70. 北翼城 3 号马面 130303352102170075

位于北翼城西北 617 米处，坐标：东经 119° 44′ 22.00″，北纬 40° 01′ 44.50″，高程 72 米。

马面平面呈矩形，立面及剖面呈梯形。立面为两段式，下段条石基础，白灰砌筑，白灰勾缝；上段城砖砌筑，台芯素土分层夯筑。北立面存部分包砖墙体，四周植被多为灌木和杂草。

### 71. 北翼城 4 号马面 130303352102170076

位于北翼城西北 767 米处，坐标：东经 119° 44′ 18.70″，北纬 40° 01′ 48.90″，高程 71 米。

马面平面呈矩形，立面及剖面呈梯形。立面为两段式，下段条石基础，白灰砌筑，白灰勾缝；上段城砖砌筑，台芯素土分层夯筑。北立面西侧被一铁桥和桥头水泥台阶辟为豁口。四周植被多为灌木和杂草。

### 72. 北翼城 5 号马面 130303352102170077

位于北翼城西北 971 米处，坐标：东经 119° 44′ 14.90″，北纬 40° 01′ 54.90″，高程 72 米。

马面平面呈矩形，立面及剖面呈梯形，南北长 12 米，凸出墙体 11 米。立面为两段式，下段条石基础 5 层，白灰砌筑，白灰勾缝；上段城砖砌筑，台芯素土分层夯筑。东、南、北三个立面均有人为掏挖出的孔洞，南立面包砖风化酥碱严重，四周植被多为灌木和杂草。

### 73. 北翼城 6 号马面 130303352102170078

位于北翼城西北 1.2 千米处，坐标：东经 119° 44′ 10.60″，北纬 40° 02′ 00.90″，高程 78 米。

马面平面呈矩形，立面及剖面呈梯形，南北长 14 米，凸出墙体 10.8 米，外包城砖砌筑，台芯素土分层夯筑。东立面存竖向裂缝 4 条，宽 0.03～0.12 米，南立面存竖向裂缝 1 条，包砖风化酥碱严重，四周植被多为灌木和杂草。

### 74. 旱门关 1 号马面 130303352102170079

位于旱门关东南 442 米处，坐标：东经 119° 44′ 08.10″，北纬 40° 02′ 01.60″，高程 86 米。

马面平面呈矩形，立面及剖面呈梯形，底部东西长 15 米，凸出墙体 6 米。立面为两段式，下段条石基础 9 层，白灰砌筑，白灰勾缝；上段城砖砌筑，白灰砌筑，白灰勾缝，上部包砖缺失，东立面外包砖风化酥碱严重，四周植被多为灌木和杂草。

### 75. 旱门关 2 号马面 130303352102170080

位于旱门关东南 189 米处，坐标：东经 119° 44′ 04.70″，北纬 40° 02′ 09.30″，高程 105 米。

马面平面呈矩形，立面及剖面呈梯形。底部东西长 15.445 米，凸出墙体 10.736 米。立面为三段式，下段条石基础，白灰砌筑，白灰勾缝；中段城砖砌筑，白灰砌筑，白灰勾缝；上段存宇墙，高 1.45 米，顶面存铺房，面宽三间，进深一间，北立面存文字砖一块，四周植被多为灌木和杂草。

### 76. 旱门关 3 号马面 130303352102170081

位于旱门关西北 135 米处，坐标：东经 119° 43′ 56.10″，北纬 40° 02′ 16.60″，高程 178 米。

马面平面呈矩形，立面及剖面呈梯形。立面为三段式，下段条石基础，白灰砌筑，白灰勾缝；中段城砖砌筑，白灰砌筑，白灰勾缝；上段存宇墙，顶面存铺房，面宽三间，进深一间，布瓦顶，为新近修复。

### 77. 角山 1 号马面 130303352102170082

位于角山月城东南 61 米处，坐标：东经 119° 43′ 44.90″，北纬 40° 02′ 28.80″，高程 363 米。

马面平面呈矩形，立面及剖面呈梯形，东西长 5.45 米，凸出墙体 4.55 米，外包毛石砌筑，白灰勾缝。上部坍塌缺失，四周植被多为灌木和杂草。

### 78. 角山 2 号马面 130303352102170083

位于角山月城北 141 米，坐标：东经 119° 43′ 43.00″，北纬 40° 02′ 34.50″，高程 409 米。

马面平面呈矩形，立面及剖面呈梯形，东西长 5 米，凸出墙体 1.6 米，外包毛石砌筑，白灰勾缝。坍塌，呈堆状，四周植被多为灌木和杂草。

### 79. 角山 3 号马面 130303352102170084

位于角山关南 209 米处，坐标：东经 119° 43′ 37.40″，北纬 40° 02′ 40.30″，高程 445 米。

马面平面呈矩形，立面及剖面呈梯形，南北长 7.35 米，凸出墙体 4.01 米，外包毛石砌筑，白灰勾缝。坍塌，呈堆状，四周植被多为灌木和杂草。

### 80. 角山 4 号马面 130303352102170085

位于角山关西北 916 米处，坐标：东经 119° 44′ 07.30″，北纬 40° 03′ 05.40″，高程 491 米。

马面平面呈矩形，立面及剖面呈梯形，南北长 6.67 米，凸出墙体 4.46 米，外包毛石砌筑，白灰勾缝。坍塌，呈堆状，四周植被多为灌木和杂草。

### 81. 角山 5 号马面 130303352102170086

位于角山关西北 1.6 千米处，坐标：东经 119° 44′ 36.30″，北纬 40° 03′ 12.20″，高程 383 米。

马面平面呈矩形，立面及剖面呈梯形，东西长 7.5 米，凸出墙体 3.9 米，高 3.86 米，外包毛石砌筑，白灰勾缝。坍塌，呈堆状，四周植被多为灌木和杂草。

### 82. 角山 6 号马面 130303352102170087

位于角山关西北 1.9 千米处，坐标：东经 119° 44′ 45.50″，北纬 40° 03′ 18.20″，高程 401 米。

马面平面呈矩形，立面及剖面呈梯形，东西长 6.5 米，凸出墙体 6.5 米，高 1.72 米，外包毛石砌筑，白灰勾缝。坍塌，呈堆状，四周植被多为灌木和杂草。

### 83. 角山 7 号马面 130303352102170088

位于角山关西北 3.1 千米处，坐标：东经 119° 45′ 16.60″，北纬 40° 03′ 52.40″，高程 262 米。

马面平面呈矩形，立面及剖面呈梯形，东西长 5.35 米，凸出墙体 4.2 米，高 1.8 米，外包毛石砌筑，白灰勾缝。顶部存铺房遗址，南北方向，东西宽 3.3 米，南北长 3.7 米，分为两间，中有隔墙，墙厚 0.48 米，存高 0.5 米。顶部北侧存毛石台阶 7 级，宽 1.28 米。四周植被多为灌木和杂草。

西侧墙外 1.9 米处有一圆形石堆，碎石砌成，直径 1.4 米，高 1.15 米。整体状况一般。

### 84. 角山 8 号马面 130303352102170089

位于角山关西北 3.4 千米处，坐标：东经 119° 45' 17.20″，北纬 40° 04' 06.20″，高程 327 米。

马面平面呈矩形，立面及剖面呈梯形，东西宽 6.1 米，南北长 7 米，高 6.65 米，外包毛石砌筑，厚 0.85 米，白灰勾缝，北立面中部辟门，宽 0.76 米。坍塌严重，西立面北侧、北立面存部分外包墙体，四周植被多为灌木和杂草。

### 85. 铁三局烽火台 130303353201170037

位于山海关城东北 2 千米，坐标：东经 119° 46' 42.10″，北纬 40° 01' 11.60″，高程 59 米。

烽火台平面呈圆形，立面及剖面呈梯形，台芯素土分层夯筑，坍塌，呈堆状，顶部长有柳树 4 棵，直径 0.05 ～ 0.15 米，四周植被多为灌木和杂草。

### 86. 欢喜岭烽火台 130303353201170038

位于陈斗庄村东南约 300 米，坐标：东经 119° 45' 22.60″，北纬 40° 01' 24.00″，高程 68 米。

烽火台平面呈圆形，立面及剖面呈梯形，东西长 8 米，南北宽 8 米，高 2 米，台芯素土分层夯筑。坍塌，呈堆状，南侧存坟墓 3 座，四周植被多为灌木和杂草。

### 87. 刘道庄烽火台 130303353201170039

位于边城子村西北约 500 米，坐标：东经 119° 47' 51.80″，北纬 40° 02' 07.90″，高程 88 米。

烽火台平面呈圆形，立面及剖面呈梯形，东西宽 6 米，南北长 22 米，高 5 米，台芯素土分层夯筑，坍塌，呈堆状，四周为林地。

### 88. 边墙子烽火台 130303353201170040

位于边城子村西北约 500 米，坐标：东经 119° 46' 00.20″，北纬 40° 01' 56.50″，高程 95 米。

烽火台分为上下两层，下层平面为方形，边长 50 米，高 6 米，四角有角台，边长 3.8 米，向外凸出边墙 1.1 米，下段条石基础，白灰砌筑，白灰勾缝；上段城砖砌筑，厚 0.8 米，包砖规格：0.37 米 ×0.19 米 ×0.1 米，白灰砌筑，白灰勾缝，台芯碎石夯筑。南立面中部辟门，宽 1.5 米，进深 2.2 米，门洞内连接门庭，进深 1.83 米，宽 2.9 米，向东为石砌登台台阶，每级台阶踏步宽 0.31 米，抬步高 0.19 ～ 0.23 米。门庭正对门处原建有照壁式墙，墙上镶嵌有石碑，石碑由山海关区旅游局收回保管。

上层为平面为圆形，底部直径 28 米，顶部直径南北 7.3 米，东西 10.4 米，高 12.2 米，下部条石基础 5 层，白灰勾缝，台芯碎石夯筑，上部外包城砖砌筑，白灰砌筑，白灰勾缝，台芯素土夯筑，夯层厚 0.1 米。

下层原包砌石条大部分丢失，存底部三层，残高 0.83 米，券门坍塌，登台石台基残存 7 级，有一多半不存。圆形烽火台下部基础条石大部分缺失，台芯外露，上部分包砖已全部破坏不存，夯土流失严重，台北侧向东盘旋向上有一条人踩踏出的登顶小道可登台顶，顶上有地质测绘坐标点标志。

台下有 20 世纪 60 年代挖掘修筑的战备工事，呈交叉分布，分别在东北角、西北角、西南角留有红机砖券巷道出口,在台芯会合。在圆形台东偏北的方形台上,有竖井式出入口一个,烽火台以西,可见一条巷道由西而来,在台西侧断开暴露在外。

**89. 梁家沟烽火台 130303353201170041**

位于边城子村西北约 500 米,坐标:东经 119° 46′ 00.20″,北纬 40° 01′ 56.50″,高程 95 米。

烽火台平面呈圆形,立面及剖面呈梯形,底径东西 14 米,南北 15 米,高 3 米,台芯素土分层夯筑,夯层厚 0.2 米。坍塌成堆状,仅存夯土台西半部,四周植被多为灌木和杂草。

**90. 上庄烽火台 130303353201170090**

位于山海关区孟姜镇青石沟上庄村西北约 1.5 千米,坐标:东经 119° 44′ 02.00″,北纬 40° 02′ 23.90″,高程 216 米。

烽火台平面呈矩形,立面及剖面呈梯形,顶部东西宽 6.74 米,南北长 6.8 米,底部东西宽 6.74 米,南北长 6.8 米,高 8.13 米。立面为四段式,第一段毛石基础,高 2.2 米,白灰勾缝;第二段毛石砌筑,白灰勾缝,高 4.33 米;第三段城砖砌筑,白灰砌筑,白灰勾缝,高 1.6 米,南立面辟门,宽 1.09 米,三段与四段间设三层拔檐分隔,厚 0.35 米。上段存垛口墙、白灰砌筑,白灰勾缝,顶部设铺房、吐水嘴。

门柱石缺失,上部石匾缺失,砖墙部分缺失,顶部铺房仅存基址。

**历史沿革**:据史料记载,此烽燧建于明嘉靖四十四年(1565),由兵部主事孙应元主建。隆庆四年(1570),山海关总兵戚继光维修角山长城的同时,对其又进行修葺,并取名为镇虏台。

**91. 角山 1 号烽火台 130303353201170091**

位于角山关西北 2.3 千米处,坐标:东经 119° 44′ 57.70″,北纬 40° 03′ 26.50″,高程 393 米。

烽火台平面呈矩形,立面及剖面呈梯形,东西宽 5.1 米,南北长 5.1 米,高 1.77 米,外包毛石砌筑。西立面存部分外包墙体,四周植被多为灌木和杂草。

**92. 角山 2 号烽火台 130303353201170092**

位于角山关西北 2.4 千米处,坐标:东经 119° 44′ 57.00″,北纬 40° 03′ 33.20″,高程 346 米。

烽火台平面呈矩形,立面及剖面呈梯形,东西宽 4 米,南北长 5.3 米,高 2.6 米,下部条石基础,上部外包毛石砌筑。上部坍塌严重,四周植被多为灌木和杂草。

**93. 三道关 1 号烽火台 130303353201170093**

位于三道关北 545 米,坐标:东经 119° 45′ 11.00″,北纬 40° 03′ 58.80″,高程 297 米。

烽火台平面呈矩形,立面及剖面呈梯形,东西宽 5.6 米,南北长 6.15 米,高 1.6 米,外包毛石砌筑。上部坍塌严重,四周植被多为灌木和杂草。

**94. 三道关 2 号烽火台 130303353201170094**

位于三道关东北 832 米,坐标:东经 119° 45′ 22.70″,北纬 40° 04′ 06.60″,高程 373 米。

烽火台平面呈矩形,立面及剖面呈梯形,东西宽 4.97 米,南北长 3.75 米,高 1.1 米,外包毛石砌筑。上部坍塌严重,四周植被多为灌木和杂草。

**95. 寺儿峪 1 号烽火台 130303353201170095**

位于寺儿峪东南 718 米,坐标:东经 119° 45′ 58.20″,北纬 40° 04′ 52.30″,高程 373 米。

烽火台外包毛石砌筑。坍塌严重,成堆状,顶部存一对夹杆石,宽 0.38 米,高 0.27 米,两石间距 0.23 米。四周植被多为灌木和杂草。

### 96. 寺儿峪 2 号烽火台 130303353201170096

位于寺儿峪西北 994 米,坐标:东经 119° 44′ 59.70″,北纬 40° 05′ 21.30″,高程 290 米。

烽火台平面呈矩形,立面及剖面呈梯形,东西长 6.8 米,南北宽 6.2 米,高 0.97 米,外包毛石砌筑。坍塌,呈堆状,四周植被多为灌木和杂草。

### 97. 九门口南 1 号烽火台 130303353201170097

位于九门口村东南 2.3 千米处,坐标:东经 119° 44′ 12.90″,北纬 40° 05′ 57.10″,高程 562 米。

烽火台外包毛石砌筑,坍塌严重,成堆状,四周植被多为灌木和杂草。

### 98. 九门口南 2 号烽火台 130303353201170098

位于辽宁省绥中县李家乡辛堡子村王家峪自然村南 1500 米,坐标:东经 119° 44′ 52.60″,北纬 40° 05′ 46.30″,高程 324 米。

烽火台平面呈矩形,立面及剖面呈梯形,东西宽 6.5 米,南北长 9.6 米,高 8.2 米。立面为三段式,下段条石基础,白灰砌筑,白灰勾缝;中段城砖砌筑,白灰砌筑,白灰勾缝,西立面辟石券门,宽 0.73 米,高 1.69 米,两侧各设 1 个箭窗。东立面设 3 个箭窗,南立面、北立面各设 2 个箭窗。内部券拱为三横二纵,中间的纵券长 4.98 米,厚 1.04 米,券宽 1.33 米,高 3.14 米。箭窗起券方式为一伏一券,高 0.89 米,宽 0.55 米。西侧设石质登城梯道 9 层,上到中间有一走廊,至北壁处再折向东,3 层梯道登顶;上段垛口墙下设望孔,西侧存 4 个垛口、5 个望孔,南、北各 3 个,东侧全残,垛口墙厚 0.43 米,铺房存基址,台体存裂缝多条,面砖风化酥碱,四周植被多为灌木和杂草。

### 99. 九门口南 3 号烽火台 130303353201170099

位于九门口东南 2.5 千米处,坐标:东经 119° 44′ 53.50″,北纬 40° 05′ 53.60″,高程 315 米。

烽火台平面呈矩形,立面及剖面呈梯形,东西长 5.5 米,南北宽 5.3 米,高 2 米,外包毛石砌筑。坍塌成堆状,四周植被多为灌木和杂草。

### 100. 九门口南 4 号烽火台 130303353201170100

位于九门口村东南 1.1 千米的山上,坐标:东经 119° 45′ 01.00″,北纬 40° 06′ 57.20″,高程 115 米。

烽火台平面呈矩形,立面及剖面呈梯形,外包毛石砌筑,坍塌,呈堆状,仅西立面存外包墙体,四周植被多为灌木和杂草。

### 101. 九门口南 5 号烽火台 130303353201170101

位于九门口村东南 1.1 千米的山上,坐标:东经 119° 45′ 03.40″,北纬 40° 07′ 01.00″,高程 157 米。

烽火台平面呈圆形,立面及剖面呈梯形,底径 8.9 米,高 0.95 米,外包毛石砌筑。坍塌,呈堆状,外侧 2.3 米处设围墙,四周植被多为灌木和杂草。

### 102. 九门口南 6 号烽火台 130303353201170102

位于九门口村东南 878 米的山上,坐标:东经 119° 44′ 54.30″,北纬 40° 07′ 00.90″,高程 134 米。

烽火台平面呈矩形,立面及剖面呈梯形。下段条石基础,白灰砌筑,白灰勾缝;上段城砖砌筑,白灰砌筑，白灰勾缝，四周设围墙，东西宽 32 米，南北长 33 米，毛石砌筑，厚 1.2 米。围墙内西北角存铺房遗址，东西宽 3.55 米，南北长 3.7 米，四周植被多为灌木和杂草。

## （三）关堡

山海关区明长城关堡一览表（单位：座）

| 序号 | 认定名称 | 认定编码 | 类型 | 周长（米） | 保存程度 | | | | |
|------|---------|----------|------|-----------|---------|------|------|------|------|
| | | | | | 较好 | 一般 | 较差 | 差 | 消失 |
| 1 | 宁海城 | 130303353102170001 | 砖墙 | 863 | √ | | | | |
| 2 | 铁门关圈城 | 130303353101170002 | 砖墙 | 290 | | √ | | | |
| 3 | 山海关关城 | 130303353101170003 | 砖墙 | 4600 | √ | | | | |
| 4 | 威远城 | 130303353102170004 | 土墙 | 530 | | √ | | | |
| 5 | 陈斗庄营盘遗址 | 130303353102170005 | 砖墙 | 524 | | | √ | | |
| 6 | 北水关 | 130303353101170006 | 砖墙 | 280 | | √ | | | |
| 7 | 北翼城 | 130303353101170007 | 砖墙 | | | | | √ | |
| 8 | 旱门关 | 130303353101170008 | 砖墙 | | | | √ | | |
| 9 | 角山关 | 130303353101170009 | 砖墙 | | | | | √ | |
| 10 | 三道关 | 130303353101170010 | 砖墙 | | | | | √ | |
| 11 | 寺儿峪关 | 130303353101170011 | 砖墙 | | | | | | √ |
| 合计 | | 共 11 座：砖墙 10 座，土墙 1 座 | | | 2 | 3 | 2 | 3 | 1 |
| 百分比（%） | | 100 | | | 18.2 | 27.3 | 18.2 | 27.3 | 9 |

保存程度：较好、一般、较差、差、消失

### 1. 宁海城 130303353102170001

位于老龙头景区内，坐标：东经 119° 47′ 33.70″，北纬 39° 58′ 04.10″，高程 15 米。

城堡平面呈刀把形，周长 863 米，占地面积 42000 平方米，现存城门 2 座，城楼 2 座，角台 2 座，角楼 2 座。

城墙墙芯素土分层夯筑，内、外侧包砌城砖，白灰砌筑，白灰勾缝。西、北、南三面墙，长 680 米，墙高 8 米，顶宽 4.5 米，外侧垛墙 1.81 米，内侧宇墙 1.2 米。东侧为原存的夯土墙，墙高 8 米，夯层厚 0.15 米左右，局部夯土墙面损坏严重处抹灰补平。整修复原了西门，在原址按西门形制修复了北门。门上各修复箭楼一座，面阔三间，9 米，进深一间，4.8 米，高 6.57 米，为单檐歇山布瓦顶。

西墙南北两端转角处设矩尺形角台，台芯素土分层夯筑，内、外侧包砌城砖，白灰砌筑，白灰勾缝，边长 12 米，同宽于墙体，顶设垛口，内外两侧均设箭窗。

城内建有把总署、显功祠、隆武营、守备署、海神庙等，均为后期修复。

关堡修缮情况：始建于明洪武年间，后毁。至明末崇祯六年（1633）巡抚杨嗣昌重建宁海城，1988 年山海关区人民政府组织修复。

### 2. 铁门关圈城 130303353101170002

位于第一关镇小湾村东南 740 米，坐标：东经 119° 47′ 41.50″，北纬 39° 58′ 21.10″，高程 11 米。

城堡平面呈矩形，南北长 81 米，东西宽 65 米，周长约 290 米，占地面积 5200 平方米。现存城门 1 座，马面 1 座，其他城墙设施已无存。

城墙墙芯素土分层夯筑，内、外侧包砌城砖，白灰砌筑，白灰勾缝。东墙底宽 8～10 米，顶宽 3.1～5 米，其他三面残存墙高 2～4 米，夯层 0.1～0.15 米。南墙东部辟门，门洞宽 3.8 米。

南门仅存遗迹，大部分墙体仅存夯土墙芯，仅北墙、东墙外侧残存有部分包砖，墙上生长着灌木荆棘和刺槐树木。北墙东侧被破坏形成豁口，城内遍布被人挖砖所造成的长沟和大坑。城中立有电讯架线杆三根，东北向西南跨越长城。

### 3. 山海关关城 130303353101170003

位于山海关景区内，坐标：东经 119°45′00.40″，北纬 40°00′27.00″，高程 18 米。

城堡周长约 4600 米，占地面积 1300000 平方米，现存城门 4 座，城楼 6 座，角楼 2 座，瓮城 4 座，罗城 2 座，马面 6 座，其他城墙设施已无存。

城墙立面为三段式，下段条石基础，白灰勾缝；中段城砖包砌，白灰砌筑，白灰勾缝，墙芯素土分层夯筑；中段与上段间设一层拔檐分隔；上段设垛口墙、宇墙，顶部地面方砖海墁。

东墙：为长城主线墙体，1956～1984 年，山海关区政府先后修补了镇东楼至威远堂的内皮石墙和外层砖墙，重修了垛口墙和宇墙，修复了镇东楼以南的部分墙体。1985～1988 年，又陆续修复了镇东楼以南的全部墙体，包括部分基础、内外墙砖、垛口、宇墙、墙芯及靖边楼至牧营楼的海墁。1994 年完成了牧营楼至镇东楼的全部砖墁。

北墙：该段墙体全长约 770 米，破坏严重，外包砖仅存接近烽号楼的 100 米，其余部分全部不存，夯土墙坍塌破坏严重，顶上仅宽 0.5 米。自威远台向西到关城西墙向南转弯处，墙体中靠近威远台的 200 米墙体外包砖全部拆毁不存，夯土墙塌毁严重。

西墙：该段墙体全长约 1300 米，两端与北、南墙相连处成圆角，现存墙高 9～11 米，顶宽 1～11 米，底宽 8～15 米。外包砖基本保存，但有局部段落坍塌或断裂，夯土流失严重，局部已不存，仅存砖墙独立。由西水门至迎恩门段墙体多处坍塌，包砖断裂、下沉、夯土流失极其严重。从墙面包砖观察，历史上该段墙体多次维修，城砖型号大小规格不一，从断裂处测量，包砖层底厚 2.5 米，上顶厚 0.8～1.2 米。迎恩门以南墙体外皮多处脱落，底部有两处被掏出大洞，接近西南转弯处有一段长 18.8 米的豁口，为 1976 年地震时为方便疏散而拆。

南墙：该段墙体全长约 1200 米，外侧包砖基本完好，内侧砖砌墙体几乎全无，局部地段夯土不存，仅留外墙。墙顶垛口、宇墙已毁。保存较完整段墙高 11 米，顶宽 10～12 米，局部地段宽 2.5 米。20 世纪 60 年代末至 70 年代初在墙体上修建的防空洞上下两层，互相贯通，依然存在。1958 年，在南门西 260 米处，开 15 米宽的豁口一个处，作为方便出入城的通道。1980 年在南门东正对一关路开 25 米的豁口一处，以便于游人前往天下第一关。1980 年，在豁口处修建券洞式连接墙。

城台立面为三段式，下段条石基础，白灰勾缝；中段城砖包砌，白灰砌筑，白灰勾缝，墙芯素土分层夯筑；中段与上段间设一层拔檐分隔；上段设垛口墙、宇墙，顶部地面方砖海墁。

**（1）城门共 4 座**

东城台：即镇东门，门洞高 7.5 米，宽 5.7 米，起券方式为七伏七券，城砖砌筑，白灰浆加糯米汁白矾发券，原有木制带铁叶及铁门钉的城门两扇。城台和城门洞从墙体表面可以明显看出，曾屡经维修，至今保存完好。城门则于 20 世纪 50 年代废弃，现仅存木制门连楹、门枕石和门闩孔。

南城台：即望洋门，门洞进深 27.3 米，宽 5.26 米，内高 6.64 米，起券方式为七伏七券。

西城台：即迎恩楼，20 世纪 50 年代因城楼残破不堪，门洞亦出现险情，遂拆毁。2005～2006 年重修门洞，现门洞进深 27.3 米，宽 5.36 米，内高 7 米，起券方式为七伏七券。

北城台：即威远门，现仅存门洞，进深 27.3 米，宽 5.1 米，洞高 7 米，起券方式为七伏七券，门已不存。

**（2）城楼共 6 座**

牧营楼：位于东墙上，单檐歇山顶二层箭楼，面阔三间，进深 2 间，对外三面共设 20 个箭窗，1985 年恢复重建。牧营楼东侧偏北接东罗城南城墙。

镇东楼：又名天下第一关箭楼，位于东门城台上，始建于明代洪武十四年（1381），重檐歇山顶，楼高 13.7 米，建筑面积 365 平方米，北、东、南三面共设 68 个箭窗。西侧上层栏杆内设一码三箭直棂窗，下层明间板门，次间檐墙到顶，顶檐下一斗二升交麻叶。1961 年公布为第一批全国重点文物保护单位。

临闾楼：位于东墙上，单檐歇山顶二层箭楼，面阔 3 间，进深 2 间，对外三面共设 20 个箭窗，形制同牧营楼，1985 年恢复重建。

威远台：该台即关城北门城台。东西长 37.5 米，南北宽 26 米，高 11.3 米。据史料记载：明天顺七年（1463）在台上建有面阔五间，进深三间带围廊的二层三滴水城楼一座，称"威远楼"。该楼是四门楼中最高的一个，后因雷击火灾而毁。明万历三十九年（1611）重修，后又毁于火灾，此后便不再重建。今台上残存有原建筑石柱础，底边长 0.86 米，鼓径 0.62 米。台东内侧有上城马道遗迹。

迎恩楼：建于西门城台上，城台南北长 38 米，东西宽 24 米，高 12 米，据史料记载：城台上明初建迎恩楼，其形制、规模、结构和镇东楼基本相同。明嘉靖三十七年（1558）、万历三十九年（1611）、清乾隆三年（1738）、十八年（1753）、二十九年（1764）、道光二十二年（1842）多次复修。据清光绪四年《临榆县志》载，"西门楼与东门楼同制，额曰：祥霭抟桑，清乾隆九年御书"。20 世纪 50 年代因城楼残破不堪，门洞亦出现险情，遂拆毁。2005～2006 年重建门楼，修复城台两侧上城马道。重建迎恩楼为重檐布瓦歇山顶，面阔五间，进深三间，上设平座，下设围廊楼阁式建筑。

望洋楼：位于南门上部城台上，城台东西长 38 米，南北宽 24 米，高 11.6 米。据旧县志记载：明嘉靖八年（1529）建，明万历三十九年（1611）、清乾隆三年（1738）、十八年（1753）、二十九年（1764）、道光二十二年（1842）、光绪二十年（1894）先后进行过多次重修。1933 年遭日军炮火轰击而残破，1955 年拆除。1985 年后在旧址依镇东楼形制重建，重檐布瓦歇山顶，面阔三间，18.8 米，高 13.29 米。楼北面一层明间设板门，二层设隔扇门，其他三面共设箭窗 68 个。

**（3）角楼共 2 座**

靖边楼：位于山海关城东南角上。据楼西南面所立《重修靖边楼碑记》所述：靖边楼始建于明代初年，成化十五年重建，万历十五年改为六角形奎光楼，清代嘉庆十年重修，1933 年遭受日军炮火轰击，以后因年久失修塌毁。1985 年国务院有关部门拨专款 95 万元重修，1986 年 6 月竣工。重建的靖边楼按明式建筑规模，为重檐歇山顶，坐东朝西，平面呈曲尺形，东南两面面阔 25 米，高 13.47 米。分上下两层，建筑面积约 660 平方米，檐桁枋心仿明代彩绘，古朴雅致，庄严绚丽。

靖边楼东南两面各设 20 个箭窗，分上下两排，西北面两端各 8 个箭窗，分上下两排，折角内侧每面分三间，明间设板门，次间设一马三箭直棂窗。折角内东侧顶檐下悬"靖边楼"匾额。

《重修靖边楼碑记》立于楼西侧，汉白玉质，首身一体，碑首刻印"爱我中华，修我长城／邓小平一九八四年六月"，碑身边际浅线刻花卉纹，下为长形覆斗形碑座。

威远堂：保存差，现仅存遗址。

**（4）马面共 3 座**

山海关城 1 号马面：位于东墙上，为长城主线马面，保存较好。

山海关城 2 号马面：位于南墙上，为外凸式方形实心台，高 10 米，东西长 16.1 米，凸出墙体 6.75 米，现保存较好。

山海关城 3 号马面：位于南墙上，为内凸式方形实心台，高 10 米，东西长 13.5 米，凸出墙体 4 米，保存较好。

**（5）瓮城共 4 座**

东瓮城：保存较好，位于关城东门外，平面呈梯形。瓮城西墙即长城主线，长 86 米；东墙长 75 米，顶宽 16 米；北墙长 85 米，顶宽 10～14 米；南墙长 79 米，顶面宽 10～15.2 米，墙高 10～12 米。南墙西端置瓮城门，门洞四伏四券，最内一层为石券。门台向内凸出 5.5 米，面阔 21 米，台高与墙等同。门洞进深 18.85 米，宽 5.1 米，高 6.45 米。

北瓮城：威远台外原有瓮城，呈半月形，墙长 197 米，偏南侧开城门，墙厚约 10～14 米，高 10～12 米，瓮城已在 20 世纪 50 年代拆除。

西瓮城：迎恩门外原有瓮城，形制同北瓮城，已在 20 世纪 60 年代末 70 年代初拆除。

南瓮城：望洋门外原有瓮城，形制同北瓮城，已在 20 世纪 50～60 年代拆除。

**（6）罗城共 2 座**

东罗城：位于关城东门外，经实测周长约 2 千米，占地面积 0.2 平方千米。其中西墙即关城东墙牧营楼至临闾楼之间的墙段，长 577 米，南墙长 450 米，东墙垣长 373 米，北墙长 620 米，近似为矩形。环城设置南门（渤海楼）、南水门、南墙 1 号马面、南墙 2 号马面、东南角台、东门（服远楼）、东门瓮城、东墙 1 号马面、东墙 2 号马面、东北角台、北墙 1 号马面、北墙 2 号马面、北水门、北门（襄龙楼），形成壁垒森严的城防体系。

墙体下以条石为基，地上可见 2 层，每层石料高 0.48 米，长度不等，但错缝砌筑。基础上包砖到拔檐石条，拔檐石下设混砖，上砌垛口墙，墙下无伸出形吐水嘴，而在拔檐石条上等距离设置方形出水口，出水口为整体烧制。在拔檐石条上，留有礌石口，圆形，直径 0.35 米，在墙外侧和垛口墙内侧做出滚槽状，后期加筑城墙时以垛口墙为基础又向上增筑，拔檐石条遂变成一条装饰性腰线。出水口与礌石口已被封堵。根据遗迹测量，始筑墙厚 5 米，后又加厚 2.8～3.2 米。加厚痕迹明显，断茬处可见内侧原墙包砖被夹于墙内，旧墙夯层细密夯实，层厚 0.1 米，规矩标准，在内侧加厚的墙体，下用 7 层 0.28 米厚条石为基，上用砖包，内填土，并可见在原墙顶的三层墁地砖上增筑的痕迹。城墙外侧所用砖多为印模阴文砖，据秦皇岛文物部门统计有十二种字样之多，现印文大多漫漶不清，经仔细辨认，仍能分辨出"万历十二年德州营造""万历十二年滦州营造""万历十二年真定营造"等文字砖。城砖长 0.38 米，宽 0.19 米，厚 0.95 米。

墙体破坏严重，南墙从牧营楼下西墙皮向东 33 米处近年新开一门，为"东罗城景区入口检票处"。向东至东南角之间有 3 段墙体外墙包砖坍塌，夯土流失或被掏空，位置分别在南水门东侧和南 2 号马面东侧，总长达 71 米。东南角以北、东门服远楼以南有 20 米长的大豁口，是现在出入城的主要通道，东门以北内侧有 20 米包砖坍塌，近东北角台处有人为掏洞贯通内外；东北角台包砖近年经过了修整；北墙在北水门和北门之间有一段 35 米的墙体被拆毁，形成豁口，在北门以西又有 20 米的包砖墙坍塌。内部包砖东城墙保存较为完整，南墙、北墙均所存无几。墙上垛口、宇墙全部不存。从包砖上观察，东墙、北墙近年得到局部修补。

环城三面的护城河基本完整，且近年经过筑石防渗整修，增设了栏杆和过河桥梁，河宽 12 米，深 4 米，距城墙平均 15 米。

东门即关门，上建"服远楼"，为重檐布瓦歇山顶箭楼，现正在修复中，形制同关城之牧营、临闾楼，城门宽 4.2 米，高 4.6 米，进深 9.7 米，门台内外凸出墙体 1.7 米，城台高 9.4 米。门外筑圆角瓮城，瓮城东西内宽 10.6 米，南北内长 21 米，墙厚底 8 米，顶宽 3.5 米，高同门台。

南、北门形制相同，面宽 7 米，凸出墙体 3.5 米，门洞宽 2.6 米，内高 3.15 米，外高 2.67 米，纵深 7.8 米，券顶上镶嵌门铭石，字迹已漫漶不清。该城门不设马道，而是在券门内壁设一小券洞，内置台基可通台顶，其形制区别于一般城门的惯例。现北门已封堵不用。

南、北水门形制相同，水门宽 1.85 米，高 3 米，进深 5 米同墙厚。顶做五伏五券式，最下一券为石券，券石宽 0.42 米，石面上下边作凸棱线。

东、北、南面共 6 座马面，形制基本相同，面宽 6.5 米，凸出墙面 3.3 米，残高 6.5 米。现南墙马面和北墙 2 号马面已坍塌。

东南角台宽 6 米，两侧凸出墙体 3.3 米，残高 7 米，对外一角做圆角；东北角台较大，东面宽 18.55 米，北面宽 17.2 米，东侧凸出墙体 12 米，北侧凸出墙体 14.16 米，残高 7 米，基本为方形。

西罗城：西瓮城外有西罗城，与关城西墙相连。据清光绪四年《临榆县志》记载："西罗城附大城西关外，明崇祯十六年巡抚朱国栋请建，工程未完遇改革终止。门一，在城西，曰拱宸。"西罗城占地约 600000 平方米，因其为关城后防，不是重点防御工程，因此城墙均为土筑，且无敌台等防御设施。西罗城西垣的拱宸门始建年代无考，但知明代中叶已有此门。原为土筑，易圮。明万历二十四年（1596）改为砖石结构，明崇祯十六年（1643）建西罗城时，定为西罗城之西门。门上有面阔三楹两滴水的城楼 1 座，民国年间楼毁，新中国成立后因拓建马路将门拆除。现西罗城已不存，仅罗城北墙尚有一线夯土残迹。

**（7）水门共 2 座**

西水门：位于西墙、西门北侧约 380 米处。水门进深 8.2 米，门洞宽 1.63 米，洞高 1.95 米，五伏五券洞顶，墙内侧两边延长为"八"字形墙，外敞口宽 4.74 米，门外口内侧有闸板槽。现在水门处为城内外通行的通道之一。

南水门：洞进深 20 米，宽 4 米，高 3 米，现依然有水流过。

**4. 威远城 130303353102170004**

位于山海关烈士陵园西北约 300 米，坐标：东经 119° 46′ 26.10″，北纬 40° 01′ 19.40″，高程 67 米。

城堡平面呈矩形，周长约 530 米，占地面积 17700 平方米。现存角台 2 座，马面 1 座，其他城墙设施已无存。

城墙墙芯素土分层夯筑，东墙上部宽 9 ～ 11 米，外部墙体坍塌，呈漫坡状，最宽 15 米，保存较为完整；南墙中部辟门，现为一宽 13 米的豁口，由南门向西至西南角段保存较好，上宽 12 米，底宽 13 米，外侧有人为掏挖的 6 个小窑洞，直径 1 米左右，由门向东至东南角段，墙体外侧被人为挖土破坏，最窄处仅剩 0.4 米，最宽处也只有 2 米，下部为现代人坟丘多座；西墙顶部残宽 1 ～ 8 米，由西北角向南 41 米处，城墙外侧被人为挖土仅剩 1 ～ 2.5 米；北墙上部残宽 7 ～ 11 米，外部墙体坍塌，呈大漫坡状，最宽 15 米，外高 9 米，内高 3 米，保存较好。

角台：城东南、东北角各建有角台，台芯素土分层夯筑，东南角台向南凸出墙体 7.6 米，东西宽 12 米；东北角台向北凸出墙体 8.22 米，东西宽 13 米。

马面：位于东墙中部，台芯素土分层夯筑，保存一般，顶部平面呈梯形，外边宽 9.7 米，内边宽 25.3 米，凸出墙体 9 米，下部坍塌成漫坡状。

主要历史设施：现城中央有一座四方形夯土台，台上散见沾有白灰浆的毛石和碎砖，未见整砖。砖的形制分两种：①宽 0.2、厚 0.12 米，②宽 0.17、厚 0.07 米。

**5. 陈斗庄营盘遗址 130303353102170005**

位于陈斗庄村东约 300 米，坐标：东经 119° 45′ 32.10″，北纬 40° 01′ 34.00″，高程 65 米。

城堡平面呈矩形，南北长 110 米，东西长 150 米，周长约 524 米，占地面积 17000 平方米，现存角台 3 座，其他城墙设施无存。

城墙芯素土分层夯筑，内、外侧包砌城砖，白灰砌筑，白灰勾缝，外包砖不存，东墙仅存北半部墙芯，南墙仅存西部一小段墙芯，西墙全部坍塌，仅存西北角台，北墙存东半部墙芯，最宽处 10 米，外高 4 米。

角台：墙芯素土分层夯筑，内、外侧包砌城砖，白灰砌筑，白灰勾缝，外包砖不存，东南角台、西南角台、西北角台均已坍塌，保存较差，残高约 4.5 米。

**6. 北水关 130303353101170006**

位于秦皇岛市山海关区东 2 千米，坐标：东经 119° 44′ 38.10″，北纬 40° 01′ 21.60″，高程 45 米。

关城长 280 米，现存城台 2 座，城楼 1 座，铺房 1 座，其他城墙设施无存。

北水关是山海关城北第一个小型关城，面积很小，早年倾圮，近年修复。城墙墙芯素土分层夯筑，内、外侧包砌城砖，白灰砌筑，白灰勾缝，其下开有两个券门，一通水流，一通公路，南侧墙外有登城马道一条，上层建有铺房一个，北水关敌台一个。

铺房平面呈矩形，立面及剖面呈梯形，为南北向，面阔三间，进深一层，硬山灰布瓦顶，外墙有箭窗三个，内侧一门二窗，门高 23 米，宽 1.22 米，屋地下有长方形水闸孔一个直达河底，长 1.8 米，宽 0.4 米。

### 7. 北翼城 130303353101170007

秦皇岛市山海关区北 2.4 千米，孟姜镇北营子村的东部，坐标：东经 119° 44′ 27.00″，北纬 40° 01′ 25.00″，高程 45 米。

城堡平面呈矩形，南北长 300 米，周长约 524 米，占地面积 17000 平方米，现存水门 1 座，其他城墙设施无存。城墙墙芯素土分层夯筑，内、外侧包砌城砖，白灰砌筑，白灰勾缝，以长城墙体为城的东墙，南墙、北墙坍塌严重，高 0.6～5.75 米，西墙消失，北墙存拱券门，应为城内的水门，宽 4.69 米，高 5.75 米。

### 8. 旱门关 130303353101170008

位于位于秦皇岛市山海关区东 2.4 千米，坐标：东经 119° 44′ 01.20″，北纬 40° 02′ 14.80″，高程 121 米。

关城现存城台 1 座，其他城墙设施无存。

早年倾圮，近年修复，只维修了墙体和城门，城墙墙芯素土分层夯筑，内、外侧包砌城砖，白灰砌筑，白灰勾缝，城门起券方式为三伏三券，宽 3.3 米，高 3.8 米，门券上方有匾额阳刻旱门关三字，后面有"丙寅年春重修"字样。

### 9. 角山关 130303353101170009

位于秦皇岛市山海关区北 5.2 千米，坐标：东经 119° 43′ 43.00″，北纬 40° 02′ 30.00″，高程 368 米。

位于角山中部，北距大平顶 510 米，现已无存。

### 10. 三道关 130303353101170010

位于秦皇岛市山海关区北 6.87 千米，坐标：东经 119° 45′ 12.20″，北纬 40° 03′ 41.30″，高程 121 米。

关城长 280 米，现存城台 2 座，城楼 1 座，铺房 1 座，其他城墙设施无存。位于两山之间峡谷谷底，现已大部分无存，所谓"三道关，三层关墙是也"。关口城墙为第一道，城墙墙芯素土分层夯筑，内、外侧包砌城砖，白灰砌筑，白灰勾缝，现已无存；北 40 米的两块巨石，堵住路口，为第二道；北 50 米的石墙为第三道，现存城砖基础，长 0.5 米，宽 0.5 米。存石柱础一块。直径 0.42 米，高 0.38 米。石质出水口一件，残长 0.88 米，宽 0.41 米。关口北约 300 米处有石碑座一件，已残。残长 0.75 米，宽 62 米，高 0.51 米，插槽宽 0.21 米，长 0.33 米，深 0.23 米。

### 11. 寺儿峪关 130303353101170011

位于绥中县新堡子村王家峪，左侧崖顶可见敌楼，崖底仍有砖迹，断定这里便是所寻关口。

弘治十一年（1498），洪钟对山海关长城及蓟镇长城进行整修与改造，增建角山关、三道关、寺儿峪关等处城堡。

# 抚宁县

抚宁县位于秦皇岛市西北部，地理坐标东经 119° 04′ ～ 119° 46′，北纬 39° 41′ ～ 40° 19′，县域东西宽 54.33 千米，南北长 50.37 千米，总面积 1646 平方千米。东北与辽宁省葫芦岛市绥中县交界，北接青龙满族自治县，南邻昌黎县、北戴河区，西接卢龙县。距北京市 214 千米，距石家庄 456 千米，距辽宁省沈阳市 413 千米，距秦皇岛市 30.5 千米，东南邻渤海。

抚宁县明长城分布在共 4 个镇，分别为驻操营镇、石门寨镇、大新寨镇、台营镇。南接山海关区寺儿峪长城第 2 段山险，东与辽宁省葫芦岛市绥中县锥子山段长城、荆条沟北山长城相接，西接卢龙县重峪口长城 1 段。

长城起点：驻操营镇九门口村东南，坐标：东经 119° 44′ 11.60″，北纬 40° 06′ 49.00″，高程 232 米。

长城止点：台营镇邬家沟村西北侧，坐标：东经 119° 06′ 52.70″，北纬 40° 05′ 50.00″，高程 619 米。

抚宁县调查长城资源墙体 191 段，总长 113156 米；单体建筑 657 座，其中：敌台 462 座、马面 131 座、烽火台 56 座、铺房 1 座、水关（门）1 座、其他单体建筑 6 座；关堡 39 座；相关遗存 11 处。

## （一）墙体

抚宁县明长城墙体一览表（单位：米）

| 编号 | 认定名称 | 认定编码 | 类型 | 长度 | 保存程度 | | | | |
|---|---|---|---|---|---|---|---|---|---|
| | | | | | 较好 | 一般 | 较差 | 差 | 消失 |
| 1 | 九门口长城 1 段 | 1303233821031701001 | 砖墙 | 1500 | 788 | 712 | | | |
| 2 | 九门口长城 2 段 | 1303233821021701002 | 石墙 | 317 | | | | 317 | |
| 3 | 九门口长城 3 段 | 1303233821061701003 | 山险 | 52 | | 52 | | | |
| 4 | 庙山口长城 1 段 | 1303233821021701004 | 石墙 | 879 | | | | 879 | |
| 5 | 庙山口长城 2 段 | 1303233821031701005 | 砖墙 | 662 | 662 | | | | |
| 6 | 夕阳口长城 1 段 | 1303233821021701006 | 石墙 | 269 | | 269 | | | |
| 7 | 夕阳口长城 2 段 | 1303233821031701007 | 砖墙 | 98 | 98 | | | | |
| 8 | 夕阳口长城 3 段 | 1303233821061701008 | 山险 | 150 | | 150 | | | |
| 9 | 夕阳口长城 4 段 | 1303233821021701009 | 石墙 | 183 | | | 183 | | |
| 10 | 夕阳口长城 5 段 | 1303233821061701010 | 山险 | 153 | | 153 | | | |
| 11 | 夕阳口长城 6 段 | 1303233821031701011 | 砖墙 | 382 | | 382 | | | |
| 12 | 夕阳口长城 7 段 | 1303233821021701012 | 石墙 | 981 | | 981 | | | |
| 13 | 黄土岭长城 1 段 | 1303233821031701013 | 砖墙 | 151 | | | 151 | | |
| 14 | 黄土岭长城 2 段 | 1303233821021701014 | 石墙 | 195 | | 195 | | | |
| 15 | 黄土岭长城 3 段 | 1303233821031701015 | 砖墙 | 1100 | 125 | | 975 | | |
| 16 | 黄土岭长城 4 段 | 1303233821021701016 | 石墙 | 608 | | | 608 | | |
| 17 | 黄土岭长城 5 段 | 1303233821031701017 | 砖墙 | 624 | | 624 | | | |
| 18 | 刘城子长城 1 段 | 1303233821021701018 | 石墙 | 940 | | | | 940 | |

（续）

| 编号 | 认定名称 | 认定编码 | 类型 | 长度 | 保存程度 | | | | |
|---|---|---|---|---|---|---|---|---|---|
| | | | | | 较好 | 一般 | 较差 | 差 | 消失 |
| 19 | 刘城子长城 2 段 | 1303233382106170019 | 山险 | 91 | | 91 | | | |
| 20 | 刘城子长城 3 段 | 1303233382102170020 | 石墙 | 108 | | | 108 | | |
| 21 | 刘城子长城 4 段 | 1303233382106170021 | 山险 | 180 | | 180 | | | |
| 22 | 杜城子长城 1 段 | 1303233382102170022 | 石墙 | 780 | | | 780 | | |
| 23 | 杜城子长城 2 段 | 1303233382103170023 | 砖墙 | 63 | | | | 63 | |
| 24 | 杜城子长城 3 段 | 1303233382102170024 | 石墙 | 1200 | | 1200 | | | |
| 25 | 苗城子长城 1 段 | 1303233382106170025 | 山险 | 164 | | 164 | | | |
| 26 | 苗城子长城 2 段 | 1303233382103170026 | 砖墙 | 229 | 229 | | | | |
| 27 | 苗城子长城 3 段 | 1303233382102170027 | 石墙 | 74 | | | | 74 | |
| 28 | 苗城子长城 4 段 | 1303233382106170028 | 山险 | 567 | | 567 | | | |
| 29 | 苗城子长城 5 段 | 1303233382102170029 | 石墙 | 220 | | | 220 | | |
| 30 | 苗城子长城 6 段 | 1303233382106170030 | 山险 | 196 | | 196 | | | |
| 31 | 苗城子长城 7 段 | 1303233382102170031 | 石墙 | 367 | | | 367 | | |
| 32 | 苗城子长城 8 段 | 1303233382106170032 | 山险 | 135 | | 135 | | | |
| 33 | 苗城子长城 9 段 | 1303233382102170033 | 石墙 | 253 | | | 253 | | |
| 34 | 苗城子长城 10 段 | 1303233382106170034 | 山险 | 55 | | 55 | | | |
| 35 | 苗城子长城 11 段 | 1303233382102170035 | 石墙 | 352 | | | 352 | | |
| 36 | 苗城子长城 12 段 | 1303233382103170036 | 砖墙 | 52 | | | | 52 | |
| 37 | 苗城子长城 13 段 | 1303233382106170037 | 山险 | 194 | | 194 | | | |
| 38 | 苗城子长城 14 段 | 1303233382103170038 | 砖墙 | 271 | 271 | | | | |
| 39 | 破城子长城 1 段 | 1303233382106170039 | 山险 | 99 | | 99 | | | |
| 40 | 破城子长城 2 段 | 1303233382102170040 | 石墙 | 884 | | 884 | | | |
| 41 | 破城子长城 3 段 | 1303233382102170041 | 石墙 | 221 | | | 221 | | |
| 42 | 破城子长城 4 段 | 1303233382106170042 | 山险 | 99 | | 99 | | | |
| 43 | 破城子长城 5 段 | 1303233382102170043 | 石墙 | 886 | 886 | | | | |
| 44 | 破城子长城 6 段 | 1303233382106170044 | 山险 | 59 | | 59 | | | |
| 45 | 破城子长城 7 段 | 1303233382103170045 | 砖墙 | 118 | | 118 | | | |
| 46 | 破城子长城 8 段 | 1303233382102170046 | 石墙 | 255 | | | 255 | | |
| 47 | 大毛山长城 1 段 | 1303233382103170047 | 砖墙 | 464 | 464 | | | | |
| 48 | 大毛山长城 2 段 | 1303233382102170048 | 石墙 | 217 | | | | 217 | |
| 49 | 大毛山长城 3 段 | 1303233382106170049 | 山险 | 17 | | 17 | | | |
| 50 | 大毛山长城 4 段 | 1303233382102170050 | 石墙 | 112 | | | | 112 | |
| 51 | 大毛山长城 5 段 | 1303233382106170051 | 山险 | 17 | | 17 | | | |
| 52 | 大毛山长城 6 段 | 1303233382102170052 | 石墙 | 100 | | | | 100 | |
| 53 | 大毛山长城 7 段 | 1303233382103170053 | 砖墙 | 185 | 185 | | | | |
| 54 | 大毛山长城 8 段 | 1303233382102170054 | 石墙 | 763 | 763 | | | | |
| 55 | 大毛山长城 9 段 | 1303233382103170055 | 砖墙 | 119 | 119 | | | | |

（续）

（续）

| 编号 | 认定名称 | 认定编码 | 类型 | 长度 | 保存程度 | | | | |
|---|---|---|---|---|---|---|---|---|---|
| | | | | | 较好 | 一般 | 较差 | 差 | 消失 |
| 56 | 大毛山长城 10 段 | 130323382106170056 | 山险 | 487 | | 487 | | | |
| 57 | 大毛山长城 11 段 | 130323382102170057 | 石墙 | 738 | | | | 738 | |
| 58 | 董家口长城 1 段 | 130323382106170058 | 山险 | 53 | | 53 | | | |
| 59 | 董家口长城 2 段 | 130323382102170059 | 石墙 | 41 | | | | 41 | |
| 60 | 董家口长城 3 段 | 130323382106170060 | 山险 | 33 | | 33 | | | |
| 61 | 董家口长城 4 段 | 130323382102170061 | 石墙 | 203 | | | | 203 | |
| 62 | 董家口长城 5 段 | 130323382103170062 | 砖墙 | 210 | 210 | | | | |
| 63 | 董家口长城 6 段 | 130323382102170063 | 石墙 | 310 | | | | 310 | |
| 64 | 董家口长城 7 段 | 130323382103170064 | 砖墙 | 333 | 333 | | | | |
| 65 | 董家口长城 8 段 | 130323382102170065 | 石墙 | 1400 | | | | 1400 | |
| 66 | 城子峪长城 1 段 | 130323382103170066 | 砖墙 | 1000 | | | 935 | | 65 |
| 67 | 城子峪长城 2 段 | 130323382102170067 | 石墙 | 1100 | | | 1100 | | |
| 68 | 水门寺长城 1 段 | 130323382103170068 | 砖墙 | 351 | | | 351 | | |
| 69 | 平顶峪长城 1 段 | 130323382102170069 | 石墙 | 2600 | | | 2195 | | 405 |
| 70 | 平顶峪长城 2 段 | 130323382106170070 | 山险 | 131 | | 131 | | | |
| 71 | 平顶峪长城 3 段 | 130323382103170071 | 砖墙 | 242 | 242 | | | | |
| 72 | 平顶峪长城 4 段 | 130323382102170072 | 石墙 | 454 | | | 454 | | |
| 73 | 平顶峪长城 5 段 | 130323382106170073 | 山险 | 407 | | 407 | | | |
| 74 | 平顶峪长城 6 段 | 130323382102170074 | 石墙 | 1700 | | 1700 | | | |
| 75 | 板场峪长城 1 段 | 130323382103170075 | 砖墙 | 26 | 26 | | | | |
| 76 | 板场峪长城 2 段 | 130323382106170076 | 山险 | 110 | | 110 | | | |
| 77 | 板场峪长城 3 段 | 130323382102170077 | 石墙 | 138 | 138 | | | | |
| 78 | 板场峪长城 4 段 | 130323382102170078 | 石墙 | 535 | 535 | | | | |
| 79 | 板场峪长城 5 段 | 130323382102170079 | 石墙 | 812 | 812 | | | | |
| 80 | 板场峪长城 6 段 | 130323382102170080 | 石墙 | 426 | | | | 426 | |
| 81 | 板场峪长城 7 段 | 130323382106170081 | 山险 | 81 | | 81 | | | |
| 82 | 板场峪长城 8 段 | 130323382102170082 | 石墙 | 1100 | | | | 1100 | |
| 83 | 板场峪长城 9 段 | 130323382103170083 | 砖墙 | 586 | | | 586 | | |
| 84 | 板场峪长城 10 段 | 130323382102170084 | 石墙 | 1900 | | | | 1900 | |
| 85 | 义院口长城 1 段 | 130323382103170085 | 砖墙 | 166 | | | | | 166 |
| 86 | 义院口长城 02 段 | 130323382103170086 | 砖墙 | 118 | | | 50 | 68 | |
| 87 | 义院口长城 03 段 | 130323382102170087 | 石墙 | 102 | | 102 | | | |
| 88 | 义院口长城 04 段 | 130323382103170088 | 砖墙 | 201 | | 201 | | | |
| 89 | 义院口长城 05 段 | 130323382102170089 | 石墙 | 256 | | | 256 | | |
| 90 | 拿子峪长城 01 段 | 130323382103170090 | 砖墙 | 1075 | 135 | 832 | 108 | | |
| 91 | 拿子峪长城 02 段 | 130323382103170091 | 砖墙 | 60 | | | | | 60 |
| 92 | 拿子峪长城 03 段 | 130323382103170092 | 砖墙 | 1283 | | 1144 | 139 | | |

（续）

| 编号 | 认定名称 | 认定编码 | 类型 | 长度 | 保存程度 | | | | |
|---|---|---|---|---|---|---|---|---|---|
| | | | | | 较好 | 一般 | 较差 | 差 | 消失 |
| 93 | 拿子峪长城 04 段 | 1303233382102170093 | 石墙 | 304 | | 89 | 215 | | |
| 94 | 拿子峪长城 05 段 | 1303233382106170094 | 山险 | 332 | 332 | | | | |
| 95 | 花场峪长城 01 段 | 1303233382102170095 | 石墙 | 274 | 57 | | 217 | | |
| 96 | 花场峪长城 02 段 | 1303233382106170096 | 山险 | 156 | 156 | | | | |
| 97 | 花场峪长城 03 段 | 1303233382102170097 | 石墙 | 456 | | | 456 | | |
| 98 | 花场峪长城 04 段 | 1303233382103170098 | 砖墙 | 89 | | 89 | | | |
| 99 | 花场峪长城 05 段 | 1303233382102170099 | 石墙 | 302 | | | 302 | | |
| 100 | 花场峪长城 06 段 | 1303233382106170100 | 山险 | 179 | 179 | | | | |
| 101 | 花场峪长城 07 段 | 1303233382102170101 | 石墙 | 301 | | 148 | 153 | | |
| 102 | 花场峪长城 08 段 | 1303233382103170102 | 砖墙 | 266 | | 266 | | | |
| 103 | 花场峪长城 09 段 | 1303233382102170103 | 石墙 | 137 | | 74 | 63 | | |
| 104 | 花场峪长城 10 段 | 1303233382103170104 | 砖墙 | 63 | | | | | 63 |
| 105 | 花场峪长城 11 段 | 1303233382103170105 | 砖墙 | 154 | 54 | 50 | 50 | | |
| 106 | 花场峪长城 12 段 | 1303233382102170106 | 石墙 | 71 | 71 | | | | |
| 107 | 细峪口长城 01 段 | 1303233382106170107 | 山险 | 680 | 680 | | | | |
| 108 | 细峪口长城 02 段 | 1303233382102170108 | 石墙 | 29 | | | | | 29 |
| 109 | 细峪口长城 03 段 | 1303233382102170109 | 石墙 | 114 | | 84 | 30 | | |
| 110 | 细峪口长城 04 段 | 1303233382106170110 | 山险 | 1313 | 1313 | | | | |
| 111 | 祖山东门长城 01 段 | 1303233382102170111 | 石墙 | 63 | 50 | | 13 | | |
| 112 | 祖山东门长城 02 段 | 1303233382106170112 | 山险 | 542 | 542 | | | | |
| 113 | 祖山东门长城 03 段 | 1303233382102170113 | 石墙 | 253 | | 121 | 132 | | |
| 114 | 祖山东门长城 04 段 | 1303233382106170114 | 山险 | 133 | 133 | | | | |
| 115 | 祖山东门长城 05 段 | 1303233382102170115 | 石墙 | 82 | | 82 | | | |
| 116 | 祖山东门长城 06 段 | 1303233382102170116 | 石墙 | 405 | | 405 | | | |
| 117 | 祖山东门长城 07 段 | 1303233382106170117 | 山险 | 115 | 115 | | | | |
| 118 | 祖山东门长城 08 段 | 1303233382102170118 | 石墙 | 567 | 219 | 348 | | | |
| 119 | 祖山东门长城 09 段 | 1303233382102170119 | 石墙 | 144 | | | | | 144 |
| 120 | 祖山东门长城 10 段 | 1303233382102170120 | 石墙 | 112 | | 112 | | | |
| 121 | 祖山东门长城 11 段 | 1303233382106170121 | 山险 | 458 | 458 | | | | |
| 122 | 祖山东门长城 12 段 | 1303233382102170122 | 石墙 | 70 | | 70 | | | |
| 123 | 祖山东门长城 13 段 | 1303233382106170123 | 山险 | 860 | 860 | | | | |
| 124 | 祖山东门长城 14 段 | 1303233382103170124 | 砖墙 | 90 | 90 | | | | |
| 125 | 柳观峪长城 01 段 | 1303233382106170125 | 山险 | 1867 | 1867 | | | | |
| 126 | 柳观峪长城 02 段 | 1303233382103170126 | 砖墙 | 36 | | 36 | | | |
| 127 | 柳观峪长城 03 段 | 1303233382102170127 | 石墙 | 151 | | | 151 | | |
| 128 | 柳观峪长城 04 段 | 1303233382106170128 | 山险 | 537 | 537 | | | | |
| 129 | 柳观峪长城 05 段 | 1303233382102170129 | 石墙 | 1977 | | 1977 | | | |

（续）

| 编号 | 认定名称 | 认定编码 | 类型 | 长度 | 保存程度 | | | | |
|---|---|---|---|---|---|---|---|---|---|
| | | | | | 较好 | 一般 | 较差 | 差 | 消失 |
| 130 | 乌龙顶长城 01 段 | 1303233382106170130 | 山险 | 2016 | 2016 | | | | |
| 131 | 东峪长城 01 段 | 1303233382102170131 | 石墙 | 610 | | | 610 | | |
| 132 | 东峪长城 02 段 | 1303233382106170132 | 山险 | 591 | 591 | | | | |
| 133 | 东峪长城 03 段 | 1303233382103170133 | 砖墙 | 61 | 61 | | | | |
| 134 | 东峪长城 04 段 | 1303233382106170134 | 山险 | 509 | 509 | | | | |
| 135 | 东峪长城 05 段 | 1303233382102170135 | 石墙 | 238 | | 238 | | | |
| 136 | 背牛顶长城 01 段 | 1303233382106170136 | 山险 | 2197 | 2197 | | | | |
| 137 | 背牛顶长城 02 段 | 1303233382102170137 | 石墙 | 328 | | 328 | | | |
| 138 | 背牛顶长城 03 段 | 1303233382106170138 | 山险 | 58 | 58 | | | | |
| 139 | 背牛顶长城 04 段 | 1303233382102170139 | 石墙 | 2645 | | | 2645 | | |
| 140 | 梁家湾长城 01 段 | 1303233382106170140 | 山险 | 2737 | 2737 | | | | |
| 141 | 梁家湾长城 02 段 | 1303233382102170141 | 石墙 | 176 | | 116 | 60 | | |
| 142 | 梁家湾长城 03 段 | 1303233382102170142 | 石墙 | 52 | | | | | 52 |
| 143 | 梁家湾长城 04 段 | 1303233382106170143 | 山险 | 107 | 107 | | | | |
| 144 | 梁家湾长城 05 段 | 1303233382102170144 | 石墙 | 43 | | 43 | | | |
| 145 | 梁家湾长城 06 段 | 1303233382103170145 | 砖墙 | 71 | | 71 | | | |
| 146 | 梁家湾长城 07 段 | 1303233382106170146 | 山险 | 105 | 105 | | | | |
| 147 | 梁家湾长城 08 段 | 1303233382103170147 | 砖墙 | 39 | | 39 | | | |
| 148 | 梁家湾长城 09 段 | 1303233382106170148 | 山险 | 1341 | 1341 | | | | |
| 149 | 梁家湾长城 10 段 | 1303233382102170149 | 石墙 | 501 | | 501 | | | |
| 150 | 箭杆岭长城 01 段 | 1303233382102170150 | 石墙 | 3341 | | 1500 | 1841 | | |
| 151 | 箭杆岭长城 02 段 | 1303233382102170151 | 石墙 | 56 | | | | | 56 |
| 152 | 箭杆岭长城 03 段 | 1303233382102170152 | 石墙 | 1298 | | 490 | 808 | | |
| 153 | 箭杆岭长城 04 段 | 1303233382106170153 | 山险 | 50 | 50 | | | | |
| 154 | 箭杆岭长城 05 段 | 1303233382102170154 | 石墙 | 1584 | | 1584 | | | |
| 155 | 箭杆岭长城 06 段 | 1303233382102170155 | 石墙 | 3307 | | 2114 | 1193 | | |
| 156 | 界岭口长城 01 段 | 1303233382103170156 | 砖墙 | 2223 | | 1541 | 682 | | |
| 157 | 界岭口长城 02 段 | 1303233382103170157 | 砖墙 | 102 | | | | | 102 |
| 158 | 界岭口长城 03 段 | 1303233382103170158 | 砖墙 | 2647 | | 2192 | 455 | | |
| 159 | 罗汉洞长城 01 段 | 1303233382103170159 | 砖墙 | 2856 | | 2856 | | | |
| 160 | 罗汉洞长城 02 段 | 1303233382102170160 | 石墙 | 377 | | 377 | | | |
| 161 | 罗汉洞长城 03 段 | 1303233382103170161 | 砖墙 | 104 | 104 | | | | |
| 162 | 罗汉洞长城 04 段 | 1303233382102170162 | 石墙 | 180 | 180 | | | | |
| 163 | 罗汉洞长城 05 段 | 1303233382106170163 | 山险 | 114 | 114 | | | | |
| 164 | 黑龙头山长城 01 段 | 1303233382102170164 | 石墙 | 690 | 426 | 186 | 78 | | |
| 165 | 黑龙头山长城 02 段 | 1303233382103170165 | 砖墙 | 644 | 644 | | | | |
| 166 | 黑龙头山长城 03 段 | 1303233382102170166 | 石墙 | 521 | | 521 | | | |

（续）

| 编号 | 认定名称 | 认定编码 | 类型 | 长度 | 保存程度 | | | | |
|---|---|---|---|---|---|---|---|---|---|
| | | | | | 较好 | 一般 | 较差 | 差 | 消失 |
| 167 | 黑龙头山长城 04 段 | 1303233382106170167 | 山险 | 205 | 205 | | | | |
| 168 | 黑龙头山长城 05 段 | 1303233382102170168 | 石墙 | 292 | 76 | | 216 | | |
| 169 | 黑龙头山长城 06 段 | 1303233382106170169 | 山险 | 172 | 172 | | | | |
| 170 | 黑龙头山长城 07 段 | 1303233382102170170 | 石墙 | 428 | 232 | 148 | 48 | | |
| 171 | 竭家沟长城 01 段 | 1303233382103170171 | 砖墙 | 248 | 97 | 151 | | | |
| 172 | 竭家沟长城 02 段 | 1303233382102170172 | 石墙 | 866 | | | 844 | | 22 |
| 173 | 竭家沟长城 03 段 | 1303233382103170173 | 砖墙 | 153 | | 153 | | | |
| 174 | 竭家沟长城 04 段 | 1303233382102170174 | 石墙 | 1023 | | 116 | 479 | 407 | 21 |
| 175 | 竭家沟长城 05 段 | 1303233382106170175 | 山险 | 182 | 182 | | | | |
| 176 | 竭家沟长城 06 段 | 1303233382106170176 | 山险 | 155 | 155 | | | | |
| 177 | 竭家沟长城 07 段 | 1303233382102170177 | 石墙 | 504 | | 235 | 269 | | |
| 178 | 竭家沟长城 08 段 | 1303233382106170178 | 山险 | 75 | 75 | | | | |
| 179 | 袁家沟长城 | 1303233382102170179 | 石墙 | 1821 | | 297 | 1524 | | |
| 180 | 谢家店长城 01 段 | 1303233382102170180 | 石墙 | 3511 | | 579 | 2932 | | |
| 181 | 吴家沟长城 01 段 | 1303233382102170181 | 石墙 | 3298 | | 3277 | | | 21 |
| 182 | 谢家店长城 02 段 | 1303233382102170182 | 石墙 | 1749 | | 1138 | 501 | | 110 |
| 183 | 河口长城 01 段 | 1303233382103170183 | 砖墙 | 52 | | 52 | | | |
| 184 | 河口长城 02 段 | 1303233382102170184 | 石墙 | 153 | | | 153 | | |
| 185 | 河口长城 03 段 | 1303233382102170185 | 石墙 | 46 | | | | | 46 |
| 186 | 河口长城 04 段 | 1303233382102170186 | 石墙 | 1514 | | 398 | 1116 | | |
| 187 | 河口长城 05 段 | 1303233382106170187 | 山险 | 814 | 814 | | | | |
| 188 | 河口长城 06 段 | 1303233382102170188 | 石墙 | 90 | | | 90 | | |
| 189 | 吴家沟长城 02 段 | 1303233382102170189 | 石墙 | 414 | | | | | 414 |
| 190 | 吴家沟长城 03 段 | 1303233382102170190 | 石墙 | 2162 | | | 2162 | | |
| 191 | 板厂峪长城支线 | 1303233382102170191 | 石墙 | 4850 | | 4850 | | | |
| 合计 | | 共 191 段：石墙 93 段，砖墙 46 段，山险 52 段 | | 113156 | 27982 | 42916 | 27630 | 12852 | 1776 |
| 百分比（%） | | 100 | | | 24.7 | 38 | 24.5 | 11.3 | 1.5 |

类型：砖墙、石墙、土墙、山险墙、山险

保存程度：较好、一般、较差、差、消失

## 1. 九门口长城 1 段 130323382103170001

位于九门口村南，起点坐标：东经 119° 44′ 11.60″，北纬 40° 06′ 49.00″，高程 232 米；止点坐标：东经 119° 44′ 45.00″，北纬 40° 07′ 17.10″，高程 184 米。

墙体长 1500 米，其间设敌台 11 座，马面 1 座，包括九门口 1 ～ 11 号敌台，九门口 1 号马面。墙体宽 3.8 ～ 4.4 米，高 2.5 ～ 3.4 米。立面为三段式，下段为条石基础，白灰砌筑，白灰勾缝；中段城砖包砌，墙芯为土石混筑；中段与上段间设一层砖拔檐分隔，上段外侧设垛口墙，宽 0.46 米。内侧设宇墙。

墙体保存较完整，部分墙体包砖酥碱、缺失，顶部垛口墙局部坍塌，墁地砖损毁。按保存程度分成2段，第2段墙体保存较好，长712米，20世纪80年代进行过修缮，第2段墙体保存一般，长712米，墙体顶部垛口墙、宇墙和墁地砖大部分坍塌、损毁，部分墙体包砖坍塌、缺失。四周植被以松树、柏树、灌木、杂草为主。

**2. 九门口长城 2 段 130323382102170002**

位于九门口村东北，起点坐标：东经119° 44′ 45.00″，北纬40° 07′ 17.10″，高程184米；止点坐标：东经119° 44′ 44.20″，北纬40° 07′ 23.60″，高程108米。

墙体长317米，其间设敌台1座，马面1座，包括九门口12号敌台、九门口2号马面。自然基础，毛石砌筑，墙芯为土石混筑，残宽2～2.4米，残高1.5～2.8米。

墙体整体保存差，部分墙体坍塌，外包毛石缺失，顶部坍塌严重。四周植被以松树、柏树、灌木、杂草为主。

**3. 九门口长城 3 段 130323382102170003**

位于九门口村东北，起点坐标：东经119° 44′ 44.20″，北纬40° 07′ 23.60″，高程108米；止点坐标：东经119° 44′ 46.30″，北纬40° 07′ 24.10″，高程103米。

山险长52米，利用自然山体岩石为墙体，山势陡峭，墙体两侧植被多为低矮杂草和灌木。

**4. 庙山口长城 1 段 130323382102170004**

位于庙山口村东，起点坐标：东经119° 44′ 46.30″，北纬40° 07′ 24.10″，高程103米；止点坐标：东经119° 44′ 52.20″，北纬40° 07′ 50.50″，高程337米。

墙体长879米，其间设敌台6座，马面1座，包括庙山口1～6号敌台，庙山口1号马面。自然基础，毛石砌筑，墙芯为土石混筑，残宽2～2.55米，残高0.5～2.8米。

墙体整体保存差，部分墙体坍塌，外包毛石缺失，顶部坍塌严重。四周植被以松树、柏树、灌木、杂草为主。

**5. 庙山口长城 2 段 130323382102170005**

位于庙山口村东、夕阳口村东南，起点坐标：东经119° 44′ 52.20″，北纬40° 07′ 50.50″，高程337米；止点坐标：东经119° 45′ 07.80″，北纬40° 08′ 07.20″，高程392米。

墙体长662米，其间设敌台2座，马面2座，包括庙山口7～8号敌台，庙山口2～3号马面。墙体宽5～5.5米，高4.2～5.7米。立面为三段式，下段为条石基础，白灰砌筑，白灰勾缝，呈迭落式；中段城砖包砌，墙芯土石混筑；中段与上段间设一层石拔檐分隔，上段外侧设垛口墙，厚0.35～0.45米，高1.75米，辟望孔，内侧设宇墙；顶部地面城砖海墁。

墙体保存较好，形制清晰。部分墙体包砖酥碱、缺失，墙体顶部垛口墙和宇墙部分坍塌，墁地砖大部分损毁。四周植被以松树、柏树、灌木、杂草为主。

**6. 夕阳口长城 1 段 130323382102170006**

位于夕阳口村东南、夕阳口村东，起点坐标：东经119° 45′ 07.80″，北纬40° 08′ 07.20″，高程392米；止点坐标：东经119° 45′ 16.40″，北纬40° 08′ 12.90″，高程344米。

墙体长 269 米,其间设敌台 1 座,夕阳口 1 号敌台。自然基础,毛石砌筑,白灰勾缝,墙芯为土石混筑,宽 2.8 ~ 3.1 米,高 2.2 ~ 4.4 米,墙体顶部砌筑垛口墙,厚 0.6 ~ 0.8 米,地面片石铺墁。

墙体整体保存一般,顶部垛口墙大部分坍塌。四周植被以松树、柏树、灌木、杂草为主。

### 7. 夕阳口长城 2 段 130323382102170007

位于夕阳口村东、夕阳口村东北,起点坐标:东经 119° 45′ 16.40″,北纬 40° 08′ 12.90″,高程 344 米;止点坐标:东经 119° 45′ 18.00″,北纬 40° 08′ 15.70″,高程 376 米。

墙体长 98 米,其间设马面 1 座,夕阳口 1 号马面。墙体宽 5 ~ 5.5 米,高 3.5 ~ 5.7 米。立面为三段式,下段为条石基础,白灰砌筑,白灰勾缝,呈迭落式;中段城砖包砌,墙芯土石混筑;中段与上段间设一层石拔檐分隔,上段外侧设垛口墙,厚 0.38 ~ 0.4 米,高 1.75 米,辟望孔,内侧设宇墙;顶部地面城砖海墁。

墙体保存较好,形制清晰。部分墙体包砖酥碱、缺失,墙体顶部垛口墙和宇墙部分坍塌,墁地砖大部分损毁。四周植被以松树、柏树、灌木、杂草为主。

### 8. 夕阳口长城 3 段 130323382102170008

位于夕阳口东北,起点坐标:东经 119° 45′ 18.00″,北纬 40° 08′ 15.70″,高程 376 米;止点坐标:东经 119° 45′ 21.60″,北纬 40° 08′ 19.70″,高程 436 米。

山险长 150 米,利用自然山体岩石为墙体,山势陡峭,墙体两侧植被多为低矮杂草和灌木。

### 9. 夕阳口长城 4 段 130323382102170009

位于夕阳口村东北,起点坐标:东经 119° 45′ 21.60″,北纬 40° 08′ 19.70″,高程 436 米;止点坐标:东经 119° 45′ 22.30″,北纬 40° 08′ 25.60″,高程 451 米。

墙体长 183 米,其间设敌台 2 座,包括夕阳口 2 ~ 3 号敌台。自然基础,毛石砌筑,白灰勾缝,墙芯为土石混筑,宽 2 ~ 2.4 米,高 0.5 ~ 3.2 米。

墙体整体保存较差,墙体坍塌严重,部分墙体外包毛石缺失,顶部垛口墙坍塌严重。四周植被以松树、柏树、灌木、杂草为主。

### 10. 夕阳口长城 5 段 130323382106170010

位于夕阳口东北,起点坐标:东经 119° 45′ 22.30″,北纬 40° 08′ 25.60″,高程 451 米;止点坐标:东经 119° 45′ 22.40″,北纬 40° 08′ 30.50″,高程 361 米。

山险长 153 米,利用自然山体岩石为墙体,山势陡峭,墙体两侧植被多为低矮杂草和灌木。

### 11. 夕阳口长城 6 段 130323382106170011

位于夕阳口村东北,起点坐标:东经 119° 45′ 22.40″,北纬 40° 08′ 30.50″,高程 361 米;止点坐标:东经 119° 45′ 19.60″,北纬 40° 08′ 42.50″,高程 360 米。

墙体长 382 米,其间设敌台 1 座,夕阳口 4 号敌台。墙体宽 5 ~ 5.5 米,高 3.6 ~ 5.5 米。立面为三段式,下段条石基础,白灰砌筑,白灰勾缝,呈迭落式;中段城砖包砌,墙芯土石混筑;中段与上段间设一层石拔檐分隔,上段外侧设垛口墙,内侧设宇墙;顶部地面城砖海墁。

墙体保存一般，部分外墙包砖植物滋长、酥碱、缺失，垛口墙大部分坍塌、损毁，墁地砖大部分损毁，杂草滋生。四周植被以松树、柏树、灌木、杂草为主。

### 12. 夕阳口长城 7 段 130323382106170012

位于夕阳口村东北、黄土岭村东南，起点坐标：东经 119° 45′ 19.60″，北纬 40° 08′ 42.50″，高程 360 米；止点坐标：东经 119° 44′ 55.40″，北纬 40° 09′ 04.40″，高程 276 米。

墙体长 981 米，其间设敌台 4 座，马面 1 座，包括夕阳口 5 ～ 8 号敌台，夕阳口 2 号马面。墙体宽 2 ～ 3 米，高 1.5 ～ 2.8 米，自然基础，墙身毛石砌筑，白灰勾缝，墙芯为土石混筑，顶部设垛口墙，毛石砌筑，厚 0.5 ～ 1 米。

墙体整体保存一般，部分墙体外包毛石缺失，顶部垛口墙坍塌严重。四周植被以松树、柏树、灌木、杂草为主。

### 13. 黄土岭长城 1 段 130323382103170013

位于夕阳口村东北、黄土岭村东南，起点坐标：东经 119° 44′ 55.40″，北纬 40° 09′ 04.40″，高程 276 米；止点坐标：东经 119° 44′ 58.30″，北纬 40° 09′ 08.80″，高程 252 米。

墙体长 151 米，其间设敌台 1 座，黄土岭 1 号敌台。墙体宽 5 ～ 5.2 米，高 3.8 ～ 5.8 米。立面为三段式，下段条石基础，白灰砌筑，白灰勾缝，呈迭落式；中段城砖包砌，墙芯土石混筑；中段与上段间设一层石拔檐分隔，上段外侧设垛口墙，内侧设宇墙；顶部地面城砖海墁。

墙体保存较差，局部外包砖缺失，墙芯外露，垛口墙、宇墙基本无存，顶部地面基本无存，顶部杂草、树木滋生。四周植被以松树、柏树、灌木、杂草为主。

### 14. 黄土岭长城 2 段 130323382102170014

位于黄土岭村东南、黄土岭村东南，起点坐标：东经 119° 44′ 58.30″，北纬 40° 09′ 08.80″，高程 252 米；止点坐标：东经 119° 44′ 59.30″，北纬 40° 09′ 15.00″，高程 214 米。

墙体长 195 米，其间设敌台 2 座，包括黄土岭 2 ～ 3 号敌台。墙体宽 3.5 ～ 3.65 米，高 4.5 ～ 5.1 米，自然基础，墙身毛石砌筑，白灰勾缝，墙芯为土石混筑，上部设垛口墙，毛石砌筑；顶部片石地面。

墙体整体保存一般，垛口墙大部分损毁、城砖地面大部分损毁，顶部杂草、树木滋生。四周植被以松树、柏树、灌木、杂草为主。

### 15. 黄土岭长城 3 段 130323382102170015

位于黄土岭村东南、黄土岭村东，起点坐标：东经 119° 44′ 59.30″，北纬 40° 09′ 15.00″，高程 214 米；止点坐标：东经 119° 44′ 56.10″，北纬 40° 09′ 45.20″，高程 404 米。

墙体长 1100 米，其间设敌台 7 座，马面 3 座，包括黄土岭 4 ～ 10 号敌台，黄土岭 1 ～ 3 号马面。墙体宽 4.7 ～ 5 米，高 6.02 米。立面为三段式，下段条石基础，白灰砌筑，白灰勾缝，呈迭落式；中段城砖包砌，墙芯土石混筑；中段与上段间设一层砖拔檐分隔，上段外侧设垛口墙，厚 0.65 米。内侧设宇墙，厚 0.4 米；顶部地面城砖海墁。

墙体整体保存较差。按照保存程度分为 2 段：第 1 段保存较好，长 125 米，位于黄土岭 6 号敌台至 7 号敌台，墙体形制清晰。第 2 段保存较差，长 975 米，局部外包砖坍塌、酥碱、缺失，上部垛墙、墁地砖大部分缺失，顶部杂草、树木滋生。四周植被以松树、柏树、灌木、杂草为主。

**16. 黄土岭长城 4 段 130323382102170016**

位于黄土岭村，起点坐标：东经 119° 44′ 56.10″，北纬 40° 09′ 45.20″，高程 404 米；止点坐标：东经 119° 44′ 46.80″，北纬 40° 10′ 03.40″，高程 431 米。

墙体长 608 米，其间设敌台 1 座，马面 2 座，包括黄土岭 11 号敌台，黄土岭 4～5 号马面。墙体宽 2.3～3.6 米，高 1.1～3.8 米，自然基础，墙身毛石砌筑，白灰勾缝，墙芯为土石混筑，顶部设垛口墙，毛石砌筑，地面片石铺墁。

墙体整体保存较差，局部外包毛石缺失，墙芯裸露，墙体多处坍塌，垛口墙坍塌严重，地面基本无存。四周植被以松树、柏树、灌木、杂草为主。

**17. 黄土岭长城 5 段 130323382103170017**

位于黄土岭村东北，起点坐标：东经 119° 44′ 46.80″，北纬 40° 10′ 03.40″，高程 431 米；止点坐标：东经 119° 44′ 46.50″，北纬 40° 10′ 21.80″，高程 458 米。

墙体长 624 米，其间设敌台 3 座，马面 2 座，包括黄土岭 12～14 号敌台，黄土岭 6～7 号马面。墙体宽 4.5～5 米，高 4.6～5.4 米。立面为三段式，下段条石基础，白灰砌筑，白灰勾缝，呈迭落式；中段城砖包砌，墙芯土石混筑；中段与上段间设一层石拔檐分隔，上段外侧设垛口墙，辟望孔，垛口墙厚 0.45～0.52 米，高 1.53 米，内侧设宇墙；顶部地面城砖海墁。

墙体整体保存一般，外包墙体砖件酥碱，垛口墙部分坍塌，宇墙大部分坍塌缺失，墁地城砖大部分缺失，顶部杂草、树木滋生。四周植被以松树、柏树、灌木、杂草为主。

**18. 刘城子长城 1 段 130323382102170018**

位于黄土岭村东北、东南，起点坐标：东经 119° 44′ 46.50″，北纬 40° 10′ 21.80″，高程 458 米；止点坐标：东经 119° 44′ 49.10″，北纬 40° 10′ 50.30″，高程 514 米。

墙体长 940 米，其间设敌台 4 座，马面 1 座，包括刘城子 1～4 号敌台，刘城子 1 号马面。墙体宽 1.1～3.6 米，高 0.2～3.4 米，自然基础，墙身毛石砌筑，白灰勾缝，墙芯为土石混筑。

墙体整体保存差，大部分墙体坍塌严重，外包毛石缺失，顶部设施无存。顶部地面杂草、树木滋长。四周植被以松树、柏树、灌木、杂草为主。

**19. 刘城子长城 2 段 130323382102170019**

位于刘城子东，起点坐标：东经 119° 44′ 49.10″，北纬 40° 10′ 50.30″，高程 514 米；止点坐标：东经 119° 44′ 49.40″，北纬 40° 10′ 53.20″，高程 549 米。

山险长 91 米，利用自然山体岩石为墙体，山势陡峭，墙体两侧植被多为低矮杂草和灌木。

**20. 刘城子长城 3 段 130323382102170020**

位于刘城子村东，起点坐标：东经 119° 44′ 49.40″，北纬 40° 10′ 53.20″，高程 549 米；止点坐标：东经 119° 44′ 49.00″，北纬 40° 10′ 56.70″，高程 541 米。

墙体长 108，其间设敌台 2 座，包括刘城子 5～6 号敌台。墙体宽 1.6～2.8 米，高 0.8～3.4 米，自然基础，墙身毛石砌筑，白灰勾缝，墙芯为土石混筑，上部设垛口墙，毛石砌筑；顶部片石地面。

墙体整体保存较差，多处坍塌，墙芯裸露，顶部损毁严重，四周植被以松树、柏树、灌木、杂草为主。

**21. 刘城子长城 4 段 130323382102170021**

位于刘城子村东，起点坐标：东经 119° 44′ 49.00″，北纬 40° 10′ 56.70″，高程 541 米；止点坐标：东经 119° 44′ 44.50″，北纬 40° 11′ 01.40″，高程 483 米。

山险长 180 米，利用自然山体岩石为墙体，山势陡峭，墙体两侧植被多为低矮杂草和灌木。

**22. 杜城子长城 1 段 130323382102170022**

位于刘城子村东北、杜城子村东南，起点坐标：东经 119° 44′ 44.50″，北纬 40° 11′ 01.40″，高程 483 米；止点坐标：东经 119° 44′ 42.00″，北纬 40° 11′ 23.50″，高程 357 米。

墙体长 780 米，其间设敌台 1 座，马面 1 座，包括杜城子 1 号敌台、杜城子 1 号马面。墙体宽 1.6 ～ 2.3 米，高 0.5 ～ 2.2 米，自然基础，墙身毛石砌筑，白灰勾缝，墙芯为土石混筑，上部设垛口墙。

墙体整体保存较差，多处坍塌，局部外包毛石缺失，墙芯裸露，顶部损毁严重，四周植被以松树、柏树、灌木、杂草为主。

**23. 杜城子长城 2 段 130323382102170023**

位于杜城子村东南、杜城子村东北，起点坐标：东经 119° 44′ 42.00″，北纬 40° 11′ 23.50″，高程 357 米；止点坐标：东经 119° 44′ 31.20″，北纬 40° 11′ 41.00″，高程 394 米。

墙体长 63 米，墙体宽 4.8 ～ 5 米，高 2.2 ～ 3.7 米。立面为三段式，下段条石基础，白灰砌筑，白灰勾缝，呈迭落式；中段城砖包砌，墙芯土石混筑；上段外侧设垛口墙、内侧设宇墙；顶部地面城砖海墁。

整体保存差，墙体局部坍塌，墙芯裸露，面砖局部脱落，砖件酥碱，垛口墙、宇墙大部分坍塌，墁地城砖大部分缺失、松动，顶部杂草、树木滋生。四周植被以松树、柏树、灌木、杂草为主。

**24. 杜城子长城 3 段 130323382102170024**

位于杜城子村东北、苗城子村东北锥子山上，起点坐标：东经 119° 44′ 31.20″，北纬 40° 11′ 41.00″，高程 394 米；止点坐标：东经 119° 44′ 15.60″，北纬 40° 12′ 16.80″，高程 454 米。

墙体长 1200 米，其间设敌台 6 座，马面 1 座，包括杜城子 7 ～ 12 号敌台、杜城子 3 号马面。墙体 0.5 ～ 2.2 米，高 1.5 ～ 2.2 米，自然基础，墙身毛石砌筑，白灰勾缝，墙芯为土石混筑。

整体保存一般，墙体保存较好，顶部大部分坍塌，四周植被以松树、柏树、灌木、杂草为主。

**25. 苗城子长城 1 段 130323382106170025**

位于苗城子东北锥子山上，起点坐标：东经 119° 44′ 15.60″，北纬 40° 12′ 16.80″，高程 454 米；止点坐标：东经 119° 44′ 13.70″，北纬 40° 12′ 21.90″，高程 488 米。

山险长 164 米，利用自然山体岩石为墙体，山势陡峭，墙体两侧植被多为低矮杂草和灌木。

**26. 苗城子长城 2 段 130323382106170026**

位于苗城子村东北锥子山上，起点坐标：东经 119° 44′ 13.70″，北纬 40° 12′ 21.90″，高程 488 米；止点坐标：东经 119° 44′ 04.50″，北纬 40° 12′ 20.50″，高程 431 米。

墙体长 229 米，其间设敌台 2 座，马面 1 座，包括苗城子 1 至 2 号敌台、苗城子 1 号马面。墙体

4.5～5 米，高 3.5～5.3 米。立面为三段式，下段条石基础，白灰砌筑，白灰勾缝，呈迭落式；中段城砖包砌，墙芯土石混筑；中段与上段间设二层砖拔檐分隔，上段外侧设垛口墙，厚 0.43～0.46 米，垛口墙顶部砌披水砖，下部辟望孔，垛口间设垛口石，内侧设宇墙，厚 0.42 米；顶部地面城砖海墁。

整体保存较好，墙体形制清晰，砖件有酥碱、缺失现象，垛口墙、宇墙保持较好，地面砖大部分缺失，顶部杂草、树木滋长。四周植被以松树、柏树、灌木、杂草为主。

### 27. 苗城子长城 3 段 130323382106170027

位于苗城子村东北锥子山，起点坐标：东经 119° 44′ 04.50″，北纬 40° 12′ 20.50″，高程 431 米；止点坐标：东经 119° 44′ 01.40″，北纬 40° 12′ 19.80″，高程 444 米。

墙体长 74 米，自然基础，墙身毛石砌筑，白灰勾缝，墙芯为土石混筑。

整体保存差，墙体坍塌严重，墙芯裸露，顶部设施无存。四周植被以松树、柏树、灌木、杂草为主。

### 28. 苗城子长城 4 段 130323382106170028

位于苗城子村东北锥子山，起点坐标：东经 119° 44′ 01.40″，北纬 40° 12′ 19.80″，高程 444 米；止点坐标：东经 119° 43′ 37.80″，北纬 40° 12′ 20.20″，高程 460 米。

山险长 567 米，利用自然山体岩石为墙体，山势陡峭，墙体两侧植被多为低矮杂草和灌木。

### 29. 苗城子长城 5 段 130323382106170029

位于苗城子村北，起点坐标：东经 119° 43′ 37.80″，北纬 40° 12′ 20.20″，高程 460 米；止点坐标：东经 119° 43′ 28.50″，北纬 40° 12′ 20.60″，高程 463 米。

墙体长 220 米，其间设敌台 1 座，苗城子 4 号敌台。墙体宽 1～1.5 米，高 0.5～1.1 米，自然基础，墙身毛石砌筑，白灰勾缝，墙芯为土石混筑。

整体保存较差，墙体多处坍塌，墙芯裸露，顶部损毁严重。四周植被以松树、柏树、灌木、杂草为主。

### 30. 苗城子长城 6 段 130323382106170030

位于苗城子村北，起点坐标：东经 119° 43′ 28.50″，北纬 40° 12′ 20.60″，高程 463 米；止点坐标：东经 119° 43′ 20.60″，北纬 40° 12′ 19.30″，高程 481 米。

山险长 196 米，利用自然山体岩石为墙体，山势陡峭，墙体两侧植被多为低矮杂草和灌木。

### 31. 苗城子长城 7 段 130323382106170031

位于苗城子村北，起点坐标：东经 119° 43′ 20.60″，北纬 40° 12′ 19.30″，高程 481 米；止点坐标：东经 119° 43′ 06.10″，北纬 40° 12′ 17.10″，高程 493 米。

墙体长 367 米，其间设敌台 1 座，苗城子 6 号敌台。墙体宽 1.2～1.8 米，高 0.5～1.7 米，自然基础，墙身毛石砌筑，白灰勾缝，墙芯为土石混筑，上部设垛口墙。

整体保存较差，墙体多处坍塌，局部外包毛石缺失，墙芯裸露，顶部损毁严重。四周植被以松树、柏树、灌木、杂草为主。

### 32. 苗城子长城 8 段 130323382106170032

位于苗城子村西北，起点坐标：东经 119° 43′ 06.10″，北纬 40° 12′ 17.10″，高程 493 米；止点坐标：东经 119° 43′ 00.50″，北纬 40° 12′ 16.30″，高程 450 米。

山险长 135 米，利用自然山体岩石为墙体，山势陡峭，墙体四周植被以松树、柏树、灌木、杂草为主。

### 33. 苗城子长城 9 段 130323382106170033

位于苗城子村西北，起点坐标：东经 119° 43′ 00.50″，北纬 40° 12′ 16.30″，高程 450 米；止点坐标：东经 119° 42′ 49.80″，北纬 40° 12′ 16.80″，高程 466 米。

墙体长 253 米，其间设敌台 1 座，苗城子 7 号敌台。墙体宽 1.2 ～ 1.8 米，高 0.3 ～ 2.2 米。自然基础，墙身毛石砌筑，白灰勾缝，墙芯为土石混筑，上部设垛口墙。

整体保存较差，墙体多处坍塌，局部外包毛石缺失，墙芯裸露，顶部坍塌严重，四周植被以松树、柏树、灌木、杂草为主。

### 34. 苗城子长城 10 段 130323382106170034

位于苗城子西北，起点坐标：东经 119° 42′ 49.80″，北纬 40° 12′ 16.80″，高程 466 米；止点坐标：东经 119° 42′ 47.70″，北纬 40° 12′ 17.50″，高程 498 米。

山险长 55 米，利用自然山体岩石为墙体，山势陡峭，墙体两侧植被多为低矮杂草和灌木。

### 35. 苗城子长城 11 段 130323382102170035

位于苗城子村西北，起点坐标：东经 119° 42′ 47.70″，北纬 40° 12′ 17.50″，高程 498 米；止点坐标：东经 119° 42′ 34.10″，北纬 40° 12′ 13.00″，高程 451 米。

墙体长 352 米，其间设敌台 1 座，苗城子 9 号敌台。墙体宽 1.1 ～ 1.65 米，高 0.5 ～ 1.8 米，自然基础，墙身毛石砌筑，白灰勾缝，墙芯为土石混筑，上部设垛口墙。

整体保存较差，墙体多处坍塌，局部外包毛石缺失，墙芯裸露，顶部损毁严重，四周植被以松树、柏树、灌木、杂草为主。

### 36. 苗城子长城 12 段 130323382102170036

位于苗城子村西北，起点坐标：东经 119° 42′ 34.10″，北纬 40° 12′ 13.00″，高程 451 米；止点坐标：东经 119° 42′ 31.90″，北纬 40° 12′ 12.80″，高程 432 米。

墙体长 52 米，宽 4 ～ 4.5 米，高 1.7 ～ 3.6 米。立面为三段式，下段条石基础，白灰砌筑，白灰勾缝，呈迭落式；中段城砖包砌，墙芯土石混筑；上段设垛口墙、宇墙；顶部地面城砖海墁。

整体保存差，墙体坍塌严重，垛口墙、宇墙基本无存，墁地城砖大部分缺失，顶部杂草、树木滋生。四周植被以松树、柏树、灌木、杂草为主。

### 37. 苗城子长城 13 段 130323382106170037

位于苗城子村西北，起点坐标：东经 119° 42′ 31.90″，北纬 40° 12′ 12.80″，高程 432 米；止点坐标：东经 119° 42′ 24.00″，北纬 40° 12′ 13.20″，高程 301 米。

山险长 194 米，利用自然山体岩石为墙体，山势陡峭，墙体两侧植被多为低矮杂草和灌木。

### 38. 苗城子长城 14 段 130323382106170038

位于苗城子村西北，起点坐标：东经 119° 42′ 24.00″，北纬 40° 12′ 13.20″，高程 301 米；止点坐标：东经 119° 42′ 13.40″，北纬 40° 12′ 12.70″，高程 423 米。

墙体长 271 米，其间设关口 1 座，敌台 1 座，包括小河口关城、苗城子 11 号敌台。墙体宽 4.5 ～ 5

米，高 2.2 ~ 5.3 米。立面为三段式，下段条石基础，白灰砌筑，白灰勾缝，呈迭落式；中段城砖包砌，墙芯土石混筑；中段与上段间设拔檐分隔，上段外侧设垛口墙，辟望孔，垛口墙厚 0.35 ~ 0.45 米，内侧设宇墙，厚 0.35 ~ 0.4 米；顶部地面方砖海墁。

整体保存较好，墙体形制清晰，垛口墙、宇墙局部坍塌缺失，墁地方砖部分缺失，顶部杂草、树木滋生。四周植被以松树、柏树、灌木、杂草为主。

### 39. 破城子长城 1 段 1303233382106170039

位于破城子村东，起点坐标：东经 119° 42′ 13.40″，北纬 40° 12′ 12.70″，高程 423 米；止点坐标：东经 119° 42′ 09.70″，北纬 40° 12′ 12.80″，高程 437 米。

山险长 99 米，利用自然山体岩石为墙体，山势陡峭，下为河道，墙体两侧植被茂盛。

### 40. 破城子长城 2 段 1303233382106170040

位于破城子村东北，起点坐标：东经 119° 42′ 09.70″，北纬 40° 12′ 12.80″，高程 437 米；止点坐标：东经 119° 41′ 36.00″，北纬 40° 12′ 24.20″，高程 515 米。

墙体长 884 米，其间设敌台 3 座，马面 2 座，包括破城子 2 ~ 4 号敌台、破城子 1 ~ 2 号马面。墙体宽 3.5 ~ 4.5 米，高 3.2 ~ 4.7 米，自然基础，墙身毛石砌筑，白灰勾缝，墙芯为土石混筑，上部设城砖垛口墙，顶部地面城砖海墁。

整体保存一般，垛口墙大部分坍塌、损毁，墁地城砖大部分缺失，顶部杂草滋生。四周植被以松树、柏树、灌木、杂草为主。

### 41. 破城子长城 3 段 1303233382106170041

位于破城子村东北，起点坐标：东经 119° 41′ 36.00″，北纬 40° 12′ 24.20″，高程 515 米；止点坐标：东经 119° 41′ 27.70″，北纬 40° 12′ 24.70″，高程 501 米。

墙体长 221 米，宽 1.6 ~ 2.5 米，高 0.8 ~ 2.8 米，自然基础，墙身毛石砌筑，白灰勾缝，墙芯为土石混筑，上部设城砖垛口墙，顶部地面城砖海墁。

整体保存较差，墙体局部坍塌，墙芯裸露，垛口墙大部分坍塌、损毁，墁地城砖大部分缺失，顶部杂草滋生。四周植被以松树、柏树、灌木、杂草为主。

### 42. 破城子长城 4 段 1303233382106170042

位于破城子东北，起点坐标：东经 119° 41′ 27.70″，北纬 40° 12′ 24.70″，高程 501 米；止点坐标：东经 119° 41′ 24.20″，北纬 40° 12′ 23.00″，高程 501 米。

山险长 99 米，利用自然山体岩石为墙体，山势陡峭，墙体两侧植被多为低矮杂草和灌木。

### 43. 破城子长城 5 段 1303233382102170043

位于破城子村北，起点坐标：东经 119° 41′ 24.20″，北纬 40° 12′ 23.00″，高程 501 米；止点坐标：东经 119° 41′ 02.10″，北纬 40° 12′ 43.80″，高程 409 米。

墙体长 886 米，其间设敌台 5 座，包括破城子 5 ~ 9 号敌台。墙体宽 2 ~ 2.5 米，高 1.5 ~ 3.8 米。立面为三段式下段自然基础，墙身毛石砌筑，白灰勾缝，墙芯为土石混筑；下段与上段间设砖拔檐分隔，上段设砖垛口墙，辟望孔；顶部地面城砖海墁。

整体保存较好，墙体形制清晰，垛口墙局部坍塌，墁地城砖局部缺失，顶部杂草、树木滋长。四周植被以松树、柏树、灌木、杂草为主。

**44. 破城子长城 6 段 1303233382102170044**

位于破城子东北，起点坐标：东经 119° 41′ 02.10″，北纬 40° 12′ 43.80″，高程 409 米；止点坐标：东经 119° 41′ 00.40″，北纬 40° 12′ 45.20″，高程 372 米。

山险长 59 米，利用自然山体岩石为墙体，山势陡峭，墙体两侧植被多为低矮杂草和灌木。

**45. 破城子长城 7 段 1303233382102170045**

位于破城子村北，起点坐标：东经 119° 41′ 00.40″，北纬 40° 12′ 45.20″，高程 372 米；止点坐标：东经 119° 40′ 57.80″，北纬 40° 12′ 48.50″，高程 417 米。

墙体长 118 米，其间设敌台 1 座，破城子 10 号敌台。墙体宽 4 ～ 4.5 米，高 3.2 ～ 4.7 米。立面为三段式，下段条石基础，白灰砌筑，白灰勾缝，呈迭落式；中段城砖包砌，墙芯土石混筑；中段与上段间设拔檐分隔，上段外侧设垛口墙，辟望孔，垛口墙厚 0.35 ～ 0.45 米，内侧设宇墙；顶部地面城砖海墁。

整体保存一般，墙体外包砖件部分酥碱，垛口墙、宇墙局部坍塌，墁地城砖部分缺失，顶部杂草、树木滋生。四周植被以松树、柏树、灌木、杂草为主。

**46. 破城子长城 8 段 1303233382102170046**

位于破城子村北、大毛山村东，起点坐标：东经 119° 40′ 57.80″，北纬 40° 12′ 48.50″，高程 417 米；止点坐标：东经 119° 40′ 50.40″，北纬 40° 12′ 54.50″，高程 375 米。

墙体长 255 米，其间设敌台 1 座，破城子 11 号敌台。墙体宽 1.6 ～ 2.5 米，高 0.8 ～ 2.8 米，自然基础，墙身毛石砌筑，白灰勾缝，墙芯为土石混筑，上部设垛口墙。

整体保存较差，墙体多处坍塌，局部外包毛石缺失，墙芯裸露，顶部实施坍塌严重。四周植被以松树、柏树、灌木、杂草为主。

**47. 大毛山长城 1 段 1303233382102170047**

位于大毛山村东北，起点坐标：东经 119° 40′ 50.40″，北纬 40° 12′ 54.80″，高程 375 米；止点坐标：东经 119° 40′ 36.10″，北纬 40° 13′ 03.30″，高程 416 米。

墙体长 464 米，其间设敌台 2 座，包括大毛山 1 ～ 2 号敌台。墙体宽 4 ～ 4.5 米，高 4.8 ～ 6.5 米。立面为三段式，下段条石基础，白灰砌筑，白灰勾缝，基础随山势起伏呈迭落式；中段城砖包砌，墙芯土石混筑；中段与上段间设一层石拔檐分隔，上段外侧设垛口墙，辟望孔，垛口墙厚 0.4 米，高 1.7 米，内侧设宇墙；顶部地面城砖海墁。

整体保存较好，外包墙体砖件酥碱，垛口墙部分坍塌，宇墙大部分坍塌缺失，墁地城砖大部分缺失，顶部杂草、树木滋生。四周植被以松树、柏树、灌木、杂草为主。

**48. 大毛山长城 2 段 1303233382102170048**

位于大毛山村东北，起点坐标：东经 119° 40′ 36.10″，北纬 40° 13′ 03.30″，高程 416 米；止点坐标：东经 119° 40′ 33.20″，北纬 40° 13′ 07.90″，高程 345 米。

墙体长 217 米，其间设敌台 1 座，马面 1 座，包括大毛山 4 号敌台、大毛山 1 号马面。墙体宽

2.5 ～ 4.5 米，高 0.3 ～ 1.7 米，自然基础，墙身毛石砌筑，白灰勾缝，墙芯为土石混筑。

整体保存较差，墙体多处坍塌，局部外包毛石缺失，墙芯裸露，顶部设施坍塌严重。四周植被以松树、柏树、灌木、杂草为主。

### 49. 大毛山长城 3 段 130323382102170049

位于大毛山村东北，起点坐标：东经 119° 40′ 33.20″，北纬 40° 13′ 07.90″，高程 345 米；止点坐标：东经 119° 40′ 32.70″，北纬 40° 13′ 08.20″，高程 346 米。

山险长 17 米，利用自然山体岩石为墙体，山势陡峭，墙体两侧植被多为低矮杂草和灌木。

### 50. 大毛山长城 4 段 130323382102170050

位于大毛山村东北，起点坐标：东经 119° 40′ 32.70″，北纬 40° 13′ 08.20″，高程 346 米；止点坐标：东经 119° 40′ 28.40″，北纬 40° 13′ 09.60″，高程 400 米。

墙体长 112 米，其间设敌台 2 座，包括大毛山 6 ～ 7 号敌台。墙体宽 2.5 ～ 4.5 米，高 0.2 ～ 1.5 米，自然基础，墙身毛石砌筑，白灰勾缝，墙芯为土石混筑。

墙体整体保存较差，多处坍塌，局部外包毛石缺失，墙芯裸露，顶部损毁严重，四周植被以松树、柏树、灌木、杂草为主。

### 51. 大毛山长城 5 段 130323382102170051

位于大毛山东北，起点坐标：东经 119° 40′ 28.40″，北纬 40° 13′ 09.60″，高程 400 米；止点坐标：东经 119° 40′ 21.40″，北纬 40° 13′ 14.10″，高程 426 米。

山险长 17 米，利用自然山体岩石为墙体，山势陡峭，墙体两侧植被多为低矮杂草和灌木。

### 52. 大毛山长城 6 段 130323382102170052

位于大毛山村东北，起点坐标：东经 119° 40′ 21.40″，北纬 40° 13′ 14.10″，高程 426 米；止点坐标：东经 119° 40′ 21.20″，北纬 40° 13′ 17.30″，高程 429 米。

墙体长 100 米，其间设敌台 1 座，大毛山 8 号敌台。自然基础，墙身毛石砌筑，白灰勾缝，墙芯为土石混筑。

墙体整体保存较差，多处坍塌，局部外包毛石缺失，墙芯裸露，顶部损毁严重。四周植被以松树、柏树、灌木、杂草为主。

### 53. 大毛山长城 7 段 130323382102170053

位于大毛山村东北，起点坐标：东经 119° 40′ 21.20″，北纬 40° 13′ 17.30″，高程 429 米；止点坐标：东经 119° 40′ 17.60″，北纬 40° 13′ 22.60″，高程 441 米。

墙体长 185 米，其间设敌台 1 座，大毛山 9 号敌台。墙体宽 4.2 ～ 4.5 米，高 5.5 ～ 6.2 米。立面为三段式，下段条石基础，白灰砌筑，白灰勾缝，基础随山势起伏呈迭落式；中段城砖包砌，墙芯土石混筑；中段与上段间设砖拔檐分隔，上段外侧设垛口墙，辟望孔，垛口墙厚 0.4 米，顶部砌批水砖，内侧设宇墙；顶部地面城砖海墁。

整体保存较好，墙体形制清晰，外包墙体砖件酥碱，垛口墙、宇墙顶部披水砖部分缺失，墁地城砖部分缺失，顶部杂草、树木滋生。四周植被以松树、柏树、灌木、杂草为主。

### 54. 大毛山长城 8 段 130323382102170054

位于大毛山村北，起点坐标：东经 119° 40′ 17.60″，北纬 40° 13′ 22.60″，高程 441 米；止点坐标：东经 119° 39′ 53.40″，北纬 40° 13′ 18.60″，高程 415 米。

墙体长 763 米，其间设敌台 4 座，马面 1 座，包括大毛山 10～13 号敌台、大毛山 2 号马面。墙体宽 2.2～4.55 米，高 2.6～4.3 米，自然基础，墙身毛石砌筑，白灰勾缝，墙芯为土石混筑，上部设垛口墙，毛石砌筑。

整体保存较好，垛口墙局部缺失，该段长城位于董家口长城景区内，董家口村近年对长城进行了修缮。为了保护游客的安全，景区在部分长城墙体顶部装上了铁栏杆和铁索。四周植被以松树、柏树、灌木、杂草为主。

### 55. 大毛山长城 9 段 130323382102170055

位于大毛山村北，起点坐标：东经 119° 39′ 53.40″，北纬 40° 13′ 18.60″，高程 415 米；止点坐标：东经 119° 39′ 51.40″，北纬 40° 13′ 15.10″，高程 412 米。

墙体长 119 米，宽 4.25 米，高 2.2～5.5 米。立面为三段式，下段条石基础，白灰砌筑，白灰勾缝，呈迭落式；中段城砖包砌，墙芯土石混筑；中段与上段间设拔檐分隔，上段外侧设垛口墙，辟望孔，垛口墙厚 0.42 米，高 1.7 米，内侧设宇墙；顶部地面城砖海墁；墙体陡峭处设蹬道和障墙，障墙上设有望孔。

整体保存较好，形制清晰，外包墙体砖件酥碱，垛口墙披水砖、墁地砖局部缺失，顶部杂草滋生。四周植被以松树、柏树、灌木、杂草为主。

### 56. 大毛山长城 10 段 130323382102170056

位于大毛山北，起点坐标：东经 119° 39′ 51.40″，北纬 40° 13′ 15.10″，高程 412 米；止点坐标：东经 119° 39′ 31.00″，北纬 40° 13′ 12.80″，高程 412 米。

山险长 487 米，利用自然山体岩石为墙体，山势陡峭，墙体两侧植被多为低矮杂草和灌木。

### 57. 大毛山长城 11 段 130323382102170057

位于大毛山村西北、董家口村东北，起点坐标：东经 119° 39′ 31.00″，北纬 40° 13′ 12.80″，高程 412 米；止点坐标：东经 119° 39′ 01.30″，北纬 40° 13′ 12.10″，高程 247 米。

墙体长 738 米，其间设敌台 3 座，马面 1 座，包括大毛山 14～16 号敌台。墙体宽 2～4.5 米，高 0.5～1.8 米，自然基础，墙身毛石砌筑，白灰勾缝，墙芯为土石混筑，上部设垛口墙。

整体保存差，墙体多处坍塌，外包毛石缺失，墙芯裸露，顶部损毁严重。四周植被以松树、柏树、灌木、杂草为主。

### 58. 董家口长城 1 段 130323382106170058

位于董家口北，起点坐标：东经 119° 39′ 01.30″，北纬 40° 13′ 12.10″，高程 247 米；止点坐标：东经 119° 39′ 01.30″，北纬 40° 13′ 13.80″，高程 205 米。

山险长 53 米，利用自然山体岩石为墙体，山势陡峭，墙体两侧植被多为低矮杂草和灌木。

**59. 董家口长城 2 段 130323382106170059**

位于董家口村北，起点坐标：东经 119° 39′ 01.30″，北纬 40° 13′ 13.80″，高程 205 米；止点坐标：东经 119° 38′ 59.90″，北纬 40° 13′ 14.40″，高程 200 米。

墙体长 41 米，其间设敌台 1 座，董家口 1 号敌台。墙体宽 1.2～1.6 米，高 0.5～1.6 米，自然基础，墙身毛石砌筑，白灰勾缝，墙芯为土石混筑，上部设垛口墙。

整体保存差，墙体坍塌严重，外包毛石缺失，墙芯裸露，顶部损毁严重，四周植被以松树、柏树、灌木、杂草为主。

**60. 董家口长城 3 段 130323382106170060**

位于董家口村北，起点坐标：东经 119° 38′ 59.90″，北纬 40° 13′ 14.40″，高程 200 米；止点坐标：东经 119° 38′ 58.70″，北纬 40° 13′ 14.90″，高程 203 米。

山险长 33 米，利用自然山体岩石为墙体，山势陡峭，墙体两侧植被多为低矮杂草和灌木。

**61. 董家口长城 4 段 130323382106170061**

位于董家口村西北，起点坐标：东经 119° 38′ 58.70″，北纬 40° 13′ 14.90″，高程 203 米；止点坐标：东经 119° 38′ 52.40″，北纬 40° 13′ 20.30″，高程 299 米。

墙体长 203 米，其间设敌台 3 座，包括董家口 2～4 号敌台。墙体宽 1.2～2.2 米，高 0.3～1.5 米，自然基础，墙身毛石砌筑，白灰勾缝，墙芯为土石混筑，上部设垛口墙。

整体保存差，墙体坍塌严重，外包毛石缺失，墙芯裸露，顶部损毁严重，四周植被以松树、柏树、灌木、杂草为主。

**62. 董家口长城 5 段 130323382106170062**

位于董家口村西北，起点坐标：东经 119° 38′ 52.40″，北纬 40° 13′ 20.30″，高程 299 米；止点坐标：东经 119° 38′ 49.60″，北纬 40° 13′ 26.00″，高程 386 米。

墙体长 210 米，其间设敌台 2 座，马面 1 座，包括董家口 4～5 号敌台、董家口 1 号马面。墙体宽 5～5.1 米，高 4.2～6.3 米。立面为三段式，下段条石基础，白灰砌筑，白灰勾缝，呈迭落式；中段城砖包砌，白灰砌筑，白灰勾缝，墙芯土石混筑；中段与上段间设砖拔檐分隔，上段外侧设垛口墙，留有望孔，垛口墙厚 0.4 米，高 1.38 米，内侧设宇墙，厚 0.4 米，高 0.48 米；顶部地面城砖海墁。

整体保存较好，形制清晰，墙体外包砖局部酥碱、缺失，垛口墙、宇墙部分坍塌，墁地城砖大部分缺失，顶部杂草、树木滋生。四周植被以松树、柏树、灌木、杂草为主。

**63. 董家口长城 6 段 130323382102170063**

位于董家口村西北，起点坐标：东经 119° 38′ 49.60″，北纬 40° 13′ 26.00″，高程 386 米；止点坐标：东经 119° 38′ 38.80″，北纬 40° 13′ 31.40″，高程 383 米。

墙体长 310 米，其间设敌台 1 座，马面 2 座，包括董家口 6 号敌台、董家口 2～3 号马面。墙体宽 1～1.6 米，高 0.2～1.2 米，自然基础，墙身毛石砌筑，白灰勾缝，墙芯为土石混筑，上部设垛口墙。

整体保存差，墙体坍塌严重，外包毛石缺失，墙芯裸露，顶部损毁严重。四周植被以松树、柏树、灌木、杂草为主。

### 64. 董家口长城 7 段 130323382102170064

位于董家口村西北，起点坐标：东经 119° 38′ 38.80″，北纬 40° 13′ 31.40″，高程 383 米；止点坐标：东经 119° 38′ 30.20″，北纬 40° 13′ 36.60″，高程 438 米。

墙体长 333 米，其间设敌台 2 座，马面 2 座，包括董家口 7～8 号敌台、董家口 4～5 号马面。墙体宽 4.8～5.2 米，高 3.8～6.5 米。立面为三段式，下段条石基础，白灰砌筑，白灰勾缝，基础随山势起伏呈迭落式；中段城砖包砌，白灰砌筑，白灰勾缝，墙芯土石混筑；中段与上段间设二层砖拔檐分隔，上段外侧设垛口墙，辟望孔，垛口墙厚 0.4 米，高 1.7 米，内侧设宇墙，厚 0.4 米，高 0.45 米；顶部地面城砖海墁。

整体保存较好，形制清晰，墙体外包砖局部酥碱，垛口墙、宇墙部分坍塌，墁地城砖大部分缺失，顶部杂草、树木滋长。四周植被以松树、柏树、灌木、杂草为主。

### 65. 董家口长城 8 段 130323382102170065

位于董家口村西北，起点坐标：东经 119° 38′ 30.20″，北纬 40° 13′ 36.60″，高程 438 米；止点坐标：东经 119° 37′ 36.20″，北纬 40° 13′ 21.50″，高程 239 米。

墙体长 1400 米，其间设敌台 9 座，马面 5 座，包括董家口 9～17 号敌台、董家口 6～10 号马面。墙体宽 1.2～2.5 米，高 0.2～2.1 米，自然基础，墙身毛石砌筑，白灰勾缝，墙芯为土石混筑，上部设垛口墙。

整体保存差，墙体坍塌严重，外包毛石散落在山体上，墙芯裸露，顶部损毁严重。四周植被以松树、柏树、灌木、杂草为主。

### 66. 城子峪长城 1 段 130323382103170066

位于董家口西北、城子峪村西北，起点坐标：东经 119° 37′ 36.20″，北纬 40° 13′ 21.50″，高程 239 米；止点坐标：东经 119° 37′ 02.10″，北纬 40° 13′ 31.70″，高程 358 米。

墙体长 1000 米，其间设敌台 7 座，马面 2 座，包括城子峪 1～7 号敌台、城子峪 1～2 号马面。墙体宽 4.5～5 米，高 2.2～3.7 米。立面为三段式，下段条石基础，白灰砌筑，白灰勾缝，呈迭落式；中段城砖包砌，白灰砌筑，白灰勾缝，墙芯土石混筑；中段与上段间设一层石拔檐分隔，上段外侧设垛口墙，辟望孔，内侧设宇墙；顶部地面城砖海墁。

整体保存较差，墙体包砖缺失严重，垛口墙、宇墙缺失严重，墁地城砖大部分缺失，顶部杂草、树木滋生，因修路和村民生产生活活动及洪水冲击造成该段墙体自城子峪 1 号与 2 号敌台间墙体消失，墙体消失约 65 米。四周植被以松树、柏树、灌木、杂草为主。

### 67. 城子峪长城 2 段 130323382103170067

位于城子峪村西北、水门寺村北，起点坐标：东经 119° 37′ 02.10″，北纬 40° 13′ 31.70″，高程 358 米；止点坐标：东经 119° 36′ 37.50″，北纬 40° 13′ 53.20″，高程 406 米。

墙体长 1100 米，其间设敌台 8 座，马面 4 座，包括城子峪 8～15 号敌台、城子峪 3～4 号马面、水门寺 1～2 号马面。墙体宽 1.8～2.5 米，高 0.3～2.3 米，自然基础，墙身毛石砌筑，墙芯为土石混筑，上部设垛口墙。

整体保存差，墙体多处坍塌，外包毛石缺失，墙芯裸露，顶部损毁严重。四周植被以松树、柏树、灌木、杂草为主。

**68. 水门寺长城 1 段 130323382103170068**

位于水门寺村北、平顶峪村东北，起点坐标：东经 119° 36′ 37.50″，北纬 40° 13′ 53.20″，高程 406 米；止点坐标：东经 119° 36′ 23.00″，北纬 40° 13′ 50.90″，高程 269 米。

墙体长 351 米，其间设敌台 2 座，包括水门寺 1～2 号敌台。墙体宽 4.6 米，高 2.8～6.2 米。立面为三段式，下段条石基础，白灰砌筑，白灰勾缝，基础随山势起伏呈迭落式；中段城砖包砌，白灰砌筑，白灰勾缝，墙芯土石混筑；中段与上段间设拔檐分隔，上段外侧设垛口墙，辟望孔，垛口墙厚 0.42 米，内侧设宇墙；顶部地面城砖海墁。

整体保存较差，墙体局部坍塌，墙芯裸露，砖件酥碱，垛口墙、宇墙大部分坍塌，墁地城砖大部分缺失，顶部杂草、树木滋生。四周植被以松树、柏树、灌木、杂草为主。

**69. 平顶峪长城 1 段 130323382102170069**

位于平顶峪村东北、平顶峪村西北，起点坐标：东经 119° 36′ 23.00″，北纬 40° 13′ 50.90″，高程 269 米；止点坐标：东经 119° 34′ 59.60″，北纬 40° 13′ 35.40″，高程 542 米。

墙体长 2600 米，其间设敌台 13 座，马面 11 座，包括平顶峪 2～14 号敌台、平顶峪 1～11 号马面。墙体宽 1.5～2.5 米，高 0.5～2.1 米，自然基础，墙身毛石砌筑，白灰勾缝，墙芯为土石混筑，上部设垛口墙。

整体保存较差，墙体坍塌严重，外包毛石缺失，墙芯裸露，顶部损毁严重，靠近村落的段落因修路、村民耕地、生产生活活动及河流的洪水冲击造成 405 米墙体消失，消失段落为平顶峪 5～7 号敌台间墙体。四周植被以松树、柏树、灌木、杂草为主。

**70. 平顶峪长城 2 段 130323382102170070**

位于平顶峪西北，起点坐标：东经 119° 34′ 59.60″，北纬 40° 13′ 35.40″，高程 542 米；止点坐标：东经 119° 34′ 57.10″，北纬 40° 13′ 39.20″，高程 620 米。

山险长 131 米，利用自然山体岩石为墙体，山势陡峭，墙体两侧植被多为低矮杂草和灌木。

**71. 平顶峪长城 3 段 130323382102170071**

位于平顶峪村西北，起点坐标：东经 119° 34′ 57.10″，北纬 40° 13′ 39.20″，高程 620 米；止点坐标：东经 119° 34′ 49.70″，北纬 40° 13′ 33.80″，高程 664 米。

墙体长 242 米，其间设敌台 2 座，包括平顶峪 15～16 号敌台。墙体 3.5～4 米，高 3.8～5.3 米。立面为三段式，下段条石基础，白灰砌筑，白灰勾缝，呈迭落式；中段城砖包砌，白灰砌筑，白灰勾缝，墙芯土石混筑；中段与上段间设一层石拔檐分隔，上段内、外侧设垛口墙，辟望孔，厚 0.4 米，高 1.68 米；顶部地面城砖海墁。

整体保存较好，墙体外包砖酥碱，垛口墙部分坍塌，墁地城砖大部分缺失，顶部杂草、树木滋生。四周植被以松树、柏树、灌木、杂草为主。

### 72. 平顶峪长城 4 段 130323382102170072

位于平顶峪村西北，起点坐标：东经 119° 34′ 49.70″，北纬 40° 13′ 33.80″，高程 664 米；止点坐标：东经 119° 34′ 30.50″，北纬 40° 13′ 33.80″，高程 729 米。

墙体长 454 米，其间设敌台 3 座，包括平顶峪 16 ～ 18 号敌台。墙体宽 2.5 ～ 3.5 米，高 0.5 ～ 3.8 米，自然基础，墙身毛石砌筑，白灰勾缝，墙芯为土石混筑，上部设垛口墙。

整体保存差，墙体多处坍塌，外包毛石散落在山体上，墙芯裸露，顶部损毁严重，四周植被以松树、柏树、灌木、杂草为主。

### 73. 平顶峪长城 5 段 130323382102170073

位于平顶峪西北，起点坐标：东经 119° 34′ 30.50″，北纬 40° 13′ 33.80″，高程 729 米；止点坐标：东经 119° 34′ 15.60″，北纬 40° 13′ 40.20″，高程 665 米。

山险长 407 米，利用自然山体岩石为墙体，山势陡峭，墙体两侧植被多为低矮杂草和灌木。

### 74. 平顶峪长城 6 段 130323382102170074

位于平顶峪村西北、板场峪村北，起点坐标：东经 119° 34′ 15.60″，北纬 40° 13′ 40.20″，高程 665 米；止点坐标：东经 119° 33′ 15.50″，北纬 40° 13′ 36.70″，高程 848 米。

墙体长 1700 米，其间设敌台 9 座，马面 1 座，包括平顶峪 21 ～ 28 号敌台、板场峪 1 号敌台、平顶峪 12 号马面。墙体宽 2.8 ～ 3.4 米，高 2.6 ～ 4.1 米，自然基础，墙身毛石砌筑，白灰勾缝，墙芯为土石混筑，上部设垛口墙，顶部地面块石海墁。

整体保存一般，墙体局部坍塌，垛口墙局部坍塌，顶部地面局部缺失。四周植被以松树、柏树、灌木、杂草为主。

### 75. 板场峪长城 1 段 130323382103170075

位于板场峪村北，起点坐标：东经 119° 33′ 15.50″，北纬 40° 13′ 36.70″，高程 848 米；止点坐标：东经 119° 33′ 14.50″，北纬 40° 13′ 37.00″，高程 840 米。

墙体长 26 米，宽 2.8 ～ 3 米，高 2.6 ～ 4.2 米，立面为三段式，下段条石基础，白灰砌筑，白灰勾缝，呈迭落式；中段城砖包砌，白灰砌筑，白灰勾缝，墙芯土石混筑；中段与上段间设拔檐分隔，上段外侧设垛口墙，辟望孔，垛口墙厚 0.42 米；顶部地面方砖海墁。

墙体整体保存较好，墙体外包砖部分酥碱，垛口墙部分坍塌，墁地城砖部分缺失，顶部杂草、树木滋生。四周植被以松树、柏树、灌木、杂草为主。

### 76. 板场峪长城 2 段 130323382103170076

位于板场峪北，起点坐标：东经 119° 33′ 14.50″，北纬 40° 13′ 37.00″，高程 840 米；止点坐标：东经 119° 33′ 09.90″，北纬 40° 13′ 37.20″，高程 805 米。

山险长 110 米，利用自然山体岩石为墙体，山势陡峭，墙体两侧植被多为低矮杂草和灌木。

### 77. 板场峪长城 3 段 130323382103170077

位于板场峪村北，起点坐标：东经 119° 33′ 09.90″，北纬 40° 13′ 37.20″，高程 805 米；止点坐标：东经 119° 33′ 05.50″，北纬 40° 13′ 34.30″，高程 842 米。

墙体长 138 米，其间设敌台 1 座，板场峪 2 号敌台。墙体宽 3 米，高 2.5 ～ 5.5 米。立面为两段式，下段自然基础，墙身毛石砌筑，白灰勾缝，墙芯土石混筑；下段与上段间设一层砖拔檐分隔，上段外侧设垛口墙，辟望孔，垛口墙厚 0.4 米，高 1.63 米；顶部地面城砖海墁。

整体保存较好，形制清晰，垛口墙部分坍塌，墁地城砖部分缺失，顶部杂草、树木滋生。四周植被以松树、柏树、灌木、杂草为主。

### 78. 板场峪长城 4 段 130323382103170078

位于板场峪村北，起点坐标：东经 119° 33′ 05.50″，北纬 40° 13′ 34.30″，高程 842 米；止点坐标：东经 119° 32′ 48.00″，北纬 40° 13′ 24.60″，高程 722 米。

墙体长 535 米，其间敌台 2 座，马面 1 座，包括板场峪 3 ～ 4 号敌台、板场峪 1 号马面。墙体宽 3.3 米，高 2.8 ～ 5.7 米。立面为两段式，下段自然基础，墙身毛石砌筑，白灰勾缝，墙芯土石混筑；下段与上段间设一层砖拔檐分隔，上段外侧设垛口墙，辟望孔，垛口墙厚 0.5 米，高 1.68 米；顶部地面城砖海墁。

整体保存较好，形制清晰，垛口墙部分坍塌，墁地城砖部分缺失，顶部杂草、树木滋生。四周植被以松树、柏树、灌木、杂草为主。

### 79. 板场峪长城 5 段 130323382103170079

位于板场峪村北，起点坐标：东经 119° 32′ 48.00″，北纬 40° 13′ 24.60″，高程 722 米；止点坐标：东经 119° 32′ 53.20″，北纬 40° 12′ 59.10″，高程 679 米。

墙体长 812 米，其间敌台 3 座，包括板场峪 5 ～ 7 号敌台。墙体宽 3 米，高 3 ～ 5.4 米。立面为两段式，下段自然基础，墙身毛石砌筑，白灰勾缝，墙芯土石混筑；下段与上段间设一层砖拔檐分隔，上段外侧设垛口墙，辟望孔，垛口墙厚 0.46 米，高 1.78 米；顶部地面城砖海墁。

整体保存较好，形制清晰，垛口墙部分坍塌，墁地城砖部分缺失，顶部杂草、树木滋生。四周植被以松树、柏树、灌木、杂草为主。

### 80. 板场峪长城 6 段 130323382103170080

位于板场峪村北，起点坐标：东经 119° 32′ 53.20″，北纬 40° 12′ 59.10″，高程 679 米；止点坐标：东经 119° 32′ 59.50″，北纬 40° 12′ 46.40″，高程 485 米。

墙体长 426 米，其间设敌台 2 座，包括板场峪 8 ～ 9 号敌台。墙体宽 1.5 ～ 1.7 米，高 0.2 ～ 0.8 米，自然基础，墙身毛石砌筑，白灰勾缝，墙芯为土石混筑，上部设垛口墙。

整体保存差，墙体大部分坍塌，外包毛石散落在山体上，墙芯裸露，顶部设施损毁严重。四周植被以松树、柏树、灌木、杂草为主。

### 81. 板场峪长城 7 段 130323382103170081

位于板场峪北，起点坐标：东经 119° 32′ 59.50″，北纬 40° 12′ 46.40″，高程 485 米；止点坐标：东经 119° 33′ 02.90″，北纬 40° 12′ 46.10″，高程 463 米。

山险长 81 米，利用自然山体岩石为墙体，山势陡峭，墙体两侧植被多为低矮杂草和灌木。

### 82. 板场峪长城 8 段 130323382103170082

位于板场峪村北，起点坐标：东经 119° 33′ 02.90″，北纬 40° 12′ 46.10″，高程 463 米；止点坐标：东经 119° 33′ 19.70″，北纬 40° 12′ 15.60″，高程 429 米。

墙体长 1100 米，其间设敌台 7 座，包括板场峪 10～16 号敌台。墙体宽 0.6～2.55 米，高 0.3～2.4 米，自然基础，墙身毛石砌筑，墙芯为素土夹杂碎石分层夯筑，上部设垛口墙。

整体保存差，墙体多处坍塌，局部外包毛石缺失，墙芯裸露，顶部损毁严重。四周植被以松树、柏树、灌木、杂草为主。

### 83. 板场峪长城 9 段 130323382103170083

位于板场峪村西北；止点坐标：东经 119° 33′ 22.20″，北纬 40° 11′ 58.10″，高程 352 米，起点坐标：东经 119° 33′ 19.70″，北纬 40° 12′ 15.60″，高程 429 米。

墙体长 586 米，其间设敌台 4 座，马面 3 座，包括板场峪 17～20 号敌台、板场峪 2～4 号马面。墙体宽 5～5.5 米，高 3.6～6.7 米。立面为三段式，下段条石基础，白灰砌筑，白灰勾缝，呈迭落式；中段城砖包砌，白灰砌筑，白灰勾缝，墙芯土石混筑；中段与上段间设一层石拔檐分隔，上段外侧设垛口墙；顶部地面城砖海墁。板场峪村 18 号敌台南侧墙体上设一券洞，券洞宽 1.16 米，高 1.38 米。

整体保存较差，墙体局部坍塌，垛口墙、墁地城砖大部分缺失，顶部杂草、树木滋生。四周植被以松树、柏树、灌木、杂草为主。

### 84. 板场峪长城 10 段 130323382103170084

位于板场峪村西北、义院口村北，起点坐标：东经 119° 33′ 22.20″，北纬 40° 11′ 58.10″，高程 352 米；止点坐标：东经 119° 32′ 59.40″，北纬 40° 11′ 07.30″，高程 205 米。

墙体长 1900 米，其间设敌台 16 座，马面 2 座，包括板场峪 21～35 号敌台、义院口 1 号敌台、板场峪 5～6 号马面。墙体宽 1.8～3.8 米，高 0.2～4.5 米，自然基础，墙身毛石砌筑，白灰勾缝，墙芯为土石混筑。

整体保存差，墙体大部分坍塌，外包毛石散落在山体上，墙芯裸露，顶部坍塌严重。四周植被以松树、柏树、灌木、杂草为主。

### 85. 义院口长城 1 段 130323382103170085

位于义院口村北，起点坐标：东经 119° 32′ 59.40″，北纬 40° 11′ 07.30″，高程 205 米；止点坐标：东经 119° 32′ 52.40″，北纬 40° 11′ 07.00″，高程 152 米。

墙体长 166 米。墙体受洪水冲击和修公路时拆毁，现已完全消失。

### 86. 义院口长城 02 段 130323382103170086

位于义院口村西北 560 米，起点坐标：东经 119° 32′ 52.40″，北纬 40° 11′ 07.20″，高程 157 米；止点坐标：东经 119° 32′ 48.20″，北纬 40° 11′ 06.10″，高程 182 米。

墙体长 118 米，其间设敌台 2 座，包括义院口 1 号敌台、义院口 02 号敌台。墙顶宽 3.2～4.8 米，高 1～2.6 米。立面为三段式，下段条石基础，白灰砌筑，白灰勾缝，呈迭落式；中段城砖包砌，厚 1.2 米，白灰砌筑，白灰勾缝，墙芯毛石砌筑；上段设施形制不清。

墙体根据保存现状可分为 2 段：第 1 段，长 68 米，保存差。此段墙体位于 251 省道西侧山坡下，所处地势平缓，现已全部坍塌，地表散见沾有白灰浆的毛石和碎砖。第 2 段，长 50 米，保存较差。墙体向西南山上延伸，依山势而建，结构巧妙，现残破严重，外侧包砖脱落严重，于包砖脱落处可看到内侧毛石砌墙体，白灰勾缝，四周可见散落的碎砖和碎石。墙体两侧植被多为低矮杂草和灌木。

### 87. 义院口长城 03 段 130323382103170087

位于义院口村西北约 560 米，起点坐标：东经 119° 32′ 48.20″，北纬 40° 11′ 06.10″，高程 182 米；止点坐标：东经 119° 32′ 46.70″，北纬 40° 11′ 03.00″，高程 200 米。

墙体长 102 米，其间设敌台 1 座，义院口 03 号敌台。墙体宽 4 米，高 1～3 米，自然基础，墙身毛石砌筑，白灰勾缝，墙芯为土石混筑，上部设垛口墙。顶部地面方砖海墁，方砖规格：0.37 米 × 0.37 米 × 0.09 米。

整体保存一般，墙体局部坍塌，局部外包毛石缺失，墙芯裸露，顶部地面局部缺失。四周植被以松树、柏树、灌木、杂草为主。

### 88. 义院口长城 04 段 130323382103170088

位于义院口村西北约 580 米，起点坐标：东经 119° 32′ 46.70″，北纬 40° 11′ 03.00″，高程 200 米；止点坐标：东经 119° 32′ 42.10″，北纬 40° 10′ 57.80″，高程 300 米。

墙体长 201 米，其间设敌台 1 座，义院口 4 号敌台。墙体宽 5 米，高 3～5 米。立面为三段式，下段条石基础，白灰砌筑，白灰勾缝，呈迭落式；中段城砖包砌，白灰砌筑，白灰勾缝，墙芯土石混筑；中段与上段间设一层拔檐分隔，上段设施形制不清；顶部地面城砖海墁。

整体保存一般，墙体局部坍塌，墙芯裸露，墁地城砖大部分缺失，顶部杂草、树木滋生。墙体两侧植被多为低矮杂草和灌木。

### 89. 义院口长城 05 段 130323382103170089

位于义院口村西约 800 米，起点坐标：东经 119° 32′ 42.10″，北纬 40° 10′ 57.80″，高程 300 米；止点坐标：东经 119° 32′ 32.30″，北纬 40° 10′ 56.20″，高程 414 米。

墙体长 256 米，其间设敌台 2 座，包括义院口 5～6 号敌台。墙体宽 1.8～2.7 米，高 1.2 米，自然基础，墙身毛石砌筑，白灰勾缝，墙芯为土石混筑，上部设施形制不清。

整体保存较差，墙体坍塌严重，局部外包毛石缺失，墙芯裸露，顶部损毁严重。四周植被以松树、柏树、灌木、杂草为主。

### 90. 拿子峪长城 01 段 130323382103170090

位于义院口村西约 800 米、拿子峪村北约 190 千米，起点坐标：东经 119° 32′ 32.30″，北纬 40° 10′ 56.20″，高程 414 米；止点坐标：东经 119° 31′ 58.90″，北纬 40° 10′ 38.60″，高程 164 米。

墙体长 1075 米，其间设敌台 7 座，马面 1 座，包括义院口 07 号敌台、拿子峪 01～06 号敌台、拿子峪 01 马面。墙体宽 5.2 米，高 6.2 米。立面为三段式，下段条石基础，白灰砌筑，白灰勾缝，呈迭落式；中段城砖包砌，白灰砌筑，白灰勾缝，墙芯土石混筑；中段与上段间设一层拔檐分隔，上段设垛口墙、宇墙，外侧垛口墙高 1.8 米，垛口上宽 0.56 米，下宽 0.46 米，下置垛口石，长 0.84 米，宽 0.38 米，两边做抹棱，中部留平，宽 0.1 米，中间设铳孔，直径 0.035 米，两垛口之间中部下方望孔，内侧宇墙厚 0.4 米，高 0.5 米；顶部地面城砖海墁。

墙体设登城步道 3 处、暗门 1 座：

登城步道 01：位于拿子峪村 02 号敌台东侧，墙体内侧设一券门，门宽 1.4 米，门内东侧设登城台阶，破坏严重，阶数及尺寸不清，呈坡状。

登城步道 02：位于拿子峪村 03 号敌台东侧，墙体内侧设券门，为二伏二券式，门宽 1 米，通高 1.55 米，券高 0.5 米，券厚 0.3 米，内侧门洞宽 1.5 米，门洞两侧距地 0.7 米处设长方形门闩插孔。内东西双侧设登城台阶，大部已残破，呈坡状，总长 10 米，宽 1 米，高 3.18 米，残存台阶尺寸：高 0.25 米，宽 0.3 米。

登城步道 03：位于拿子峪村 04 号敌台西南侧，墙体内侧设有一券门，门底部条石基础高 1.4 米，以上平砖三层后起券，门残宽 1.8 米，向内北侧设有登城台阶，宽 1.7 米。

暗门：位于拿子峪村 05 号敌台东北侧，保存基本完好，外侧门宽 1.22 米，高 2.11 米，内侧门道宽 1.6 米，高 3.06 米，总纵深 5.4 米。内侧三伏三券，外侧二伏二券，石券拱用三块组成，每块内弧直线长 0.6 米，外弧直线长 1 米，券石宽 0.4 米，厚 0.32 米。门外侧两边用条石 4 层，共 1.44 米，以上起券；内侧 4 层条石以上城砖平砌 7 层开始起券，内外门道之间下有石门槛，门槛宽 0.12 米，高 0.1 米。

城墙按照保存现状分为 4 段：第 1 段保存一般，长 683 米，起点坐标：东经 119° 32′ 32.3″，北纬 40° 10′ 56.2″，高程 414 米；止点坐标：东经 119° 32′ 10.8″，北纬 40° 10′ 44.6″，高程 303 米。墙体外包砖保存一般，残存少部分垛墙基础，高 1 米以下，内侧部分段落坍塌成坡状，顶部地面存有部分砖墁。第 2 段保存较好，长约 135 米，位于拿子峪 03 号与 04 号敌台间，墙体内外侧包砖保存较完整，垛口墙、宇墙局部坍塌，城砖地面局部缺失。紧邻外墙内有障墙遗迹，已严重坍塌。第 3 段保存一般，长约 149 米，位于拿子峪 04 号与 05 号敌台间，墙体最外层包砖部分脱落，内侧墙体部分坍塌，呈坡状，垛口墙不存。第 4 段保存较差，长约 108 米，位于拿子峪村 05 号与 06 号敌台间，墙体坍塌严重，外墙外侧包砖保残存，内侧包砖与墙芯大部分已坍塌。

### 91. 拿子峪长城 02 段 130323382103170091

位于拿子峪村北约 190 米，起点坐标：东经 119° 31′ 58.90″，北纬 40° 10′ 38.60″，高程 164 米；止点坐标：东经 119° 31′ 57.20″，北纬 40° 10′ 36.90″，高程 175 米。

墙体长 60 米，位于一山谷内，墙体现已不存，无痕迹。

### 92. 拿子峪长城 03 段 130323382103170092

位于拿子峪村西南约 1.1 千米，起点坐标：东经 119° 31′ 57.20″，北纬 40° 10′ 36.90″，高程 175 米；止点坐标：东经 119° 31′ 29.10″，北纬 40° 10′ 05.90″，高程 444 米。

墙体长 1283 米，其间设敌台 9 座，马面 1 座，包括拿子峪 07 ～ 15 号敌台、拿子峪 02 马面。墙体宽 5.5 米，高 5.9 米。立面为三段式，下段条石基础，白灰砌筑，白灰勾缝，呈迭落式；中段城砖包砌，白灰砌筑，白灰勾缝，墙芯土石混筑；中段与上段间设一层拔檐分隔，上段外侧设垛口墙，高 1.8 米，两垛口之间中部下方设望孔，孔高 0.25 米，宽 0.23 米，内侧设宇墙；顶部地面城砖海墁。

墙体设登城步道 8 处：

登城步道 01：位于拿子峪 08 号敌台西南，墙体内侧设一券门，现已残破，残高 2.26 米，宽 1 米，门厚 0.8 米，门内有东西向的登城台阶，现已被坍塌的墙体掩埋，形制不清。

登城步道 02：拿子峪 09 号敌台两侧各有一个登城步道，于墙体内侧设一券门，门内为双向登城台阶，现有坍塌。

登城步道 03：拿子峪 10 号敌台两侧各有一登城步道。距敌台北侧 7 米，于墙体内侧设一券门，高 1.74 米，宽 0.77 米，门洞宽 0.89 米，高 2.25 米，进深 1.2 米，内设双向梯道上城，梯道宽 1.54 米；距敌台南侧 4.5 米，于墙体内侧设一券门，门已残破，门内向南设单向梯道，梯道宽 1.26 米，长 4.7 米。

登城步道 04：距拿子峪 11 号敌台南侧约 12 米，于墙体内侧设一券门，高 1.87 米，宽 0.86 米，内设单向梯道上城，梯道宽 1.33 米。

登城步道 05：拿子峪 12 号敌台东侧约 9 米，于墙体内侧设一券门，现已残破，内设单向梯道上城，台阶已毁。

登城步道 06：拿子峪 12 号敌台西侧约 8 米，于墙体内侧设一券门，门外有毛石铺砌的马道。内设登城步道，台阶已毁。

登城步道 07：拿子峪 13 号敌台北侧约 6 米，于墙体内侧设一券门，现已残破，内设登城步道，台阶已毁。

登城步道 08：拿子峪 13 号敌台南侧约 3 米，于墙体内侧设一券门，门内为登城步道，均已严重坍塌，仅存遗址。

整体保存一般，墙体大部分段落存有内外侧包砖，小段落存有垛墙及顶部砖墁，部分段落包砖墙坍塌，墙芯裸露，墁地城砖大部分缺失。

按照保存状况可分为 4 段：第 1 段保存较差，长约 38 米，墙体仅存外部包砖墙，墙芯全部坍塌。第 2 段保存一般，长约 479 米，墙体内外侧包砖墙保存较完整，面砖部分脱落，拿子峪村 07 号敌台西侧墙体内侧部分坍塌，呈坡状。拿子峪村 08 号敌台西侧墙体内包砖墙保存较好，外侧部分坍塌，残存部分垛墙。第 3 段保存较差，长约 101 米，墙体外侧发生整体滑坡性坍塌，墙芯局部坍塌，部分段落包砖和墙芯全部坍塌，呈漫坡状。第 4 段保存一般，长约 665 米，墙体内外侧包砖保存较完整，面砖部分脱落。拿子峪村 14 号敌台西侧墙体顶部地面坍塌较为严重，由于地面渗水造成墙芯与包砖墙出现空洞，渗水冲击包砖墙基，造成墙下部洞窟形塌方，包砖墙与墙芯多处发生缝隙，墙顶地面有局部下沉塌陷的现象，存有垛墙。

### 93. 拿子峪长城 04 段 130323382103170093

位于拿子峪村西南约 1.4 千米，起点坐标：东经 119° 31′ 29.10″，北纬 40° 10′ 05.90″，高程 444 米。止点坐标：东经 119° 31′ 17.20″，北纬 40° 10′ 03.40″，高程 549 米。

墙体长 304 米，其间设敌台 1 座，媳妇楼。墙体宽 2.5 米，高 1.5 米，自然基础，墙身毛石砌筑，白灰勾缝，墙芯为土石混筑，上部设施形制不清。

整体保存较差，墙体坍塌成石埂状，顶部损毁严重，按照保存状况可分为 2 段：第 1 段保存较差，长约 215 米，墙体严重坍塌，大部分呈石埂状。第 2 段保存一般，长约 89 米，墙体两侧墙边基本坍塌，顶部设施不存，基础保存较完整。

### 94. 拿子峪长城 05 段 130323382103170094

位于拿子峪村西南约 1.6 千米，起点坐标：东经 119° 31′ 17.20″，北纬 40° 10′ 03.40″，高程 549 米；止点坐标：东经 119° 31′ 07.90″，北纬 40° 10′ 00.90″，高程 591 米。

山险长 332 米，其间设敌台 1 座，拿子峪 17 号敌台。利用自然山体岩石为墙体，山势陡峭，墙体两侧植被多为低矮杂草和灌木。

### 95. 花场峪长城 01 段 130323382102170095

位于花场峪村西北约 1.6 千米，起点坐标：东经 119° 31′ 07.90″，北纬 40° 10′ 00.90″，高程 591 米；止点坐标：东经 119° 31′ 06.30″，北纬 40° 09′ 52.40″，高程 637 米。

墙体长 274 米，其间设敌台 2 座，包括拿子峪 18 号敌台、花场峪 01 号敌台。墙体宽 3 米，高 1～3 米，自然基础，墙身毛石砌筑，墙芯为土石混筑；上部外侧设垛口墙，高 1 米、厚 0.7 米，垛口墙上辟石望孔，方形，外口宽 0.15 米，高 0.18 米，内口宽、高均为 0.4 米；墙体内侧设马道，宽 1.7 米，高 1.6～2 米。

整体保存一般，按照保存状况可分为 2 段：第 1 段保存一般，长约 217 米，墙体局部坍塌，大部分保存较完整，垛口墙缺失，地面基本无存。第 2 段保存较好，长约 57 米，部分墙体残存垛口墙，地面基本无存。

### 96. 花场峪长城 02 段 130323382102170096

位于花场峪村西北约 1.5 千米，起点坐标：东经 119° 31′ 06.30″，北纬 40° 09′ 52.40″，高程 637 米；止点坐标：东经 119° 31′ 12.30″，北纬 40° 09′ 50.30″，高程 554 米。

山险长 156 米，利用自然山体岩石为墙体，山势陡峭，墙体两侧植被多为低矮杂草和灌木。

### 97. 花场峪长城 03 段 130323382102170097

位于花场峪村北约 1 千米，起点坐标：东经 119° 31′ 12.30″，北纬 40° 09′ 50.30″，高程 554 米；止点坐标：东经 119° 31′ 19.30″，北纬 40° 09′ 37.10″，高程 406 米。

墙体长 456 米，其间设敌台 2 座，包括花场峪 02～03 号敌台。墙体宽 3～3.5 米，高处 4.9 米，自然基础，墙身毛石砌筑，墙芯为土石混筑，上部设施形制不清。

整体保存较差，墙体坍塌严重，部分段落已坍塌，呈石堆状，四周植被以松树、柏树、灌木、杂草为主。

### 98. 花场峪长城 04 段 130323382102170098

位于花场峪村北约 960 米，起点坐标：东经 119° 31′ 19.30″，北纬 40° 09′ 37.10″，高程 406 米；止点坐标：东经 119° 31′ 18.80″，北纬 40° 09′ 34.50″，高程 408 米。

墙体长 89 米，其间设敌台 1 座，花场峪 04 号敌台。墙体宽 5.5 米，高 5 米。立面为三段式，下段条石基础，白灰砌筑，白灰勾缝，呈迭落式；中段城砖包砌，白灰砌筑，白灰勾缝，墙芯土石混筑；中段与上段间设拔檐分隔，上段外侧设垛口墙、内侧设宇墙；顶部地面城砖海墁。

整体保存一般，墙体局部坍塌，垛口墙等设施不存，顶部杂草、树木滋生。四周植被以松树、柏树、灌木、杂草为主。

**99. 花场峪长城 05 段 130323382102170099**

位于花场峪村北约 670 米，起点坐标：东经 119° 31′ 18.80″，北纬 40° 09′ 34.50″，高程 408 米；止点坐标：东经 119° 31′ 21.80″，北纬 40° 09′ 25.20″，高程 447 米。

墙体长 302 米，其间设敌台 1 座，花场峪 05 号敌台。墙体宽 2.5～3 米，高 2 米，自然基础，墙身毛石砌筑，白灰勾缝，墙芯为土石混筑，上部设施形制不清。

整体保存较差，墙体内侧坍塌严重，呈坡状，顶部垛墙等设施不存。四周植被以松树、柏树、灌木、杂草为主。

**100. 花场峪长城 06 段 130323382102170100**

位于花场峪村北约 560 米，起点坐标：东经 119° 31′ 21.80″，北纬 40° 09′ 25.20″，高程 447 米；止点坐标：东经 119° 31′ 17.90″，北纬 40° 09′ 21.00″，高程 396 米。

山险长 179 米，利用自然山体岩石为墙体，山势陡峭。墙体两侧植被多为低矮杂草和灌木。

**101. 花场峪长城 07 段 130323382102170101**

位于花场峪村西北约 280 米，起点坐标：东经 119° 31′ 17.90″，北纬 40° 09′ 21.00″，高程 396 米；止点坐标：东经 119° 31′ 21.60″，北纬 40° 09′ 12.30″，高程 232 米。

墙体长 301 米，其间设敌台 1 座，马面 1 座，包括花场峪 06 号敌台、花场峪 01 号马面。墙体底宽 3.5 米，顶宽 2.7 米，高度 2.8～3 米，自然基础，墙身毛石砌筑，白灰勾缝，墙芯为土石混筑，上部外侧设垛口墙，厚 0.5 米，垛口宽 0.4 米，高 0.7 米，垛口间距约 2 米，顶部地面形制不清。

墙体保存现状不一，其中北半段墙体所处山势陡峭，墙体坍塌滑坡严重，呈石堆状；南半段墙体保存一般，其中有一段墙体保存较完整，顶部存有垛墙。

**102. 花场峪长城 08 段 130323382102170102**

位于花场峪村西约 100 米，起点坐标：东经 119° 31′ 21.60″，北纬 40° 09′ 12.30″，高程 232 米；止点坐标：东经 119° 31′ 19.00″，北纬 40° 09′ 03.90″，高程 157 米。

墙体长 266 米，其间设敌台 3 座，包括花场峪 07～09 敌台。墙体底宽 7.5 米，顶宽 6.3 米，高 4～5 米。立面为三段式，下段条石基础 2 层，白灰砌筑，白灰勾缝，呈迭落式；中段城砖包砌，墙顶砌作阶梯状，白灰砌筑，白灰勾缝，墙芯土石混筑；中段与上段间设拔檐分隔，上段外侧设垛口墙，内侧设宇墙；顶部地面城砖海墁。

整体保存一般，墙体现坍塌严重，外包砖缺失，裸露毛石墙体，白灰勾缝，垛口墙、宇墙基本无存，顶部杂草、树木滋生。四周植被以松树、柏树、灌木、杂草为主。

**103. 花场峪长城 09 段 130323382102170103**

位于花场峪村西约 150 米，起点坐标：东经 119° 31′ 20.50″，北纬 40° 09′ 08.80″，高程 182 米；止点坐标：东经 119° 31′ 17.70″，北纬 40° 09′ 05.00″，高程 153 米。

墙体长 137 米，其间设护关台 2 座，包括花场峪 01～02 号护关台。墙体底宽 4.5 米，顶宽 4 米，高 2.7～3.3 米，自然基础，墙身毛石砌筑，白灰勾缝，墙芯为土石混筑，上部设施形制不清。

墙体局部严重坍塌，呈石埂状，局部墙体单侧坍塌，墙芯裸露，顶部损毁严重，墙体两侧为农田。

**104. 花场峪长城 10 段 130323382102170104**

位于花场峪村西南约 190 米，起点坐标：东经 119° 31′ 19.00″，北纬 40° 09′ 03.90″，高程 157 米；止点坐标：东经 119° 31′ 18.00″，北纬 40° 09′ 02.00″，高程 166 米。

墙体长 63 米，墙体现已消失，形成一豁口，一条村间公路及一条季节性河流从豁口通过。

**105. 花场峪长城 11 段 130323382102170105**

位于花场峪村西南约 330 米，起点坐标：东经 119° 31′ 18.00″，北纬 40° 09′ 02.00″，高程 166 米；止点坐标：东经 119° 31′ 14.30″，北纬 40° 08′ 58.00″，高程 229 米。

墙体长 154 米，其间设敌台 1 座，花场峪 10 号敌台。墙体顶宽 5 米，底宽 6 米，外侧高 6.58 米，内侧高 5.28 米。立面为三段式，下段条石基础 2～3 层，白灰砌筑，白灰勾缝，呈迭落式；中段城砖包砌，厚 1.3 米，白灰砌筑，白灰勾缝，墙芯土石混筑；中段与上段间设 2 层砖拔檐分隔，上段设垛口墙、宇墙，外侧垛口墙高 0.75 米，宽 0.45 米，垛口间距 2.7 米，垛口石长 0.77 米，宽 0.43 米，厚 0.17 米，两垛口之间中部下方设望孔，望孔规格：内口高 0.35 米，宽 0.4 米，上横砖雕刻弯眉形饰线，孔向外作漏斗状，外口用石板雕凿成形，口宽 0.1 米，高 0.17 米，上呈拱状。石板厚 0.1 米，镶嵌于垛墙中，内侧宇墙 0.75 米；顶部地面墁砖。

墙体保存较完整，其中保存较差 50 米，坍塌严重，顶部设施不存；保存一般 50 米，内侧部分坍塌，顶部垛墙不存；保存较好 54 米，存垛墙及宇墙。

**106. 花场峪长城 12 段 130323382102170106**

位于花场峪村西南约 390 米，起点坐标：东经 119° 31′ 14.30″，北纬 40° 08′ 58.00″，高程 229 米；止点坐标：东经 119° 31′ 13.20″，北纬 40° 08′ 55.90″，高程 275 米。

墙体长 71 米，其间设敌台 1 座，花场峪 11 号敌台。墙体宽 3.25～2.2 米，高 0.5～2.2 米，自然基础，墙身毛石砌筑，白灰勾缝，墙体砌筑呈阶梯阶状，共 20 级，高 80 米，宽 0.6 米，墙芯为土石混筑，上部外侧设垛墙，无垛口及望孔。

整体保存较好，垛墙局部坍塌，顶部地面杂草、树木滋长。墙体两侧山坡上长满灌木、小树。

**107. 细峪口长城 01 段 130323382106170107**

位于花场峪村西南约 1 千米，起点坐标：东经 119° 31′ 13.20″，北纬 40° 08′ 55.90″，高程 275 米；止点坐标：东经 119° 31′ 11.30″，北纬 40° 08′ 34.00″，高程 180 米。

山险长 680 米，其间设敌台 2 座，包括花场峪 12～13 号敌台。利用自然山体岩石为墙体，山势陡峭，墙体两侧植被多为低矮杂草和灌木。

**108. 细峪口长城 02 段 130323382106170108**

位于花场峪村西南约 1 千米，起点坐标：东经 119° 31′ 11.30″，北纬 40° 08′ 34.00″，高程 180 米；止点坐标：东经 119° 31′ 11.10″，北纬 40° 08′ 33.10″，高程 182 米。

墙体长 29 米，现已不存，痕迹全无，有一条季节性河流流过。

### 109. 细峪口长城 03 段 130323382106170109

位于花场峪村西南约 1.1 千米，起点坐标：东经 119° 31′ 11.10″，北纬 40° 08′ 33.10″，高程 182 米；止点坐标：东经 119° 31′ 10.20″，北纬 40° 08′ 29.50″，高程 243 米。

墙体长 114 米，其间设敌台 2 座，包括花场峪 14～15 号敌台。墙体宽 2.3 米，高 3.32 米，自然基础，墙身毛石砌筑，白灰勾缝，墙芯为土石混筑，上部外侧设有垛墙，无垛口及望孔。

根据保存现状分为 3 段：第 1 段保存一般，长 10 米，墙体内、外侧部分坍塌，顶部垛墙不存。第 2 段保存较差，长 30 米，严重坍塌，呈石堆状。第 3 段保存一般，长 74 米，墙体内侧部分坍塌，外侧保存较完整，顶部存有垛墙。

### 110. 细峪口长城 04 段 130323382106170110

位于花场峪村西南约 2 千米，起点坐标：东经 119° 31′ 10.20″，北纬 40° 08′ 29.50″，高程 243 米；止点坐标：东经 119° 30′ 23.00″，北纬 40° 08′ 21.50″，高程 623 米。

山险长 1313 米，其间设敌台 2 座，包括花场峪 16～17 号敌台。利用自然山体岩石为墙体，山势陡峭，墙体两侧植被多为低矮杂草和灌木。

### 111. 祖山东门长城 01 段 130323382102170111

位于花场峪村西南约 2 千米，起点坐标：东经 119° 30′ 23.00″，北纬 40° 08′ 21.50″，高程 623 米；止点坐标：东经 119° 30′ 20.70″，北纬 40° 08′ 22.50″，高程 655 米。

墙体长 63 米，宽 3.2 米，高 2.5 米，自然基础，墙身毛石砌筑，白灰勾缝，墙芯为土石混筑，上部外侧设垛口墙、内侧设宇墙，均辟望孔。

根据保存现状分为 2 段。第 1 段保存较好，长 50 米，墙体形制清晰。第 2 段保存较差，长 13 米，墙体内侧坍塌，顶部最窄处残存 1.2 米。

### 112. 祖山东门长城 02 段 130323382102170112

位于花场峪村西南约 2 千米、车厂村西北约 2.1 千米，起点坐标：东经 119° 30′ 20.70″，北纬 40° 08′ 22.50″，高程 655 米；止点坐标：东经 119° 30′ 14.60″，北纬 40° 08′ 06.50″，高程 476 米。

山险长 542 米，其间设敌台 1 座，祖山东门 01 号敌台。利用自然山体岩石为墙体，山势陡峭，墙体两侧植被多为低矮杂草和灌木。

### 113. 祖山东门长城 03 段 130323382102170113

位于车厂村西北约 1.8 千米，起点坐标：东经 119° 30′ 14.60″，北纬 40° 08′ 06.50″，高程 476 米；止点坐标：东经 119° 30′ 19.90″，北纬 40° 07′ 59.50″，高程 482 米。

墙体长 253 米，宽 5 米，高 3.3 米，自然基础，墙身毛石砌筑，白灰勾缝，墙芯为土石混筑，上部外侧设砖砌垛口墙，长 1.1 米，宽 0.8 米，高 1.92 米，内侧设砖砌宇墙，均辟望孔，孔高 0.23 米，宽 0.22 米。

根据保存现状可分为 2 段：第 1 段保存较差，长约 132 米，墙体严重坍塌，呈石堆状，仅少部分墙体残存，并存有小段垛口墙。第 2 段保存一般，长约 121 米，保存较完整，垛口墙、宇墙局部坍塌，顶部杂草、树木滋长。

### 114. 祖山东门长城 04 段 130323382102170114

位于车厂村西北约 1.7 千米，起点坐标：东经 119° 30′ 19.90″，北纬 40° 07′ 59.50″，高程 482 米；止点坐标：东经 119° 30′ 19.20″，北纬 40° 07′ 55.20″，高程 488 米。

山险长 133 米，其间设敌台 1 座，祖山东门 02 号敌台。利用自然山体岩石为墙体，山势陡峭，墙体两侧植被多为低矮杂草和灌木。

### 115. 祖山东门长城 05 段 130323382102170115

位于车厂村西北约 1.7 千米，起点坐标：东经 119° 30′ 19.20″，北纬 40° 07′ 55.20″，高程 488 米；止点坐标：东经 119° 30′ 16.70″，北纬 40° 07′ 53.40″，高程 456 米。

墙体长 82 米，宽 4 ～ 5 米，高 3 ～ 5 米，自然基础，墙身毛石砌筑，白灰勾缝，墙芯为土石混筑，上部外侧设砖砌垛口墙、内侧砖砌设宇墙，均辟望孔，顶部地面方砖铺墁。

整体保存一般，外侧墙体较完整，顶部残存垛口墙，内侧墙体大部分已坍塌，与内侧山体等高。

### 116. 祖山东门长城 06 段 130323382102170116

位于车厂村西北约 1.8 千米，起点坐标：东经 119° 30′ 16.70″，北纬 40° 07′ 53.40″，高程 456 米；止点坐标：东经 119° 30′ 02.50″，北纬 40° 07′ 46.10″，高程 380 米。

墙体长 405 米，其间设敌台 1 座，祖山东门 03 号敌台。墙体宽 4 ～ 5 米，高 3 ～ 5 米，自然基础，墙身毛石砌筑，白灰勾缝，墙芯为土石混筑，上部外侧设砖砌垛口墙、内侧设砖砌宇墙，均辟望孔，顶部地面方砖铺墁。

整体保存一般，墙体外侧较完整，垛口墙大部分坍塌，内侧大部分已坍塌，地面方砖松动、局部碎裂，墙体顶部杂草、树木滋长。

### 117. 祖山东门长城 07 段 130323382102170117

位于车厂村西北约 1.9 千米，起点坐标：东经 119° 30′ 02.50″，北纬 40° 07′ 46.10″，高程 380 米；止点坐标：东经 119° 29′ 57.90″，北纬 40° 07′ 45.00″，高程 345 米。

山险长 115 米，其间敌台 1 座，祖山东门 04 号敌台。利用自然山体岩石为墙体，山势陡峭，墙体两侧植被多为低矮杂草和灌木。

### 118. 祖山东门长城 08 段 130323382102170118

位于车厂村西北约 2 千米，起点坐标：东经 119° 29′ 57.90″，北纬 40° 07′ 45.00″，高程 345 米；止点坐标：东经 119° 29′ 43.60″，北纬 40° 07′ 30.60″，高程 210 米。

墙体长 567 米，其间设敌台 2 座，包括祖山东门 05 ～ 06 号敌台。

墙体形制不一，主要为 2 种：第 1 种，墙体宽 3 ～ 3.5 米，高 3.7 米，自然基础，墙身毛石砌筑，白灰勾缝，墙芯为土石混筑，上部外侧设砖砌垛口墙、内侧设砖砌宇墙，均辟望孔，地面方砖铺墁。第 2 种，墙体宽 2.9 米，高 4.1 米，自然基础，墙身毛石砌筑，白灰勾缝，墙芯为土石混筑，上部外侧设毛石垛口墙，墙高 1.6 米，厚 0.7 米，口高 0.8 米，口宽 0.6 米。

墙体设登城马道 2 处：

登城马道 01：位于祖山东门 06 号敌台北侧约 10 米的墙体内侧，现已残破，道宽 1.4 米，高 2.3 米。

登城步道 02：位于敌台南侧 20 米处的墙内侧有毛石砌筑登城台阶，现已残破。

按照保存现状不同可分为 2 段：第 1 段保存较好，长约 219 米，垛口墙、宇墙局部坍塌，地面局部缺失。第 2 段保存一般，长约 348 米，内、外侧墙体部分坍塌，墙芯裸露，部分段落垛口墙不存，顶部杂草、树木滋生。

### 119. 祖山东门长城 09 段 130323382102170119

位于车厂村西北约 2.1 千米，起点坐标：东经 119° 29′ 43.60″，北纬 40° 07′ 30.60″，高程 210 米；止点坐标：东经 119° 29′ 39.80″，北纬 40° 07′ 27.00″，高程 187 米。

墙体长 144 米，此段墙体位置现被祖山景区东门所占据，地面现为水泥路，墙体消失，痕迹不存。

### 120. 祖山东门长城 10 段 130323382102170120

位于车厂村西北约 2.1 千米，起点坐标：东经 119° 29′ 39.80″，北纬 40° 07′ 27.00″，高程 187 米；止点坐标：东经 119° 29′ 36.90″，北纬 40° 07′ 24.20″，高程 220 米。

墙体长 112 米，其间设敌台 1 座，祖山东门 07 号敌台。墙体底宽 4.5 米，顶宽 3.5 ～ 4 米，高 2.2 ～ 4.1 米，自然基础，墙身毛石砌筑，白灰勾缝，墙芯为土石混筑，上部外侧设垛口墙。

整体保存一般，墙体内、外侧局部坍塌，顶部设施不存，残存小段垛口墙基础。四周植被以松树、柏树、灌木、杂草为主。

### 121. 祖山东门长城 11 段 130323382102170121

位于车厂村西约 2.3 千米，起点坐标：东经 119° 29′ 36.90″，北纬 40° 07′ 24.20″，高程 220 米；止点坐标：东经 119° 29′ 30.20″，北纬 40° 07′ 10.40″，高程 480 米。

山险长 458 米，其间设敌台 1 座，祖山东门 08 号敌台。利用自然山体岩石为墙体，山势陡峭。墙体两侧植被多为低矮杂草和灌木。

### 122. 祖山东门长城 12 段 130323382102170122

位于车厂村西约 2.3 千米，起点坐标：东经 119° 29′ 30.20″，北纬 40° 07′ 10.40″，高程 480 米；止点坐标：东经 119° 29′ 28.00″，北纬 40° 07′ 08.90″，高程 490 米。

墙体长 70 米，宽 3.2 米，高 0.9 ～ 2.5 米，自然基础，墙身毛石砌筑，白灰勾缝，墙芯为土石混筑，上部外侧设砖砌垛口墙，宽 0.48 米，厚 0.4 米，垛口间距 2.2 米，内侧设砖砌宇墙，均辟望孔。

整体保存一般，墙体内、外侧局部坍塌，残存部分垛口墙，顶部杂草、树木滋长。

### 123. 祖山东门长城 13 段 130323382102170123

位于车厂村西南约 2.6 千米，起点坐标：东经 119° 29′ 28.00″，北纬 40° 07′ 08.90″，高程 490 米；止点坐标：东经 119° 29′ 20.60″，北纬 40° 06′ 43.50″，高程 503 米。

山险长 860 米，其间设敌台 5 座，包括祖山东门 09 ～ 13 号敌台。利用自然山体岩石为墙体，山势陡峭。墙体两侧植被多为低矮杂草和灌木。

### 124. 祖山东门长城 14 段 130323382102170124

位于车厂村西南约 2.6 千米，起点坐标：东经 119° 29′ 20.60″，北纬 40° 06′ 43.50″，高程 503 米；止点坐标：东经 119° 29′ 17.50″，北纬 40° 06′ 41.90″，高程 541 米。

墙体长 90 米，其间设敌台 1 座，祖山东门 14 号敌台。墙体宽 4.5～5.2 米，外侧高 4.4～4.9 米，内侧高 1.32 米。立面为三段式，下段条石基础，白灰砌筑，白灰勾缝，呈迭落式；中段城砖包砌，白灰砌筑，白灰勾缝，部分山势较陡地段墙体为阶梯式，墙芯土石混筑；中段与上段间设一拔檐分隔，上段外侧设垛口墙，辟望孔，垛口墙高 2.1 米，内侧设宇墙，高 0.4 米；顶部地面墁砖。

整体保存一般，墙体外包砖酥碱，垛口墙、宇墙部分坍塌，墁地砖部分缺失，顶部杂草、树木滋生。四周植被以松树、柏树、灌木、杂草为主。

### 125. 柳观峪长城 01 段 130323382106170125

位于柳观峪村西北约 3.8 千米，起点坐标：东经 119° 29′ 17.50″，北纬 40° 06′ 41.90″，高程 541 米；止点坐标：东经 119° 28′ 15.90″，北纬 40° 06′ 10.10″，高程 754 米。

山险长 1867 米，其间设敌台 6 座，包括柳观峪 01 号敌台、柳观峪 03～07 号敌台。利用自然山体岩石为墙体，山势陡峭，墙体外侧为青龙祖山森林公园。

### 126. 柳观峪长城 02 段 130323382106170126

位于柳观峪村西北约 3 千米，起点坐标：东经 119° 29′ 07.80″，北纬 40° 06′ 29.30″，高程 710 米；止点坐标：东经 119° 29′ 08.50″，北纬 40° 06′ 28.30″，高程 706 米。

墙体长 36 米，其间设敌台 1 座，柳观峪 02 号敌台。墙体宽 4.5 米，高 6.56 米。立面为三段式，下段条石基础 4 层，高 1.3 米，白灰砌筑，白灰勾缝；中段城砖包砌，高 3.7 米，白灰砌筑，白灰勾缝，墙芯土石混筑；中段与上段间设一层石拔檐分隔，厚 0.13 米，上段外侧设垛口墙，辟望孔，垛口墙厚高 1.56 米，垛口高 0.86 米，宽 0.46 米，厚 0.37 米，内侧设宇墙；顶部地面城砖海墁。

整体保存一般，墙体外包墙体砖件酥碱，垛口墙部分坍塌，宇墙坍塌较严重，仅存基础，墁地城砖部分缺失，墙体下部被人为破坏出一个高约 2 米，宽约 1.5 米的大洞，可出入长城内外。

### 127. 柳观峪长城 03 段 130323382106170127

位于柳观峪村西北约 3.9 千米，起点坐标：东经 119° 28′ 15.90″，北纬 40° 06′ 10.10″，高程 754 米；止点坐标：东经 119° 28′ 09.50″，北纬 40° 06′ 10.30″，高程 761 米。

墙体长 151 米，其间设敌台 1 座，柳观峪 08 号敌台。墙体顶宽 0.9 米，底宽 1.2 米，高 0.9 米，自然基础，墙身片石干槎，顶部设施形制不清。

整体保存较差，墙体坍塌严重，呈石埂状，上部设施不存。

### 128. 柳观峪长城 04 段 130323382106170128

位于柳观峪村西北约 4.4 千米，起点坐标：东经 119° 28′ 09.50″，北纬 40° 06′ 10.30″，高程 761 米；止点坐标：东经 119° 27′ 47.80″，北纬 40° 06′ 10.00″，高程 844 米。

山险长 537 米，其间设敌台 3 座，包括柳观峪 09～11 号敌台，利用自然山体岩石为墙体，山势陡峭。墙体两侧植被多为低矮杂草和灌木。

### 129. 柳观峪长城 05 段 130323382106170129

位于柳观峪村西北约 4.4 千米、孤石峪村西北约 4.5 千米，起点坐标：东经 119° 27′ 47.80″，北纬 40° 06′ 10.00″，高程 844 米；止点坐标：东经 119° 26′ 45.80″，北纬 40° 05′ 31.10″，高程 1055 米。

墙体长 1977 米,其间设敌台 5 座,包括柳观峪 12 ～ 13 号敌台、孤石峪 01 ～ 03 号敌台。墙体宽 0.8 ～ 1.2 米,高 0.5 ～ 1.7 米,自然基础,墙身片石干槎,上部设施形制不清。

整体保存一般,墙体局部坍塌,顶部设施无存。四周植被以松树、柏树、灌木、杂草为主。

### 130. 乌龙顶长城 01 段 130323382106170130

位于孤石峪村西北约 6 千米,起点坐标:东经 119° 26′ 45.80″,北纬 40° 05′ 31.10″,高程 1055 米;止点坐标:东经 119° 25′ 40.40″,北纬 40° 05′ 40.50″,高程 943 米。

山险长 2016 米,其间设敌台 11 座,包括孤石峪 04 号敌台、韭菜楼、东峪 03 ～ 04 号敌台、乌龙顶 01 ～ 05 号敌台、东峪 01 ～ 02 号敌台。利用自然山体岩石为墙体,山势陡峭。墙体外侧为青龙东峪林场,内侧为抚宁红亮寺林场。

### 131. 东峪长城 01 段 130323382102170131

位于孤石峪村西北约 6.1 千米,起点坐标:东经 119° 25′ 40.40″,北纬 40° 05′ 40.50″,高程 943 米;止点坐标:东经 119° 25′ 23.40″,北纬 40° 05′ 26.10″,高程 866 米。

墙体长 610 米,其间设敌台 3 座,包括东峪 05 ～ 07 号敌台。墙体宽 0.9 米,高 0.3 ～ 0.15 米,自然基础,墙身片石干槎。

整体保存较差,墙体大部分已坍塌,顶部设施无存。墙体外侧为青龙东峪林场,内侧为抚宁红亮寺林场,所处山势陡峭。

### 132. 东峪长城 02 段 130323382102170132

位于孤石峪村西北约 6.2 千米,起点坐标:东经 119° 25′ 23.40″,北纬 40° 05′ 26.10″,高程 866 米;止点坐标:东经 119° 25′ 09.20″,北纬 40° 05′ 10.80″,高程 831 米。

山险长 591 米,其间设敌台 3 座,包括东峪 08 ～ 10 号敌台。利用自然山体岩石为墙体,山势陡峭,外侧为青龙东峪林场,内侧为抚宁红亮寺林场,所处山势险峻。

### 133. 东峪长城 03 段 130323382102170133

位于孤石峪村西北约 6.2 千米,起点坐标:东经 119° 25′ 09.20″,北纬 40° 05′ 10.80″,高程 831 米;止点坐标:东经 119° 25′ 06.90″,北纬 40° 05′ 09.80″,高程 839 米。

墙体长 61 米,宽 4.5 米,外侧高 4.7 ～ 5 米,内侧高 2.5 米。立面为三段式,下段条石基三层础,白灰砌筑,白灰勾缝,呈迭落式;中段城砖包砌,白灰砌筑,白灰勾缝,墙芯土石混筑;中段与上段间设一层石拔檐分隔,上段外侧设垛口墙,辟望孔,垛口墙高 1.74 米,垛口高 0.79 米,宽 0.52 米,内侧设宇墙,高 0.5 米,墙内侧上部设有出水孔及出水嘴,出水嘴半圆形,伸出墙体 0.4 米;顶部地面墁砖。

整体保存较好,墙体外包体砖酥碱,垛口墙部分坍塌,墁地砖部分缺失,顶部杂草、树木滋生。四周植被以松树、柏树、灌木、杂草为主。

### 134. 东峪长城 04 段 130323382102170134

位于孤石峪村西北约 6.7 千米,起点坐标:东经 119° 25′ 06.90″,北纬 40° 05′ 09.80″,高程 839 米;止点坐标:东经 119° 24′ 49.80″,北纬 40° 05′ 14.80″,高程 732 米。

山险长 509 米,其间设敌台 3 座,包括东峪 11 ～ 13 号敌台。利用自然山体岩石为墙体,山势陡峭，墙体外侧为青龙东峪林场，内侧为抚宁红亮寺林场。

### 135. 东峪长城 05 段 130323382102170135

位于孤石峪村西北约 6.9 千米，起点坐标：东经 119° 24′ 49.80″，北纬 40° 05′ 14.80″，高程 732 米；止点坐标：东经 119° 24′ 43.90″，北纬 40° 05′ 20.50″，高程 701 米。

墙体长 238 米，其间设敌台 1 座，马面 3 座，包括东峪 14 号敌台、东峪 01 ～ 03 号马面。墙体宽 2.5 米，外侧高 3 ～ 4.3 米，内侧高 1 ～ 3.2 米，自然基础，墙身毛石砌筑，白灰勾缝，墙芯为土石混筑，上部外侧设垛口墙。

整体保存一般，墙体外侧部分坍塌，存垛墙 19 米，东峪 02 ～ 03 号马面之间墙体上有一豁口，上部宽 5.14 米，下部宽 2 米。四周两侧杂草、灌木滋长。

### 136. 背牛顶长城 01 段 130323382106170136

位于孤石峪村西北约 6.9 千米、梁家湾村东南约 4.5 千米，起点坐标：东经 119° 24′ 43.90″，北纬 40° 05′ 20.50″，高程 701 米；止点坐标：东经 119° 23′ 20.70″，北纬 40° 04′ 59.20″，高程 851 米。

山险长 2197 米，其间设敌台 6 座，包括东峪 15 ～ 16 号敌台、背牛顶 01 ～ 04 号敌台。利用自然山体岩石为墙体，山势陡峭，墙体外侧为青龙东峪林场，内侧为抚宁红亮寺林场，两侧植被多为低矮杂草和灌木。

### 137. 背牛顶长城 02 段 130323382106170137

位于梁家湾村东南约 4.2 千米，起点坐标：东经 119° 23′ 20.70″，北纬 40° 04′ 59.20″，高程 851 米；止点坐标：东经 119° 23′ 07.70″，北纬 40° 04′ 58.00″，高程 871 米。

墙体长 328 米，其间设敌台 1 座，背牛顶 05 号敌台。墙体宽 0.7 ～ 1.6 米，高 0.5 ～ 1.6 米，自然基础，墙身片石干砌，上部外侧设垛口墙。

整体保存一般，墙体局部坍塌，残存部分垛墙，四周植被以松树、柏树、灌木、杂草为主。

### 138. 背牛顶长城 03 段 130323382106170138

位于梁家湾村东南约 4.2 千米，起点坐标：东经 119° 23′ 07.70″，北纬 40° 04′ 58.00″，高程 871 米；止点坐标：东经 119° 23′ 05.50″，北纬 40° 04′ 58.80″，高程 891 米。

山险长 58 米，利用自然山体岩石为墙体，山势陡峭，墙体两侧植被多为低矮杂草和灌木。

### 139. 背牛顶长城 04 段 130323382106170139

位于梁家湾村东南约 2.2 千米，起点坐标：东经 119° 23′ 05.50″，北纬 40° 04′ 58.80″，高程 891 米；止点坐标：东经 119° 21′ 38.80″，北纬 40° 05′ 05.30″，高程 760 米。

墙体长 2645 米，其间设敌台 7 座，包括背牛顶 06 ～ 10 号敌台、梁家湾 01 ～ 02 号敌台。墙体宽 1.1 ～ 1.2 米，高 0.8 ～ 1.3 米，自然基础，墙身片石干砌，上部设施形制不清。

整体保存较差，墙体大部分坍塌，呈坡状，掩于杂草之中，仅可看出轮廓，四周灌木、杂草滋长。

### 140. 梁家湾长城 01 段 130323382106170140

位于梁家湾村东北约 1.6 千米，起点坐标：东经 119° 21′ 38.80″，北纬 40° 05′ 05.30″，高程 760 米；

止点坐标东经 119° 21′ 15.00″，北纬 40° 06′ 12.70″，高程 281 米。

山险长 2737 米，其间设敌台 4 座，包括梁家湾 03 ～ 06 号敌台。利用自然山体岩石为墙体，山势陡峭，墙体两侧植被多为低矮杂草和灌木。

### 141. 梁家湾长城 02 段 130323382106170141

位于梁家湾村东北约 1.5 千米，起点坐标：东经 119° 21′ 15.00″，北纬 40° 06′ 12.70″，高程 281 米；止点坐标：东经 119° 21′ 08.20″，北纬 40° 06′ 12.50″，高程 251 米。

墙体长 176 米，其间设敌台 1 座，梁家湾 07 号敌台。墙体宽 1.1 ～ 1.2 米，底宽 1.4 米，残高 1.5 ～ 2.3 米，自然基础，墙身毛石砌筑，墙芯为土石混筑。

根据保存状况分为 2 段：第 1 段保存一般，长 116 米，墙体保存较完整，顶部局部坍塌。第 2 段保存较差，长 60 米，墙体大部分坍塌成石堆。

### 142. 梁家湾长城 03 段 130323382106170142

位于梁家湾村东北约 1.5 千米，起点坐标：东经 119° 21′ 08.20″，北纬 40° 06′ 12.50″，高程 251 米；止点坐标：东经 119° 21′ 06.10″，北纬 40° 06′ 12.30″，高程 227 米。

墙体长约 52 米，原墙体位置现为河道及山路，墙体痕迹全无。

### 143. 梁家湾长城 04 段 130323382106170143

位于梁家湾村东北约 1.4 千米，起点坐标：东经 119° 21′ 06.10″，北纬 40° 06′ 12.30″，高程 227 米；止点坐标：东经 119° 21′ 01.60″，北纬 40° 06′ 12.70″，高程 308 米。

山险长 107 米，利用自然山体岩石为墙体，山势陡峭，墙体两侧植被多为低矮杂草和灌木。

### 144. 梁家湾长城 05 段 130323382106170144

位于梁家湾村东北约 1.4 千米，起点坐标：东经 119° 21′ 01.60″，北纬 40° 06′ 12.70″，高程 308 米；止点坐标：东经 119° 21′ 00.60″，北纬 40° 06′ 13.90″，高程 328 米。

墙体长 43 米，宽 2.5 米，高 2 ～ 3 米，自然基础，墙身毛石砌筑，白灰勾缝，墙芯为土石混筑。

整体保存一般，墙体局部坍塌，顶部设施无存。墙体两侧山势陡峭，灌木、杂草滋生。

### 145. 梁家湾长城 06 段 130323382106170145

位于梁家湾村东北约 1.4 千米，起点坐标：东经 119° 21′ 00.60″，北纬 40° 06′ 13.90″，高程 328 米；止点坐标：东经 119° 20′ 59.10″，北纬 40° 06′ 15.80″，高程 321 米。

墙体长 71 米，其间设敌台 1 座，梁家湾 08 号敌台。墙体宽 2.8 米，高 3.5 米。立面为三段式，下段条石基础 3 层，高 1.1 米，白灰砌筑，白灰勾缝；中段城砖包砌，白灰砌筑，白灰勾缝，墙芯土石混筑；中段与上段间设拔檐分隔，上段外侧设垛口墙，内侧设宇墙；顶部地面城砖海墁。

墙体设登城步道 1 座：位于梁家湾 08 号敌台北侧约 7 米的墙体内侧，现已严重坍塌，仅存遗址，尺寸不清。

整体保存一般，墙体基础及墙面保存完整，垛口墙、宇墙大部分坍塌缺失，墁地城砖部分缺失，顶部杂草、树木滋生。四周植被以松树、柏树、灌木、杂草为主。

### 146. 梁家湾长城 07 段 130323382106170146

位于梁家湾村东北约 1.4 千米，起点坐标：东经 119° 20′ 59.10″，北纬 40° 06′ 15.80″，高程 321 米；止点坐标：东经 119° 20′ 55.00″，北纬 40° 06′ 17.10″，高程 371 米。

山险长 105 米，利用自然山体岩石为墙体，山势陡峭，墙体两侧植被多为低矮杂草和灌木。

### 147. 梁家湾长城 08 段 130323382106170147

位于梁家湾村东北约 1.4 千米，起点坐标：东经 119° 20′ 55.00″，北纬 40° 06′ 17.10″，高程 371 米；止点坐标：东经 119° 20′ 53.40″，北纬 40° 06′ 17.40″，高程 340 米

墙体长 39 米，其间设敌台 1 座，梁家湾 09 号敌台。墙体宽 3.7 米，高 2.73 米。立面为三段式，下段毛石基础，高 1.43 米，白灰砌筑，白灰勾缝；中段城砖包砌，高 1.3 米，厚 1.3 米，白灰砌筑，白灰勾缝，墙芯土石混筑；中段与上段间设一层石拔檐分隔，上段外侧设垛口墙，内侧设宇墙；顶部地面城砖海墁。

整体保存一般，墙体基础及墙面保存完整，顶部垛墙等设施基本无存，杂草、树木滋生。两侧植被以灌木、杂草为主。

### 148. 梁家湾长城 09 段 130323382106170148

位于梁家湾村东北约 2.5 千米，起点坐标：东经 119° 20′ 53.40″，北纬 40° 06′ 17.40″，高程 340 米；止点坐标：东经 119° 20′ 54.70″，北纬 40° 06′ 59.30″，高程 614 米。

山险长 1341 米，其间设敌台 2 座，包括梁家湾 10 ～ 11 号敌台。利用自然山体岩石为墙体，山势陡峭，墙体两侧植被多为低矮杂草和灌木。

### 149. 梁家湾长城 10 段 130323382106170149

位于梁家湾村东北约 2.5 千米，起点坐标：东经 119° 21′ 12.40″，北纬 40° 06′ 59.30″，高程 569 米；止点坐标：东经 119° 20′ 54.70″，北纬 40° 06′ 59.30″，高程 614 米。

墙体长 501 米，其间设敌台 1 座梁家湾 13 号敌台。墙体宽 2.2 ～ 3.2 米，高 3.2 米，自然基础，墙身毛石砌筑，白灰勾缝，墙芯为土石混筑，上部外侧设垛口墙。

壕沟：墙体外侧有壕沟一道，距墙 16 米，宽 5 米，深 2.3 米。

整体保存一般，墙体基础部分较完整，墙面内侧坍塌严重，外侧大部分保存，顶部墙体设施基本无存。四周植被以松树、柏树、灌木、杂草为主。

### 150. 箭杆岭长城 01 段 130323382102170150

位于箭杆岭村东约 200 米，起点坐标：东经 119° 20′ 54.70″，北纬 40° 06′ 59.30″，高程 614 米；止点坐标：东经 119° 19′ 53.50″，北纬 40° 08′ 10.60″，高程 223 米。

墙体长 3341 米，其间设敌台 9 座，马面 2 座，包括梁家湾 12 ～ 14 号敌台、箭杆岭 01 ～ 06 号敌台，梁家湾 01 号马面、箭杆岭 01 号马面。

墙体所处地势较为复杂，墙体建筑形制不一，主要有 2 种构筑方式。第 1 种：顶部宽 3.09 米，底部宽 3.31 米，外侧高 2.87 米，内侧高 1.85 米，自然基础，墙身毛石砌筑，白灰勾缝，墙芯为土石混筑，上部外侧设砖砌垛墙，内侧设砖砌宇墙，顶部地面方砖海墁，方砖规格：0.38 米 ×

0.38 米 ×0.09 米；第 2 种：墙体宽 2.3 ～ 3.3 米，外侧高 1 ～ 2.7 米、内侧高 0.8 ～ 1.5 米，自然基础，墙身毛石砌筑，白灰勾缝，墙芯为土石混筑，上部外侧为毛石砌垛口墙，厚 0.8 米，高 0.3 ～ 0.6 米。

墙体保存程度不一，其中保存一般约 1500 米，保存较差约 1841 米。保存一般：大部分墙体整体完整，局部坍塌，顶部设施基本无存。保存较差：墙体大部分已坍塌成坡状，顶部垛口墙、宇墙仅存基础，地面方砖部分缺失。

### 151. 箭杆岭长城 02 段 130323382102170151

位于箭杆岭村东约 200 米，起点坐标：东经 119° 19′ 53.50″，北纬 40° 08′ 10.60″，高程 223 米；止点坐标：东经 119° 19′ 55.00″，北纬 40° 08′ 12.00″，高程 257 米。

墙体长 56 米，村间公路及河流从此处通过，墙体现已消失，痕迹不存。

### 152. 箭杆岭长城 03 段 130323382102170152

位于箭杆岭村东北约 1.4 千米，起点坐标：东经 119° 19′ 55.00″，北纬 40° 08′ 12.00″，高程 257 米；止点坐标：东经 119° 20′ 23.80″，北纬 40° 08′ 46.60″，高程 687 米。

墙体长 1298 米，其间设敌台 3 座，箭杆岭村 07 ～ 09 号敌台。墙体宽 3 米，外侧高 4.1 米，内侧高 2.1 米，自然基础，墙身毛石砌筑，白灰勾缝，墙芯为土石混筑，上部设毛石垛口墙，厚 0.9 米，高 0.65 米。

根据墙体保存现状分为 4 段：第 1 段保存一般，长约 87 米，墙体内、外侧部分坍塌。第 2 段保存较差，长约 422 米，部分墙体坍塌严重，已成碎石堆，残存部分垛口墙。第 3 段保存一般，长约 403 米，部分墙体坍塌严重，残存部分垛口墙。第 4 段保存较差，长约 386 米，此段墙体所处山势陡峭，连接少部分山险，墙体大部分坍塌严重。

### 153. 箭杆岭长城 04 段 130323382102170153

位于箭杆岭村东北约 1.4 千米，起点坐标：东经 119° 20′ 23.80″，北纬 40° 08′ 46.60″，高程 687 米；止点坐标：东经 119° 20′ 23.90″，北纬 40° 08′ 48.20″，高程 672 米。

山险长 50 米，利用自然山体岩石为墙体，山势陡峭，墙体两侧植被多为低矮杂草和灌木。

### 154. 箭杆岭长城 05 段 130323382102170154

位于箭杆岭村东北约 2.4 千米，起点坐标：东经 119° 20′ 23.90″，北纬 40° 08′ 48.20″，高程 672 米；止点坐标：东经 119° 20′ 07.40″，北纬 40° 09′ 29.90″，高程 674 米。

墙体长 1584 米，其间设敌台 7 座，包括箭杆岭 10 ～ 16 号敌台。

此段墙体根据构筑方式的不同分为 2 段：

第 1 段：墙体宽 2.6 ～ 2.8 米，外侧高 3 ～ 5 米，内侧高约 1 米，自然基础，墙身毛石砌筑，白灰勾缝，墙芯为土石混筑，上部设毛石垛口墙，垛墙高 1.6 米，底部厚 0.75 米，顶部厚 0.6 米，垛口宽 0.4 ～ 0.69 米，垛口高 0.8 米。

第 2 段：墙体宽 3.63 米，外侧高 4.86 米，内侧高 2.37 米，自然基础，墙身毛石砌筑，白灰勾缝，墙芯为土石混筑，墙身与垛口墙、宇墙间设砖拔檐分隔，上部外侧设砖砌垛口墙，内侧设砖砌宇墙，顶部地面城砖海墁。

此段墙体根据保存程度的不同可分为2段：第1段保存一般，长约1043米，墙体内侧大部分坍塌，外侧保存较好，残存毛石垛口墙。第2段保存一般，长约541米，墙体砖砌垛口墙、宇墙均已坍塌，残存基础，地面砖墁大部分缺失。

### 155. 箭杆岭长城 06 段 130323382102170155

位于界岭口村东北约1.5千米，起点坐标：东经119° 20′ 07.40″，北纬40° 09′ 29.90″，高程674米；止点坐标：东经119° 18′ 17.70″，北纬40° 09′ 58.50″，高程435米。

墙体长3307米，其间设敌台16座，马面7座，包括箭杆岭17～27号敌台、界岭口01～05号敌台、箭杆岭村02～06号马面、界岭口01～02号马面。墙体宽2.4～3.8米，外侧高3米，内侧高1～1.5米，自然基础，墙身毛石砌筑，白灰勾缝，墙芯为土石混筑，上部外侧设毛石垛口墙，厚0.6米，高1.7米，顶部地面青砖墁地。

墙体内侧设登城步道1座：位于箭杆岭村23号敌台西侧60米处的墙体内侧，为毛石垒砌，现台阶已全毁，宽1.1米，长4.7米，残高1.5米。

墙体根据保存程度的不同可分为3段：第1段保存一般，长1571米，墙体内侧坍塌严重，外墙保存较好，存少量坍塌，残存毛石垛口墙。第2段保存较差，长1193米，墙体坍塌严重，外侧大部分墙体均已坍塌，残存少部分垛口墙基础。第3段保存一般，长543米，墙体内外侧整体保存较完整，垛口墙缺失。

### 156. 界岭口长城 01 段 130323382103170156

位于界岭口村东北约1.5千米、界岭口村内，起点坐标：东经119° 18′ 17.70″，北纬40° 09′ 58.50″，高程435米；止点坐标：东经119° 17′ 15.80″，北纬40° 09′ 38.00″，高程199米。

墙体长2223米，其间设敌台14座，马面5座，包括界岭口村06～19号敌台、界岭口村03～07号马面。墙体宽5米，高6.6米。立面为三段式，下段外侧条石基础，高2～4层，白灰砌筑，白灰勾缝，呈选落式。内侧为鳌石基础，高0.9米；中段城砖包砌，厚0.8米，白灰砌筑，白灰勾缝，城砖规格：0.37米×0.19米×0.09米，墙芯毛石砌筑，白灰勾缝；中段与上段间设一层石拔檐分隔，厚0.1米，上段外侧设垛口墙，辟望孔，垛口墙厚，厚0.44米，内侧设宇墙，厚0.44米；在墙内侧上部设凸出的出水嘴，长0.96米，头宽0.23米，后宽0.27米，厚0.17米，水槽宽0.13米，深0.05米；顶部地面墁砖2层，垫层城砖铺墁，城砖规格：0.37米×0.19米×0.09米，面层方砖铺墁，方砖规格：0.38米×0.38米×0.08米。

壕沟：位于界岭口06～10号敌台间墙体外侧8米处拦马沟边界较为清晰，宽7米，呈"U"字形，沟深5米，直接开凿于岩石上，内长满杂草与各种小灌木。

暗门：位于界岭口村11号敌台东南25米的墙体内侧，券门宽1.2米，残高1.9米，深3.1米。底部可见三层条石，高1.1米。

根据保存程度的不同可分为5段：

第1段：保存一般，长423米，位于界岭口06号与10号敌台间，墙体整体保存较完整，基础保存较好，外侧包砖部分脱落，垛口墙、宇墙残存墙基，墙基宽0.44米，墙体存有一人为拆毁的豁口，宽约10米，现为当地居民出入的小路。

第 2 段：保存较差，长 355 米，位于界岭口 10 号与 14 号敌台间，部分墙体坍塌严重，包砖大部分脱落，内外侧坍塌成坡状。

第 3 段：保存一般，长 950 米。位于界岭口 14 号敌台至与岭口东月城间，墙体整体保存较完整，垛口墙、宇墙坍塌严重，地面大部分缺失。

第 4 段：保存较差，长 327 米，位于界岭口东月城与界岭口 07 号马面间，为界岭口东月城的北城墙，墙体坍塌严重，大部分呈石堆状，有一座输电线铁塔架在墙体上，墙体两侧山坡上为农田。

第 5 段：保存一般，长 168 米，墙体基础保存较完整，顶部设施不存。此段墙体为界岭口东月城的北城墙、西城墙，墙体内侧便为界岭口村内民居，有的民居借助墙体为院墙，墙体外侧多为农田。

**157. 界岭口长城 02 段 130323382103170157**

位于界岭口村西侧，起点坐标：东经 119° 17′ 15.80″，北纬 40° 09′ 38.00″，高程 199 米；止点坐标：东经 119° 17′ 13.50″，北纬 40° 09′ 35.30″，高程 234 米。

墙体长 102 米，现已消失，遗迹不存。洋河以及 261 县级公路从墙体位置上通过。

**158. 界岭口长城 03 段 130323382103170158**

位于石碑沟村东北侧 2.5 千米，起点坐标：东经 119° 17′ 13.50″，北纬 40° 09′ 35.30″，高程 234 米；止点坐标：东经 119° 15′ 39.50″，北纬 40° 09′ 28.50″，高程 354 米。

墙体长 2647 米，其间设敌台 15 座，马面 5 座，包括界岭口 20 ～ 33 号敌台、罗汉洞 01 号敌台、界岭口 08 号～ 12 马面。

墙体构筑形制分为 2 种：

第 1 种：墙体宽 5.4 米，外侧高 9 ～ 9.2 米，内侧高 2.2 米。立面为三段式，下段外侧条石基础 3 层，高 0.9 米，白灰砌筑，白灰勾缝，内侧自然基础；中段外侧城砖包砌，白灰砌筑，白灰勾缝，内侧毛石砌筑，墙芯土石混筑；中段与上段间设拔檐分隔，上段外侧设砖砌垛口墙，内侧设砖砌宇墙；顶部地面墁砖。

第 2 种：墙体宽 4.7 米，外侧高 6 米，内侧高 1.7 米。立面为三段式，下段条石基础 2 ～ 4 层，高 0.9 ～ 13 米，白灰砌筑，白灰勾缝；中段外侧城砖包砌，白灰砌筑，白灰勾缝，墙芯毛石砌筑；中段与上段间设拔檐分隔，上段外侧设砖砌垛口墙，内侧设砖砌宇墙；顶部地面墁砖。

暗门：位于界岭口 08 号马面东侧 10 米处，券门为砖砌，宽 1.19 米，残高 1.9 米，深 3.9 米。底部有一层条石，条石长 1.04 米，高 0.34 米。

墙体根据保存现状可分为 4 段：

第 1 段：保存较差，长 376 米，墙体为界岭口西月城北城墙，内侧严重坍塌，裸露土石混筑墙芯，外侧存有部分包砖，顶部设施不存。墙体外侧为陡坡，内侧山势较缓，现为梯田。

第 2 段：保存一般，长 904 米，外侧墙体砖件酥碱严重，局部包砖脱落，脱落部分高约 1.3 ～ 1.5 米，裸露墙体内部毛石墙体，顶部设施不存。

第 3 段：保存一般，长 1288 米，墙体外侧包砖部分脱落，露出墙体内部毛石，内侧部分坍塌，中间一段墙体坍塌严重，两侧包砖均不存，仅存毛石墙芯，长约 25 米。

第 4 段：保存较差，长约 79 米，墙体外侧墙体包砖大部分已不存，露出毛石墙芯，内侧墙体部分坍塌，顶部设施无存。

### 159. 罗汉洞长城 01 段 130323382103170159

位于石碑沟村北侧 770 米，起点坐标：东经 119° 15′ 39.50″，北纬 40° 09′ 28.50″，高程 354 米；止点坐标：东经 119° 14′ 11.50″，北纬 40° 09′ 18.30″，高程 465 米。

墙体长 2856 米，其间设敌台 19 座，马面 7 座，包括罗汉洞 02～20 号敌台、罗汉洞 01～07 号马面。

墙体构筑形制分为 2 种：第 1 种，墙体宽 4.7 米，外侧高 6.9 米，内侧高 2.1 米。立面为三段式，下段外侧条石基础 2～4 层，高 0.65～1.3 米，白灰砌筑，白灰勾缝，内侧自然基础；中段外侧城砖包砌，白灰砌筑，白灰勾缝。内侧下部毛石砌筑，上部城砖包砌。墙芯土石混筑；中段与上段间设拔檐分隔，上段外侧设砖砌垛口墙，内侧设砖砌宇墙；顶部地面墁砖。第 2 种，墙体宽 4.5～4.7 米，高 4.7～7.1 米。立面为三段式，下段条石基础，外侧 3 层，高 1 米，内侧 2～3 层，高 0.6～0.95 米，白灰砌筑，白灰勾缝；中段外侧城砖包砌，白灰砌筑，白灰勾缝，墙芯毛石砌筑；中段与上段间设拔檐分隔，上段外侧设砖砌垛口墙，内侧设砖砌宇墙；顶部地面墁砖。

墙体整体保存一般，根据结构形制和保存现状分为 2 段：

第 1 段：保存一般，长约 2357 米，墙体外侧保存较好，内侧坍塌严重，形成一宽约 6 米的豁口，顶部墙体设施基本无存。墙体内外侧地势较平缓，现为农田。

其间设暗门 2 座：

第 1 座：位于罗汉洞 14 号敌台东侧约 50 米处，暗门为砖砌券门，现已残破，残宽 3.32 米，高 2.87 米，内侧设砖砌登城步道，宽 1.14 米，可见 4 级台阶，阶高 0.32 米，踏步宽 0.25 米。

第 2 座：位于罗汉洞 16 号敌台西南约 90 米处，暗门为砖砌券门，门口宽 1.02 米，高 1.8 米，进深 1.3 米，二伏二券；门洞宽 1.18 米，高 3.12 米，进深 1.53 米，一伏一券。门洞内城墙外侧向内侧设石台阶，高 0.23 米，踏步宽 0.25 米。洞内东侧墙上发现文字砖一块：长 0.39、宽 0.19、厚 0.105 米，内容为"德州营造"，文字总长 0.125 米，宽 0.3 米。墙体内侧设登城步道，宽 0.96 米。现已残毁。

第 2 段：保存一般，长约 499 米，墙体内外侧保存较完整，外侧包砖部分侵蚀、脱落，内侧墙体部分坍塌。

其间设暗门 1 座：

暗门：位于罗汉洞 08 号马面西侧约 16 米处，砖砌券门，现已残破，仅存门洞，门洞残宽 2.06 米，残高 3.3 米，进深 5.38 米，门洞内两侧发现文字砖"台头营造"。墙体内侧门洞两侧设登墙步道，宽 1.16 米。

### 160. 罗汉洞长城 02 段 130323382103170160

位于石碑沟村西北侧 1 千米，起点坐标：东经 119° 14′ 11.50″，北纬 40° 09′ 18.30″，高程 465 米；止点坐标：东经 119° 13′ 41.90″，北纬 40° 09′ 20.10″，高程 649 米。

墙体长 377 米，其间设敌台 3 座，马面 1 座，包括罗汉洞 21～23 号敌台、罗汉洞 11 号马面。墙体宽 3.7 米，外侧高 5 米，内侧高 4.2 米，自然基础，墙身毛石砌筑，白灰勾缝，墙芯为土石混筑，上部外侧设垛口墙，高 0.3 米，宽 0.64 米，垛口墙下方设望孔，高 0.2 米、宽 0.22 米。

壕沟：墙体外侧有两道壕沟，距墙体 6 米为第一道，宽约 6 米，深 0.72 ～ 1.5 米；第一道壕沟北侧 3 米为第二道，宽约 4.5 米，深 1.5 ～ 2 米。

整体保存一般，墙体内外侧均有坍塌现象，顶部设施缺失，墙芯裸露。四周植被以松树、柏树、灌木、杂草为主。

### 161. 罗汉洞长城 03 段 130323382103170161

位于石碑沟村西北侧 1 千米，起点坐标：东经 119° 13′ 41.90″，北纬 40° 09′ 20.10″，高程 649 米；止点坐标：东经 119° 13′ 37.50″，北纬 40° 09′ 20.00″，高程 703 米。

墙体长 104 米，立面为三段式，下段条石基础，白灰砌筑，白灰勾缝；中段城砖包砌，白灰砌筑，白灰勾缝，墙芯毛石砌筑；中段与上段间设拔檐分隔，上段外侧设垛口墙，辟望孔；顶部地面城砖海墁。

整体保存较好，墙体部分坍塌，垛口墙部分保存，顶部地面局部缺失，现存地面砖松动，杂草滋生。

### 162. 罗汉洞长城 04 段 130323382103170162

位于石碑沟村西北侧 1 千米，起点坐标：东经 119° 13′ 37.50″，北纬 40° 09′ 20.00″，高程 703 米；止点坐标：东经 119° 13′ 31.70″，北纬 40° 09′ 20.10″，高程 770 米。

墙体长 180 米，其间设敌台 1 座，花楼。墙体宽 3.1 米，外侧高 3.2 米，内侧高 2.9 米，自然基础，墙身毛石砌筑，墙芯为土石混筑，上部设施形制不清。

整体保存较好，顶部设施无存，墙体两侧均为陡坡，山势陡峭。

### 163. 罗汉洞长城 05 段 130323382103170163

位于北侧 1.1 千米，起点坐标：东经 119° 13′ 31.70″，北纬 40° 09′ 20.10″，高程 770 米；止点坐标：东经 119° 13′ 26.90″，北纬 40° 09′ 19.90″，高程 775 米。

山险长 114 米，利用自然山体岩石为墙体，山势陡峭，墙体两侧植被多为低矮杂草和灌木。

### 164. 黑龙头山长城 01 段 130323382103170164

位于石碑沟村西北侧 1.7 千米，起点坐标：东经 119° 13′ 26.90″，北纬 40° 09′ 19.90″，高程 775 米；止点坐标：东经 119° 13′ 06.80″，北纬 40° 09′ 30.40″，高程 824 米。

墙体长 690 米，其间设敌台 3 座，马面 1 座，包括罗汉洞 25 号敌台、黑龙头山 01 ～ 02 号敌台，黑龙头山 1 号马面。

墙体宽 3.22 米，外侧高 4 米，内侧高 1.75 米，自然基础，墙身毛石砌筑，外墙收分 0.2 米，内墙收分 0.12 米，碎石嵌缝，墙芯为土石混筑，上部外侧设毛石垛口墙，宽 0.8 米，残高 0.3 米，顶部地面片石铺墁。

墙体设登城步道 3 座，登城马道 1 段：

登城步道 01：坐标，东经 119° 13′ 22.6″，北纬 40° 09′ 19.0″，高程 776 米。石砌，保存较好，步道总长 1 米，总高 1.1 米，宽 0.7 米，台阶分为 7 级，尺寸不一。

登城步道 02：坐标，东经 119° 13′ 20.4″，北纬 40° 09′ 19.2″，高程 786 米。石砌，现已残破。

登城步道 03：坐标，东经 119° 13′ 10.0″，北纬 40° 09′ 29.6″，高程 802 米，石砌，现已残破。

战墙：北端点坐标，东经 119° 13′ 18.1″，北纬 40° 09′ 18.5″，高程 780 米；南端点坐标：东经 119° 13′ 18.0″，北纬 40° 09′ 17.7″，高程 780 米。

墙体南北长 26 米，总高 3.3 米，墙顶宽 0.83 米，底部宽 0.95 米，基础条石 3 层，高 0.6 米。墙上设 1 门，距南端点 11.47 米，门宽 0.87 米，高 1.62 米，一伏一券。墙上设射孔 19 个，射孔外侧直径 0.14 米，内侧 0.49 米，券洞 3 个，高 0.69 米，宽 0.47 米。门北侧上层射孔 5 个，下层 6 个，券洞 2 个。门南侧上层射孔 4 个，下层 4 个，券洞 1 个。南部长 2.5 米墙体走闪，砖长 0.32、宽 0.16、厚 0.08 米。

根据墙体保存现状不同分为 4 段：

第 1 段：保存较好，长 202 米，墙体内外侧砌筑整齐，顶部地面较平整，外侧顶部残存垛墙墙基。

第 2 段：保存较差，长 78 米，墙体所处坡度较大，内外侧坍塌较严重，呈石堆状。

第 3 段：保存较好，长 224 米，内外侧砌筑整齐，顶部地面较平整，外侧顶部残存垛墙墙基。

第 4 段：保存一般，长 186 米，墙体外侧及顶部部分坍塌，垛墙不存。

### 165. 黑龙头山长城 02 段 130323382103170165

位于石碑沟村西北侧 2.1 千米，起点坐标：东经 119° 13′ 06.80″，北纬 40° 09′ 30.40″，高程 824 米；止点坐标：东经 119° 12′ 41.30″，北纬 40° 09′ 25.80″，高程 817 米。

墙体长 644 米，其间设敌台 2 座，包括黑龙头山 03 ～ 04 号敌台。墙体宽 4.22 米，高 2.2 ～ 8.4 米。立面为三段式，下段外侧条石基础 2 层，白灰砌筑，白灰勾缝，呈迭落式。内侧自然基础；中段外侧城砖包砌，高 5.9 米，白灰砌筑，白灰勾缝，内侧毛石砌筑，高 1.74 米，墙芯土石混筑；中段与上段间外侧设石拔檐分隔，厚 0.11 米，内侧设砖拔檐分隔，上段外侧设垛口墙，高 1.7 米，厚 0.47 米，垛口高 0.7 米，宽 0.43 米，垛口间设垛口石，长 1.05 米，厚 0.13 米，垛口墙下方辟望孔、礌石孔，礌石孔宽 0.56 米，高 0.4 米，望孔高 0.21 米，宽 0.18 米，内侧设宇墙，残高 0.43 米；顶部地面墁砖。

整体保存较好，墙体外包墙体砖件酥碱，垛口墙部分坍塌，宇墙大部分坍塌缺失，墁地城砖部分缺失，顶部杂草、树木滋生。四周植被以松树、柏树、灌木、杂草为主。

### 166. 黑龙头山长城 03 段 130323382103170166

位于石碑沟村西北侧 2.1 千米、竭家沟村北侧 1.8 千米，起点坐标：东经 119° 12′ 41.30″，北纬 40° 09′ 25.80″，高程 817 米；止点坐标：东经 119° 12′ 30.30″，北纬 40° 09′ 13.00″，高程 794 米。

墙体长 521 米，其间设敌台 3 座，马面 2 座，包括黄楼、三角楼、黑龙头山 06 号敌台、黑龙头山 02 ～ 03 号马面。墙体顶宽 1.8 米，底宽 2.2 米，内侧高 1.2 米，外侧高 1.7 米，自然基础，墙身毛石砌筑，碎石嵌缝，墙芯为土石混筑，上部外侧设毛石垛口墙。

墙体其间设登城步道 1 座、战墙 1 段：

登城步道：位于黑龙头山 02 号马面西南侧 25 米的墙体上，由墙体内侧向上设一级台阶，之后向南北两侧为两条步道，步道宽 0.5 米，两边各设 4 级台阶，保存较好。

战墙：位于三角楼南 160 米长城内侧的山坡上，东端点坐标，北纬 40° 09′ 09.9″，东经 119° 12′ 32.8″，高程 782 米；西端点坐标，北纬 40° 09′ 10.4″，东经 119° 12′ 31.7″，高程 772 米。

战墙长 31 米，底部毛石基础 4 层，高 2 米，呈梯状略收。以上为 2 层条石，高 0.4 米。墙体城砖砌筑，高 3.04 米。墙顶宽 0.7 米，底宽 0.98 米。墙上有两排孔，下排存 5 个，上排存 5 个。下排孔外口径 0.18 米，内口径 0.5 米，呈喇叭状。水口宽 0.47 米，高 0.62 米。门残，上部券顶坍塌，宽 1.08 米。坍塌口一处宽 0.41 米。砖规格：长 0.38 米、宽 0.2 米、厚 0.1 米。

整体保存一般，墙体部分段落内侧坍塌，外侧保存较好，顶部外侧垛墙仅存少部分基础，顶部地面凹凸不平，两侧均为陡坡，杂草、灌木滋长。

### 167. 黑龙头山长城 04 段 130323382103170167

位于竭家沟村北侧 1.6 千米：起点坐标：东经 119° 12′ 30.30″，北纬 40° 09′ 13.00″，高程 794 米；止点坐标：东经 119° 12′ 24.90″，北纬 40° 09′ 07.90″，高程 860 米。

山险长 205 米，其间设敌台 1 座，黑龙头山 08 号敌台。利用自然山体岩石为墙体，山势陡峭，墙体两侧植被多为低矮杂草和灌木。

### 168. 黑龙头山长城 05 段 130323382103170168

位于竭家沟村北侧 1.4 千米，起点坐标：东经 119° 12′ 24.90″，北纬 40° 09′ 07.90″，高程 860 米；止点坐标：东经 119° 12′ 15.50″，北纬 40° 09′ 03.90″，高程 816 米。

墙体长 292 米，其间设马面 1 座，黑龙头山 04 号马面。墙体宽 2.16 米，外侧高 3.3 米，内侧高 1.75 米，自然基础，墙身毛石砌筑，墙芯碎石垒砌，上部外侧设毛石垛口墙。

墙体设登城步道 4 座：

登城步道 01：位于黑龙头山 04 号马面东北 42 米处的墙体内侧，为东西双向登城台阶，步道宽 0.6 米，台阶高 0.26 米，进深 0.2 米。

登城步道 02：位于黑龙头山 04 号马面东北 20 米处的墙体内侧，东西双向登城台阶，步道宽 0.6 米，台阶高 0.26 米，进深 0.2 米。

登城步道 03：位于黑龙头山 04 号马面西南 135 米处的墙体内侧，东西双向登城台阶，步道宽 0.6 米，台阶高 0.26 米，进深 0.2 米。

登城步道 04：位于黑龙头山 04 号马面西南 160 米处的墙体内侧，东西双向登城台阶，步道宽 0.6 米，台阶高 0.26 米，进深 0.2 米。

根据墙体保存状况分为 2 段：第 1 段保存较好，长约 76 米，墙体保存较规整，顶部存垛口墙。第 2 段保存较差，长约 216 米，外侧坍塌严重，呈坡状，内侧局部坍塌。墙体外悬崖峭壁，长城紧依峭壁边缘而建，内侧山势较为平缓，灌木滋长。

### 169. 黑龙头山长城 06 段 130323382103170169

位于竭家沟村西北侧 1.4 千米，起点坐标：东经 119° 12′ 15.50″，北纬 40° 09′ 03.90″，高程 816 米；止点坐标：东经 119° 12′ 08.50″，北纬 40° 09′ 02.70″，高程 792 米。

山险长 172 米，利用自然山体岩石为墙体，山势陡峭，墙体两侧植被多为低矮杂草和灌木。

### 170. 黑龙头山长城 07 段 130323382103170170

位于竭家沟村西北侧 1.1 千米，起点坐标：东经 119° 12′ 08.50″，北纬 40° 09′ 02.70″，高程 792 米；

止点坐标：东经 119° 12′ 01.00″，北纬 40° 08′ 51.20″，高程 658 米。

墙体长 428 米，其间设敌台 2 座、马面 1 座，包括黑龙头山 09 号敌台、竭家沟 01 号敌台、竭家沟 01 号马面。墙体宽 2.6～2.3 米，内侧高 2.5 米，外侧高 3 米，自然基础，墙身毛石砌筑，白灰勾缝，墙芯为土石混筑，上部设毛石垛口墙，厚 0.5 米，顶部地面片石铺墁。

壕沟：位于长城墙体外侧 32 米处，南北走向，与长城墙体平行，边界较为清晰，直接开凿于山体岩石上，东侧用块石包砌，沟内岩石开凿痕迹明显，沟宽 5～7 米，沟深 5 米。

根据墙体保存现状分为 3 段：第 1 段保存较差，长 48 米，墙体现已大部分坍塌，外侧为峭壁。第 2 段保存较好，长 232 米，基础及内外侧墙体保存较完整，垛口墙坍塌严重，仅存墙基。第 3 段保存一般，长 148 米，墙体外侧大部分坍塌，内侧保存较好。

### 171. 竭家沟长城 01 段 130323382103170171

位于竭家沟村西北侧 1 千米，起点坐标：东经 119° 12′ 01.00″，北纬 40° 08′ 51.20″，高程 658 米；止点坐标：东经 119° 11′ 55.40″，北纬 40° 08′ 44.80″，高程 581 米

墙体长 248 米，其间设敌台 2 座，马面 1 座，包括竭家沟 02～03 号敌台、竭家沟 02 号马面。墙体宽 4.9 米，高 6 米。立面为三段式，下段条石基础，白灰砌筑，白灰勾缝，呈迭落式；中段城砖包砌，白灰砌筑，白灰勾缝，墙芯土石混筑；中段与上段间设拔檐分隔，上段外侧设垛口墙，辟望孔，垛口墙厚 0.43 米，高 1.53 米，内侧设宇墙，厚 0.4 米；顶部地面墁砖。

墙体设登城马道 1 座：位于竭家沟村 03 号敌台北侧的墙体内侧，毛石砌筑，宽 2.3 米，高 2.6 米，保存一般。

墙体外侧保存较好，内侧部分坍塌，垛口墙局部缺失，宇墙残存基础，顶部杂草滋生。

### 172. 竭家沟长城 02 段 130323382103170172

位于抚宁县竭家沟村西北侧约 1.3 千米，起点坐标：东经 119° 11′ 55.40″，北纬 40° 08′ 44.80″，高程 581 米；止点坐标：东经 119° 11′ 28.20″，北纬 40° 08′ 31.60″，高程 508 米。

墙体长 866 米，其间设马面 5 座，包括杜竭家沟 04～08 号马面。墙体宽 1.5 米，高外侧高 4.7 米，内侧高 1.77 米，自然基础，墙身毛石干搓，上部外侧设毛石垛口墙，高 1.24 米，宽 1.06 米。

整体保存较差，墙体坍塌严重，呈埂状。墙体消失 22 米，被抚宁县竭家沟村通往青龙满族自治县头道窝铺村的乡间公路所覆盖。

### 173. 竭家沟长城 03 段 130323382103170173

位于抚宁县竭家沟村西北侧约 900 米，起点坐标：东经 119° 11′ 55.40″，北纬 40° 08′ 44.80″，高程 581 米；止点坐标：东经 119° 11′ 55.00″，北纬 40° 08′ 39.90″，高程 531 米。

墙体长 153 米，宽 4.8 米，外高 5.59 米，内高 2.6 米。立面为两段式，下段自然基础，外侧城砖包砌，厚 0.8 米，白灰砌筑，白灰勾缝，内侧毛石砌筑，墙芯土石混筑；下段与上段间设一层拔檐分隔，上段外侧设垛口墙，厚 0.5 米；顶部地面墁砖。

整体保存一般，墙体外侧墙体砖件酥碱，垛口墙坍塌严重，内侧墙体坍塌严重，顶部杂草、树木滋生。四周植被以松树、柏树、灌木、杂草为主。

**174. 竭家沟长城 04 段 130323382103170174**

位于抚宁县竭家沟村西北侧约 1.2 千米，起点坐标：东经 119° 11′ 55.00″，北纬 40° 08′ 39.90″，高程 531 米；止点坐标：东经 119° 11′ 31.70″，北纬 40° 08′ 27.20″，高程 470 米。

墙体长 1023 米，其间设敌台 5 座，马面 2 座，包括竭家沟 04 ~ 08 号敌台、竭家沟 03 号马面。墙体宽 5.14 米，内侧高 2.92 米，外侧高 5.56 米，自然基础，墙身毛石砌筑，白灰勾缝，墙芯为土石混筑，上部设施形制不清。

按保存状况分为 5 段：

第 1 段：保存较差，全长 479 米，坍塌严重。竭家沟村敌台 05 号与竭家沟村敌台 06 号间墙体，有三处人为拆毁的豁口，墙体内、外侧均为梯田。

第 2 段：墙体消失，长 15 米，被公路所覆盖，此处为抚宁县竭家沟村通往青龙满族自治县头道窝铺村的乡间公路，路宽 15 米。

第 3 段：保存一般，长 116 米，竭家沟村马面 03 号东侧墙体内侧部分坍塌。

第 4 段：墙体消失，长 6 米，位于山谷底部，有小路一条贯穿墙体内外，形成一处宽 6 米的豁口。据当地百姓所说，此处原有水门，后遭大水摧毁。

第 5 段：保存差，长 407 米，墙体坍毁严重，呈埂状，局部地方只存有墙基础。

**175. 竭家沟长城 05 段 130323382103170175**

位于抚宁县竭家沟村西北侧约 1.3 千米，起点坐标：东经 119° 11′ 28.20″，北纬 40° 08′ 31.60″，高程 508 米；止点坐标：东经 119° 11′ 25.30″，北纬 40° 08′ 26.20″，高程 593 米。

山险长 182 米，利用自然山体岩石为墙体，山势陡峭，墙体两侧植被多为低矮杂草和灌木。

**176. 竭家沟长城 06 段 130323382103170176**

位于抚宁县竭家沟村西北侧约 1.3 千米，起点坐标：东经 119° 11′ 31.70″，北纬 40° 08′ 27.20″，高程 470 米；止点坐标：东经 119° 11′ 25.30″，北纬 40° 08′ 26.20″，高程 593 米。

山险长 155 米，利用自然山体岩石为墙体，山势陡峭，墙体两侧植被多为低矮杂草和灌木。

**177. 竭家沟长城 07 段 130323382103170177**

位于抚宁县竭家沟村西侧约 1.6 千米，起点坐标：东经 119° 11′ 25.30″，北纬 40° 08′ 26.20″，高程 593 米；止点坐标：东经 119° 11′ 12.70″，北纬 40° 08′ 15.70″，高程 692 米。

墙体长 504 米，其间设敌台 2 座，包括竭家沟 09 ~ 10 号敌台。墙体宽 2.93 米，内侧高 1.4 米，外侧高 3.11 米，自然基础，墙身毛石砌筑，墙芯为土石混筑，上部外侧设毛石垛口墙，厚 0.83 米，高 0.7 米。

墙体坍毁严重，向两侧摊铺开。两侧长满杂草及灌木。按保存状况分为 2 段：第 1 段保存较差，长 269 米，全部坍塌，高宽不清。第 2 段保存一般，长 235 米，墙体局部坍塌，残存垛口墙。

**178. 竭家沟长城 08 段 130323382103170178**

位于抚宁县竭家沟村西侧约 1.6 千米，起点坐标：东经 119° 11′ 12.70″，北纬 40° 08′ 15.70″，高程 692 米；止点坐标：东经 119° 11′ 09.50″，北纬 40° 08′ 15.60″，高程 703 米。

山险长 75 米，利用自然山体岩石为墙体，山势陡峭，墙体两侧植被多为低矮杂草和灌木。

### 179. 袁家沟长城 130323382102170179

位于抚宁县竭家沟村西侧约 1.6 千米、抚宁县吴家沟村西北侧约 2.2 千米，起点坐标：东经 119° 11′ 09.50″，北纬 40° 08′ 15.60″，高程 703 米；止点坐标：东经 119° 10′ 05.50″，北纬 40° 07′ 52.40″，高程 638 米。

墙体长 1821 米，其间设敌台 6 座，马面 5 座，包括天井楼、袁家沟 02～06 号敌台、袁家沟 01～05 号马面。墙体宽 3.8 米，内侧高 3.26 米，外侧高 5.9 米，自然基础，墙身毛石砌筑，碎石嵌缝，墙芯为小毛石混筑，上部外侧设砖砌垛口墙，高 0.65 米，厚 0.78 米，内侧设砖砌宇墙；顶部地面城砖铺墁。

其间设登城步道：位于袁家沟 02 号敌台西侧 53 米处，保存一般，存有台阶 5 层，总高 2.35 米，宽 3.1 米。

墙体坍毁严重，整体保存较差。保存一般 297 米，占此段墙体比例的 16%；保存较差 1524 米，占此段墙体比例的 84%。

按保存状况分为 3 段：第 1 段保存较差，长 750 米，墙体坍塌严重，残存垛口墙，顶部地面缺失，杂草滋生。第 2 段保存一般，长 297 米，墙体内外侧局部坍塌，残存垛口墙、宇墙、砖地面。第 3 段保存较差，长 774 米，袁家沟 04 号敌台与袁家沟 05 号敌台间墙体外侧墙全部坍塌。

### 180. 谢家店长城 01 段 130323382102170180

位于抚宁县吴家沟村西北侧约 2.2 千米、抚宁县谢家店村西侧约 1.4 千米，起点坐标：东经 119° 10′ 05.50″，北纬 40° 07′ 52.40″，高程 638 米；止点坐标：东经 119° 08′ 19.40″，北纬 40° 06′ 57.30″，高程 638 米。

墙体长 3511 米，其间设敌台 9 座，马面 9 座，烽火台 3 座，地堡 3 座，包括袁家沟 07 号敌台、谢家店 01～08 号敌台、谢家店 01～09 号马面、谢家店 01～03 号烽火台、谢家店 01～03 号地堡。墙体宽 3 米，外侧高 3 米，内侧高 1.5 米，自然基础，墙身毛石砌筑，墙芯为土石混筑，上部设毛石垛口墙，厚 0.8 米，顶部设施形制不清。

其间设登城步道 3 座：

登城步道 01：位于袁家沟 07 号敌台与谢家店 01 号敌台间墙体上，坐标：东经 119° 09′ 45.7″，北纬 40° 07′ 48.2″，高程 652 米。台阶宽 0.65 米。

登城步道 02：位于谢家店 01 号敌台与谢家店 02 号敌台间墙体上，宽 0.1～0.17 米，高 0.14～0.19 米，可见 6 级，台阶总高 0.78 米。

登城步道 03：谢家店 05 号敌台西南 173 米墙体内侧，坐标：东经 119° 08′ 28.7″，北纬 40° 07′ 08.0″，高程 645 米，台阶宽 2 米，进深 1 米，高 1.85 米，保存踏步 4 层。

墙体坍毁严重，整体保存较差。保存一般 579 米，占此段墙体比例的 16%；保存较差 2932 米，占此段墙体比例的 84%。

按保存状况分为 3 段：第 1 段保存较差，长 2656 米，墙体内侧大部分坍塌，呈石陇状，外侧保存较内侧稍好。第 2 段保存一般，长 579 米，墙身保存较好，局部保存残垛墙，顶部设施无存。第 3 段保存较差，长 276 米，全部坍塌，呈埂状。

### 181. 吴家沟长城 01 段 130323382102170181

位于抚宁县谢家店村西侧约 1.4 千米、抚宁县吴家沟村西北侧约 1 千米，起点坐标：东经 119° 08′ 19.40″，北纬 40° 06′ 57.30″，高程 638 米；止点坐标：东经 119° 06′ 52.70″，北纬 40° 05′ 50.00″，高程 619 米。

墙体长 3298 米，其间设敌台 10 座，马面 4 座，烽火台 1 座，包括谢家店 09 号敌台、吴家沟 01 ~ 09 号敌台、谢家店 13 ~ 14 号马面、吴家沟 01 ~ 02 号马面、吴家沟 01 号烽火台。墙体宽 3.8 米，外侧高 2.5 米，内侧高 1.7 米，自然基础，墙身毛石砌筑，白灰勾缝，墙芯为土石混筑，上部外侧设砖砌垛口墙，厚 0.28 米，内侧设砖砌宇墙，厚 0.37 米，顶部地面城砖铺墁。

此段墙体坍毁严重，整体保存一般。保存一般 3277 米，占此段墙体比例的 99%；墙体消失 21 米，占此段墙体比例的 1%。

按保存状况分为 3 段：第 1 段保存一般，长 1038 米，墙体保存较好，垛口墙、宇墙缺失，顶部地面残存。第 2 段墙体消失，长 21 米，形成东西向豁口，下宽 8.5 米，上宽 19 米，为连接抚宁县河口村至青龙满族自治县八卦岭村的乡间公路。第 3 段保存一般，长 2239 米，墙体局部坍塌，残存垛口墙、宇墙，残存部分砖地面。

### 182. 谢家店长城 02 段 130323382102170182

位于抚宁县谢家店村西侧约 1.4 千米、抚宁县河口村北侧约 0.23 千米，起点坐标：东经 119° 08′ 19.40″，北纬 40° 06′ 57.30″，高程 638 米；止点坐标：东经 119° 08′ 41.00″，北纬 40° 06′ 08.20″，高程 315 米。

墙体长 1749 米，其间设敌台 3 座，马面 1 座，包括河口 01 ~ 03 号敌台、河口 01 号马面。墙体宽 1.2 ~ 3 米，高 0.5 ~ 2.5 米，自然基础，墙身毛石干槎，上部设施形制不清。

墙体坍毁严重，整体保存一般。保存一般 1138 米，占此段墙体比例的 65%；保存较差 501 米，占此段墙体比例的 29%；墙体消失 110 米，占此段墙体比例的 6%。四周植被以松树、柏树、灌木、杂草为主。

### 183. 河口长城 01 段 130323382103170183

位于抚宁县河口村北侧约 180 米，起点坐标：东经 119° 08′ 41.00″，北纬 40° 06′ 08.20″，高程 315 米；止点坐标：东经 119° 08′ 41.40″，北纬 40° 06′ 06.80″，高程 291 米。

墙体长 52 米，宽 3.6 米，高 3.55 米。立面为三段式，下段条石基础 3 层，高 0.94 米，白灰砌筑，白灰勾缝；中段城砖包砌，厚 0.8 米，白灰砌筑，白灰勾缝，墙芯毛石垒砌，上段设施形制不清。

整体保存一般，外包墙体砖件酥碱，顶部设施无存。四周植被以松树、柏树、灌木、杂草为主。

### 184. 河口长城 02 段 130323382103170184

位于抚宁县河口村内北侧，起点坐标：东经 119° 08′ 41.40″，北纬 40° 06′ 06.80″，高程 291 米；止点坐标：东经 119° 08′ 37.90″，北纬 40° 06′ 02.70″，高程 233 米。

墙体长 153 米，自然基础，墙身毛石垒砌，墙芯为土石混筑。整体保存较差，墙体坍塌，呈埂状。四周为种植地。

**185. 河口长城 03 段 130323382103170185**

位于抚宁县河口村内西侧，起点坐标：东经 119° 08′ 37.90″，北纬 40° 06′ 02.70″，高程 233 米；止点坐标：东经 119° 08′ 36.70″，北纬 40° 06′ 01.60″，高程 210 米。

墙体长 46 米，整体消失，为河口村民房所占据。

**186. 河口长城 04 段 130323382103170186**

位于抚宁县河口村西南侧 1.3 千米，起点坐标：东经 119° 08′ 36.70″，北纬 40° 06′ 01.60″，高程 210 米；止点坐标：东经 119° 08′ 21.90″，北纬 40° 05′ 21.00″，高程 600 米。

墙体长 1514 米，其间设敌台 4 座，包括河口 05 ～ 08 号敌台。墙体顶宽 1.8 米，底宽 1.95 米，内侧高 1.32 米，外侧高 2.02 米。自然基础，墙身毛石砌筑，白灰勾缝，墙芯为土石混筑，上部设垛口墙，高 0.9 米，厚 0.8 米，垛口墙上辟望孔，内口高 0.4 米，宽 0.45 米，外口高 0.22 米，宽 0.2 米。

按保存状况分为 2 段，保存一般 398 米，占此段墙体比例的 26%，保存较差 1116 米，占此段墙体比例的 74%。

**187. 河口长城 05 段 130323382103170187**

位于抚宁县河口村西南侧 2.1 千米，起点坐标：东经 119° 08′ 21.90″，北纬 40° 05′ 21.00″，高程 600 米；止点坐标：东经 119° 07′ 58.30″，北纬 40° 05′ 02.00″，高程 367 米。

山险长 814 米，利用自然山体岩石为墙体，山势陡峭，墙体两侧植被多为低矮杂草、灌木及松树林。

**188. 河口长城 06 段 130323382103170188**

位于抚宁县河口村西南侧 2.1 千米，起点坐标：东经 119° 07′ 58.30″，北纬 40° 05′ 02.00″，高程 367 米；止点坐标：东经 119° 07′ 54.90″，北纬 40° 05′ 01.20″，高程 315 米。

墙体长 90 米，其间设敌台 1 座，吴家沟 10 号敌台。自然基础，墙身毛石干槎，墙芯小块毛石砌筑。

整体保存差，墙体坍塌严重，呈埂状，顶部及四周长有茂密的杂草及灌木。

**189. 吴家沟长城 02 段 130323382102170189**

位于抚宁县吴家沟村南侧 1.2 千米，起点坐标：东经 119° 07′ 54.90″，北纬 40° 05′ 01.20″，高程 315 米；止点坐标：东经 119° 07′ 38.50″，北纬 40° 05′ 05.60″，高程 387 米。

墙体长 414 米，整体消失，为一条山谷，宽约 400 米，内为季节河，现有吴家沟村通往抚宁县干涧村的公路从山谷中南北向通过。

**190. 吴家沟长城 03 段 130323382102170190**

位于抚宁县吴家沟村西北侧 750 米，起点坐标：东经 119° 07′ 38.50″，北纬 40° 05′ 05.60″，高程 387 米；止点坐标：东经 119° 06′ 52.70″，北纬 40° 05′ 50.00″，高程 619 米。

墙体长 2162 米，其间设敌台 9 座，马面 3 座，包括吴家沟 11 ～ 19 号敌台、吴家沟 03 ～ 05 号马面。自然基础，墙体毛石垒砌。

整体保存差，墙体坍塌严重，呈石埂状，内外侧长有杂草及小灌木，并种植有农作物。

**191. 板厂峪长城支线 130323382102170191**

位于板厂峪村西沟，起点坐标：东经 119° 33′ 08.8″，北纬 40° 12′ 46.10″，高程 463 米；止点坐标：东经 119° 34′ 49.70″，北纬 40° 13′ 33.80″，高程 664 米。

墙体长 4207 米，宽 3 米，高 3～5 米，自然基础，墙身毛石砌筑，白灰勾缝，墙芯为小块石砌筑，上部外侧设垛口墙，内侧设砖砌宇墙。

整体保存一般，顶部设施基本无存，两侧种植果树。

## （二）单体建筑

抚宁县明长城单体建筑一览表（单位：座）

| 编号 | 认定名称 | 认定编码 | 材质 | 保存程度 | | | | |
|---|---|---|---|---|---|---|---|---|
| | | | | 较好 | 一般 | 较差 | 差 | 消失 |
| 1 | 九门口 1 号敌台 | 1303233352101170001 | 砖 | | | √ | | |
| 2 | 九门口 2 号敌台 | 1303233352101170002 | 砖 | | | | √ | |
| 3 | 九门口 3 号敌台 | 1303233352101170003 | 砖 | √ | | | | |
| 4 | 九门口 4 号敌台 | 1303233352101170004 | 砖 | √ | | | | |
| 5 | 九门口 5 号敌台 | 1303233352101170005 | 砖 | √ | | | | |
| 6 | 九门口 6 号敌台 | 1303233352101170006 | 砖 | √ | | | | |
| 7 | 九门口 7 号敌台 | 1303233352101170007 | 砖 | √ | | | | |
| 8 | 九门口 8 号敌台 | 1303233352101170008 | 砖 | √ | | | | |
| 9 | 九门口 9 号敌台 | 1303233352101170009 | 砖 | | | √ | | |
| 10 | 九门口 10 号敌台 | 1303233352101170010 | 砖 | | √ | | | |
| 11 | 九门口 11 号敌台 | 1303233352101170011 | 砖 | | | √ | | |
| 12 | 九门口 12 号敌台 | 1303233352101170012 | 砖 | | | √ | | |
| 13 | 庙山口 1 号敌台 | 1303233352101170013 | 砖 | | | √ | | |
| 14 | 庙山口 2 号敌台 | 1303233352101170014 | 砖 | | | √ | | |
| 15 | 庙山口 3 号敌台 | 1303233352101170015 | 砖 | | √ | | | |
| 16 | 庙山口 4 号敌台 | 1303233352101170016 | 砖 | | | √ | | |
| 17 | 庙山口 5 号敌台 | 1303233352101170017 | 砖 | | | √ | | |
| 18 | 庙山口 6 号敌台 | 1303233352101170018 | 砖 | | √ | | | |
| 19 | 庙山口 7 号敌台 | 1303233352101170019 | 砖 | | | √ | | |
| 20 | 庙山口 8 号敌台 | 1303233352101170020 | 砖 | | | √ | | |
| 21 | 夕阳口 1 号敌台 | 1303233352101170021 | 砖 | | | √ | | |
| 22 | 夕阳口 2 号敌台 | 1303233352101170022 | 砖 | | | √ | | |
| 23 | 夕阳口 3 号敌台 | 1303233352101170023 | 砖 | | | √ | | |
| 24 | 夕阳口 4 号敌台 | 1303233352101170024 | 砖 | | | | √ | |
| 25 | 夕阳口 5 号敌台 | 1303233352101170025 | 砖 | | | √ | | |
| 26 | 夕阳口 6 号敌台 | 1303233352101170026 | 砖 | | | √ | | |
| 27 | 夕阳口 7 号敌台 | 1303233352101170027 | 砖 | | | | √ | |

（续）

| 编号 | 认定名称 | 认定编码 | 材质 | 保存程度 | | | | |
|---|---|---|---|---|---|---|---|---|
| | | | | 较好 | 一般 | 较差 | 差 | 消失 |
| 28 | 夕阳口 8 号敌台 | 1303233352101170028 | 砖 | | √ | | | |
| 29 | 黄土岭 1 号敌台 | 1303233352101170029 | 砖 | | | | √ | |
| 30 | 黄土岭 2 号敌台 | 1303233352101170030 | 砖 | | | | √ | |
| 31 | 黄土岭 3 号敌台 | 1303233352101170031 | 砖 | | | | √ | |
| 32 | 黄土岭 4 号敌台 | 1303233352101170032 | 砖 | | | | √ | |
| 33 | 黄土岭 5 号敌台 | 1303233352101170033 | 砖 | | | | √ | |
| 34 | 黄土岭村 6 号敌台 | 1303233352101170034 | 砖 | | | √ | | |
| 35 | 黄土岭 7 号敌台 | 1303233352101170035 | 砖 | | | | √ | |
| 36 | 黄土岭 8 号敌台 | 1303233352101170036 | 砖 | | | | √ | |
| 37 | 黄土岭 9 号敌台 | 1303233352101170037 | 砖 | | √ | | | |
| 38 | 黄土岭 10 号敌台 | 1303233352101170038 | 砖 | | √ | | | |
| 39 | 黄土岭 11 号敌台 | 1303233352101170039 | 砖 | | | | √ | |
| 40 | 黄土岭 12 号敌台 | 1303233352101170040 | 砖 | | | | √ | |
| 41 | 黄土岭 13 号敌台 | 1303233352101170041 | 砖 | | | | √ | |
| 42 | 黄土岭 14 号敌台 | 1303233352101170042 | 砖 | | | √ | | |
| 43 | 刘城子 1 号敌台 | 1303233352101170043 | 砖 | | | | √ | |
| 44 | 刘城子 2 号敌台 | 1303233352101170044 | 砖 | | | | √ | |
| 45 | 刘城子 3 号敌台 | 1303233352101170045 | 砖 | | | | √ | |
| 46 | 刘城子 4 号敌台 | 1303233352101170046 | 砖 | | √ | | | |
| 47 | 刘城子 5 号敌台 | 1303233352101170047 | 砖 | | | | √ | |
| 48 | 刘城子 6 号敌台 | 1303233352101170048 | 砖 | | √ | | | |
| 49 | 杜城子 1 号敌台 | 1303233352101170049 | 砖 | | √ | | | |
| 50 | 杜城子 2 号敌台 | 1303233352101170050 | 砖 | | | | √ | |
| 51 | 杜城子 3 号敌台 | 1303233352101170051 | 砖 | | | | √ | |
| 52 | 杜城子村 4 号敌台 | 1303233352101170052 | 砖 | | | | √ | |
| 53 | 杜城子 5 号敌台 | 1303233352101170053 | 砖 | | | | √ | |
| 54 | 杜城子 6 号敌台 | 1303233352101170054 | 砖 | | | | √ | |
| 55 | 杜城子 7 号敌台 | 1303233352101170055 | 砖 | | | √ | | |
| 56 | 杜城子 8 号敌台 | 1303233352101170056 | 砖 | | | √ | | |
| 57 | 杜城子 9 号敌台 | 1303233352101170057 | 砖 | | √ | | | |
| 58 | 杜城子 10 号敌台 | 1303233352101170058 | 砖 | | √ | | | |
| 59 | 杜城子 11 号敌台 | 1303233352101170059 | 砖 | | | | √ | |
| 60 | 杜城子 12 号敌台 | 1303233352101170060 | 砖 | | | √ | | |
| 61 | 苗城子 1 号敌台 | 1303233352101170061 | 砖 | | | √ | | |
| 62 | 苗城子 2 号敌台 | 1303233352101170062 | 砖 | | √ | | | |
| 63 | 苗城子 3 号敌台 | 1303233352101170063 | 砖 | | √ | | | |
| 64 | 苗城子 4 号敌台 | 1303233352101170064 | 砖 | | √ | | | |

（续）

| 编号 | 认定名称 | 认定编码 | 材质 | 保存程度 | | | | |
|---|---|---|---|---|---|---|---|---|
| | | | | 较好 | 一般 | 较差 | 差 | 消失 |
| 65 | 苗城子 5 号敌台 | 1303233352101170065 | 砖 | | | √ | | |
| 66 | 苗城子 6 号敌台 | 1303233352101170066 | 砖 | | | | √ | |
| 67 | 苗城子 7 号敌台 | 1303233352101170067 | 砖 | | | | √ | |
| 68 | 苗城子 8 号敌台 | 1303233352101170068 | 砖 | | | √ | | |
| 69 | 苗城子 9 号敌台 | 1303233352101170069 | 砖 | | | √ | | |
| 70 | 苗城子 10 号敌台 | 1303233352101170070 | 砖 | | | √ | | |
| 71 | 苗城子 11 号敌台 | 1303233352101170071 | 砖 | | | | √ | |
| 72 | 破城子 1 号敌台 | 1303233352101170072 | 砖 | | √ | | | |
| 73 | 破城子 2 号敌台 | 1303233352101170073 | 砖 | | √ | | | |
| 74 | 破城子 3 号敌台 | 1303233352101170074 | 砖 | | | √ | | |
| 75 | 破城子 4 号敌台 | 1303233352101170075 | 砖 | | | √ | | |
| 76 | 破城子 5 号敌台 | 1303233352101170076 | 砖 | | | | √ | |
| 77 | 破城子 6 号敌台 | 1303233352101170077 | 砖 | | | √ | | |
| 78 | 破城子 7 号敌台 | 1303233352101170078 | 砖 | | | √ | | |
| 79 | 破城子 8 号敌台 | 1303233352101170079 | 砖 | | | | √ | |
| 80 | 破城子 9 号敌台 | 1303233352101170080 | 砖 | | | | √ | |
| 81 | 破城子 10 号敌台 | 1303233352101170081 | 砖 | | | | √ | |
| 82 | 破城子 11 号敌台 | 1303233352101170082 | 砖 | | | | √ | |
| 83 | 破城子 12 号敌台 | 1303233352101170083 | 砖 | | | | √ | |
| 84 | 大毛山 1 号敌台 | 1303233352101170084 | 砖 | | | | √ | |
| 85 | 大毛山 2 号敌台 | 1303233352101170085 | 砖 | | | | √ | |
| 86 | 大毛山 3 号敌台 | 1303233352101170086 | 砖 | | | √ | | |
| 87 | 大毛山 4 号敌台 | 1303233352101170087 | 砖 | | | | √ | |
| 88 | 大毛山 5 号敌台 | 1303233352101170088 | 砖 | | | | √ | |
| 89 | 大毛山 6 号敌台 | 1303233352101170089 | 砖 | | | | √ | |
| 90 | 大毛山 7 号敌台 | 1303233352101170090 | 砖 | | | | √ | |
| 91 | 大毛山 8 号敌台 | 1303233352101170091 | 砖 | | | √ | | |
| 92 | 大毛山 9 号敌台 | 1303233352101170092 | 砖 | | | √ | | |
| 93 | 大毛山 10 号敌台 | 1303233352101170093 | 砖 | | | | √ | |
| 94 | 大毛山 11 号敌台 | 1303233352101170094 | 砖 | | √ | | | |
| 95 | 大毛山 12 号敌台 | 1303233352101170095 | 砖 | | √ | | | |
| 96 | 大毛山 13 号敌台 | 1303233352101170096 | 砖 | | √ | | | |
| 97 | 大毛山 14 号敌台 | 1303233352101170097 | 砖 | | √ | | | |
| 98 | 大毛山 15 号敌台 | 1303233352101170098 | 砖 | | | | √ | |
| 99 | 大毛山 16 号敌台 | 1303233352101170099 | 砖 | | | | √ | |
| 100 | 董家口 1 号敌台 | 1303233352101170100 | 砖 | | | | √ | |
| 101 | 董家口 2 号敌台 | 1303233352101170101 | 砖 | | | | √ | |

（续）

| 编号 | 认定名称 | 认定编码 | 材质 | 保存程度 | | | | |
|---|---|---|---|---|---|---|---|---|
| | | | | 较好 | 一般 | 较差 | 差 | 消失 |
| 102 | 董家口 3 号敌台 | 1303233352101170102 | 砖 | | | | √ | |
| 103 | 董家口 4 号敌台 | 1303233521101170103 | 砖 | | | | √ | |
| 104 | 董家口 5 号敌台 | 1303233521101170104 | 砖 | | √ | | | |
| 105 | 董家口 6 号敌台 | 1303233521101170105 | 砖 | | √ | | | |
| 106 | 董家口 7 号敌台 | 1303233521101170106 | 砖 | | √ | | | |
| 107 | 董家口 8 号敌台 | 1303233521101170107 | 砖 | | √ | | | |
| 108 | 董家口 9 号敌台 | 1303233521101170108 | 砖 | | √ | | | |
| 109 | 董家口 10 号敌台 | 1303233521101170109 | 砖 | | | √ | | |
| 110 | 董家口 11 号敌台 | 1303233521101170110 | 砖 | | | √ | | |
| 111 | 董家口 12 号敌台 | 1303233521101170111 | 砖 | | | √ | | |
| 112 | 董家口 13 号敌台 | 1303233521101170112 | 砖 | | | | √ | |
| 113 | 董家口 14 号敌台 | 1303233521101170113 | 砖 | | | | √ | |
| 114 | 董家口 15 号敌台 | 1303233521101170114 | 砖 | | | | √ | |
| 115 | 董家口 16 号敌台 | 1303233521101170115 | 砖 | | | | √ | |
| 116 | 董家口 17 号敌台 | 1303233521101170116 | 砖 | | | | √ | |
| 117 | 城子峪 1 号敌台 | 1303233521101170117 | 砖 | | | | √ | |
| 118 | 城子峪 2 号敌台 | 1303233521101170118 | 砖 | | | | √ | |
| 119 | 城子峪 3 号敌台 | 1303233521101170119 | 砖 | | | | √ | |
| 120 | 城子峪 4 号敌台 | 1303233521101170120 | 砖 | | | | √ | |
| 121 | 城子峪 5 号敌台 | 1303233521101170121 | 砖 | | | √ | | |
| 122 | 城子峪 6 号敌台 | 1303233521101170122 | 砖 | | | √ | | |
| 123 | 城子峪 7 号敌台 | 1303233521101170123 | 砖 | | | √ | | |
| 124 | 城子峪 8 号敌台 | 1303233521101170124 | 砖 | | | √ | | |
| 125 | 城子峪 9 号敌台 | 1303233521101170125 | 砖 | | | | √ | |
| 126 | 城子峪 10 号敌台 | 1303233521101170126 | 砖 | | | | √ | |
| 127 | 城子峪 11 号敌台 | 1303233521101170127 | 石 | | | | | √ |
| 128 | 城子峪 12 号敌台 | 1303233521101170128 | 石 | | | | √ | |
| 129 | 城子峪 13 号敌台 | 1303233521101170129 | 砖 | | | | √ | |
| 130 | 城子峪 14 号敌台 | 1303233521101170130 | 砖 | | | | √ | |
| 131 | 城子峪 15 号敌台 | 1303233521101170131 | 砖 | | √ | | | |
| 132 | 水门寺 1 号敌台 | 1303233521101170132 | 砖 | | | √ | | |
| 133 | 水门寺 2 号敌台 | 1303233521101170133 | 砖 | | | | √ | |
| 134 | 平顶峪 1 号敌台 | 1303233521101170134 | 砖 | | | | √ | |
| 135 | 平顶峪 2 号敌台 | 1303233521101170135 | 砖 | | | √ | | |
| 136 | 平顶峪 3 号敌台 | 1303233521101170136 | 砖 | | | √ | | |
| 137 | 平顶峪 4 号敌台 | 1303233521101170137 | 砖 | | | √ | | |
| 138 | 平顶峪 5 号敌台 | 1303233521101170138 | 砖 | | | | √ | |

（续）

| 编号 | 认定名称 | 认定编码 | 材质 | 保存程度 | | | | |
|------|----------|----------|------|------|------|------|------|------|
| | | | | 较好 | 一般 | 较差 | 差 | 消失 |
| 139 | 平顶峪 6 号敌台 | 1303233521011700139 | 砖 | | | | √ | |
| 140 | 平顶峪 7 号敌台 | 1303233521011700140 | 砖 | | | | √ | |
| 141 | 平顶峪 8 号敌台 | 1303233521011700141 | 砖 | | | √ | | |
| 142 | 平顶峪 9 号敌台 | 1303233521011700142 | 砖 | | | √ | | |
| 143 | 平顶峪 10 号敌台 | 1303233521011700143 | 砖 | | | | √ | |
| 144 | 平顶峪 11 号敌台 | 1303233521011700144 | 砖 | | √ | | | |
| 145 | 平顶峪 12 号敌台 | 1303233521011700145 | 砖 | | | | √ | |
| 146 | 平顶峪 13 号敌台 | 1303233521011700146 | 砖 | | | | √ | |
| 147 | 平顶峪 14 号敌台 | 1303233521011700147 | 砖 | | | √ | | |
| 148 | 平顶峪 15 号敌台 | 1303233521011700148 | 砖 | | | √ | | |
| 149 | 平顶峪 16 号敌台 | 1303233521011700149 | 砖 | | | | √ | |
| 150 | 平顶峪 17 号敌台 | 1303233521011700150 | 砖 | | | | √ | |
| 151 | 平顶峪 18 号敌台 | 1303233521011700151 | 砖 | | | | √ | |
| 152 | 平顶峪 19 号敌台 | 1303233521011700152 | 砖 | | √ | | | |
| 153 | 平顶峪 20 号敌台 | 1303233521011700153 | 砖 | | √ | | | |
| 154 | 平顶峪 21 号敌台 | 1303233521011700154 | 砖 | | √ | | | |
| 155 | 平顶峪 22 号敌台 | 1303233521011700155 | 砖 | | | | √ | |
| 156 | 平顶峪 23 号敌台 | 1303233521011700156 | 砖 | | | √ | | |
| 157 | 平顶峪 24 号敌台 | 1303233521011700157 | 砖 | | | | √ | |
| 158 | 平顶峪 25 号敌台 | 1303233521011700158 | 砖 | | | √ | | |
| 159 | 平顶峪 26 号敌台 | 1303233521011700159 | 砖 | | | | √ | |
| 160 | 平顶峪 27 号敌台 | 1303233521011700160 | 砖 | | | | √ | |
| 161 | 平顶峪 28 号敌台 | 1303233521011700161 | 砖 | | √ | | | |
| 162 | 板场峪 1 号敌台 | 1303233521011700162 | 砖 | | | √ | | |
| 163 | 板场峪 2 号敌台 | 1303233521011700163 | 砖 | | | | √ | |
| 164 | 板场峪 3 号敌台 | 1303233521011700164 | 砖 | | | √ | | |
| 165 | 板场峪 4 号敌台 | 1303233521011700165 | 砖 | | | | √ | |
| 166 | 板场峪 5 号敌台 | 1303233521011700166 | 砖 | | | √ | | |
| 167 | 板场峪 6 号敌台 | 1303233521011700167 | 砖 | | | | √ | |
| 168 | 板场峪 7 号敌台 | 1303233521011700168 | 砖 | | | | √ | |
| 169 | 板场峪 8 号敌台 | 1303233521011700169 | 砖 | | | √ | | |
| 170 | 板场峪 9 号敌台 | 1303233521011700170 | 砖 | | | | √ | |
| 171 | 板场峪 10 号敌台 | 1303233521011700171 | 石 | | √ | | | |
| 172 | 板场峪 11 号敌台 | 1303233521011700172 | 砖 | | | √ | | |
| 173 | 板场峪 12 号敌台 | 1303233521011700173 | 砖 | | | | √ | |
| 174 | 板场峪 13 号敌台 | 1303233521011700174 | 砖 | | | | √ | |
| 175 | 板场峪 14 号敌台 | 1303233521011700175 | 砖 | | | | √ | |

（续）

| 编号 | 认定名称 | 认定编码 | 材质 | 保存程度 | | | | |
|---|---|---|---|---|---|---|---|---|
| | | | | 较好 | 一般 | 较差 | 差 | 消失 |
| 176 | 板场峪 15 号敌台 | 1303233352101170176 | 砖 | | | | √ | |
| 177 | 板场峪 16 号敌台 | 1303233352101170177 | 砖 | | | √ | | |
| 178 | 板场峪 17 号敌台 | 1303233352101170178 | 砖 | | | | √ | |
| 179 | 板场峪 18 号敌台 | 1303233352101170179 | 砖 | | | | √ | |
| 180 | 板场峪 19 号敌台 | 1303233352101170180 | 砖 | | | | √ | |
| 181 | 板场峪 20 号敌台 | 1303233352101170181 | 砖 | | | | √ | |
| 182 | 板场峪 21 号敌台 | 1303233352101170182 | 砖 | | | | √ | |
| 183 | 板场峪 22 号敌台 | 1303233352101170183 | 砖 | | | √ | | |
| 184 | 板场峪 23 号敌台 | 1303233352101170184 | 砖 | | | | √ | |
| 185 | 板场峪 24 号敌台 | 1303233352101170185 | 砖 | | | | √ | |
| 186 | 板场峪 25 号敌台 | 1303233352101170186 | 砖 | | | | √ | |
| 187 | 板场峪 26 号敌台 | 1303233352101170187 | 砖 | | | | √ | |
| 188 | 板场峪 27 号敌台 | 1303233352101170188 | 砖 | | | | √ | |
| 189 | 板场峪 28 号敌台 | 1303233352101170189 | 砖 | | | | √ | |
| 190 | 板场峪 29 号敌台 | 1303233352101170190 | 砖 | | | | √ | |
| 191 | 板场峪 30 号敌台 | 1303233352101170191 | 砖 | | | √ | | |
| 192 | 板场峪 31 号敌台 | 1303233352101170192 | 砖 | | | √ | | |
| 193 | 板场峪 32 号敌台 | 1303233352101170193 | 砖 | | | √ | | |
| 194 | 板场峪 33 号敌台 | 1303233352101170194 | 砖 | | | | √ | |
| 195 | 板场峪 34 号敌台 | 1303233352101170195 | 砖 | | | √ | | |
| 196 | 板场峪 35 号敌台 | 1303233352101170196 | 砖 | | | | √ | |
| 197 | 义院口 1 号敌台 | 1303233352101170197 | 石 | | | | √ | |
| 198 | 义院口 02 号敌台 | 1303233352101170198 | 砖 | | | √ | | |
| 199 | 义院口 03 号敌台 | 1303233352101170199 | 砖 | | | √ | | |
| 200 | 义院口 04 号敌台 | 1303233352101170200 | 砖 | | √ | | | |
| 201 | 义院口 05 号敌台 | 1303233352101170201 | 砖 | | √ | | | |
| 202 | 义院口 06 号敌台 | 1303233352101170202 | 砖 | √ | | | | |
| 203 | 义院口 07 号敌台 | 1303233352101170203 | 砖 | | | √ | | |
| 204 | 拿子峪 01 号敌台 | 1303233352101170204 | 砖 | √ | | | | |
| 205 | 拿子峪 02 号敌台 | 1303233352101170205 | 砖 | | | √ | | |
| 206 | 拿子峪 03 号敌台 | 1303233352101170206 | 砖 | | √ | | | |
| 207 | 拿子峪 04 号敌台 | 1303233352101170207 | 砖 | | √ | | | |
| 208 | 拿子峪 05 号敌台 | 1303233352101170208 | 砖 | | √ | | | |
| 209 | 拿子峪 06 号敌台 | 1303233352101170209 | 砖 | | | √ | | |
| 210 | 拿子峪 07 号敌台 | 1303233352101170210 | 砖 | | | √ | | |
| 211 | 拿子峪 08 号敌台 | 1303233352101170471 | 砖 | | √ | | | |
| 212 | 拿子峪 09 号敌台 | 1303233352101170211 | 砖 | | √ | | | |

（续）

| 编号 | 认定名称 | 认定编码 | 材质 | 保存程度 | | | | |
|------|----------|----------|------|------|------|------|------|------|
| | | | | 较好 | 一般 | 较差 | 差 | 消失 |
| 213 | 拿子峪 10 号敌台 | 130323352101170212 | 砖 | | √ | | | |
| 214 | 拿子峪 11 号敌台 | 130323352101170213 | 砖 | | | √ | | |
| 215 | 拿子峪 12 号敌台 | 130323352101170214 | 砖 | | √ | | | |
| 216 | 拿子峪 13 号敌台 | 130323352101170215 | 砖 | | √ | | | |
| 217 | 拿子峪 14 号敌台 | 130323352101170216 | 砖 | √ | | | | |
| 218 | 拿子峪 15 号敌台 | 130323352101170217 | 砖 | | √ | | | |
| 219 | 媳妇楼 | 130323352101170218 | 砖 | √ | | | | |
| 220 | 拿子峪 17 号敌台 | 130323352101170219 | 砖 | | | √ | | |
| 221 | 拿子峪 18 号敌台 | 130323352101170220 | 砖 | √ | | | | |
| 222 | 花场峪 01 号敌台 | 130323352101170221 | 砖 | | √ | | | |
| 223 | 花场峪 02 号敌台 | 130323352101170222 | 砖 | √ | | | | |
| 224 | 花场峪 03 号敌台 | 130323352101170223 | 砖 | | √ | | | |
| 225 | 花场峪 04 号敌台 | 130323352101170224 | 砖 | | | √ | | |
| 226 | 花场峪 05 号敌台 | 130323352101170225 | 砖 | √ | | | | |
| 227 | 花场峪 06 号敌台 | 130323352101170226 | 砖 | √ | | | | |
| 228 | 花场峪 07 号敌台 | 130323352101170227 | 砖 | | | √ | | |
| 229 | 花场峪 08 号敌台 | 130323352101170228 | 砖 | | | √ | | |
| 230 | 花场峪 09 号敌台 | 130323352101170229 | 砖 | | | √ | | |
| 231 | 花场峪 10 号敌台 | 130323352101170230 | 砖 | | √ | | | |
| 232 | 花场峪 11 号敌台 | 130323352101170231 | 砖 | | | √ | | |
| 233 | 花场峪 12 号敌台 | 130323352101170232 | 砖 | | √ | | | |
| 234 | 花场峪 13 号敌台 | 130323352101170233 | 砖 | √ | | | | |
| 235 | 花场峪 14 号敌台 | 130323352101170234 | 砖 | | √ | | | |
| 236 | 花场峪 15 号敌台 | 130323352101170235 | 砖 | | | √ | | |
| 237 | 花场峪 16 号敌台 | 130323352101170236 | 砖 | | √ | | | |
| 238 | 花场峪 17 号敌台 | 130323352101170237 | 砖 | | | √ | | |
| 239 | 祖山东门 01 号敌台 | 130323352101170238 | 砖 | | √ | | | |
| 240 | 祖山东门 02 号敌台 | 130323352101170239 | 砖 | | √ | | | |
| 241 | 祖山东门 03 号敌台 | 130323352101170240 | 砖 | | √ | | | |
| 242 | 祖山东门 04 号敌台 | 130323352101170241 | 砖 | | √ | | | |
| 243 | 祖山东门 05 号敌台 | 130323352101170242 | 砖 | √ | | | | |
| 244 | 祖山东门 06 号敌台 | 130323352101170243 | 砖 | √ | | | | |
| 245 | 祖山东门 07 号敌台 | 130323352101170244 | 砖 | | √ | | | |
| 246 | 祖山东门 08 号敌台 | 130323352101170245 | 砖 | √ | | | | |
| 247 | 祖山东门 09 号敌台 | 130323352101170246 | 砖 | √ | | | | |
| 248 | 祖山东门 10 号敌台 | 130323352101170247 | 砖 | √ | | | | |
| 249 | 祖山东门 11 号敌台 | 130323352101170248 | 砖 | | √ | | | |

（续）

| 编号 | 认定名称 | 认定编码 | 材质 | 保存程度 | | | | |
|---|---|---|---|---|---|---|---|---|
| | | | | 较好 | 一般 | 较差 | 差 | 消失 |
| 250 | 祖山东门 12 号敌台 | 1303233352101170249 | 砖 | √ | | | | |
| 251 | 祖山东门 13 号敌台 | 1303233352101170250 | 砖 | √ | | | | |
| 252 | 祖山东门 14 号敌台 | 1303233352101170251 | 砖 | | √ | | | |
| 253 | 柳观峪 01 号敌台 | 1303233352101170252 | 砖 | √ | | | | |
| 254 | 柳观峪 02 号敌台 | 1303233352101170253 | 砖 | √ | | | | |
| 255 | 柳观峪村 03 号敌台 | 1303233352101170254 | 砖 | | √ | | | |
| 256 | 柳观峪 04 号敌台 | 1303233352101170255 | 砖 | √ | | | | |
| 257 | 柳观峪 05 号敌台 | 1303233352101170256 | 砖 | | √ | | | |
| 258 | 柳观峪 06 号敌台 | 1303233352101170257 | 砖 | | √ | | | |
| 259 | 柳观峪 07 号敌台 | 1303233352101170258 | 砖 | | √ | | | |
| 260 | 柳观峪 08 号敌台 | 1303233352101170259 | 砖 | | | √ | | |
| 261 | 柳观峪 09 号敌台 | 1303233352101170260 | 砖 | √ | | | | |
| 262 | 柳观峪 10 号敌台 | 1303233352101170261 | 砖 | | | | √ | |
| 263 | 柳观峪 11 号敌台 | 1303233352101170262 | 砖 | | | | √ | |
| 264 | 柳观峪 12 号敌台 | 1303233352101170263 | 砖 | | | √ | | |
| 265 | 柳观峪 13 号敌台 | 1303233352101170264 | 砖 | | | | √ | |
| 266 | 孤石峪 01 号敌台 | 1303233352101170265 | 砖 | | √ | | | |
| 267 | 孤石峪 02 号敌台 | 1303233352101170266 | 砖 | | √ | | | |
| 268 | 孤石峪 03 号敌台 | 1303233352101170267 | 砖 | | √ | | | |
| 269 | 孤石峪 04 号敌台 | 1303233352101170268 | 砖 | | √ | | | |
| 270 | 韭菜楼 | 1303233352101170269 | 砖 | | √ | | | |
| 271 | 乌龙顶 01 号敌台 | 1303233352101170270 | 砖 | | | √ | | |
| 272 | 乌龙顶 02 号敌台 | 1303233352101170271 | 砖 | | | | √ | |
| 273 | 乌龙顶 03 号敌台 | 1303233352101170272 | 砖 | | | | √ | |
| 274 | 乌龙顶 04 号敌台 | 1303233352101170273 | 砖 | | | | √ | |
| 275 | 乌龙顶 05 号敌台 | 1303233352101170274 | 砖 | | | √ | | |
| 276 | 东峪 01 号敌台 | 1303233352101170275 | 砖 | | | √ | | |
| 277 | 东峪 02 号敌台 | 1303233352101170276 | 砖 | | | √ | | |
| 278 | 东峪 03 号敌台 | 1303233352101170277 | 砖 | | √ | | | |
| 279 | 东峪 04 号敌台 | 1303233352101170278 | 砖 | | √ | | | |
| 280 | 东峪 05 号敌台 | 1303233352101170279 | 砖 | | √ | | | |
| 281 | 东峪 06 号敌台 | 1303233352101170280 | 砖 | | √ | | | |
| 282 | 东峪 07 号敌台 | 1303233352101170281 | 砖 | | √ | | | |
| 283 | 东峪 08 号敌台 | 1303233352101170282 | 砖 | | √ | | | |
| 284 | 东峪 09 号敌台 | 1303233352101170283 | 砖 | √ | | | | |
| 285 | 东峪 10 号敌台 | 1303233352101170284 | 砖 | | √ | | | |
| 286 | 东峪 11 号敌台 | 1303233352101170285 | 砖 | | √ | | | |

（续）

（续）

| 编号 | 认定名称 | 认定编码 | 材质 | 保存程度 | | | | |
|---|---|---|---|---|---|---|---|---|
| | | | | 较好 | 一般 | 较差 | 差 | 消失 |
| 287 | 东峪 12 号敌台 | 1303233352101170286 | 砖 | | | | √ | |
| 288 | 东峪 13 号敌台 | 1303233352101170287 | 砖 | | | √ | | |
| 289 | 东峪 14 号敌台 | 1303233352101170288 | 砖 | | | √ | | |
| 290 | 东峪 15 号敌台 | 1303233352101170289 | 砖 | | √ | | | |
| 291 | 东峪 16 号敌台 | 1303233352101170290 | 砖 | | √ | | | |
| 292 | 背牛顶 01 号敌台 | 1303233352101170291 | 砖 | | √ | | | |
| 293 | 背牛顶 02 号敌台 | 1303233352101170292 | 砖 | | √ | | | |
| 294 | 背牛顶 03 号敌台 | 1303233352101170293 | 砖 | | | √ | | |
| 295 | 背牛顶 04 号敌台 | 1303233352101170294 | 砖 | | √ | | | |
| 296 | 背牛顶 05 号敌台 | 1303233352101170295 | 砖 | | | √ | | |
| 297 | 背牛顶 06 号敌台 | 1303233352101170296 | 砖 | | | √ | | |
| 298 | 背牛顶 07 号敌台 | 1303233352101170297 | 砖 | | | | √ | |
| 299 | 背牛顶 08 号敌台 | 1303233352101170298 | 砖 | | | √ | | |
| 300 | 背牛顶 09 号敌台 | 1303233352101170299 | 砖 | | | | √ | |
| 301 | 背牛顶 10 号敌台 | 1303233352101170300 | 砖 | | | | √ | |
| 302 | 梁家湾 01 号敌台 | 1303233352101170301 | 砖 | | | √ | | |
| 303 | 梁家湾 02 号敌台 | 1303233352101170302 | 砖 | | | √ | | |
| 304 | 梁家湾 03 号敌台 | 1303233352101170303 | 砖 | | | √ | | |
| 305 | 梁家湾 04 号敌台 | 1303233352101170304 | 砖 | | √ | | | |
| 306 | 梁家湾 05 号敌台 | 1303233352101170305 | 砖 | | √ | | | |
| 307 | 梁家湾 06 号敌台 | 1303233352101170306 | 砖 | √ | | | | |
| 308 | 梁家湾 07 号敌台 | 1303233352101170307 | 砖 | | √ | | | |
| 309 | 梁家湾 08 号敌台 | 1303233352101170308 | 砖 | √ | | | | |
| 310 | 梁家湾 09 号敌台 | 1303233352101170309 | 砖 | √ | | | | |
| 311 | 梁家湾 10 号敌台 | 1303233352101170310 | 砖 | | √ | | | |
| 312 | 梁家湾 11 号敌台 | 1303233352101170312 | 砖 | | √ | | | |
| 313 | 梁家湾 12 号敌台 | 1303233352101170313 | 砖 | | √ | | | |
| 314 | 梁家湾 13 号敌台 | 1303233352101170314 | 砖 | | √ | | | |
| 315 | 梁家湾 14 号敌台 | 1303233352101170315 | 砖 | | √ | | | |
| 316 | 箭杆岭 01 号敌台 | 1303233352101170316 | 砖 | | √ | | | |
| 317 | 箭杆岭 02 号敌台 | 1303233352101170317 | 砖 | | √ | | | |
| 318 | 箭杆岭 03 号敌台 | 1303233352101170318 | 砖 | √ | | | | |
| 319 | 箭杆岭 04 号敌台 | 1303233352101170319 | 砖 | | √ | | | |
| 320 | 箭杆岭 05 号敌台 | 1303233352101170320 | 砖 | | | √ | | |
| 321 | 箭杆岭 06 号敌台 | 1303233352101170321 | 砖 | | | √ | | |
| 322 | 箭杆岭 07 号敌台 | 1303233352101170322 | 砖 | | √ | | | |
| 323 | 箭杆岭 08 号敌台 | 1303233352101170323 | 砖 | | √ | | | |

（续）

| 编号 | 认定名称 | 认定编码 | 材质 | 保存程度 | | | | |
|------|----------|----------|------|----------|------|------|------|------|
| | | | | 较好 | 一般 | 较差 | 差 | 消失 |
| 324 | 箭杆岭 09 号敌台 | 130323352101170324 | 砖 | √ | | | | |
| 325 | 箭杆岭 10 号敌台 | 130323352101170325 | 砖 | √ | | | | |
| 326 | 箭杆岭 11 号敌台 | 130323352101170326 | 砖 | √ | | | | |
| 327 | 箭杆岭 12 号敌台 | 130323352101170327 | 砖 | √ | | | | |
| 328 | 箭杆岭 13 号敌台 | 130323352101170328 | 砖 | √ | | | | |
| 329 | 箭杆岭 14 号敌台 | 130323352101170329 | 砖 | √ | | | | |
| 330 | 箭杆岭 15 号敌台 | 130323352101170330 | 砖 | | √ | | | |
| 331 | 箭杆岭 16 号敌台 | 130323352101170331 | 砖 | √ | | | | |
| 332 | 箭杆岭 17 号敌台 | 130323352101170332 | 砖 | | | √ | | |
| 333 | 箭杆岭 18 号敌台 | 130323352101170333 | 砖 | | √ | | | |
| 334 | 箭杆岭 19 号敌台 | 130323352101170334 | 砖 | | | √ | | |
| 335 | 箭杆岭 20 号敌台 | 130323352101170335 | 石 | | | √ | | |
| 336 | 箭杆岭 21 号敌台 | 130323352101170336 | 砖 | √ | | | | |
| 337 | 箭杆岭 22 号敌台 | 130323352101170337 | 砖 | | | √ | | |
| 338 | 箭杆岭 23 号敌台 | 130323352101170338 | 砖 | | √ | | | |
| 339 | 箭杆岭 24 号敌台 | 130323352101170339 | 砖 | | | √ | | |
| 340 | 箭杆岭 25 号敌台 | 130323352101170340 | 砖 | | | √ | | |
| 341 | 箭杆岭 26 号敌台 | 130323352101170341 | 砖 | | √ | | | |
| 342 | 箭杆岭 27 号敌台 | 130323352101170342 | 砖 | | | √ | | |
| 343 | 界岭口 01 号敌台 | 130323352101170343 | 砖 | | | √ | | |
| 344 | 界岭口 02 号敌台 | 130323352101170344 | 砖 | | √ | | | |
| 345 | 界岭口 03 号敌台 | 130323352101170345 | 砖 | | √ | | | |
| 346 | 界岭口 04 号敌台 | 130323352101170346 | 砖 | | √ | | | |
| 347 | 界岭口 05 号敌台 | 130323352101170347 | 砖 | | | | √ | |
| 348 | 界岭口 06 号敌台 | 130323352101170348 | 砖 | | | √ | | |
| 349 | 界岭口 07 号敌台 | 130323352101170349 | 砖 | | √ | | | |
| 350 | 界岭口 08 号敌台 | 130323352101170350 | 砖 | | | √ | | |
| 351 | 界岭口 09 号敌台 | 130323352101170351 | 砖 | | √ | | | |
| 352 | 界岭口 10 号敌台 | 130323352101170352 | 砖 | | | √ | | |
| 353 | 界岭口 11 号敌台 | 130323352101170353 | 砖 | | | √ | | |
| 354 | 界岭口 12 号敌台 | 130323352101170354 | 砖 | | | √ | | |
| 355 | 界岭口 13 号敌台 | 130323352101170355 | 砖 | | √ | | | |
| 356 | 界岭口 14 号敌台 | 130323352101170356 | 砖 | | | √ | | |
| 357 | 界岭口 15 号敌台 | 130323352101170357 | 砖 | | √ | | | |
| 358 | 界岭口 16 号敌台 | 130323352101170358 | 砖 | | √ | | | |
| 359 | 界岭口 17 号敌台 | 130323352101170359 | 砖 | | | √ | | |
| 360 | 界岭口 18 号敌台 | 130323352101170360 | 砖 | √ | | | | |

（续）

| 编号 | 认定名称 | 认定编码 | 材质 | 保存程度 | | | | |
|---|---|---|---|---|---|---|---|---|
| | | | | 较好 | 一般 | 较差 | 差 | 消失 |
| 361 | 界岭口 19 号敌台 | 1303233352101170361 | 砖 | | | √ | | |
| 362 | 界岭口 20 号敌台 | 1303233352101170362 | 砖 | | | √ | | |
| 363 | 界岭口 21 号敌台 | 1303233352101170363 | 砖 | | √ | | | |
| 364 | 界岭口 22 号敌台 | 1303233352101170364 | 砖 | | | √ | | |
| 365 | 界岭口 23 号敌台 | 1303233352101170365 | 砖 | | √ | | | |
| 366 | 界岭口 24 号敌台 | 1303233352101170366 | 砖 | | √ | | | |
| 367 | 界岭口 25 号敌台 | 1303233352101170367 | 砖 | | | √ | | |
| 368 | 界岭口 26 号敌台 | 1303233352101170368 | 砖 | √ | | | | |
| 369 | 界岭口 27 号敌台 | 1303233352101170369 | 砖 | | √ | | | |
| 370 | 界岭口 28 号敌台 | 1303233352101170370 | 砖 | | | √ | | |
| 371 | 界岭口 29 号敌台 | 1303233352101170371 | 砖 | | √ | | | |
| 372 | 界岭口 30 号敌台 | 1303233352101170372 | 砖 | | | √ | | |
| 373 | 界岭口 31 号敌台 | 1303233352101170373 | 砖 | | √ | | | |
| 374 | 界岭口 32 号敌台 | 1303233352101170374 | 砖 | | | √ | | |
| 375 | 界岭口 33 号敌台 | 1303233352101170375 | 砖 | | √ | | | |
| 376 | 罗汉洞 01 号敌台 | 1303233352101170376 | 砖 | | | √ | | |
| 377 | 罗汉洞 02 号敌台 | 1303233352101170377 | 砖 | | | √ | | |
| 378 | 罗汉洞 03 号敌台 | 1303233352101170378 | 砖 | | | √ | | |
| 379 | 罗汉洞 04 号敌台 | 1303233352101170379 | 砖 | | | √ | | |
| 380 | 罗汉洞 05 号敌台 | 1303233352101170380 | 砖 | | √ | | | |
| 381 | 罗汉洞 06 号敌台 | 1303233352101170381 | 砖 | | √ | | | |
| 382 | 罗汉洞 07 号敌台 | 1303233352101170382 | 砖 | | √ | | | |
| 383 | 罗汉洞 08 号敌台 | 1303233352101170383 | 砖 | | | √ | | |
| 384 | 罗汉洞 09 号敌台 | 1303233352101170384 | 砖 | √ | | | | |
| 385 | 罗汉洞 10 号敌台 | 1303233352101170385 | 砖 | √ | | | | |
| 386 | 罗汉洞 11 号敌台 | 1303233352101170386 | 砖 | | √ | | | |
| 387 | 罗汉洞 12 号敌台 | 1303233352101170387 | 砖 | | | √ | | |
| 388 | 罗汉洞 13 号敌台 | 1303233352101170388 | 砖 | | √ | | | |
| 389 | 罗汉洞 14 号敌台 | 1303233352101170389 | 砖 | | | √ | | |
| 390 | 罗汉洞 15 号敌台 | 1303233352101170390 | 砖 | | √ | | | |
| 391 | 罗汉洞 16 号敌台 | 1303233352101170391 | 砖 | | | √ | | |
| 392 | 罗汉洞 17 号敌台 | 1303233352101170392 | 砖 | | | √ | | |
| 393 | 罗汉洞 18 号敌台 | 1303233352101170393 | 砖 | | | √ | | |
| 394 | 罗汉洞 19 号敌台 | 1303233352101170394 | 砖 | | | √ | | |
| 395 | 罗汉洞 20 号敌台 | 1303233352101170395 | 砖 | | √ | | | |
| 396 | 罗汉洞 21 号敌台 | 1303233352101170396 | 砖 | | | √ | | |
| 397 | 红楼 | 1303233352101170397 | 砖 | √ | | | | |

（续）

| 编号 | 认定名称 | 认定编码 | 材质 | 保存程度 | | | | |
|---|---|---|---|---|---|---|---|---|
| | | | | 较好 | 一般 | 较差 | 差 | 消失 |
| 398 | 罗汉洞 23 号敌台 | 1303233352101170398 | 砖 | | √ | | | |
| 399 | 花楼 | 1303233352101170399 | 砖 | √ | | | | |
| 400 | 罗汉洞 25 号敌台 | 1303233352101170400 | 砖 | √ | | | | |
| 401 | 黑龙头山 01 号敌台 | 1303233352101170401 | 砖 | | √ | | | |
| 402 | 黑龙头山 02 号敌台 | 1303233352101170402 | 砖 | | √ | | | |
| 403 | 黑龙头山 03 号敌台 | 1303233352101170403 | 砖 | | | √ | | |
| 404 | 黑龙头山 04 号敌台 | 1303233352101170404 | 砖 | | √ | | | |
| 405 | 黄楼 | 1303233352101170405 | 砖 | | √ | | | |
| 406 | 黑龙头山 06 号敌台 | 1303233352101170406 | 砖 | | | √ | | |
| 407 | 三角楼 | 1303233352101170407 | 砖 | | √ | | | |
| 408 | 黑龙头山 08 号敌台 | 1303233352101170408 | 砖 | | | √ | | |
| 409 | 黑龙头山 09 号敌台 | 1303233352101170409 | 石 | | √ | | | |
| 410 | 竭家沟 01 号敌台 | 1303233352101170410 | 砖 | | √ | | | |
| 411 | 竭家沟 02 号敌台 | 1303233352101170411 | 砖 | | √ | | | |
| 412 | 竭家沟 03 号敌台 | 1303233352101170412 | 砖 | | √ | | | |
| 413 | 谢家楼 | 1303233352101170413 | 砖 | | √ | | | |
| 414 | 竭家沟 05 号敌台 | 1303233352101170414 | 砖 | | | √ | | |
| 415 | 竭家沟 06 号敌台 | 1303233352101170415 | 砖 | | | √ | | |
| 416 | 竭家沟 07 号敌台 | 1303233352101170416 | 砖 | | | √ | | |
| 417 | 竭家沟 08 号敌台 | 1303233352101170417 | 砖 | | √ | | | |
| 418 | 竭家沟 09 号敌台 | 1303233352101170418 | 砖 | | √ | | | |
| 419 | 竭家沟 10 号敌台 | 1303233352101170419 | 砖 | | | √ | | |
| 420 | 天井楼 | 1303233352101170420 | 砖 | √ | | | | |
| 421 | 袁家沟 02 号敌台 | 1303233352101170421 | 砖 | | √ | | | |
| 422 | 袁家沟 03 号敌台 | 1303233352101170422 | 砖 | | √ | | | |
| 423 | 袁家沟 04 号敌台 | 1303233352101170423 | 砖 | | √ | | | |
| 424 | 袁家沟 05 号敌台 | 1303233352101170424 | 砖 | | √ | | | |
| 425 | 袁家沟 06 号敌台 | 1303233352101170425 | 砖 | | | √ | | |
| 426 | 袁家沟 07 号敌台 | 1303233352101170426 | 砖 | | √ | | | |
| 427 | 谢家店 01 号敌台 | 1303233352101170427 | 砖 | | √ | | | |
| 428 | 谢家店 02 号敌台 | 1303233352101170428 | 砖 | | | √ | | |
| 429 | 谢家店 03 号敌台 | 1303233352101170429 | 砖 | | | | √ | |
| 430 | 谢家店 04 号敌台 | 1303233352101170430 | 砖 | | | √ | | |
| 431 | 谢家店 05 号敌台 | 1303233352101170431 | 砖 | | √ | | | |
| 432 | 谢家店 06 号敌台 | 1303233352101170432 | 砖 | | | √ | | |
| 433 | 谢家店 07 号敌台 | 1303233352101170433 | 砖 | | | √ | | |
| 434 | 谢家店 08 号敌台 | 1303233352101170434 | 砖 | | √ | | | |

（续）

| 编号 | 认定名称 | 认定编码 | 材质 | 保存程度 | | | | |
|---|---|---|---|---|---|---|---|---|
| | | | | 较好 | 一般 | 较差 | 差 | 消失 |
| 435 | 谢家店 09 号敌台 | 1303233352101170435 | 砖 | | √ | | | |
| 436 | 吴家沟 01 号敌台 | 1303233352101170436 | 砖 | | √ | | | |
| 437 | 吴家沟 02 号敌台 | 1303233352101170437 | 砖 | | | √ | | |
| 438 | 吴家沟 03 号敌台 | 1303233352101170438 | 砖 | | √ | | | |
| 439 | 吴家沟 04 号敌台 | 1303233352101170439 | 砖 | | | √ | | |
| 440 | 吴家沟 05 号敌台 | 1303233352101170440 | 砖 | | | √ | | |
| 441 | 吴家沟 06 号敌台 | 1303233352101170441 | 砖 | | √ | | | |
| 442 | 吴家沟 07 号敌台 | 1303233352101170442 | 砖 | | √ | | | |
| 443 | 吴家沟 08 号敌台 | 1303233352101170443 | 砖 | | √ | | | |
| 444 | 吴家沟 09 号敌台 | 1303233352101170444 | 砖 | | √ | | | |
| 445 | 河口 01 号敌台 | 1303233352101170445 | 石 | √ | | | | |
| 446 | 河口 02 号敌台 | 1303233352101170446 | 石 | | | √ | | |
| 447 | 河口 03 号敌台 | 1303233352101170447 | 石 | | | | √ | |
| 448 | 河口 04 号敌台 | 1303233352101170448 | 砖 | | | | √ | |
| 449 | 河口 05 号敌台 | 1303233352101170449 | 砖 | | | √ | | |
| 450 | 河口 06 号敌台 | 1303233352101170450 | 砖 | | √ | | | |
| 451 | 河口 07 号敌台 | 1303233352101170451 | 砖 | | | | √ | |
| 452 | 河口 08 号敌台 | 1303233352101170452 | 砖 | | √ | | | |
| 453 | 吴家沟 10 号敌台 | 1303233352101170453 | 砖 | | | √ | | |
| 454 | 吴家沟 11 号敌台 | 1303233352101170454 | 砖 | | | | √ | |
| 455 | 吴家沟 12 号敌台 | 1303233352101170455 | 石 | | | | √ | |
| 456 | 吴家沟 13 号敌台 | 1303233352101170456 | 砖 | | | √ | | |
| 457 | 吴家沟 14 号敌台 | 1303233352101170457 | 砖 | | | √ | | |
| 458 | 吴家沟 15 号敌台 | 1303233352101170458 | 砖 | | | √ | | |
| 459 | 吴家沟 16 号敌台 | 1303233352101170459 | 砖 | | | | √ | |
| 460 | 吴家沟 17 号敌台 | 1303233352101170460 | 砖 | | | √ | | |
| 461 | 吴家沟 18 号敌台 | 1303233352101170461 | 砖 | | | √ | | |
| 462 | 吴家沟 19 号敌台 | 1303233352101170462 | 石 | | | √ | | |
| 463 | 九门口 1 号马面 | 1303233352102170198 | 砖 | √ | | | | |
| 464 | 九门口 2 号马面 | 1303233352102170199 | 石 | | √ | | | |
| 465 | 庙山口 1 号马面 | 1303233352102170200 | 石 | | | | √ | |
| 466 | 庙山口 2 号马面 | 1303233352102170201 | 砖 | | | | √ | |
| 467 | 庙山口 3 号马面 | 1303233352102170202 | 石 | | | | √ | |
| 468 | 夕阳口 1 号马面 | 1303233352102170203 | 石 | | | | √ | |
| 469 | 夕阳口 2 号马面 | 1303233352102170204 | 石 | | | | √ | |
| 470 | 黄土岭 1 号马面 | 1303233352102170205 | 砖 | | | | √ | |
| 471 | 黄土岭 2 号马面 | 1303233352102170206 | 砖 | | | | √ | |

（续）

| 编号 | 认定名称 | 认定编码 | 材质 | 保存程度 | | | | |
|---|---|---|---|---|---|---|---|---|
| | | | | 较好 | 一般 | 较差 | 差 | 消失 |
| 472 | 黄土岭 3 号马面 | 1303233352102170207 | 砖 | | | | √ | |
| 473 | 黄土岭 4 号马面 | 1303233352102170208 | 石 | | | | √ | |
| 474 | 黄土岭 5 号马面 | 1303233352102170209 | 石 | | | | √ | |
| 475 | 黄土岭 6 号马面 | 1303233352102170210 | 砖 | | √ | | | |
| 476 | 黄土岭 7 号马面 | 1303233352102170211 | 砖 | √ | | | | |
| 477 | 刘城子 1 号马面 | 1303233352102170212 | 石 | | | √ | | |
| 478 | 杜城子 1 号马面 | 1303233352102170213 | 石 | | | √ | | |
| 479 | 杜城子 2 号马面 | 1303233352102170214 | 砖 | | √ | | | |
| 480 | 杜城子 3 号马面 | 1303233352102170215 | 石 | | | | √ | |
| 481 | 苗城子 1 号马面 | 1303233352102170216 | 砖 | | | √ | | |
| 482 | 破城子 1 号马面 | 1303233352102170217 | 石 | | √ | | | |
| 483 | 破城子 2 号马面 | 1303233352102170218 | 砖 | | √ | | | |
| 484 | 大毛山 1 号马面 | 1303233352102170219 | 石 | | | √ | | |
| 485 | 大毛山 2 号马面 | 1303233352102170220 | 石 | | | | √ | |
| 486 | 董家口 1 号马面 | 1303233352102170221 | 砖 | √ | | | | |
| 487 | 董家口 2 号马面 | 1303233352102170222 | 石 | | | | √ | |
| 488 | 董家口 3 号马面 | 1303233352102170223 | 石 | | | | √ | |
| 489 | 董家口 4 号马面 | 1303233352102170224 | 砖 | | √ | | | |
| 490 | 董家口 5 号马面 | 1303233352102170225 | 砖 | √ | | | | |
| 491 | 董家口 6 号马面 | 1303233352102170226 | 石 | | | | √ | |
| 492 | 董家口 7 号马面 | 1303233352102170227 | 石 | | | | √ | |
| 493 | 董家口 8 号马面 | 1303233352102170228 | 石 | | | √ | | |
| 494 | 董家口 9 号马面 | 1303233352102170229 | 石 | | | | √ | |
| 495 | 董家口 10 号马面 | 1303233352102170230 | 石 | | | | √ | |
| 496 | 城子峪 1 号马面 | 1303233352102170231 | 砖 | | | | √ | |
| 497 | 城子峪 2 号马面 | 1303233352102170232 | 石 | | | | √ | |
| 498 | 城子峪 3 号马面 | 1303233352102170233 | 石 | | | | √ | |
| 499 | 城子峪 4 号马面 | 1303233352102170234 | 石 | | | √ | | |
| 500 | 水门寺 1 号马面 | 1303233352102170235 | 石 | | | | √ | |
| 501 | 水门寺 2 号马面 | 1303233352102170236 | 石 | | | | √ | |
| 502 | 平顶峪 1 号马面 | 1303233352102170237 | 石 | | | √ | | |
| 503 | 平顶峪 2 号马面 | 1303233352102170238 | 石 | | | | √ | |
| 504 | 平顶峪 3 号马面 | 1303233352102170239 | 石 | | | | √ | |
| 505 | 平顶峪 4 号马面 | 1303233352102170240 | 石 | | | | √ | |
| 506 | 平顶峪 5 号马面 | 1303233352102170241 | 石 | | | | √ | |
| 507 | 平顶峪 6 号马面 | 1303233352102170242 | 石 | | | | √ | |
| 508 | 平顶峪 7 号马面 | 1303233352102170243 | 石 | | | √ | | |

（续）

| 编号 | 认定名称 | 认定编码 | 材质 | 保存程度 | | | | |
|---|---|---|---|---|---|---|---|---|
| | | | | 较好 | 一般 | 较差 | 差 | 消失 |
| 509 | 平顶峪 8 号马面 | 130323352102170244 | 石 | | | | √ | |
| 510 | 平顶峪 9 号马面 | 130323352102170245 | 石 | | | | √ | |
| 511 | 平顶峪 10 号马面 | 130323352102170246 | 石 | | | √ | | |
| 512 | 平顶峪 11 号马面 | 130323352102170247 | 石 | | | | √ | |
| 513 | 平顶峪 12 号马面 | 130323352102170248 | 石 | | √ | | | |
| 514 | 板场峪 1 号马面 | 130323352102170249 | 砖 | √ | | | | |
| 515 | 板场峪 2 号马面 | 130323352102170250 | 砖 | √ | | | | |
| 516 | 板场峪 3 号马面 | 130323352102170251 | 砖 | | √ | | | |
| 517 | 板场峪 4 号马面 | 130323352102170252 | 砖 | | | √ | | |
| 518 | 板场峪 5 号马面 | 130323352102170253 | 石 | | | | √ | |
| 519 | 板场峪 6 号马面 | 130323352102170254 | 石 | | | | √ | |
| 520 | 义院口 01 号马面 | 130323352102170255 | 砖 | | √ | | | |
| 521 | 拿子峪 01 号马面 | 130323352102170256 | 砖 | | √ | | | |
| 522 | 拿子峪 02 号马面 | 130323352102170257 | 砖 | | √ | | | |
| 523 | 花场峪 01 号马面 | 130323352102170258 | 石 | | √ | | | |
| 524 | 东峪 01 号马面 | 130323352102170259 | 石 | | √ | | | |
| 525 | 东峪 02 号马面 | 130323352102170260 | 石 | | √ | | | |
| 526 | 东峪 03 号马面 | 130323352102170261 | 石 | | | √ | | |
| 527 | 梁家湾 01 号马面 | 130323352102170262 | 石 | | √ | | | |
| 528 | 箭杆岭 01 号马面 | 130323352102170263 | 石 | | | √ | | |
| 529 | 箭杆岭 02 号马面 | 130323352102170264 | 石 | | √ | | | |
| 530 | 箭杆岭 03 号马面 | 130323352102170265 | 石 | | √ | | | |
| 531 | 箭杆岭 04 号马面 | 130323352102170266 | 石 | | | √ | | |
| 532 | 箭杆岭 05 号马面 | 130323352102170267 | 石 | | | | √ | |
| 533 | 箭杆岭 06 号马面 | 130323352102170268 | 石 | | | √ | | |
| 534 | 界岭口 01 号马面 | 130323352102170269 | 石 | | | √ | | |
| 535 | 界岭口 02 号马面 | 130323352102170270 | 石 | | | √ | | |
| 536 | 界岭口 03 号马面 | 130323352102170271 | 砖 | | | √ | | |
| 537 | 界岭口 04 号马面 | 130323352102170272 | 砖 | | √ | | | |
| 538 | 界岭口 05 号马面 | 130323352102170273 | 石 | | | √ | | |
| 539 | 界岭口 06 号马面 | 130323352102170274 | 石 | | √ | | | |
| 540 | 界岭口 07 号马面 | 130323352102170275 | 石 | | √ | | | |
| 541 | 界岭口 08 号马面 | 130323352102170276 | 砖 | | | √ | | |
| 542 | 界岭口 09 号马面 | 130323352102170277 | 砖 | | √ | | | |
| 543 | 界岭口 10 号马面 | 130323352102170278 | 砖 | | √ | | | |
| 544 | 界岭口 11 号马面 | 130323352102170279 | 砖 | | | | √ | |
| 545 | 界岭口 12 号马面 | 130323352102170280 | 石 | | | √ | | |

（续）

（续）

| 编号 | 认定名称 | 认定编码 | 材质 | 保存程度 | | | | |
|---|---|---|---|---|---|---|---|---|
| | | | | 较好 | 一般 | 较差 | 差 | 消失 |
| 546 | 罗汉洞 01 号马面 | 1303233521021702 81 | 砖 | | √ | | | |
| 547 | 罗汉洞 02 号马面 | 1303233521021702 82 | 砖 | | √ | | | |
| 548 | 罗汉洞 03 号马面 | 1303233521021702 83 | 砖 | | √ | | | |
| 549 | 罗汉洞 04 号马面 | 1303233521021702 84 | 砖 | | √ | | | |
| 550 | 罗汉洞 05 号马面 | 1303233521021702 85 | 砖 | | √ | | | |
| 551 | 罗汉洞 06 号马面 | 1303233521021702 86 | 砖 | | √ | | | |
| 552 | 罗汉洞 07 号马面 | 1303233521021702 87 | 砖 | | √ | | | |
| 553 | 罗汉洞 08 号马面 | 1303233521021702 88 | 砖 | | √ | | | |
| 554 | 罗汉洞 09 号马面 | 1303233521021702 89 | 砖 | | √ | | | |
| 555 | 罗汉洞 10 号马面 | 1303233521021702 90 | 砖 | | | √ | | |
| 556 | 罗汉洞 11 号马面 | 1303233521021702 91 | 石 | | | √ | | |
| 557 | 黑龙头山 01 号马面 | 1303233521021702 92 | 石 | | √ | | | |
| 558 | 黑龙头山 02 号马面 | 1303233521021702 93 | 石 | | | √ | | |
| 559 | 黑龙头山 03 号马面 | 1303233521021702 94 | 石 | | √ | | | |
| 560 | 黑龙头山 04 号马面 | 1303233521021702 95 | 石 | | √ | | | |
| 561 | 竭家沟 01 号马面 | 1303233521021702 96 | 石 | | | √ | | |
| 562 | 竭家沟 02 号马面 | 1303233521021702 97 | 砖 | √ | | | | |
| 563 | 竭家沟 03 号马面 | 1303233521021702 98 | 石 | | | √ | | |
| 564 | 竭家沟 04 号马面 | 1303233521021702 99 | 石 | | | √ | | |
| 565 | 竭家沟 05 号马面 | 1303233521021703 00 | 石 | | √ | | | |
| 566 | 竭家沟 06 号马面 | 1303233521021703 01 | 石 | | | | √ | |
| 567 | 竭家沟 07 号马面 | 1303233521021703 02 | 石 | | | | √ | |
| 568 | 竭家沟 08 号马面 | 1303233521021703 03 | 石 | | | √ | | |
| 569 | 袁家沟 01 号马面 | 1303233521021703 04 | 石 | | | √ | | |
| 570 | 袁家沟 02 号马面 | 1303233521021703 05 | 石 | | | | √ | |
| 571 | 袁家沟 03 号马面 | 1303233521021703 06 | 石 | | √ | | | |
| 572 | 袁家沟 04 号马面 | 1303233521021703 07 | 石 | | √ | | | |
| 573 | 袁家沟 05 号马面 | 1303233521021703 08 | 石 | | | √ | | |
| 574 | 谢家店 01 号马面 | 1303233521021703 09 | 石 | | | √ | | |
| 575 | 谢家店村 02 号马面 | 1303233521021703 10 | 石 | | √ | | | |
| 576 | 谢家店 03 号马面 | 1303233521021703 11 | 石 | | | √ | | |
| 577 | 谢家店 04 号马面 | 1303233521021703 12 | 石 | | | √ | | |
| 578 | 谢家店 05 号马面 | 1303233521021703 13 | 石 | | | √ | | |
| 579 | 谢家店 06 号马面 | 1303233521021703 14 | 石 | √ | | | | |
| 580 | 谢家店 07 号马面 | 1303233521021703 15 | 石 | | √ | | | |
| 581 | 谢家店 08 号马面 | 1303233521021703 16 | 石 | | √ | | | |
| 582 | 谢家店 09 号马面 | 1303233521021703 17 | 石 | | √ | | | |

（续）

（续）

| 编号 | 认定名称 | 认定编码 | 材质 | 保存程度 | | | | |
|---|---|---|---|---|---|---|---|---|
| | | | | 较好 | 一般 | 较差 | 差 | 消失 |
| 583 | 谢家店 10 号马面 | 1303233521102170318 | 石 | | √ | | | |
| 584 | 谢家店 11 号马面 | 1303233521102170319 | 石 | | | √ | | |
| 585 | 谢家店 12 号马面 | 1303233521102170320 | 石 | | | √ | | |
| 586 | 谢家店 13 号马面 | 1303233521102170321 | 石 | | √ | | | |
| 587 | 谢家店 14 号马面 | 1303233521102170322 | 石 | | | √ | | |
| 588 | 吴家沟 01 号马面 | 1303233521102170323 | 石 | √ | | | | |
| 589 | 吴家沟 02 号马面 | 1303233521102170324 | 石 | √ | | | | |
| 590 | 河口 01 号马面 | 1303233521102170325 | 石 | | √ | | | |
| 591 | 吴家沟 03 号马面 | 1303233521102170326 | 石 | | | | √ | |
| 592 | 吴家沟 04 号马面 | 1303233521102170327 | 石 | | | | √ | |
| 593 | 吴家沟 05 号马面 | 1303233521102170328 | 石 | | | √ | | |
| 594 | 九门口 1 号烽火台 | 1303233532201170255 | 石 | | | | √ | |
| 595 | 九门口 2 号烽火台 | 1303233532201170256 | 砖 | √ | | | | |
| 596 | 九门口 3 号烽火台 | 1303233532201170257 | 砖 | | √ | | | |
| 597 | 庙山口 1 号烽火台 | 1303233532201170258 | 砖 | | | √ | | |
| 598 | 庙山口 2 号烽火台 | 1303233532201170259 | 石 | | | | √ | |
| 599 | 夕阳口 1 号烽火台 | 1303233532201170260 | 石 | | | | √ | |
| 600 | 夕阳口 2 号烽火台 | 1303233532201170261 | 石 | | | | √ | |
| 601 | 夕阳口 3 号烽火台 | 1303233532201170262 | 石 | | | | √ | |
| 602 | 黄土岭 1 号烽火台 | 1303233532201170263 | 石 | | √ | | | |
| 603 | 刘城子 1 号烽火台 | 1303233532201170264 | 石 | | | | √ | |
| 604 | 刘城子 2 号烽火台 | 1303233532201170265 | 石 | | √ | | | |
| 605 | 苗城子 1 号烽火台 | 1303233532201170266 | 石 | | | √ | | |
| 606 | 苗城子 2 号烽火台 | 1303233532201170267 | 石 | | | √ | | |
| 607 | 苗城子 3 号烽火台 | 1303233532201170268 | 石 | | | √ | | |
| 608 | 苗城子 4 号烽火台 | 1303233532201170269 | 石 | | | √ | | |
| 609 | 苗城子 5 号烽火台 | 1303233532201170270 | 石 | | | | √ | |
| 610 | 破城子 1 号烽火台 | 1303233532201170271 | 石 | | | √ | | |
| 611 | 破城子 2 号烽火台 | 1303233532201170272 | 石 | | | √ | | |
| 612 | 破城子 3 号烽火台 | 1303233532201170273 | 石 | | | √ | | |
| 613 | 破城子 4 号烽火台 | 1303233532201170274 | 石 | | | | √ | |
| 614 | 破城子 5 号烽火台 | 1303233532201170275 | 石 | | | √ | | |
| 615 | 大毛山 1 号烽火台 | 1303233532201170276 | 石 | | | | √ | |
| 616 | 大毛山 2 号烽火台 | 1303233532201170277 | 石 | | | | √ | |
| 617 | 大毛山 3 号烽火台 | 1303233532201170278 | 石 | | | | √ | |
| 618 | 大毛山 4 号烽火台 | 1303233532201170279 | 石 | | | | √ | |
| 619 | 大毛山 5 号烽火台 | 1303233532201170280 | 石 | | | | √ | |

（续）

（续）

| 编号 | 认定名称 | 认定编码 | 材质 | 保存程度 | | | | |
|---|---|---|---|---|---|---|---|---|
| | | | | 较好 | 一般 | 较差 | 差 | 消失 |
| 620 | 大毛山 6 号烽火台 | 1303233353201170281 | 石 | | | | √ | |
| 621 | 董家口 1 号烽火台 | 1303233353201170282 | 石 | | √ | | | |
| 622 | 城子峪 1 号烽火台 | 1303233353201170283 | 石 | | | | √ | |
| 623 | 城子峪 2 号烽火台 | 1303233353201170284 | 石 | | | √ | | |
| 624 | 城子峪 3 号烽火台 | 1303233353201170285 | 石 | | | | √ | |
| 625 | 城子峪 4 号烽火台 | 1303233353201170286 | 石 | | | | √ | |
| 626 | 水门寺 1 号烽火台 | 1303233353201170287 | 石 | | | | √ | |
| 627 | 平顶峪 1 号烽火台 | 1303233353201170288 | 石 | | | | √ | |
| 628 | 平顶峪 2 号烽火台 | 1303233353201170289 | 石 | | | | √ | |
| 629 | 平顶峪 3 号烽火台 | 1303233353201170290 | 石 | | | | √ | |
| 630 | 平顶峪 4 号烽火台 | 1303233353201170291 | 石 | | | | √ | |
| 631 | 花场峪 01 号烽火台 | 1303233353201170292 | 石 | | | √ | | |
| 632 | 花场峪 02 号烽火台 | 1303233353201170293 | 砖 | √ | | | | |
| 633 | 花场峪 03 号烽火台 | 1303233353201170294 | 石 | | √ | | | |
| 634 | 车厂 01 号烽火台 | 1303233353201170295 | 砖 | √ | | | | |
| 635 | 车厂 02 号烽火台 | 1303233353201170296 | 砖 | | | √ | | |
| 636 | 天楼 | 1303233353201170297 | 砖 | √ | | | | |
| 637 | 柳观峪 02 号烽火台 | 1303233353201170298 | 石 | | | | √ | |
| 638 | 箭杆岭 01 号烽火台 | 1303233353201170299 | 砖 | | | √ | | |
| 639 | 界岭口 01 号烽火台 | 1303233353201170300 | 石 | | | | √ | |
| 640 | 界岭口 02 号烽火台 | 1303233353201170301 | 石 | | | | √ | |
| 641 | 界岭口 03 号烽火台 | 1303233353201170302 | 石 | | | | √ | |
| 642 | 罗汉洞 01 号烽火台 | 1303233353201170303 | 石 | | | | √ | |
| 643 | 罗汉洞 02 号烽火台 | 1303233353201170304 | 石 | | | √ | | |
| 644 | 竭家沟 01 号烽火台 | 1303233353201170305 | 石 | | | | √ | |
| 645 | 谢家店 01 号烽火台 | 1303233353201170306 | 石 | | √ | | | |
| 646 | 谢家店 02 号烽火台 | 1303233353201170307 | 石 | | | | √ | |
| 647 | 谢家店 03 号烽火台 | 1303233353201170308 | 石 | | | √ | | |
| 648 | 吴家沟 01 号烽火台 | 1303233353201170309 | 石 | | | | √ | |
| 649 | 子母台 | 1303233353201170310 | 砖 | √ | | | | |
| 650 | 拿子峪长城铺房 | 1303233352105170463 | 砖 | | | √ | | |
| 651 | 花场峪 01 号护关台 | 1303233352199170464 | 石 | | √ | | | |
| 652 | 花场峪 02 号护关台 | 1303233352199170465 | 石 | | | √ | | |
| 653 | 花场峪 01 号水关 | 1303233352103170466 | 砖 | | | √ | | |
| 654 | 叶城 | 1303233352199170467 | 砖 | | √ | | | |
| 655 | 谢家店 1 号地堡 | 1303233352199170470 | 石 | √ | | | | |
| 656 | 谢家店 2 号地堡 | 1303233352199170468 | 石 | | √ | | | |

（续）

| 编号 | 认定名称 | 认定编码 | 材质 | 保存程度 | | | | |
|---|---|---|---|---|---|---|---|---|
| | | | | 较好 | 一般 | 较差 | 差 | 消失 |
| 657 | 谢家店3号地堡 | 1303233352199170469 | 石 | | | √ | | |
| 合计 | | 共657座：砖501座，石156座 | | 64 | 200 | 201 | 191 | 1 |
| 百分比（%） | | 100 | | 9.7 | 30.4 | 30.6 | 29.15 | 0.15 |

类型：单体建筑包括敌台、烽火台、马面、铺房、水关（门）、其他单体建筑等

保存程度：较好、一般、较差、差、消失

**1. 九门口1号敌台 130323352101170001**

位于九门口关西侧183米，坐标：东经119°44′11.90″，北纬40°06′50.70″，高程206米。

东、西两侧与墙体相接，平面呈矩形，立面及剖面呈梯形，东西宽9.1米，南北长9.4米，高8.96米。立面为三段式，下段为条石基础，白灰砌筑，白灰勾缝；中段城砖砌筑，东、西立面辟券门，门、窗起券方式为一伏一券，白灰砌筑，白灰勾缝；中段与上段间设3层砖砌拔檐分隔，上下2层为直角檐，中间为菱角檐；上段设垛口墙，残存高4～8层砖。

保存较差，台体结构清晰，形制完整。基础灰缝失效脱漏，墙体面砖风化酥碱严重，垛口墙大部分坍塌，顶部设施基本无存，残存铺房基址。室内地面坍塌建筑材料堆积。

**2. 九门口2号敌台 130323352101170002**

位于抚宁九门口村，坐标：东经119°44′14.20″，北纬40°06′53.40″，高程180米。

东西两侧与墙体相接，平面呈矩形，立面及剖面呈梯形，东西长12.35米，南北宽7.7米。立面为三段式，下段为条石基础，白灰砌筑、白灰勾缝；中段城砖包砌，白灰砌筑、白灰勾缝，东西立面中部各辟1券门；中段与上段间设3层砖砌拔檐分隔，上下2层为直角檐，中间为菱角檐；上段设垛口墙，高13层砖，垛口墙下部辟望孔。

保存差，台体结构不清晰，形制不完整。条石基础保存较好，墙体坍塌严重，仅存西侧墙体。顶部垛口、望孔等设施残存。

**3. 九门口3号敌台 130323352101170003**

位于九门口村西南侧，坐标：东经119°44′20.10″，北纬40°06′56.50″，高程170米。

东西两侧与墙体相接，平面呈矩形，立面及剖面呈梯形。立面为三段式，下段为条石基础，白灰砌筑、白灰勾缝；中段城砖包砌，白灰砌筑、白灰勾缝，东西立面各辟1券门，两侧各辟1箭窗，窗起券方式均为一伏一券；中段与上段间设3层砖砌拔檐分隔，上下2层为直角檐，中间为菱角檐；上段设垛口墙，高1.6米，垛口墙下部辟望孔。顶部设铺房。

保存较好，重新修复完整。

**4. 九门口4号敌台 130323352101170004**

位于九门口村西南侧，坐标：东经119°44′24.50″，北纬40°06′57.80″，高程162米。

东西两侧与墙体相接，平面呈矩形，立面及剖面呈梯形。立面为三段式，下段为条石基础，白灰砌筑、白灰勾缝；中段城砖包砌，白灰砌筑、白灰勾缝，东西立面中部各辟1券门，南侧辟2箭窗，窗起

券方式均为一伏一券；中段与上段间设 3 层砖砌拔檐分隔，上下 2 层为直角檐，中间为菱角檐；上段设垛口墙，高 1.6 米，垛口墙下部辟望孔。顶部设铺房。

保存较好，重新修复完整。

### 5. 九门口 5 号敌台 130323352101170005

位于九门口村西南侧，坐标：东经 119° 44′ 27.20″，北纬 40° 06′ 57.80″，高程 150 米。

南北两侧与墙体相接，平面呈矩形，立面及剖面呈梯形。立面为三段式，下段为条石基础，白灰砌筑、白灰勾缝；中段城砖包砌，白灰砌筑、白灰勾缝，南北立面各辟一券门；上段设垛口墙，垛口墙下部辟望孔。顶部设铺房。

保存较好，重新修复完整。

### 6. 九门口 6 号敌台 130323352101170006

位于九门口村西南侧，坐标：东经 119° 44′ 30.30″，北纬 40° 06′ 59.70″，高程 133 米。

东西两侧与墙体相接，平面呈矩形，立面及剖面呈梯形。立面为三段式，下段为条石基础，白灰砌筑、白灰勾缝；中段城砖包砌，白灰砌筑、白灰勾缝，东西立面各辟一石质券门，南侧辟二箭窗，窗起券方式均为一伏一券。南北立面各辟有 3 个箭窗，起券方式为一伏一券；中段与上段间设 3 层砖砌拔檐分隔，上下 2 层为直角檐，中间为菱角檐；上段设垛口墙，高 1.6 米，垛口墙下部辟望孔。顶部设铺房。

保存较好，重新修复完整。

### 7. 九门口 7 号敌台 130323352101170007

位于九门口村西南侧，坐标：东经 119° 44′ 35.10″，北纬 40° 07′ 01.00″，高程 90 米。

东西两侧与墙体相接，平面呈矩形，立面及剖面呈梯形。立面为三段式，下段为条石基础，白灰砌筑、白灰勾缝；中段城砖包砌，白灰砌筑、白灰勾缝，东西立面各辟一券门，起券方式均为二伏二券；中段与上段间设 3 层砖砌拔檐分隔，上下 2 层为直角檐，中间为菱角檐；上段设垛口墙，高 1.6 米，垛口墙下部辟望孔。顶部设铺房。

保存较好，重新修复完整。

### 8. 九门口 8 号敌台 130323352101170008

位于九门口村西南侧，坐标：东经 119° 44′ 40.10″，北纬 40° 07′ 09.40″，高程 76 米。

东西两侧与墙体相接，平面呈矩形，立面及剖面呈梯形。立面为三段式，下段为条石基础，白灰砌筑、白灰勾缝；中段城砖包砌，白灰砌筑、白灰勾缝，东西立面各辟一券门，起券方式均为二伏二券；中段与上段间设 3 层砖砌拔檐分隔，上下 2 层为直角檐，中间为菱角檐；上段设垛口墙，高 1.6 米，垛口墙下部辟望孔。顶部设铺房。

### 9. 九门口 9 号敌台 130323352101170009

位于九门口村东面山梁上，坐标：东经 119° 44′ 48.70″，北纬 40° 07′ 11.90″，高程 184 米。

东、西两侧与墙体相接，平面呈矩形，立面及剖面呈梯形，东西长 6.37 米，南北宽度不清，残高 3.16 米。现状立面为两段式，下段为条石基础，露明高 3 层，白灰砌筑，白灰勾缝；上段城砖包砌，白灰砌筑，白灰勾缝；顶部形制无法识别。

保存差，台体结构不清晰，形制不完整。残存部分基础，外包墙体坍塌严重，仅东立面残存部分墙体，券室无存，顶部设施无存。

### 10. 九门口 10 号敌台 130323352101170010

位于九门口村东山顶端，坐标：东经 119° 44′ 50.80″，北纬 40° 07′ 14.80″，高程 208 米。

西、南两侧与墙体相接，平面呈矩形，立面及剖面呈梯形，东西宽 10 米，南北长 10.2 米，残高 9.3 米。立面为三段式，下段为条石基础，露明高 7 层，白灰砌筑，白灰勾缝；中段城砖砌筑，白灰砌筑，白灰勾缝，西、南立面各辟一券门，两侧各辟一箭窗，券门宽 0.9 米，高 1.76 米。东、北立面各辟 3 箭窗。西侧券门上部设匾额，长 0.75 米，宽 0.37 米，砖质匾框，匾额上刻"石黄第拾壹号"，西立面上部残存 1 个石质吐水嘴；中段与上段间设 2 层砖砌拔檐分隔；上段设垛口墙。

保存一般，台体结构清晰，形制较完整。基础灰缝失效脱漏，墙体面砖风化酥碱，垛口墙坍塌，顶部设施无存。

### 11. 九门口 11 号敌台 130323352101170011

位于九门口村东面山梁上，坐标：东经 119° 44′ 45.00″，北纬 40° 07′ 17.10″，高程 184 米。

东、西两侧与墙体相接，平面呈矩形，立面及剖面呈梯形，东西宽 10.38 米，南北长 10.4 米，残高 6.83 米。立面为三段式，下段为条石基础，白灰砌筑，白灰勾缝；中段城砖砌筑，白灰砌筑，白灰勾缝，东、西立面各辟一券门，南、北立面辟箭窗，门窗起券方式均为一伏一券；中段与上段间设 1 层砖砌拔檐分隔；上段设垛口墙，残高 4 ～ 10 层砖，垛口墙上设望孔、礌石孔。

保存较差，台体结构、形制基本清晰。条石基础灰缝失效脱漏，墙体面砖风化酥碱严重，西券门缺失，垛口墙局部坍塌，顶部设施无存、杂草滋生。

### 12. 九门口 12 号敌台 130323352101170012

位于九门口村东面山梁上，坐标：东经 119° 44′ 39.60″，北纬 40° 07′ 22.00″，高程 206 米。

南、北两侧与墙体相接，平面呈矩形，立面及剖面呈梯形，东西宽 9.1 米，南北长 9.15 米，残高 9.8 米。立面为三段式，下段为 4 层条石基础，白灰砌筑，白灰勾缝；中段城砖砌筑，白灰砌筑，白灰勾缝，南、北立面各辟一券门，东、西各辟 2 箭窗；中段与上段间设 1 层砖砌拔檐分隔；上段设垛口墙。

保存较差，台体结构、形制基本清晰。条石基础灰缝失效脱漏，墙体面砖风化酥碱严重、东南角顶部坍塌，券室局部坍塌，室内地面坍塌建筑材料堆积。

### 13. 庙山口 1 号敌台 130323352101170013

位于庙山口西北侧，坐标：东经 119° 44′ 47.80″，北纬 40° 07′ 24.50″，高程 110 米。

东、西两侧与墙体相接，平面呈矩形，立面及剖面呈梯形，东西宽 10.5 米，南北长 10.5 米。现状立面为两段式，下段为 7 层条石基础，白灰砌筑，白灰勾缝；上段城砖砌筑，白灰砌筑，白灰勾缝。

保存差，台体结构、形制形不清晰。条石基础局部缺失，墙体面砖风化酥碱严重、局部坍塌，券室坍塌，垛口墙缺失，室内地面坍塌建筑材料堆积。

### 14. 庙山口 2 号敌台 130323352101170014

位于庙山口西北侧，坐标：东经 119° 44′ 50.60″，北纬 40° 07′ 28.30″，高程 170 米。

东、西两侧与墙体相接，平面呈矩形，立面及剖面呈梯形，东西宽 9.52 米，南北长 9.52 米，残高 7.24 米。立面为三段式，下段为条石基础，白灰砌筑，白灰勾缝；中段城砖砌筑，白灰砌筑，白灰勾缝，东、西立面各辟一券门；中段与上段间设 2 层砖砌拔檐分隔；上段设垛口墙。

保存差，台体结构、形不清晰。条石基础局部缺失，墙体面砖风化酥碱严重、局部坍塌，券室局部坍塌，残存部分垛口墙，室内地面坍塌建筑材料堆积。

### 15. 庙山口 3 号敌台 130323352101170015

位于庙山口西北侧，坐标：东经 119° 44′ 51.60″，北纬 40° 07′ 34.10″，高程 246 米。

东、西两侧与墙体相接，平面呈矩形，立面及剖面呈梯形，东西宽 9.56 米，南北长 9.56 米，残高 9.1 米。立面为三段式，下段为条石基础，白灰砌筑，白灰勾缝；中段城砖砌筑，白灰砌筑，白灰勾缝，东、西立面各辟三箭窗，起券方式为一伏一券；中段与上段间设 3 层砖砌拔檐分隔；上段设垛口墙，高 4～10 层砖，垛口墙上设望孔。

保存一般，台体结构、形制基本清晰。条石基础保存较好，墙体面砖风化酥碱严重，券室局部坍塌，残存部分垛口墙，室内地面坍塌建筑材料堆积。

### 16. 庙山口 4 号敌台 130323352101170016

位于庙山口西北侧，坐标：东经 119° 44′ 53.60″，北纬 40° 07′ 37.30″，高程 261 米。

东、西两侧与墙体相接，平面呈矩形，立面及剖面呈梯形，东西宽 11 米，南北长 11 米，残高 8.65 米。立面为三段式，下段为条石基础，白灰砌筑，白灰勾缝；中段城砖砌筑，白灰砌筑，白灰勾缝，西立面券门，东、南、北立面各辟三箭窗，起券方式为一伏一券；中段与上段间设 3 层砖砌拔檐分隔，上下 2 层为直角檐，中间为菱角檐；上段设垛口墙，高 3～10 层砖，垛口墙上设望孔。

保存差，台体结构、形制基本不清晰。条石基础保存较好，墙体局部坍塌，券门缺失，东、南、北立面箭窗破损严重，券室局部坍塌，垛口墙局部缺失，室内地面坍塌建筑材料堆积，顶部残存部分铺房基址。

### 17. 庙山口 5 号敌台 130323352101170017

位于庙山口西北侧，坐标：东经 119° 44′ 51.70″，北纬 40° 07′ 43.70″，高程 304 米。

东、西两侧与墙体相接，平面呈矩形，立面及剖面呈梯形。立面为三段式，下段为 4 层条石基础，白灰砌筑，白灰勾缝；中段城砖砌筑，白灰砌筑，白灰勾缝；中段与上段间设 3 层砖砌拔檐分隔，上下 2 层为直角檐，中间为菱角檐；上段设垛口墙，高 6～13 层，垛口墙上设望孔。

保存较差，台体结构、形制不清晰。条石基础保存较好，墙体大部分坍塌，南立面墙体保存较好，券室局部坍塌，垛口墙大部分缺失，室内地面坍塌建筑材料堆积。

### 18. 庙山口 6 号敌台 130323352101170018

位于庙山口西北侧 2 千米处，坐标：东经 119° 44′ 52.20″，北纬 40° 07′ 50.50″，高程 337 米。

东、南两侧与墙体相接，平面呈矩形，立面及剖面呈梯形，东西长 10.39 米，南北宽 10.16 米，残高 6.95 米。立面为三段式，下段为 7 层条石基础，白灰砌筑，白灰勾缝；中段城砖砌筑，白灰砌筑，白灰勾缝，西立面辟石质券门，东、南、北立面各辟 3 箭窗，起券方式为一伏一券；中段与上段间设 1 层石拔檐分隔；上段设垛口墙，宽 0.66 米，高 0.66 米，垛口墙上设望孔，孔宽 0.2 米，高 0.28 米。

保存一般，台体结构、形制基本清晰。条石基础保存较好，西立面墙体部分坍塌，南立面墙体存多条裂缝，垛口墙局部缺失，顶部残存铺房山墙，室内地面坍塌建筑材料堆积。

### 19. 庙山口 7 号敌台 1303233352101170019

位于庙山口西北侧 2 千米处，坐标：东经 119° 44′ 58.60″，北纬 40° 07′ 57.10″，高程 302 米。

南、北两侧与墙体相接，平面呈矩形，立面及剖面呈梯形，东西长 10.68 米，南北宽 10.29 米，残高 9.29 米。立面为三段式，下段为 6 层条石基础，白灰砌筑，白灰勾缝；中段城砖砌筑，白灰砌筑，白灰勾缝，南、北立面辟券门，东、西立面各辟 3 箭窗，起券方式为一伏一券；中段与上段间设 1 层石拔檐分隔；上段设垛口墙，高 1～5 层砖。

保存差，台体结构、形制基本清晰。条石基础保存较好，墙体局部坍塌，面砖风化酥碱严重，垛口墙局部缺失。

### 20. 庙山口 8 号敌台 1303233352101170020

位于庙山口西北，坐标：东经 119° 45′ 02.10″，北纬 40° 08′ 03.50″，高程 347 米。

南、北两侧与墙体相接，平面呈矩形，立面及剖面呈梯形。立面为三段式，下段为 8 层条石基础，白灰砌筑，白灰勾缝；中段城砖砌筑，白灰砌筑，白灰勾缝，南、北立面西侧辟券门，东侧辟 2 箭窗，东、西立面各辟 3 箭窗，窗宽 0.45 米，高 0.66 米；中段与上段间设 1 层石拔檐分隔；上段设垛口墙，高 1～4 层砖。顶部残存铺房基址，南北长 4.2 米，东西宽 3.54 米，高 0.38 米。

保存较差，台体结构、形制基本清晰。条石基础保存较好，南立面墙体局部坍塌，面砖风化酥碱，垛口墙大部分缺失。

### 21. 夕阳口 1 号敌台 1303233352101170021

位于夕阳口村东 2 千米处两间之间的凹地，坐标：东经 119° 45′ 16.40″，北纬 40° 08′ 12.90″，高程 344 米。

南、北两侧与墙体相接，平面呈矩形，立面及剖面呈梯形，东西宽 10.57 米，南北长 10.62 米，残高 8.25 米。立面为三段式，下段为 7 层条石基础，白灰砌筑，白灰勾缝；中段城砖砌筑，白灰砌筑，白灰勾缝，南、北立面中部辟券门，两侧各辟一箭窗，东、西立面各辟 3 箭窗，券门设券石 3 块、平水石 2 块、门柱石 2 块、门槛石 1 块，宽 0.73 米，高 1.8 米，箭窗起券方式为两伏两券，宽 0.73 米，高 0.95 米；中段与上段间设三层拔檐分隔，第一层为砖直檐，第二层为砖菱角檐，第三层为石拔檐；上段设垛口墙，高 1～9 层砖，垛口墙下部辟望孔，宽 0.2 米，高 0.28 米。

保存较差，台体结构、形制基本清晰。条石基础保存较好，墙体面砖风化酥碱严重，垛口墙局部缺失，顶部杂草、灌木滋生。

### 22. 夕阳口 2 号敌台 1303233352101170022

位于夕阳口东北侧 2 千米处，坐标：东经 119° 45′ 21.60″，北纬 40° 08′ 19.70″，高程 436 米。

西、北两侧与墙体相接，平面呈矩形，立面及剖面呈梯形，东西宽 9.1 米，南北长 9.3 米，残高 10.93 米。立面为三段式，下段为条石基础，白灰砌筑，白灰勾缝，高 2～8 层；中段城砖砌筑，白灰

砌筑，白灰勾缝，西立面中部辟券门，上部两侧各辟 1 箭窗，东、西、北立面各辟 2 箭窗，券门设券石 3 块，平水石 2 块、门柱石 2 块、门槛石 1 块，宽 0.7 米，高 1.8 米，箭窗起券方式为两伏两券，宽 0.73 米，高 0.95 米；中段与上段间设一层石拔檐分隔；上段设垛口墙，宽 0.66，高 1.4 米，垛口墙下部辟望孔，宽 0.2 米，高 0.28 米，室内券室长 8.58 米，宽 2.12 米，高 4.35 米，中部设楼梯登顶，十四级，石阶宽 0.62 米。

保存较差，台体结构、形制基本清晰。条石基础保存较好，墙体面砖风化酥碱严重，垛口墙局部缺失，顶部杂草、灌木滋生。

### 23. 夕阳口 3 号敌台 130323352101170023

位于夕阳口东北侧，坐标：东经 119° 45′ 22.30″，北纬 40° 08′ 25.60″，高程 451 米。

南、北两侧与墙体相接，平面呈矩形，立面及剖面呈梯形，东西长 9.5 米，南北宽 9.4 米，残高 9.78 米。立面为三段式，下段为条石基础，白灰砌筑，白灰勾缝，高 8 层；中段城砖砌筑，白灰砌筑，白灰勾缝，北立面中部辟券门，上部两侧各辟 1 箭窗，东、西、南立面各辟 3 箭窗，券门设券石 3 块，平水石 2 块、门柱石 2 块、门槛石 1 块，宽 0.7 米，高 1.7 米，箭窗起券方式为一伏一券；中段与上段间设一层石拔檐分隔；上段设垛口墙，高 2～11 层砖，垛口墙下部辟望孔，宽 0.2 米，高 0.28 米。室内券室长 7.82 米，宽 1.56 米，高 3.21 米，北侧设楼梯登顶，12 级，石阶宽 0.6 米。

保存较差，台体结构、形制基本清晰。条石基础保存较好，东北角墙体局部坍塌，墙体面砖风化酥碱严重，箭窗残损，垛口墙局部缺失，顶部杂草、灌木滋生。

### 24. 夕阳口 4 号敌台 130323352101170024

位于夕阳口东北侧，坐标：东经 119° 45′ 22.00″，北纬 40° 08′ 37.90″，高程 290 米。

南、北两侧与墙体相接，平面呈矩形，立面及剖面呈梯形，东西宽 7.65 米，南北长 10.09 米，残高 8.24 米。立面为三段式，下段为条石基础，白灰砌筑，白灰勾缝；中段城砖砌筑，白灰砌筑，白灰勾缝，南、北立面辟券门，东、西立面辟箭窗；中段与上段间设 3 层拔檐分隔，上下 2 层为直角檐，中间为菱角檐；上段设垛口墙，高 4～10 层砖。

保存差，台体结构、形制不清晰。条石基础松动、位移，西、南立面墙体坍塌严重，墙体面砖风化酥碱严重，箭窗残损，垛口墙局部缺失，顶部杂草、灌木滋生，券室局部坍塌。

### 25. 夕阳口 5 号敌台 130323352101170025

位于夕阳口村东北侧 2 千米处，坐标：东经 119° 45′ 18.00″，北纬 40° 08′ 43.70″，高程 380 米。

南、北两侧与墙体相接，平面呈矩形，立面及剖面呈梯形，东西长 8.4 米，南北宽 8.3 米，残高 11.05 米。立面为三段式，下段为条石基础，白灰砌筑，白灰勾缝；中段城砖砌筑，白灰砌筑，白灰勾缝，西立面辟券门；中段与上段间设 3 层拔檐分隔，上下 2 层为直角檐，中间为菱角檐；上段设垛口墙，高 2～3 层砖。顶部残存铺房遗址，东西长 4.3 米，南北 3.9 米。

保存较差，台体结构、形制基本清晰。条石基础保存较好，墙体面砖风化酥碱严重，垛口墙基本无存，顶部杂草、灌木滋生。

### 26. 夕阳口 6 号敌台 130323352101170026

位于夕阳口村东北侧，坐标：东经 119° 45′ 15.90″，北纬 40° 08′ 50.50″，高程 379 米。

西、南两侧与墙体相接，平面呈矩形，立面及剖面呈梯形，东西长 10.3 米，南北宽 10.3 米，高 9.73 米。立面为三段式，下段为条石基础，白灰砌筑，白灰勾缝；中段城砖砌筑，白灰砌筑，白灰勾缝，南、北立面中部辟券门，两侧各辟 1 箭窗，东、西立面各辟 3 箭窗，券门设券石 3 块、平水石 2 块、门柱石 2 块、门槛石 1 块，宽 0.77 米，高 1.8 米，箭窗起券方式为一伏一券，宽 0.56 米，高 0.91 米；中段与上段间设 3 层拔檐分隔，上下 2 层为直角檐，中间为菱角檐；上段设垛口墙，宽 0.43 米，高 0.75 米，垛口墙下部辟望孔，宽 0.2 米，高 0.22 米。室内券室长 7.51 米，宽 1.44 米，高 3.6 米，西侧设登顶梯道，13 级，石阶宽 0.6 米。

保存较差，台体结构、形制基本清晰。条石基础保存较好，墙体面砖局部风化酥碱，箭窗残损，垛口墙局部缺失，顶部杂草、灌木滋生。

### 27. 夕阳口 7 号敌台 130323352101170027

位于夕阳口村北侧 2 千米处的山头上，坐标：东经 119° 45′ 01.00″，北纬 40° 08′ 56.80″，高程 350 米。

东、西两侧与墙体相接，平面呈矩形，立面及剖面呈梯形，东西宽 8.25 米，南北长 8.4 米，高 9.21 米。立面为三段式，下段为条石基础，白灰砌筑，白灰勾缝；中段城砖砌筑，白灰砌筑，白灰勾缝，南立面中部辟券门；中段与上段间设 3 层拔檐分隔，上下 2 层为直角檐，中间为菱角檐；上段设垛口墙，高 2～15 层砖，垛口墙下部辟望孔，宽 0.26 米，高 0.26 米。

保存差，台体结构、形制不清晰。条石基础松动位移，东、南立面残存局部墙体，其余全部坍塌，垛口墙严重缺失，券室坍塌，室内地面坍塌建筑材料堆积。

### 28. 夕阳口 8 号敌台 130323352101170028

位于夕阳口村北侧，坐标：东经 119° 44′ 55.60″，北纬 40° 08′ 59.40″，高程 352 米。

南、北两侧与墙体相接，平面呈矩形，立面及剖面呈梯形，东西宽 9.93 米，南北长 10 米，高 11.11 米。立面为三段式，下段为条石基础，白灰砌筑，白灰勾缝；中段城砖砌筑，白灰砌筑，白灰勾缝，西立面中部辟券门，两侧各辟 1 箭窗，东、南、北立面各辟 3 箭窗，券门设券石 3 块、平水石 2 块、门柱石 2 块、门槛石 1 块，宽 0.78 米，高 1.8 米，箭窗起券方式为两伏两券，宽 0.54 米，高 0.9 米；中段与上段间设 3 层拔檐分隔，上下 2 层为直角檐，中间为菱角檐；上段设垛口墙，高 3～8 层砖，垛口墙下部辟望孔，宽 0.26 米，高 0.26 米。室内券室长 6.39 米，宽 1.22 米，高 3.44 米，西侧设登顶梯道，14 级，石阶宽 0.9 米；顶部存铺房基址，东西宽 4.3 米，南北长 6.27 米，高 2.62 米。东西立面辟门，门宽 1.13 米。

保存一般，台体结构、形制基本清晰。条石基础保存较好，墙体面砖局部风化酥碱，东、南、北立面箭窗残损，垛口墙局部缺失，顶部铺房屋顶坍塌缺失，墙体局部坍塌，门缺失。

### 29. 黄土岭 1 号敌台 130323352101170029

位于黄土岭村东南侧 2 千米处的山头上，坐标：东经 119° 44′ 58.30″，北纬 40° 09′ 08.80″，高程 252 米。

南、北两侧与墙体相接，平面呈矩形，立面及剖面呈梯形，东西宽 9.86 米，南北长 10.84 米，残高

7.5 米。现状立面为两段式，下段为条石基础，白灰砌筑，白灰勾缝；上段城砖砌筑，白灰砌筑，白灰勾缝，西立面辟券门，东、南、北立面各辟 6 箭窗，起券方式为一伏一券。

保存差，台体结构、形制基本不清晰。条石基础保存较好，墙体面砖局部风化酥碱严重，墙体上部坍塌，东、南、北立面箭窗残损，垛口墙缺失，顶部设施无存。

### 30. 黄土岭 2 号敌台 130323352101170030

位于黄土岭村东南侧，坐标：东经 119° 44′ 58.30″，北纬 40° 09′ 11.20″，高程 256 米。

南、北两侧与墙体相接，平面呈矩形，立面及剖面呈梯形，东西宽 9.7 米，南北长 9.8 米。现状立面为两段式，下段为条石基础，白灰砌筑，白灰勾缝；上段城砖砌筑，白灰砌筑，白灰勾缝。

保存差，台体结构、形制基本不清晰。条石基础保存较好，墙体上部坍塌严重，箭窗、垛口墙无存，顶部设施无存。

### 31. 黄土岭 3 号敌台 130323352101170031

位于黄土岭村东北侧 1.5 千米处，坐标：东经 119° 44′ 59.30″，北纬 40° 09′ 15.00″，高程 214 米。

南、北两侧与墙体相接，平面呈矩形，立面及剖面呈梯形，东西宽 5.15 米，南北长 9.8 米，高 7.39 米。现状立面为两段式，下段为条石基础，白灰砌筑，白灰勾缝；上段城砖砌筑，白灰砌筑，白灰勾缝。

保存差，台体结构、形制基本不清晰。条石基础保存较好，墙体上部坍塌严重，东立面残存 1 箭窗，顶部设施无存。

### 32. 黄土岭 4 号敌台 130323352101170032

位于黄土岭村东北，坐标：东经 119° 45′ 00.10″，北纬 40° 09′ 17.50″，高程 248 米。

南、北两侧与墙体相接，平面呈矩形，立面及剖面呈梯形，东西宽 10.48 米，南北长 10.53 米，高 5.76 米。现状立面为两段式，下段为条石基础，白灰砌筑，白灰勾缝；上段城砖砌筑，白灰砌筑，白灰勾缝。

保存差，台体结构、形制基本不清晰。条石基础保存较好，墙体上部坍塌严重，箭窗、券门缺失，顶部设施无存，室内地面坍塌建筑材料堆积。

### 33. 黄土岭 5 号敌台 130323352101170033

位于黄土岭村东北，坐标：东经 119° 45′ 01.30″，北纬 40° 09′ 20.90″，高程 264 米。

南、北两侧与墙体相接，平面呈矩形，立面及剖面呈梯形，东西长 10.2 米，南北长 9..6 米，高 6.97 米。现状立面为三段式，下段为条石基础，白灰砌筑，白灰勾缝；中段城砖砌筑，白灰砌筑，白灰勾缝，南、北立面中部辟石券门，两侧各辟 4 箭窗，东、西立面各辟 7 箭窗，箭窗起券方式为一伏一券；中段与上段间设 1 层拔檐分隔；上段设垛口墙，高 1～4 层砖。

保存差，台体结构、形制基本清晰。条石基础保存较好，墙体面砖局部风化酥碱严重，南立面券门残存柱石 2 块，北立面券门残存柱石 1 块，箭窗均残损，垛口墙局部缺失，顶部设施无存。

### 34. 黄土岭村 6 号敌台 130323352101170034

位于黄土岭村东北，坐标：东经 119° 45′ 06.30″，北纬 40° 09′ 24.50″，高程 265 米。

南、北两侧与墙体相接，平面呈矩形，立面及剖面呈梯形，东西宽 9.6 米，南北长 9.88 米，高 9 米。立面为三段式，下段为条石基础，白灰砌筑，白灰勾缝；中段城砖砌筑，白灰砌筑，白灰勾缝，南、北立面中部辟券门，两侧各辟1箭窗，东立面辟3箭窗，东立面辟1券门，箭窗起券方式为一伏一券，宽0.3米，高0.53米，南立面顶部现存一个石质吐水嘴；中段与上段间设3层拔檐分隔，上下2层为直角檐，中间为菱角檐；上段设垛口墙，高1～8层砖，垛口墙下部辟望孔。室内券室长7.38米，宽1.49米，高2.944米。

保存较差，台体结构、形制基本清晰。条石基础保存较好，墙体面砖局部风化酥碱，东、南、北立面箭窗残损，西立面券门残存门槛石，垛口墙局部缺失，顶部铺房残存基址。

### 35. 黄土岭7号敌台 130323352101170035

位于黄土岭村东北，坐标：东经119° 45′ 05.50″，北纬40° 09′ 28.50″，高程296米。

南、北两侧与墙体相接，平面呈矩形，立面及剖面呈梯形，东西宽9.8米，南北长9.9米，高8.31米。立面为三段式，下段为条石基础7层，白灰砌筑，白灰勾缝；中段城砖砌筑，白灰砌筑，白灰勾缝，南、北立面中部辟券门，两侧各辟1箭窗，东、西立面辟3箭窗，券门高1.86米，宽0.78米；中段与上段间设1层拔檐分隔；上段设垛口墙，高1～5层砖，垛口墙下部辟望孔。

保存差，台体结构、形制基本清晰。条石基础保存较好，墙体面砖局部风化酥碱，南立面墙体坍塌严重，垛口墙缺失严重，券顶局部坍塌。

### 36. 黄土岭8号敌台 130323352101170036

位于黄土岭村东北，坐标：东经119° 45′ 01.90″，北纬40° 09′ 34.00″，高程276米。

南、北两侧与墙体相接，平面呈矩形，立面及剖面呈梯形，东西宽9.6米，南北长9.88米，高9米。立面为三段式，下段为条石基础，白灰砌筑，白灰勾缝；中段城砖砌筑，白灰砌筑，白灰勾缝，南、北立面中部辟券门，两侧各辟1箭窗，东、西立面辟3箭窗，西立面顶部现存一个石质吐水嘴；中段与上段间设1层石拔檐分隔；上段设垛口墙，高1～5层砖，垛口墙下部辟望孔。室内平面格局为三券室三通道，南北券室长8.63米，宽1米，高3.12米，东西通道门起券方式为一伏一券，通道门宽1.6米，通高2.1米。顶部铺房基址残存，东西宽3.6米，南北长5.15米。

保存差，台体结构、形制基本清晰。条石基础保存较好，南立面墙体坍塌严重，券门、箭窗残损严重，垛口墙局部缺失，顶部铺房基址残存。

### 37. 黄土岭9号敌台 130323352101170037

位于黄土岭村东北，坐标：东经119° 44′ 59.10″，北纬40° 09′ 39.90″，高程344米。

南、北两侧与墙体相接，平面呈矩形，立面及剖面呈梯形，东西长11.12米，南北宽10.8米，高8.37米。立面为三段式，下段为条石基础，白灰砌筑，白灰勾缝；中段城砖砌筑，白灰砌筑，白灰勾缝，南立面西侧辟券门，东侧各辟2箭窗，北立面辟券门，无箭窗，东、西立面辟3箭窗，券门宽0.79米，箭窗方式为一伏一券；中段与上段间设3层拔檐分隔，上下2层为直角檐，中间为菱角檐；上段设垛口墙，高5～12层砖，垛口墙下部辟望孔、礌石孔。室内中部设梯井口，长1.28米，宽0.84米。顶部铺房基址残存，东西宽4.2米，南北长7.6米。

保存一般，台体结构、形制清晰。条石基础保存较好，墙体面砖部分酥碱严重，券门、箭窗均存在不同程度的残损，垛口墙局部缺失，顶部铺房基址残存。

### 38. 黄土岭 10 号敌台 130323352101170038

位于黄土岭村东北，坐标：东经 119° 44′ 56.10″，北纬 40° 09′ 45.20″，高程 404 米。

南、北两侧与墙体相接，平面呈矩形，立面及剖面呈梯形，东西长 8.3 米，南北宽 8.3 米，高 8.68 米。立面为三段式，下段为条石基础，白灰砌筑，白灰勾缝；中段城砖砌筑，白灰砌筑，白灰勾缝，西立面辟券门，其余立面均无券门，券门宽 1.22 米，高 2.04 米；中段与上段间设 3 层拔檐分隔，上下 2 层为直角檐，中间为菱角檐；上段设垛口墙，宽 0.46 米，厚 0.5 米，高 0.48 米。室内券门南侧登城踏步五级，高 0.33 米，宽 1.23 米。中部设梯井口，长 1.28 米，宽 0.84 米。顶部铺房基址残存，东西宽 4.2 米，南北长 7.6 米。

保存一般，台体结构、形制基本清晰。条石基础保存较好，墙体面砖部分酥碱严重，券门缺失严重，垛口墙大部分缺失，顶部铺房基址残存。

### 39. 黄土岭 11 号敌台 130323352101170039

位于黄土岭村东北，坐标：东经 119° 44′ 54.30″，北纬 40° 09′ 49.90″，高程 384 米。

南、北两侧与墙体相接，平面呈矩形，立面及剖面呈梯形，东西跨 8.3 米，南北长 16.84 米，高 11.15 米。立面为三段式，下段为条石基础，白灰砌筑，白灰勾缝；中段城砖砌筑，白灰砌筑，白灰勾缝；中段与上段间设 3 层拔檐分隔，上下 2 层为直角檐，中间为菱角檐；上段设垛口墙。中部设梯井口，长 1.28 米，宽 0.84 米。顶部铺房基址残存，东西宽 4.2 米，南北长 7.6 米。

内室保存差，台体结构、形制不清晰。条石基础保存较好，墙体严重，存东北、东南二角，券门、箭窗缺失，垛口墙基本无存。

### 40. 黄土岭 12 号敌台 130323352101170040

位于黄土岭村东北，坐标：东经 119° 44′ 45.10″，北纬 40° 10′ 05.30″，高程 428 米。

南、北两侧与墙体相接，平面呈矩形，立面及剖面呈梯形，东西宽 10.34 米，南北长 12.09 米，残高 7 米。立面为三段式，下段为条石基础，白灰砌筑，白灰勾缝；中段城砖砌筑，白灰砌筑，白灰勾缝，南、北立面中部辟石券门，两侧各辟 1 箭窗，券门设券石 1 块，平水石 2 块、门柱石 2 块、门槛石 1 块，宽 0.72 米，高 1.76 米，箭窗起券方式为一伏一券。东、西立面各辟 3 箭窗，起券方式为二伏二券，宽 0.49 米，高 0.89 米；中段与上段间设 3 层拔檐分隔，上层为砖直角檐，中层为砖菱角檐，上层为石直角檐；上段设垛口墙，高 2～15 层砖，垛口墙下部辟望孔，西立面垛口墙中部辟 1 箭窗，起券方式为一伏一券，宽 0.41 米，高 0.63 米。室内平面格局为三券室三通道，东西券室长 7.3 米，宽 2.54 米，高 3.97 米，西侧设登城砖梯道 12 级，阶宽 0.8 米。

保存差，台体结构、形制基本清晰。条石基础保存较好，南立面墙体局部坍塌，墙体面砖风化酥碱，南立面券门、箭窗残损缺失，垛口墙部分缺失，顶部杂草、灌木滋生。

### 41. 黄土岭 13 号敌台 130323352101170041

位于黄土岭村东北，坐标：东经 119° 44′ 49.30″，北纬 40° 10′ 12.60″，高程 456 米。

南、北两侧与墙体相接，平面呈矩形，立面及剖面呈梯形，东西宽 7.94 米，南北长 14.87 米，残高 10.19 米。立面为三段式，下段为条石基础，白灰砌筑，白灰勾缝；中段城砖砌筑，白灰砌筑，白灰勾缝，南、北立面辟券门，东、西立面各辟 3 箭窗；中段与上段间设 3 层石拔檐分隔，上、下两层为砖直角檐，中间为砖菱角檐；上段设垛口墙，高 2～5 层砖。

保存差，台体结构、形制不清晰。条石基础保存较好，墙体坍塌严重，面砖风化酥碱，南立券门、箭窗残损缺失，垛口墙大部分缺失，顶部杂草、灌木滋生。

### 42. 黄土岭 14 号敌台 130323352101170042

位于黄土岭村东北，坐标：东经 119° 44′ 46.50″，北纬 40° 10′ 21.80″，高程 458 米。

南、北两侧与墙体相接，平面呈矩形，立面及剖面呈梯形，东西宽 9.68 米，南北长 10.49 米，高 9.8 米。立面为三段式，下段为条石基础，白灰砌筑，白灰勾缝；中段城砖砌筑，白灰砌筑，白灰勾缝，南、北立面中部辟石券门，两侧各辟 1 箭窗，东、西立面各辟 3 箭窗，箭窗起券方式为一伏一券，宽 0.61 米，高 1.16 米；中段与上段间设 3 层拔檐分隔，上、下两层为直角檐，中间为菱角檐；上段设垛口墙，垛口宽 0.6 米，高 0.75 米，垛口墙宽 0.42 米，高 1.75 米，垛口墙下部辟望孔，宽 0.25 米，高 0.39 米。室内平面格局为三券室三通道，南北券室长 8.53 米，宽 2 米，高 2.62 米，西侧设登城砖梯道 12 级，阶宽 0.8 米。

保存较差，台体结构、形制基本清晰。条石基础保存较好，南立面墙体坍塌严重，面砖风化酥碱，南侧券门已缺失，北侧券门残存严重。顶部南侧坍塌，垛口墙除南立面西侧坍塌外，其他基本保存完整，顶部杂草、灌木滋生。

### 43. 刘城子 1 号敌台 130323352101170043

位于抚宁县刘城子村东北，坐标：东经 119° 44′ 43.20″，北纬 40° 10′ 26.80″，高程 509 米。

南、北两侧与墙体相接，平面呈矩形，立面及剖面呈梯形，东西宽 8.6 米，南北长 14.97 米，高 10.62 米。立面为三段式，下段为条石基础，白灰砌筑，白灰勾缝；中段城砖砌筑，白灰砌筑，白灰勾缝，南、北立面辟券门，东、西立面各辟 5 箭窗，箭窗起券方式为一伏一券，东立面墙体顶部残存 2 个石质吐水嘴；中段与上段间设 3 层石拔檐分隔，上、下两层为直角檐，中间为菱角檐；上段设垛口墙，高 2～11 层砖，垛口墙下部辟望孔。

保存差，台体结构、形制较清晰。条石基础保存较好，南、北立面墙体坍塌严重，东、西立面保存较好，面砖风化酥碱，南侧券门已缺失、北侧券门残存门槛石，垛口墙大部分缺失，顶部杂草、灌木滋生。

### 44. 刘城子 2 号敌台 130323352101170044

位于抚宁县刘城子村东北，坐标：东经 119° 44′ 44.90″，北纬 40° 10′ 34.60″，高程 444 米。

南、北两侧与墙体相接，平面呈矩形，立面及剖面呈梯形，东西宽 8.38 米，南北长 15 米，残高 7.8 米。立面为三段式，下段为条石基础，白灰砌筑，白灰勾缝；中段城砖砌筑，白灰砌筑，白灰勾缝，南、北立面辟券门，东、西立面辟箭窗，箭窗宽 0.99 米，高 1.65 米；中段与上段间设拔檐分隔；上段设垛口墙，垛口墙下部辟望孔。

保存差，台体结构、形制不清晰。条石基础保存较好，墙体坍塌严重，仅存西立面墙体，西立面现存箭窗 3 个，东立面残存 1 个箭窗，其他全部缺失，西立面残存部分垛口墙，其余全部缺失，顶部设施无存。

### 45. 刘城子 3 号敌台 130323352101170045

位于抚宁县刘城子村东北，坐标：东经 119° 44′ 50.70″，北纬 40° 10′ 44.20″，高程 530 米。

南、北两侧与墙体相接，平面呈矩形，立面及剖面呈梯形，东西宽 8.23 米，南北长 14.7 米。立面为三段式，下段为条石基础，白灰砌筑，白灰勾缝；中段城砖砌筑，白灰砌筑，白灰勾缝，南、北立面西侧辟券门，东侧辟 1 箭窗，券门宽 1.3 米，设门槛石 1 块，高 0.15 米，宽 0.3 米。东、西立面各辟 3 箭窗；中段与上段间设拔檐分隔；上段设垛口墙。

保存差，台体结构、形制不清晰。条石基础保存较好，墙体四立面坍塌严重，面砖风化酥碱严重，券门、箭窗残损严重，垛口墙基本无存，顶部设施无存。

### 46. 刘城子 4 号敌台 130323352101170046

位于抚宁县刘城子村东北侧 1.5 千米处，坐标：东经 119° 44′ 49.10″，北纬 40° 10′ 50.30″，高程 514 米。

敌台平面呈矩形，立面及剖面呈梯形，东西宽 7.2 米，南北长 12.25 米。立面为三段式，下段为条石基础 9 层，白灰砌筑，白灰勾缝；中段城砖砌筑，白灰砌筑，白灰勾缝，西立面中部辟石券门，南侧辟 2 箭窗，北侧辟 1 箭窗，东立面辟 4 箭窗，南立面辟 2 箭窗，北立面辟 1 箭窗，券门设券石 1 块，平水石 2 块、门柱石 2 块、门槛石 1 块，宽 0.77 米，高 1.7 米，箭窗起券方式为一伏一券，宽 0.55 米，高 0.82 米；中段与上段间设 3 层拔檐分隔，上、下两层为直角檐，中间为菱角檐；上段设垛口墙，高 2～14 层砖，垛口墙下部辟望孔，宽、高 0.4 米。室内平面布局为 1 券室，南北券室长 7.45 米，宽 4.01 米，高 4.26 米。南北两侧双楼梯，石踏步十四级，宽 0.93 米；顶部存铺房，仿木结构，梁枋俱全，南北长 5.57 米，东西宽 3.36 米，高 2.26 米。

保存一般，台体结构、形制基本清晰。条石基础保存较好，墙体面砖风化酥碱严重，箭窗残损严重，垛口墙局部坍塌，铺房东墙保存较好，其余墙体局部坍塌。

### 47. 刘城子 5 号敌台 130323352101170047

位于抚宁县刘城子村东北，坐标：东经 119° 44′ 49.40″，北纬 40° 10′ 53.20″，高程 549 米。

敌台平面呈矩形，立面及剖面呈梯形，东西长 7.2 米，南北长 5.82 米，高 3.19 米。整体为毛石砌筑，白灰勾缝。

保存差，台体结构、形制不清晰。台体西立面坍塌严重，顶部设施无存。

### 48. 刘城子 6 号敌台 130323352101170048

位于抚宁县刘城子村东北，坐标：东经 119° 44′ 49.00″，北纬 40° 10′ 56.70″，高程 541 米。

南、北两侧与墙体相接，平面呈矩形，立面及剖面呈梯形，东西宽 8.14 米，南北长 9.44 米，高 10.6 米。立面为三段式，下段为条石基础，白灰砌筑，白灰勾缝；中段城砖砌筑，白灰砌筑，白灰勾缝，西、南立面中部辟券门，东、北立面辟箭窗，券门宽 0.75 米，高 1.68，箭窗宽 0.52 米，高 0.86 米；中段与上段间设 1 层石拔檐分隔；上段设垛口墙，高 1～2 层砖。室内券室长 5.56 米，宽 1.62 米，高 3.36 米，通道券室长 1.26 米，宽 1.07 米，高 1.86 米。西侧设登城砖梯道 10 级，宽 0.69 米，高 0.4 米，厚

0.26 米。

保存一般，台体结构、形制基本清晰。条石基础及墙体保存较好，垛口墙大部分坍塌，铺房无存，顶部杂草、灌木滋生。

### 49. 杜城子 1 号敌台 130323352101170049

位于抚宁县杜城子村东北，坐标：东经 119° 44′ 48.80″，北纬 40° 11′ 19.80″，高程 429 米。

南、北两侧与墙体相接，平面呈矩形，立面及剖面呈梯形，东西宽 10.68 米，南北长 10.68 米，高 8.6 米。立面为三段式，下段为条石基础，白灰砌筑，白灰勾缝；中段城砖砌筑，白灰砌筑，白灰勾缝，南、北立面中部辟券门，两侧各辟 1 箭窗，东、西立面辟各 3 箭窗，券门宽 0.77 米，高 1.77 米，箭窗宽 0.56 米，高 0.86 米；中段与上段间设 3 层拔檐分隔，上、下两层为直角檐，中间为菱角檐；上段设垛口墙，高 2～6 层砖。室内平面格局为三券室三通道，券室长 6.62 米，宽 1.29 米，高 3.47 米，通道券室长 7.07 米，宽 1.1 米，高 2.21 米。

保存一般，台体结构、形制基本清晰。条石基础及墙体保存较好，券门残损，垛口墙大部分坍塌，铺房无存，顶部杂草、灌木滋生。

### 50. 杜城子 2 号敌台 130323352101170050

位于抚宁县杜城子村东北，坐标：东经 119° 44′ 40.90″，北纬 40° 11′ 26.70″，高程 340 米。

南、北两侧与墙体相接，平面呈矩形，立面及剖面呈梯形，东西宽 9.5 米，南北长 9.8 米，高 3.4 米。立面为三段式，下段为条石基础 1 层，白灰砌筑，白灰勾缝；中段城砖砌筑，白灰砌筑，白灰勾缝；中段与上段间设拔檐分隔；上段设垛口墙。

保存差，台体结构、形制不清晰。条石基础，墙体坍塌严重，券门、箭窗基本无存，垛口墙缺失，铺房无存，顶部杂草、灌木滋生。

### 51. 杜城子 3 号敌台 130323352101170051

位于抚宁县杜城子村东北，坐标：东经 119° 44′ 37.00″，北纬 40° 11′ 28.70″，高程 329 米。

南、北两侧与墙体相接，平面呈矩形，立面及剖面呈梯形，东西长 10.53 米，南北宽 10.36 米，高 8.54 米。立面为三段式，下段为条石基础，白灰砌筑，白灰勾缝；中段城砖砌筑，白灰砌筑，白灰勾缝；中段与上段间设拔檐分隔；上段设垛口墙。

保存差，台体结构、形制不清晰。条石基础，墙体坍塌严重，券门、箭窗基本无存，垛口墙缺失，铺房无存，顶部杂草、灌木滋生。

### 52. 杜城子村 4 号敌台 130323352101170052

位于抚宁县杜城子村东北，坐标：东经 119° 44′ 36.30″，北纬 40° 11′ 29.90″，高程 305 米。

南、北两侧与墙体相接，平面呈矩形，立面及剖面呈梯形，东西长 15 米，南北宽 12 米，高 5 米。立面为三段式，下段为条石基础，白灰砌筑，白灰勾缝；中段城砖砌筑，白灰砌筑，白灰勾缝；中段与上段间设拔檐分隔；上段设垛口墙。

保存差，台体结构、形制不清晰。条石基础，墙体上部坍塌严重，面砖风化酥碱，券门、箭窗残损严重，垛口墙缺失，铺房无存，顶部杂草、灌木滋生。

### 53. 杜城子 5 号敌台 130323352101170053

位于抚宁县杜城子村东北，坐标：东经 119° 44′ 37.20″，北纬 40° 11′ 33.90″，高程 323 米。

南、北两侧与墙体相接，平面呈矩形，立面及剖面呈梯形，东西宽 9.85 米，南北长 10.28 米，高 7.8 米。立面为三段式，下段为条石基础，白灰砌筑，白灰勾缝；中段城砖砌筑，白灰砌筑，白灰勾缝，南、北立面辟券门，东、西立面辟箭窗；中段与上段间设拔檐分隔；上段设垛口墙。

保存差，台体结构、形制不清晰。条石基础保存较好，墙体上部坍塌严重，面砖风化酥碱，券门、箭窗残损，垛口墙缺失，顶部设施无存。

### 54. 杜城子 6 号敌台 130323352101170054

杜城子自然村东北 1.5 千米处，坐标：东经 119° 44′ 31.20″，北纬 40° 11′ 41.00″，高程 394 米。

南、北两侧与墙体相接，平面呈矩形，立面及剖面呈梯形，东西长宽 9.64 米，南北长 11.3 米，高 6.39 米。立面为三段式，下段为条石基础，白灰砌筑，白灰勾缝；中段城砖砌筑，白灰砌筑，白灰勾缝；中段与上段间设拔檐分隔；上段设垛口墙。

保存差，台体结构、形制不清晰。条石基础，墙体坍塌严重，券门、箭窗基本无存，垛口墙缺失，铺房无存，顶部杂草、灌木滋生。

### 55. 杜城子 7 号敌台 130323352101170055

位于抚宁县杜城子村东北 1.5 千米处，坐标：东经 119° 44′ 27.10″，北纬 40° 11′ 47.00″，高程 401 米。

南、北两侧与墙体相接，平面呈矩形，立面及剖面呈梯形，东西宽 9.18 米，南北长 12.4 米，高 10.19 米。立面为三段式，下段为条石基础，白灰砌筑，白灰勾缝；中段城砖砌筑，白灰砌筑，白灰勾缝，西立面中部辟石券门，两侧各辟 1 箭窗，东立面辟 4 箭窗，南立面辟 3 箭窗，北立面辟 3 箭窗，券门设门柱石 2 块、门槛石 1 块，券门、箭窗起券方式为一伏一券；中段与上段间设 3 层拔檐分隔，上、下两层为直角檐，中间为菱角檐；上段设垛口墙，垛口墙高 1.67 米，宽 0.4 米，垛口宽 0.58 米，高 0.8 米，垛口墙下部辟望孔，宽 0.25 米，高 0.4 米。

保存较差，台体结构、形制基本清晰。条石基础保存较好，南、北立面墙体上部坍塌严重，面砖风化酥碱严重，箭窗局部残损，东立面存垛口 5 个，望孔 6 眼，西立面存垛口 3 个，其余垛口墙全部缺失，顶部设施无存。

### 56. 杜城子 8 号敌台 130323352101170056

位于抚宁县杜城子村东北，坐标：东经 119° 44′ 24.30″，北纬 40° 11′ 55.60″，高程 384 米。

南、北两侧与墙体相接，平面呈矩形，立面及剖面呈梯形，东西宽 10.15 米，南北长 10.4 米，高 8.94 米。立面为三段式，下段为条石基础，白灰砌筑，白灰勾缝；中段城砖砌筑，白灰砌筑，白灰勾缝，南、北立面辟券门，东、西立面辟箭窗，券门高 1.8 米，宽 0.84 米，箭窗高 0.83 米，宽 0.51 米；中段与上段间设拔檐分隔；上段设垛口墙，高 12 层砖。

保存较差，台体结构、形制基本清晰。条石基础保存较好，北立面墙体上部坍塌严重，其余立面墙体面砖风化酥碱严重，北立面垛口墙缺失，其余保存较好，室内券顶坍塌。

### 57. 杜城子 9 号敌台 130323352101170057

位于抚宁县杜城子村东北，坐标：东经 119° 44′ 25.90″，北纬 40° 11′ 57.40″，高程 404 米。

南、北两侧与墙体相接，平面呈矩形，立面及剖面呈梯形。敌台立面为三段式，下段为条石基础，白灰砌筑，白灰勾缝；中段城砖砌筑，白灰砌筑，白灰勾缝，南立面中部辟石券门，两侧各辟 1 箭窗，北立面西侧辟石券门，南侧辟 2 箭窗，东、西立面各辟 3 箭窗，券门设券石 1 块、平水石 2 块、门柱石 2 块、门槛石 1 块，宽 0.77 米，高 1.7 米，南券门宽 0.89 米，高 1.98 米，北券门宽 0.88 米，高 1.74 米，北立面上部存石质吐水嘴 1 个；中段与上段间设 3 层拔檐分隔，上、下两层为直角檐，中间为菱角檐；上段设垛口墙，宽 0.53 米，垛口墙下部辟望孔。室内平面格局为三券室三通道，南北券室长 6.56 米，宽 1.52 米，高 3.83 米，通道宽 1.26 米，高 2.33 米。顶部存铺房，仿木结构，铺房东西宽 4.4 米，南北长 6.08 米，高 2.28 米。东西各开门一，门宽 1.14 米，高 1.52 米。

保存一般，台体结构、形制基本清晰。条石基础保存较好，墙体面砖风化酥碱严重，箭窗残损严重，东北角、西北角垛口墙保存较好，其余部分坍塌严重，顶部铺房墙体保存较好，顶部坍塌。

### 58. 杜城子 10 号敌台 130323352101170058

位于抚宁县杜城子村东北，坐标：东经 119° 44′ 23.30″，北纬 40° 12′ 06.70″，高程 444 米。

西、北两侧与墙体相接，平面呈矩形，立面及剖面呈梯形，东西长 10.01 米，南北宽 9.95 米。立面为三段式，下段为条石基础，白灰砌筑，白灰勾缝；中段城砖砌筑，白灰砌筑，白灰勾缝，西、北辟石券门，东、南立面各辟 3 箭窗，券门设券石 1 块，平水石 2 块、门柱石 2 块、门槛石 1 块，宽 0.78 米，高 1.8 米，箭窗起券方式为一伏一券，宽 0.56 米，高 0.8 米；中段与上段间设 3 层拔檐分隔，上、下两层为直角檐，中间为菱角檐；上段设垛口墙，高 15 层砖，垛口墙下部辟望孔。顶部存铺房，仿木结构，长 5.95 米，宽 4.3 米，高 3.38 米。

保存一般，台体结构、形制基本清晰。条石基础保存较好，墙体面砖风化酥碱严重，箭窗残损严重，垛口墙局部缺失，顶部铺房墙体保存较好，顶部坍塌。

### 59. 杜城子 11 号敌台 130323352101170059

位于抚宁县杜城子村东北，坐标：东经 119° 44′ 19.70″，北纬 40° 12′ 10.80″，高程 425 米。

南、北两侧与墙体相接，平面呈矩形，立面及剖面呈梯形，东西长 15.4 米，南北宽度不清，残高 7.56 米。立面为三段式，下段为条石基础，白灰砌筑，白灰勾缝；中段城砖砌筑，白灰砌筑，白灰勾缝；中段与上段间设拔檐分隔；上段设垛口墙。

保存差，台体结构、形制不清晰。条石基础保存较好，北立面墙体上部坍塌严重，垛口墙缺失，室内券顶坍塌，顶部设施无存。

### 60. 杜城子 12 号敌台 130323352101170060

位于抚宁县杜城子村东北，坐标：东经 119° 44′ 16.80″，北纬 40° 12′ 15.30″，高程 451 米。

南、北两侧与墙体相接，平面呈矩形，立面及剖面呈梯形，东西宽 10.35 米，南北长 10.35 米，高 10.35 米。敌台立面为三段式，下段为条石基础，白灰砌筑，白灰勾缝；中段城砖砌筑，白灰砌筑，白灰勾缝，南、北立面中部辟石券门，两侧各辟 1 箭窗，东、西立面各辟 3 箭窗，箭窗起券方式为二伏二券，宽 0.56 米，高 0.89 米；中段与上段间设 3 层拔檐分隔，上、下两层为直角檐，中间为菱角檐；上段设垛口墙，高 4～14 层砖，垛口墙下部辟望孔。

保存较差，台体结构、形制基本清晰。条石基础保存较好，墙体面砖风化酥碱严重，箭窗局部残损严重，券门残损严重，存门槛石，垛口墙局部缺失，顶部铺房墙体保存较好，顶部坍塌。

### 61. 苗城子 1 号敌台 130323352101170061

苗城子自然村与辽宁省绥中县立根台村金家沟自然村之间的山梁上，坐标：东经 119° 44′ 11.40″，北纬 40° 12′ 22.30″，高程 463 米。

东、西两侧与墙体相接，平面呈矩形，立面及剖面呈梯形，东西长 10.98 米，南北宽 10.82 米，高 7.8 米。敌台立面为三段式，下段为条石基础，白灰砌筑，白灰勾缝；中段城砖砌筑，白灰砌筑，白灰勾缝，东、西立面中部辟石券门，南、北立面辟箭窗，券门宽 0.91 米；中段与上段间设 3 层拔檐分隔，上、下两层为直角檐，中间为菱角檐；上段设垛口墙，高 2～5 层砖，垛口墙下部辟望孔。

保存较差，台体结构、形制不清晰。条石基础保存较好，南立面墙体坍塌严重，券门保存较好，箭窗缺失，垛口墙局部缺失，顶部设施无存。

### 62. 苗城子 2 号敌台 130323352101170062

位于苗城子自然村与辽宁省绥中县立根台村金家沟自然村之间，坐标：东经 119° 44′ 04.50″，北纬 40° 12′ 20.50″，高程 431 米。

东、西两侧与墙体相接，平面呈矩形，立面及剖面呈梯形，东西长 10.14 米，南北宽 9.96 米，高 7 米。敌台立面为三段式，下段为条石基础，白灰砌筑，白灰勾缝；中段城砖砌筑，白灰砌筑，白灰勾缝，东、西立面中部辟石券门，两侧各辟 1 箭，窗南、北立面辟 3 箭窗；中段与上段间设 3 层拔檐分隔，上、下两层为直角檐，中间为菱角檐；上段设垛口墙，高 1～3 层砖，垛口墙下部辟望孔。

保存一般，台体结构、形制基本清晰。条石基础保存较好，西立面墙体局部坍塌，券门、箭窗残存严重，垛口墙局部缺失，顶部设施无存。

### 63. 苗城子 3 号敌台 130323352101170063

位于苗城子自然村与辽宁省绥中县立根台村金家沟自然村之间，坐标：东经 119° 43′ 48.00″，北纬 40° 12′ 21.50″，高程 431 米。

东、西两侧与墙体相接，平面呈矩形，立面及剖面呈梯形，东西长 10.65 米，南北宽 10.6 米，高 7.75 米。敌台立面为三段式，下段为条石基础，白灰砌筑，白灰勾缝；中段城砖砌筑，白灰砌筑，白灰勾缝，东、西立面中部辟石券门，两侧各辟 1 箭，窗南、北立面辟箭窗；中段与上段间设 3 层拔檐分隔，上、下两层为直角檐，中间为菱角檐；上段设垛口墙，高 1～4 层砖，垛口墙下部辟望孔。

保存一般，台体结构、形制基本清晰。条石基础保存较好，墙体面砖风化酥碱严重，券门、箭窗残存严重，垛口墙缺失严重，顶部设施无存。

### 64. 苗城子 4 号敌台 130323352101170064

位于苗城子自然村与辽宁省绥中县立根台村金家沟自然村之间，坐标：东经 119° 43′ 32.40″，北纬 40° 12′ 20.30″，高程 492 米。

东、西两侧与墙体相接，平面呈矩形，立面及剖面呈梯形，东西宽 9.05 米，南北长 9.2 米，高 12 米。敌台立面为三段式，下段为条石基础，白灰砌筑，白灰勾缝；中段城砖砌筑，白灰砌筑，白灰勾缝；中段与上段间设 3 层拔檐分隔，上、下两层为直角檐，中间为菱角檐；上段设垛口墙，高 1～5 层砖，垛口墙下部辟望孔。室内南、北两侧分设砖砌楼梯各一，梯口宽 0.68 米，南侧台阶 9 级，北侧台阶 13 级。

保存一般，台体结构、形制基本清晰。条石基础保存较好，墙体保存较好，垛口墙缺失严重，顶部设施无存。

### 65. 苗城子 5 号敌台 130323352101170065

位于苗城子自然村与辽宁省绥中县立根台村金家沟自然村之间，坐标：东经 119° 43′ 24.00″，北纬 40° 12′ 20.60″，高程 522 米。

东、西两侧与墙体相接，平面呈矩形，立面及剖面呈梯形，东西宽 10.8 米，南北长 10.8 米，高 7.42 米。敌台立面为三段式，下段为条石基础，白灰砌筑，白灰勾缝；中段城砖砌筑，白灰砌筑，白灰勾缝，东、西立面辟券门，南、北立面辟箭窗；中段与上段间设拔檐分隔；上段设垛口墙，垛口墙下部辟望孔。室内南侧设石砌楼梯，梯口宽 0.84 米，台阶 11 级。

保存较差，台体结构、形制基本清晰。条石基础保存较好，墙体保存较好，券门、箭窗残存严重，垛口墙缺失严重，顶部设施无存。

### 66. 苗城子 6 号敌台 130323352101170066

位于苗城子自然村与辽宁省绥中县永安堡乡金家沟村交界处，坐标：东经 119° 43′ 07.70″，北纬 40° 12′ 18.70″，高程 498 米。

东、西两侧与墙体相接，平面呈矩形，立面及剖面呈梯形，东西宽 9.56 米，南北长 9.49 米，高 9.26 米。敌台立面为三段式，下段为条石基础 7 层，白灰砌筑，白灰勾缝，高 2.02 米；中段城砖砌筑，白灰砌筑，白灰勾缝，砖长 0.36 米，宽 0.18 米，厚 0.09 米；中段与上段间设 3 层拔檐分隔，上、下两层为直角檐，中间为菱角檐；上段设垛口墙，垛口墙下部辟望孔。

保存差，台体结构、形制基本清晰。条石基础保存较好，南立面墙体坍塌严重，垛口墙缺失严重，顶部设施无存。

### 67. 苗城子 7 号敌台 130323352101170067

位于苗城子自然村与辽宁省绥中县永安堡乡金家沟村交界处，坐标：东经 119° 42′ 56.30″，北纬 40° 12′ 16.40″，高程 437 米。

东、西两侧与墙体相接，平面呈矩形，立面及剖面呈梯形，东西长 10.85 米，南北宽 9.28 米，高 7.02 米。敌台立面为三段式，下段为条石基础 5 层，白灰砌筑，白灰勾缝；中段城砖砌筑，白灰砌筑，白灰勾缝，砖长 0.36 米，宽 0.18 米，厚 0.09 米；中段与上段间设 4 层拔檐分隔，上、下两层为直角檐，中间两层为菱角檐；上段设垛口墙，垛口墙下部辟望孔。

保存差，台体结构、形制不清晰。条石基础保存较好，东、西立面墙体坍塌严重，券门、箭窗局部缺失，垛口墙缺失严重，顶部设施无存。

**68. 苗城子 8 号敌台 130323352101170068**

位于苗城子自然村与辽宁省绥中县永安堡乡金家沟村交界处，坐标：东经 119° 42′ 47.70″，北纬 40° 12′ 17.50″，高程 498 米。

东、南两侧与墙体相接，平面呈矩形，立面及剖面呈梯形，东西宽 8.42 米，南北长 10.72 米，高 9.5 米。敌台立面为三段式，下段为条石基础，白灰砌筑，白灰勾缝；中段城砖砌筑，白灰砌筑，白灰勾缝，东、南立面辟石券门，两侧各辟 1 箭窗，西、北立面各辟 2 箭窗，券门设券石 3 块，平水石 2 块、门柱石 2 块、门槛石 1 块，箭窗起券方式为一伏一券；中段与上段间设 3 层拔檐分隔，上、下两层为直角檐，中间为菱角檐；上段设垛口墙。

保存较差，台体结构、形制基本清晰。条石基础保存较好，墙体保存较好，东立面存裂缝一道，券门、箭窗保存较好，垛口墙缺失严重，顶部设施无存。

**69. 苗城子 9 号敌台 130323352101170069**

位于东南为抚宁县苗城子村，西北为小河口村，坐标：东经 119° 42′ 41.80″，北纬 40° 12′ 14.80″，高程 471 米。

东、西两侧与墙体相接，平面呈矩形，立面及剖面呈梯形，东西宽 10.15 米，南北长 10.37 米，高 11.35 米。敌台立面为三段式，下段为条石基础，白灰砌筑，白灰勾缝；中段城砖砌筑，白灰砌筑，白灰勾缝，东立面辟南侧石券门，北侧辟 2 箭窗，西立面中部辟石券门，两侧各辟 1 箭窗，南、北立面各辟 3 箭窗，券门设券石 1 块，平水石 2 块、门柱石 2 块、门槛石 1 块，箭窗起券方式为一伏一券；中段与上段间设 4 层拔檐分隔，上、下两层为直角檐，中间两层为菱角檐；上段设垛口墙，高 4～15 层砖。

保存较差，台体结构、形制基本清晰。条石基础保存较好，墙体面砖风化酥碱严重，券门保存较好，箭窗残存严重，垛口墙局部缺失，顶部存铺房基础。

**70. 苗城子 10 号敌台 130323352101170070**

位于抚宁县苗城子村小河口东南，坐标：东经 119° 42′ 27.60″，北纬 40° 12′ 12.30″，高程 369 米。

东、西两侧与墙体相接，平面呈矩形，立面及剖面呈梯形，东西宽 11.05 米，南北长 11.06 米，高 8.94 米。敌台立面为三段式，下段为条石基础，白灰砌筑，白灰勾缝；中段城砖砌筑，白灰砌筑，白灰勾缝，东、西立面辟石券门，南、北立面各辟 3 箭窗，券门设券石 1 块，平水石 2 块、门柱石 2 块、门槛石 1 块，箭窗起券方式为二伏二券；中段与上段间设 3 层拔檐分隔，上、下两层为直角檐，中间为菱角檐；上段设垛口墙，高 28 层砖，垛口墙上部设箭窗、下部设望孔。

保存较差，台体结构、形制基本清晰。条石基础保存较好，墙体面砖风化酥碱严重，券门保存较好，箭窗残存严重，垛口墙局部缺失，顶部存铺房基础。

**71. 苗城子 11 号敌台 130323352101170071**

位于抚宁县苗城子村小河口，坐标：东经 119° 42′ 19.80″，北纬 40° 12′ 14.60″，高程 369 米。

东、西两侧与墙体相接，平面呈矩形，立面及剖面呈梯形，东西宽 11.05 米，南北长 11.06 米，高 8.94 米。现状立面为两段式，下段为条石基础 2 层，白灰砌筑，白灰勾缝；上段城砖砌筑，白灰砌筑，白灰勾缝。

保存差，台体结构、形制不清晰。条石基础保存较好，墙体上部缺失，面砖风化酥碱严重。顶部设施无存，杂草、灌木滋长。

### 72. 破城子 1 号敌台 130323352101170072

位于抚宁县破城子村东北，坐标：东经 119° 42′ 11.60″，北纬 40° 12′ 13.50″，高程 447 米。

东、西两侧与墙体相接，平面呈矩形，立面及剖面呈梯形，东西宽 10 米，南北长 10 米，高 12.28 米。敌台立面为三段式，下段为条石基础，白灰砌筑，白灰勾缝；中段城砖砌筑，白灰砌筑，白灰勾缝，东、西立面辟券门，南、北立面辟箭窗；中段与上段间设 3 层拔檐分隔，上、下两层为直角檐，中间为菱角檐；上段设垛口墙，高 2～8 层砖，垛口墙下部设望孔。顶部设铺房。

保存一般，台体结构、形制基本清晰。条石基础保存较好，墙体面砖局部风化酥碱严重，券门局部残存，箭窗局部残存，垛口墙局部缺失，顶部存铺房屋顶缺失，墙体开裂外闪。

### 73. 破城子 2 号敌台 130323352101170073

位于抚宁县破城子村东北，坐标：东经 119° 41′ 51.70″，北纬 40° 12′ 17.30″，高程 445 米。

南、北两侧与墙体相接，平面呈矩形，立面及剖面呈梯形，东西宽 10 米，南北长 10 米，高 12.28 米。敌台立面为三段式，下段为条石基础，白灰砌筑，白灰勾缝；中段城砖砌筑，白灰砌筑，白灰勾缝，东、西立面辟券门，南、北立面辟箭窗，箭窗起券方式为一伏一券；中段与上段间设 5 层拔檐分隔，一、二层为直角檐，中间两层为菱角檐，五层为直角檐；上段设垛口墙，高 7～8 层砖，垛口墙下部设望孔。

保存一般，台体结构、形制基本清晰。条石基础保存较好，墙体面砖局部风化酥碱严重，券门、箭窗局部残存，垛口墙局部缺失，顶部设施无存。

### 74. 破城子 3 号敌台 130323352101170074

位于抚宁县破城子村东北，坐标：东经 119° 41′ 42.10″，北纬 40° 12′ 21.40″，高程 462 米。

南北两侧与墙体相接，平面呈矩形，立面及剖面呈梯形，东西长 14.56 米，南北尺寸不详，高 11.15 米。立面为四段式，一段为条石基础，白灰砌筑、白灰勾缝，露明 4 层；二段城砖包砌，白灰砌筑、白灰勾缝；二段与三段间设砖腰檐分隔；三段城砖砌筑，南、北立面各辟 1 券门 1 箭窗，东、西立面各辟 5 箭窗，门窗起券方式均为二伏二券；三段与四段间设 3 层砖砌拔檐分隔；四段设垛口墙，残高 18 层砖。

保存较差，台体结构、形制不清。条石基础保存较好，南立面墙体保存完好，东西残存部分墙体，北立面坍塌严重，现存墙体面砖风化酥碱严重，现存券门、箭窗局部残存。垛口墙局部缺失。

### 75. 破城子 4 号敌台 130323352101170075

位于抚宁县破城子村东北，坐标：东经 119° 41′ 36.00″，北纬 40° 12′ 24.20″，高程 515 米。

东、西两侧与墙体相接，平面呈矩形，立面及剖面呈梯形，东西宽 11.5 米，南北长 11.56 米，高 10.72 米。敌台立面为三段式，下段为条石基础，白灰砌筑，白灰勾缝，露明 7 层；中段城砖砌筑，白灰砌筑，白灰勾缝，东、西立面辟 1 券门 2 箭窗，南、北立面各辟 3 箭窗，门窗起券方式均为二伏二券；中段与上段间设 3 层拔檐分隔，上、下两层为直角檐，中间为菱角檐；上段设垛口墙，高 2～7 层砖。

保存较差，台体结构、形制基本清晰。条石基础保存较好，墙体整体保持较好，面砖风化酥碱严重，券门、箭窗残存严重，垛口墙局部缺失，顶部设施无存。

### 76. 破城子 5 号敌台 130323352101170076

位于抚宁县破城子村北，坐标：东经 119° 41′ 24.20″，北纬 40° 12′ 23.00″，高程 501 米。

东、西两侧与墙体相接，平面呈矩形，立面及剖面呈梯形，东西长 10.92 米，南北宽 10.23 米，高 7.85 米。敌台立面为三段式，下段为条石基础，白灰砌筑，白灰勾缝，露明 3～5 层；中段城砖砌筑，白灰砌筑，白灰勾缝，东、西立面辟 1 石券门 2 箭窗，券门设券石 1 块，平水石 2 块、门柱石 2 块、门槛石 1 块，南、北立面辟箭窗，箭窗起券方式均为二伏二券；中段与上段间设 3 层拔檐分隔，上、下两层为直角檐，中间为菱角檐；上段设垛口墙，高 14 层砖，墙顶设批水砖。

保存差，台体结构、形制基本清晰。条石基础保存较好，墙体局部缺失，存多道裂缝，面砖风化酥碱严重，券门、箭窗残存严重，垛口墙局部缺失，顶部设施无存，券室顶部坍塌。

### 77. 破城子 6 号敌台 130323352101170077

位于抚宁县破城子村北，坐标：东经 119° 41′ 14.10″，北纬 40° 12′ 28.60″，高程 538 米。

南、北两侧与墙体相接，平面呈矩形，立面及剖面呈梯形，东西长 10.36 米，南北长 10.46 米，高 10.65 米。敌台立面为三段式，下段为条石基础，白灰砌筑，白灰勾缝；中段城砖砌筑，白灰砌筑，白灰勾缝，东、西立面辟 1 石券门 2 箭窗，券门设券石 3 块，平水石 2 块、门柱石 2 块、门槛石 1 块。南、北立面各辟 3 箭窗，箭窗起券方式均为二伏二券；中段与上段间设 4 层拔檐分隔，上、下两层为直角檐，中间两层为菱角檐；上段设垛口墙，高 2～14 层砖，下部设望孔。顶部设铺房。

保存较差，台体结构、形制基本清晰。条石基础保存较好，西立面墙体坍塌，其余立面墙体面砖风化酥碱，现存券门、箭窗保持较好，垛口墙局部缺失，铺房屋顶坍塌，墙体局部坍塌。

### 78. 破城子 7 号敌台 130323352101170078

位于抚宁县破城子村北，坐标：东经 119° 41′ 05.40″，北纬 40° 12′ 35.70″，高程 351 米。

东、西两侧与墙体相接，平面呈矩形，立面及剖面呈梯形，东西长 11.48 米，南北宽 9.3 米，高 10.5 米。敌台立面为三段式，下段为条石基础，白灰砌筑，白灰勾缝；中段城砖砌筑，白灰砌筑，白灰勾缝，东、西立面辟 1 石券门 1 箭窗，券门设券石 1 块，平水石 2 块、门柱石 2 块、门槛石 1 块。南、北立面各辟 3 箭窗，箭窗起券方式均为二伏二券；中段与上段间设 4 层拔檐分隔，上、下两层为直角檐，中间两层为菱角檐；上段设垛口墙，高 2～5 层砖。顶部设铺房。

保存较差，台体结构、形制基本清晰。条石基础保存较好，墙体面砖风化酥碱严重，券门、箭窗残存严重，垛口墙局部缺失，铺房残存严重。

### 79. 破城子 8 号敌台 130323352101170079

位于抚宁县破城子村北，坐标：东经 119° 41′ 02.60″，北纬 40° 12′ 39.60″，高程 418 米。

东、西两侧与墙体相接，平面呈矩形，立面及剖面呈梯形，东西宽 10.4 米，南北长 10.5 米，高 5.67 米。敌台立面为三段式，下段为条石基础，白灰砌筑，白灰勾缝；中段城砖砌筑，白灰砌筑，白灰勾缝，东、西立面辟券门，南、北立面辟箭窗；中段与上段间设石质拔檐分隔；上段设垛口墙，高 2～5 层砖。

保存差，台体结构、形制基本清晰。条石基础保存较好，墙体面砖风化酥碱严重，券门、箭窗缺失，垛口墙局部缺失，顶部设施无存。

**80. 破城子 9 号敌台 130323352101170080**

位于抚宁县破城子村北，坐标：东经 119° 41′ 02.10″，北纬 40° 12′ 43.80″，高程 409 米。

南、北两侧与墙体相接，平面呈矩形，立面及剖面呈梯形，东西宽 10.87 米，南北长 10.89 米，高 7.89 米。敌台立面为三段式，下段为条石基础，白灰砌筑，白灰勾缝；中段城砖砌筑，白灰砌筑，白灰勾缝，南、北立面辟券门，东、西立面辟箭窗；中段与上段间设 3 层拔檐分隔，上、下两层为直角檐，中间为菱角檐；上段设垛口墙，高 12 层砖。

保存差，台体结构、形制不清晰。条石基础保存较好，墙体整体坍塌严重，券门、箭窗坍塌缺失，垛口墙大部分坍塌缺失，顶部设施无存。

**81. 破城子 10 号敌台 130323352101170081**

位于抚宁县破城子村北，坐标：东经 119° 41′ 57.80″，北纬 40° 12′ 48.50″，高程 417 米。

东、西两侧与墙体相接，平面呈矩形，立面及剖面呈梯形，东西长 10.1 米，南北宽 9.6 米，残高 10.7 米。敌台现状立面为两段式，下段为条石基础，白灰砌筑，白灰勾缝；上段城砖砌筑，白灰砌筑，白灰勾缝。

保存差，台体结构、形制不清晰。条石基础保存较好，墙体坍塌严重，上部不存。

**82. 破城子 11 号敌台 130323352101170082**

位于抚宁县破城子村北，坐标：东经 119° 40′ 49.50″，北纬 40° 12′ 46.80″，高程 368 米。

东、西两侧与墙体相接，平面呈矩形，立面及剖面呈梯形，东西长 10.66 米，南北宽 9.76 米。敌台现状立面为两段式，下段为条石基础，白灰砌筑，白灰勾缝；上段城砖砌筑，白灰砌筑，白灰勾缝。

保存差，台体结构、形制不清晰。条石基础保存较好，墙体坍塌严重，上部不存。

**83. 破城子 12 号敌台 130323352101170083**

位于抚宁县破城子村北，坐标：东经 119° 40′ 50.40″，北纬 40° 12′ 54.50″，高程 375 米。

东、西两侧与墙体相接，平面呈矩形，立面及剖面呈梯形，东西长 13.28 米，南北宽 9.65 米，残高 6.67 米。敌台现状立面为两段式，下段为条石基础，白灰砌筑，白灰勾缝，露明 1 层，高 0.35 米；上段城砖砌筑，白灰砌筑，白灰勾缝，城砖规格：长 0.38 米，宽 0.19 米，厚 0.09 米。

保存差，台体结构、形制不清晰。条石基础保存较好，墙体坍塌严重，上部不存。

**84. 大毛山 1 号敌台 130323352101170084**

位于大毛山村东北，坐标：东经 119° 40′ 52.30″，北纬 40° 12′ 56.00″，高程 406 米。

东、西两侧与墙体相接，平面呈矩形，立面及剖面呈梯形，东西长 10.58 米，南北宽 10.26 米，残高 5.37 米。敌台立面为三段式，下段为条石基础，白灰砌筑，白灰勾缝，露明 9 层，高 3.21 米；中段城砖砌筑，白灰砌筑，白灰勾缝，砖规格：长 0.373 米，宽 0.175 米，厚 0.1 米。东、西立面辟券门、箭窗。南、北立面辟箭窗；中段与上段间设 3 层拔檐分隔，上、下两层为直角檐，中间为菱角檐；上段设垛口墙，高 3 ～ 13 层砖。顶部设铺房。

保存差，台体结构、形制基本清晰。条石基础保存较好，墙体局部坍塌严重，面砖风化酥碱严重，券门、箭窗残损严重，垛口墙基本无存，铺房屋顶缺失、墙体坍塌严重。

### 85. 大毛山 2 号敌台 130323352101170085

位于大毛山村东北，坐标：东经 119° 40' 36.30″，北纬 40° 13' 00.90″，高程 389 米。

东、西两侧与墙体相接，平面呈矩形，立面及剖面呈梯形。敌台立面为三段式，下段为条石基础，白灰砌筑，白灰勾缝；中段城砖砌筑，白灰砌筑，白灰勾。东、西立面辟券门、箭窗，南、北立面辟箭窗，箭窗起券方式为一伏一券；中段与上段间设 3 层拔檐分隔，上、下两层为直角檐，中间为菱角檐；上段设垛口墙，残高 12 层砖。

保存差，台体结构、形制不清晰。条石基础保存较好，南立面墙体坍塌缺失，东、西立面墙体局部坍塌严重，北立面墙体保持较好，券门、箭窗残损严重，垛口墙局部坍塌缺失，顶部设施无存。

### 86. 大毛山 3 号敌台 130323352101170086

位于大毛山村东北，坐标：东经 119° 40' 36.10″，北纬 40° 13' 03.30″，高程 416 米。

东、西两侧与墙体相接，平面呈矩形，立面及剖面呈梯形，东西长 10.5 米，南北宽 10.5 米。敌台立面为三段式，下段为条石基础，白灰砌筑，白灰勾缝，露明 3 层，高 1.15 米，条石厚 0.38 ～ 0.4 米；中段城砖砌筑，白灰砌筑，白灰勾缝，砖规格长 0.375 米，宽 0.19 米，厚 0.1 米。南、北立面辟券门、箭窗。东、西立面辟各 3 箭窗，箭窗起券方式为一伏一券；中段与上段间设 3 层拔檐分隔，上、下两层为直角檐，中间为菱角檐；上段设垛口墙，高 2 ～ 15 层砖。顶部设铺房，坐东朝西，南北长 6.71 米，东西宽 3.24 米，墙厚 0.43 米，门宽 0.75 米。

保存较差，台体结构、形制基本清晰。条石基础保存较好，墙体面砖风化酥碱严重，券门、箭窗残损严重，垛口墙局部缺失，铺房屋顶缺失、墙体坍塌严重。

### 87. 大毛山 4 号敌台 130323352101170087

位于大毛山村东北，坐标：东经 119° 40' 34.80″，北纬 40° 13' 07.20″，高程 356 米。

南、北两侧与墙体相接，平面呈矩形，立面及剖面呈梯形，东西长 11 米，南北宽 10 米。敌台立面为三段式，下段为条石基础，白灰砌筑，白灰勾缝，露明 6 层，高 2.28 米，条石厚 0.31 ～ 0.4 米；中段城砖砌筑，白灰砌筑，白灰勾缝，高 7 米，砖长 0.375 米，宽 0.19 米，厚 0.1 米，南、北立面辟券门、箭窗，东、西立面辟各 3 箭窗，箭窗起券方式为一伏一券；中段与上段间设 3 层拔檐分隔，上、下两层为直角檐、中间为菱角檐；上段设垛口墙，高 1 层砖。

保存差，台体结构、形制基本清晰。条石基础保存较好，墙体局部坍塌，面砖风化酥碱严重，券门、箭窗残损严重，垛口墙基本无存，顶部设施无存。

### 87. 大毛山 5 号敌台 130323352101170088

位于大毛山村东北，坐标：东经 119° 40' 33.00″，北纬 40° 13' 07.90″，高程 345 米。

保存差，台体结构、形制不清晰。掩埋在山体内，因修公路露出部分包砖墙，其规模无法辨别。

### 89. 大毛山 6 号敌台 130323352101170089

位于大毛山村东北，坐标：东经 119° 40' 30.60″，北纬 40° 13' 08.80″，高程 389 米。

保存差，台体结构、形制不清晰。敌台坍塌严重，仅存部分墙体。

### 90. 大毛山 7 号敌台 130323352101170090

位于大毛山村北，坐标：东经 119° 40′ 28.40″，北纬 40° 13′ 09.60″，高程 400 米。

东、西两侧与墙体相接，平面呈矩形，立面及剖面呈梯形，东西长 10.4 米，南北宽 10.4 米，高 5.8 米。敌台现状立面为两段式，下段为条石基础，白灰砌筑，白灰勾缝，露明 9 层，高 3.21 米；上段城砖砌筑，白灰砌筑，白灰勾缝，城砖规格：长 0.34 米，宽 0.18 米，厚 0.09 米。

保存差，台体结构、形制不清晰。条石基础保存较好，墙体上部坍塌严重，券门、箭窗缺失，垛口墙缺失，顶部设施无存。

### 91. 大毛山 8 号敌台 130323352101170091

位于大毛山村北，坐标：东经 119° 40′ 21.20″，北纬 40° 13′ 17.30″，高程 429 米。

南、北两侧与墙体相接，平面呈矩形，立面及剖面呈梯形，东西长 10.55 米，南北宽 10.33 米，高 9.43 米。敌台立面为三段式，下段为条石基础，白灰砌筑，白灰勾缝，露明 9 层，高 2.88 米；中段城砖砌筑，白灰砌筑，白灰勾缝，城砖规格：长 0.375 米，宽 0.19 米，厚 0.1 米，南、北立面中部辟券门两侧各辟 1 箭窗，东、西立面辟各 3 箭窗，箭窗起券方式为一伏一券；中段与上段间设 4 层拔檐分隔，上、下两层为直角檐，中间两层为菱角檐；上段设垛口墙，高 9 层砖。顶部设铺房，坐东朝西，南北长 5.5 米，东西宽 4.85 米，墙厚 0.58 米，高 7.1 米，门宽 1.08 米。

保存较差，台体结构、形制基本清晰。条石基础保存较好，墙体面砖局部酥碱，券门、箭窗局部残损，垛口墙局部缺失，铺房已毁，仅存东侧残墙。

### 92. 大毛山 9 号敌台 130323352101170092

位于大毛山村北，坐标：东经 119° 40′ 17.60″，北纬 40° 13′ 22.60″，高程 441 米。

南、北两侧与墙体相接，平面呈矩形，立面及剖面呈梯形，东西宽 10.4 米，南北长 10.4 米，高 11.68 米。敌台立面为三段式，下段为条石基础，白灰砌筑，白灰勾缝，露明 6 层，高 2 米；中段城砖砌筑，白灰砌筑，白灰勾缝，城砖规格：长 0.41 米，宽 0.19 米，厚 0.1 米，南立面中部辟券门两侧各辟 1 箭窗，北立面西侧辟券门、东侧辟 1 箭窗，券门设券石 1 块，平水石 2 块、门柱石 2 块、门槛石 1 块，东、西立面辟各 3 箭窗，箭窗起券方式为二伏二券；中段与上段间设 3 层拔檐分隔，上、下两层为直角檐，中间为菱角檐；上段设垛口墙，高 15 层砖，墙顶置批水砖，垛口墙上部设箭窗、下部辟望孔。顶部设铺房。

保存较差，台体结构、形制基本清晰。条石基础保存较好，墙体面砖局部酥碱，券门、箭窗保存较好，垛口墙局部缺失，铺房顶部缺失，墙体局部缺失。

### 93. 大毛山 10 号敌台 130323352101170093

位于大毛山村北，坐标：东经 119° 40′ 12.80″，北纬 40° 13′ 25.60″，高程 477 米。

南、北两侧与墙体相接，平面呈矩形，立面及剖面呈梯形，东西长 10.45 米，高 10.45 米。敌台立面为三段式，下段为条石基础，白灰砌筑，白灰勾缝，露明 10 层，高 3.5 米；中段城砖砌筑，白灰砌筑，白灰勾缝，南、北立面辟券门，东、西立面辟箭窗；中段与上段间设 3 层拔檐分隔，上、下两层为直角檐，中间为菱角檐；上段设垛口墙，高 2～5 层砖。

保存差，台体结构、形制不清晰。条石基础保存较好，墙体坍塌严重，仅存东立面墙体，券门缺失、箭窗残损严重，垛口墙大部分缺失，顶部设施无存。

### 94. 大毛山 11 号敌台 130323352101170094

位于大毛山村北，坐标：东经 119° 39′ 59.50″，北纬 40° 13′ 27.00″，高程 417 米。

东、西两侧与墙体相接，平面呈矩形，立面及剖面呈梯形，东西宽 10 米，南北长 10.9 米，高 8.63 米。敌台立面为三段式，下段为条石基础，白灰砌筑，白灰勾缝，露明 5 层，高 1.7 米；中段城砖砌筑，白灰砌筑，白灰勾缝，南、北立面辟券门，东、西立面辟 3 箭窗；中段与上段间设 3 层拔檐分隔，上、下两层为直角檐，中间为菱角檐；上段设垛口墙，高 4～10 层砖。顶部设铺房，方砖墁地，铺房坐北朝南，南北宽 4.7 米，东西长 5.7 米，墙厚 0.67 米，门宽 1.36 米。

保存一般，台体结构、形制基本清晰。条石基础保存较好，墙体面砖酥碱严重，券门、箭窗残损严重，垛口墙部分缺失，铺房存基址。

### 95. 大毛山 12 号敌台 130323352101170095

位于大毛山村北，坐标：东经 119° 40′ 54.50″，北纬 40° 13′ 21.20″，高程 395 米。

东、西两侧与墙体相接，平面呈矩形，立面及剖面呈梯形，东西宽 10.4 米，南北长 11.3 米，高 10.58 米。敌台立面为三段式，下段为条石基础，白灰砌筑，白灰勾缝，露明 5 层，高 2.03 米；中段城砖砌筑，白灰砌筑，白灰勾缝，东、西立面辟 1 券门、1 箭窗，券门设券石 1 块、平水石 2 块、门柱石 2 块、门槛石 1 块，南、北立面辟箭窗，箭窗起券方式为二伏二券；中段与上段间设 3 层拔檐分隔，上、下两层为直角檐，中间为菱角檐；上段设垛口墙，高 3～15 层砖，垛口墙下部辟望孔。顶部设铺房，方砖墁地。

保存一般，台体结构、形制基本清晰。条石基础保存较好，墙体面砖酥碱严重，箭窗局部残损，垛口墙部分缺失，铺房存部分墙体，铺房内存抱鼓石 2 块及柱顶石。

### 96. 大毛山 13 号敌台 130323352101170096

位于大毛山村北，坐标：东经 119° 39′ 53.40″，北纬 40° 13′ 18.60″，高程 415 米。

东、西两侧与墙体相接，平面呈矩形，立面及剖面呈梯形，东西宽 9.1 米，南北长 9.35 米，高 12.3 米。敌台立面为三段式，下段为条石基础，白灰砌筑，白灰勾缝，露明 7 层，高 2.8 米；中段城砖砌筑，白灰砌筑，白灰勾缝，城砖规格：长 0.38 米，宽 0.17 米，厚 0.1 米，东、西立面辟券门，南、北立面辟箭窗；中段与上段间设 3 层拔檐分隔，上、下两层为直角檐、中间为菱角檐，上段设垛口墙，高 15 层砖，垛口墙下部辟望孔。顶部设铺房，坐西朝东，南北长 5.8 米，东西宽 3.4 米，墙厚 0.43 米，高 2.3 米，门宽 1.17 米。

保存一般，台体结构、形制基本清晰。条石基础保存较好，墙体保存较好，箭窗、券门局部残损，垛口墙部分缺失，铺房存部分墙体。

### 97. 大毛山 14 号敌台 130323352101170097

位于大毛山村西北，坐标：东经 119° 39′ 25.60″，北纬 40° 13′ 14.00″，高程 392 米。

东、西两侧与墙体相接，平面呈矩形，立面及剖面呈梯形，东西长 11.8 米，南北宽 8.66 米，高 8.35

米。敌台立面为三段式，下段为条石基础，白灰砌筑，白灰勾缝，露明4层，高1.4米；中段城砖砌筑，白灰砌筑，白灰勾缝，城砖规格：长0.39米，宽0.18米，厚0.1米。东、西立面辟1券门、1箭窗，券门设券石1块，平水石2块、门柱石2块、门槛石1块，箭窗起券方式为二伏二券，南、北立面辟箭窗；中段与上段间设4层拔檐分隔，上、下两层为直角檐、中间两层为菱角檐，上段设垛口墙，高1.6米，垛口墙下部辟望孔。顶部设铺房，坐北朝南，南北宽3.82米，东西长6.44米，墙厚0.35米，门宽1.24米。

保存一般，台体结构、形制基本清晰。条石基础保存较好，墙体面砖局部酥碱，箭窗、券门局部残损，吐水嘴断裂，垛口墙部分缺失，铺房仅存东、南、北3立面局部墙体，北立面存有一方形碑槽。

### 98. 大毛山15号敌台 130323352101170098

位于大毛山村西北，坐标：东经119° 39′ 14.90″，北纬40° 13′ 15.70″，高程381米。

东、西两侧与墙体相接，平面呈矩形，立面及剖面呈梯形，东西长10.7米，南北宽9.8米，高7.62米。敌台立面为三段式，下段为条石基础，白灰砌筑，白灰勾缝；中段城砖砌筑，白灰砌筑，白灰勾缝，东、西立面辟1券门、1箭窗，券门设券石1块，平水石2块、门柱石2块、门槛石1块，箭窗起券方式为二伏二券，南、北立面辟箭窗；中段与上段间设3层拔檐分隔，上、下两层为直角檐，中间为菱角檐；上段设垛口墙，高1～5层砖。

保存差，台体结构、形制较清晰。条石基础保存较好，墙体局部坍塌，面砖局部酥碱，箭窗、券门局部残损，垛口墙大部分缺失，顶部设施无存。

### 99. 大毛山16号敌台 130323352101170099

位于大毛山村西北，坐标：东经119° 39′ 06.00″，北纬40° 13′ 12.30″，高程282米。

保存差，敌台整体坍塌，仅存基础和一通道。

### 100. 董家口1号敌台 130323352101170100

位于抚宁县董家口村北，坐标：东经119° 39′ 00.50″，北纬40° 13′ 14.40″，高程202米。

东、西两侧与墙体相接，平面呈矩形，立面及剖面呈梯形，东西宽9.4米，南北长10.91米，高6.73米。敌台现状立面为两段式，下段为条石基础，白灰砌筑，白灰勾缝，露明4层，高1.99米；上段城砖砌筑，白灰砌筑，白灰勾缝。

保存差，台体结构、形制不清晰。条石基础保存较好，墙体上部坍塌严重，箭窗、券门缺失，垛口墙缺失，顶部设施无存。

### 101. 董家口2号敌台 130323352101170101

位于抚宁县董家口村北，坐标：东经119° 38′ 56.30″，北纬40° 13′ 16.60″，高程242米。

东、西两侧与墙体相接，平面呈矩形，立面及剖面呈梯形，东西宽10.2米，南北长10.2米。

保存差，台体结构、形制不清晰，坍塌严重，仅存部分毛石基础。

### 102. 董家口3号敌台 130323352101170102

位于抚宁县董家口村北，坐标：东经119° 38′ 53.40″，北纬40° 13′ 18.20″，高程270米。

东、西两侧与墙体相接，平面呈矩形，立面及剖面呈梯形，东西宽6.5米，南北长6.8米。

保存差，台体结构、形制不清晰，坍塌严重，仅存部分毛石基础。

### 103. 董家口 4 号敌台 130323352101170103

位于抚宁县董家口村北，坐标：东经 119° 38′ 52.40″，北纬 40° 13′ 20.30″，高程 299 米。

保存差，台体结构、形制不清晰，坍塌严重，存部分毛石基础。

### 104. 董家口 5 号敌台 130323352101170104

位于抚宁县驻操营镇董家口村西北，坐标：东经 119° 38′ 49.60″，北纬 40° 13′ 26.00″，高程 362 米。

东、西两侧与墙体相接，平面呈矩形，立面及剖面呈梯形，东西长 9.6 米，南北宽 9.6 米，高 9.48 米。敌台立面为三段式，下段为条石基础，白灰砌筑，白灰勾缝；中段城砖砌筑，白灰砌筑，白灰勾缝，东、西立面中部辟 1 券门，两侧各辟 1 箭窗，券门设券石 1 块，平水石 2 块、门柱石 2 块、门槛石 1 块，南、北立面各辟 3 箭窗，箭窗起券方式为二伏二券；中段与上段间设 4 层拔檐分隔，上、下两层为直角檐，中间两层为菱角檐；上段设垛口墙，高 6～13 层砖，垛口墙下部辟望孔。顶部设铺房。

保存一般，台体结构、形制较清晰。条石基础保存较好，墙体局部坍塌，面砖酥碱严重，箭窗、券门局部残损，垛口墙局部缺失，吐水嘴断裂，铺房屋顶坍塌，墙体局部坍塌、歪闪。

### 105. 董家口 6 号敌台 130323352101170105

位于抚宁县驻操营镇董家口村西北，坐标：东经 119° 38′ 41.80″，北纬 40° 13′ 29.80″，高程 402 米。

东、西两侧与墙体相接，平面呈矩形，立面及剖面呈梯形，东西长 10.4 米，南北宽 10.2 米，高 9.6 米。敌台立面为三段式，下段为条石基础，白灰砌筑，白灰勾缝，露明 6 层，高 1.94 米；中段城砖砌筑，白灰砌筑，白灰勾缝，城砖规格：长 0.38 米，宽 0.19 米，厚 0.1 米，东、西立面中部辟 1 券门、2 箭窗，券门设券石 1 块，平水石 2 块、门柱石 2 块、门槛石 1 块，南、北立面各辟 3 箭窗，箭窗起券方式为二伏二券；中段与上段间设 4 层拔檐分隔，上、下两层为直角檐，中间两层为菱角檐；上段设垛口墙，高 4～9 层砖，垛口墙下部辟望孔；顶部设铺房，坐北朝南，东西长 6.7 米，南北宽 4.14 米，墙厚 0.41 米，门宽 1.12 米。

保存一般，台体结构、形制较清晰。条石基础保存较好，墙体保存较好，局部面砖酥碱严重，箭窗、券门局部残损，垛口墙局部缺失，吐水嘴断裂，铺房屋顶缺失，墙体局部坍塌、歪闪。

### 106. 董家口 7 号敌台 130323352101170106

位于抚宁县驻操营镇董家口村西北，坐标：东经 119° 38′ 37.30″，北纬 40° 13′ 34.90″，高程 444 米。

南、北两侧与墙体相接，平面呈矩形，立面及剖面呈梯形，东西宽 9.9 米，南北长 10.5 米，高 9.9 米。敌台立面为三段式，下段为条石基础，白灰砌筑，白灰勾缝，露明 4 层，高 1.4 米；中段城砖砌筑，白灰砌筑，白灰勾缝，城砖规格：长 0.38 米，宽 0.19 米，厚 0.1 米，南、北立面中部辟 1 券门、2 箭窗，券门设券石 1 块，平水石 2 块、门柱石 2 块、门槛石 1 块，东、西立面各辟 3 箭窗，箭窗起券方式为二伏二券；中段与上段间设 4 层拔檐分隔，上、下两层为直角檐，中间两层为菱角檐；上段设垛口墙，高 4～7 层砖，垛口墙下部辟望孔。顶部设铺房，坐东朝西，东西长 5.5 米，南北宽 4.56 米，墙厚 0.5 米，门宽 0.95 米。

保存一般，台体结构、形制较清晰。条石基础保存较好，墙体保存较好，局部面砖酥碱严重，箭窗、券门保存较好，垛口墙局部缺失，铺房屋顶局部坍塌，墙体保存较好。

### 107. 董家口 8 号敌台 130323352101170107

位于抚宁县驻操营镇董家口村西北，坐标：东经 119° 38′ 32.10″，北纬 40° 13′ 37.60″，高程 460 米。

东、西两侧与墙体相接，平面呈矩形，立面及剖面呈梯形，东西长 16.52 米，南北宽 7.3 米。敌台立面为三段式，下段为条石基础，白灰砌筑，白灰勾缝，露明 4 层，高 1.3 米；中段城砖砌筑，白灰砌筑，白灰勾缝，砖长 0.38 米，宽 0.17 米，厚 0.07 米，东、西立面辟 1 券门、1 箭窗，券门设门柱石 2 块、门槛石 1 块，券门起券方式为二伏二券，南、北立面各辟 6 箭窗，箭窗起券方式为一伏一券；中段与上段间设 3 层拔檐分隔，上、下两层为直角檐，中间为菱角檐；上段设垛口墙，高 1.5 米，垛口墙下部辟望孔。顶部设铺房，坐北朝南，东西长 10.18 米，南北宽 3.4 米，墙厚 0.44 米，门宽 1.2 米。

保存一般，台体结构、形制较清晰。条石基础保存较好，墙体保存较好，局部面砖酥碱严重，券门保持较好，箭窗局部残损，垛口墙局部缺失，铺房存东西山墙。

### 108. 董家口 9 号敌台 130323352101170108

位于抚宁县驻操营镇董家口村西北，坐标：东经 119° 38′ 23.00″，北纬 40° 13′ 31.90″，高程 405 米。

东、西两侧与墙体相接，平面呈矩形，立面及剖面呈梯形，东西宽 10.7 米，南北长 10.9 米，高 8.4 米。敌台立面为三段式，下段为条石基础，白灰砌筑，白灰勾缝，露明 4 层，高 1.5 米；中段城砖砌筑，白灰砌筑，白灰勾缝，砖长 0.39 米，宽 0.18 米，厚 0.09 米，东、西立面辟 1 券门、2 箭窗，券门设券石 1 块、平水石 2 块、门柱石 2 块、门槛石 1 块，南、北立面各辟 3 箭窗，箭窗起券方式为二伏二券；中段与上段间设 3 层拔檐分隔，上、下两层为直角檐，中间为菱角檐；上段设垛口墙，高 0.4～1.7 米，垛口高 0.81 米，口宽 0.59 米，垛口墙下部辟望孔，高 0.42 米，宽 0.38 米。顶部设铺房，坐北朝南，东西长 6.16 米，南北宽 4.45 米，墙厚 0.44 米，高 3.65 米，居中设门，门宽 0.96 米，高 1.82 米。

保存一般，台体结构、形制较清晰。条石基础保存较好，墙体保存较好，局部面砖酥碱严重，西立面券门、箭窗局部残损，垛口墙局部缺失，铺房保存较好。

### 109. 董家口 10 号敌台 130323352101170109

位于抚宁县驻操营镇董家口村西北，坐标：东经 119° 38′ 16.10″，北纬 40° 13′ 30.80″，高程 399 米。

东、西两侧与墙体相接，平面呈矩形，立面及剖面呈梯形，东西宽 10.63 米，南北长 11.27 米，高 10.46 米。敌台立面为三段式，下段为条石基础，白灰砌筑，白灰勾缝，露明 4 层，高 1.4 米；中段城砖砌筑，白灰砌筑，白灰勾缝，砖长 0.37 米，宽 0.18 米，厚 0.08 米，东、西立面辟 1 券门、2 箭窗，券门设券石 1 块、平水石 2 块、门柱石 2 块、门槛石 1 块，南、北立面辟箭窗，箭窗起券方式为二伏二券；中段与上段间设 3 层拔檐分隔，第一层为石直角檐、第二层为菱角檐、第三层为砖直角檐；上段设垛口墙，高 0.35～0.89 米，垛口墙下部辟望孔，高 0.21 米，宽 0.16 米。顶部设铺房，坐北朝南，东西长 6.9 米，南北宽 4 米，墙厚 0.47 米。

保存较差，台体结构、形制较清晰。条石基础保存较好，墙体保存较好，局部面砖酥碱严重，券门、箭窗局部残损，垛口墙局部缺失，铺房存基址。

### 110. 董家口 11 号敌台 130323352101170110

位于抚宁县驻操营镇董家口村西北，坐标：东经 119° 38′ 12.80″，北纬 40° 13′ 31.40″，高程 370 米。

东、西两侧与墙体相接，平面呈矩形，立面及剖面呈梯形，东西长 11.18 米，南北宽 11.02 米，高 8.65 米。敌台立面为三段式，下段为条石基础，白灰砌筑，白灰勾缝，露明 10 层，高 3.8 米；中段城砖砌筑，白灰砌筑，白灰勾缝，砖长 0.43 米，宽 0.2 米，厚 0.09 米。东、西立面辟 1 券门、2 箭窗，券门设券石 1 块，平水石 2 块、门柱石 2 块、门槛石 1 块，南、北立面各辟 3 箭窗，箭窗起券方式为二伏二券；中段与上段间设 3 层拔檐分隔，上、下两层为直角檐，中间为菱角檐；上段设垛口墙，高 1 米，垛口墙下部辟望孔。

保存较差，台体结构、形制较清晰。条石基础保存较好，墙体局部坍塌，局部面砖酥碱严重，券门、箭窗局部残损，垛口墙局部缺失，顶部设施无存。

### 111. 董家口 12 号敌台 130323352101170111

位于抚宁县驻操营镇董家口村西北，坐标：东经 119° 38′ 02.00″，北纬 40° 13′ 28.70″，高程 335 米。

东、西两侧与墙体相接，平面呈矩形，立面及剖面呈梯形，东西长 11.8 米，南北宽 10.9 米，高 11.8 米。敌台立面为三段式，下段为条石基础，白灰砌筑，白灰勾缝，露明 4 层，高 1.2 米；中段城砖砌筑，白灰砌筑，白灰勾缝，东、西立面辟券门，南、北立面辟箭窗，西、北立面上部各存一个石质吐水嘴；中段与上段间设 3 层拔檐分隔，上、下两层为直角檐，中间为菱角檐；上段设垛口墙，残高 1.9 米，垛口高 0.9 米，口宽 0.47 米，厚 0.6 米，垛口墙下部辟望孔，高 0.7 米，宽 0.26 米。室内顶部设梯井口，东西宽 1.3 米，南北长 1.3 米。

保存较差，台体结构、形制较清晰。条石基础保存较好，墙体东立面局部坍塌，面砖局部酥碱，券门、箭窗局部残损，垛口墙局部缺失，顶部设施无存。

### 112. 董家口 13 号敌台 130323352101170112

位于抚宁县驻操营镇董家口村西北，坐标：东经 119° 37′ 53.50″，北纬 40° 13′ 25.90″，高程 280 米。

东、西两侧与墙体相接，平面呈矩形，立面及剖面呈梯形，东西长 12.7 米，南北宽 9.8 米，残高 5.6 米。敌台现状立面为两段式，下段为条石基础，白灰砌筑，白灰勾缝，厚 0.32 米；上段城砖砌筑，白灰砌筑，白灰勾缝，砖长 0.4 米，宽 0.19 米，厚 0.15 米。

保较差，台体结构、形制不清晰。条石基础保存较好，墙体坍塌严重，仅存部分墙体。

### 113. 董家口 14 号敌台 130323352101170113

位于抚宁县驻操营镇董家口村西北，坐标：东经 119° 37′ 48.50″，北纬 40° 13′ 23.10″，高程 261 米。

东、西两侧与墙体相接，平面呈矩形，立面及剖面呈梯形，东西宽 10.67 米，南北长 11.02 米，高 7.8 米。敌台立面为三段式，下段为条石基础，白灰砌筑，白灰勾缝；中段城砖砌筑，白灰砌筑，白灰勾缝，东、西立面辟 1 券门、2 箭窗，南、北立面各辟 3 箭窗，箭窗起券方式为一伏一券；中段与上段间设 3 层拔檐分隔，上、下两层为直角檐，中间为菱角檐；上段设垛口墙，高 12 层砖，垛口墙下部辟望孔。

保存差，台体结构、形制不清晰。条石基础保存较好，墙体局部坍塌，面砖酥碱严重，券门、箭窗残损，垛口墙局部缺失，顶部设施无存。

### 114. 董家口 15 号敌台 130323352101170114

位于抚宁县驻操营镇董家口村西北，坐标：东经 119° 37′ 42.80″，北纬 40° 13′ 21.90″，高程 193 米。

保存差，台体结构、形制不清晰，仅存基础。

### 115. 董家口 16 号敌台 130323352101170115

位于抚宁县驻操营镇董家口村西北，坐标：东经 119° 37′ 39.30″，北纬 40° 13′ 21.80″，高程 227 米。

东、西两侧与墙体相接，平面呈矩形，立面及剖面呈梯形，东西长 11.5 米，南北宽 7.2 米，高 6.8 米。敌台立面为三段式，下段为条石基础，白灰砌筑，白灰勾缝；中段城砖砌筑，白灰砌筑，白灰勾缝；中段与上段间设 3 层拔檐分隔，上、下两层为直角檐，中间为菱角檐；上段设垛口墙，高 10 层砖。

保存差，台体结构、形制不清晰。条石基础保存较好，墙体坍塌严重，仅存南立面部分墙体，顶部设施无存。

### 116. 董家口 17 号敌台 130323352101170116

位于抚宁县驻操营镇董家口村西北，坐标：东经 119° 37′ 36.20″，北纬 40° 13′ 21.50″，高程 239 米。

南、北两侧与墙体相接，平面呈矩形，立面及剖面呈梯形，东西长 11.7 米，南北宽 9.6 米。敌台立面为三段式，下段为条石基础，白灰砌筑，白灰勾缝，露明 4 层，高 1.35 米；中段城砖砌筑，白灰砌筑，白灰勾缝，南、北立面辟券门，东、西立面辟 3 箭窗；中段与上段间设 3 层拔檐分隔，上、下两层为直角檐，中间为菱角檐；上段设垛口墙，高 7 ～ 10 层砖，垛口墙下部辟望孔。

保存差，台体结构、形制不清晰。条石基础保存较好，东立面墙体坍塌缺失，面砖酥碱严重，券门、箭窗残损，垛口墙局部缺失，顶部设施无存。

### 117. 城子峪 1 号敌台 130323352101170117

位于城子峪村东，坐标：东经 119° 37′ 34.00″，北纬 40° 13′ 20.30″，高程 196 米。

保存差，台体结构、形制不清晰。基础掩埋无法辨别，整体坍塌，仅存土石混筑台芯，台芯残损三分之一。

### 118. 城子峪 2 号敌台 130323352101170118

位于抚宁县驻操营镇城子峪村东山脊上，坐标：东经 119° 37′ 32.40″，北纬 40° 13′ 18.70″，高程 202 米。

东、西两侧与墙体相接，平面呈矩形，立面及剖面呈梯形，东西长 10.75 米，南北宽 8.7 米，残高 4.3 米。敌台现状立面为两段式，下段为条石基础，白灰砌筑，白灰勾缝，露明 5 层，高 2.07 米；上段城砖砌筑，白灰砌筑，白灰勾缝，台芯土石混筑。

保存差，台体结构、形制不清晰。条石基础保存较好，墙体基本无存，台芯裸露，台体四周散落少量的碎砖块，顶部被杂草覆盖。南北侧为农田，多种植玉米。

### 119. 城子峪 3 号敌台 130323352101170119

位于抚宁县驻操营镇城子峪村东山脊上，坐标：东经 119° 37′ 29.60″，北纬 40° 13′ 18.10″，高程 199 米。

东、西两侧与墙体相接，平面呈矩形，立面及剖面呈梯形。

保存差，台体结构、形制不清晰。基础掩埋，墙体基本无存，仅存一通道，台芯裸露，台体四周散落少量的碎砖块，顶部被杂草覆盖。南北侧为农田，多种植玉米。

### 120. 城子峪 4 号敌台 130323352101170120

位于抚宁县驻操营镇城子峪村东山脊上，坐标：东经 119° 37′ 24.80″，北纬 40° 13′ 19.50″，高程

200 米。

南、北两侧与墙体相接，平面呈矩形，立面及剖面呈梯形，东西长 10.06 米，残高 7.7 米。敌台现状立面为两段式，下段为条石基础，白灰砌筑，白灰勾缝，露明 6 层，高 2.07 米；上段城砖砌筑，白灰砌筑，白灰勾缝，台芯土石混筑。

保存差，台体结构、形制不清晰。条石基础保存较好，墙体上部缺失，面砖酥碱、脱落严重，券门、箭窗、垛口墙缺失，台体顶部被农民开垦为农田种植玉米。

### 121. 城子峪 5 号敌台 130323352101170121

位于抚宁县驻操营镇城子峪村东山脊上，坐标:东经 119° 37′ 19.20″，北纬 40° 13′ 18.30″，高程 272 米。

东、西两侧与墙体相接，平面呈矩形，立面及剖面呈梯形，东西宽 10.75 米，南北长 11.03 米，高 7.78 米。敌台立面为三段式，下段为条石基础，白灰砌筑，白灰勾缝，露明 4 层，高 1.2 米；中段城砖砌筑，白灰砌筑，白灰勾缝，东、西立面辟 1 券门、2 箭窗，南、北立面辟箭窗，箭窗起券方式为二伏二券；中段与上段间设拔檐分隔；上段设垛口墙。

保存较差，台体结构、形制较清晰。条石基础保存较好，面砖残损不一，均有不同程度的酥碱和脱落，东西侧均有裂缝。券门均有不同程度的破损，门槛石和其他石构件缺失。顶部全部坍塌，不存垛口墙。南北侧为沟，地势较陡，植被覆盖多为低矮灌木和杂草。

### 122. 城子峪 6 号敌台 130323352101170122

位于抚宁县驻操营镇城子峪村东山脊上，坐标：东经 119° 37′ 11.80″，北纬 40° 13′ 22.50″，高程 296 米。

南、北两侧与墙体相接，平面呈矩形，立面及剖面呈梯形，东西长 11.21 米，南北宽 10.16 米，高 10.36 米。敌台立面为三段式，下段为条石基础，白灰砌筑，白灰勾缝，露明 5 层；中段城砖砌筑，白灰砌筑，白灰勾缝，南、北立面辟 1 券门、2 箭窗，东、西立面各辟 3 箭窗，箭窗起券方式为二伏二券；中段与上段间设拔檐分隔上、下两层为直角檐、中间为菱角檐；上段设垛口墙，高 2 ～ 19 层砖，垛口墙下部辟望孔。

保存较差，台体结构、形制较清晰。条石基础保存较好，面砖残损不一，均有不同程度的酥碱和脱落，券门、箭窗均有不同程度的破损，门槛石和其他石构件缺失。顶部坍塌严重残存部分垛口墙和铺房墙体。东西侧为沟，地势较陡，植被覆盖多为低矮灌木和杂草。

### 123. 城子峪 7 号敌台 130323352101170123

位于抚宁县驻操营镇城子峪村东山脊上，坐标：东经 119° 37′ 02.10″，北纬 40° 13′ 31.70″，高程 358 米。

南、北两侧与墙体相接，平面呈矩形，立面及剖面呈梯形，东西宽 10.81 米，南北长 11.7 米，高 9.81 米。敌台立面为三段式，下段为条石基础，白灰砌筑，白灰勾缝，露明 4 层，高 1.35 米；中段城砖砌筑，白灰砌筑，白灰勾缝，东、南立面辟 1 石质券门、2 箭窗，券门设券石 3 块，平水石 2 块、门柱石 2 块、门槛石 1 块，西、北立面辟箭窗，箭窗起券方式为二伏二券，中段与上段间设一层拔檐分隔，上、下两层为直角檐，中间为菱角檐；上段设垛口墙，高 1 ～ 2 层砖。

保存较差，台体结构、形制较清晰。条石基础保存较好，面砖残损不一，均有不同程度的酥碱和脱落，券门存有不同程度的破损，门槛石和其他石构件保存完整、箭窗均有不同程度的残破，残存部分窗槛石，顶部坍塌严重，垛口墙和铺房缺失。东西侧为沟，地势较陡，植被覆盖多为低矮灌木和杂草。

**124. 城子峪 8 号敌台 130323352101170124**

位于抚宁县驻操营镇城子峪村东山脊上，坐标：东经 119° 37′ 02.70″，北纬 40° 13′ 36.20″，高程 288 米。

东、西两侧与墙体相接，平面呈矩形，立面及剖面呈梯形，东西宽 7.8 米，南北长 15 米，高 9.73 米。敌台立面为三段式，下段为条石基础，白灰砌筑，白灰勾缝，露明 3 层，高 0.84 米；中段城砖砌筑，白灰砌筑，白灰勾缝，东、西立面辟 1 券门、1 箭窗，南、北立面各辟 5 箭窗，箭窗起券方式为二伏二券；中段与上段间设三层拔檐分隔，上、下两层为直角檐，中间为菱角檐；上段设垛口墙，高 10 层砖。

保存较差，台体结构、形制较清晰。条石基础保存较好，面砖残损不一，均有不同程度的酥碱和脱落，券门，两门均有不同程度的破损，东门门槛石和其他石构件缺失，西门残存门槛石，箭窗均有不同程度的残破，无窗槛石。残存北侧和西侧垛口墙，垛口墙保存较好，可见披水砖。室内通道起券方式均为二伏二券，地面墁地缺失，中心券室残存梯道可直达台体顶部，梯道破损严重。台体东侧山坡下有人工砌筑的痕迹。南北侧为深沟，地势陡峭，植被覆盖多为低矮灌木和杂草。

**125. 城子峪 9 号敌台 130323352101170125**

位于抚宁县驻操营镇城子峪村东山脊上，坐标：东经 119° 37′ 07.80″，北纬 40° 13′ 37.70″，高程 318 米。

东、西两侧与墙体相接，平面呈矩形，立面及剖面呈梯形，东西长 10.86 米，南北宽 9.23 米，高 7.65 米。敌台立面为三段式，下段为条石基础，白灰砌筑，白灰勾缝，露明 7 层；中段城砖砌筑，白灰砌筑，白灰勾缝，东、西立面辟券门、箭窗，南、北立面辟箭窗；中段与上段间设一层拔檐分隔，上、下两层为直角檐，中间为菱角檐；上段设垛口墙，高 10 层砖。

保存差，台体结构、形制不清晰。条石基础保存较好，台体坍塌严重，仅残存东立面和南立面墙体，门和箭窗坍塌严重，门槛石和其他石构件缺失。顶部残存垛口墙和拔檐。台体四周植被覆盖多为低矮灌木和杂草。

**126. 城子峪 10 号敌台 130323352101170126**

位于抚宁县驻操营镇城子峪村东山脊上，坐标：东经 119° 37′ 02.30″，北纬 40° 13′ 41.00″，高程 256 米。

保存差，坍塌严重，残存青砖砌筑的痕迹，台体四周植被覆盖多为低矮灌木和杂草。

**127. 城子峪 11 号敌台 130323352101170127**

位于抚宁县驻操营镇城子峪村东，坐标：东经 119° 36′ 58.70″，北纬 40° 13′ 43.90″，高程 203 米。
当地政府在修路时破坏，台体消失。

**128. 城子峪 12 号敌台 130323352101170128**

位于抚宁县驻操营镇城子峪北，坐标：东经 119° 36′ 56.60″，北纬 40° 13′ 48.00″，高程 237 米。

保存差，整体坍塌、破坏严重，残存基础。

### 129. 城子峪 13 号敌台 130323352101170129

位于抚宁县驻操营镇城子峪村北，坐标：东经 119° 36′ 52.70″，北纬 40° 13′ 48.90″，高程 221 米。

敌台平面呈矩形，立面及剖面呈梯形，南北宽 9.7 米，东西长 10.08 米，高 3 米。

保存差，由于地处村中，人为破坏严重，台体整体坍塌，残存块石垒砌基础。台体四周为农田、民居。

### 130. 城子峪 14 号敌台 130323352101170130

位于抚宁县驻操营镇城子峪村西北，坐标：东经 119° 36′ 49.50″，北纬 40° 13′ 49.50″，高程 249 米。

东、西两侧与墙体相接，平面呈矩形，立面及剖面呈梯形，东西宽 10 米，南北长 11.3 米，高 9 米。敌台立面为三段式，下段为条石基础，白灰砌筑，白灰勾缝；中段城砖砌筑，白灰砌筑，白灰勾缝，城砖规格：长 0.39 米，宽 0.2 米，厚 0.12 米；中段与上段间设拔檐分隔；上段设垛口墙。

保存差，台体结构、形制不清晰。条石基础保存较好，整体坍塌，残存北立面墙体，台体的中心券室被开垦为农田。南、北侧为沟，坡度较陡，台体四周植被覆盖较好，多为低矮灌木。

### 131. 城子峪 15 号敌台 130323352101170131

位于抚宁县驻操营镇城子峪村西北，坐标：东经 119° 36′ 43.20″，北纬 40° 13′ 51.70″，高程 320 米。

南侧与墙体相接，平面呈矩形，立面及剖面呈梯形，东西长 11.93 米，南北宽 8.36 米，高 9.92 米。敌台立面为三段式，下段为条石基础，白灰砌筑，白灰勾缝，露明 12 层，高 3.52 米；中段城砖砌筑，白灰砌筑，白灰勾缝，南立面设门，门高 2.1 米，宽 1 米，深 1.91 米，起券 1.59 米，下设门槛石长 1.6 米，宽 0.6 米，厚 0.29 米。东、西南立面各辟 2 箭窗，北立面辟 4 箭窗，箭窗洞宽 1.17 米，深 0.77 米，高 2.45 米，箭窗宽 0.61 米，高 0.81 米，窗槛石宽 0.45 米，厚 0.13 米，起券方式均为两伏两券；中段与上段间设三层拔檐分隔，上、下两层为直角檐，中间为菱角檐；上段设垛口。顶部设铺房，坐北朝南，南北设门，南墙辟 2 箭窗，起券均为一伏一券，铺房东西长 6.53 米，南北宽 3.53 米，墙厚 0.53 米，脊高 3.08 米，门宽 1 米，高 1.69 米，窗宽 0.76 米，高 1.16 米。台室内形制为两券室两通道，券室长 9.73 米，宽 1.66 米，高 3.69 米，起券 3.05 米，券室起券均为一伏一券；通道长 1.56 米，宽 2.45 米，起券 1.53 米。梯道在南墙中部，东西双向石质台阶直达台体顶部，梯道高 3.51 米，宽 0.8 米，踏步 0.25 米，抬步 0.28 米，可见台阶 15 级。地面青砖墁地，城砖规格：长 0.380 米，宽 0.18 米，厚 0.09 米。

保存一般，台体结构、形制较清晰。基础保持较好，墙体酥碱严重，箭窗均有不同程度的残破，残存窗槛石，顶部垛口墙基本无存，铺房房顶坍塌。

敌台西南角有石碑座一座，长 58 厘米，宽 42 厘米；碑槽长 17 厘米，宽 13 厘米，深 9 厘米。

### 132. 水门寺 1 号敌台 130323352101170132

位于抚宁县驻操营镇水门寺村西北，坐标：东经 119° 36′ 37.50″，北纬 40° 13′ 53.20″，高程 406 米。

南侧与墙体相接，平面呈矩形，立面及剖面呈梯形，东西长 12 米，南北宽 8 米。敌台立面为三段式，下段为条石基础，白灰砌筑，白灰勾缝，露明 7 层，高 2.43 米；中段城砖砌筑，白灰砌筑，白灰勾缝，南立面设 1 券门、2 箭窗，门高 2.2 米，宽 1.25 米，深 1 米，东、西、南立面各辟 2 箭窗，北立面辟 4 箭窗，箭窗高 0.91 米，宽 0.58 米，起券 0.6 米，窗槛石宽 0.46 米，厚 0.18 米，长 0.95 米，起券方式均为两伏两券；中段与上段间设三层拔檐分隔，上、下两层为直角檐，中间为菱角檐；上段设垛口，高 5 ～ 13 层砖，设石质望孔。顶部设铺房。

保存较差，台体结构、形制较清晰。基础保持较好，墙体酥碱严重，箭窗均有不同程度的残破，残存窗槛石，门槛石缺失，残存部分垛口墙，残存铺房北墙。

### 133. 水门寺 2 号敌台 130323352101170133

位于抚宁县驻操营镇水门寺村西北，坐标：东经 119° 36′ 29.70″，北纬 40° 13′ 52.40″，高程 294 米。

东、西两侧与墙体相接，平面呈矩形，立面及剖面呈梯形，东西宽 10.05 米，南北长 10.1 米。敌台立面为三段式，下段为条石基础，白灰砌筑，白灰勾缝，露明 3 层，高 1.1 米；中段城砖砌筑，白灰砌筑，白灰勾缝，东、西立面辟 1 券门、2 箭窗，券门高 1.86 米，宽 0.85 米，门槛石长 1.58 米，宽 0.78 米，厚 0.29 米。南、北立面辟箭窗，箭窗洞宽 1.08 米，深 0.96 米；中段与上段间设三层拔檐分隔，上、下两层为直角檐，中间为菱角檐；上段设垛口墙。室内平面布局为三券室三通道，券室长 6.76 米，宽 1.54 米，高 3.8 米，起券 3 米；通道宽 1.15 米，高 2.1 米，起券高 1.47 米，室内起券方式均为三伏三券。梯道为石质，东西双向直达台体顶部，踏步宽 19 厘米，高 29 厘米，可见台阶 6 级。

保存差，台体结构、形制不清晰。条石基础保存较好，东南角坍塌，面砖残损不一，均有不同程度的酥碱和脱落，东券门全部坍塌，箭窗均有不同程度的残破，无窗槛石，顶部附属设施无存，地面青砖墁地缺失。

### 134. 平顶峪 1 号敌台 130323352101170134

位于平顶峪村东北，坐标：东经 119° 36′ 23.00″，北纬 40° 13′ 53.10″，高程 287 米。

东、西两侧与墙体相接，平面呈矩形，立面及剖面呈梯形，东西长 13.6 米，南北宽 10.34 米。敌台立面为三段式，下段为条石基础，白灰砌筑，白灰勾缝，露明 7 层，高 2.9 米；中段城砖砌筑，白灰砌筑，白灰勾缝，城砖规格：长 0.41 米，宽 0.2 米，厚 0.09 米，东、西立面辟 1 券门、1 箭窗，券门门洞高 2.81 米，宽 1.74 米，南立面辟 3 箭、北立面辟 4 箭窗，箭窗券室宽 1.75 米，深 0.92 米，箭窗宽 0.66 米；中段与上段间设三层拔檐分隔，上、下两层为直角檐，中间为菱角檐；上段设垛口墙。室内平面布局为东西二长券室，南北二短券室，呈"口"字形，中间一通道。梯道在台室的南侧，为青砖台阶，梯道高 3.95 米，宽 0.88 米。室内起券方式均为两伏两券，地面青砖铺墁。

保存差，台体结构、形制较清晰。条石基础保存较好，外包砖酥碱、脱落严重，券门残损严重，箭窗均有不同程度的残破，无窗槛石。垛口墙基本无存，顶部附属设施无存。台体南、北侧为沟，坡度较陡，台体四周植被覆盖较好，多为低矮灌木。

### 135. 平顶峪 2 号敌台 130323352101170135

位于平顶峪村东北，坐标：东经 119° 36′ 12.80″，北纬 40° 13′ 51.20″，高程 411 米。

西、南两侧与墙体相接，平面呈矩形，立面及剖面呈梯形，东西宽 10 米，南北长 12 米，高 10.59。敌台立面为三段式，下段为条石基础，白灰砌筑，白灰勾缝，露明 2 层，高 0.63 米；中段城砖砌筑，白灰砌筑，白灰勾缝，西、南立面辟券门、1 箭窗，门洞宽 1.39 米，高 2.25 米，深 1.44 米，门宽 0.75 米，起券高 1.66 米，门槛石宽 0.5 米，宽 0.28 米，长 1.5 米，东、北立面各辟 3 箭窗，箭窗券室宽 1.26 米，深 1.42 米；中段与上段间设三层拔檐分隔，上、下两层为直角檐，中间为菱角檐；上段设垛口墙，高 1 ～ 6 层砖。室内平面布局为三券室三通道，券室长 6.03 米，宽 1.48 米，通道宽 1.26 米，高 2.25 米。梯道在中部券室，梯道为石质台阶，中分向东侧直达顶部，梯道高 3.44 米，宽 0.82 米，踏步宽 0.26 米，高 0.33 米，可见 13 级。室内起券方式均为两伏两券，地面青砖铺墁。梯道下部间隔墙东侧残存储物洞，洞宽 0.7 米，深 1.68 米，高 1.46 米。

保存较差，台体结构、形制较清晰。条石基础保存较好，外包砖酥碱、脱落严重，券门残损严重，箭窗均有不同程度的残破，无窗槛石。垛口墙局部缺失，顶部残存铺房基础。台体南、北侧为沟，坡度较陡，台体四周植被覆盖较好，多为低矮灌木。

### 136. 平顶峪 3 号敌台 130323352101170136

位于平顶峪村东北，坐标：东经 119° 36′ 12.80″，北纬 40° 13′ 44.20″，高程 357 米。

南、北两侧与墙体相接，平面呈矩形，立面及剖面呈梯形，东西宽 10.4 米，南北长 12.78 米，高 10.59 米。敌台立面为三段式，下段为条石基础，白灰砌筑，白灰勾缝，露明 8 层，高 2.55 米；中段城砖砌筑，白灰砌筑，白灰勾缝，南、北立面各辟 1 券门、1 箭窗，门券室宽 1.46 米，高 2.73 米，深 1.26 米，门宽 0.75 米，起券高 1.95 米，东、西立面各辟 3 箭窗，箭窗券室宽 1.27 米，深 1.45 米；中段与上段间设三层拔檐分隔，上、下两层为直角檐，中间为菱角檐；上段设垛口墙，高 1 ～ 5 层砖。室内平面布局为三券室三通道，券室长 6.49 米，宽 1.64 米，通道宽 1.25 米，高 2.27 米，室内起券方式均为两伏两券。梯道在中部券室，梯道为石质台阶，向东侧直达顶部，梯道高 3.09 米，宽 0.82 米，踏步宽 0.24 米，高 0.24 米，可见 15 级；南券室间隔墙东侧残存储物洞，洞宽 0.81 米，深 1.5 米，高 1.29 米，地面青砖墁地。

保存较差，台体结构、形制较清晰。条石基础保存较好，外包砖酥碱、脱落严重，券门残损严重，箭窗均有不同程度的残破。垛口墙局部缺失，顶部残存铺房基础。

### 137. 平顶峪 4 号敌台 130323352101170137

位于平顶峪村东北，坐标：东经 119° 36′ 09.10″，北纬 40° 13′ 36.60″，高程 283 米。

东、西两侧与墙体相接，平面呈矩形，立面及剖面呈梯形，东西宽 10.25 米，南北长 10.5 米，高 10.41 米。敌台立面为三段式，下段为条石基础，白灰砌筑，白灰勾缝，露明 8 层，高 2.45 米；中段城砖砌筑，白灰砌筑，白灰勾缝，东、西立面设门，宽 1.25 米，高 2.81 米，南、北立面设箭窗，箭窗券室宽 1.26 米，深 0.89 米，箭窗形制无法辨别；中段与上段间设三层拔檐分隔，上、下两层为直角檐，中间为菱角檐；上段设垛口墙。

保存较差，台体结构、形制较清晰。条石基础保存较好，北立面整体坍塌，外包砖风化、酥碱、脱落严重，券门残损严重，箭窗均有不同程度的残破。垛口墙残存基础，顶部设施无存。

### 138. 平顶峪 5 号敌台 130323352101170138

位于平顶峪村东北，坐标：东经 119° 36′ 03.90″，北纬 40° 13′ 33.80″，高程 234 米。

东、西两侧与墙体相接，平面呈矩形，立面及剖面呈梯形，高 5.25 米。敌台现状立面为两段式，下段为条石基础，白灰砌筑，白灰勾缝，露明 8 层；上段城砖砌筑，白灰砌筑，白灰勾缝。

保存差，台体结构、形制不清晰。条石基础保存完整，外包砖风化、酥碱、脱落严重，券门、箭窗、垛口墙、券室等坍塌缺失。台体顶部被百姓开垦为农田。

### 139. 平顶峪 6 号敌台 130323352101170139

位于平顶峪村北，坐标：东经 119° 35′ 53.60″，北纬 40° 13′ 31.60″，高程 248 米。

敌台平面呈矩形，立面及剖面呈梯形，东西宽 9.21 米，南北长 9.43 米，通高 7.7 米。敌台立面为三段式，下段为条石基础，白灰砌筑，白灰勾缝，露明 8 层，高 2.55 米；中段城砖砌筑，白灰砌筑，白灰勾缝，城砖规格：长 0.38 米、宽 0.180 米、厚 0.09 米；中段与上段间设三层拔檐分隔，上、下两层为直角檐，中间为菱角檐；上段设垛口墙，残高 9 层砖。

保存差，台体结构、形制不清晰。条石基础保存完整，墙体整体坍塌严重，残存东北角，外包砖风化、酥碱、脱落严重，券门、箭窗、垛口墙、券室等基本无存。

### 140. 平顶峪 7 号敌台 130323352101170140

位于平顶峪村西北，坐标：东经 119° 35′ 47.90″，北纬 40° 13′ 33.90″，高程 270 米。

敌台平面呈矩形，立面及剖面呈梯形，东西宽 10 米，南北长 10.11 米，通高 6.25 米。敌台立面为三段式，下段为条石基础，白灰砌筑，白灰勾缝，露明 7 层，高 2.41 米；中段城砖砌筑，白灰砌筑，白灰勾缝，城砖规格：长 0.37 米、宽 0.196 米、厚 0.14 米；中段与上段间设三层拔檐分隔，上、下两层为直角檐，中间为菱角檐；上段设垛口墙，残高 10 层砖。

保存差，台体结构、形制不清晰。条石基础保存完整，墙体整体坍塌严重，残存东立面北部和南立面东部墙体，外包砖风化、酥碱、脱落严重，券门、箭窗、垛口墙、券室等基本无存。

### 141. 平顶峪 8 号敌台 130323352101170141

位于平顶峪村西北，坐标：东经 119° 35′ 38.60″，北纬 40° 13′ 36.30″，高程 343 米。

东、西两侧与墙体相接，平面呈矩形，立面及剖面呈梯形，东西长 10.45 米，南北宽 10.23 米，高 10.4 米。敌台立面为三段式，下段为条石基础，白灰砌筑，白灰勾缝，露明 3 层，高 1.18 米；中段城砖砌筑，白灰砌筑，白灰勾缝，城砖规格：长 0.39 米、宽 0.19 米、厚 0.09 米，东、西立面辟 1 券门、2 箭窗，门高 2.94 米，宽 1.31 米，深 1.02 米，起券高 1.52 米，南、北立面各辟 3 箭窗，箭窗券室宽 1.28 米，深 0.98 米，箭窗高 0.78 米，宽 0.62 米；中段与上段间设三层拔檐分隔，上、下两层为直角檐，中间为菱角檐；上段设垛口墙，残高 9 层砖。顶部设铺房，坐北朝南，东西长 5.48 米，南北宽 1.5 米，墙厚 0.65 米，门宽 1.03 米，门高 1.76 米，檐高 2.35 米，脊高 3.6 米。室内平面布局为三券室三通道。券室长 6.16 米，宽 1.65 米，高 3.7 米，起券 2.81 米；通道宽 1.51 米，高 2.21 米，起券高 1.57 米，室内起券方式均为两伏两券。南侧中窗处设置梯道，梯道为东西双向直达台体顶部，梯道高 3.34 米，宽 0.79 米。台阶残损严重。

保存较差，台体结构、形制较清晰。条石基础保存较好，外包砖风化、酥碱、脱落严重，券门残损严重，箭窗均有不同程度的残破。垛口墙局部缺失，铺房顶部坍塌，台阶残损严重。

### 142. 平顶峪 9 号敌台 130323352101170142

位于平顶峪村西北，坐标：东经 119° 35′ 32.50″，北纬 40° 13′ 33.60″，高程 361 米。

东、西两侧与墙体相接，平面呈矩形，立面及剖面呈梯形，东西宽 7.5 米，南北长 9.4 米，高 8.67 米。敌台立面为三段式，下段为条石基础，白灰砌筑，白灰勾缝，露明 3 层，高 0.8 米；中段城砖砌筑，白灰砌筑，白灰勾缝，城砖规格：长 0.37 米、宽 0.19 米、厚 0.14 米，东、西立面辟 1 券门、1 箭窗，门券室高 2.47 米，宽 1.13 米，深 0.7 米，起券高 2.02 米，南、北立面各辟 3 箭窗，箭窗券室宽 0.79 米，深 0.64 米，箭窗宽 0.58 米，起券方式均为两伏两券；中段与上段间设三层拔檐分隔，上、下两层为直角檐，中间为菱角檐；上段设垛口墙，垛口墙高 1.5 米，垛口高 0.7 米，宽 0.54 米，垛口墙下辟望孔，高 0.46 米，宽 0.26 米。顶部设铺房，坐西朝东，东西长 5.9 米，南北宽 3.9 米，墙厚 0.4 米，檐高 1.05 米；室内平面布局为三券室二通道。券室长 5.11 米，宽 1.86 米，高 3.37 米，起券 2.58 米；通道宽 0.74 米，高 2.02 米，起券高 1.67 米，室内起券方式均为两伏两券。北券室顶部偏东为梯道口，长 1.2 米，宽 0.9 米。

保存较差，台体结构、形制较清晰。条石基础保存较好，外包砖风化、酥碱、脱落严重，券门残损严重，箭窗均有不同程度的残破。垛口墙局部缺失，铺房顶部坍塌。

### 143. 平顶峪 10 号敌台 130323352101170143

位于平顶峪村西北，坐标：东经 119° 35′ 30.10″，北纬 40° 13′ 30.40″，高程 417 米。

东、西两侧与墙体相接，平面呈矩形，立面及剖面呈梯形，东西宽 9.06 米，南北长 9.17 米，高 10.86 米。敌台立面为三段式，下段为条石基础，白灰砌筑，白灰勾缝，露明 16 层，高 4.45 米；中段城砖砌筑，白灰砌筑，白灰勾缝，城砖规格：长 0.37 米、宽 0.19 米、厚 0.14 米，东、西立面辟 1 券门、1 箭窗，门券室高 2.33 米，宽 1.09 米，起券高 1.7 米，南、北立面各辟 2 箭窗，箭窗券室宽 0.87 米，深 1.09 米，箭窗宽 0.66 米，高 1.04 米，起券 0.67 米，起券方式均为两伏两券；中段与上段间设三层拔檐分隔，上、下两层为直角檐，中间为菱角檐；上段设垛口墙，残高 7～9 层砖。顶部设铺房，坐西朝东。室内平面布局为二券室三通道。券室长 6.15 米，宽 2.15 米，高 2.88 米，起券 2.4 米，通道宽 1.07 米，高 2.17 米，起券高 1.63 米，台室内起券方式均为一伏一券。梯道位于中通道南、北侧，高 2.56 米，宽 0.7 米，踏步宽 0.18 米，步 0.35 米，可见 7 级台阶。

保存差，台体结构、形制较清晰。条石基础保存较好，东立面墙体坍塌，外包砖风化、酥碱、脱落严重，券门残损严重，箭窗均有不同程度的残破。垛口墙局部缺失，铺房顶部坍塌，残存一段墙体。

### 144. 平顶峪 11 号敌台 130323352101170144

位于平顶峪村西北，坐标：东经 119° 35′ 23.90″，北纬 40° 13′ 29.10″，高程 408 米。

东、西两侧与墙体相接，平面呈矩形，立面及剖面呈梯形，东西宽 10.6 米，南北长 10.68 米，高 8.89 米。敌台立面为三段式，下段为条石基础，白灰砌筑，白灰勾缝，露明 9 层；中段城砖砌筑，白灰砌筑，白灰勾缝，城砖规格：长 0.37 米、宽 0.18 米、厚 0.1 米，东、西立面辟 1 券门、1 箭窗，门券室高 2.28 米，宽 1.29 米，起券高 1.58 米，南、北立面各辟 3 箭窗，箭窗券室宽 1.3 米，深 1 米，箭窗宽 0.66 米，高 1.05 米，起券方式为两伏两券；中段与上段间设三层拔檐分隔，上、下两层为直角檐、中间为菱角檐；上段设垛口墙，残高 5～14 层砖。顶部设铺房，坐北朝南，东西长 5.05 米，南北宽 4.2 米，墙厚 56～90 厘米，门宽 1.48 米，门高 1.97 米，铺房脊高 3.7 米。室内平面布局为三券室三通道。券室长 7.06 米，宽

1.32 米，高 3.63 米，起券 3 米，通道宽 3.28 米，高 1.56 米，室内起券方式均为两伏两券。梯道位于中通道南、北侧，长 0.7 米，宽 0.2 米，高 0.23 米，可见 13 级台阶，东西双向直达台体顶部。

保存一般，台体结构、形制较清晰。条石基础保存较好，外包砖风化、酥碱、脱落严重，券门残损严重，箭窗均有不同程度的残破。垛口墙局部缺失，铺房保存较为完整。

### 145. 平顶峪 12 号敌台 130323352101170145

位于平顶峪村西北，坐标：东经 119° 35′ 16.00″，北纬 40° 13′ 32.00″，高程 443 米。

东、西两侧与墙体相接，平面呈矩形，立面及剖面呈梯形，东西宽 10.9 米，南北长 10.93 米，高 7.76 米。敌台立面为三段式，下段为条石基础，白灰砌筑，白灰勾缝，露明 5 层，高 1.5 米；中段城砖砌筑，白灰砌筑，白灰勾缝，西立面辟 1 券门、2 箭窗，东、南、北立面各辟 3 箭窗，箭窗起券方式为两伏两券；中段与上段间设三层拔檐分隔，上、下两层为直角檐、中间为菱角檐，上段设垛口墙，残高 7 ～ 11 层砖。

保存差，台体结构、形制不清晰。条石基础保存较好，西南角墙体坍塌，外包砖风化、酥碱、脱落严重，券门残损严重，箭窗均有不同程度的残破。垛口墙局部缺失，顶部设施无存。

### 146. 平顶峪 13 号敌台 130323352101170146

位于平顶峪村西北，坐标：东经 119° 35′ 06.60″，北纬 40° 13′ 32.90″，高程 467 米。

东、西两侧与墙体相接，平面呈矩形，立面及剖面呈梯形，东西宽 10.07 米，南北长 10.28 米。敌台立面为三段式，下段为条石基础，白灰砌筑，白灰勾缝，露明 3 层，高 3.2 米；中段城砖砌筑，白灰砌筑，白灰勾缝，东、西立面辟 1 券门、2 箭窗，门宽 1.23 米，高 2.65 米，深 0.76 米。南、北立面各辟 3 箭窗，箭窗起券方式为两伏两券；中段与上段间设三层拔檐分隔，上、下两层为直角檐，中间为菱角檐；上段设垛口墙，残高 8 ～ 14 层砖；顶部设铺房，坐北朝南，南北东西长 3.52 米，宽 1.33 米，墙厚 0.8 米。

保存差，台体结构、形制较清晰。条石基础保存较好，外包砖风化、酥碱、脱落严重，墙体存多条裂缝，券门残损严重，箭窗均有不同程度的残破。室内墁地砖缺失。垛口墙局部缺失，铺房残存东、西、北立面墙体。

### 147. 平顶峪 14 号敌台 130323352101170147

位于抚宁县驻操营镇平顶峪村西北，坐标：东经 119° 34′ 59.60″，北纬 40° 13′ 35.40″，高程 542 米。

东、北两侧与墙体相接，平面呈矩形，立面及剖面呈梯形，东西宽 7.2 米，南北长 10.5 米，高 9.85 米。敌台立面为三段式，下段为条石基础，白灰砌筑，白灰勾缝，露明 4 层，高 1.2 米；中段城砖砌筑，白灰砌筑，白灰勾缝，东立面辟 1 券门、2 箭窗，西、南、北立面各辟 3 箭窗，箭窗起券方式为两伏两券；中段与上段间设三层拔檐分隔，上、下两层为直角檐，中间为菱角檐；上段设垛口墙，高 14 层砖，墙顶置披水砖；顶部设铺房。

保存较差，台体结构、形制基本清晰。条石基础保存较好，外包砖风化、酥碱，墙体存多条裂缝，券门保存较好，箭窗均有不同程度的残破。室内墁地砖缺失。垛口墙局部缺失，铺房残存东、西、北立面墙体。

### 148. 平顶峪 15 号敌台 130323352101170148

位于抚宁县驻操营镇平顶峪村西北，坐标：东经 119° 34′ 57.10″，北纬 40° 13′ 39.20″，高程 620 米。

东、西两侧与墙体相接，平面呈矩形，立面及剖面呈梯形，东西宽 10.7 米，南北长 10.8 米，高 9.85 米。敌台立面为三段式，下段为条石基础，白灰砌筑，白灰勾缝，露明 5 层，高 1.6 米；中段城砖砌筑，白灰砌筑，白灰勾缝，东、西立面辟券门，南、北立面辟箭窗；中段与上段间设一层拔檐分隔；上段设垛口墙，高 4 ～ 10 层砖；顶部设铺房。

保存较差，台体结构、形制基本清晰。条石基础保存较好，外包砖风化、酥碱，墙体存多条裂缝，券门保存较好，箭窗均有不同程度的残破。室内墁地砖缺失。垛口墙局部缺失，铺房残存基础。

### 149. 平顶峪 16 号敌台 130323352101170149

位于抚宁县驻操营镇平顶峪村西北，坐标：东经 119° 34′ 49.70″，北纬 40° 13′ 33.80″，高程 664 米。

南、北两侧与墙体相接，平面呈矩形，立面及剖面呈梯形，东西宽 10.7 米，南北长 10.8 米，高 9.85 米。敌台立面为三段式，下段为条石基础，白灰砌筑，白灰勾缝，露明 5 层，高 1.6 米；中段城砖砌筑，白灰砌筑，白灰勾缝，南、北立面辟 1 券门、2 箭窗，券门设券石 3 块，平水石 2 块、门柱石 2 块、门槛石 1 块，南、北立面各辟 3 箭窗，箭窗起券方式为一伏一券；中段与上段间设一层拔檐分隔；上段设垛口墙，高 4 ～ 6 层砖。

保存差，台体结构、形制较清晰。条石基础保存较好，外包砖局部风化、酥碱，券门保存较好，箭窗均有不同程度的残破。室内墁地砖缺失。垛口墙局部缺失，顶部设施无存。

### 150. 平顶峪 17 号敌台 130323352101170150

位于抚宁县驻操营镇平顶峪村西北，坐标：东经 119° 34′ 42.50″，北纬 40° 13′ 33.90″，高程 643 米。

东、西两侧与墙体相接，平面呈矩形，立面及剖面呈梯形。敌台立面为三段式，下段为条石基础，白灰砌筑，白灰勾缝，露明 5 层，高 1.6 米；中段城砖砌筑，白灰砌筑，白灰勾缝，东、西立面辟券门，南、北立面箭窗，箭窗起券方式为二伏二券；中段与上段间设三层拔檐分隔，上、下两层为直角檐，中间为菱角檐；上段设垛口墙。

保存差，台体结构、形制不清晰。条石基础保存较好，整体坍塌严重，残存南、西、北立面部分墙体，券门缺失，箭窗大部分缺失。室内墁地砖缺失。垛口墙大部分缺失，顶部设施无存。

### 151. 平顶峪 18 号敌台 130323352101170151

位于抚宁县驻操营镇平顶峪村西北，坐标：东经 119° 34′ 30.50″，北纬 40° 13′ 33.80″，高程 729 米。

东、西两侧与墙体相接，平面呈矩形，立面及剖面呈梯形。敌台立面为三段式，下段为条石基础，白灰砌筑，白灰勾缝，露明 5 层，高 1.6 米；中段城砖砌筑，白灰砌筑，白灰勾缝，东、西立面辟券门，南、北立面箭窗，箭窗起券方式为二伏二券；中段与上段间设三层拔檐分隔，上、下两层为直角檐，中间为菱角檐；上段设垛口墙。

保存差，台体结构、形制不清晰。条石基础保存较好，南墙、北墙及西北角坍塌严重，仅存中券的南半段、北墙的中段、西墙的南半段。台体散落大量的碎砖块。

### 152. 平顶峪 19 号敌台 130323352101170152

位于抚宁县驻操营镇平顶峪村西北，坐标：东经 119° 34′ 23.80″，北纬 40° 13′ 37.60″，高程 681 米。

东、西两侧与墙体相接，平面呈矩形，立面及剖面呈梯形。敌台立面为三段式，下段为条石基础，白灰砌筑，白灰勾缝；中段城砖砌筑，白灰砌筑，白灰勾缝，东、西立面辟 1 券门、1 箭窗，南、北立面箭窗；中段与上段间设三层拔檐分隔，上、下两层为直角檐，中间为菱角檐；上段设垛口墙，残高 6 层砖；顶部设铺房，南、北立面辟门，南立辟 2 券窗。

保存一般，台体结构、形制较清晰。条石基础保存较好，面砖风化、酥碱严重，券门、箭窗残存严重，垛口墙局部缺失，铺房基本完整，屋顶中部坍塌。

### 153. 平顶峪 20 号敌台 130323352101170153

位于抚宁县驻操营镇平顶峪村西北，坐标：东经 119° 34′ 19.20″，北纬 40° 13′ 38.90″，高程 734 米。

东、西两侧与墙体相接，平面呈矩形，立面及剖面呈梯形，东西宽 10.6 米，南北长 11.9 米，高 7.17 米。敌台立面为三段式，下段为条石基础，白灰砌筑，白灰勾缝；中段城砖砌筑，白灰砌筑，白灰勾缝，东、西立面辟 1 券门、2 箭窗，券门设券石 1 块，平水石 2 块、门柱石 2 块、门槛石 1 块，南、北立面各辟 3 箭窗，箭窗起券方式为二伏二券；中段与上段间设三层拔檐分隔，上、下两层为直角檐，中间为菱角檐；上段设垛口墙，高 3 ～ 5 层砖；顶部设铺房。

保存一般，台体结构、形制较清晰。条石基础保存较好，中段墙体多处裂缝，北立面上部墙体外闪，券门保存较好，箭窗均有不同程度的残破。垛口墙局部缺失，顶部残存铺房基础。

### 154. 平顶峪 21 号敌台 130323352101170154

位于抚宁县驻操营镇平顶峪村西北，坐标：东经 119° 34′ 12.40″，北纬 40° 13′ 40.40″，高程 691 米。

东、西两侧与墙体相接，平面呈矩形，立面及剖面呈梯形，东西长 12.6 米，南北宽 7.37 米，高 11.4 米。敌台立面为三段式，下段为条石基础，白灰砌筑，白灰勾缝，露明 8 层；中段城砖砌筑，白灰砌筑，白灰勾缝，东、西立面辟 1 券门、2 箭窗，南、北立面各辟 3 箭窗，箭窗起券方式为二伏二券；中段与上段间设三层拔檐分隔，上、下两层为直角檐，中间为菱角檐；上段设垛口墙，残高 12 层砖。顶部设铺房。

保存一般，台体结构、形制较清晰。条石基础保存较好，保存较好，券门缺失，箭窗均有不同程度的残破。垛口墙局部缺失，顶部残存铺房基础。

### 155. 平顶峪 22 号敌台 130323352101170155

位于抚宁县驻操营镇平顶峪村西北，坐标：东经 119° 34′ 06.40″，北纬 40° 13′ 41.70″，高程 764 米。

东、西两侧与墙体相接，平面呈矩形，立面及剖面呈梯形，南北长 8.9 米，高 7.11 米。敌台立面为三段式，下段为条石基础，白灰砌筑，白灰勾缝；中段城砖砌筑，白灰砌筑，白灰勾缝，东、西立面辟券门，南、北立面辟箭窗；中段与上段间设拔檐分隔；上段设垛口墙，残高 12 层砖。

保存差，台体结构、形制不清晰。条石基础保存较好，东西立面墙体缺失，南北立面局部坍塌，券门缺失，箭窗均有不同程度的残破。垛口墙基本无存，顶部设施无存。

### 156. 平顶峪 23 号敌台 130323352101170156

位于抚宁县驻操营镇平顶峪村西北，坐标：东经 119° 33′ 57.60″，北纬 40° 13′ 46.40″，高程 736 米。

东、西两侧与墙体相接，平面呈矩形，立面及剖面呈梯形，东西宽 10.25 米，南北长 10.95 米，高 7.2 米。敌台立面为三段式，下段为条石基础，白灰砌筑，白灰勾缝，露明 7 层，高 1.39 米；中段城砖砌筑，白灰砌筑，白灰勾缝，东、西立面辟 1 券门、2 箭窗，券门设券石 1 块，平水石 2 块、门柱石 2 块、门槛石 1 块，南、北立面各辟 3 箭窗，起券方式为二伏二券；中段与上段间设三层拔檐分隔，上、下两层为直角檐，中间为菱角檐；上段设垛口墙，高 15 层砖，墙顶置披水砖，辟石质望孔。顶部设铺房。

保存较差，台体结构、形制不清晰。条石基础保存较好，面砖风化、酥碱严重，券门保存较好，箭窗均有不同程度的残破。垛口墙局部缺失，顶部铺房残存。

### 157. 平顶峪 24 号敌台 130323352101170157

位于抚宁县驻操营镇平顶峪村西北，坐标：东经 119° 33′ 45.80″，北纬 40° 13′ 51.00″，高程 789 米。

东、西两侧与墙体相接，平面呈矩形，立面及剖面呈梯形，东西宽 10.25 米，南北长 10.95 米，高 7.2 米。敌台立面为三段式，下段为条石基础，白灰砌筑，白灰勾缝，露明 7 层，高 1.39 米；中段城砖砌筑，白灰砌筑，白灰勾缝，南立面辟 1 石质券门、2 石质箭窗，券门、箭窗设券石 1 块，平水石 2 块、柱石 2 块、槛石 1 块，南立面设砖箭窗；中段与上段间设四层拔檐分隔；上段设垛口墙，残高 1～8 层砖，辟望孔。

保存差，台体结构、形制不清晰。条石基础保存较好，东、西立面上部墙体坍塌缺失，券门保存较好，东、西立面箭窗缺失。垛口墙局部缺失，顶部设施无存。

### 158. 平顶峪 25 号敌台 130323352101170158

位于抚宁县驻操营镇平顶峪村西北，坐标：东经 119° 33′ 38.90″，北纬 40° 13′ 48.20″，高程 723 米。

东、西两侧与墙体相接，平面呈矩形，立面及剖面呈梯形，东西长 9.235 米，南北宽 5.47 米，高 10.19 米。敌台立面为三段式，下段为条石基础，白灰砌筑，白灰勾缝，露明 3 层，高 1.1 米；中段城砖砌筑，白灰砌筑，白灰勾缝，东、西立面辟 1 券门、1 箭窗，门券室高 2.25 米，宽 1.27 米，深 0.56 米，起券方式均为二伏二券，南、北立面各辟 3 箭窗，箭窗券室宽 1.16 米，深 0.46 米，起券方式均为一伏一券；中段与上段间设三层拔檐分隔，上、下两层为直角檐，中间为菱角檐；上段设垛口墙，高 12 层砖，辟望孔。顶部设铺房，墙体残高 1.4 米。

保存较差，台体结构、形制不清晰。条石基础保存较好，墙体存多条裂缝，面砖酥碱严重，券门、箭窗均有不同程度的残损。垛口墙局部缺失，顶部铺房残存东、南、北立面墙体。

### 159. 平顶峪 26 号敌台 130323352101170159

位于抚宁县驻操营镇平顶峪村西北，坐标：东经 119° 33′ 31.80″，北纬 40° 13′ 46.50″，高程 675 米。

东、西两侧与墙体相接，平面呈矩形，立面及剖面呈梯形，东西长 12.74 米，南北宽 9.3 米，高 9.48 米。敌台立面为三段式，下段为条石基础，白灰砌筑，白灰勾缝；中段城砖砌筑，白灰砌筑，白灰勾缝，东、西立面辟券门，南、北立面各辟 9 箭窗，起券方式均为一伏一券；中段与上段间设三层拔檐分隔，上、下两层为直角檐，中间为菱角檐；上段设垛口墙，残高 14 层砖，辟望孔。

保存差，台体结构、形制不清晰。条石基础保存较好，墙体坍塌严重，仅存北立面及东立面北侧墙体，券门、箭窗大部分缺失。垛口墙大部分缺失，顶部设施无存。

### 160. 平顶峪 27 号敌台 130323352101170160

位于抚宁县驻操营镇平顶峪村西北，坐标：东经 119° 33′ 28.90″，北纬 40° 13′ 42.50″，高程 681 米。

东、西两侧与墙体相接，平面呈矩形，立面及剖面呈梯形，东西长 9.87 米，南北宽 9.87 米，高 8.72 米。敌台立面为三段式，下段为条石基础，白灰砌筑，白灰勾缝，露明 4 层，高 1.21 米；中段城砖砌筑，白灰砌筑，白灰勾缝，东、西立面辟券门，南、北立面各辟 3 箭窗，起券方式均为二伏二券；中段与上段间设三层拔檐分隔，上、下两层为直角檐、中间为菱角檐；上段设垛口墙，残高 3 ～ 13 层砖，辟望孔。顶部设铺房。

保存差，台体结构、形制不清晰。条石基础保存较好，墙体北角坍塌，券门缺失，箭窗均有不同程度的残损。垛口墙局部缺失，铺房残存基础。

### 161. 平顶峪 28 号敌台 130323352101170161

位于抚宁县驻操营镇平顶峪村西北，坐标：东经 119° 33′ 21.70″，北纬 40° 13′ 39.90″，高程 760 米。

东、西两侧与墙体相接，平面呈矩形，立面及剖面呈梯形，东西长 10.35 米，南北宽 10.27 米，高 10.56 米。敌台立面为三段式，下段为条石基础，白灰砌筑，白灰勾缝；中段城砖砌筑，白灰砌筑，白灰勾缝，西、南立面辟 1 券门、2 箭窗，券门设券石 1 块，平水石 2 块、柱石 2 块、槛石 1 块，东、北立面各辟 3 箭窗，起券方式均为二伏二券；中段与上段间设三层拔檐分隔，上、下两层为直角檐，中间为菱角檐；上段设垛口墙，高 1.8 米，辟望孔。顶部设铺房，坐北朝南，墙高 1.7 米。

保存一般，台体结构、形制基本清晰。条石基础保存较好，墙体存多条裂缝，券门保存较好，箭窗均有不同程度的残损。垛口墙局部缺失，铺房残存东、西部分墙体。

### 162. 板场峪 1 号敌台 130323352101170162

位于抚宁县驻操营镇板场峪村西，坐标：东经 119° 33′ 15.50″，北纬 40° 13′ 36.70″，高程 848 米。

东、西两侧与墙体相接，平面呈矩形，立面及剖面呈梯形，东西长 10.05 米，南北宽 8.56 米，高 7.4 米。敌台立面为三段式，下段为条石基础，白灰砌筑，白灰勾缝；中段城砖砌筑，白灰砌筑，白灰勾缝，东、西立面辟 1 券门、2 箭窗，券门设券石 1 块，平水石 2 块、柱石 2 块、槛石 1 块，南、北立面各辟 3 箭窗，起券方式均为一伏一券，东、西立面上部均残存一个石质吐水嘴；中段与上段间设三层拔檐分隔，上、下两层为直角檐，中间为菱角檐；上段设垛口墙，残高 2 ～ 5 层砖。顶部设铺房，东西长 4.5 米，南北宽 3.5 米，高 4 ～ 5 层砖。

保存较差，台体结构、形制较清晰。条石基础保存较好，墙体存多条裂缝，券门保存较好，箭窗均有不同程度的残损。垛口墙大部分缺失，铺房残存东、西部分墙体。台室内南中券室及东北券室隔墙坍塌。

### 163. 板场峪 2 号敌台 130323352101170163

位于抚宁县驻操营镇板场峪村西北，坐标：东经 119° 33′ 05.50″，北纬 40° 13′ 34.30″，高程 842 米。

东、西两侧与墙体相接，平面呈矩形，立面及剖面呈梯形，东西长 10.15 米，南北宽 9.5 米，高 7.5 米。敌台立面为三段式，下段为条石基础，白灰砌筑，白灰勾缝；中段城砖砌筑，白灰砌筑，白灰勾缝，东、西立面辟 1 券门、2 箭窗，券门设券石 1 块，平水石 2 块，柱石 2 块，槛石 1 块，南、北立面各辟 3 箭窗，起券方式均为二伏二券；中段与上段间设三层拔檐分隔，上、下两层为直角檐，中间为菱角檐；上段设垛口墙，残高 2～5 层砖。

保存差，台体结构、形制不清晰。条石基础保存较好，东立面上部坍塌缺失，现存券门保存较好，箭窗均有不同程度的残损。垛口墙大部分缺失，顶部设施无存。

### 164. 板场峪 3 号敌台 130323352101170164

位于抚宁县驻操营镇板场峪村西北，坐标：东经 119° 32′ 53.10″，北纬 40° 13′ 30.40″，高程 764 米。

东、西两侧与墙体相接，平面呈矩形，立面及剖面呈梯形，东西宽 10.15 米，南北长 10.95 米，高 7.5 米。敌台立面为三段式，下段为条石基础，白灰砌筑，白灰勾缝；中段城砖砌筑，白灰砌筑，白灰勾缝，东、西立面辟 1 券门、2 箭窗，南、北立面各辟 3 箭窗，起券方式均为二伏二券；中段与上段间设三层拔檐分隔，上、下两层为直角檐，中间为菱角檐；上段设垛口墙，高 1.72 米，辟石质望孔。顶部设铺房，墙体高 1.92 米。

保存较差，台体结构、形制较清晰。条石基础保存较好，券门坍塌严重，箭窗均有不同程度的残损。垛口墙局部缺失，铺房残存南、北、西三立面墙体。

### 165. 板场峪 4 号敌台 130323352101170165

位于抚宁县驻操营镇板场峪村西北，坐标：东经 119° 32′ 48.00″，北纬 40° 13′ 24.60″，高程 722 米。

东、西两侧与墙体相接，平面呈矩形，立面及剖面呈梯形，东西长 10.06 米，南北宽 8.2 米，高 9.8 米。敌台立面为三段式，下段为条石基础，白灰砌筑，白灰勾缝；中段城砖砌筑，白灰砌筑，白灰勾缝，东、西立面辟券门，南、北立面辟箭窗；中段与上段间设三层拔檐分隔，上、下两层为直角檐，中间为菱角檐；上段设垛口墙，残高 12 层砖，辟望孔。顶部设铺房，墙体高 1.5 米。

保存差，台体结构、形制不清晰。条石基础保存较好，东、西立面墙体坍塌严重，券门坍塌缺失，箭窗均有不同程度的残损。垛口墙局部缺失，铺房残存南、北立面部分墙体。

### 166. 板场峪 5 号敌台 130323352101170166

位于抚宁县驻操营镇板场峪村西北，坐标：东经 119° 32′ 51.10″，北纬 40° 13′ 18.70″，高程 685 米。

南、北两侧与墙体相接，平面呈矩形，立面及剖面呈梯形，东西宽 8.4 米，南北长 12.26 米，高 11 米。敌台立面为三段式，下段为条石基础，白灰砌筑，白灰勾缝；中段城砖砌筑，白灰砌筑，白灰勾缝，南、北立面辟 1 券门、1 箭窗，东、西立面各辟 3 箭窗，箭窗券室宽 1.18 米，深 1.06 米，起券方式为一伏一券；中段与上段间设三层拔檐分隔，上、下两层为直角檐，中间为菱角檐；上段设垛口墙，残高 13 层砖，辟望孔。室内平面布局为三券室二通道，券室长 4.76 米，宽 1.94 米，高 3.95 米；通道宽 1.25 米，高 2.25 米。顶部设铺房。

保存较差，台体结构、形制较清晰。条石基础保存较好，墙体局部存裂缝，券门缺失，箭窗均有不同程度的残损。垛口墙局部缺失，铺房残存基础。

### 167. 板场峪 6 号敌台 130323352101170167

位于抚宁县驻操营镇板场峪村西北，坐标：东经 119° 32′ 53.40″，北纬 40° 13′ 12.20″，高程 718 米。

南、北两侧与墙体相接，平面呈矩形，立面及剖面呈梯形，东西长 9.98 米，南北宽 6.5 米，高 8.68 米。敌台立面为三段式，下段为条石基础，白灰砌筑，白灰勾缝，露明高 6 层；中段城砖砌筑，白灰砌筑，白灰勾缝，南、北立面辟券门，东、西立面辟箭窗，箭窗起券方式为一伏一券；中段与上段间设三层拔檐分隔，上、下两层为直角檐，中间为菱角檐；上段设垛口墙，残高 7~14 层砖，辟望孔。

保存差，台体结构、形制较清晰。条石基础保存较好，西券室及中券室南部坍塌，券门缺失，箭窗均有不同程度的残损。垛口墙局部缺失。

### 168. 板场峪 7 号敌台 130323352101170168

位于抚宁县驻操营镇板场峪村西北，坐标：东经 119° 32′ 53.20″，北纬 40° 12′ 59.10″，高程 679 米。

南、北两侧与墙体相接，平面呈矩形，立面及剖面呈梯形，东西宽 9.71 米，南北长 12.16 米，高 9.8 米。敌台立面为三段式，下段为条石基础，白灰砌筑，白灰勾缝，露明 6 层；中段城砖砌筑，白灰砌筑，白灰勾缝，南、北立面辟 1 券门、1 箭窗，东、西立面各辟 3 箭窗，箭窗券室宽 1.25 米，深 0.96 米，箭窗高 0.84 米，宽 0.6 米，起券 0.57 米，箭窗起券方式为二伏二券；中段与上段间设三层拔檐分隔，上、下两层为直角檐，中间为菱角檐；上段设垛口墙，残高 1~10 层砖，辟望孔，宽 0.2 米，高 0.2 米。顶部设铺房。

保存差，台体结构、形制较清晰。条石基础保存较好，墙体局部坍塌、存裂缝，券门缺失，箭窗均有不同程度的残损，垛口墙局部缺失，铺房残存基础，墁地砖缺失。

### 169. 板场峪 8 号敌台 130323352101170169

位于抚宁县驻操营镇板场峪村西北，坐标：东经 119° 32′ 55.70″，北纬 40° 12′ 50.60″，高程 575 米。

南、北两侧与墙体相接，平面呈矩形，立面及剖面呈梯形，东西宽 9.23 米，南北长 12.5 米，高 11.9 米。敌台立面为三段式，下段为条石基础，白灰砌筑，白灰勾缝，露明 2 层；中段城砖砌筑，白灰砌筑，白灰勾缝，南、北立面辟 1 券门、1 箭窗，门券室高 2.44 米，宽 1.36 米，深 0.6 米，东、西立面各辟 3 箭窗，箭窗券室宽 1.25 米，深 1.48 米，高 2.14 米，箭窗高 0.82 米，宽 0.6 米，起券 0.6 米；中段与上段间设三层拔檐分隔，上、下两层为直角檐、中间为菱角檐；上段设垛口墙，高 15 层砖，墙顶置披水砖，辟望孔。顶部设铺房，墙体残高 1.72 米。室内平面布局为三纵二横，东西纵券，券室长 6.03 米，宽 2.03 米，高 3.93 米；通道宽 1.03 米，高 2.07 米，起券高 1.56 米。

保存较差，台体结构、形制较清晰。条石基础保存较好，墙体局部坍塌、存裂缝，券门缺失、残存门槛石，箭窗均有不同程度的残损，垛口墙局部缺失，铺房残存南北立面墙体，墁地砖缺失。

### 170. 板场峪 9 号敌台 130323352101170170

位于抚宁县驻操营镇板场峪村西北，坐标：东经 119° 32′ 59.20″，北纬 40° 12′ 46.40″，高程 485 米。

东、北两侧与墙体相接，平面呈矩形，立面及剖面呈梯形，东西宽 9.2 米，南北长 9.4 米，高 9.5 米。敌台立面为三段式，下段为条石基础，白灰砌筑，白灰勾缝，露明 4 层；中段城砖砌筑，白灰砌筑，白灰勾缝，东、北立面辟 1 券门、1 箭窗，西、南立面各辟 4 箭窗，门窗起券方式为二伏二券；中段与上段间设三层拔檐分隔，上、下两层为直角檐，中间为菱角檐；上段设垛口墙，残高 13 层砖，墙顶置披水砖，辟望孔。顶部设铺房，墙体残高 1.45 米。

保存差，台体结构、形制较清晰。条石基础保存较好，墙体面砖存不同程度的风化、酥碱，券门、箭窗均有不同程度的残损，南立面垛口墙缺失严重，其余立面保存较好，铺房残存东、北立面墙体，墁地砖缺失。

### 171. 板场峪 10 号敌台 130323352101170171

位于抚宁县驻操营镇板场峪村西北，坐标：东经 119° 33′ 02.90″，北纬 40° 12′ 46.10″，高程 463 米。

敌台平面呈矩形，立面及剖面呈梯形，东西宽 10.23 米，南北长 10.92 米，高 8.24 米。敌台立面为两段式，下段为台体，实心、毛石砌筑，白灰勾缝，东立面设门，宽 0.4 米，四立面上部设石质吐水嘴；上段设毛石垛口墙，每侧设二垛口。

敌台北侧有围墙，内外均为毛石垒砌，白灰勾缝，没有宇墙，外侧设垛口墙，厚 0.75 米。墙宽 3.43 米，内侧最高 2 米，外侧最高 5.2 米。

保存一般，台体结构、形制基本清晰。台体保存较为完整，顶部垛口墙局部缺失。

### 172. 板场峪 11 号敌台 130323352101170172

位于抚宁县驻操营镇板场峪村西北，坐标：东经 119° 33′ 05.20″，北纬 40° 12′ 43.00″，高程 458 米。

敌台平面呈矩形，立面及剖面呈梯形，东西长 10.27 米，南北宽 8.7 米，高 8.48 米。敌台立面为三段式，下段为条石基础，白灰砌筑，白灰勾缝，露明 2 层；中段城砖砌筑，白灰砌筑，白灰勾缝，东、南立面辟 1 券门、2 箭窗，门券室高 2.38 米，宽 1.24 米，深 0.89 米，起券高 1.72 米，西、北立面各辟 3 箭窗，箭窗券室宽 1.3 米，深 0.69 米，箭窗高 0.83 米，宽 0.55 米，门窗起券方式为二伏二券；中段与上段间设三层拔檐分隔，上、下两层为直角檐、中间为菱角檐，上段设垛口墙，高 15 层砖，辟望孔，宽 0.2 米，高 0.2 米。顶部设铺房。

保存较差，台体结构、形制较清晰。条石基础保存较好，墙体面砖存不同程度的风化、酥碱，券门、箭窗均有不同程度的残损，垛口墙大部完好、东、西墙各存 5 个望孔，铺房残存基础。

### 173. 板场峪 12 号敌台 130323352101170173

位于抚宁县驻操营镇板场峪村西北，坐标：东经 119° 33′ 07.10″，北纬 40° 12′ 38.90″，高程 441 米。

南、北两侧与墙体相接，平面呈矩形，立面及剖面呈梯形，东西宽 7.9 米，南北长 8.6 米，高 8.7 米。敌台立面为三段式，下段为条石基础，白灰砌筑，白灰勾缝，露明 4 层；中段城砖砌筑，白灰砌筑，白灰勾缝；中段与上段间设三层拔檐分隔，上、下两层为直角檐，中间为菱角檐；上段设垛口墙，残高 1.76 米，辟望孔。顶部设铺房。

保存差，台体结构、形制不清晰。条石基础保存较好，台体坍塌严重，仅存东立面北段、南立面东半段及中间券壁，面砖存不同程度的风化、酥碱，券门坍塌缺失、箭窗残损严重，垛口墙缺失严重，顶部设施无存。

### 174. 板场峪 13 号敌台 130323352101170174

位于抚宁县驻操营镇板场峪村西北，坐标：东经 119° 33′ 07.10″，北纬 40° 12′ 29.50″，高程 478 米。

南、北两侧与墙体相接，平面呈矩形，立面及剖面呈梯形，东西宽 7.4 米，南北长 9.6 米，高 4.3 米。敌台立面为三段式，下段为条石基础，白灰砌筑，白灰勾缝，露明 6 层；中段城砖砌筑，白灰砌筑，白灰勾缝；中段与上段间设拔檐分隔；上段设垛口墙。

保存差，台体结构、形制不清晰。条石基础保存较好，台体坍塌严重，外露土石混筑台芯，券门、箭窗、垛口坍塌缺失、顶部设施无存。

### 175. 板场峪 14 号敌台 130323352101170175

位于抚宁县驻操营镇板场峪村西北，坐标：东经 119° 33′ 10.90″，北纬 40° 12′ 25.90″，高程 446 米。

南、北两侧与墙体相接，平面呈矩形，立面及剖面呈梯形，东西宽 9 米，南北长 10.8 米，高 10.65 米。敌台立面为三段式，下段为条石基础，白灰砌筑，白灰勾缝，露明 2 层；中段城砖砌筑，白灰砌筑，白灰勾缝，南、北立面辟 1 券门、1 箭窗，东、西立面辟箭窗；中段与上段间设三层拔檐分隔，上、下两层为直角檐，中间为菱角檐；上段设垛口墙，高 3 ～ 12 层砖，辟望孔。顶部设铺房，坐东朝西，东西宽 3.8 米，南北长 7.5 米。室内布局为三纵二横，东西纵券，券室长 5.92 米，宽 1.61 米，高 3.26 米，起券高 2.3 米；通道宽 1.29 米，高 1.95 米，起券高 1.23 米。

保存差，台体结构、形制较清晰。条石基础保存较好，墙体面砖存不同程度的风化、酥碱，券门、箭窗均有不同程度的残损，垛口墙局部缺失，铺房残存南、北、西立面墙体。

### 176. 板场峪 15 号敌台 130323352101170176

位于抚宁县驻操营镇板场峪村西北，坐标：东经 119° 33′ 14.00″，北纬 40° 12′ 21.40″，高程 443 米。

南、北两侧与墙体相接，平面呈矩形，立面及剖面呈梯形，东西宽 7.3 米，南北长 8.6 米，高 9.15 米。敌台立面为三段式，下段为条石基础，白灰砌筑，白灰勾缝，露明 12 层；中段城砖砌筑，白灰砌筑，白灰勾缝；中段与上段间设三层拔檐分隔，上、下两层为直角檐，中间为菱角檐；上段设垛口墙，残高 13 层砖，辟望孔。

保存差，台体结构、形制不清晰。条石基础保存较好，台体坍塌严重，仅残存东墙，现存箭窗均有不同程度的残损，垛口墙大部分缺失，仅存东立面部分垛口墙，顶部设施无存。

### 177. 板场峪 16 号敌台 130323352101170177

位于抚宁县驻操营镇板场峪村西北，坐标：东经 119° 33′ 19.70″，北纬 40° 12′ 15.60″，高程 429 米。

南、北两侧与墙体相接，平面呈矩形，立面及剖面呈梯形，东西宽 7.88 米，南北长 14.36 米，高 11.9 米。敌台立面为三段式，下段为条石基础，白灰砌筑，白灰勾缝，露明 12 层；中段城砖砌筑，白灰砌筑，白灰勾缝，南、北立面辟 1 券门、1 箭窗，东、西立面各辟 3 箭窗，箭窗起券方式为二伏二券；中段与上段间设三层拔檐分隔，上、下两层为直角檐，中间为菱角檐；上段设垛口墙，垛口墙高 1.6 米，厚 0.5 米，垛口高 65 厘米，宽 36 厘米，辟望孔，东西两侧各 15 个望孔，南北两侧各 9 个望孔，望孔宽 0.2 米，高 0.28 米。顶部设铺房，东西宽 3.6 米，南北长 9.5 米，残高 1.4 米。

保存较差，台体结构、形制较清晰。条石基础保存较好，墙体面砖存不同程度的风化、酥碱，券门缺失，箭窗均有不同程度的残损，垛口墙局部缺失，铺房残存墙体。

**178. 板场峪 17 号敌台 130323352101170178**

位于抚宁县驻操营镇板场峪村西北，坐标：东经 119° 33′ 17.80″，北纬 40° 12′ 10.00″，高程 368 米。

东、南两侧与墙体相接，平面呈矩形，立面及剖面呈梯形，东西宽 10.8 米，南北长 10.9 米，高 11.42 米。敌台立面为三段式，下段为条石基础，白灰砌筑，白灰勾缝，露明 13 层；中段城砖砌筑，白灰砌筑，白灰勾缝，东、南立面辟 1 券门、4 箭窗，西、北立面辟箭窗，箭窗起券方式为二伏二券；中段与上段间设三层拔檐分隔，上、下两层为直角檐，中间为菱角檐；上段设垛口墙，残高 7 层砖，辟望孔，宽 0.32 米，高 0.15。顶部东北角存石炮座一个，中有竖圆孔通底，上部有长方形凹槽，长 50 厘米，宽 48 厘米，高 30 厘米，中径 20 厘米。

保存差，台体结构、形制不清晰。条石基础保存较好，墙体南、北、西立面坍塌严重，仅存东立面、西北、西南二角，面砖存不同程度的风化、酥碱，券门、箭窗均有不同程度的残损，垛口墙局部缺失，顶部设施无存。

**179. 板场峪 18 号敌台 130323352101170179**

位于抚宁县驻操营镇板场峪村西北，坐标：东经 119° 33′ 21.00″，北纬 40° 12′ 05.50″，高程 314 米。

南、北两侧与墙体相接，平面呈矩形，立面及剖面呈梯形，东西长 10.5 米，南北宽 9.9 米，高 5.28 米。敌台现状立面为两段式，下段为条石基础，白灰砌筑，白灰勾缝，露明 6 层；上段城砖砌筑，白灰砌筑，白灰勾缝。

保存差，台体结构、形制不清晰。条石基础保存较好，坍塌严重，上部包砖基本无存。

**180. 板场峪 19 号敌台 130323352101170180**

位于抚宁县驻操营镇板场峪村西北，坐标：东经 119° 33′ 22.30″，北纬 40° 12′ 02.70″，高程 344 米。

南、北两侧与墙体相接，平面呈矩形，立面及剖面呈梯形，东西宽 8.23 米，南北长 12.22 米，高 10.83 米。敌台立面为三段式，下段为条石基础，白灰砌筑，白灰勾缝；中段城砖砌筑，白灰砌筑，白灰勾缝，南、北立面辟券门，东、西立面辟箭窗；中段与上段间设三层拔檐分隔，上、下两层为直角檐，中间为菱角檐；上段设垛口墙，残高 6 层砖，辟望孔。

保存差，台体结构、形制不清晰。条石基础保存较好，台体坍塌严重，仅存东立面墙体，面砖存不同程度的风化、酥碱，券门缺失、箭窗均有不同程度的残损，垛口墙大部分缺失，顶部设施无存。

**181. 板场峪 20 号敌台 130323352101170181**

位于抚宁县驻操营镇板场峪村西北，坐标：东经 119° 33′ 21.90″，北纬 40° 11′ 59.50″，高程 359 米。

南、北两侧与墙体相接，平面呈矩形，立面及剖面呈梯形，东西宽 10.2 米，南北长 10.3 米，高 9.03 米。敌台立面为三段式，下段为条石基础，白灰砌筑，白灰勾缝，露明 6 层；中段城砖砌筑，白灰砌筑，白灰勾缝，南、北立面辟 1 券门、2 箭窗，东立面辟 2 箭窗、西立面辟 3 辟箭窗，箭窗券室宽 0.77 米，窗宽 0.34 米，高 0.47 米；中段与上段间设三层拔檐分隔，上、下两层为直角檐，中间为菱角檐；上段设垛口墙，残高 10 层砖，辟望孔。顶部设铺房，坐东朝西，墙体残高 1.7 米。

保存差，台体结构、形制较清晰。条石基础保存较好，墙体局部坍塌，面砖存不同程度的风化、酥碱，券门缺失、箭窗均有不同程度的残损，垛口墙局部缺失，铺房残存东北、东南角墙体。

**182. 板场峪 21 号敌台 130323352101170182**

位于抚宁县驻操营镇板场峪村西北，坐标：东经 119° 33′ 22.70″，北纬 40° 11′ 56.90″，高程 346 米。

南、北两侧与墙体相接，平面呈矩形，立面及剖面呈梯形，东西宽 10.07 米，南北长 10.43 米，高 10.07 米。敌台立面为三段式，下段为条石基础，白灰砌筑，白灰勾缝，露明 7 层；中段城砖砌筑，白灰砌筑，白灰勾缝，南、北立面辟 1 券门、4 箭窗，东立面辟 1 箭窗、西立面辟 3 箭窗，箭窗券室宽 0.77 米，箭窗宽 0.34 米，高 0.47 米，箭窗起券方式为一伏一券；中段与上段间设三层拔檐分隔，上、下两层为直角檐，中间为菱角檐；上段设垛口墙，残高 1.7 米，辟望孔。顶部设铺房，坐东朝西，东西宽 3.97 米，南北长 9.93 米，其东西两墙体与垛口墙相连。室内平面布局为东西二纵券，南北二通道，券室长 6.46 米，宽 2.49 米，高 2.78 米，起券高 1.94 米；通道宽 1.02 米，高 1.75 米，起券 1.22 米。

保存差，台体结构、形制较清晰。条石基础保存较好，墙体局部坍塌，面砖存不同程度的风化、酥碱，券门缺失、箭窗均有不同程度的残损，垛口墙大部分缺失，铺房残存墙体。

**183. 板场峪 22 号敌台 130323352101170183**

位于抚宁县驻操营镇板场峪村西北，坐标：东经 119° 33′ 23.50″，北纬 40° 11′ 55.10″，高程 350 米。

南、北两侧与墙体相接，平面呈矩形，立面及剖面呈梯形，东西宽 8.54 米，南北长 12.3 米，高 11.06 米。敌台立面为三段式，下段为条石基础，白灰砌筑，白灰勾缝，露明 8 层；中段城砖砌筑，白灰砌筑，白灰勾缝，南、北立面辟 1 券门、2 箭窗，东、西立面辟 4 箭窗，箭窗起券方式为二伏二券；中段与上段间设三层拔檐分隔，上、下两层为直角檐，中间为菱角檐；上段设垛口墙，残高 2 ~ 10 层砖，辟望孔。顶部设铺房。

保存较差，台体结构、形制较清晰。条石基础保存较好，南立面坍塌，面砖存不同程度的风化、酥碱，券门缺失、箭窗均有不同程度的残损，垛口墙基本无存，铺房残存基础。

**184. 板场峪 23 号敌台 130323352101170184**

位于抚宁县驻操营镇板场峪村西北，坐标：东经 119° 33′ 24.50″，北纬 40° 11′ 51.10″，高程 339 米。

南、北两侧与墙体相接，平面呈矩形，立面及剖面呈梯形，东西长 10.63 米，南北宽 10.25 米，高 9.63 米。敌台立面为三段式，下段为条石基础，白灰砌筑，白灰勾缝；中段城砖砌筑，白灰砌筑，白灰勾缝，南、北立面辟券门，东、西立面辟箭窗，箭窗起券方式为二伏二券；中段与上段间设三层拔檐分隔，上、下两层为直角檐，中间为菱角檐；上段设垛口墙，残高 6 层砖，辟望孔。

保存差，台体结构、形制不清晰。条石基础保存较好，台体坍塌严重，仅存东北、西北和东南三个角及东墙一箭窗，垛口墙基本无存，顶部设施无存。

**185. 板场峪 24 号敌台 130323352101170185**

位于抚宁县驻操营镇板场峪村西北，坐标：东经 119° 33′ 22.40″，北纬 40° 11′ 48.10″，高程 319 米。

南、北两侧与墙体相接，平面呈矩形，立面及剖面呈梯形，东西长 10.8 米，南北宽 10.48 米，高 9.32 米。敌台立面为三段式，下段为条石基础，白灰砌筑，白灰勾缝；中段城砖砌筑，白灰砌筑，白灰勾缝，南、北立面辟券门，东、西立面辟箭窗；中段与上段间设三层拔檐分隔，上、下两层为直角檐，中间为菱角檐；上段设垛口墙，残高 5 层砖，辟望孔。

　　保存差，台体结构、形制不清晰。条石基础保存较好，台体坍塌严重，仅存东北、西南和东南墙体，垛口墙基本无存，顶部设施无存。

**186. 板场峪 25 号敌台 130323352101170186**

　　位于抚宁县驻操营镇板场峪村西北，坐标：东经 119° 33′ 21.40″，北纬 40° 11′ 46.10″，高程 322 米。

　　南、北两侧与墙体相接，平面呈矩形，立面及剖面呈梯形，东西长 9.3 米，南北宽 12.3 米，残高 5.88 米。底边南北 12.3 米，东西 9.3 米，西北角残高 5.88 米。

　　保存差，台体结构、形制不清晰。上部台体全部坍塌，仅存部分基础。

**187. 板场峪 26 号敌台 130323352101170187**

　　位于抚宁县驻操营镇板场峪村西北，坐标：东经 119° 33′ 19.60″，北纬 40° 11′ 42.80″，高程 392 米。

　　南、北两侧与墙体相接，平面呈矩形，立面及剖面呈梯形，东西宽 10.32 米，南北长 10.43 米，高 9.94 米。敌台立面为三段式，下段为条石基础，白灰砌筑，白灰勾缝，露明 8 层；中段城砖砌筑，白灰砌筑，白灰勾缝，南、北立面辟 1 券门、2 箭窗，东、西立面各辟 3 箭窗；中段与上段间设三层拔檐分隔，上、下两层为直角檐，中间为菱角檐；上段设垛口墙，残高 1 ～ 2 层砖，辟望孔。顶部设铺房。

　　保存较差，台体结构、形制不清晰。条石基础保存较好，台体西南部及东南角坍塌，面砖存不同程度的风化、酥碱，券门缺失、箭窗残损严重，垛口墙基本无存，残存铺房基础。

**188. 板场峪 27 号敌台 130323352101170188**

　　位于抚宁县驻操营镇板场峪村西北，坐标：东经 119° 33′ 19.80″，北纬 40° 11′ 38.60″，高程 392 米。

　　南、北两侧与墙体相接，平面呈矩形，立面及剖面呈梯形，东西长 11 米，南北宽 10.8 米，高 10.55 米。敌台立面为三段式，下段为条石基础，白灰砌筑，白灰勾缝，露明 4 层；中段城砖砌筑，白灰砌筑，白灰勾缝，南、北立面辟 1 券门、1 箭窗，东、西立面各辟 3 箭窗，箭窗券室宽 1.46 米，深 1.17 米，高 2.44 米；中段与上段间设三层拔檐分隔，上、下两层为直角檐，中间为菱角檐；上段设垛口墙，残高 1 ～ 2 层砖。顶部设铺房。

　　保存差，台体结构、形制不清晰。条石基础保存较好，南立面坍塌，面砖存不同程度的风化、酥碱，券门缺失、箭窗残损严重，垛口墙基本无存，残存铺房基础。

**189. 板场峪 28 号敌台 130323352101170189**

　　位于抚宁县驻操营镇板场峪村西北，坐标：东经 119° 33′ 20.50″，北纬 40° 11′ 36.20″，高程 385 米。

　　南、北两侧与墙体相接，平面呈矩形，立面及剖面呈梯形，东西宽 10.66 米，南北长 11.15 米，高 10.68 米。敌台立面为三段式，下段为条石基础，白灰砌筑，白灰勾缝，露明 13 层；中段城砖砌筑，白灰砌筑，白灰勾缝，南立面辟 1 券门、2 箭窗，北立面辟 1 券门、1 箭窗，券门设券石 3 块，平水石 2 块、门柱石 2 块、门槛石 1 块，东、西立面辟箭窗；中段与上段间设三层拔檐分隔，上、下两层为直角檐，中间为菱角檐；上段设垛口墙，残高 1 ～ 2 层砖。顶部设铺房。

　　保存差，台体结构、形制不清晰。条石基础保存较好，台体东、西面坍塌，南、北立面墙体面砖存不同程度的风化、酥碱，南立面券门保存较好，北立面券门缺失、箭窗残损严重，垛口墙基本无存，残存铺房基础。

### 190. 板场峪 29 号敌台 130323352101170190

位于抚宁县驻操营镇板场峪村西北，坐标：东经 119° 33′ 18.60″，北纬 40° 11′ 33.00″，高程 375 米。

南、北两侧与墙体相接，平面呈矩形，立面及剖面呈梯形，南北长 10.59 米，高 5.1 米。

保存差，台体结构、形制不清晰，全部坍塌，仅存西立面部分基础，六层条石。

### 191. 板场峪 30 号敌台 130323352101170191

位于抚宁县驻操营镇板场峪村西北，坐标：东经 119° 33′ 14.90″，北纬 40° 11′ 29.50″，高程 413 米。

东、西两侧与墙体相接，平面呈矩形，立面及剖面呈梯形，东西宽 9.88 米，南北长 10.8 米，高 10.93 米。敌台立面为三段式，下段为条石基础，白灰砌筑，白灰勾缝，露明 10 层；中段城砖砌筑，白灰砌筑，白灰勾缝，东、西立面辟 1 券门、2 箭窗，南、北立面各辟 3 箭窗，箭窗券室宽 1.12 米，深 0.9 米，箭窗起券方式二伏二券；中段与上段间设三层拔檐分隔，上、下两层为直角檐，中间为菱角檐；上段设垛口墙，残高 8～12 层砖，垛口墙南、北立面辟各 3 个望孔，东、西立面辟各 4 个望孔。顶部设铺房，室内平面布局为南北纵券三，东西通道三，券室长 7.79 米，宽 1.53 米，高 3.77 米，起券高 2.9 米，通道宽 0.93 米。

保存较差，台体结构、形制较清晰。条石基础保存较好，面砖存不同程度的风化、酥碱，南立面券门保存较好，券门缺失、箭窗残损严重，垛口墙局部缺失，残存铺房基础。

### 192. 板场峪 31 号敌台 130323352101170192

位于抚宁县驻操营镇板场峪村西北，坐标：东经 119° 33′ 10.20″，北纬 40° 11′ 26.50″，高程 401 米。

东、西两侧与墙体相接，平面呈矩形，立面及剖面呈梯形，东西宽 10.86 米，南北长 11.06 米，高 11.8 米。敌台立面为三段式，下段为条石基础，白灰砌筑，白灰勾缝，露明 6 层；中段城砖砌筑，白灰砌筑，白灰勾缝，东、西立面辟 1 券门、2 箭窗，南、北立面各辟 3 箭窗，箭窗券室宽 0.86 米，深 1.49 米，箭窗高 0.83 米，宽 0.55 米，起券高 0.65 米，箭窗起券方式二伏二券；中段与上段间设三层拔檐分隔，上、下两层为直角檐，中间为菱角檐；上段设垛口墙，高 1.85 米，厚 0.42 米。顶部设铺房，残墙高 0.6 米。室内平面布局为三纵三横，东西纵券，券室长 6.6 米，宽 1.7 米，高 2.78 米，起券高 2 米；通道宽 0.83 米，高 1.62 米。

保存较差，台体结构、形制较清晰。条石基础保存较好，面砖存不同程度的风化、酥碱，东立面存通裂缝 1 道，东、西券门缺失严重，箭窗存不同程度的残损，垛口墙局部缺失，残存铺房墙体。

### 193. 板场峪 32 号敌台 130323352101170193

位于抚宁县驻操营镇板场峪村西北，坐标：东经 119° 33′ 06.90″，北纬 40° 11′ 25.50″，高程 393 米。

东、西两侧与墙体相接，平面呈矩形，立面及剖面呈梯形，东西宽 11.02 米，南北长 11.4 米，高 9.34 米。敌台立面为三段式，下段为条石基础，白灰砌筑，白灰勾缝，露明 13 层；中段城砖砌筑，白灰砌筑，白灰勾缝，东、西立面辟 1 券门、2 箭窗，门券室高 2.24 米，宽 1.54 米，深 1.4 米，门槛石槛长 1.51 米，宽 0.69 米，槛厚 0.29 米，南、北立面各辟 3 箭窗，箭窗券室宽 1.1 米，深 1.12 米，箭窗高

0.8 米，宽 0.6 米，起券 0.51 米，北窗下有石望孔，倒"U"字形，仅存一个，边长 0.49 米，箭窗起券方式二伏二券；中段与上段间设拔檐分隔；上段设垛口墙。顶部设铺房，室内平面布局为南北三纵券，东西三通道，券室长 6.84 米，宽 1.58 米，高 3.5 米，通道宽 1.4 米，高 2.2 米。楼梯在南侧，石级 12 级中分，梯道宽 0.93 米，踏步宽 0.22 米，高 0.32 米。

保存较差，台体结构、形制较清晰。条石基础保存较好，面砖存不同程度的风化、酥碱，东立面存通裂缝 1 道，东、西券门缺失严重，箭窗存不同程度的残损，垛口墙基本无存，残存铺房基础。

### 194. 板场峪 33 号敌台 130323352101170194

位于抚宁县驻操营镇板场峪村西北，坐标：东经 119° 33′ 00.20″，北纬 40° 11′ 22.40″，高程 403 米。

东、西两侧与墙体相接，平面呈矩形，立面及剖面呈梯形，东西宽 9.37 米，南北长 10.82 米，高 10.18 米。敌台立面为三段式，下段为条石基础，白灰砌筑，白灰勾缝，露明 6 层；中段城砖砌筑，白灰砌筑，白灰勾缝，东、西立面辟券门，南、北立面辟箭窗，箭窗券室宽 0.93 米，深 0.78 米，高 2.07 米，箭窗起券方式二伏二券；中段与上段间设三层拔檐分隔，上、下两层为直角檐，中间为菱角檐；上段设垛口墙，残高 3～8 层砖。

保存差，台体结构、形制不清晰。条石基础保存较好，台体南部三分之二坍塌，仅存北侧一个券室，东、西券门缺失严重，箭窗存不同程度的残损，垛口墙大部分缺失，顶部设施无存。

### 195. 板场峪 34 号敌台 130323352101170195

位于抚宁县驻操营镇板场峪村西北，坐标：东经 119° 33′ 01.50″，北纬 40° 11′ 18.00″，高程 308 米。

南、北两侧与墙体相接，平面呈矩形，立面及剖面呈梯形，东西长 10.4 米，南北宽 10.27 米，高 10.15 米。敌台立面为三段式，下段为条石基础，白灰砌筑，白灰勾缝，露明 8 层；中段城砖砌筑，白灰砌筑，白灰勾缝，南、北立面辟券门，东、西立面辟箭窗；中段与上段间设三层拔檐分隔，上、下两层为直角檐，中间为菱角檐；上段设垛口墙，残高 6～11 层砖；顶部设铺房。

保存较差，台体结构、形制较清晰。条石基础保存较好，面砖存不同程度的风化、酥碱，券门缺失，箭窗存不同程度的残损，垛口墙局部缺失，顶部残存铺房基础。

### 196. 板场峪 35 号敌台 130323352101170196

位于抚宁县驻操营镇板场峪村西北，坐标：东经 119° 33′ 00.80″，北纬 40° 11′ 11.10″，高程 234 米。

南、北两侧与墙体相接，平面呈矩形，立面及剖面呈梯形，东西长 18.85 米，南北宽 10.24 米，残高 7.23 米。

保存差，台体结构、形制不清晰，条石基础保存较好，上部包砖基本无存。

### 197. 义院口 1 号敌台 130323352101170197

位于抚宁县义院口村北，坐标：东经 119° 33′ 59.40″，北纬 40° 11′ 07.30″，高程 205 米。

南、北两侧与墙体相接，平面呈矩形，立面及剖面呈梯形，东西宽 9.8 米，南北长 11.35 米，残高 4.5 米。

保存差，台体结构、形制不清晰，条石基础保存较好，上部包砖缺失，裸露毛石台芯。

### 198. 义院口 02 号敌台 130323352101170198

位于义院口村西北 500 米，坐标：东经 119° 32′ 51.90″，北纬 40° 11′ 07.30″，高程 149 米。

东、西两侧与墙体相接，平面呈矩形，立面及剖面呈梯形，台芯东西长 3.7 米，南北宽 2.8 米，残高 4.5 米。

保存较差，台体结构、形制不清晰，条石基础被坍塌的毛石和碎砖所填埋，上部包砖缺失，裸露毛石台芯。

### 199. 义院口 03 号敌台 130323352101170199

位于义院口村西北 600 米，坐标：东经 119° 32′ 48.20″，北纬 40° 11′ 06.10″，高程 182 米。

南、北两侧与墙体相接，平面呈矩形，立面及剖面呈梯形，东西 10.7 米，南北宽 10.7 米。敌台现状立面为两段式，下段为条石基础，白灰砌筑，白灰勾缝，露明 2 层；上段城砖砌筑，白灰砌筑，白灰勾缝，高 1～4 米。

保存较差，台体结构、形制不清晰。条石基础保存较好，台体上部坍塌严重。

### 200. 义院口 04 号敌台 130323352101170200

位于义院口村西北 500 米，坐标：东经 119° 32′ 45.90″，北纬 40° 11′ 01.50″，高程 235 米。

南、北两侧与墙体相接，平面呈矩形，立面及剖面呈梯形，东西长 10.58 米，南北宽 10.45 米，高 10.58 米。敌台立面为三段式，下段为条石基础，白灰砌筑，白灰勾缝，露明 5 层；中段城砖砌筑，白灰砌筑，白灰勾缝，南、北立面辟券门，东、西立面辟箭窗；中段与上段间设拔檐分隔；上段设垛口墙。室内平面布局为南北三券室，东西三通道，券室宽 1.58 米，长 6.18 米，高 3 米；通道宽 1.16 米，进深 0.8 米，高 1.55 米。

保存一般，台体结构、形制较清晰。条石基础保存较好，四立面墙体均存不同程度的坍塌，券门、箭窗存不同程度的残损，垛口墙基本无存，顶部设施无存。

### 201. 义院口 05 号敌台 130323352101170201

位于义院口村西 600 米，坐标：东经 119° 32′ 41.50″，北纬 40° 10′ 57.40″，高程 308 米。

南、北两侧与墙体相接，平面呈矩形，立面及剖面呈梯形，南北长 13.5 米，高 10 米。敌台立面为三段式，下段为条石基础，白灰砌筑，白灰勾缝，露明 5 层，条石厚 0.35～0.38 米；中段城砖砌筑，白灰砌筑，白灰勾缝，南、北立面辟 1 券门、2 箭窗，东、西立面各辟 3 箭窗；中段与上段间设拔檐分隔；上段设垛口墙。室内平面布局为东西三券室，南北三通道，券室宽 1.84 米，高 4 米；通道宽 1.43 米，进深 2.2 米，高 2.4 米。在南侧通道处东西向设条石登顶梯道，梯道宽 0.9 米，踏步高 0.32 米，宽 0.32 米。

保存一般，台体结构、形制较清晰。条石基础保存较好，台室部分北、东、西墙三面墙体保存较好，南墙已坍塌。顶部垛口墙及其他设施均已不存。

### 202. 义院口 06 号敌台 130323352101170202

位于义院口村西 800 米，坐标：东经 119° 32′ 32.50″，北纬 40° 10′ 56.90″，高程 416 米。

南、北两侧与墙体相接，平面呈矩形，立面及剖面呈梯形，东西长 10 米，南北宽 8 米，高 9 米。敌台立面为三段式，下段为条石基础，白灰砌筑，白灰勾缝，露明 3 层；中段城砖砌筑，白灰砌筑，白灰勾缝，南、北立面辟 1 券门，东、西立面各辟 3 箭窗，门、窗起券方式为一伏一券；中段与上段间设三层拔檐分隔，上、下两层为直角檐，中间为菱角檐；上段设垛口墙，残高 1～5 层砖，辟望孔。顶部设铺房。

保存较好，台体结构、形制较清晰。条石基础保存较好，面砖局部脱落，券门、箭窗存不同程度残损，垛口墙局部缺失，铺房残存基础。

### 203. 义院口 07 号敌台 130323352101170203

位于义院口村西 900 米，坐标：东经 119° 32′ 28.30″，北纬 40° 11′ 50.60″，高程 332 米。

东、西两侧与墙体相接，平面呈矩形，立面及剖面呈梯形，东西长 12.12 米，南北宽 9.3 米，高 8 米。敌台立面为三段式，下段为条石基础，白灰砌筑，白灰勾缝，露明 3 层；中段城砖砌筑，白灰砌筑，白灰勾缝，东、西立面辟券门，南、北立面辟箭窗；中段与上段间设三层拔檐分隔，上、下两层为直角檐，中间为菱角檐；上段设垛口墙，残高 8 层砖，辟望孔。

保存较差，台体结构、形制不清晰。条石基础保存较好，台室部分严重坍塌，仅存中间一部分及西南角部分墙体，现存券门、箭窗存不同程度残损，垛口墙大部分缺失，顶部设施无存。

### 204. 拿子峪 01 号敌台 130323352101170204

位于拿子峪村东北 800 米，坐标：东经 119° 32′ 22.20″，北纬 40° 10′ 49.30″，高程 380 米。

东、西两侧与墙体相接，平面呈矩形，立面及剖面呈梯形，东西长 12 米，南北宽 8.8 米，高 11.12 米。敌台立面为三段式，下段为条石基础，白灰砌筑，白灰勾缝，露明 3 层；中段城砖砌筑，白灰砌筑，白灰勾缝，东、西立面辟 1 券门、1 箭窗，南、北立面各辟 3 箭窗，箭窗宽 0.58 米，高 1 米，箭窗起券方式为二伏二券；中段与上段间设三层拔檐分隔，上、下两层为直角檐，中间为菱角檐；上段设垛口墙，残高 2～4 层砖，辟望孔。室内布局为东西向 3 券室，南北向 3 通道，券室长 10 米，宽 1.84 米，高 3.95 米，通道进深 1.1 米，宽 1.02 米，高 2.67 米。

保存较好，台体结构、形制较清晰。条石基础保存较好，面砖存不同程度的风化、酥碱，门、窗均有部分残损，垛口墙大部分缺失，顶部设施不存。

### 205. 拿子峪 02 号敌台 130323352101170205

位于拿子峪村东北 600 米，坐标：东经 119° 32′ 16.60″，北纬 40° 10′ 45.50″，高程 362 米。

东、西两侧与墙体相接，平面呈矩形，立面及剖面呈梯形，东西长 14 米，南北宽 8.5 米。

保存较差，台体结构、形制不清晰。敌台全部坍塌，仅存基址。

### 206. 拿子峪 03 号敌台 130323352101170206

位于拿子峪村东北 500 米，坐标：东经 119° 32′ 10.80″，北纬 40° 10′ 44.60″，高程 303 米。

东、西两侧与墙体相接，平面呈矩形，立面及剖面呈梯形，高 9.84 米。敌台立面为三段式，下段为条石基础，白灰砌筑，白灰勾缝，露明 6 层；中段城砖砌筑，白灰砌筑，白灰勾缝，东、西立面辟 1 券门、1 箭窗，南、北立面各辟 3 箭窗；中段与上段间设拔檐分隔；上段设垛口墙，残高 1.3 米，宽 0.4 米，辟望孔。室内布局为南北 2 券室，东西 2 通道，券室长 7.2 米，宽 2.55 米，高 3.27 米，通道进深 0.9 米，宽 1.5 米，高 2.44 米

保存一般，台体结构、形制较清晰。条石基础保存较好，面砖存不同程度的风化、酥碱，门、窗均

有部分残损，垛口墙局部缺失，顶部设施不存。

### 207. 拿子峪 04 号敌台 130323352101170207

位于拿子峪村东北 400 米，坐标：东经 119° 32′ 05.10″，北纬 40° 10′ 45.00″，高程 239 米。

东、西两侧与墙体相接，平面呈矩形，立面及剖面呈梯形，高 9 米。敌台立面为三段式，下段为条石基础，白灰砌筑，白灰勾缝，露明 6 层；中段城砖砌筑，白灰砌筑，白灰勾缝，城砖规格：长 0.38 米，宽 0.19 米，厚 0.1 米，东、西立面辟券门，南、北立面辟箭窗；中段与上段间设三层拔檐分隔，上、下两层为直角檐，中间为菱角檐；上段设垛口墙，残高 3～6 层砖，辟望孔。

保存一般，台体结构、形制较清晰。条石基础保存较好，西、南两立面墙体坍塌严重，门、窗残损严重，垛口墙局部缺失，顶部设施不存。

### 208. 拿子峪 05 号敌台 130323352101170208

位于拿子峪村北 300 米，坐标：东经 119° 32′ 09.00″，北纬 40° 10′ 41.50″，高程 200 米。

南、北两侧与墙体相接，平面呈矩形，立面及剖面呈梯形。敌台立面为三段式，下段为条石基础，白灰砌筑，白灰勾缝；中段城砖砌筑，白灰砌筑，白灰勾缝，东立面辟 1 券门，门距地面 6.5 米，门高 2.24 米，宽 1 米，西立面存两排箭窗，上排 3 个，下排 4 个，下排箭窗高 0.8 米，宽 0.5 米，上排箭窗高 0.7 米，宽 0.45 米，起券方式为一伏一券；中段与上段间设三层拔檐分隔，上、下两层为直角檐，中间为菱角檐；上段设垛口墙，残高 3～7 层砖，辟望孔。

保存一般，台体结构、形制不清晰。条石基础保存较好，台室仅西立面墙体保存至垛口墙，东立面墙体存少部分，其余两面均已坍塌，顶部设施无存。

### 209. 拿子峪 06 号敌台 130323352101170209

位于拿子峪村北约 200 米，坐标：东经 119° 31′ 58.90″，北纬 40° 10′ 38.60″，高程 164 米。

南、北两侧与墙体相接，平面呈矩形，立面及剖面呈梯形，南北长 12.3 米，残高 9.15 米。敌台立面为三段式，下段为条石基础，白灰砌筑，白灰勾缝，高 1.1 米；中段城砖砌筑，白灰砌筑，白灰勾缝；中段与上段间设拔檐分隔；上段设垛口墙，辟望孔。

保存较差，台体结构、形制不清晰。条石基础保存较好，台室南、东、北三立面墙全部塌毁，西立面存有两个箭窗，台体顶部全部坍塌。

### 210. 拿子峪 07 号敌台 130323352101170210

位于拿子峪村西北约 200 米，坐标：东经 119° 31′ 56.30″，北纬 40° 10′ 35.90″，高程 200 米。

南、北两侧与墙体相接，平面呈矩形，立面及剖面呈梯形，东西宽 9.9 米，南北长 10.6 米，残高 5.3 米。敌台现状立面为三段式，下段为条石基础，白灰砌筑，白灰勾缝；上段城砖砌筑，白灰砌筑，白灰勾缝。

保存较差，台体结构、形制不清晰。条石基础保存较好，台室仅中间通道墙保存，其余部分及顶部全部坍塌。

### 211. 拿子峪 08 号敌台 130323352101170471

位于拿子峪村西约 200 米，坐标：东经 119° 31′ 53.70″，北纬 40° 10′ 33.90″，高程 244 米。

南、北两侧与墙体相接，平面呈矩形，立面及剖面呈梯形，东西长 10.7 米，南北宽 10.2 米，台体内侧凸出长城墙体 1.84 米，外侧凸出长城墙体 1.3 米。敌台立面为三段式，下段为条石基础，白灰砌筑，白灰勾缝，高 1.1 米；中段城砖砌筑，白灰砌筑，白灰勾缝，墙厚 1.4～1.6 米，南、北立面辟券门，东、西立面辟箭窗，箭窗分布为三组，中间 1 个，高 1.11 米，宽 0.62 米，两侧 3 个一组，中间 1 大箭窗，两侧各 1 小箭窗，大箭窗高 1.64 米，宽 0.65 米，小箭窗高 0.93 米，宽 0.6 米；中段与上段间设三层拔檐分隔，上、下两层为直角檐，中间为菱角檐；上段设垛口墙，残高 5 层砖，辟望孔。

保存一般，台体结构、形制不清晰。条石基础保存较好，南、北立面墙体全部坍塌，东墙仅存南北两角，内部西券、中券室完整，东券室仅存中部一段，通道除中间通道墙保存，余墙全部塌毁。

### 212. 拿子峪 09 号敌台 130323352101170211

位于拿子峪村西约 300 米，坐标：东经 119°31′47.20″，北纬 40°10′32.60″，高程 273 米。

南、北两侧与墙体相接，平面呈矩形，立面及剖面呈梯形，东西长 10.85 米，南北宽 10.7 米，高 7.9 米，内侧凸出长城墙体 1.84 米，外侧凸出长城墙体 3.81 米。敌台立面为三段式，下段为条石基础，白灰砌筑，白灰勾缝，露明 5 层，高 2.1 米；中段城砖砌筑，白灰砌筑，白灰勾缝，高 5.33 米，南、北立面辟券门，东、西立面各辟 5 箭窗，箭窗上 2 下 3 分布；中段与上段间设三层拔檐分隔，上、下两层为直角檐、中间为菱角檐，上段设垛口墙，残高 1～3 层砖，辟望孔。室内布局为东西三券室、南北三通道，券室宽 1.62 米，通道宽 0.97 米，厚 1.7 米。

保存一般，台体结构、形制不清晰。条石基础保存较好，南立墙体全部坍塌，南券室全部塌毁，东立面墙体仅存南端一角，北立面墙体存中间和西侧一角，北券室仅存中间一段，西墙基本完整。

### 213. 拿子峪 10 号敌台 130323352101170212

位于拿子峪村西南约 400 米，坐标：东经 119°31′44.90″，北纬 40°10′28.30″，高程 274 米。

南、北两侧与墙体相接，平面呈矩形，立面及剖面呈梯形。敌台现状立面为两段式，下段为条石基础，白灰砌筑，白灰勾缝；上段城砖砌筑，白灰砌筑，白灰勾缝。

保存一般，台体结构、形制不清晰。条石基础保存较好，西、北、南三立面墙体及顶部全部塌毁，东立面残存部分墙体。

### 214. 拿子峪 11 号敌台 130323352101170213

位于拿子峪村西南约 500 米，坐标：东经 119°31′41.80″，北纬 40°10′23.40″，高程 286 米。

南、北两侧与墙体相接，平面呈矩形，立面及剖面呈梯形，内侧凸出长城墙体 4.5 米，外侧凸出长城墙体 0.5 米。敌台现状立面为两段式，下段为条石基础，白灰砌筑，白灰勾缝；上段城砖砌筑，白灰砌筑，白灰勾缝。

保存较差，台体结构、形制不清晰。台体及顶部全部塌毁，仅存中间券室一段和北侧 2 个券洞，底部基础被坍塌的砖块覆盖，保存状况不清。

### 215. 拿子峪 12 号敌台 130323352101170214

位于拿子峪村西南约 650 米，坐标：东经 119°31′36.60″，北纬 40°10′21.40″，高程 316 米。

东、西两侧与墙体相接，平面呈矩形，立面及剖面呈梯形，东西长 11 米，高 10.3 米，外侧凸出长城墙体 3.93 米，内侧凸出长城墙体 0.5 米。敌台立面为三段式，下段为条石基础，白灰砌筑，白灰勾缝，露明 5 层，高 1.9 米；中段城砖砌筑，白灰砌筑，白灰勾缝，高 6.85 米，东、西立面辟券门，南、北立面辟箭窗；中段与上段间设拔檐分隔；上段设垛口墙，残高 1～5 层砖，辟望孔。室内布局为南北二券室，东西 2 通道，券室长 7.2 米，宽 2.55 米，高 3.27 米，通道进深 0.9 米，宽 1.5 米，高 2.44 米。

保存一般，台体结构、形制不清晰。条石基础保存较好，墙体部分坍塌，北立面墙保存较好，存有部分踆墙，西、南立面墙体部分坍塌，东立面墙全部坍塌，箭窗均已破损，顶部设施无存。

### 216. 拿子峪 13 号敌台 130323352101170215

位于拿子峪村西南约 750 米，坐标：东经 119° 31′ 34.50″，北纬 40° 10′ 17.60″，高程 316 米。

南、北两侧与墙体相接，平面呈矩形，立面及剖面呈梯形，东西宽 8.9 米，南北长 11.75 米，高 10.5 米。敌台立面为三段式，下段为条石基础，白灰砌筑，白灰勾缝，露明 6 层，高 1.1 米；中段城砖砌筑，白灰砌筑，白灰勾缝，南、北立面辟券门，东、西立面各辟 4 箭窗；中段与上段间设拔檐分隔；上段设垛口墙，残高 0.65 米，垛口墙下部设置射孔，射孔高 0.45 米，宽 0.38 米，间设望孔，望孔高 0.25 米，宽 0.22 米。室内布局为南北二券室、东西四通道，券室宽 2.2 米，通道宽 1.03 米，进深 2.5 米，通道间隔 1.48 米，4 个通道正对内外墙体的 4 个箭窗，南 2 通道内，向北设上顶梯道，梯道宽 0.7 米，梯道城砖砌筑，城砖规格：长 0.21 米，宽 0.13 米，厚 0.05 米，整个梯道分三部分随台阶梯次抬高，第一券纵深 1.36 米，第二券纵深 0.62 米，第三券纵深 0.58 米，顶部出口长 1.8 米。

保存一般，台体结构、形制不清晰。条石基础保存较好，台室墙体部分坍塌，东立面墙体南部坍塌，北立面墙体全部塌毁，南立面墙体存西半部，西立面墙体较完整。两券室坍塌，中间通道、梯道墙保存完整，垛口大部分缺失，顶部设施无存。

### 217. 拿子峪 14 号敌台 130323352101170216

位于拿子峪村西南约 850 米，坐标：东经 119° 31′ 33.60″，北纬 40° 10′ 13.60″，高程 348 米。

南、北两侧与墙体相接，平面呈矩形，立面及剖面呈梯形，东西宽 7.8 米，南北长 12.9 米，高 11.7 米。敌台立面为三段式，下段为条石基础，白灰砌筑，白灰勾缝；中段城砖砌筑，白灰砌筑，白灰勾缝，南、北立面辟 1 券门、1 个箭窗，东西立面各辟 4 箭窗；中段与上段间设 1 层拔檐分隔；上段设垛口墙，残高 6 层砖，辟望孔。顶部设铺房，东西宽 2.7 米，南北长 7 米，中间门宽 1 米，铺房东距垛口墙 1.65 米，北距垛口墙 2.25 米，西距垛口墙 2.37 米，南距垛口墙 2.27 米。室内布局为南北二券室、东西四通道，券室宽 1.65 米，券顶高 3.42 米，券室纵深 10.88 米，通道券门宽 1.11 米，高 1.98 米，进深 1.33 米，4 个通道相对于内外侧箭窗。在东侧北 2 箭窗券洞内向北设上台顶梯道，梯道宽 0.6 米，台阶抬步、踏步均 0.28 米，7 级设 1 歇步，歇步长 0.93 米，再上 4 个台阶转向西，再上 3 个台阶到顶。

保存较好，台体结构、形制较清晰。条石基础保存较好，墙体面砖存不同程度的风化、酥碱，券门、箭窗残存严重，垛口大部分缺失，顶部残存铺房遗址。

### 218. 拿子峪 15 号敌台 130323352101170217

位于拿子峪村西南约 1.1 千米，坐标：东经 119° 31′ 29.90″，北纬 40° 10′ 06.30″，高程 452 米。

南、北两侧与墙体相接，平面呈矩形，立面及剖面呈梯形，东西宽 6 米，南北长 9.5 米，高 11.9 米。敌台立面为三段式，下段为条石基础，白灰砌筑，白灰勾缝，露明 3 层，高 1.1 米；中段城砖砌筑，白灰砌筑，白灰勾缝，高 6.3 米，南、北立面辟券门，东西立面各辟 3 箭窗，箭窗宽 0.55 米，高 1 米，起券方式为二伏二券；中段与上段间设三层拔檐分隔，上、下两层为直角檐，中间为菱角檐；上段设垛口墙，残高 5 层砖，辟望孔。

保存一般，台体结构、形制不清晰。条石基础保存较好，南、北立面墙体全部塌毁，内部券室、通道全部坍塌，券门缺失，现存窗箭保存较好。

### 219. 媳妇楼 130323352101170218

位于拿子峪村西南约 1.3 千米，坐标：东经 119° 31′ 20.10″，北纬 40° 10′ 05.00″，高程 532 米。

东、西两侧与墙体相接，平面呈矩形，立面及剖面呈梯形，东西长 10.5 米，南北宽 10.5 米，高 11.4 米。敌台立面为三段式，下段为条石基础，白灰砌筑，白灰勾缝，东侧条石 9 层，高 3.56 米，西侧 7 层，高 2.76 米；中段城砖砌筑，白灰砌筑，白灰勾缝，南立面 1 辟券门、2 箭窗，距地面 3.06 米，门宽 0.86 米，高 1.96 米，门柱石高 1.06 米，宽厚均为 0.32 米，平水石高 0.195 米，长 1.02 米，宽 0.32 米，券面石圆高 0.62 米，券面石面宽、厚均为 0.32 米，门柱石外面浮雕尊形花篮和石榴花图案，券面石上浮雕葫芦莲花纹饰，左右对称，券顶内中心浮雕圆形花团，券门内上有石连槛，门下石门槛、门枕、垫脚，为一块整石雕凿而成。东、北、西三立面各设辟 3 个箭窗，箭窗券室宽分别为南墙西窗 1.08 米，南墙东窗 1.03 米，西墙南窗 1.11 米，西墙中窗 1.06 米，西墙北窗 1.08 米，北墙西窗 1.07 米，北墙中窗 1.06 米，北墙东窗 1.08 米，东墙北窗 1.08 米，东墙中窗 1.16 米，东墙南窗 1.04 米；箭窗券室深分别为南墙箭窗券室深 1.06 米，西墙箭窗券室深 1.05 米，北墙箭窗券室深 1.01 米，东墙箭窗券室深 2.01 米。南墙箭窗高 0.77 米，内口宽 0.59 米，外口宽 0.72 米，外作抹角，0.38 米以上起拱券。箭窗槛石长 0.98 米，宽 0.45 米，厚 0.28 米，有铳孔，凿有安装窗边挺的卯眼和挡板槽；中段与上段间设一层拔檐分隔；上段设四周垛口墙，每面设垛口 4 个，垛墙高 1.62 米，垛长 1.4～2 米，垛下设拱形射孔和望孔，拱形射孔内宽 0.25 米，外口宽 0.19 米，高 0.77 米；望孔高 0.38 米，宽 0.28 米，外侧安装望孔石，厚 0.09 米，口宽 0.16 米，高 0.2 米。顶部设铺房，位于台顶中部，坐西向东，南北长 5.82 米，山墙宽 4.36 米，脊顶高 3.8 米，檐高 2.5 米。房内长 4.25 米，宽 2.62 米，券顶高 3.28 米，墙厚 0.86 米，前后设门，门宽 1.25 米，高 1.89 米，东立面门两侧设拱窗，窗台高 0.65 米，窗宽 0.68 米，窗高 0.93 米，距门边 0.62 米。室内平面布局为东西三券室、南北三通道。南北券室宽 1.5 米，中间券室宽 1.66 米，券室顶高 3.74 米，券室纵深 5.87 米，西侧和中间通道宽 1.13 米，东通道宽 1.06 米，通道间隔分别为 1.33 米和 1.41 米，通道券门进深 1.13 米。在东墙中间箭窗券洞内设双向登顶梯道，梯道宽 0.8 米，到顶共 16 级，顶上出口长 1.98 米，每级台阶抬步 0.32 米，踏步 0.25 米。梯道内侧墙厚 0.7 米。梯道分别从东北和东南角上到台顶，梯道口外有围墙，上有券顶。

保存较好，台体结构、形制基本清晰。条石基础保存较好，面砖存不同程度的风化、酥碱，箭窗局部残损，垛口墙局部缺失，铺房券顶塌毁一洞。

### 220. 拿子峪 17 号敌台 130323352101170219

位于拿子峪村西南约 1.5 千米，坐标：东经 119° 31′ 13.60″，北纬 40° 10′ 01.70″，高程 587 米。

东、西两侧与墙体相接，平面呈矩形，立面及剖面呈梯形。敌台立面为三段式，下段为条石基础，白灰砌筑，白灰勾缝；中段城砖砌筑，白灰砌筑，白灰勾缝；中段与上段间设拔檐分隔；上段设垛口墙，残高 10 层砖，辟望孔。

保存较差，台体结构、形制不清晰。条石基础松动、位移，台体坍塌严重，仅存部分北墙及部分东墙。

### 221. 拿子峪 18 号敌台 130323352101170220

位于拿子峪村西南约 1.6 千米，坐标：东经 119° 31′ 10.10″，北纬 40° 10′ 57.70″，高程 591 米。

东、西两侧与墙体相接，平面呈矩形，立面及剖面呈梯形，东西长 9.91 米，南北宽 9.87 米，高 10 米。敌台立面为三段式，下段为条石基础，白灰砌筑，白灰勾缝，北侧露明 15 层、南侧露明 7 层；中段城砖砌筑，白灰砌筑，白灰勾缝，东立面辟 1 券门、1 箭窗，西立面辟 1 券门、2 箭窗，门券室深 1.06 米，宽 1.4 米，门高 1.82 米，宽 0.84 米，门柱石高 0.97 米，宽 0.25 米，厚 0.3 米，平水柱石高 0.2 米，长 0.8 米，券石 3 块分拱。券门内上有石连楹，门洞两侧有门插孔石，孔径 0.12 米，孔深 0.12 米。门下石门槛、门枕、垫脚，为一块整石雕凿而成。南、北立面各辟 3 箭窗，箭窗券室宽 0.97 米，深 0.94 米，箭窗宽 0.47 米，高 0.75 米，厚 0.4 米；中段与上段间设一层拔檐分隔；上段设垛口墙，残高 5 ~ 15 层砖、辟望孔。顶部设铺房，坐西向东，南北长 4.33 米，山墙宽 3.87 米，墙厚 0.38 米，铺房距西垛口墙 2.94 米，距南垛墙 2.11 米，距北垛墙 2.07 米。室内平面布局为东西向三券室、南北三通道，券室宽 1.31 米，券室高 3.37 米，券室间隔墙厚 1.4 米；通道宽 1.3 米，通道高 1.92 米，通道间隔 1.3 米。室内墙体下部用条石砌筑，通道间隔墙用 4 层条石，高 1.19 米，箭窗券室墙用 3 层条石，高 0.83 米。

保存较好，台体结构、形制基本清晰。条石基础保存较好，面砖存不同程度的风化、酥碱，箭窗局部残存，垛口墙局部缺失，铺房残存南北山墙

### 222. 花场峪 01 号敌台 130323352101170221

位于花场峪村北约 1.6 千米，坐标：东经 119° 31′ 05.70″，北纬 40° 09′ 54.10″，高程 641 米。

南、北两侧与墙体相接，平面呈矩形，立面及剖面呈梯形，东西长 10.6 米，南北宽 9.5 米，高 8.5 米。敌台立面为三段式，下段为条石基础，白灰砌筑，白灰勾缝，露明 3 层，条石厚 0.45 米；中段城砖砌筑，白灰砌筑，白灰勾缝，南立面辟 1 石质券门、2 箭窗，门高 1.85 米，宽 0.75 米，东、西、北立面各辟 3 箭窗，窗外口宽 0.75 米，内口宽 0.6 米，残高 1 米，起券方式为一伏一券；中段与上段间设三层拔檐分隔，上、下两层为直角檐，中间为菱角檐；上段设垛口墙，厚 0.58 米，残高 0.7 米，垛口墙上可见两种形制的望孔，一种为圆形，内孔径已残，外置望孔石，直径 0.21 米，石厚 0.07 米，一种为方形，砖砌，长宽均为 0.18 米。顶部设铺房，南北长 4.2 米，东西宽 3.5 米。室内布局为南北向三券室、东西向三通道，券室长 7 米，东侧券室宽 1.38 米，中间券室宽 1.2 米，西侧券室宽 1.55 米，券室高 3 米，券室间隔墙厚 1.43 米；通道宽 1.1 米，高 1.7 米。于东侧券室东南处设登顶梯道，口宽 0.6 米，为南北双向台阶，残存 7 阶，抬步高 0.28 米，踏步宽 0.18 米。

保存一般，台体结构、形制基本清晰。条石基础保存较好，面砖存不同程度的风化、酥碱，箭窗局部残存，垛口墙局部缺失，铺房残存基础。

### 223. 花场峪 02 号敌台 130323352101170222

位于花场峪村北约 1.5 千米的山脊上，坐标：东经 119° 31′ 12.70″，北纬 40° 09′ 49.70″，高程 554 米。

南、北两侧与墙体相接，平面呈矩形，立面及剖面呈梯形，东西宽 9.24 米，南北长 11.05 米，高 11 米。敌台立面为三段式，下段为条石基础，白灰砌筑，白灰勾缝，露明 9 层，高 3 米；中段城砖砌筑，白灰砌筑，白灰勾缝，南、北立面辟 1 券门、1 箭窗，墙东侧设门，门券室宽 1.24 米，门高 1.92 米，门宽 0.85 米，门柱石高 0.97 米，宽 0.29 米，厚 0.32 米，平水石高 0.21 米，长 0.92 米，宽 0.32 米，门内连楹石距下槛石 1.98 米，厚 0.16 米，宽 0.23 米，轴孔中对中 1.03 米，西门距地面 4.44 米，东门外有毛石垒砌的台阶 9 级，宽 1.3 米，东、西立面各辟 3 箭窗，箭窗券室高 2.33 米，宽 1.27 米，箭窗内口宽 0.64 米，外口宽 0.82 米，窗槛石长 0.97 米，宽 0.4 米；中段与上段间设三层拔檐分隔，上、下两层为直角檐，中间为菱角檐；上段设垛口墙，高 1.7 米，现存望孔南北墙各 5 个，东西墙各 4 个，望孔内口高 0.35 米，宽 0.4 米，外口高 0.19 米，宽 0.15 米。顶部设铺房，南北长 4.2 米，东西宽 3.5 米。室内平面布局为东西三券室、南北三通道，券室长 5.6 米，高 3.69 米，宽 1.89 米，两券室间隔 1.31 米，通道宽 1.22 米，高 2.16 米，通道间隔 1.13 米。梯道分南北双向而上，入口券洞宽 1.25 米，梯道宽 0.74 米，设台阶 14 级，抬步高 0.3 米，踏步宽 0.26 ～ 0.28 米；梯道中部对外设 1 箭窗，券窗高 0.55 米，宽 0.5 米，位于上数第 7 台阶高一层砖的位置；梯道内侧墙厚 0.57 米。

保存较好，台体结构、形制基本清晰。条石基础保存较好，面砖存不同程度的风化、酥碱，东立面墙体存一道裂缝，箭窗局部残存，垛口墙大部分缺失，铺房券顶、南墙全部坍塌。

### 224. 花场峪 03 号敌台 130323352101170223

位于花场峪村北约 1.3 千米，坐标：东经 119° 31′ 17.60″，北纬 40° 09′ 44.60″，高程 477 米。

南、北两侧与墙体相接，平面呈矩形，立面及剖面呈梯形，东西宽 11 米，南北长 12.5 米，高 10.3 米。敌台立面为三段式，下段为条石基础，白灰砌筑，白灰勾缝，露明 3 层，高 1.05 米；中段城砖砌筑，白灰砌筑，白灰勾缝，南、北立面辟 1 券门、1 箭窗，门宽 0.83 米，高 1.81 米，门柱石高 1.29 米，宽 .24 米，厚 0.26 米，3 块券石分拱，不置平水石。东、西立面各辟 3 箭窗，四周箭窗券洞纵深不一，西墙箭窗券室深 0.96 米，宽 1.41 米，高 2.48 米，北门券室深 1.36 米，北窗券室深 1.16 米，北门与北窗间隔 2.61 米，东窗券室深 0.94 米，南门券室深 1.44 米，南窗券室深 1.28 米，箭窗内宽 0.62 米，外宽 0.83 米，窗高 0.8 米；中段与上段间设三层拔檐分隔，上、下两层为直角檐，中间为菱角檐；上段设垛口墙，高残 3 ～ 5 层砖。顶部设铺房，坐东朝西，位于顶中部，东西宽 4.2 米，南北长 7.7 米，墙厚 0.5 米。室内平面布局为东西三孔券室、南北三通道，南券室宽 1.76 米，中券室宽 2.1 米，北券室宽 1.8 米，券室顶高 4.1 米，券室纵深 7.55 米，两券室间隔墙厚 1.61 米。东通道宽 1.05 米，西通道宽 1.08 米，通道顶高 2.4 米，中通道宽 0.75 米，高 2.15 米，通道间隔 3.29 米。在中券室的北墙通道的间隔墙下方中部，留有高 0.37 米，宽 0.14 米，深 0.76 米的孔洞。通道墙中设向东单向登顶梯道，梯道宽 0.82 米，梯道两边墙厚 0.42 米，梯道设 18 级台阶，抬步高 0.27 米，踏步宽 0.23 米，梯道顶做斜坡券顶，台顶梯道上口东西长 1.72 米，宽 0.82 米。梯道墙外侧两通道间隔墙中间做成拱券形壁龛，壁龛宽 0.88 米，6 层砖以上起券，龛深 0.4 米，城砖规格：长 0.42 米，宽 0.2 米，厚 0.15 米。

保存一般，台体结构、形制较清晰。条石基础保存较好，面砖存不同程度的风化、酥碱，东、南立面箭窗局部残存，垛口墙大部分缺失，铺房残存部分墙体，西通道南顶部坍塌，梯道口小券门塌毁。

### 225. 花场峪 04 号敌台 130323352101170224

位于花场峪村北约 1 千米，坐标：东经 119° 31′ 18.40″，北纬 40° 09′ 36.60″，高程 409 米。

南、北两侧与墙体相接，平面呈矩形，立面及剖面呈梯形，东西宽 6.8 米，南北长 9.5 米。敌台立面为三段式，下段为条石基础，白灰砌筑，白灰勾缝；中段城砖砌筑，白灰砌筑，白灰勾缝，南、北立面辟券门，东、西立面辟箭窗；中段与上段间设三层拔檐分隔，上、下两层为直角檐，中间为菱角檐；上段设垛口墙，残高 14 层砖，厚 0.4 米，辟望孔。

保存较差，台体结构、形制不清晰。条石基础部分坍塌，台室及顶部全部坍塌，仅存有东墙。

### 226. 花场峪 05 号敌台 130323352101170225

位于花场峪村北约 680 米，坐标：东经 119° 31′ 22.30″，北纬 40° 09′ 28.80″，高程 459 米。

南、北两侧与墙体相接，平面呈矩形，立面及剖面呈梯形，东西长 10.5 米，南北宽 9.2 米。敌台立面为三段式，下段为条石基础，白灰砌筑，白灰勾缝，高 2.65 米；中段城砖砌筑，白灰砌筑，白灰勾缝，南、北立面辟 1 券门、2 箭窗，门券室宽 1.12 米，门宽 0.78 米，高 1.82 米，门柱石高 1.25 米，宽、厚 0.26 米，平水石高 0.18 米，宽 0.26 米，长 0.82 米，3 块券石分拱，东、西立面各辟 3 箭窗，箭窗券室宽 0.95 米，深 1.48 米，箭窗宽 0.51 米，高 0.94 米，起券方式为二伏二券；中段与上段间设一层石拔檐分隔；上段设垛口墙，残高 1.5 米，辟望孔。顶部设铺房，室内平面布局为东西三券室、南北三通道，南北券室宽 1.53 米，中券室宽 1.48 米，券室高 3.34 米，两券室间隔墙厚 1.7 米；通道宽 1.11 米，高 1.89 米，通道间隔东 1.8、西 2.10。

保存较好，台体结构、形制较清晰。条石基础保存较好，面砖存不同程度的风化、酥碱，箭窗残损严重，铺房残存南北山墙，东西墙塌毁。

### 227. 花场峪 06 号敌台 130323352101170226

位于花场峪村北约 410 米的山脊上，坐标：东经 119° 31′ 21.50″，北纬 40° 09′ 16.90″，高程 301 米。

南、北两侧与墙体相接，平面呈矩形，立面及剖面呈梯形，东西长 10.58 米，南北宽 10.5 米，高 11.2 米。敌台立面为三段式，下段为条石基础，白灰砌筑，白灰勾缝，露明 11 层；中段城砖砌筑，白灰砌筑，白灰勾缝，南、北立面东部辟门，中、西部辟 2 箭窗，南门券室 1.18 米，深 1.11 米，北门券室高 2.51，宽 1.13 米，深 1.29 米，门宽 0.77 米，高 1.91 米，门柱石高 1.04 米，宽 0.3 米，厚 0.295 米，平水石高 0.2 米，长 0.985 米，宽 0.3 米，石券门纹饰为花篮牡丹和海水图案，券门内石连楹宽 0.225，高 0.18 米，长 1.8 米。门下石门槛、门枕、垫脚，为一块整石雕凿而成。东、西立各辟 3 箭窗，箭窗券室宽分别为东券室 1.3 米，南墙券室 1.2 米，西墙券室 1.27 米，北墙券室 1.18 米，券室高分别为东 1.88 米，西 2.21 米，北 2.1 米，南 2.01 米；箭窗券室深分别为南 0.96 米，西 0.98 米，北 0.96 米，东 1.81 米，各墙箭窗原高、宽尺寸不明，箭窗槛石长 0.98 米，宽 0.37 米，厚 0.19 米，有铳孔，凿有安装窗边挺的卯眼和挡板槽，窗槛石距地面 5.08 米；中段与上段间设三层拔檐分隔，上、下两层为直角檐，中间为菱角檐；上段设垛口墙，垛残高 1.3 米，每垛宽 1.45 米，厚 0.355 米，口宽 0.54 米，辟望孔，望孔高 0.5 米，宽 0.24 米。顶部设铺房，坐东向西，东西宽 4.44 米，南北长 6.18 米，檐高 2.3 米，脊顶高 2.91 米，墙厚 0.55 米，房前后设门，门宽 1.11 米，高 1.83 米，窗设于两山墙中间，已塌成窟窿，形制不明。室内平面布局为南北 3 券室，东西通道，券室宽分别为东 1.14、中 1.18、西 1.31 米，券室顶高 3.33 米，券室长 9.04 米，券室隔墙厚 1.25 米；通道宽 1.48 米，高 1.96 米，通道间隔为 1.5 米。在东墙中间箭窗券洞内设双向登顶梯道，梯道宽 0.71 米，到顶共 14 级，每级台阶抬步 0.29 米，踏步 0.28 米，梯道内侧墙厚 0.65 米，梯道顶采用 3 阶梯券，随台阶逐级抬升。

保存较好，台体结构、形制较清晰。条石基础保存较好，面砖存不同程度的风化、酥碱，箭窗有不同程度的破损，顶部垛口墙大部分残损，铺房券顶塌毁，仅存南、北山墙和西墙。

### 228. 花场峪 07 号敌台 130323352101170227

位于花场峪村北约 270 米，坐标：东经 119° 31′ 21.70″，北纬 40° 09′ 12.00″，高程 228 米。

南、北两侧与墙体相接，平面呈矩形，立面及剖面呈梯形，东西宽 9 米，南北长 9.6 米。敌台立面为三段式，下段为条石基础，白灰砌筑，白灰勾缝，西侧用 8 层、东侧用 3 层条石取平，条石规格：长 0.8 米，宽 0.54 米，厚 0.48 米；中段城砖砌筑，白灰砌筑，白灰勾缝，南、北立面辟 1 券门、2 箭窗，门券室宽 1.18 米，高 1.96 米，深 0.85 米，东、西立面各辟 3 箭窗，箭窗券室宽 1.27 米，高 1.61 米，深 0.78 米；中段与上段间设拔檐分隔；上段设垛口墙，残高 10 层砖，辟望孔。

保存较差，台体结构、形制不清晰。条石基础保存较好，台室整体坍塌，仅存部分券室间隔墙，东立面墙体残存 3 箭窗，以上全塌，北立面残存券门及部分垛口墙，其他部分全部塌毁，梯道位置、结构不清。

### 229. 花场峪 08 号敌台 130323352101170228

位于花场峪村西北侧，坐标：东经 119° 31′ 19.60″，北纬 40° 09′ 06.10″，高程 159 米。

南、北两侧与墙体相接，平面呈矩形，立面及剖面呈梯形，东西宽 10.7 米，南北长 11.1 米。现存条石基础 11 层，白灰砌筑，白灰勾缝，高 4.15 米。

保存较差，台体结构、形制不清晰。外侧基础条石全部缺失，条石基础以上残存砖墙 1 米。

### 230. 花场峪 09 号敌台 130323352101170229

位于花场峪村西侧，坐标：东经 119° 31′ 19.20″，北纬 40° 09′ 03.80″，高程 157 米。

南、北两侧与墙体相接，平面呈矩形，立面及剖面呈梯形，东西宽 10.2 米，南北长 11.15 米，敌台内与墙平，外侧凸出墙体 4.3 米。现存条石基础 10 层，白灰砌筑，白灰勾缝，高 4.1 米。

保存较差，台体结构、形制不清晰。条石基础保存较好，条石基础以上整体塌毁。

### 231. 花场峪 10 号敌台 130323352101170230

位于花场峪村西南约 200 米，坐标：东经 119° 31′ 16.70″，北纬 40° 09′ 00.80″，高程 189 米。

南、北两侧与墙体相接，平面呈矩形，立面及剖面呈梯形，东西宽 9 米，南北长 11 米，高 7.9 米。敌台立面为三段式，下段为条石基础，白灰砌筑，白灰勾缝，露明 4 层，高 1.95 米；中段城砖砌筑，白灰砌筑，白灰勾缝，南、北立面辟券门，门券室高 2.32 米，宽 1.03 米，深 1.8 米，东、西立面辟箭窗，箭窗券室高 1.65 米，宽 1.03 米，深 1.11 米，箭窗高 0.66 米，宽 0.67 米，起券方式为二伏二券；中段与上段间设三层拔檐分隔，上、下两层为直角檐，中间为菱角檐；上段设垛口墙，残高 8～10 层砖，厚 0.58 米，辟望孔。室内布局为南北三券室、东西三通道，券室纵深 6.42 米，宽 1.66 米，高 3.07 米，起券方式为二伏二券；东西通道宽 0.93 米，通道间隔 1.5 米。

保存一般，台体结构、形制不清晰。台体北半部坍塌，南墙较完整，内部现仅存东券室半孔，中、西券室中间一段顶部，南侧通道两孔。顶部东、西、南三面存有部分垛口墙。

### 232. 花场峪 11 号敌台 130323352101170231

位于花场峪村西南约 320 米，坐标：东经 119° 31′ 14.30″，北纬 40° 08′ 58.00″，高程 229 米。

南、北两侧与墙体相接，平面呈矩形，立面及剖面呈梯形，东西长 10.1 米，南北宽 9.75 米，高 9.3 米。敌台立面为三段式，下段为条石基础，白灰砌筑，白灰勾缝，露明 10 层，高 3.94 米；中段城砖砌筑，白灰砌筑，白灰勾缝；中段与上段间设三层拔檐分隔，上、下两层为直角檐，中间为菱角檐；上段设垛口墙，残高 1.1 米，辟望孔。

保存较差，台体结构、形制不清晰。条石基础保存较好，台体仅存南墙，其余三面已坍塌，内部券室不存。

### 233. 花场峪 12 号敌台 130323352101170232

位于花场峪村西南约 740 米的山峰上，坐标：东经 119° 31′ 11.20″，北纬 40° 08′ 42.20″，高程 372 米。

南、北两侧与墙体相接，平面呈矩形，立面及剖面呈梯形，东西长 10.89 米，南北宽 10.86 米，高 11.38 米。敌台立面为三段式，下段为条石基础，白灰砌筑，白灰勾缝，东南部用 10 层条石，西北部用 4 层条石砌筑；中段城砖砌筑，白灰砌筑，白灰勾缝；中段与上段间设三层拔檐分隔，上、下两层为直角檐，中间为菱角檐；上段设垛口墙，辟望孔。顶部设铺房。

保存一般，台体结构、形制不清晰。条石基础保存较好，台体仅存北墙，其余三面已坍塌，内部残存券室及梯道，铺房残存部分山墙。

### 234. 花场峪 13 号敌台 130323352101170233

位于花场峪村西南约 880 米，坐标：东经 119° 31′ 11.50″，北纬 40° 08′ 37.40″，高程 266 米。

南、北两侧与墙体相接，平面呈矩形，立面及剖面呈梯形，东西宽 6.04 米，南北长 15.2 米，高 10.79 米。敌台立面为三段式，下段为条石基础，白灰砌筑，白灰勾缝，露明 16 层，高 5.51 米；中段城砖砌筑，白灰砌筑，白灰勾缝，南、北立面各辟 2 箭窗，西立面辟 4 箭窗，箭窗券室高 1.81 米，宽 1.66 米，深 0.78 米，箭窗券室间隔距离为 1.66 米，箭窗高 0.72 米，宽 0.45 米，起券高 0.55 米，东立面辟 3 箭窗、1 券门，门设于北部，券门高 1.74 米，宽 0.84 米，门柱石高 1.05 米，宽 0.23 米，厚 0.32 米，平水石高 0.195 米，长 0.77 米；中段与上段间设一层石拔檐分隔；上段设垛口墙，残高 1.3 米，辟望孔，高 0.32 米，宽 0.32 米。顶部设铺房，坐西朝东，东西宽 3.38 米，南北长 4.12 米，墙厚 0.4 米，北山墙存高 1.85 米，南墙存高 0.4 米，东墙设门，门宽 0.97 米。室内布局为南北 2 券室，东西向 4 通道式结构，券室纵深 11.7 米，宽分别为 1.22、1.27 米，高 3.6 米，券顶保存有荆条席装修痕迹，两券间隔墙厚 1.3 米；通道宽 1.65 米，高 1.92 米。梯道设于南墙西侧箭窗券洞内，向东单向上顶，梯道底部券门高 3.2 米，宽 0.63 米，分 13 级，每级踏步宽 0.17 米，抬步高 0.28～0.35 米。

保存较好，台体结构、形制较清晰。条石基础保存较好，台室内部保存完整，南北两面箭窗已破损，顶部铺房存有部分墙体，垛口墙部分残损。

### 235. 花场峪 14 号敌台 130323352101170234

位于花场峪村西南约 1 千米，坐标：东经 119° 31′ 11.10″，北纬 40° 08′ 32.70″，高程 188 米。

南、北两侧与墙体相接，平面呈矩形，立面及剖面呈梯形，东西长 11.33 米，南北宽 11.1 米，高 9.69 米。敌台立面为三段式，下段为条石基础，白灰砌筑，白灰勾缝，露明 3 层，高 0.98 米；中段城砖砌筑，白灰砌筑，白灰勾缝，南、北立面辟 1 券门、2 箭窗，门券室宽 1.6 米，东、西立面各辟 3 箭窗，箭窗券室宽 1.2 米，门、窗起券方式均为二伏二券；中段与上段间设三层拔檐分隔，上、下两层为直角檐，中间为菱角檐；上段设垛口墙。室内布局为南北 3 券室，东西 3 通道式结构，通道宽 1.68 米。梯道设在券室间隔墙中，间隔墙厚 1.8 米，在中间通道内设置向北单向梯道，原设台阶 14 步，现存 8 级，抬步高 0.28 米，踏步宽 0.26 米，踏步石宽 0.8 米。

保存一般，台体结构、形制不清晰。条石基础保存较好，台室存西、北两面墙体，内部仅存 8 级登顶石台阶和台阶下一孔通道，西墙存 3 箭窗券室，北墙存 1 门券室、2 箭窗券室，其余建筑结构全部塌毁。

### 236. 花场峪 15 号敌台 130323352101170235

位于花场峪村西南约 1.1 千米，坐标：东经 119° 31′ 10.40″，北纬 40° 08′ 30.20″，高程 232 米。

南、北两侧与墙体相接，平面呈矩形，立面及剖面呈梯形，东西长 11 米，南北宽 11 米，高 10.76 米。敌台立面为三段式，下段为条石基础，白灰砌筑，白灰勾缝，露明 8 层；中段城砖砌筑，白灰砌筑，白灰勾缝；中段与上段间设拔檐；上段设垛口墙。

保存较差，台体结构、形制不清晰。条石基础局部缺失，仅存南立面部分墙体，其余建筑结构全部塌毁。

### 237. 花场峪 16 号敌台 130323352101170236

位于花场峪村西南约 1.5 千米，坐标：东经 119° 30′ 50.60″，北纬 40° 08′ 24.30″，高程 490 米。

东、西两侧与墙体相接，平面呈矩形，立面及剖面呈梯形。敌台立面为三段式，下段为条石基础，白灰砌筑，白灰勾缝；中段城砖砌筑，白灰砌筑，白灰勾缝，西立面辟 1 券门、1 箭窗，门券室高 2.25 米，宽 1.24 米，深 0.6 米，设门柱石、平水石，门柱石高 1.12 米，宽 0.3 米，厚 0.36 米，平水石长 0.8 米，厚 0.2 米，宽 0.36 米，南、北立面各辟 3 箭窗，东立面辟 2 箭窗，箭窗券室高 2 米，宽 1.2 米，深 1.83 米，箭窗高 0.87 米，宽 0.57 米，墙厚 0.4 米，下为窗槛石，长 1.1 米，宽 0.48 米，厚 0.19 米，内部两侧设有窗轴插孔，直径为 0.06 米；中段与上段间设拔檐；上段设垛口墙，残高 0.81 米，中间宽 0.4 米，内外口均为 0.76 米，辟望孔，高 0.22 米，宽 0.23 米。顶部设铺房。

保存一般，台体结构、形制较清晰。条石基础保存较好，面砖残损不一，均有不同程度的酥碱和脱落，券门、箭窗存有不同程度的破损，顶部铺房已全部坍塌，四面垛口仅保存南面两个。

### 238. 花场峪 17 号敌台 130323352101170237

位于花场峪村西南约 1.8 千米，坐标：东经 119° 30′ 41.10″，北纬 40° 08′ 15.50″，高程 629 米。

东、西两侧与墙体相接，平面呈矩形，立面及剖面呈梯形，东西长 12.56 米，南北宽 2.25 米，高 9.45 米。敌台立面为三段式，下段为条石基础，白灰砌筑，白灰勾缝；中段城砖砌筑，白灰砌筑，白灰勾缝；中段与上段间设一层石拔檐；上段设垛口墙，残高 0.5 米。

保存较差，台体结构、形制不清晰。条石基础保存较好，台体四立面墙体坍塌严重，仅存南墙，台室内结构全部坍塌，顶部不存。

### 239. 祖山东门 01 号敌台 130323352101170238

位于车厂村西北约 2.5 千米，坐标：东经 119° 30′ 20.70″，北纬 40° 08′ 22.50″，高程 655 米。

东、西两侧与墙体相接，平面呈矩形，立面及剖面呈梯形，东西宽 8.52 米，南北长 9.42 米，高 12.38 米。敌台立面为三段式，下段为基础，土体掩埋，形制无法辨别；中段城砖砌筑，白灰砌筑，白灰勾缝，城砖规格：长 0.43 米，宽 0.2 米，厚 0.09 米，东、西立面辟 1 券门、2 箭窗，券门设门柱石头、平水石，南、北立面辟箭窗，门、窗起券方式均为二伏二券；中段与上段间设三层拔檐分隔，上、下两层为直角檐，中间为菱角檐；上段设垛口墙，高 14 层砖，辟望孔。

保存一般，台体结构、形制不清晰。条石基础保存较好，台室四面墙体坍塌严重，仅存东墙及部分西墙，台室内结构全部坍塌。顶部不存。

### 240. 祖山东门 02 号敌台 130323352101170239

位于车厂村西北约 1.8 千米，坐标：东经 119° 30′ 19.90″，北纬 40° 07′ 59.50″，高程 482 米。

南、北两侧与墙体相接，平面呈矩形，立面及剖面呈梯形。敌台立面为三段式，下段为条石基础，白灰砌筑，白灰勾缝，露明 11 层，条石规格：长 0.64 米，高 0.32 米，厚 0.33 米；中段城砖砌筑，白灰砌筑，白灰勾缝，高 5 米，城砖规格：长 0.38 米，宽 0.18 米，厚 0.1 米。南、北立面辟券门，门券室宽 1.37 米，深 0.98 米；券门宽 0.81 米，高 1.97 米，设门柱石、平水石、门券石，门柱石高 1.05 米，宽、厚 0.32 米，平水石长 0.86 米，高 0.21 米，宽 0.32 米，门券石由 3 块组成，券高 0.85 米。门柱石内侧雕刻如意结纹饰，平水石外面雕刻卷草纹，里侧刻狮子纹，门券石上下边际起凸棱装饰线，门券室顶存文字砖一块，为繁体楷书，刻有"万历三十五砖"。东、西立面辟箭窗，箭窗券室宽 1.4 米；中段与上段间设二层石拔檐分隔；上段设垛口墙，高 1.7 米，垛口高 0.96 米，口宽 0.45 米，墙顶置披水砖，辟望孔，宽 0.21 米，高 0.26 米。室内平面布局为西三券室、南北三通道式结构，券室宽 1.68 米，通道宽 1.38 米。西墙中间箭窗券洞内设南北双向梯道，梯道宽 0.68 米，踏步石宽 0.15 ～ 0.19 米，抬步高 0.28 ～ 0.32 米，共 13 级。

保存一般，台体结构、形制不清晰。条石基础保存较好，台室墙体坍塌严重，南墙保存，西墙存南半部分，东墙、北墙全部坍塌。内部券室大部坍塌，南券室存西半室，西墙存中间梯道券和南箭窗券室，向南梯道完好，向北梯道及其他构筑全部塌毁。台顶南垛墙、南梯道室完整，其他不存。

### 241. 祖山东门 03 号敌台 130323352101170240

位于车厂村西北约 1.7 千米的山顶上，坐标：东经 119° 30′ 16.70″，北纬 40° 07′ 53.40″，高程 456 米。

南、北两侧与墙体相接，平面呈矩形，立面及剖面呈梯形，东西长 10.14 米，南北宽 9.79 米，高 11.5 米。敌台立面为三段式，下段为条石基础，白灰砌筑，白灰勾缝，露明 7 层，高 2.29 米；中段城砖砌筑、白灰砌筑、白灰勾缝，高 7.1 米。南、北立面辟 1 券门、2 箭窗，门券室高 2.2 米，宽 1.28 米，券门高 1.88 米，宽 0.92 米。东、西立面各辟 3 箭窗，箭窗券室宽 1.17～1.31 米，箭窗起券方式为二伏二券；中段与上段间设二层石拔檐分隔；上段设垛口墙，垛口墙高 1.95 米，垛口高 0.96 米，辟望孔。室内平面布局为东西三券室，南北三通道式结构，中券室宽 1.63 米，两侧券室宽 1.68 米，高 3.74 米，长 7.12 米。通道宽从东至西分别为 1.11 米，1.28 米，1.31 米，高 2.22 米。东墙中间箭窗券洞内设南北双向梯道，梯道宽 0.62 米，踏步石宽 0.23 米，抬步高 0.37 米，共 13 级。

保存一般，台体结构、形制不清晰。条石基础保存较好，台室北墙及北券室全部塌毁，其余三面保存较完整，顶部铺房顶坍塌。

### 242. 祖山东门 04 号敌台 130323352101170241

位于车厂村西北约 1.9 千米，坐标：东经 119° 30′ 01.40″，北纬 40° 07′ 45.60″，高程 364 米。

东、南两侧与墙体相接，平面呈矩形，立面及剖面呈梯形，东西长 10.75 米，南北宽 9.72 米，高 11.23 米。敌台立面为三段式，下段为条石基础，白灰砌筑，白灰勾缝，露明 7 层，高 2.29 米；中段城砖砌筑，白灰砌筑，白灰勾缝。东、南立面中部辟券门、两侧辟箭窗，券门设券 1 块，平水石 2 块、门柱石 2 块、门槛石 1 块。西、北立面各辟 3 箭窗，箭窗起券方式为二伏二券；中段与上段间设二层石拔檐分隔；上段设垛口墙，垛口墙高 1.95 米，残高 14 层砖，辟望孔。顶部设铺房，西北角存高 2.15 米，西南角存高 1.45 米，南墙存高 0.56 米，东墙存高 0.86 米，北墙东半部存高 0.8 米。

保存一般，台体结构、形制不清晰。台室墙体及内部结构保存较好，仅北券室全部塌毁。顶上铺房坍塌，仅存少部分墙基，垛口墙仅存东西梯道附近的一小部分，余者全有不同程度的残缺，下部塌至垛口基石或以下，北侧塌至拔檐以上 2 层砖处。南垛口墙向外歪闪。台体外墙有部分砖酥碱脱落，箭窗口下尤甚。

### 243. 祖山东门 05 号敌台 130323352101170242

位于车厂村西北约 2 千米，坐标：东经 119° 29′ 50.90″，北纬 40° 07′ 40.40″，高程 309 米。

南、北两侧与墙体相接，平面呈矩形，立面及剖面呈梯形，东西长 10.35 米，南北宽 10.3 米，高 11.4 米。敌台立面为三段式，下段为条石基础，白灰砌筑，白灰勾缝，露明 8 层，高 3.2 米；中段城砖砌筑，白灰砌筑，白灰勾缝，东、北立面辟 1 券门、2 箭窗，券门设券 1 块，平水石 2 块、门柱石 2 块、门槛石 1 块，门券石雕刻缠枝花卉，平水石头雕刻团花，门柱石刻花瓶海棠花。西、南立面各辟 3 箭窗，起券方式为二伏二券；中段与上段间设二层石拔檐分隔；上段设垛口墙，高 16 层砖，墙顶置披水砖，辟望孔。顶部设铺房。

保存较好，台体结构、形制较清晰。条石基础保存较好，面砖存不同程度的风化、酥碱券门保持较好，箭窗残破较严重，垛口墙局部缺失，铺房东、北、西立面存部分墙体。

### 244. 祖山东门 06 号敌台 130323352101170243

位于车厂村西北约 2 千米，坐标：东经 119° 29′ 47.50″，北纬 40° 07′ 35.10″，高程 253 米。

南、北两侧与墙体相接，平面呈矩形，立面及剖面呈梯形，东西宽 9.59 米，南北长 9.65 米，高 10.1 米。敌台立面为三段式，下段为条石基础，白灰砌筑，白灰勾缝；中段城砖砌筑，白灰砌筑，白灰勾缝，南、北立面辟 1 券门、2 箭窗，券门设券 1 块，平水石 2 块、门柱石 2 块、门槛石 1 块，门券室宽 1.2 米，深 1.04 米。南北箭窗券室宽 0.88 米，深 0.93 米。东、西立面各辟 3 箭窗，东西箭窗券室宽 0.95 米，西箭窗券室深 0.85 米，高 2.05 米，东箭窗券室深 1.68 米，起券方式为二伏二券；中段与上段间设二层石拔檐分隔；上段设垛口墙，残高 4～10 层砖，辟望孔。顶部设铺房，坐西朝东，东西宽 4.1 米，南北长 5.3 米，室内券顶高 3.42 米，室内南北长 3.92 米，东西宽 2.33 米。东西中间设门，门宽 0.965 米，门高 1.85 米，门两侧设窗，窗宽 0.6 米，高 0.89 米，门下槛两侧置抱鼓石。室内平面布局为南北向三券室、东西向三通道式结构。券室宽分别为：东 1.23 米、中 1.11 米、西 1.19 米，高 3.23 米，券室间隔墙厚 1.3 米；通道宽分别为：南 1.15 米、中 1.04 米、北、1.14 米，通道间隔分别为：1.83 米，1.77 米。东墙中间箭窗洞内设南北双向梯道，梯道宽 0.69 米，踏步宽 0.245 米，抬步高 0.34 米，7 级设一歇步台，再上 3 级有一歇步台，转向北再上 3 级台阶到顶，梯道上口建梯道室，室东西长 1.95 米，南北宽 1.85 米，向外两侧设箭窗，箭窗下又设望孔。向西设门，门宽 0.68 米。

保存较好，台体结构、形制较清晰。条石基础保存较好，台室墙体及内部结构保存较好。四面箭窗部分残破。台顶铺房整体较完整，垛口墙残缺，北侧垛口全部坍塌，西侧垛墙仅存垛口以下墙体，南部垛墙仅存拔檐以上 4 层砖。

### 245. 祖山东门 07 号敌台 130323352101170244

位于车厂村西约 2.1 千米，坐标：东经 119° 29′ 38.00″，北纬 40° 07′ 25.60″，高程 218 米。

南、北两侧与墙体相接，平面呈矩形，立面及剖面呈梯形，东西宽 9.95 米，南北长 10.08 米。敌台立面为三段式，下段为条石基础，白灰砌筑，白灰勾缝，露明 7 层，高 2.82 米，条石规格：长 0.9～1.5 米，厚 0.32、0.38、0.42、0.48 米；中段城砖砌筑，白灰砌筑，白灰勾缝，高 6.18 米。南、北立面辟 1 券门、2 箭窗，门券室高 2.61 米，宽 1.16 米，进深 0.89 米，门高 1.93 米，宽 0.83 米，门槛长 1.05 米，宽 0.6 米，厚 0.16 米；门柱石高 1.08 米，宽、厚均 0.32 米，平水石长 0.9 米，厚 0.2 米；门券部分由一块整券石组成，券高 0.54 米，宽 0.32 米，厚 0.32 米。东、西立面各辟 3 箭窗，箭窗高 0.83 米，宽 0.59 米。下设箭窗石，长 1.05 米，宽 0.42 米，厚 0.2 米。东侧箭窗券室宽 1.1 米，进深 1.75 米，券室间隔 1.9 米；西侧箭窗券室高 2.09 米，宽 1.08 米，进深 0.75 米，券室间隔 1.84 米。南侧箭窗券室高 1.94 米，宽 1.09 米，进深 0.86 米，券室间隔 1.54 米。北部箭窗券室高 2.23 米，宽 1.07 米，进深 0.87 米，券室间隔 1.5 米；中段与上段间设二层石拔檐分隔，厚 0.2 米；上段设垛口墙。顶部设铺房，坐东朝西，东西宽 3.7 米，南北长 5.44 米，东西墙厚 0.57 米，南北墙厚 0.64 米。室内布局为东西三券室、南北三通道结构，券室长约 6.6 米，宽约 1.62 米，高 3.66 米，起券方式为二伏二券，间隔墙厚 1.26 米；通道高 2.31 米，宽 1.16 米，通道间隔墙厚 1.58 米，通道起券方式为二伏二券。梯道位于东侧墙体中部，为南北双向阶梯，宽 0.75 米，踏步宽 0.28 米，抬步高 0.3 米。

保存一般，台体结构、形制较清晰。条石基础保存较好，面砖存不同程度的风化、酥碱，箭窗均塌毁严重，仅存北墙东侧、东墙北侧两箭窗较为完整，门窗券室均有坍塌，垛口墙基本无存，铺房全部塌毁，仅存墙基高 0.8 米，顶上生长着茂密的树木、杂草。

### 246. 祖山东门 08 号敌台 130323352101170245

位于车厂村西约 2.2 千米，坐标：东经 119° 29′ 32.20″，北纬 40° 07′ 12.10″，高程 472 米。

南、北两侧与墙体相接，平面呈矩形，立面及剖面呈梯形，东西宽 9.8 米，南北长 10.45 米，高 11.7 米。敌台立面为三段式，下段为条石基础，白灰砌筑，白灰勾缝，露明 7 层，高 2.05 米，条石规格：长 0.6～1.37 米，宽 0.34～0.36 米，厚 0.3、0.32、0.33、0.37 米；中段城砖砌筑，白灰砌筑，白灰勾缝，高 5.4 米，城砖规格：长 0.38 米，宽 0.18 米，厚 0.105 米。南、北辟券门，门券室高 2.24 米，宽 1.13 米，进深 1.06 米，门高 1.73 米，宽 0.78 米，门槛长 1.53 米，宽 0.62 米，厚 0.24 米，门柱石高 0.94 米，宽、厚均 0.31 米，平水石长 0.78 米，厚 0.2 米，门券部分由一块整券石组成，券高 0.53 米，宽 0.32 米，厚 0.29 米。东、西立面各辟 3 箭窗，南、北立面各辟 2 箭窗，箭窗高 0.8 米，宽 0.57 米，箭窗石长 0.92 米，宽 0.42 米，厚 0.13 米，箭窗券室高 2.2 米，宽 1.1～1.17 米，东侧箭窗券室进深 1.53 米，间隔 1.65 米，西侧箭窗券室进深 1 米，箭窗间距 1.67 米，南北两侧箭窗券室进深 0.93 米，箭窗间距 1.3 米；中段与上段间设三层拔檐分隔，上、下两层为直角檐，中间为菱角檐；上段设垛口墙，高 1.86 米，垛口高 0.87 米，口宽 0.44 米，墙厚 0.4 米，辟望孔，内口高 0.45 米，宽 0.47 米，外口高 0.17 米，宽 0.26 米。顶部设铺房，坐西朝东，东西长 4.02 米，南北宽 6.1 米，墙厚 0.47 米，门宽 1.07 米。室内布局为东西三券室、南北三通道结构，南券室长约 5.3 米，中、北券室长 5.9 米，宽 1.6 米，高 3.7 米，起券方式为三伏三券，间隔墙厚 1.25 米。通道高 2.21 米，宽 1.1 米，起券方式为二伏二券，通道间隔墙厚 1.35 米。梯道位于东侧中间箭洞内，为南北双向登顶式，宽 0.72 米，踏步 13 级，踏步宽 0.22 米，抬步高 0.3 米。

保存较好，台体结构、形制较清晰。条石基础保存较好，面砖存不同程度的风化、酥碱，箭窗存不同程度的残存，北侧券门坍塌不存，垛口墙局部缺失，铺房存部分墙体，台顶灌木、杂草茂密。

### 247. 祖山东门 09 号敌台 130323352101170246

位于车厂村西约 2.4 千米，坐标：东经 119° 29′ 26.00″，北纬 40° 07′ 07.80″，高程 491 米。

南、北两侧与墙体相接，平面呈矩形，立面及剖面呈梯形，东西宽 10.4 米，南北长 10.45 米，高 11.13 米。敌台立面为三段式，下段为条石基础，白灰砌筑，白灰勾缝，露明 5 层，高 1.73 米，条石规格：长 0.9～1.1 米，宽 0.43～0.55 米，厚 0.30、0.34、0.35 米；中段城砖砌筑，白灰砌筑，白灰勾缝，高 5.03 米，城砖规格：长 0.38 米，宽 0.185 米，厚 0.11 米。南、北辟券门，门券室高 2.2 米，宽 1.1 米，南侧门券室进深 1.15 米，北侧门券室进深 0.93 米，门高 1.77 米，宽 0.79 米，门槛长 1.45 米，宽 0.66 米，厚 0.25 米，门柱石高 0.96 米，宽、厚均 0.33 米，平水石长 0.75 米，厚 0.19 米，门券部分由一块整券石组成，券高 0.6 米，宽 0.31 米，厚 0.32 米。东、西立面各辟 3 箭窗，南、北立面各辟 2 箭窗，箭窗高 0.79 米，宽 0.57 米，箭窗石长 1.06 米，宽 0.43 米，厚 0.13 米，箭窗券室高 2.17 米，宽 1.12～1.14 米，箭窗间距 1.48～1.5 米，起券方式为二伏二券；中段与上段间设三层拔檐分隔，上、下两层为直角檐，中间为菱角檐；上段设垛口墙，垛墙高 1.83 米，垛口高 0.81 米，口宽 0.48 米，墙厚 0.4 米，辟望孔，望孔内口高 0.4 米，宽 0.4 米，外口高 0.25 米，宽 0.2 米。顶部设铺房坐东朝西，东西宽 3.3 米，南北长 5.88 米，墙厚 0.47 米，门宽 1.09 米。室内布局为东西三券室、南北三通道结构，券室长 6.4 米，宽 1.6 米，高 3.75 米，间隔墙厚 1.28 米；通道高 2.17 米，宽 1.5 米，通道间隔墙厚 1.5 米。梯道位于东侧中间，为南北双向梯道，高 3.15 米，宽 0.71 米，存踏步 13 级，踏步宽 0.23 米，抬步高 0.3 米。

保存较好，台体结构、形制较清晰。条石基础保存较好，面砖存不同程度的风化、酥碱，箭窗存不同程度的残存，垛口墙局部缺失，少量垛口墙存在披水砖，铺房存部分墙体。台顶灌木、杂草茂密。

### 248. 祖山东门 10 号敌台 130323352101170247

位于车厂村西约 2.5 千米，坐标：东经 119° 29′ 22.50″，北纬 40° 07′ 01.30″，高程 497 米。

南、北两侧与墙体相接，平面呈矩形，立面及剖面呈梯形，东西长 10.49 米，南北宽 10.27 米，高 9.6 米。敌台立面为三段式，下段为条石基础，白灰砌筑，白灰勾缝，露明 7 层，高 2.53 米，条石规格：长 0.73～0.96 米，宽 0.45～0.6 米，厚 0.33、0.35、0.36、0.39 米；中段城砖砌筑，白灰砌筑，白灰勾缝，高 6.5 米，城砖规格：长 0.39 米，宽 0.195 米，厚 0.11 米。南、北辟券门，门券室高 2.27 米，宽 1.13 米，进深 1 米，门高 1.77 米，宽 0.79 米，门槛长 1.5 米，宽 0.6 米，厚 0.21 米，门柱石高 0.96 米，宽 0.32 米，厚均 0.29 米，平水石长 0.8 米，厚 0.23 米，门券部分由一块整券石组成，券高 0.54 米，宽 0.32 米，厚 0.3 米。东、西立面各辟 3 箭窗，南、北立面各辟 2 箭窗，箭窗高 0.82 米，宽 0.58 米，箭窗石长 0.9 米，宽 0.4 米，厚 0.12 米，箭窗券室高 2.1 米，宽 1.1 米，起券方式为二伏二券；中段与上段间设三层拔檐分隔，上、下两层为直角檐，中间为菱角檐；上段设垛口墙，垛墙高 1.86 米，垛口高 0.9 米，口宽 0.42 米，墙厚 0.45 米，辟望孔，内口高 0.42 米，宽 0.46 米，外口高 0.15 米，宽 0.23 米。顶部设铺房，室内布局为东西三券室、南北三通道结构，券室长 6.4 米，宽 1.6 米，高 3.66 米，起券方式为三伏三券，间隔墙厚 1.32 米，通道高 2.1 米，宽 1.1 米；通道间隔墙厚 1.54 米，通道起券方式为二伏二券。梯道位于东侧中间箭洞内，为南北双向梯道，高 3.2 米，宽 0.73 米，存踏步 13 级，踏步宽 0.27 米，抬步高 0.32 米。

保存较好，台体结构、形制较清晰。条石基础保存较好，面砖存不同程度的风化、酥碱，箭窗存不同程度的残存，东垛墙基本完整，南墙西三垛塌至垛口基石以上，西垛南二垛塌至垛口基石，北墙向东四垛塌至垛口基石以下；铺房全部塌毁，形制不辨；梯道室塌毁。台顶灌木、杂草茂密。

### 249. 祖山东门 11 号敌台 130323352101170248

位于车厂村西南约 2.5 千米，坐标：东经 119° 29′ 23.40″，北纬 40° 06′ 55.00″，高程 510 米。

南、北两侧与墙体相接，平面呈矩形，立面及剖面呈梯形，东西长 10.01 米，南北宽 10 米，高 7.61 米。敌台立面为三段式，下段为条石基础，白灰砌筑，白灰勾缝，露明 2 层，高 0.62 米，条石规格：长 0.96～1.37 米，宽 0.34 米，厚 0.3、0.32 米；中段城砖砌筑，白灰砌筑，白灰勾缝，高 5.1 米，城砖规格：长 0.38 米，宽 0.185 米，厚 0.1 米。南、北辟券门，门券室高 2.18 米，宽 1.2 米，进深 0.82 米，门高 1.83 米，宽 0.78 米，门槛长 1.48 米，宽 0.53 米，厚 0.22 米，门柱石高 1.06 米，宽 0.28 米，厚 0.26 米，平水石长 0.71 米，厚 0.2 米，门券部分由一块完整券石组成，券石宽 0.25 米，厚 0.27 米，券高 0.53 米。东、西立面各辟 3 箭窗，南、北立面各辟 2 箭窗，箭窗高 0.8 米，宽 0.56 米，箭窗槛石长 0.73 米，宽 0.38 米，厚 0.11 米，箭窗券室高 2.1 米，宽 1.26 米，进深 1.68 米，间隔 1.82 米；中段与上段间设一层石拔檐分隔；上段设垛口墙，高 1.94 米，垛口高 1 米，口宽 0.37 米，墙厚 0.4 米，东垛墙中部镶嵌有修建敌台纪事碑一通，万历三十六年立，青石质，高 0.74，宽 1.085，厚 0.1 米，刻字大部分已漫漶不清。垛口墙上辟望孔，内口高 0.29 米，宽 0.26 米，外口高 0.29 米，宽 0.26 米。顶部设铺房，坐西朝东，东西长 6.48 米，墙厚 0.43 米。室内布局为东西三券室、南北三通道结构，券室长 6.95 米，宽 1.6 米，高 3.4 米，间隔墙厚 1.32 米；通道高 2.1 米，宽 1.2 米，间隔墙厚 1.65 米。

保存一般，台体结构、形制较清晰。条石基础保存较好，面砖存不同程度的风化、酥碱，箭窗存不同程度的残存，东南券室及南墙全部坍塌，室内存有后期人为搭建火炕遗迹，梯道完整，踏步棱木全部遗失，东垛口墙完整，中间镶嵌有建敌台纪事碑，铺房仅存西北角及北墙，基址为向东前出廊式。敌台顶灌木、杂草茂密。

### 250. 祖山东门 12 号敌台 130323352101170249

位于车厂村西南约 2.5 千米，坐标：东经 119° 29′ 25.20″，北纬 40° 06′ 50.80″，高程 523 米。

南、北两侧与墙体相接，平面呈矩形，立面及剖面呈梯形，东西长 10.86 米，南北宽 10.23 米，高 10.97 米。敌台立面为三段式，下段为条石基础，白灰砌筑，白灰勾缝，露明 7 层，高 2.1 米，条石规格：长 1 米，宽 0.42 米，厚 0.3 米；中段城砖砌筑，白灰砌筑，白灰勾缝，南、北辟券门，门券室高 2.31 米，宽 1.2 米，进深 0.84 米，门高 1.78 米，宽 0.74 米，门槛长 1.33 米，宽 0.29 米，厚 0.22 米，门柱石高 1.06 米，宽、厚 0.29 米，平水石长 0.8 米，厚 0.2 米，门券部分由一块整券石组成，券石高 0.5 米，宽 0.28 米，厚 0.29 米。东、西立面各辟 3 箭窗，南、北立面各辟 2 箭窗，箭窗宽高 0.8 米，宽 0.57 米，箭窗槛石长 0.82 米，宽 0.42 米，厚 0.11 米，箭窗券室高 2.1 米，宽 1.15 米，进深 0.72 米，间隔 1.8 米；中段与上段间设一层石拔檐分隔；上段设垛口墙，高 1.94 米，垛口高 0.9 米，口宽 0.43 米，墙厚 0.39 米，垛口墙下部辟望孔，高 0.26 米，宽 0.2 米。顶部设铺房，坐东朝西，东西宽 3.38 米，南北长 6.18 米，墙厚 0.48 米，门宽 1.09 米，距北墙内边 1.35 米，距西墙内边 1.8 米。室内布局为东西三券室、南北三通道结构，券室长 7 米，宽 1.6 米，高 3.4 米，间隔墙厚 1.38 米，起券方式为三伏三券；通道高 2 米，宽 1 米，西侧通道间隔墙厚 2.48 米，东侧通道间隔墙厚 1.7 米，通道起券方式为二伏二券。梯道位于东侧中间券洞内，为南北双向梯道，高 3.6 米，宽 0.67 米，残存踏步 10 级，踏步宽 0.28 米，抬步高 0.36 米。

保存较好，台体结构、形制较清晰。条石基础保存较好，面砖存不同程度的风化、酥碱，箭窗存不同程度的残存，垛口墙局部缺失，顶部铺房塌毁，仅存基址，梯道室已坍塌，敌台顶灌木、杂草茂密。

### 251. 祖山东门 13 号敌台 130323352101170250

位于车厂村西南约 2.5 千米，坐标：东经 119° 29′ 23.30″，北纬 40° 06′ 48.00″，高程 516 米。

敌台南北接墙，砖石结构，平面布局为三券室三通道，立面及剖面呈梯形，底部东西宽 9.8 米，南北长 10 米，高 9.18 米。立面为三段式，下段条石基础，东立面 4 层，高 1.32 米，西立面 6 层，1.93 米，白灰砌筑，白灰勾缝；中段城砖砌筑，白灰砌筑，白灰勾缝，南北辟门，南门券室宽 1.27 米，高 2.1 米，进深 0.94 米，北门券室宽 1.2 米，高 2.2 米，进深 0.93 米，门高 1.7 米，宽 0.7 米，门槛石长 1.34 米，宽 0.5 米，厚 0.2 米，门柱石高 1.16 米，宽厚均 0.26 米，压柱石长 0.79 米，厚 0.18 米，门券三块券石组成，高 0.37 米，宽 0.28 米，厚 0.26 米。东、西立面设箭窗 3 个，南、北立面设箭窗 3 个，箭窗内口高 0.88 米，宽 0.77 米，外口高 0.79 米，宽 0.61 米，窗槛石长 0.76 米，宽 0.39 米，厚 0.08 米，箭窗券室高 1.97 米，宽 1.17～1.22 米，东侧箭窗券室进深 1.58 米，间隔 1.85 米，其他箭窗券室进深 0.9～0.96 米，西侧箭窗间隔 1.81 米，南侧箭窗间隔 1.36 米，北侧箭窗间隔 1.44 米。

台室内为三券室三通道结构，南北 9.71 米，东西 9.5 米。券室南北方向，长约 6.5 米，宽约 1.6 米，高 3.37～3.51 米，起券方式为三伏三券，南间间隔墙厚 1.23 米，北间间隔墙厚 1.26 米；通道高 1.97 米，宽 1.5～1.25 米，间隔墙厚 1.47 米，券高 0.59 米，起券方式为两伏两券。梯道位于东侧中间券洞内，为南北双向三梯次券顶，高 3.24 米，宽 0.64 米，存踏步 9 级，踏面宽 0.23 米，踢面高 0.36 米。

中段与上段间设石拔檐一层分隔，高 0.1 米。上段南北 9.24 米，东西 9.03 米，铺房现已严重坍塌，仅存部分墙基，为坐西朝东，南北长 5.59 米，东西宽 3.35 米，向东前出廊式，出廊 0.91 米，墙厚 0.44 米，位置居中，距北墙内边 1.5 米，距南墙内边 1.39 米。四周垛墙东面存垛口 2 个，南、北面各存垛口 3 个，垛墙高 1.83 米，垛口高 0.9 米，口宽 0.46 米，墙厚 0.38 米。望孔高 0.31 米，宽 0.23 米，存东面 3 个，西面 4 个，南面 4 个，北面 4 个，北面存吐水石嘴 1 个。敌台面砖风化酥碱严重，四周植被多为灌木和杂草。

在敌台东侧山崖下发现修建敌台纪事碑一通，青石质，长 0.91 米，宽 0.73 米，厚 0.1 米，卷草纹边饰，竖排阴刻楷书字，刻划较浅，字迹已漫漶不清。

### 252. 祖山东门 14 号敌台 130323352101170251

位于车厂村西南约 2.6 千米，坐标：东经 119° 29′ 20.60″，北纬 40° 06′ 43.50″，高程 503 米。

敌台南北接墙，砖石结构，平面布局为三券室三通道，立面及剖面呈梯形，顶部东西宽 9.11 米，南北长 9.36 米，高 9.39 米。立面为三段式，下段条石基础，东立面高 1.2 米，西立面 5 层，高 1.5 米，条石厚 0.3 米，白灰砌筑，白灰勾缝；中段城砖砌筑，城砖规格为 0.37 米 × 0.18 米 × 0.1 米，白灰砌筑，白灰勾缝，35 层到拔檐，南北辟门，高 1.76 米，宽 0.77 米，门柱石高 1.08 米，宽 0.26 米，压柱石长 0.87 米，厚 0.2 米，门券石厚 0.26 米，宽 0.38 米，券高 0.7 米，门券室高 2.01 米，宽 1.29 米，进深 0.91 米；南立面存箭窗 3 个，箭窗券室高 1.92 米，宽 1.19 米，进深 0.74 米，间隔 1.53 米，窗槛石均散落于草丛中。西立面存箭窗 2 个，箭窗券室高 1.74 米，宽 1.24 米，进深 0.72 米，间隔 1.95 米。

台室内为三券室三通道结构，券室东西向，北侧券室坍塌，存中部和南部券室，高 3.4 米，宽 1.59 米，中部券室长 7.19 米，南部券室长 7.12 米，起券方式为三伏三券；通道高 1.9 米，宽 1.06～1.18 米，东侧间隔墙厚 1.99 米，西侧间隔墙厚 1.78 米，起券方式为两伏两券。梯道位于北侧中间窗洞内，高 3.32 米，宽 0.66 米，踏面宽 0.3 米，踢面高 0.4 米，存 4 级。中段与上段间设一层石拔檐分隔。

上段存垛口墙，残高 0.96 米，墙厚 0.4。残存垛口东侧 3 个，西侧 1 个；残存望孔 8 个，其中东垛口墙上 2 个，西垛口墙上 1 个，南垛口墙上 3 个，北垛口墙上 2 个，望孔高 0.27 米，宽 0.2 米。东侧垛口墙上设吐水石嘴 1 个。铺房现已严重坍塌，坐南朝北，门宽 1.15 米，位于敌台顶中部，东西宽 5.08 米，墙厚 0.5 米，铺房板瓦宽 0.19 米，长 16.5 米，厚 0.02 米。

敌台面砖风化酥碱严重，台室北墙及北侧券室坍塌，东墙中门被封堵，台室海墁已不存。顶部铺房、梯道室坍塌，四周植被多为灌木和杂草。

**253. 柳观峪 01 号敌台 130323352101170252**

位于柳观峪村西北约 3 千米，坐标：东经 119° 29′ 07.80″，北纬 40° 06′ 29.30″，高程 710 米。

敌台南北接墙，砖石结构，平面布局为三券室三通道，立面及剖面呈梯形，顶部东西宽 9.11 米，南北长 9.36 米，高 11.36 米。立面为三段式，下段条石基础 9 层，高 2.91 米，每层厚 0.3 ～ 0.33 米，白灰砌筑，白灰勾缝；中段城砖砌筑，城砖规格为 0.4 米 ×0.17 米 ×0.09 米，白灰砌筑，白灰勾缝，南北辟门，门高 1.76 米，宽 0.76 米，门槛石宽 0.58 米，厚 0.23 米，长 1.19 米，门柱石高 1.09 米，宽 0.32 米，厚 0.26 米，压柱石厚 0.2 米，长 0.7 米，门券石 3 块，宽 0.3 米，厚 0.42 米，门券室高 2.12 米，宽 1.3 米，进深 1.06 米，1.45 米起券，东、西立面设箭窗 3 个，南、北立面设箭窗 2 个，箭窗券室高 2.18 米，宽 1.24 ～ 1.34 米，进深东侧箭洞 1.53 米，西侧 0.67 米，南侧 0.78 米，北侧 0.73 米，间隔墙厚 1.3 米，箭窗内口高 0.86 米，宽 0.72 米，外口高 0.82 米，宽 0.55 米，窗槛石长 0.73 米，宽 0.42 米。

台室内为三券室三通道结构，通道高 1.94 米，宽 1.3 米，间隔墙宽 1.3 米，起券方式为两伏两券。梯道位于北侧中间箭窗券室，高 3.32 米，宽 0.66 米，存踏跺 4 级，踏面宽 0.3 米，踢面高 0.4 米。中段与上段间设一层石拔檐分隔。

上段存垛口墙，厚 0.4 米，高 1.49 米，东侧存垛口 3 个，望孔 2 个，南侧存望孔 3 个，西侧存垛口 1 个，望孔 1 个，北侧存望孔 2 个，望孔高 0.27 米，宽 0.2 米，东侧中部存吐水石嘴 1 个。铺房位于台顶中部，坐南朝北，现已坍塌，东西宽 5.08 米，墙厚 0.5 米。地面散落的板瓦宽 0.19 米，长 16.5 米，厚 0.02 米。

敌台面砖风化酥碱严重，铺房、梯道室坍塌，四周植被多为灌木和杂草。

**254. 柳观峪 02 号敌台 130323352101170253**

位于柳观峪村西北约 3 千米，坐标：东经 119° 29′ 08.40″，北纬 40° 06′ 28.30″，高程 706 米。

敌台西、北接墙，砖石结构，平面布局为三券室三通道，立面及剖面呈梯形，底部东西宽 10.52 米，南北长 10.35 米。立面为三段式，下段条石基础 6 层，高 1.96 米，每层厚 0.32 米，白灰砌筑，白灰勾缝；中段城砖砌筑，城砖规格为 0.37 米 ×0.18 米 ×0.09 米，白灰砌筑，白灰勾缝，西、北各设一门，高 1.75 米，宽 0.76 米，门柱石高 1.17 米，宽、厚均 0.26 米，压柱石高 0.18 米，长 0.74 米，门券石 3 块，宽 0.25 米，厚 0.24 米，插孔石高 0.37 米，宽 0.35 米，厚 0.14 米，中间孔径 0.12 米。敌台设箭窗，箭窗高 1.01 米，宽 0.7 米，窗槛石长 0.73 米，宽 0.45 米，厚 0.18 米。箭窗券室高 2.1 米，宽 1.17 米，进深 1.6 米，间隔 4.96 米。

台室内为三券室三通道结构，通道宽 1.02 米，北通道高 1.92 米，间隔墙宽 1.42 米，起券方式为两伏两券，梯道位于北门内侧，高 4.8 米，宽 0.66 米，设踏跺 15 级，踏面宽 0.24 米，踢面高 0.32 米。

中段与上段间设一层石拔檐分隔，上段存垛口墙，高 1.68 米，垛口高 0.73 米，宽 0.48 米，墙厚 0.41 米。东侧存垛口 3 个，望孔 4 个，南侧存垛口 1 个，望孔 5 个，西侧存垛口 2 个，望孔 4 个，北侧存垛口 2 个，望孔 3 个，望孔高 0.23 米，宽 0.23 米。顶部东西长 10.28 米，南北宽 8.86 米，铺房位于中部。敌台面砖风化酥碱严重，铺房、梯道室坍塌，四周植被多为灌木和杂草。

### 255. 柳观峪村 03 号敌台 130323352101170254

柳观峪村西北约 3.1 千米，坐标：东经 119° 28′ 51.00″，北纬 40° 06′ 18.10″，高程 664 米。

敌台东西接墙，砖石结构，平面布局呈"回"字形，立面及剖面呈梯形，底部东西宽 9.24 米，南北长 9.57 米，高 9.25 米。立面为三段式，下段条石基础 7 层，高 2.22 米，白灰砌筑，白灰勾缝；中段城砖砌筑，白灰砌筑，白灰勾缝，东西正中辟门，宽 0.8 米，东门起券方式为两伏两券，券门石三块，券石长 0.51 米，宽 0.3 米，厚 0.23 米，压柱石长 0.7 米，宽 0.2 米，厚 0.21 米，门柱石高 1.08 米，宽 0.24 米，厚 0.24 米，门槛石长 1.24 米，宽 0.27 米，厚 0.2 米。南、北立面各设箭窗 2 个，箭窗券室宽 1.36 米，进深 2.74 米。台室内为单券室结构，东西向，长 4.3 米，宽 2.91 米。梯道位于两侧门洞的南侧，梯道顶部为三梯次券筑，台阶存 11 阶，东立面残存吐水嘴一个，上段设施不存，敌台面砖风化酥碱严重，台室墙体西、南两面大部分坍塌，四周植被多为灌木和杂草。

### 256. 柳观峪 04 号敌台 130323352101170255

位于柳观峪村西北约 3.2 千米，坐标：东经 119° 28′ 43.70″，北纬 40° 06′ 17.20″，高程 652 米。

敌台东西接墙，砖石结构，平面布局为三券室三通道，立面及剖面呈梯形，底部东西宽 12.78 米，南北长 10.4 米，高 8.83 米。立面为三段式，下段条石基础 6 层，高 2.13 米，每层厚 0.55 米，白灰砌筑，白灰勾缝；中段城砖砌筑，城砖规格为 0.37 米 ×0.18 米 ×0.1 米，白灰砌筑，白灰勾缝，东西辟门，宽 0.77 米，高 1.65 米，门槛石长 1.25 米，宽 0.64 米，厚 0.23 米，门柱石高 1.09 米，宽 0.32 米，厚 0.26 米，压柱石高 0.19 米，长 0.77 米，门券石高 0.27 米，厚 0.31 米，门闩石方形，边长 0.4 米，厚 0.19 米，插孔直径 0.14 米，敌台设箭窗，宽 0.77 米，箭窗券室深 0.26 米。台室内为三券室三通道结构，券室南北向，高 3.63 米，东券室通长 6.16 米，宽 2.25 米，券筑方式为两伏两券，券室间隔墙厚 1.5 ～ 1.6 米；通道宽 1.3 米，高 1.25 米。梯道位于南墙中部，为双向斜坡式，顶部梯次发券，共十级，宽 0.65 米，踏面宽 0.22 米，踢面高 0.32 米；中段与上段间设一层石拔檐分隔；上段设垛口墙，高 1.8 米，厚 0.38 米，东立面存垛口 2 个，垛口高 0.87 米，口宽 0.59 米，共存望孔 10 个，东 4 个，西 4 个，南 2 个，望孔高 0.29 米，宽 0.24 米，北部存吐水石嘴一个。顶部南北边长 9.29 米，东西边长 11.67 米。中部存铺房遗址，东西长 6.3 米，南北宽 3.1 米，墙厚 0.48 米。敌台面砖风化酥碱严重，四周植被多为灌木和杂草。

### 257. 柳观峪 05 号敌台 130323352101170256

位于柳观峪村西北约 3.4 千米，坐标：东经 119° 28′ 38.30″，北纬 40° 06′ 16.90″，高程 635 米。

敌台东西接墙，砖石结构，平面布局为三券室三通道，立面及剖面呈梯形，底部东西宽 10.88 米，南北长 11.04 米。立面为三段式，下段条石基础，白灰砌筑，白灰勾缝；中段城砖砌筑，白灰砌筑，白灰勾缝，南北辟石券门，宽 0.78 米，各设箭窗 2 个，东、西立面各设箭窗 3 个，券室长 5.79 米，宽 1.95 米，通道宽 0.77 米；上段设施无存。

敌台面砖风化酥碱严重，北券室顶部坍塌，券室北墙坍塌长 7.5 米，四周植被多为灌木和杂草。

### 258. 柳观峪 06 号敌台 130323352101170257

位于柳观峪村西北约 3.5 千米，坐标：东经 119° 28′ 32.20″，北纬 40° 06′ 17.10″，高程 679 米。

敌台东西接墙，砖石结构，平面布局为三券室三通道，立面及剖面呈梯形，底部东西宽 10.94 米，西立面高 4.05 米，东立面高 8.97 米。立面为三段式，下段条石基础 7 层，高 2.2 米，每层厚 0.31 米，白灰砌筑，白灰勾缝；中段城砖砌筑，城砖规格为 0.37 米 ×0.19 米 ×0.95 米，白灰砌筑，白灰勾缝，28 层至拔檐，东西中部辟门，门券室宽 1.1 米，高 2.36 米，深 1.03 米，起券高 0.56 米。门宽 0.71 米，高 1.7 米，门槛石长 1.41 米，宽 0.59 米，厚 0.22 米。门柱石高 1.05 米，宽 0.24 米，厚 0.27 米。压柱石高 0.19 米，长 0.9 米。门券石 3 块，宽 0.3 米，厚 0.24 米，券高 0.42 米。插孔石宽 0.42 米，高 0.42 米，厚 0.24 米，孔径 0.11 米。东立面设箭窗 1 个，南、北立面设箭窗 3 个，高 0.88 米，宽 0.59 米，起券高 0.32 米，箭窗券室宽 1.03 米，高 1.95 米，深 0.72 米，间隔 1.75 米，起券方式为两伏两券，箭窗距台室地面 0.75 米。

台室为三券室三通道，东西为券室，南券室长 8.97 米，中券室长 7.52 米，券室宽 1.9 米，高 3.56 米，起券高 0.96 米，券室间隔墙厚 1.33 米；通道南北向，宽 1.01 米，高 1.94 米，通道间隔 1.75 米。梯道位于西侧，分为南、北双向梯道。梯道宽 0.67 米，踏面宽 0.24 米，踢面高 0.28 米，

中段与上段间设三层拔檐分隔，高 0.3 米；上段西侧存垛口墙，长 2.8 米，高 1.63 米，存垛口 1 个，高 0.72 米，口宽 0.76 米，墙厚 0.42 米，存望孔 4 个，高 0.2 米，宽 0.23 米。南侧存石质吐水嘴一个。顶部铺房不存，北侧梯道室不存，南侧梯道室墙厚 0.42 米，门宽 0.83 米。

敌台面砖风化酥碱严重，台室北墙及北券室坍塌，四周植被多为灌木和杂草。

**259. 柳观峪 07 号敌台 130323352101170258**

位于柳观峪村西北约 3.6 千米，坐标：东经 119° 28' 27.10″，北纬 40° 06' 15.10″，高程 725 米。

敌台东、西接墙，砖石结构，平面布局为三券室三通道，立面及剖面呈梯形，底部东西宽 11.36 米，南北长 11.58 米。立面为三段式，下段条石基础 6 层，高 1.87 米，白灰砌筑，白灰勾缝；中段城砖砌筑，城砖规格为 0.38 米 ×0.18 米 ×0.9 米，白灰砌筑，白灰勾缝，东西中部辟门，门券室高 2.92 米，起券高 0.56 米。门高 1.7 米，门柱石高 1.09 米，压柱石高 0.2 米，长 0.76 米，门券石 3 块，插孔石宽 0.42 米，高 0.45 米，厚 0.24 米，孔径 0.14 米。东、西立面设箭窗 2 个，南、北立面设箭窗 3 个，高 0.87 米，起券高 0.31 米，起券方式为两伏两券。

台室为三券三通道，东西为券室，券室长 8.56 米，宽 1.9 米，高 3.62 米，券室间隔墙厚 1.36 米；通道宽 1.13 米，高 1.97 米，通道间隔 2.06 米。梯道位于西侧，形制为双向梯道券顶形，踏面宽 0.2 米，踢面高 0.22 米。

中段与上段间设三层拔檐分隔；上段存垛口墙，高 1.7 米，垛口高 0.8 米，口宽 0.76 米。望孔存 2 个，高 0.34 米，宽 0.2 米，东侧存石质吐水嘴 1 个。

敌台面砖风化酥碱严重，北券室顶、铺房坍塌，梯道室不存，四周植被多为灌木和杂草。

**260. 柳观峪 08 号敌台 130323352101170259**

位于柳观峪村西北约 3.8 千米，坐标：东经 119° 28' 15.90″，北纬 40° 06' 10.10″，高程 754 米。

敌台东西接墙，砖石结构，立面及剖面呈梯形，底部东西宽 10 米，高 9.6 米。立面为三段式，下段条石基础 11 层，高 3.27 米，白灰砌筑，白灰勾缝；中段城砖砌筑，白灰勾缝，东西中部

设门，券顶上部毛石填砌，高 0.77 ～ 1.4 米；中段与上段间设二层拔檐分隔。敌台面砖风化酥碱严重，台体北半部坍塌，东西墙存南半部，四周植被多为灌木和杂草。

### 261. 柳观峪 09 号敌台 130323352101170260

位于柳观峪村西北约 3.9 千米的山脊上，坐标：东经 119° 28′ 09.50″，北纬 40° 06′ 10.30″，高程 761 米。

敌台东西接墙，砖石结构，平面布局为三券室三通道，立面及剖面呈梯形，底部东西宽 11.7 米，南北长 11.52 米，高 11.43 米。立面为三段式，下段条石基础 5 层，高 1.65 米，白灰砌筑，白灰勾缝；中段城砖砌筑，城砖规格为 0.36 米 ×0.17 米 ×0.08 米，白灰砌筑，白灰勾缝，东西辟门，高 1.74 米，宽 0.71 米，为石质券。门券室宽 1.02 米，高 2.44 米，深 1.6 米。东、西立面各设箭窗 2 个，南、北立面各设箭窗 3 个，宽 0.57 米，高 1 米，箭窗券室宽 0.9 米，高 1.9 米，深 1.26 米。

台室内东西向为券室，券室长 5.17 米，宽 2.1 米，高 3.65 米，南北向为通道，通道宽 0.9 米，高 1.75 米。于东西门内侧设登顶梯道，内为北向南台阶，梯道宽 0.62 米，存 14 级，踏面宽 0.25 米，踢面高 0.33 米。中段与上段间设两层砖拔檐和一层石拔檐分隔；上段存垛口墙，高 1.68 米，垛口高 0.78 米，口宽 0.5 米，上部有披水砖，南墙上存吐水嘴一个。

敌台面砖风化酥碱严重，北墙上部外闪，东、西立面存竖向裂缝，宽 0.03 米，敌台顶梯道室及铺房坍塌，四周植被多为灌木和杂草。

### 262. 柳观峪 10 号敌台 130323352101170261

位于柳观峪村西北约 4.3 千米，坐标：东经 119° 27′ 54.30″，北纬 40° 06′ 11.70″，高程 839 米。

敌台东西接墙，砖石结构，坍塌，呈堆状，底部直径 15 米，高 7 米。四周散落大量碎砖，植被多为灌木和杂草。

### 263. 柳观峪 11 号敌台 130323352101170262

位于柳观峪村西北约 4.3 千米，坐标：东经 119° 27′ 50.30″，北纬 40° 06′ 09.60″，高程 866 米。

敌台东西接墙，砖石结构，坍塌，呈堆状，四周散落大量碎砖，植被多为灌木和杂草。

### 264. 柳观峪 12 号敌台 130323352101170263

位于柳观峪村西北约 4.6 千米，坐标：东经 119° 27′ 40.90″，北纬 40° 06′ 10.40″，高程 853 米。

敌台东西接墙，砖石结构，立面及剖面呈梯形，高 8.65 米。立面为三段式，下段条石基础 10 层，高 3.28 米，白灰砌筑，白灰勾缝；中段城砖砌筑，城砖规格为 0.36 米 ×0.18 米 ×0.1 米，白灰砌筑，白灰勾缝，北立面存箭窗 2 个。敌台面砖风化酥碱严重，东、西、南券室墙体坍塌，四周植被多为灌木和杂草。

### 265. 柳观峪 13 号敌台 130323352101170264

位于柳观峪村西北约 4.7 千米，坐标：东经 119° 27′ 32.50″，北纬 40° 06′ 06.70″，高程 879 米。

敌台东西接墙，砖石结构，坍塌，呈堆状，高 6 米，仅东南角存基础条石 5 层，长 0.7 ～ 1 米，厚 0.4 米。四周植被多为灌木和杂草。

### 266. 孤石峪 01 号敌台 130323352101170265

位于孤石峪村西北约 4.5 千米，坐标：东经 119° 27′ 25.60″，北纬 40° 05′ 57.10″，高程 894 米。

敌台南北接墙，砖石结构，立面及剖面呈梯形，高 7.75 米。立面为三段式，下段条石基础，白灰砌筑，白灰勾缝；中段城砖砌筑，城砖规格为 0.38 米 ×0.18 米 ×0.1 米，白灰砌筑，白灰勾缝，南立面中部辟石券门，宽 0.75 米，高 1.77 米，门外存有登台台阶，毛石垒砌，长 0.65 米，宽 1.6 米；中段与上段间设三层拔檐分隔，上部设施无存。

敌台面砖风化酥碱严重，台室外墙仅存部分南墙，向北倾斜严重，台室顶部坍塌，四周植被多为灌木和杂草。

### 267. 孤石峪 02 号敌台 130323352101170266

位于孤石峪村西北约 4.4 千米，坐标：东经 119° 27′ 10.70″，北纬 40° 05′ 44.90″，高程 1013 米。

敌台南北接墙，砖石结构，平面布局为三券室三通道，立面及剖面呈梯形，底部东西宽 11.2 米，南北长 11.33 米，高 11.2 米。立面为三段式，下段条石基础 8 层，高 2.46 米，白灰砌筑，白灰勾缝；中段城砖砌筑，白灰砌筑，白灰勾缝，南北辟门，南门宽 0.78 米，券石三块，宽 0.25 米，券高 0.38 米，压柱石长 0.86 米，高 0.2 米，厚 0.25 米，门柱石高 1.13 米，门外存登台台阶。台室内为三券室三通道结构，南部西侧设梯道，宽 0.77 米。中段与上段间设三层拔檐分隔；上部设施无存。

敌台面砖风化酥碱严重，台室北墙、北通道、台室顶坍塌，四周植被多为灌木和杂草。

### 268. 孤石峪 03 号敌台 130323352101170267

位于孤石峪村西北约 4.5 千米，坐标：东经 119° 26′ 53.20″，北纬 40° 05′ 34.70″，高程 1054 米。

敌台东西接墙，砖石结构，平面布局为三券室三通道，立面及剖面呈梯形，台室东西宽 10.93 米，南北长 11.17 米，高 9.73 米。立面为三段式，下段条石基础 5 层，高 1.55 米，白灰砌筑，白灰勾缝；中段城砖砌筑，城砖规格为 0.38 米 ×0.18 米 ×0.09 米，白灰砌筑，白灰勾缝，东西辟门，东门宽 0.66 米，高 1.81 米，门券石三块，压柱石长 0.5 米，高 0.09 米，厚 0.23 米。门柱石高 1.31 米，宽 0.24 米。门槛石长 1.24 米，厚 0.6 米，高 0.23 米。外存登台台阶遗迹，内部为三券室三通道结构，券室高 3.64 米，宽 1.99 米，通道高 2.02 米，宽 1.32 米，起券方式为两伏两券，券厚 0.59 米，券高 1.36 米。敌台内部底部有石基础，可见高度约 0.44 米。

南部东侧设登台梯道，宽 0.81 米，踏面宽 0.25 米，踢面高 0.28 米。东立面设吐水嘴一个；中段与上段间设三层拔檐分隔；上段存少量垛口墙。

敌台面砖风化酥碱严重，东、西券室顶部北半侧倒塌，四周植被多为灌木和杂草。

### 269. 孤石峪 04 号敌台 130323352101170268

位于孤石峪村西北约 4.6 千米，坐标：东经 119° 26′ 40.70″，北纬 40° 05′ 30.40″，高程 1081 米。

敌台东西接墙，砖石结构，平面布局为三券室三通道，立面及剖面呈梯形，底部东西宽 11.7 米，南北长 11.9 米，高 6.8 米。立面为三段式，下段条石基础 7 层，高 2.1 米，白灰砌筑，白灰勾缝；中段城砖砌筑，白灰砌筑，白灰勾缝，东西中部辟石券门，宽 0.82 米，高 1.75 米，门券室宽 1.2 米，高 2.03 米，深 1 米，两侧各设箭窗 1 个，南北立面各设箭窗 3 个，箭窗券室宽 1.27 米，高 1.9 米，深 0.9 米。台室为南北向三券室，宽 2.1 米，高 3.37 米，东西向三通道，宽 1.32 米，高 2.05 米；中段与上段间设两层砖拔檐、一层石拔檐分隔；上部存少量垛口墙，铺房不存。

敌台面砖风化酥碱严重，券室顶部、梯道坍塌，四周植被多为灌木和杂草。

**270. 韭菜楼 130323352101170269**

位于孤石峪村西北约 4.8 千米，坐标：东经 119° 26′ 34.60″，北纬 40° 05′ 33.00″，高程 1016 米。

敌台东西接墙，砖石结构，立面及剖面呈梯形，底部东西宽 12.06 米，南北长 12.06 米，高 8.4 米。立面为三段式，下段条石基础 11 层，高 4.1 米，白灰砌筑，白灰勾缝；中段城砖砌筑，城砖规格为 0.35 米 ×0.17 米 ×0.09 米，白灰砌筑，白灰勾缝。东立面设石券门，素面，距地面高 4.1 米，宽 0.72 米，高 1.86 米，门柱石高 1.32 米，宽 0.18 米，压柱石长 0.6 米，宽 0.18 米，门券部分由 3 块石料组成。两侧各设箭窗 1 个，南立面设箭窗 3 个，宽 0.48 米，高 0.68 米，起券方式为一伏一券；中段与上段间设三层拔檐分隔；上段存少量垛口墙，高 0.2 米。

敌台面砖风化酥碱严重，西、北立面中段坍塌，券室顶部坍塌，敌台东侧坍塌散落阳文"河右"文字砖，四周植被多为灌木和杂草。

**271. 乌龙顶 01 号敌台 130323352101170270**

位于孤石峪村西北约 5 千米，坐标：东经 119° 26′ 27.80″，北纬 40° 05′ 38.40″，高程 1085 米。

敌台南北接墙，砖石结构，立面及剖面呈梯形，底部东西宽 11 米，南北长 11 米，高 2.5 米。下段条石基础，白灰砌筑，白灰勾缝；中段城砖砌筑，白灰砌筑，白灰勾缝，坍塌，呈堆状，台上存石质门槛石一块。四周散落大量碎砖，陡坡下部的草丛中，散落有完整的门券石和门柱石，植被多为灌木和杂草。

**272. 乌龙顶 02 号敌台 130323352101170271**

位于孤石峪村西北约 5.2 千米，坐标：东经 119° 26′ 22.80″，北纬 40° 05′ 43.50″，高程 1072 米。

敌台西、南接墙，砖石结构，立面及剖面呈梯形。下段条石基础 13 层，高 3.98 米，白灰砌筑，白灰勾缝；中段城砖砌筑，白灰砌筑，白灰勾缝。坍塌，呈堆状，四周散落大量碎砖，植被多为灌木和杂草。

**273. 乌龙顶 03 号敌台 130323352101170272**

位于孤石峪村西北约 5.4 千米，坐标：东经 119° 26′ 17.60″，北纬 40° 05′ 47.30″，高程 1065 米。

敌台东西接墙，砖石结构，立面及剖面呈梯形。下段条石基础，白灰砌筑，白灰勾缝；中段城砖砌筑，白灰砌筑，白灰勾缝。坍塌，呈堆状，四周散落大量碎砖，植被多为灌木和杂草。

**274. 乌龙顶 04 号敌台 130323352101170273**

位于孤石峪村西北约 5.7 千米，坐标：东经 119° 26′ 08.80″，北纬 40° 05′ 52.80″，高程 1090 米。

敌台东西接墙，砖石结构，立面及剖面呈梯形。下段条石基础 7 层，高 2.15 米，白灰砌筑，白灰勾缝；中段城砖砌筑，白灰砌筑，白灰勾缝。坍塌，呈堆状，四周散落大量碎砖，植被多为灌木和杂草。

**275. 乌龙顶 05 号敌台 130323352101170274**

位于孤石峪村西北约 5.8 千米，坐标：东经 119° 26′ 04.80″，北纬 40° 05′ 54.10″，高程 1121 米。

敌台东西接墙，砖石结构，立面及剖面呈梯形，底部东西宽 12.83 米，南北长 9.39 米，高 6.54 米。

下段条石基础南立面 2 层，西南角 5 层，高 1.68 米，白灰砌筑，白灰勾缝；中段城砖砌筑，城砖规格为 0.35 米 ×0.17 米 ×0.09 米，白灰砌筑，白灰勾缝，东西设门，东门残宽 0.73 米，其他大部分坍塌。敌台面砖风化酥碱严重，四周植被多为灌木和杂草。

### 276. 东峪 01 号敌台 130323352101170275

位于孤石峪村西北约 5.9 千米，坐标：东经 119° 26′ 00.70″，北纬 40° 05′ 54.60″，高程 1138 米。

敌台东西接墙，砖石结构，平面布局为三券室三通道，立面及剖面呈梯形，底部东西宽 10.81 米，南北长 11.25 米。下段条石基础 8 层，高 2.7 米，白灰砌筑，白灰勾缝；中段城砖砌筑，城砖规格为 0.34 米 ×0.17 米 ×0.075 米，白灰砌筑，白灰勾缝，东西辟门。敌台面砖风化酥碱严重，四周植被多为灌木和杂草。

### 277. 东峪 02 号敌台 130323352101170276

位于孤石峪村西北约 5.9 千米，坐标：东经 119° 25′ 55.20″，北纬 40° 05′ 51.70″，高程 1048 米。

敌台东西接墙，砖石结构，立面及剖面呈梯形，底部东西宽 9.86 米，南北长 9.82 米，高 5 米。下段条石基础，白灰砌筑，白灰勾缝；中段城砖砌筑，白灰砌筑，白灰勾缝；上段坍塌严重。四周植被多为灌木和杂草。

### 278. 东峪 03 号敌台 130323352101170277

位于孤石峪村西北约 6 千米，坐标：东经 119° 25′ 48.90″，北纬 40° 05′ 48.90″，高程 967 米。

敌台西、北接墙，砖石结构，立面及剖面呈梯形，底部东西宽 12.2 米，南北长 10.16 米，高 7.06 米。立面为三段式，下段条石基础 4 层，高 1.31 米，白灰砌筑，白灰勾缝；中段城砖砌筑，白灰砌筑，白灰勾缝，东西辟门，西门位于北侧，北门位于中部，宽 0.79 米，高 1.79 米，梯道位于北门洞两侧，为双向梯道东西走向，宽 0.7 米，存 11 级；中段与上段间设一层石拔檐分隔；上段存少量垛口墙。敌台面砖风化酥碱严重，台室坍塌，四周植被多为灌木和杂草。

### 279. 东峪 04 号敌台 130323352101170278

位于孤石峪村西北约 6 千米，坐标：东经 119° 25′ 42.80″，北纬 40° 05′ 43.30″，高程 966 米。

敌台南北接墙，砖石结构，立面及剖面呈梯形，底部南北长 9.57 米，高 7.54 米。立面为三段式，下段条石基础 5 层，高 1.7 米，白灰砌筑，白灰勾缝；中段城砖砌筑，城砖规格为 0.36 米 ×0.18 米 ×0.09 米，白灰砌筑，白灰勾缝，东西辟门，西门宽 0.73 米，高 1.7 米。敌台面砖风化酥碱严重，台室南立面、北立面、顶部坍塌，顶上长有松树 2 棵，直径 0.18 米，四周植被多为灌木和杂草。

### 280. 东峪 05 号敌台 130323352101170279

位于孤石峪村西北约 6 千米，坐标：东经 119° 25′ 36.00″，北纬 40° 05′ 36.80″，高程 943 米。

敌台南北接墙，砖石结构，立面及剖面呈梯形，底部东西宽 9.68 米，南北长 9.68 米，高 8.91 米。立面为三段式，下段条石基础西立面 12 层，高 3.93 米，东立面 4 层，高 1.38 米，白灰砌筑，白灰勾缝；中段城砖砌筑，城砖规格为 0.36 米 ×0.17 米 ×0.09 米，白灰砌筑，白灰勾缝，南北中部辟门，宽 0.75 米、高 1.64 米，门券室宽 1.32 米，高 2.39 米，南门起券方式为两伏一券，南门外存东下的台阶，毛石砌筑，上宽 1.4 米，距门槛石下皮 0.9 米，距地面 2.9 米，11 级。底部东西长 3.5 米，宽 1.78 米，台阶距东墙 1.86 米。券室残宽 3.03 米，长 4.77 米；通道残宽 1.3 米，长 2.68 米。砖质梯道位于南、北门的东侧，宽 0.71 米，存 11 级，宽 0. 21 米、高 0.31 米；中段与上段间设三层拔檐分隔；上段存垛口墙，高 1.6 米，垛口高 0.75 米，宽 0.65 米，垛口石长 0.68 米，宽 0.37 米，厚 0.18 米。北面有望孔 3 个，南面有望孔 1 个、东面望孔、望孔宽 0.18 米，高 0.16 米，进深 0.46 米。东、南侧各存吐水嘴 1 个，外出 0.6 米。

敌台面砖风化酥碱严重，台室坍塌，坍塌处长有山梨树、白桦树各 1 棵，胸径 0.12 米，四周植被多为灌木和杂草。

### 281. 东峪 06 号敌台 130323352101170280

位于孤石峪村西北约 6.1 千米，坐标：东经 119° 25′ 30.70″，北纬 40° 05′ 33.10″，高程 867 米。

敌台东西接墙，砖石结构，平面布局为三券室三通道，立面及剖面呈梯形，底部东西宽 11.16 米，南北长 11.44 米。立面为三段式，下段条石基础，白灰砌筑，白灰勾缝；中段城砖砌筑，白灰砌筑，白灰勾缝。东西中部辟门，东门保存完好，西门坍塌，门宽 0.82 米，高 1.86 米，门券室宽 1.33 米，高 2.11 米，深 1.28 米，东立面设箭窗 2 个，南立面设箭窗 1 个，西立面存箭窗 1 个，北立面设箭窗 2 个，箭窗宽 0.51 米，高 0.7 米，箭窗券室 1.35 米，深 1.12 米、高 2.04 米。内部为三券室三通道结构，券室宽 1.64 米，高 3.73 米，券室间隔距离 1.73 米；通道宽 1.29 米，高 1.95 米，通道间隔墙厚 2.15 米。梯道位于东券室中通道与西通道间的间隔墙上，距地面 1.96 米高，应有其他攀登物才能上梯道，梯道宽 0.64 米，5 级；中段与上段间设三层拔檐分隔；上段存垛口墙，高 1.64 米，东侧设有砖砌排水沟，存吐水嘴一个，梯道券室山墙残高 0.9 米。

敌台东南草丛中散落石质吐水嘴一个，长 1.54 米，前宽 0.23 米，后宽 0.36 米，嘴厚 0.2 米，尾厚 0.25 米，完整的成型望孔砖一块。敌台面砖风化酥碱严重，台室内中券室和西券室大部分坍塌，东券室南侧顶部塌毁，四周植被多为灌木和杂草。

### 282. 东峪 07 号敌台 130323352101170281

位于孤石峪村西北约 6.1 千米，坐标：东经 119° 25′ 24.10″，北纬 40° 05′ 27.20″，高程 869 米。

敌台南北接墙，砖石结构，立面及剖面呈梯形，高 9.09 米。立面为三段式，下段条石基础 12 层，高 3.94 米，白灰砌筑，白灰勾缝；中段城砖砌筑，城砖规格为 0.35 米 ×0.17 米 ×0.09 米，白灰砌筑，白灰勾缝，南北辟门，东、西立面设箭窗 2 个，宽 0.54 米，高 0.8 米，券高 0.54 米，厚 0.4 米，箭窗券室高 1.86 米，宽 1.32 米，进深 2.77 米。台室内部结构为单券室，位于中部，南北长 5 米，东西宽 3.2 米，高 4.7 米，梯道设于南门内部东侧，宽 0.67 米；中段与上段间设三层拔檐分隔，南北两侧中部各设吐水嘴一个；上段北立面存垛口墙，长 3.7 米，高 0.2 ～ 1.5 米，望孔 2 个。

敌台面砖风化酥碱严重，东立面南部外侧墙体坍塌，南门仅存门柱石，券室北侧顶部坍塌，东西长 0.8 米，南北宽 0.6 米，东立面箭洞北侧存数道竖向裂缝，宽 0.01 ～ 0.07 米，四周植被多为灌木和杂草。

### 283. 东峪 08 号敌台 130323352101170282

位于孤石峪村西北约 6.1 千米，坐标：东经 119° 25′ 20.30″，北纬 40° 05′ 23.10″，高程 849 米。

敌台南北接墙，砖石结构，平面布局呈"回"字形，立面及剖面呈梯形，底部东西宽 9.82 米，南北长 9.91 米，高 9.29 米。立面为三段式，下段条石基础，东立面 5 层，高 1.61 米，西立面 12 层，高 3.75 米，白灰砌筑，白灰勾缝；中段城砖砌筑，城砖规格为 0.35 米 ×0.17 米 ×0.09 米，白灰砌筑，白灰勾缝，南北中部辟门，宽 0.77 米，高 1.62 米，门券室宽 1.41 米，高 2.25 米，进深 1.76 米，敌台设箭窗，宽 0.52 米，高 0.81 米，箭窗券室宽 1.37 米，高 2.04 米，深 2.88 米，券室间隔 2.96 米。

台室内为单券室结构，券室南北长 5.63 米，东西宽 3.02 米，残高 4.5 米。箭窗洞深 2.88 米，宽 1.37 米，高 2.04 米，箭窗宽 0.52 米，高 0.81 米，箭洞间的间隔 2.96 米。门位于南、北侧墙体中部。门宽 0.77 米，高 1.62 米，门洞深 1.76 米，宽 1.41 米、高 2.25 米。梯道位于两侧门洞内，为东向梯道，宽 0.68 米，存有台阶 12 层，高 0.32 米，宽 0.22 米。

敌台面砖风化酥碱严重，东南 5 米处有松树 2 棵，直径为 0.4 米、0.48 米，台室券室顶部部分坍塌，四周植被多为灌木和杂草。

### 284. 东峪 09 号敌台 130323352101170283

位于孤石峪村西北约 6.2 千米，坐标：东经 119° 25′ 16.00″，北纬 40° 05′ 19.10″，高程 872 米。

敌台南北接墙，砖石结构，平面布局为三券室三通道，立面及剖面呈梯形，底部东西宽 11.1 米，南北长 11.12 米。立面为三段式，下段条石基础，白灰砌筑，白灰勾缝；中段城砖砌筑，城砖规格为 0.36 米 ×0.18 米 ×0.1 米，白灰砌筑，白灰勾缝。南北中部辟门，南门宽 0.69 米，高 1.73 米，门券室宽 1.31 米，高 2.39 米，深 1.16 米，设插孔石，距门槛石 0.73 米，孔径 0.11 米。南立面设箭窗 2 个，西立面设箭窗 3 个，北立面设箭窗 2 个，宽 0.51 米，高 0.7 米，箭窗券室宽 1.3 米，高 2.19 米，深 1.14 米。

台室内为三券室三通道结构，中券室高 4.25 米，长 8.18 米，宽 1.64 米，券室间隔 1.5 米。南通道宽 1.36 米，高 2.26 米，与中通道间隔 1.87 米。西券室中通道与南通道之间设南向登顶梯道，宽 0.73 米，高 2.05 米，设踏跺 6 级，踏面宽 0.2 米，踢面高 0.32 米，上台后转向东上台顶，踏跺 6 级。

中段与上段间设三层拔檐分隔，上段存垛口墙，高 1.65 米，垛口高 0.87 米，宽 0.58 米，望孔宽 0.24 米，高 0.35 米，进深 0.44 米。东立面存望孔 3 个，南、北立面存垛口 3 个，望孔 4 个，西立面存垛口 1 个，望孔 3 个。

敌台面砖风化酥碱严重，东券室南侧顶部存直径 3 米的大洞，铺房坍塌，四周植被多为灌木和杂草。

### 285. 东峪 10 号敌台 130323352101170284

位于孤石峪村西北约 6.2 千米，坐标：东经 119° 25′ 11.20″，北纬 40° 05′ 11.60″，高程 840 米。

敌台砖石结构，平面布局为三券室三通道，立面及剖面呈梯形。立面为三段式，下段条石基础 5 层，高 1.5 米，白灰砌筑，白灰勾缝；中段城砖砌筑，白灰砌筑，白灰勾缝，东墙东部辟门，门券三块石材组成，下为楔形压柱石，南立面存箭窗 2 个，高 0.65 米，宽 0.47 米；中段与上段间设三层拔檐分隔；上段存垛口墙，最高处 1.5 米。墙体下部保存完整的砖砌望孔二个，方形，上部作"宝盖"形装饰，宽 0.23 米，高 0.25 米。中部设石质吐水嘴一个，断面为半圆形，伸出台体外部 0.2 米。内部为三券室三通道结构，起券方式为两伏两券，存部分间隔墙及外墙，间隔墙残长 4.5 米。梯道设于北券室东部，青砖卧砌，宽 0.68 米，踏面宽 0.12 米，踢面高 0.23 米。

敌台面砖风化酥碱严重，西、北立面，南立面西侧墙体坍塌，顶部坍塌，四周植被多为灌木和杂草。

**286. 东峪 11 号敌台 130323352101170285**

位于孤石峪村西北约 6.3 千米，坐标：东经 119° 25′ 06.10″，北纬 40° 05′ 09.40″，高程 834 米。

敌台南北接墙，砖石结构，立面及剖面呈梯形，东墙残长 7.81 米，南墙残长 5.04 米，高 4.53 米。立面为三段式，下段条石基础，白灰砌筑，白灰勾缝；中段城砖砌筑，白灰砌筑，白灰勾缝。东、西立面设箭窗 2 个，宽 1.75 米，高 2.01 米，1.3 米处起券，东、南立面各存箭窗 1 个，宽 0.51 米，高 0.71 米，设石质箭窗石，长 0.9 米，宽 0.4 米，厚 0.2 米；

中段与上段间设三层拔檐分隔，上段存垛口墙，高 1.74 米，垛口宽 0.49 米，残高 0.58 米，东侧垛口墙下存完整石质望孔 3 个，外方内圆，内外孔径不一，布局为上一下二。内部结构为单券室，南北向，宽 1.8 米，高 3.55 米，2.1 米处起券。

敌台面砖风化酥碱严重，西、北立面、东、南立面部分墙体坍塌，台室顶部坍塌，四周植被多为灌木和杂草。

**287. 东峪 12 号敌台 130323352101170286**

位于孤石峪村西北约 6.5 千米，坐标：东经 119° 24′ 54.90″，北纬 40° 05′ 09.70″，高程 789 米。

敌台南北接墙，砖石结构，立面及剖面呈梯形，底部西北角墙体残长约 4 米，高 3.9 米。立面为三段式，下段条石基础，条石长 0.65 ～ 1.1 米，厚 0.24 ～ 0.3 米，白灰砌筑，白灰勾缝；中段城砖砌筑，城砖规格为 0.4 米 ×0.18 米 ×0.1 米，白灰砌筑，白灰勾缝，上部设施不存。

敌台面砖风化酥碱严重，坍塌严重，四周植被多为灌木和杂草。

**288. 东峪 13 号敌台 130323352101170287**

位于孤石峪村西北约 6.7 千米，坐标：东经 119° 24′ 50.90″，北纬 40° 05′ 13.40″，高程 746 米。

敌台南北接墙，砖石结构，立面及剖面呈梯形，底部东西宽 9.31 米，下段条石基础 3 层，条石长 0.7 米，宽 0.48 米，厚 0.29 米，白灰砌筑，白灰勾缝；中段城砖砌筑。坍塌严重，四周植被多为灌木和杂草。

**289. 东峪 14 号敌台 130323352101170288**

位于孤石峪村西北约 6.8 千米，坐标：东经 119° 24′ 48.10″，北纬 40° 05′ 17.90″，高程 728 米。

敌台南北接墙，砖石结构，立面及剖面呈梯形，台室东西宽 10.05 米，南北长 9.91 米，毛石放脚 3 层，高 0.64 米。立面为三段式，下段条石基础 11 层，高 2.93 米，白灰砌筑，白灰勾缝；中段城砖砌筑，城砖规格为 0.37 米 ×0.185 米 ×0.09 米，白灰砌筑，白灰勾缝，中券室残宽 1.8 米，起券方式为两伏两券，中通道残宽 1.75 米，墙厚 1.45 米。敌台面砖风化酥碱严重，坍塌严重，四周植被多为灌木和杂草。

**290. 东峪 15 号敌台 130323352101170289**

位于梁家湾村东约 6 千米，坐标：东经 119° 24′ 31.80″，北纬 40° 05′ 17.40″，高程 779 米。

敌台东西接墙，砖石结构，平面布局为三券室三通道，立面及剖面呈梯形，底部东西宽 11.82 米，高 6.65 米。立面为三段式，下段条石基础 4 层，高 1.19 米，白灰砌筑，白灰勾缝；中段城砖砌筑，高 5.46 米，白灰砌筑，白灰勾缝。东西辟门，箭窗宽 0.55 米，高 0.84 米，箭窗墙厚 0.4 米，箭窗石宽 0.38

米，长 0.78 米，厚 0.11 米，箭窗券室宽 1.18 米，高 2 米，进深 0.77 米。券室东西向，通道南北向。南券室东箭窗洞上至券室顶有裂缝宽 0.03 米。通道和券室起券方式为一伏一券。券室宽 1.53 米，高 3.24 米，间隔墙厚 1.3 米。通道宽 1.15 米、高 1.89 米；中段与上段间设三层拔檐分隔；上段设施无存。敌台面砖风化酥碱严重，顶部坍塌，四周植被多为灌木和杂草。

### 291. 东峪 16 号敌台 130323352101170290

位于梁家湾村东约 6 千米，坐标：东经 119° 24′ 30.20″，北纬 40° 05′ 17.10″，高程 770 米。

敌台西、南接墙，砖石结构，平面布局为二券室二通道，立面及剖面呈梯形，底部东西宽 9.65 米，南北长 9.78 米，高 11.86 米。立面为三段式，下段条石基础 11 层，高 3.35 米，白灰砌筑，白灰勾缝；中段城砖砌筑，高 8.51 米，城砖规格为 0.38 米 ×0.185 米 ×0.1 米，白灰砌筑，白灰勾缝。西、南设门，箭窗宽 0.53 米，高 0.88 米，窗台高 0.94 米，箭窗墙厚 0.56 米。箭窗洞高 2.28 米，宽 1.18 米，进深 0.77 米。券室为东西方向，北券室坍塌，南券室长 6.73 米，宽 2.02 米，高 3.85 米，券室间隔 2.52 米，券室墙壁大部分酥碱脱落，严重处脱落厚 0.15 米。通道宽 1.48 米，内设梯道由东至西，梯道宽 0.63 米，石踏跺宽 0.2 米，高 0.28 米；中段与上段间设拔檐分隔；上段设垛口墙，高 1.85 米，垛口宽 0.39 米，垛口石至石檐为 0.94 米，垛口石长 0.66 米，宽 0.4 米，厚 0.13 米，现西面保存 3 个，南面 4 个，东面 4 个。望孔宽 0.24 米，高 0.26 米，深 0.39 米，现西面保存 2 个，南面 5 个，东面 3 个。顶部地面海墁砖长宽均为 0.37 米，厚 0.09 米。

敌台面砖风化酥碱严重，北立面及北券室坍塌，四周植被多为灌木和杂草。

### 292. 背牛顶 01 号敌台 130323352101170291

位于梁家湾村东约 5.7 千米，坐标：东经 119° 24′ 19.00″，北纬 40° 05′ 16.40″，高程 769 米。

敌台东西接墙，砖石结构，平面布局为三券室三通道，立面及剖面呈梯形，底部东西宽高 7.35 米。立面为三段式，下段条石基础 9 层，高 2.85 米，白灰砌筑，白灰勾缝；中段城砖砌筑，城砖规格为 0.37 米 ×0.19 米 ×0.1 米，白灰砌筑，白灰勾缝。东西辟门，宽 0.71 米，高 1.84 米，南立面设箭窗 3 个，东立面设登敌台台阶 9 级，高 2.8 米，长 3.2 米，宽 1.2 米。南面靠台体有上下台阶，宽 0.25 米，踏面宽 0.05 ~ 0.07 米。券室高 3.59 米，登顶梯道位于东券室和中券室间，南向北上，残存台阶 4 级，宽 0.72 米，踏面宽 0.21 米，踢面高 0.26 米；中段与上段间设三层拔檐分隔；上段存垛口墙，东立面存垛口 1 个，吐水嘴 1 个。敌台面砖风化酥碱严重，北半部坍塌，四周植被多为灌木和杂草。

### 293. 背牛顶 02 号敌台 130323352101170292

位于梁家湾村东约 5.6 千米，坐标：东经 119° 24′ 11.90″，北纬 40° 05′ 12.30″，高程 755 米。

敌台东西接墙，砖石结构，立面及剖面呈梯形，底部东西宽 9.74 米，南北长 9.96 米，高 7.07 米，下段条石基础 10 层，高 3.18 米，白灰砌筑，白灰勾缝；中段城砖砌筑，城砖规格为 0.37 米 ×0.185 米 ×0.1 米，白灰砌筑，白灰勾缝，仅存部分南墙，散落方砖规格为 0.375×0.08 米。敌台面砖风化酥碱严重，四周植被多为灌木和杂草。

### 294. 背牛顶 03 号敌台 130323352101170293

位于梁家湾村东约 5.3 千米，坐标：东经 119° 24′ 00.40″，北纬 40° 05′ 08.40″，高程 744 米。

敌台东西接墙，砖石结构，立面及剖面呈梯形，底部东西宽 11.69 米，高 8.16 米。下段条石基础 9 层，高 2.78 米，白灰砌筑，白灰勾缝；中段城砖砌筑，白灰砌筑，白灰勾缝，登顶梯道宽 0.65 米，仅存部分南墙。敌台面砖风化酥碱严重，四周植被多为灌木和杂草。

### 295. 背牛顶 04 号敌台 130323352101170294

位于梁家湾村东约 5.2 千米，坐标：东经 119° 23′ 51.50″，北纬 40° 05′ 04.50″，高程 761 米。

敌台东西接墙，砖石结构，立面及剖面呈梯形，底部东西宽 9.56 米，南北长 9.12 米，高 9.26 米。立面为三段式，下段条石基础 11 层，高 3.4 米，白灰砌筑，白灰勾缝；中段城砖砌筑，白灰砌筑，白灰勾缝，东西辟门，西立面设箭窗 1 个；中段与上段间设一层石拔檐分隔；上段存垛口墙，东立面存望孔 4 个。敌台面砖风化酥碱严重，北立面坍塌，顶部坍塌，四周植被多为灌木和杂草。

### 296. 背牛顶 05 号敌台 130323352101170295

位于梁家湾村东南约 4.5 千米，坐标：东经 119° 23′ 20.70″，北纬 40° 04′ 59.20″，高程 851 米。

敌台北、西接墙，砖石结构，立面及剖面呈梯形，底部边长 11.47 米，高 9.26 米。下段条石基础 12 层，高 3.75 米，条石长 0.57 ～ 1.34 米，高 0.21 ～ 0.35 米，白灰砌筑，白灰勾缝；中段城砖砌筑，白灰砌筑，白灰勾缝；上部坍塌，长有杂树 3 棵，直径分别为 0.22、0.25、0.43 米。敌台南侧草丛中散落有门券石一块，长 0.55 米，高 0.26 米，厚 0.22 米，四周植被多为灌木和杂草。

### 297. 背牛顶 06 号敌台 130323352101170296

位于梁家湾村东南约 4.2 千米，坐标：东经 119° 23′ 05.50″，北纬 40° 04′ 58.80″，高程 891 米。

敌台南北接墙，砖石结构，平面布局呈"回"字形，立面及剖面呈梯形，底部东西宽 12.59 米，南北长 10.68 米，高 7.96 米。立面为三段式，下段条石基础 14 层，高 4.32 米，白灰砌筑，白灰勾缝；中段城砖砌筑，城砖规格为 0.38 米 ×0.18 米 ×0.09 米，白灰砌筑，白灰勾缝。箭窗券室宽 1.23 米，高 1.9 米，中券室北面墙残高 3.93 米，长 6.88 米，墙厚 1.3 米。东南角残存断墙顶部距地面 6.41 米，顶部长 1.4 米，宽 1.26 米。西南角残墙顶部距地面 7.38 米，顶部长 0.9 米，宽 0.7 米。梯道位于中券室北部，为东向上，残存 7 阶踏跺，踏面宽 0.22 ～ 0.33 米，踢面高 0.23 ～ 0.3 米。敌台面砖风化酥碱严重，四周植被多为灌木和杂草。

### 298. 背牛顶 07 号敌台 130323352101170297

位于梁家湾村东南约 4 千米，坐标：东经 119° 22′ 56.70″，北纬 40° 04′ 58.10″，高程 848 米。

敌台东西接墙，砖石结构，立面及剖面呈梯形，下段条石基础 7 层，白灰砌筑，白灰勾缝；中段城砖砌筑，城砖规格为 0.39 米 ×0.18 米 ×0.1 米，白灰砌筑，白灰勾缝，仅东北角存外包墙体高 1.4 米。敌台坍塌成堆状，四周植被多为灌木和杂草。

### 299. 背牛顶 08 号敌台 130323352101170298

位于梁家湾村东南约 3.8 千米，坐标：东经 119° 22′ 46.20″，北纬 40° 04′ 52.90″，高程 841 米。

敌台东、南接墙，砖石结构，平面布局呈"回"字形，立面及剖面呈梯形，底部东西宽 10.78 米，下段条石基础 7 层，高 2.23 米，条石长 0.42 ～ 0.87 米，高 0.28 ～ 0.32 米，白灰砌筑，白灰勾缝；中段城砖砌筑，城砖规格为 0.38 米 ×0.185 米 ×0.1 米，白灰砌筑，白灰勾缝，南立面设门，门槛石从中间断裂，厚 0.2 米，宽 0.63 米，长 1.5 米，东北角存包砖墙高 2.03 米，北立面存 6 条竖向裂缝通顶，宽 0.13 米。四周植被多为灌木和杂草。

### 300. 背牛顶 09 号敌台 130323352101170299

位于梁家湾村东南约 3.5 千米，坐标：东经 119° 22′ 30.20″，北纬 40° 04′ 47.40″，高程 776 米。

敌台东西接墙，砖石结构，坍塌成堆状，高 1 米，四周散落大量碎砖，植被多为灌木和杂草。

### 301. 背牛顶 10 号敌台 130323352101170300

位于梁家湾村东南约 3.3 千米，坐标：东经 119° 22′ 16.40″，北纬 40° 04′ 43.40″，高程 817 米。

敌台东西接墙，砖石结构，坍塌成堆状，仅东南角存条石 2 块，四周散落大量碎砖，植被多为灌木和杂草。

### 302. 梁家湾 01 号敌台 130323352101170301

位于梁家湾村东南约 2.8 千米，坐标：东经 119° 21′ 59.90″，北纬 40° 04′ 52.70″，高程 842 米。

敌台西、南接墙，砖石结构，立面及剖面呈梯形，高 5.5 米。下段条石基础 3 层，条石长 0.67 米，厚 0.29 米，白灰砌筑，白灰勾缝；中段城砖砌筑，城砖规格为 0.37 米 ×0.19 米 ×0.085 米，白灰砌筑，白灰勾缝，仅南立面存外包墙体，长 2.8 米，宽 0.9 米，高 3.5 米，存门槛石一块。四周植被多为灌木和杂草。

### 303. 梁家湾 02 号敌台 130323352101170302

位于梁家湾村东南约 2.3 千米，坐标：东经 119° 21′ 40.10″，北纬 40° 05′ 00.30″，高程 820 米。

敌台南北接墙，砖石结构，立面及剖面呈梯形。下段条石基础，白灰砌筑，白灰勾缝；中段城砖砌筑，城砖规格为 0.38 米 ×0.18 米 ×0.09 米，白灰砌筑，白灰勾缝。坍塌成堆状，四周散落大量碎砖，植被多为灌木和杂草。

### 304. 梁家湾 03 号敌台 130323352101170303

位于梁家湾村东南约 2.1 千米，坐标：东经 119° 21′ 38.40″，北纬 40° 05′ 11.30″，高程 823 米。

敌台南北接墙，砖石结构，立面及剖面呈梯形，下段条石基础，白灰砌筑，白灰勾缝；中段城砖砌筑，城砖规格为 0.38 米 ×0.18 米 ×0.09 米，白灰砌筑，白灰勾缝。包砖墙至台室地面，以上仅西南角及南面存有部分墙体，四周散落大量碎砖，植被多为灌木和杂草。

### 305. 梁家湾 04 号敌台 130323352101170304

位于梁家湾村东约 1.9 千米，坐标：东经 119° 21′ 38.10″，北纬 40° 05′ 46.70″，高程 531 米。

敌台南北接墙，砖石结构，平面布局为三券室三通道，立面及剖面呈梯形，台室东西宽 10.53 米，南北长 11.45 米，高 10.5 米。立面为三段式，下段条石基础 7 层，高 1.88 米，白灰砌筑，白灰勾缝；中段城砖砌筑，白灰砌筑，白灰勾缝。西立面设门，宽 0.8 米，高 1.96 米，门柱石高 1.32 米，宽 0.25 米，厚 0.25 米，压柱石高 0.19 米，宽 0.25 米，长 0.96 米。券石一块宽 0.26 米，厚 0.25 米，券高 0.38 米。门槛石长 1.66 米，宽 0.36 米，厚 0.25 米。门插孔石高 0.39 米，宽 0.38 米，厚 0.16 米，孔径 0.15 米。东立面设箭窗 3 个，南、西立面设箭窗 2 个，宽 0.71 米，高 1.25 米，窗槛石长 0.84 米，宽 0.42 米，厚 0.19 米，箭窗券室高 2.1 米，深 0.52 米，宽 1.28 米。券室长 8.66 米，宽 2.15 米，高 3.64 米，券室间隔墙厚 1.61 米；通道宽 1.79 米，高 2.03 米，深 1.61 米，间隔墙厚 1.66 米，起券方式为两伏两券。梯道位于北券室东通道与中通道间的间隔墙上，残存踏跺 7 级，为由北向南上梯道。梯道宽 0.71 米，踢面宽 0.24 米，踏面高 0.29 米；中段与上段间设三层拔檐分隔；上段存垛口墙，东西面垛墙仅存下部，垛口石以上不存，东面存有垛口石 2 块，长 0.9 米，宽 0.4 米，厚 0.1 米，中心孔径 0.04 米。望孔宽 0.25 米，高 0.32 米，深 0.37 米，望孔石厚 0.08 米，孔径 0.11 米，东西各有 4 个，北面无。南面垛墙残高 2 米，墙上有望孔石 3 个，为方形，高 0.31 米，宽 0.28 米，厚 0.28 米，中间为圆形望孔，孔径 0.1 米，厚 0.19 米，射孔 4 个，内侧呈半圆形，为砖券，一伏一券，宽 0.46 米，半圆高 0.37 米，深 0.27 米，外侧设方形射孔石，中间为圆形孔，直径 0.08 米，厚 0.18 米，下部为铳孔石，长 0.71 米，宽 0.27 米，厚 0.2 米，中心铳孔孔径 0.04 米，深 0.04 米。东面存有吐水嘴 1 个。铺房存部分墙基，东西宽 4.3 米，残高 0.6 米，距东墙 1.66 米，距南墙 1.67 米。

敌台面砖风化酥碱严重，北券室坍塌，四周植被多为灌木和杂草。

### 306. 梁家湾 05 号敌台 130323352101170305

位于梁家湾村东约 1.8 千米，坐标：东经 119° 21′ 32.70″，北纬 40° 05′ 53.40″，高程 512 米。

敌台南北接墙，砖石结构，平面布局呈"回"字形，立面及剖面呈梯形，底部南北残长 11.2 米，高 7 米。下段条石基础 6 层，高 1.85 米，白灰砌筑，白灰勾缝；中段城砖砌筑，白灰砌筑，白灰勾缝，西北辟门，西门宽 0.83 米，高 1.9 米，门券室深 0.7 米，宽 1.34 米，箭窗宽 1.3 米。台室中券室残长 2.68 米，宽 2.25 米，高 3.2 米。西通道宽 1.81 米。台体北门外设有由西向东上登台台阶，长 4.25 米，宽 1.8 米，高 2.9 米，残存 7 级台阶。敌台坍塌严重，四周植被多为灌木和杂草。

### 307. 梁家湾 06 号敌台 130323352101170306

位于梁家湾村东北约 1.7 千米，坐标：东经 119° 21′ 21.30″，北纬 40° 06′ 09.70″，高程 377 米。

敌台南北接墙，砖石结构，平面布局为三券室三通道，立面及剖面呈梯形，底部东西宽 9.99 米，南北长 10.08 米，高 14.46 米。立面为三段式，下段条石基础 15 层，高 5 米，白灰砌筑，白灰勾缝；中段城砖砌筑，白灰砌筑，白灰勾缝。南墙中部辟门，砖石结构，砖券为一伏一券，券顶石一块，宽 0.31 米，厚 0.34 米，压柱石长 0.82 米，宽 0.2 米，厚 0.31 米，柱顶石高 1.09 米，宽 0.32 米，厚 0.32 米，门槛石长 1.63 米，宽 0.79 米，厚 0.17 米，门插孔石高 0.37 米，宽 0.38 米，厚 0.13 米，孔径 0.15 米，门洞高 2.27 米，深 1.25 米，宽 1.44 米。南立面设箭窗 2 个，北立面设箭窗 3 个，箭窗高 0.89 米，宽 0.54 米，箭窗石长 0.82 米，宽 0.45 米，厚 0.19 米，箭窗券室宽 1.31 米，高 2.09 米，进深 0.77 米。券室长 8.29 米，宽 2.15 米，高 3.5 米，券室间隔墙厚 1.35 米；通道长 1.35 米，宽 1.48 米，高 2.06 米，间隔墙厚 2.05 米，为两伏两券。

梯道位于南券室西箭窗洞内，为北向南上，宽 0.65 米，存踏跺 12 级，砖石混砌，上部为条石下部为砖，踏面宽 0.26 米，踢面高 0.29 米。中段与上段间设三层拔檐分隔；上段存垛口墙，高 0.7 米，北面存望孔 3 个，南面存望孔 5 个，东面存望孔 5 个，西面存望孔 4 个，望孔内侧为砖砌，方形，口宽 0.18 米，高 0.23 米，深 0.37 米，外侧为望孔石，方形，高 0.38 米，宽 0.38 米，厚 0.11 米，中心孔径 0.16 米。顶部梯道室坍塌，残墙高 1.21 米，南面保存吐水嘴一个。

敌台面砖风化酥碱严重，四周植被多为灌木和杂草。

### 308. 梁家湾 07 号敌台 130323352101170307

梁家湾村东北约 1.5 千米，坐标：东经 119° 21′ 10.30″，北纬 40° 06′ 13.30″，高程 253 米。

敌台东西接墙，砖石结构，平面布局为三券室三通道，立面及剖面呈梯形，台室东西宽 13.62 米，南北长 6.93 米，高 9.39 米。下段条石基础，白灰砌筑，白灰勾缝；中段城砖砌筑，白灰砌筑，白灰勾缝，东立面辟门，设箭窗 2 个，南立面设箭窗 3 个，北立面设箭窗 6 个，仅存西立面部分墙体长 3.8 米；中段与上段间设三层拔檐分隔；上段存垛口墙。敌台面砖风化酥碱严重，四周植被多为灌木和杂草。

### 309. 梁家湾 08 号敌台 130323352101170308

位于梁家湾村东北约 1.4 千米，坐标：东经 119° 21′ 00.60″，北纬 40° 06′ 13.90″，高程 328 米。

敌台南北接墙，砖石结构，平面布局呈"回"字形，立面及剖面呈梯形，底部南北长 11.16 米，高 9.57 米。设条石放脚一层，立面为三段式，下段条石基础 10 层，高 4.27 米，白灰砌筑，白灰勾缝；中段城砖砌筑，城砖规格为 0.38 米 ×0.18 米 ×0.0095 米，白灰砌筑，白灰勾缝。南北辟门，北门券室宽 1.25 米，深 0.74 米，门宽 1.1 米，门券石为一整块，无压柱石，门槛石宽 0.5 米，门柱石宽 0.2 米，厚 0.25 米。南门仅存门槛石，存墁地方砖，规格为 0.38 米 ×0.38 米的方砖。南北侧各有 1 个箭窗，东西侧分别有 5 个箭窗。每个箭窗洞均存在收分，外侧窄、内侧宽。箭窗也存在收分，为外宽内窄。西墙北至南第二个箭窗下无射孔，其余箭窗下均有射孔。西墙北至南第二个箭窗外侧宽 0.69 米，内侧宽 0.67 米，箭窗深 0.49 米。箭窗洞外侧宽 1.05 米，内侧宽 0.95 米，深 0.78 米。梯道宽 0.78 米，台阶 14 层，踏步宽 0.22 米，抬步高 0.3 米，每层台阶由一层砖和一层石组成，上面砖高 0.1 米，下面石高 0.2 米。

中段与上段间设三层拔檐分隔，高 0.315 米。顶部东西 8.4 米，南北 10.5 米，铺房不存。南侧存四个望孔，一个出水嘴，垛墙残高 0.53 米。东侧存两个望孔，墙残高 0.44 米。北侧不存望孔，距东北角 2.6 米处存出水嘴 1 个。西侧存望孔 1 个，残高 0.53 米。西南角有旗杆石 1 块。

敌台面砖风化酥碱严重，铺房坍塌，垛口墙缺失，四周植被多为灌木和杂草。

### 310. 梁家湾 09 号敌台 130323352101170309

位于梁家湾村东北约 1.4 千米，坐标：东经 119° 20′ 55.00″，北纬 40° 06′ 17.10″，高程 371 米。

敌台东西接墙，砖石结构，平面布局呈"回"字形，立面及剖面呈梯形，底部东西宽 11.54 米，南北长 8.15 米，高 10.93 米。立面为三段式，下段条石基础 6 层，高 2.5 米，白灰砌筑，白灰勾缝；中段城砖砌筑，白灰砌筑，白灰勾缝，东西辟门，宽 0.76 米，高 1.8 米，门柱石高 1.34 米，厚 0.28 米，宽 0.18 米，门券石 1 块，门槛石长 1.31 米，宽 0.51 米，高 0.24 米。门券室高 2.56 米，宽 1.28 米，深 0.76 米，从 1.97 米处起券。东立面设箭窗 1 个，南立面设箭窗 5 个，箭窗台高 1 米，箭窗宽 0.62 米，高 0.94 米，0.56 米处起券。箭窗券室宽 1.02 米，高 2.44 米，深 0.57 米，1.79 米处起券。中心为券室，南北宽 1.63 米，高 3.58 米，券室四面设券门，高 2.2 米，1.73 米处起券，宽 0.84 米，转角处砌砖均经过打磨，呈圆角状。四周设券道。南券道宽 1.46 米，东券道宽 1.5 米，长 6.2 米，北券道宽 1.48 米，长 9.5 米，西券道宽 1.47 米。南北券道间距为 3.3 米，东西券道间距为 6.57 米。梯道宽 0.76 米，梯道券门 2.15 米，存踏跺 14 层，抬步高 0.33 米，踏步宽 0.23 米；中段与上段间设三层拔檐分隔；上段存垛口墙。顶部南北 7.81 米，东西 11.06 米。垛口墙厚 0.41 米。东西各保存 1 个出水嘴，望孔南面残存 4 个，北面

3个，东面1个，西面无望孔存留。

敌台面砖风化酥碱严重，铺房坍塌，垛口墙缺失，四周植被多为灌木和杂草。

### 311. 梁家湾 10 号敌台 130323352101170310

位于梁家湾村东北约1.6千米，坐标：东经119°20′48.50″，北纬40°06′30.30″，高程575米。

敌台南北接墙，砖石结构，立面及剖面呈梯形，底部东西宽9.8米，南北长10.39米，高10.33米。立面为三段式，下段条石基础3层，高1.11米，白灰砌筑，白灰勾缝；中段城砖砌筑，城砖规格为0.37米×0.18米×0.1米，白灰砌筑，白灰勾缝。台室北侧偏西存门槛石1个，长1.49米，高0.24米。南侧存门槛石1个，长1.43米，宽0.55米，高0.23米。敌台面砖风化酥碱严重，坍塌严重，四周植被多为灌木和杂草。

### 312. 梁家湾 11 号敌台 130323352101170312

梁家湾村东北约2.2千米，坐标：东经119°20′55.90″，北纬40°06′47.80″，高程585米。

敌台南北接墙，砖石结构，平面布局呈"回"字形，立面及剖面呈梯形，底部东西宽11.3米，南北长8米，高8.94米。立面为三段式，下段条石基础3层，高1.31米，白灰砌筑，白灰勾缝；中段城砖砌筑，白灰砌筑，白灰勾缝。南北辟门，宽0.77米，高1.78米，门券室宽1.39米，高2.67米，进深0.72米。柱石高1.4米，宽0.25米，厚0.26米，券石宽0.26米，厚0.25米，门槛石长1.61米，宽0.63米，厚0.28米。北门门券室坍塌一部分，南门只残存门洞及门槛石，其余坍塌。东、西立面设箭窗5个，南、北立面设箭窗1个，箭窗宽0.62米，高0.79米，箭窗券室高2.54米，宽1.03米，进深0.64米，箭窗下为礌石孔，礌石孔内口宽0.4米，高0.5米，孔深0.55米，外口宽、高均为0.3米。中心为券室，长3.93米，宽1.59米，高3.55米。券室设4个门，高2.38米，宽0.95米，门厚0.7米，四周设4个券道，东西券道长9.28米，宽1.61米，高3.55米，南北券道长3米，宽1.56米，高3.58米。梯道位于内券室西南角，为由西向东上梯道，宽0.7米，存踏跺11级，踏跺高0.27米，宽0.21米，到中部有一方台，长0.7米，宽0.56米，后转向北上4级踏跺登顶；中段与上段间设三层拔檐分隔；上段垛口墙无存，存铺房遗迹，东西宽3米，南北长6.36米，墙厚0.48米。

敌台面砖风化酥碱严重，四周植被多为灌木和杂草。

### 313. 梁家湾 12 号敌台 130323352101170313

位于梁家湾村东北约2.5千米，坐标：东经119°20′54.70″，北纬40°06′59.30″，高程614米。

敌台西、南接墙，砖石结构，立面及剖面呈梯形，底部东西宽9.7米，南北长9.86米，高9.48米。立面为三段式，下段条石基础3层，高1.3米，白灰砌筑，白灰勾缝；中段城砖砌筑，白灰砌筑，白灰勾缝。西、南辟门，宽0.76米、残高1.68米，门券石宽0.27米，厚0.27米，门柱石宽0.25米，厚0.26米，高1.39米，门券室宽1.34米，残高1.94米，进深0.72米，北面墙箭洞内有旗杆座石1块，上宽0.43米，下宽0.5米，高0.485米，孔径0.13米，深0.18米。东面墙北箭洞内有柱础石1块，宽0.42米，厚0.22米，中间鼓直径0.25米，高0.03米。东立面设箭窗4个，南立面设箭窗2个，西立面设箭窗1个，北立面设箭窗2个，宽0.62米，高0.96米，墙厚0.26米，箭窗券室宽0.97米，残高2.19米，进深0.66米。台室南北9.86米，东西9.7米。内部券室宽1.96米，残高3.12米。梯道位于内券室东侧墙内，为南向北上，梯道墙体已坍塌，残存踏跺 7 级，宽 0.7 米，踏面宽 0.24 米，踢面高 0.33 米；中段与上段间设三层拔檐分隔；上段存垛口墙，保存较好，南面垛口 4 个，北面垛口 2 个，西边垛口 1 个，设望孔，南、北面各 5 个，东、西面各 2 个。

敌台面砖风化酥碱严重，外立面存多道竖向裂缝，四周植被多为灌木和杂草。

### 314. 梁家湾 13 号敌台 130323352101170314

位于梁家湾村东北约 2.7 千米，坐标：东经 119° 21′ 08.00″，北纬 40° 07′ 02.00″，高程 619 米。

敌台东西接墙，砖石结构，平面布局为三券室三通道，立面及剖面呈梯形，底部东西宽 10.2 米，南北长 11.02 米，高 8.61 米。立面为三段式，下段条石基础 8 层，高 2.57 米，白灰砌筑，白灰勾缝；中段城砖砌筑，城砖规格为 0.39 米 × 0.19 米 × 0.1 米，白灰砌筑，白灰勾缝。北立面设箭窗 3 个，箭窗宽 0.75 米，高 1.25 米，墙厚 0.42 米，箭窗券室高 2.37 米，宽 1.26 米，进深 0.53 米。台室内为三券室三通道结构，东券室北面墙残高 3.35 米，残长 3.1 米，中券室残高 3.33 米，宽 1.87 米，至南通道边残长 6.82 米，券室间隔墙厚 1.61 米；通道残高 2.04 米，宽 1.61 米，间隔墙厚 2.14 米。梯道位于东券室北通道与中通道间隔墙内，为西向上，梯道宽 0.65 米，残存踏跺 5 级，踏面宽 0.2 米，踢面高 0.31 米；上段设施无存。

敌台面砖风化酥碱严重，砖砌墙体仅存北立面，顶部坍塌，四周植被多为灌木和杂草。

### 315. 梁家湾 14 号敌台 130323352101170315

位于梁家湾村东北约 2.7 千米，坐标：东经 119° 20′ 43.60″，北纬 40° 07′ 08.40″，高程 709 米。

敌台东西接墙，砖石结构，平面布局呈"回"字形，立面及剖面呈梯形，台室东西宽 10.18 米，南北长 10.21 米，高 10.78 米。立面为三段式，下段条石基础 3 层，高 1.21 米，条石长 1.1 ～ 1.2 米，白灰砌筑，白灰勾缝；中段城砖砌筑，白灰砌筑，白灰勾缝。东、西立面设箭窗 2 个，南立面设箭窗 3 个，北立面设箭窗 5 个，宽 0.66 米，高 0.93 米，墙厚 0.34 米，箭窗石长 1.31 米，宽 0.5 米，厚 0.16 米，箭窗券室进深 0.82 米，洞墙为斜面外窄内宽，外侧宽 0.83 米，内口宽 1.04 米。箭窗下为礌石孔距箭窗 0.6 米，礌石孔内口宽 0.43 米，高 0.44 米，深 0.56 米。中券室内部高 3.66 米，南北宽 2.11 米，东西长 2.86 米。券道长 7.87 米，高 3.71 米，宽 1.77 米，中券室四面设门，门高 1.98 米，宽 0.9 米，东门进深 0.75 米，西门进深 1.6 米。梯道位于券室西墙，为南向北上，梯道口高 2.22 米，宽 0.77 米，残存踏跺 15 级，踏面宽 0.27 米，踏面高 0.29 米；中段与上段间设三层拔檐分隔；上段存少量垛口墙。

敌台面砖风化酥碱严重，四周植被多为灌木和杂草。

### 316. 箭杆岭 01 号敌台 130323352101170316

位于箭杆岭村东南约 2.3 千米，坐标：东经 119° 20′ 26.10″，北纬 40° 07′ 07.50″，高程 698 米。

敌台东西接墙，砖石结构，平面布局为三券室三通道，立面及剖面呈梯形，台室东西宽 10.38 米，南北残长 5.87 米，高 5.04 米。立面为三段式，下段条石基础 5 层，高 1.62 米，白灰砌筑，白灰勾缝；中段城砖砌筑，城砖规格为 0.37 米 × 0.185 米 × 0.08 米，白灰砌筑，白灰勾缝。东西辟门，东门宽 0.72 米，高 1.88 米，门柱石宽 0.23 米，高 1.3 米，厚 0.26 米，压柱石长 0.73 米，宽 0.25 米，厚 0.19 米，门券石宽 0.23 米，厚 0.23 米，门券室高 2.7 米，宽 1.3 米，进深 0.82 米，西门只存一块压柱石。箭窗高

0.95 米，宽 0.64 米，窗槛石长 0.97 米，宽 0.39 米，厚 0.09 米，箭窗券室高 2.26 米，宽 1.01 米，进深 0.96 米。券室高 3.34 米，宽 1.68 米，券室间隔 1.45 米。通道高 2.24 米，宽 1.34 米。券室地面为方砖铺砌，规格为 0.39 米 ×0.1 米，通道墙底部为一层料石厚 0.19 米，上为砖砌。中段与上段间设三层拔檐分隔；上段存少量垛口墙。

敌台面砖风化酥碱严重，北立面墙及台室北半部坍塌，四周植被多为灌木和杂草。

### 317. 箭杆岭 02 号敌台 130323352101170317

位于箭杆岭村东南约 1.7 千米，坐标：东经 119° 20′ 15.90″，北纬 40° 07′ 23.90″，高程 618 米。

敌台南北接墙，砖石结构，平面布局为三券室二通道，立面及剖面呈梯形，底部东西宽 6.77 米，南北长 10.6 米，高 7.05 米。立面为三段式，下段条石基础 3 层，高 1.2 米，白灰砌筑，白灰勾缝；中段城砖砌筑，城砖规格为 0.37 米 ×0.18 米 ×0.1 米，白灰砌筑，白灰勾缝，南北西侧辟门，南门坍塌，北门高 1.73 米，宽 0.71 米，门柱石高 1.26 米，宽 0.27 米，厚 0.16 米，券石一块宽 0.26 米，厚 0.32 米，门券室高 2.22 米，宽 1.24 米，进深 0.87 米。东立面设箭窗 3 个，南立面设箭窗 2 个，西立面存箭窗 2 个，北立面设箭窗 1 个，箭窗券室高 2.06 米，宽 1.1 米，进深 0.76 米，箭窗高 0.94 米，宽 0.61 米，墙厚 0.26 米，窗下礌石孔内口高 0.55 米，宽 0.4 米，深 0.47 米，外口宽 0.24 米，高 0.19 米。券室高 3.03 米，长 4.57 米，两侧券室宽 1.62 米，中券室宽 2.7 米，券室间隔墙厚 0.95 米。通道宽 1.11 米，高 1.88 米，中券室南面顶部开一长方形天窗；中段与上段间设三层拔檐分隔；上段存少量垛口墙。

敌台面砖风化酥碱严重，四周植被多为灌木和杂草。

### 318. 箭杆岭 03 号敌台 130323352101170318

位于箭杆岭村东南约 1.4 千米，坐标：东经 119° 20′ 12.20″，北纬 40° 07′ 33.80″，高程 540 米。

敌台南北接墙，砖石结构，平面布局呈 "回" 字形，立面及剖面呈梯形，底部东西宽 10.4 米，南北长 10.5 米，高 9.5 米。立面为三段式，下段条石基础 6 层，高 2.4 米，白灰砌筑，白灰勾缝；中段城砖砌筑，城砖规格为 0.36 米 ×0.17 米 ×0.08 米，白灰砌筑，白灰勾缝。南北辟门，南门高 1.74 米，宽 0.74 米，上为一块券石，不设压柱石。门券室宽 1.15 米，高 2.16 米，深 0.15 米。东、西立面设箭窗 3 个，南、北立面设箭窗 2 个，箭窗与箭窗券室均为敞口式，箭窗券室内口宽 1.13 米，外口宽 1.02 米，高 2.3 米，箭窗内口宽 0.6 米，外口宽 0.73 米，窗高 0.87 米，窗下设礌石孔，内径 0.42 米，外口 0.2 米，中心券室内南北长 3.1 米，东西宽 2.16 米，高 3.57 米，外南北 4.75 米，东西 4.75 米，于四周墙中部设券门，宽 0.84 米，高 1.81 米。四面设券道，券道长 7.55 米，宽 1.41 米，高 3.36 米。中心券室南北 4.75 米，东西 4.75 米。梯道设于中心间西南角，下为一层砖，上铺一层条石，宽 0.82 米，踏面宽 0.26 米，踢面高 0.27 米，残存 11 级；中段与上段间设三层拔檐分隔；上段设施不存。

敌台面砖风化酥碱严重，南北门上的登台台阶全部毁坏，南门洞上的砖券已坍塌，北立面箭窗残毁严重，四周植被多为灌木和杂草。

### 319. 箭杆岭 04 号敌台 130323352101170319

位于箭杆岭村东南约 530 米，坐标：东经 119° 19′ 50.00″，北纬 40° 07′ 56.60″，高程 385 米。

敌台南北接墙，砖石结构，平面布局为三券室三通道，立面及剖面呈梯形，底部东西宽 8.62 米，南北长 9.86 米，高 8.89 米。立面为三段式，下段条石基础 9 层，高 4.12 米，白灰砌筑，白灰勾缝；中段城砖砌筑，城砖规格为 0.4 米 ×0.2 米 ×0.09 米，白灰砌筑，白灰勾缝。南北辟门，南立面设箭窗 2 个，西立面设箭窗 3 个，北立面设箭窗 2 个，北券室正中部有天窗一个；中段与上段间设三层拔檐分隔；上段存少量垛口墙。

敌台面砖风化酥碱严重，南门、北门均已缺失，箭窗毁坏严重，顶部存少部分垛口墙，四周植被多为灌木和杂草。

### 320. 箭杆岭 05 号敌台 130323352101170320

位于箭杆岭村东南约 460 米，坐标：东经 119° 19′ 56.40″，北纬 40° 08′ 03.20″，高程 317 米。

敌台南北接墙，砖石结构，立面及剖面呈梯形，底部南北长 11.3 米。下段条石基础，东立面 8 层，高 2.6 米，西立面 6 层，高 1.95 米，白灰砌筑，白灰勾缝；中段城砖砌筑，白灰砌筑，白灰勾缝，东立面存部分外包墙体，长 4.8 米，高 2.8 米。其他坍塌，四周植被多为灌木和杂草。

### 321. 箭杆岭 06 号敌台 130323352101170321

位于箭杆岭村东部，坐标：东经 119° 19′ 54.40″，北纬 40° 08′ 08.70″，高程 218 米。

敌台南北接墙，砖石结构，立面及剖面呈梯形，底部东西长 11.9 米，南北宽 11.3 米，设块石放脚 2 层。下段条石基础 12 层，高 4.32 米，条石规格为 0.73 米 ×0.48 米 ×0.38 米。其他坍塌，四周植被多为灌木和杂草。

### 322. 箭杆岭 07 号敌台 130323352101170322

位于箭杆岭村东约 390 米，坐标：东经 119° 19′ 57.70″，北纬 40° 08′ 13.90″，高程 301 米。

敌台南北接墙，砖石结构，平面布局为三券室三通道，立面及剖面呈梯形，台室东西宽 9.6 米，南北长 9.8 米，高 7.52 米。立面为三段式，下段条石基础 7 层，高 2.73 米，白灰砌筑，白灰勾缝；中段城砖砌筑，白灰砌筑，白灰勾缝，南北辟门，南门残存有门洞，北门残存门槛石。南立面设箭窗 2 个，西立面设箭窗 5 个，北立面设箭窗 2 个；中段与上段间设三层拔檐分隔；上段设施无存。敌台面砖风化酥碱严重，箭窗毁坏严重，四周植被多为灌木和杂草。

### 323. 箭杆岭 08 号敌台 130323352101170323

位于箭杆岭村东北约 720 米，坐标：东经 119° 20′ 05.20″，北纬 40° 08′ 26.40″，高程 472 米。

敌台南北接墙，砖石结构，平面布局为三券室三通道，立面及剖面呈梯形，台室东西宽 9.38 米，南北长 9.3 米，高 8.65 米。立面为三段式，下段条石基础 6 层，高 2.06 米，白灰砌筑，白灰勾缝；中段城砖砌筑，城砖规格为 0.365 米 ×0.18 米 ×0.09 米，白灰砌筑，白灰勾缝。南北中部辟门，东立面设箭窗 3 个，南立面设箭窗 2 个，西立面设箭窗 3 个，北立面设箭窗 2 个。台室南北 9.3 米，东西 9.38 米，内部为三券室三通道结构。券室通道保存完好，券筑方式为一伏一券。梯道位于北通道，中券室与东券室间的间隔墙上，为北向南上，残存石质踏跺 13 级，上部设施无存。

敌台面砖风化酥碱严重，箭窗毁坏严重，四周植被多为灌木和杂草。

### 324. 箭杆岭 09 号敌台 130323352101170324

位于箭杆岭村东北约 1.1 千米，坐标：东经 119° 20′ 13.60″，北纬 40° 08′ 36.80″，高程 511 米。

敌台东西接墙，砖石结构，平面布局呈"回"字形，立面及剖面呈梯形，底部东西宽 9.93 米，南北长 10.98 米，高 10.31 米。立面为三段式，下段条石基础 6 层，高 2.17 米，白灰砌筑，白灰勾缝；中段城砖砌筑，城砖规格为 0.365 米 ×0.18 米 ×0.09 米，白灰砌筑，白灰勾缝。东西辟门，东立面设箭窗 2 个，南立面设箭窗 3 个，西立面设箭窗 2 个，北立面设箭窗 3 个。中心券室北券门下部坍塌，西券门北侧设有一小券洞，现已坍塌，只残留一半券，高约 0.73 米；南券门西侧设有一小券洞，保存完整，高 1.05 米，宽 0.93 米，进深 1.48 米，0.54 米处起券，洞口两侧损毁。梯道位于北门西侧，为北向南上，梯道踏跺坍塌，损毁严重；上部设施无存。

敌台面砖风化酥碱严重，箭窗毁坏严重，四周植被多为灌木和杂草。

### 325. 箭杆岭 10 号敌台 130323352101170325

位于箭杆岭村东北约 1.5 千米，坐标：东经 119° 20′ 22.70″，北纬 40° 08′ 49.00″，高程 688 米。

敌台南北接墙，砖石结构，平面布局为两券室三通道，立面及剖面呈梯形，底部东西宽 9.3 米，南北长 9.34 米，高 9.24 米。立面为三段式，下段条石基础 11 层，高 4.27 米，白灰砌筑，白灰勾缝；中段城砖砌筑，白灰砌筑，白灰勾缝。南北辟门，东立面设箭窗 2 个，南立面设箭窗 1 个，西立面设箭窗 2 个，北立面设箭窗 2 个，箭窗下设射孔，梯道位于西通道内，为西向东上，残存台阶 12 级；中段与上段间设三层拔檐分隔；上段存垛口墙，垛墙残高 1.57 米，垛口高 0.72 米。保留完整望孔 8 个，北面 3 个，南面 3 个，东面 2 个。望孔高 0.25 米，宽 0.26 米，深 0.3 米。铺房位于台顶中心，存四面墙体，东西宽 3.82 米，南北长 4.7 米，墙高 1.04 米，厚 0.5 米。

敌台面砖风化酥碱严重，四周植被多为灌木和杂草。

### 326. 箭杆岭 11 号敌台 130323352101170326

位于箭杆岭村东北约 1.7 千米，坐标：东经 119° 20′ 21.60″，北纬 40° 08′ 59.00″，高程 675 米。

敌台南北接墙，砖石结构，平面布局呈"回"字形，立面及剖面呈梯形，底部东西宽 9.16 米，南北长 10.78 米，高 10.64 米。立面为三段式，下段条石基础 8 层，高 3 米，白灰砌筑，白灰勾缝；中段城砖砌筑，城砖规格为 0.36 米 ×0.17 米 ×0.08 米，白灰砌筑，白灰勾缝，南北辟门，南门存门槛石，东立面设箭窗 4 个，南、北立面设箭窗 4 个，西立面设箭窗 3 个，下设礌石孔。中心为券室，四面各设券门一个，南门上部西侧坍塌一直径 0.53 米的墙洞；东门北侧墙角部损毁，损毁处高 0.66 米，宽 0.58 米，深 0.45 米，南侧墙体下部设有一个高 0.85 米，宽 0.67 米，深 1.48 米，0.56 米起券的小券洞；南门西侧墙体下部也设有高 0.67 米，宽 0.65 米，深 0.88 米，0.3 米起券的券洞 1 个；西门南侧为登顶梯道，宽 0.69 米，可见高 0.99 米，踏跺残存 7 级；中段与上段间设三层拔檐分隔；上段存少量垛口墙。

敌台面砖风化酥碱严重，四周植被多为灌木和杂草。南门西南面山石上保存人工开凿的圆形石臼，直径 0.41 米，深 0.35 米。

### 327. 箭杆岭 12 号敌台 130323352101170327

位于箭杆岭村东北约 1.9 千米，坐标：东经 119° 20′ 23.20″，北纬 40° 09′ 05.20″，高程 611 米。

敌台南北接墙，砖石结构，平面布局呈"回"字形，立面及剖面呈梯形，底部东西宽 11.08 米，南北长 10.52 米，高 8.45 米。下段条石基础，白灰砌筑，白灰勾缝；中段城砖砌筑，白灰砌筑，白灰勾缝。南北辟门，南、北立面设箭窗 2 个，西立面设箭窗 3 个。台室内为 "回" 字形结构，券道长 7.99 米，宽 1.74 米，高 3.32 米。中心券室东券门损毁，南侧下角设小券洞 1 个，已坍塌一半。登顶梯道位于中心券室西门南侧，为西向东上，残存踏跺 13 级；中段与上段间设三层拔檐分隔；上段存少量垛口墙。

敌台面砖风化酥碱严重，北门上有竖向通裂缝，宽 0.03 米，四周植被多为灌木和杂草。

### 328. 箭杆岭 13 号敌台 130323352101170328

位于箭杆岭村东北约 2.1 千米，坐标：东经 119° 20′ 23.40″，北纬 40° 09′ 10.60″，高程 684 米。

敌台南北接墙，砖石结构，平面布局为三券室三通道，立面及剖面呈梯形，底部东西宽 7.88 米，南北长 7.96 米，底部至拔檐高 6.43 米。立面为三段式，下段条石基础 6 层，高 2.76 米，白灰砌筑，白灰勾缝；中段城砖砌筑，城砖规格为 0.415 米 ×0.2 米 ×0.11 米，白灰砌筑，白灰勾缝，南北辟门，南立面设箭窗 2 个，西立面设箭窗 3 个，北立面设箭窗 1 个。台室券室长 6.05 米，高 2.89 米，中券室宽 2.25 米，两边券室宽 1.33 米，在北券室西侧顶部设有天窗，为登顶之处；中段与上段间设三层拔檐分隔；上段存垛口墙，设望孔。

敌台面砖风化酥碱严重，箭窗缺失，四周植被多为灌木和杂草。

### 329. 箭杆岭 14 号敌台 130323352101170329

位于箭杆岭村东北约 2.2 千米，坐标：东经 119° 20′ 24.80″，北纬 40° 09′ 14.60″，高程 676 米。

敌台南北接墙，砖石结构，平面布局为三券室三通道，立面及剖面呈梯形，台室东西长 9.11 米，南北宽 6.8 米，底部至拔檐高 7.55 米。立面为三段式，下段条石基础 6 层，高 2.67 米，白灰砌筑，白灰勾缝；中段城砖砌筑，白灰砌筑，白灰勾缝，南北辟门，南立面设箭窗 2 个，西立面设箭窗 3 个，中券室顶部设登顶天窗；中段与上段间设三层拔檐分隔；上段存垛口墙，设垛口、望孔。

敌台面砖风化酥碱严重，四周植被多为灌木和杂草。

### 330. 箭杆岭 15 号敌台 130323352101170330

位于箭杆岭村东北约 2.3 千米，坐标：东经 119° 20′ 21.00″，北纬 40° 09′ 20.30″，高程 630 米。

敌台南北接墙，砖石结构，平面布局为三券室三通道，立面及剖面呈梯形，高 4.32 米。立面为三段式，下段条石基础 2 层，高 1.4 米，白灰砌筑，白灰勾缝；中段城砖砌筑，白灰砌筑，白灰勾缝，南北辟门，南立面设箭窗 2 个，西立面设箭窗 3 个，北立面设箭窗 1 个，中券室顶部设登顶天窗；中段与上段间设三层拔檐分隔；上段存垛口墙，设垛口、望孔。

敌台面砖风化酥碱严重，门、箭窗损坏严重，四周植被多为灌木和杂草。

### 331. 箭杆岭 16 号敌台 130323352101170331

位于箭杆岭村东北约 2.4 千米，坐标：东经 119° 20′ 17.30″，北纬 40° 09′ 25.30″，高程 670 米。

敌台南北接墙，砖石结构，平面布局呈 "回" 字形，立面及剖面呈梯形，底部东西宽 9.34 米，南北长 9.26 米，底部至拔檐 6.63 米。立面为三段式，下段条石基础 4 层，高 2.65 米，白灰砌筑，白灰勾缝；中段城砖砌筑，城砖规格为 0.36 米 ×0.17 米 ×0.08 米，白灰砌筑，白灰勾缝。南北辟门，南立面设箭窗 2 个，西立面设箭窗 3 个，北立面设箭窗 2 个。券室东西向，长 7.23 米，高 3.06 米，两边券室宽 1.62 米，中券室宽 2.67 米，通道南北向，高 1.87 米，宽 0.85 米，间隔墙厚 0.62 米。北券室西侧通道上部设有登顶天窗；中段与上段间设三层拔檐分隔，上段存垛口墙，设垛口、望孔。

敌台面砖风化酥碱严重，门、箭窗损坏严重，四周植被多为灌木和杂草。

### 332. 箭杆岭 17 号敌台 130323352101170332

位于箭杆岭村东北约 2.4 千米，坐标：东经 119° 20′ 07.40″，北纬 40° 09′ 29.90″，高程 674 米。

敌台南北接墙，砖石结构，立面及剖面呈梯形，下段条石基础，白灰砌筑，白灰勾缝；中段城砖砌筑，白灰砌筑，白灰勾缝。

敌台面砖风化酥碱严重，仅存部分北墙，其他坍塌严重，四周植被多为灌木和杂草。

### 333. 箭杆岭 18 号敌台 130323352101170333

位于箭杆岭村北约 2.3 千米，坐标：东经 119° 19′ 57.40″，北纬 40° 09′ 27.90″，高程 656 米。

敌台东西接墙，砖石结构，平面布局呈“回”字形，立面及剖面呈梯形，底部东西宽 10.37 米，南北长 10.4 米，高 7.68 米。立面为三段式，下段条石基础 2 层，高 0.78 米，白灰砌筑，白灰勾缝；中段城砖砌筑，城砖规格为 0.38 米 ×0.18 米 ×0.09 米，白灰砌筑，白灰勾缝。东西辟门，宽 0.7 米，高 1.67 米，为石质券，门券室宽 1.23 米，高 2.27 米，深 1.3 米。东、西立面设箭窗 2 个，南立面设箭窗 3 个，西立面设箭窗 4 个，宽 0.59 米，高 0.86 米，下设窗槛石，箭窗券室宽 1.12 米，高 2.22 米，深 0.7 米。中心券室南北长 4.45 米，东西宽 4.53 米，于四面墙中部设门，仅存西门，宽 0.9 米，高 2.15 米，四面设券道，券道宽 3.67 米，高 2.27 米。台室内墙存阴刻“万历六年……”文字砖，于中心券室东南角设登顶梯道，宽 0.79 米，东面墙体存吐水嘴一个，残长 0.2 米；中段与上段间设三层拔檐分隔，上段设施不存。

敌台面砖风化酥碱严重，箭窗缺失，四周植被多为灌木和杂草。

### 334. 箭杆岭 19 号敌台 130323352101170334

位于箭杆岭村北约 2.3 千米，坐标：东经 119° 19′ 44.50″，北纬 40° 09′ 25.90″，高程 627 米。

敌台东西接墙，砖石结构，立面及剖面呈梯形，底部东西宽 13.21 米，南北长 6.4 米，高 10.1 米。立面为三段式，下段条石基础 2 层，高 0.84 米，白灰砌筑，白灰勾缝；中段城砖砌筑，白灰砌筑，白灰勾缝，南立面存箭窗 3 个，箭窗宽 0.57 米，箭窗券室宽 0.83 米；中段与上段间设三层拔檐分隔；上段存少量垛口墙。

敌台面砖风化酥碱严重，存南立面及东北、西北角部分墙体，台室及顶部坍塌，四周植被多为灌木和杂草。

### 335. 箭杆岭 20 号敌台 130323352101170335

位于箭杆岭村北约 2.3 千米，坐标：东经 119° 19′ 34.30″，北纬 40° 09′ 28.20″，高程 592 米。

敌台南北接墙，立面及剖面呈梯形，底部东西宽 7.6 米，南北长 8.9 米，高 2.97 米。外包毛石砌筑，白灰砌筑，白灰勾缝，顶部存有少量城砖墁地。四周植被多为灌木和杂草。

### 336. 箭杆岭 21 号敌台 130323352101170336

位于箭杆岭村北约 2.4 千米，坐标：东经 119° 19′ 33.10″，北纬 40° 09′ 30.40″，高程 586 米。

敌台南北接墙，砖石结构，平面布局呈"回"字形，立面及剖面呈梯形，底部东西宽8.15米，南北长12.01米，高9.7米。立面为三段式，下段条石基础4层，高1.76米，白灰砌筑，白灰勾缝；中段城砖砌筑，城砖规格为0.36米×0.17米×0.08米，白灰砌筑，白灰勾缝。南北辟门，宽0.73米，高1.76米，由1块门槛石、2块门柱石、1块门券石组成，门券室宽1.25米，高2.5米。东、西立面设箭窗5个，南、北立面设箭窗1个，宽0.62米，高0.93米，箭窗券室宽1.03米，高2.27米，深0.53米。中心券室南北长7.03米，东西宽3.34米，于四面墙中部设小型券门，宽0.95米，高2.1米，券室内部南北长4.39米，东西宽1.72米，高3.79米。四面设券道，宽1.48米，高3.79米。梯道设于中心间西南角，宽0.75米，存踏跺十级，踏跺上为一层条石，下为一层砖，踏面宽0.2米，踢面高0.3米，梯道顶为斜券至顶；中段与上段间设三层拔檐分隔；上段设施无存。

敌台面砖风化酥碱严重，箭窗毁坏严重，四周植被多为灌木和杂草。

### 337. 箭杆岭 22 号敌台 130323352101170337

位于箭杆岭村西北约2.6千米，坐标：东经119°19′27.70″，北纬40°09′35.20″，高程609米。

敌台南北接墙，砖石结构，立面及剖面呈梯形，底部东西宽13.41米，南北长7.55米，高7.32米。立面为三段式，下段条石基础3层，高0.98米，白灰砌筑，白灰勾缝；中段城砖砌筑，白灰砌筑，白灰勾缝，南北辟门，南门存门槛石1块，长1.6米，厚0.26米。东北角墙内存柏木柱一根，直径0.08米。

敌台面砖风化酥碱严重，仅存东立面部分城砖墙墙体，四周植被多为灌木和杂草。

### 338. 箭杆岭 23 号敌台 130323352101170338

位于箭杆岭村西北约2.8千米，坐标：东经119°19′21.20″，北纬40°09′42.00″，高程602米。

敌台东西接墙，砖石结构，立面及剖面呈梯形，底部东西宽9.8米，南北长10.04米，高7.32米。立面为三段式，下段条石基础5层，高2.28米，白灰砌筑，白灰勾缝；中段城砖砌筑，城砖规格为0.42米×0.2米×0.125米，白灰砌筑，白灰勾缝。东西辟门，宽0.71米，高1.7米，为石质券，东立面存箭窗2个，南立面存箭窗2个；中段与上段间设三层拔檐分隔；上段存垛口墙，东立面存望孔4个。

敌台面砖风化酥碱严重，仅存东立面及南立面东侧城砖墙体，四周植被多为灌木和杂草。敌台外侧距台体2.7米处有一圈围墙基址，毛石垒砌，宽0.7米，残高0.8～1.2米，平行于台体，坍塌严重。

### 339. 箭杆岭 24 号敌台 130323352101170339

位于箭杆岭村西北约2.9千米，坐标：东经119°19′15.20″，北纬40°09′45.20″，高程588米。

敌台南北接墙，砖石结构，立面及剖面呈梯形，底部南北长12.26米。立面为三段式，下段条石基础，白灰砌筑，白灰勾缝；中段城砖砌筑，白灰砌筑，白灰勾缝。仅存东立面城砖墙体，存箭窗2个，中间坍塌成一宽3.4米，高3米的大洞，直至上部垛口墙。东北角墙内存木立柱，直径0.08米，残高0.73米；中段与上段间设三层拔檐分隔；上段存垛口墙。面砖风化酥碱严重，四周植被多为灌木和杂草。

### 340. 箭杆岭 25 号敌台 130323352101170340

位于箭杆岭村西北约 3 千米，坐标：东经 119° 19′ 12.40″，北纬 40° 09′ 46.50″，高程 592 米。

敌台东西接墙，砖石结构，立面及剖面呈梯形，底部东西宽 7.78 米，高 7.78 米。立面为三段式，下段条石基础 3 层，高 1.44 米，白灰砌筑，白灰勾缝；中段城砖砌筑，城砖规格为 0.41 米 ×0.2 米 ×0.09 米，白灰砌筑，白灰勾缝，存北立面及东立面城砖墙体，北立面存箭窗 2 个，东立面存箭窗 1 个；中段与上段间设三层拔檐分隔；上段设施不存。敌台面砖风化酥碱严重，券室及顶部坍塌，四周植被多为灌木和杂草。

### 341. 箭杆岭 26 号敌台 130323352101170341

位于箭杆岭村西北约 2.9 千米，坐标：东经 119° 19′ 03.50″，北纬 40° 09′ 42.30″，高程 564 米。

敌台东西接墙，砖石结构，平面布局呈"回"字形，立面及剖面呈梯形，底部东西宽 10.85 米，南北长 10.9 米，高 10.5 米。立面为三段式，下段条石基础 8 层，高 2.7 米，白灰砌筑，白灰勾缝；中段城砖砌筑，白灰砌筑，白灰勾缝。东西辟门，西门缺失，东门宽 0.73 米，高 1.64 米，上为三块券石。门券室宽 1.25 米，高 2.6 米，深 1 米。东、西立面设箭窗 2 个，南、北立面设箭窗 4 个，箭窗与箭窗券室为敞口式，箭窗券室内口宽 1.07 米，外口宽 0.88 米，高 2.3 米，箭窗内口宽 0.6 米，外口宽 0.66 米，窗高 0.85 米，窗下设窗槛石，宽 0.46 米。门及窗起券方式均为两伏两券。中心券室南北长 4.63 米，东西宽 4.61 米，券室内南北长 2.7 米，东西宽 2.04 米，高 3.73 米，南墙外侧存"德州营万历六年右部造"文字砖，于四面墙中部设门，于四面墙中部设门，保存较为完好，门宽 0.72 米，高 1.94 米，四面设券道，长 10.5 米，宽 1.66 米，高 3.85 米。中心券室内部残存有三个砖砌券龛，与地面齐平，其中东门洞北侧墙中部一个，高 0.76 米，宽 0.56 米，深 0.58 米；中心券室内西南角一个，高 0.72 米，宽 0.55 米，深 0.59 米；西北角一个，高 0.64 米，宽 0.52 米，深 0.61 米。于中心券室东南角设砖登顶梯道，宽 0.76 米，踏面宽 0.25 米，踢面高 0.35 米；中段与上段间设三层拔檐分隔；上段设施不存。

敌台面砖风化酥碱严重，四周植被多为灌木和杂草。

### 342. 箭杆岭 27 号敌台 130323352101170342

位于箭杆岭村西北约 2.9 千米，坐标：东经 119° 18′ 59.90″，北纬 40° 09′ 40.50″，高程 544 米。

敌台东西接墙，砖石结构，立面及剖面呈梯形，底部东西宽 12.57 米，南北长 8.97 米，高 9 米。立面为三段式，下段条石基础 2 层，高 0.8 米，白灰砌筑，白灰勾缝；中段城砖砌筑，城砖规格为 0.4 米 ×0.2 米 ×0.09 米，白灰砌筑，白灰勾缝，城砖上半部仅存北立面，存箭窗 4 个，墙体内侧存圆形柱孔 3 个，直径 0.23 米；中段与上段间设三层拔檐分隔；上段存垛口墙。敌台面砖风化酥碱严重，四周植被多为灌木和杂草。

### 343. 界岭口 01 号敌台 130323352101170343

位于界岭口村东约 2.2 千米，坐标：东经 119° 18′ 54.20″，北纬 40° 09′ 39.50″，高程 578 米。

敌台东西接墙，砖石结构，立面及剖面呈梯形，底部东西宽 13.16 米，南北残长 7 米，高 5 米。立面为三段式，下段条石基础 2 层，高 0.86 米，白灰砌筑，白灰勾缝；中段城砖砌筑，白灰砌筑，白灰勾缝，上部坍塌。敌台面砖风化酥碱严重，四周植被多为灌木和杂草。

### 344. 界岭口 02 号敌台 130323352101170344

位于界岭口村东约 2 千米，坐标：东经 119° 18′ 47.20″，北纬 40° 09′ 42.60″，高程 524 米。

敌台南北接墙，砖石结构，平面布局呈"回"字形，立面及剖面呈梯形，底部东西宽 10.1 米，南北长 10.75 米，高 10.1 米。立面为三段式，下段条石基础 6 层，高 2.3 米，白灰砌筑，白灰勾缝；中段城砖砌筑，白灰砌筑，白灰勾缝，南北辟门，门券室宽 1.14 米，高 2.38 米，东、西立面设箭窗 4 个，南、北立面设箭窗 2 个，箭窗券室为内敞口式，内口宽 1.31 米，外口宽 0.97 米，高 0.92 米，深 0.78 米，箭窗宽 0.64 米，高 0.92 米，窗设窗槛石宽 0.5 米。中心券室南北长 5.22 米，东西宽 4.2 米，券室内南北长 2.8 米，东西宽 2.57 米，高 3.2 米。于四面中部设券门，门宽 0.85 米，高 1.8 米。四周设券道，宽 1.32 米，高 3.13 米。在中心券室东墙外有当年侵华日军的刻字，宽 1 米，高 1.6 米，字深 0.02 米。录文如下：

"昭和八年三月二十四日

步兵四十联队

第十一中队

佔领"

中心间西北角设砖砌登顶梯道，宽 0.84 米，踏面宽 0.21 米，踢面高 0.32 米；中段与上段间设三层拔檐分隔；上段设施无存。

敌台面砖风化酥碱严重，南门、北门均已缺失，箭窗毁坏严重，四周植被多为灌木和杂草。

### 345. 界岭口 03 号敌台 130323352101170345

位于界岭口村东约 1.9 千米，坐标：东经 119° 18′ 42.10″，北纬 40° 09′ 46.20″，高程 477 米。

敌台南北接墙，砖石结构，平面布局为三券室三通道，立面及剖面呈梯形，底部东西宽 10 米，南北长 12.38 米，高 9.3 米。立面为三段式，下段条石基础 5 层，高 1.99 米，白灰砌筑，白灰勾缝；中段城砖砌筑，白灰砌筑，白灰勾缝，南北辟门，门券室宽 1.13 米，高 2.24 米，东、西立面设箭窗 3 个，南、北立面设箭窗 2 个，箭窗券室宽 0.9 米，高 2.22 米，深 1.07 米，南北向三券室，长 7.02 米，宽 1.97 米，高 3.54 米，东西向三通道，宽 1.06 米，高 2.18 米。于南券室与中券室之间的通道设登顶梯道，为东向西上，宽 0.64 米，存踏跺 12 级，踏面宽 0.22 米，踢面高 0.28 米；中段与上段间设三层拔檐分隔；上段设施无存。台内中心券室东门北侧设梯道，东向西上，券道长 8.25 米，宽 1.47 米，高 3.75 米，残存踏跺 9 阶，踏面宽 0.2 米，踢面高 0.29 米。顶部南北长 9.97 米，东西宽 8.92 米，仅存西立面垛口墙，长 6.04 米，厚 0.4 米，高 1.39 米，垛口残高 0.46 米，存垛口 2 个，两垛口间距 1.4 米，垛口下设礌石孔 4 个，宽 0.4 米，高 0.41 米，深 0.4 米。

敌台面砖风化酥碱严重，南门、北门均已缺失，箭窗毁坏严重，顶部存少部分垛口墙，四周植被多为灌木和杂草。

### 346. 界岭口 04 号敌台 130323352101170346

位于界岭口村东北约 1.8 千米，坐标：东经 119° 18′ 35.20″，北纬 40° 09′ 49.10″，高程 491 米

敌台南北接墙，砖石结构，立面及剖面呈梯形，底部东西宽 12.6 米，南北长 8.1 米，高 8 米。立面为

三段式，下段条石基础 4 层，高 1.7 米，白灰砌筑，白灰勾缝；中段城砖砌筑，城砖规格为 0.41 米 ×0.18 米 ×0.08 米，白灰砌筑，白灰勾缝，南立面存箭窗 2 个，北立面存箭窗 5 个，箭窗宽 0.43 米，高 0.91 米，箭窗券室为内敞口式，内口宽 0.97 米，外口宽 0.82 米，南北墙内侧存柱孔、梁架痕迹，木构件已不存，柱孔直径 0.26 米；上段设施不存。

敌台面砖风化酥碱严重，门、箭窗毁坏严重，顶部存少部分垛口墙，四周植被多为灌木和杂草。

### 347. 界岭口 05 号敌台 130323352101170347

位于界岭口村东北约 1.6 千米，坐标：东经 119° 18′ 26.40″，北纬 40° 09′ 54.90″，高程 444 米。

敌台东西接墙，砖石结构，立面及剖面呈梯形，底部边长为 5 米，坍塌，呈堆状，四周植被多为灌木和杂草。

### 348. 界岭口 06 号敌台 130323352101170348

位于界岭口村东北约 1.5 千米，坐标：东经 119° 18′ 17.70″，北纬 40° 09′ 58.50″，高程 435 米。

敌台砖石结构，立面及剖面呈梯形，底部南北长 10 米，残高 5 米，坍塌，呈堆状，四周植被多为灌木和杂草。

### 349. 界岭口 07 号敌台 130323352101170349

位于界岭口村东北约 1.3 千米，坐标：东经 119° 18′ 11.30″，北纬 40° 09′ 57.90″，高程 439 米。

敌台南北接墙，砖石结构，平面布局呈"回"字形，立面及剖面呈梯形，南北长 9.45 米，高 7 米。立面为三段式，下段条石基础 4 层，高 1.71 米，白灰砌筑，白灰勾缝；中段城砖砌筑，白灰砌筑，白灰勾缝，西立面存箭窗 4 个，宽 0.4 米，高 0.8 米；上段设施无存。

敌台面砖风化酥碱严重，仅存西立面城砖墙体，台室及顶部全部坍塌，四周植被多为灌木和杂草。

### 350. 界岭口 08 号敌台 130323352101170350

位于界岭口村东北约 1.3 千米，坐标：东经 119° 18′ 10.80″，北纬 40° 09′ 56.60″，高程 434 米。

敌台南北接墙，砖石结构，平面布局呈"回"字形，立面及剖面呈梯形，东西宽 8.6 米，南北长 12.98 米，高 6 米。立面为三段式，下段条石基础一层，白灰砌筑，白灰勾缝；中段城砖砌筑，白灰砌筑，白灰勾缝。城砖墙体上部坍塌，敌台面砖风化酥碱严重，四周植被多为灌木和杂草。

### 351. 界岭口 09 号敌台 130323352101170351

位于界岭口村东北约 1.2 千米，坐标：东经 119° 18′ 08.90″，北纬 40° 09′ 52.10″，高程 432 米。

敌台南北接墙，砖石结构，平面布局呈"回"字形，立面及剖面呈梯形，底部东西宽 9.16 米，南北长 10.6 米，高 9.39 米。立面为三段式，下段条石基础 4 层，高 1.71 米，白灰砌筑，白灰勾缝；中段城砖砌筑，白灰砌筑，白灰勾缝，南、北立面东侧辟门，东立面设箭窗 2 个，北立面设箭窗 2 个，西立面设箭窗 5 个，南立面设箭窗 2 个，台内中心券室东门北侧设梯道，东向西上，券道长 8.25 米，宽 1.47 米，高 3.75 米，残存踏跺 9 阶，踏面宽 0.2 米，踢面高 0.29 米；中段与上段间设三层拔檐分隔。顶部南北长 9.97 米，东西宽 8.92 米，仅存西立面垛口墙，长 6.04 米，厚 0.4 米，高 1.39 米，垛口残高 0.46 米，存垛口 2 个，两垛口间距 1.4 米，垛口下设礌石孔 4 个，宽 0.4 米，高 0.41 米，深 0.4 米。

敌台面砖风化酥碱严重，南门、北门均已缺失，箭窗毁坏严重，顶部存少部分垛口墙，四周植被多为灌木和杂草。

**352. 界岭口 10 号敌台 130323352101170352**

位于界岭口村东北约 1.2 千米，坐标：东经 119° 18′ 08.90″，北纬 40° 09′ 50.00″，高程 431 米。

敌台南北接墙，砖石结构，立面及剖面呈梯形，东立面残长 2.44 米。立面为三段式，下段条石基础，白灰砌筑，白灰勾缝；中段城砖砌筑，白灰砌筑，白灰勾缝，西立面存箭窗 2 个，东立面存箭窗 1 个，上部设施无存。东、西立面存部分外包墙体，台室及顶部全部坍塌，四周植被多为灌木和杂草。

**353. 界岭口 11 号敌台 130323352101170353**

位于界岭口村东北约 1.1 千米，坐标：东经 119° 18′ 04.60″，北纬 40° 09′ 48.90″，高程 430 米。

敌台南北接墙，砖石结构，立面及剖面呈梯形。立面为三段式，下段条石基础，白灰砌筑，白灰勾缝；中段城砖砌筑，白灰砌筑，白灰勾缝，仅西立面存部分外包墙体，高 0.82 米。四周植被多为灌木和杂草。

**354. 界岭口 12 号敌台 130323352101170354**

位于界岭口村东北约 1 千米，坐标：东经 119° 18′ 02.90″，北纬 40° 09′ 49.70″，高程 446 米。

敌台南北接墙，砖石结构，平面布局呈"回"字形，立面及剖面呈梯形，底部东西长 9.56 米，高 7.48 米。立面为三段式，下段条石基础，白灰砌筑，白灰勾缝；中段城砖砌筑，白灰砌筑，白灰勾缝，东立面存外包墙体长 3.18 米，西立面存外包墙体长 3.51 米，墙厚 1 米，各存箭窗遗迹一个；上段无存。四周植被多为灌木和杂草。

**355. 界岭口 13 号敌台 130323352101170355**

位于界岭口村东北约 1 千米，坐标：东经 119° 18′ 01.30″，北纬 40° 09′ 51.40″，高程 443 米。

敌台南北接墙，砖石结构，平面布局呈"回"字形，立面及剖面呈梯形，底部东西长 11.1 米，南北宽 10.28 米，高 8.39 米。立面为三段式，下段条石基础 6 层，高 2.79 米，白灰砌筑，白灰勾缝；中段城砖砌筑，白灰砌筑，白灰勾缝，南、北立面辟门，四个立面各设箭窗 2 个，梯道位于中心券室南门洞西侧，南向北上，残存踏跺 10 级，北门存柱础石 1 块，大部分已被埋入土中，深约 0.55 米，厚 0.24 米，鼓径 0.38 米，鼓高 0.04 米，上部设施无存。

敌台面砖风化酥碱严重，南门、北门均已缺失，东立面、南立面箭窗毁坏严重，顶部设施无存，四周植被多为灌木和杂草。

**356. 界岭口 14 号敌台 130323352101170356**

位于界岭口村东北约 1 千米，坐标：东经 119° 17′ 58.40″，北纬 40° 09′ 52.80″，高程 441 米。

敌台南北接墙，砖石结构，平面布局呈"回"字形，立面及剖面呈梯形，底部东西长 9.9 米，高 3.23 米。下段条石基础，白灰砌筑，白灰勾缝；中段城砖砌筑，白灰砌筑，白灰勾缝，仅西立面存部分外包墙体，高 3.23 米，上部坍塌。四周植被多为灌木和杂草。

**357. 界岭口 15 号敌台 130323352101170357**

位于界岭口村东北约 930 米，坐标：东经 119° 17′ 52.80″，北纬 40° 09′ 57.00″，高程 402 米。

敌台南北接墙，砖石结构，平面布局为三券室三通道，立面及剖面呈梯形，底部东西宽 10.22 米，南北长 10.38 米，高 8.25 米。立面为三段式，下段条石基础 5 层，高 2.51 米，白灰砌筑，白灰勾缝；中段城砖砌筑，白灰砌筑，白灰勾缝，南北立面设门，四个立面各设箭窗 2 个，券室东西向，长 7.86 米，中券室宽 3.01 米，两侧券室宽 1.62 米，高 3.02 米，两券室间隔墙厚 0.88 米，通道南北向，宽 0.8 米，高 1.82 米，两通道间隔 2.06 米，上部设施无存。

敌台面砖风化酥碱严重，西南角顶部坍塌，门、箭窗大部分缺失，四周植被多为灌木和杂草。

### 358. 界岭口 16 号敌台 1303233521101170358

位于界岭口村东北约 760 米，坐标：东经 119° 17′ 44.40″，北纬 40° 09′ 56.10″，高程 373 米。

敌台东西接墙，砖石结构，平面布局为三券室三通道，立面及剖面呈梯形，底部东西宽 10.93 米，南北长 9.74 米，高 8.5 米。立面为三段式，下段条石基础 5 层，高 2.3 米，白灰砌筑，白灰勾缝；中段城砖砌筑，白灰砌筑，白灰勾缝，南、北立面辟门，东立面设箭窗 2 个，南立面存箭窗 2 个，券室东西向，长 10.02 米，中券室宽 2.8 米，两侧券室宽 1.63 米，高 3.04 米，通道南北向，中券室西侧顶部设登顶天窗，东门外设梯道，残存台阶 5 级，宽 1.4 米，踏面宽 0.29 米，踢面高 0.25 米。

敌台面砖风化酥碱严重，西立面、东南角已坍塌，门、箭窗大部分缺失，四周植被多为灌木和杂草。

### 359. 界岭口 17 号敌台 1303233521101170359

位于界岭口村东北约 470 米，坐标：东经 119° 17′ 34.20″，北纬 40° 09′ 50.40″，高程 341 米。

敌台南北接墙，砖石结构，平面布局呈 "回" 字形，立面及剖面呈梯形，底部东西宽 8.6 米，南北长 10 米，高 4.03 米。下段条石基础 5 层，高 3.14 米，白灰砌筑，白灰勾缝。台芯坍塌，呈堆状，四周散落大量碎砖，四周植被多为灌木和杂草。

### 360. 界岭口 18 号敌台 1303233521101170360

位于界岭口村东北约 360 米，坐标：东经 119° 17′ 31.50″，北纬 40° 09′ 47.70″，高程 320 米。

敌台南北接墙，砖石结构，平面布局呈 "回" 字形，立面及剖面呈梯形，底部东西宽 9.19 米，南北长 10.56 米，高 10.19 米。立面为三段式，下段条石基础 7 层，高 2.79 米，白灰砌筑，白灰勾缝；中段城砖砌筑，白灰砌筑，白灰勾缝，南、北立面东侧辟门，设箭窗，箭窗券室宽 1.07 米，高 2.14 米，中心为券室，四周设券道，券道长 8.46 米，宽 1.79 米，高 3.24 米。中券室西门南侧置烟道一处，已损坏，深 0.21 米，宽 0.19 米，高至 2.4 米为弧形转西向，中券室东门北侧设梯道，东向西上，宽 0.77 米，残存台阶 7 级，踏面宽 0.21 米，踢面高 0.25 米；中段与上段间设三层拔檐分隔；上段设垛口墙。顶部铺房存西、北立面部分墙体，西墙残长 5.03 米，厚 0.8 米，残高 1.96 米，存小型券洞，宽 0.42 米，深 0.41 米，高 0.6 米，并有碑槽一处，宽 0.96 米，深 0.14，残高 1 米。墙南部下角有烟洞一个，宽 0.58 米，高 0.37 米，深 0.39 米。北墙残长 2.94 米，厚 0.57 米，残高 3 米，东下角设小券洞一处。

敌台面砖风化酥碱严重，门、箭窗大部分缺失，券顶砌砖部分脱落，中心券室四门均损坏，砌砖脱落，垛口墙无存，顶部铺房大部分坍塌，四周植被多为灌木和杂草。

### 361. 界岭口 19 号敌台 1303233521101170361

位于界岭口村内西部，坐标：东经 119° 17′ 15.70″，北纬 40° 09′ 39.20″，高程 212 米。

敌台南北接墙，砖石结构，立面及剖面呈梯形，外侧残高 8.7 米，内侧残高 6.63 米，设条石放脚 3 层，高 1.87 米，白灰砌筑，白灰勾缝。立面为三段式，料石基础 6 层，高 3.73 米，白灰砌筑，白灰勾缝；中段城砖砌筑，白灰砌筑，白灰勾缝，存高 1.6 米；上段设施无存。四周植被多为灌木和杂草。

### 362. 界岭口 20 号敌台 130323352101170362

位于界岭口村西南 470 米，坐标：东经 119°17′01.90″，北纬 40°09′30.20″，高程 311 米。

敌台南北接墙，砖石结构，立面及剖面呈梯形，底部东西宽 7.15 米，南北长 11.3 米，高 8.6 米。立面为三段式，下段条石基础 4 层，高 1.27 米，条石长 0.7 米，厚 0.31 米，白灰砌筑，白灰勾缝；中段城砖砌筑，白灰砌筑，白灰勾缝，台芯土石混筑，东立面、东南角存外包墙体，南、西、北立面外包砖缺失，台芯裸露；上段设施无存。四周植被多为灌木和杂草。

### 363. 界岭口 21 号敌台 130323352101170363

位于界岭口村西南 520 米，坐标：东经 119°16′57.40″，北纬 40°09′33.70″，高程 337 米。

敌台南北接墙，砖石结构，平面布局呈"回"字形，立面及剖面呈梯形，底部东西宽 10.67 米，南北长 8.05 米，高 7.43 米。立面为三段式，下段条石基础 6 层，高 2.3 米，白灰砌筑，白灰勾缝；中段城砖砌筑，城砖规格为 0.41 米 ×0.19 米 ×0.1 米，白灰砌筑，白灰勾缝，西立面存箭窗 4 个，宽 0.54 米，箭窗券室宽 0.94 米，进深 0.55 米，高 2.62 米。台内存北侧券室，长 8.92 米，宽 1.57 米，高 3.32 米，通道宽 0.96 米，高 2.25 米。敌台坍塌严重，台室部分仅存北半部，存北墙、东西墙北半部及北券室，四周植被多为灌木和杂草。

### 364. 界岭口 22 号敌台 130323352101170364

位于界岭口村西南 680 米，坐标：东经 119°16′50.40″，北纬 40°09′35.00″，高程 341 米。

敌台南北接墙，砖石结构，立面及剖面呈梯形，高 8.88 米下段条石基础 9 层，高 2.92 米，白灰砌筑，白灰勾缝；中段城砖砌筑，城砖规格为 0.41 米 ×0.19 米 ×0.1 米，白灰砌筑，白灰勾缝，北立面存箭窗 2 个。台体面砖风化酥碱严重，台室墙体仅存北墙，长 4.5 米，厚 1.1 米，四周植被多为灌木和杂草。

### 365. 界岭口 23 号敌台 130323352101170365

位于界岭口村西 760 米，坐标：东经 119°16′46.80″，北纬 40°09′36.70″，高程 315 米。

敌台南北接墙，砖石结构，立面及剖面呈梯形，底部东西宽 10.41 米，南北长 10.91 米，高 9.2 米，条石放脚一层，高 0.8 米。立面为三段式，下段条石基础 3 层，高 1.83 米，料石长 1 米，宽 0.7 米，厚 0.65 米，白灰砌筑，白灰勾缝；中段城砖砌筑，白灰砌筑，白灰勾缝，东、西立面各存箭窗 1 个，北立面设箭窗 3 个，箭窗宽 0.47 米，高 0.82 米，箭窗券室外宽 0.91 米，内宽 0.6 米，深 1.01 米；中段与上段间设三层拔檐分隔；上段设施无存。

台室东墙内侧至西墙内侧为 7.76 米，东、西墙各残长 2.5 米，北墙存 4 个立柱孔，柱孔径 0.26 米，高 3.2 米，立柱已不存，顶部有三合土苫背两层，底下一层厚 0.1 米，上面一层厚 0.12 米。敌台南半部分坍塌，面砖风化酥碱严重，箭窗毁坏严重，顶部无存，四周植被多为灌木和杂草。

### 366. 界岭口 24 号敌台 130323352101170366

位于界岭口村西 950 米，坐标：东经 119°16′38.30″，北纬 40°09′38.30″，高程 308 米。

敌台东西接墙，砖石结构，立面及剖面呈梯形，底部东西宽 11.71 米，南北长 9.36 米，高 9.35 米，条石放脚一层，高 0.65 米。立面为三段式，下段条石基础 4 层，高 1.81 米，白灰砌筑，白灰勾缝；中段城砖砌筑，白灰砌筑，白灰勾缝，东立面辟门，残宽 1.32 米，券室深 1.15 米，设箭窗 2 个，北立面设箭窗 4 个，南立面存箭窗 3 个，宽 0.58 米，深 0.42 米，箭窗券室宽 1.1 米，深 0.7 米，箭窗之间、箭窗与门之间的墙面上，均可见直径 0.25 米的竖直柱孔。顶部存少部分垛口墙。敌台西立面、南立面西侧缺失，面砖风化酥碱严重，东门缺失，箭窗毁坏严重，四周植被多为灌木和杂草。

### 367. 界岭口 25 号敌台 130323352101170367

位于界岭口村西 1.2 千米，坐标：东经 119° 16′ 27.60″，北纬 40° 09′ 36.50″，高程 340 米。

敌台南北接墙，砖石结构，立面及剖面呈梯形，底部东西宽 9.6 米，南北长 9.81 米，高 6.1 米。立面为三段式，下段条石基础 2 层，高 0.6 米，白灰砌筑，白灰勾缝；中段城砖砌筑，白灰砌筑，白灰勾缝，城砖规格为 0.43 米 ×0.19 米 ×0.11 米；中段上部城砖缺失。面砖风化酥碱严重，四周植被多为灌木和杂草。

### 368. 界岭口 26 号敌台 130323352101170368

位于界岭口村西 1.4 千米，坐标：东经 119° 16′ 22.00″，北纬 40° 09′ 33.20″，高程 351 米。

敌台东西接墙，砖石结构，平面布局呈"回"字形，立面及剖面呈梯形，底部东西宽 10.93 米，南北长 9.18 米，高 11.96 米。立面为三段式，下段条石基础 4 层，高 1.8 米，白灰砌筑，白灰勾缝；中段城砖砌筑，白灰砌筑，白灰勾缝，东西设门，西门存门槛石，门宽 1.47 米，高 2.38 米，深 1.03 米。东、西立面设箭窗 2 个，箭窗宽 0.64 米，高 0.95 米，箭窗券室宽 1.1 米，高 2.23 米，深 0.93 米，箭窗券室地面存方砖墁地，0.38 平方米。梯道宽 0.72 米，踏面宽 0.24 米，踢面高 0.31 米；中段与上段间设三层拔檐分隔；上段存部分垛口墙，残高 1.54 米，西侧存吐水嘴 1 个，望孔 1 个，东侧存吐水嘴 1 个，望孔 5 个，望孔上部券筑，一伏一券。

台内中心为券室，中券室内侧南北宽 1.22 米，东西长 2.44 米，高 3.39 米，券门宽 0.98 米，高 1.81 米，四周设券道，西券道长 6.57 米，宽 1.67 米，高 3.78 米。南券道长 8.33 米。东西券道间距 5.04 米，南北券道间距 3.13 米。南墙内侧及中心券室外南门西侧墙上建有方形壁龛，南墙上壁龛距地面 1.5 米，宽 0.44 米，高 0.6 米。中心券室南门西侧 0.78 米处的壁龛距地面 0.79 米，宽 0.44 米，高 0.6 米。

敌台面砖风化酥碱严重，门、箭窗部分缺失，垛墙缺失，四周植被多为灌木和杂草。

### 369. 界岭口 27 号敌台 130323352101170369

位于界岭口村西 1.5 千米，坐标：东经 119° 16′ 14.70″，北纬 40° 09′ 32.30″，高程 383 米。

敌台东西接墙，砖石结构，立面及剖面呈梯形，底部东西宽 10.44 米，高 8.22 米，条石放脚一层，高 0.65 米。立面为三段式，下段条石基础 4 层，高 1.9 米，白灰砌筑，白灰勾缝；中段城砖砌筑，城砖规格为 0.38 米 ×0.19 米 ×0.08 米，白灰砌筑，白灰勾缝，东、西辟门，东门存门槛石，长 1.6 米，厚 0.29 米，南墙厚 1.21 米，存箭窗 2 个，北墙厚 1.16 米，存箭窗 3 个，宽 0.58 米，箭窗券室宽 0.58 米，深 0.75 米。敌台面砖风化酥碱严重，台室仅存南北立面，四周植被多为灌木和杂草。

### 370. 界岭口 28 号敌台 130323352101170370

位于界岭口村西 1.6 千米，坐标：东经 119° 16′ 11.50″，北纬 40° 09′ 33.40″，高程 392 米。

敌台南北接墙，砖石结构，立面及剖面呈梯形，底部东西宽 11.92 米，高 6.65 米。下段条石基础，白灰砌筑，白灰勾缝；中段城砖砌筑，城砖规格为 0.4 米 ×0.19 米 ×0.09 米，白灰砌筑，白灰勾缝，东、西辟门。台体仅存北部，四周植被多为灌木和杂草。

### 371. 界岭口 29 号敌台 130323352101170371

位于界岭口村西 1.7 千米，坐标：东经 119° 16′ 06.80″，北纬 40° 09′ 33.30″，高程 381 米。

敌台南北接墙，砖石结构，平面布局呈"回"字形，立面及剖面呈梯形，底部东西宽 8.63 米，南北长 11.62 米，高 9.82 米。立面为三段式，下段条石基础 4 层，高 1.8 米，白灰砌筑，白灰勾缝；中段城砖砌筑，城砖规格为 0.4 米 ×0.18 米 ×0.08 米，白灰砌筑，白灰勾缝，南、北辟门，北门宽 0.68 米，高 1.73 米，门柱石高 1.28 米，宽 0.28 米，进深 0.26 米，门槛石长 1.28 米，宽 0.55 米，南门毁坏，门槛石掉到台体外墙下，东立面设箭窗 4 个，深 0.55 米，箭窗券室宽 1.05 米，深 0.99 米，高 2.54 米，箭窗中部建有方形壁龛，宽 0.4 米，高 0.33 米，深 0.25 米，距地面 1.4 米，西立面设箭窗 3 个，西侧箭窗宽 0.62 米，高 0.84 米，箭窗石宽 0.48 米，箭窗券室外宽 1.05 米，内宽 0.98 米，深 0.75 米，高 2.48 米。上部设施不存。

台室中心为券室，四周设券道。券道高 3.65 米，宽 1.66 米。西券道长 9.12 米，北券道长 6.65 米。南北券道间距 3.3 米，东西券道间距 5.8 米。中心券室内侧南北长 2.95 米，东西宽 1.4 米，券室四面设券门，南北门宽 0.8 米，高 2.03 米，东西门宽 1.03 米，高 2.13 米，中券室东墙、西墙外侧各建有 2 个方形壁龛，台室内发现"万历陆年宣府造"文字砖一块。

敌台面砖风化酥碱严重，四周植被多为灌木和杂草。

### 372. 界岭口 30 号敌台 130323352101170372

位于界岭口村西 1.8 千米，坐标：东经 119° 16′ 04.80″，北纬 40° 09′ 35.70″，高程 306 米。

敌台南北接墙，砖石结构，立面及剖面呈梯形，底部东西宽 13.18 米，南北长 12.85 米，高 9.04 米。立面为三段式，下段条石基础 7 层，高 2.2 米，白灰砌筑，白灰勾缝；中段城砖砌筑，城砖规格为 0.4 米 ×0.19 米 ×0.09 米，白灰砌筑，白灰勾缝，台室北立面残长 4 米，存箭窗 2 个，西立面残长 2.2 米，存箭窗 1 个，墙体上可见柱孔 2 个，柱径 0.25 米。四周植被多为灌木和杂草。

### 373. 界岭口 31 号敌台 130323352101170373

位于界岭口村西 1.8 千米，坐标：东经 119° 16′ 02.20″，北纬 40° 09′ 37.50″，高程 336 米。

敌台南北接墙，砖石结构，平面布局呈"回"字形，立面及剖面呈梯形，底部东西宽 8.43 米，南北长 11.95 米，高 9.3 米。立面为三段式，下段条石基础 2 层，白灰砌筑，白灰勾缝；中段城砖砌筑，白灰砌筑，白灰勾缝，南北辟门，东立面设箭窗、壁龛各 2 个，南立面设箭窗、壁龛各 1 个，西立面设箭窗 4 个，南立面设箭窗 3 个，中心为券室，长 2.9 米，宽 1.18 米，高 3.46 米，四周设券道，券道宽 1.56 米，高 3.58 米，中心券室东墙外侧保存侵华日军题字三行，内容为"昭和八年步四ノロイ志永伍長戦死之所"；中段与上段间设三层拔檐分隔；上段设施无存。敌台面砖风化酥碱严重，四周植被多为灌木和杂草。

### 374. 界岭口 32 号敌台 130323352101170374

位于界岭口村西 2 千米，坐标：东经 119° 15′ 52.80″，北纬 40° 09′ 33.80″，高程 348 米。

敌台东西接墙，砖石结构，立面及剖面呈梯形，底部东西宽 10.68 米，南北长 10.2 米，高 6.62 米。下段条石基础 3 层，白灰砌筑，白灰勾缝；中段城砖砌筑，白灰砌筑，白灰勾缝，南北辟门，中段上部分缺失。面砖风化酥碱严重，四周植被多为灌木和杂草。

### 375. 界岭口 33 号敌台 130323352101170375

位于界岭口村西 2.2 千米，坐标：东经 119° 15′ 47.60″，北纬 40° 09′ 31.20″，高程 388 米。

敌台东西接墙，砖石结构，平面布局呈"回"字形，立面及剖面呈梯形，底部东西宽 10.12 米，南北长 10.13 米，高 9.16 米。立面为三段式，下段条石基础 5 层，高 1.93 米，白灰砌筑，白灰勾缝；中段城砖砌筑，白灰砌筑，白灰勾缝，东西辟门，东、西立面设箭窗 2 个，南、北立面设箭窗 4 个，宽 0.52 米，高 0.8 米，窗槛石长 1.1 米，厚 0.29 米；中段与上段间设三层拔檐分隔，上部设施不存。

台内中心为券室，长 2.23 米，宽 1.51 米，高 3.13 米。四周设券道，宽 1.68 米，高 3.88 米，中心券室外侧墙体上保留日本侵略军刻字，已模糊不清，东墙外侧北部保存有文字砖，内容为"万历四年宣府营造""宣府营造"。敌台面砖风化酥碱严重，门、箭窗毁坏严重，四周植被多为灌木和杂草。

### 376. 罗汉洞 01 号敌台 130323352101170376

位于石碑沟村东北 2.7 千米，坐标：东经 119° 15′ 42.70″，北纬 40° 09′ 29.20″，高程 396 米。

敌台南北接墙，砖石结构，立面及剖面呈梯形，底部东西长 9.67 米，高 7.53 米。立面为三段式，下段条石基础 2 层，高 1.71 米，白灰砌筑，白灰勾缝；中段城砖砌筑，城砖规格为 0.4 米 ×0.19 米 ×0.12 米，白灰砌筑，白灰勾缝，南北辟门，西立面存箭窗 1 个，北立面存箭窗 3 个，东立面、西立面上部缺失；上段设施无存。敌台面砖风化酥碱严重，门、箭窗毁坏严重，四周植被多为灌木和杂草。

### 377. 罗汉洞 02 号敌台 130323352101170377

位于石碑沟村东北 2.6 千米，坐标：东经 119° 15′ 39.50″，北纬 40° 09′ 28.50″，高程 354 米。

敌台东西接墙，砖石结构，立面及剖面呈梯形，底部东西长 13.73 米，南北宽 7.7 米，高 6.7 米。条石放脚一层，高 0.5 米，下段条石基础 2 层，高 1.05 米，白灰砌筑，白灰勾缝；中段城砖砌筑，白灰砌筑，白灰勾缝，南北辟门，仅存台室东墙长 4.8 米，高 2.8 米，厚 1.15 米；上段设施无存。敌台面砖风化酥碱严重，四周植被多为灌木和杂草。

### 378. 罗汉洞 03 号敌台 130323352101170378

位于石碑沟村东北 2.4 千米，坐标：东经 119° 15′ 33.10″，北纬 40° 09′ 26.80″，高程 370 米。

敌台东西接墙，砖石结构，立面及剖面呈梯形，底部东西宽 6.8 米，南北长 11.9 米，高 8.4 米。条石放脚一层，下段条石基础 2 层，高 1.24 米，白灰砌筑，白灰勾缝；中段城砖砌筑，白灰砌筑，白灰勾缝，上部无存。面砖风化酥碱严重，四周植被多为灌木和杂草。

### 379. 罗汉洞 04 号敌台 130323352101170379

位于石碑沟村东北 2.3 千米，坐标：东经 119° 15′ 26.50″，北纬 40° 09′ 25.60″，高程 390 米。

敌台东西接墙，砖石结构，立面及剖面呈梯形。底部东西宽 9.76 米，南北长 9.98 米，高 5.1 米。下段条石基础 4 层，高 1.55 米，白灰砌筑，白灰勾缝；中段城砖砌筑，白灰砌筑，白灰勾缝，上部无存，面砖风化酥碱严重，四周植被多为灌木和杂草。

**380. 罗汉洞 05 号敌台 130323352101170380**

位于石碑沟村东北 2.2 千米，坐标：东经 119° 15′ 20.60″，北纬 40° 09′ 24.90″，高程 417 米。

敌台东西接墙，砖石结构，平面布局呈"回"字形，立面及剖面呈梯形，立面为三段式，下段条石基础，白灰砌筑，白灰勾缝；中段城砖砌筑，白灰砌筑，白灰勾缝，东西辟门，东立面存箭窗 1 个，南立面存箭窗 4 个，西立面设箭窗 3 个，北立面设箭窗 3 个，宽 0.55 米，高 0.9 米，起券方式为一伏一券，存窗槛石，长 1.15 米，宽 0.27 米，下设礌石孔；中段与上段间设二层拔檐分隔，厚 0.21 米，上部设施无存。

内部中心为券室，东西宽 1.75 米，南北 1.48 米，高 3.35 米，四周设券道，宽 1.68 米，高 3.57 米，设登顶梯道，存 12 级，起券方式为斜长券，台室北墙残长 6.54 米，东墙残长 3.4 米。敌台面砖风化酥碱严重，台室东券道及东墙大部分坍塌，四周植被多为灌木和杂草。

**381. 罗汉洞 06 号敌台 130323352101170381**

位于石碑沟村东北 2.1 千米，坐标：东经 119° 15′ 16.10″，北纬 40° 09′ 24.70″，高程 427 米。

敌台东西接墙，砖石结构，平面布局三券室两通道，立面及剖面呈梯形，南北长 8.1 米，高 8.33 米。立面为三段式，下段条石基础 7 层，高 2.5 米，白灰砌筑，白灰勾缝；中段城砖砌筑，白灰砌筑，白灰勾缝，东西辟门，南立面存箭窗 2 个，北立面存箭窗 3 个，台室南北三券室，东西二通道。中券室宽 2.99 米，中券室西侧上设天窗，长 1.39 米，宽 1.2 米；中段与上段间设拔檐分隔，上部设施无存。敌台面砖风化酥碱严重，台室东西墙、西券室、东券室、南通道均已坍塌，门、箭窗均已毁坏，四周植被多为灌木和杂草。

**382. 罗汉洞 07 号敌台 130323352101170382**

位于石碑沟村东北 1.9 千米，坐标：东经 119° 15′ 11.00″，北纬 40° 09′ 24.20″，高程 441 米。

敌台东西接墙，砖石结构，平面布局三券室两通道，立面及剖面呈梯形，东西长 12.1 米，高 8.9 米。条石放脚一层，立面为三段式，下段条石基础 7 层，白灰砌筑，白灰勾缝；中段城砖砌筑，白灰砌筑，白灰勾缝，东西辟门，北立面存箭窗 1 个，台室东券室宽 2 米，高 3.03 米，中券室宽 3.12 米，高 3.05 米，西券室宽 1.8 米，高 3.05 米，天窗设在中券室西侧，已坍塌一半，台室西墙残长 4.88 米，墙体中部存通裂缝 1 条，宽 0.3 米，北墙中部坍塌，东西各存残墙约 3 米；中段与上段间设拔檐分隔，上部设施无存。敌台面砖风化酥碱严重，门、箭窗均已毁坏，四周植被多为灌木和杂草。

**383. 罗汉洞 08 号敌台 130323352101170383**

位于石碑沟村东北 1.9 千米，坐标：东经 119° 15′ 07.60″，北纬 40° 09′ 23.70″，高程 437 米。

敌台东西接墙，砖石结构，立面及剖面呈梯形。立面为三段式，下段条石基础，白灰砌筑，白灰勾缝；中段城砖砌筑，白灰砌筑，白灰勾缝，台室残存北墙长 9.4 米，高 8.5 米，存箭窗 3 个，箭窗券室 2 个，西墙残长 3.2 米，存箭窗券 12 个。敌台面砖风化酥碱严重，四周植被多为灌木和杂草。

**384. 罗汉洞 09 号敌台 130323352101170384**

位于石碑沟村东北 1.7 千米，坐标：东经 119° 15′ 00.90″，北纬 40° 09′ 20.50″，高程 437 米。

敌台东西接墙，砖石结构，平面布局为三券室三通道，立面及剖面呈梯形，底部东西宽 10.44 米，南北长 10.45 米，高 9.56 米。立面为三段式，下段条石基础，白灰砌筑，白灰勾缝；中段城砖砌筑，白灰砌筑，白灰勾缝，东、西、南立面辟门、设箭窗 2 个，北墙设箭窗 4 个。南门宽 1.14 米，高 2.95 米，东、西门宽 1.26 米，高 2.19 米。箭窗为敞口式，箭窗券室内口宽 1.02 米，高 2.41 米，外口箭窗处宽 0.6 米，高 2.33 米，箭窗外口宽 0.51 米，内口宽 0.43 米，高 0.72 米；中段与上段间设三层拔檐分隔，上部设施无存。东西券室宽 1.7 米，高 3.62 米，中券室宽 2.5 米，高 3.32 米，通道宽 1.14 米，高 1.97 米，中券西侧设登顶天窗，长 1.1 米宽 1.1 米，墙体存柱孔 4 个。

敌台面砖风化酥碱严重，门已缺失，箭窗毁坏严重，四周植被多为灌木和杂草。

### 385. 罗汉洞 10 号敌台 130323352101170385

位于石碑沟村东北 1.6 千米，坐标：东经 119° 14′ 58.90″，北纬 40° 09′ 19.40″，高程 439 米。

敌台东西接墙，砖石结构，平面布局呈"回"字形，立面及剖面呈梯形，底部东西宽 10.9 米，南北长 10.78 米，东侧高 5.2 米，西侧高 9.6 米。立面为三段式，下段条石基础 6 层，高 2.34 米，白灰砌筑，白灰勾缝；中段城砖砌筑，城砖规格为 0.36 米 ×0.17 米 ×0.08 米，白灰砌筑，白灰勾缝，东、西、南立面辟门、设箭窗 2 个，北墙设箭窗 4 个，门券室残宽 1.15 米，高 2.25 米，箭窗券室宽 1.04 米，高 2.1 米，箭窗宽 0.6 米，高 0.81 米，起券方式均为一伏一券，窗槛石长 1.25 米，厚 0.25 米；中段与上段间设三层拔檐分隔，上部设施无存。中心券室长 2.73 米，宽 2.5 米，高 3.96 米，顶部设天井，券道宽 1.67 米，高 3.5 米。

敌台面砖风化酥碱，门、箭窗毁坏严重，四周植被多为灌木和杂草。

### 386. 罗汉洞 11 号敌台 130323352101170386

位于石碑沟村东北 1.5 千米，坐标：东经 119° 14′ 51.60″，北纬 40° 09′ 18.40″，高程 445 米。

敌台东西接墙，砖石结构，平面布局呈"回"字形，立面及剖面呈梯形，底部东西宽 11.25 米，南北长 8.74 米，北立面高 9.1 米，南立面高 6.9 米。立面为三段式，下段条石基础 4 层，高 2.5 米，白灰砌筑，白灰勾缝；中段城砖砌筑，白灰砌筑，白灰勾缝，东西辟门，西门存门槛石一块，东立面设箭窗 3 个，南立面设箭窗 3 个，西立面设箭窗 1 个，北立面设箭窗 4 个，箭窗宽 0.6 米，高 0.78 米，台室内中心为券室，长 3.9 米，宽 1.55 米，高 3.35 米，四面中部设券门宽 1.62 米，东券门顶部砖券脱落，北侧墙砖残损，西北门保存基本完整。四周设券道，宽 1.33 米，高 3.16 米。梯道位于中心券室南券门东侧，宽 0.76 米，踏跺分两层砌筑，底部为一层卧砖，上部为一层立砖，白灰砌筑，踢面高 0.3 米，残存 3 级。

敌台面砖风化酥碱，箭窗毁坏严重，东立面箭窗损坏形成 3.17 米 ×3.9 米、2.5 米 ×4 米的大洞 2 个，四周植被多为灌木和杂草。

### 387. 罗汉洞 12 号敌台 130323352101170387

位于石碑沟村东北 1.4 千米，坐标：东经 119° 14′ 46.60″，北纬 40° 09′ 19.00″，高程 440 米。

敌台东西接墙，砖石结构，立面及剖面呈梯形，底部东西宽 9.8 米，南北长 9.76 米，北立面高 8.5 米，南立面残高 6.5 米。立面为三段式，下段条石基础 3 层，高 1.4 米，白灰砌筑，白灰勾缝；中段城砖砌筑，白灰砌筑，白灰勾缝，南北辟门，北立面存箭窗 3 个，箭窗券室宽 1.1 米，深 0.78 米，高 2 米，箭窗均残坏，残宽 0.57 米。

敌台面砖风化酥碱严重，箭窗毁坏严重，四周植被多为灌木和杂草。

### 388. 罗汉洞 13 号敌台 130323352101170388

位于石碑沟村东北 1.2 千米，坐标：东经 119° 14′ 41.00″，北纬 40° 09′ 17.70″，高程 449 米。

敌台东西接墙，砖石结构，立面及剖面呈梯形，底部东西宽 10.1 米，南北长 10.25 米，台体东立面残高 8.2 米，南立面残高 4.9 米，西立面残高 5.6 米，北立面残高 9.57 米。立面为三段式，下段条石基础 7 层，高 2.42 米，白灰砌筑，白灰勾缝；中段城砖砌筑，白灰砌筑，白灰勾缝，东西辟门，宽 1.16 米，东立面存箭窗 2 个，南立面存箭窗 3 个，西立面存箭窗 2 个，北立面存箭窗 4 个，箭窗、箭窗券室均为内宽外窄形式，箭窗内宽 0.74 米，外宽 0.66 米，高 0.78 米，箭窗券室内侧宽 1.75 米，外侧宽 1.3 米，进深 0.78 米，墙体存柱孔 4 个；中段与上段间设三层拔檐分隔；上段设施无存。

敌台面砖风化酥碱严重，门、箭窗毁坏严重，四周植被多为灌木和杂草。

### 389. 罗汉洞 14 号敌台 130323352101170389

位于石碑沟村东北 1.2 千米，坐标：东经 119° 14′ 36.90″，北纬 40° 09′ 17.10″，高程 452 米。

敌台东西接墙，砖石结构，立面及剖面呈梯形，底部东西宽 8.75 米，南北长 9.22 米，台体东立面高 5 米，西立面高 4.6 米，北立面高 8.3 米。立面为三段式，下段条石基础 4 层，白灰砌筑，白灰勾缝；中段城砖砌筑，白灰砌筑，白灰勾缝，西立面存箭窗 1 个，北立面存箭窗 3 个，箭窗券室宽 1.15 米，高约 2 米，起券方式一伏一券；中段与上段间设三层拔檐分隔；上段设施无存。

敌台面砖风化酥碱严重，门、箭窗毁坏严重，四周植被多为灌木和杂草。

### 390. 罗汉洞 15 号敌台 130323352101170390

位于石碑沟村东北 1.1 千米，坐标：东经 119° 14′ 34.10″，北纬 40° 09′ 14.30″，高程 473 米。

敌台东西接墙，砖石结构，平面布局呈"回"字形，立面及剖面呈梯形，底部东西宽 12 米，南北长 8.45 米，南立面高 4.56 米，北立面高 9.5 米。立面为三段式，下段条石基础 8 层，高 3.5 米，白灰砌筑，白灰勾缝；中段城砖砌筑，白灰砌筑，白灰勾缝，东西辟门，宽 1.16 米，高 2.2 米，起券方式为一伏一券，东、西立面设箭窗 3 个，二低一高，低窗宽 0.43 米，高 0.62 米，高窗宽 0.43 米，南立面设箭窗 3 个，北立面存箭窗 3 个，两边箭窗低，中间箭窗高，起券方式为一伏一券；中段与上段间设三层拔檐分隔；上段设施无存。台内中心券室宽 1.24 米，高 3.43 米，四周设券道，宽 1.54 米，高 3.5 米，设登顶梯道，宽 0.76 米，存台阶 11 级。敌台面砖风化酥碱严重，门、箭窗毁坏严重，四周植被多为灌木和杂草。

### 391. 罗汉洞 16 号敌台 130323352101170391

位于石碑沟村东北 940 米，坐标：东经 119° 14′ 27.40″，北纬 40° 09′ 14.40″，高程 445 米。

敌台东西接墙，砖石结构，平面布局呈"回"字形，立面及剖面呈梯形，底部东西宽 7.72 米，南北长 9.48 米，高 7.4 米。立面为三段式，下段条石基础 3 层，白灰砌筑，白灰勾缝；中段城砖砌筑，白灰砌筑，白灰勾缝，台室仅存北墙及部分北侧通道、中券室。敌台面砖风化酥碱严重，四周植被多为灌木和杂草。

### 392. 罗汉洞 17 号敌台 130323352101170392

位于石碑沟村东北 860 米，坐标：东经 119° 14′ 21.30″，北纬 40° 09′ 15.30″，高程 447 米。

敌台东西接墙，砖石结构，平面布局呈"回"字形，立面及剖面呈梯形，底部东西宽10.25米，南北长10.03米，高6.1米。立面为三段式，下段条石基础7层，高2.9米，白灰砌筑，白灰勾缝；中段城砖砌筑，白灰砌筑，白灰勾缝，台室东北角残墙宽2.2米，高8.6米，北立面存箭窗一个，宽0.74米，高1米，槛墙下设有礓石孔，西南角存柱孔一个。敌台面砖风化酥碱严重，四周植被多为灌木和杂草。

### 393. 罗汉洞18号敌台 130323352101170393

位于石碑沟村东北630米，坐标：东经119° 14′ 15.20″，北纬40° 09′ 16.80″，高程449米。

敌台砖石结构，立面及剖面呈梯形，底部东西宽9.6米，南北长10.38米，高8.1米。立面为三段式，下段条石基础3层，高1.16米，白灰砌筑，白灰勾缝；中段城砖砌筑，白灰砌筑，白灰勾缝，台室仅西北角墙体，北侧残墙长1米，存箭窗券室，宽0.84米，西侧残墙长3.6米，槛墙已坍塌；中段与上段间设三层拔檐分隔；上段存少量垛口墙，高0.6米。敌台面砖风化酥碱严重，四周植被多为灌木和杂草。

### 394. 罗汉洞19号敌台 130323352101170394

位于石碑沟村东北630米，坐标：东经119° 14′ 11.50″，北纬40° 09′ 18.30″，高程465米。

敌台东西接墙，砖石结构，立面及剖面呈梯形，底部东西宽10.02米，南北长9.9米，高7.2米。下段条石基础，白灰砌筑，白灰勾缝；中段城砖砌筑，白灰砌筑，白灰勾缝，高3.15米；上部设施无存。面砖风化酥碱严重，四周植被多为灌木和杂草。

### 395. 罗汉洞20号敌台 130323352101170395

位于石碑沟村北850米，坐标：东经119° 14′ 03.40″，北纬40° 09′ 20.00″，高程492米。

敌台砖石结构，立面及剖面呈梯形，底部东西宽11.83米，南北长8.56米，高8.46米。下段条石基础7层，高3.25米，白灰砌筑，白灰勾缝；中段城砖砌筑，白灰砌筑，白灰勾缝，南立面存箭窗1个，起券方式为一伏一券，上部设施无存。面砖风化酥碱严重，四周植被多为灌木和杂草。

### 396. 罗汉洞21号敌台 130323352101170396

位于石碑沟村北770米，坐标：东经119° 13′ 56.60″，北纬40° 09′ 17.40″，高程518米。

敌台东西接墙，砖石结构，立面及剖面呈梯形，底部东西宽9.9米，南北长10.13米，高5.36米。立面为三段式，下段条石基础7层，高2.9米，白灰砌筑，白灰勾缝；中段城砖砌筑，城砖规格为0.36米 ×0.18米 ×0.08米，白灰砌筑，白灰勾缝，台室仅存少部分东墙，坍塌严重。面砖风化酥碱严重，四周植被多为灌木和杂草。

### 397. 红楼 130323352101170397

位于石碑沟村西北840米，坐标：东经119° 13′ 51.70″，北纬40° 09′ 19.10″，高程553米。

敌台东西接墙，砖石结构，平面布局呈"回"字形，立面及剖面呈梯形，底部东西宽10.92米，南北长10.98米，高9.95米。立面为三段式，下段条石基础，白灰砌筑，白灰勾缝；中段城砖砌筑，白灰砌筑，白灰勾缝，东西立面辟门、均设箭窗1个，西门券室内口宽1.36米，高2.7米，外口宽1.2米，高2.63米，南、北立面设箭窗4个，宽0.65米，高0.98米，窗台高0.88米。中券室宽2.05米，高3.53米，四面设券门，四周设券道，券道宽1.76米，高3.66米。梯道位于中券室西券门南侧，为由南向北上，梯道宽 0.86 米，内设石质踏跺，残存 12 级，踏面宽 0.32 米，踢面高 0.34 米；中段与上段间设三层拔檐分隔；上段存少量垛口。

敌台面砖风化酥碱严重，门、箭窗毁坏严重，西立面存竖向裂缝一条，宽 0.06～0.13 米，四周植被多为灌木和杂草。

### 398. 罗汉洞 23 号敌台 130323352101170398

位于石碑沟村西北 940 米，坐标：东经 119° 13′ 43.40″，北纬 40° 09′ 20.30″，高程 634 米。

敌台东西接墙，砖石结构，立面及剖面呈梯形，底部东西宽 10.65 米，南北长 10.28 米，高 7.5 米。立面为三段式，下段条石基础 7 层，高 2.28 米，白灰砌筑，白灰勾缝；中段城砖砌筑，城砖规格为 0.41 米 ×0.2 米 ×0.09 米，白灰砌筑，白灰勾缝，台室北墙厚 1.13 米，存箭窗 3 个，宽 0.58 米，箭窗券室宽 0.75 米，深 0.71 米，上部设施无存。敌台面砖风化酥碱严重，箭窗毁坏严重，四周植被多为灌木和杂草。

### 399. 花楼 130323352101170399

位于石碑沟村西北 1 千米，坐标：东经 119° 13′ 37.50″，北纬 40° 09′ 20.00″，高程 703 米。

敌台东、南接墙，砖石结构，立面及剖面呈梯形，底部东西宽 9.42 米，南北长 8.67 米，高 10.42 米。立面为三段式，下段条石基础，白灰砌筑，白灰勾缝；中段城砖砌筑，白灰砌筑，白灰勾缝，东立面南侧辟门，设箭窗 2 层，上层存箭窗 1 个，下层存箭窗 2 个，南立面中部辟门，宽 1.38 米，高 2.42 米，设箭窗 2 个，西立面设箭窗 2 层，上层设箭窗 1 个，下层设箭窗 2 个，北立面设箭窗 2 层，上层设箭窗 3 个，下层设箭窗 4 个；中段与上段间设三层拔檐分隔，东立面垛口墙南侧垛口缺失，存 3 垛口，望孔 2 个，礌石孔 2 个，中间设吐水嘴，南立面垛口墙东侧缺失垛口 2 个，现存望孔 3 个，礌石孔 2 个，西立面垛口墙中部坍塌，存望孔 2 个，礌石孔 2 个，中间设出水口，北立面垛口墙设垛口 4 个，垛墙两边设望孔各 1 个，中部设礌石孔 3 个。

敌台面砖风化酥碱严重，台室顶坍塌，四周植被多为灌木和杂草。

### 400. 罗汉洞 25 号敌台 130323352101170400

位于石碑沟村西北 1.2 千米，坐标：东经 119° 13′ 25.50″，北纬 40° 09′ 19.60″，高程 778 米。

敌台东西接墙，砖石结构，立面及剖面呈梯形，底部东西宽 10.55 米，南北长 11.09 米，高 8.05 米。立面为三段式，下段条石基础 6 层，高 1.88 米，白灰砌筑，白灰勾缝；中段城砖砌筑，白灰砌筑，白灰勾缝，东立面南侧辟门，与南通道相对，被砖石堵死，箭窗全毁，现已被后期人为用砖石封死。箭窗券室宽 1.26 米，高 2.09 米，深 0.82 米，南立面中部辟门，宽 0.71 米，高 1.65 米，厚 0.25 米，门槛宽 0.5 米，门券室宽 1.3 米，高 2.14 米，深 1.7 米，设箭窗 2 个，梯道位于南面墙东箭窗洞内，为东向西上，现已损坏，顶部被木栅栏覆盖无法登顶，梯道宽 0.72 米；中段与上段间设三层拔檐分隔；上段存少量垛口墙。

敌台面砖风化酥碱严重，箭窗毁坏严重，顶部存少部分垛口墙，四周植被多为灌木和杂草。

### 401. 黑龙头山 01 号敌台 130323352101170401

位于石碑沟村西北 1.4 千米，坐标：东经 119° 13′ 16.10″，北纬 40° 09′ 24.10″，高程 807 米。

敌台南北接墙，砖石结构，立面及剖面呈梯形。立面为三段式，下段条石基础，白灰砌筑，白灰勾缝；中段城砖砌筑，白灰砌筑，白灰勾缝，南北辟门，北立面辟门，存箭窗1个，台室残存北墙高3.6米，残存西墙南角墙体长1.7米，高2.3米，厚1.2米，台室南面存门槛石一块；中段与上段间设三层拔檐分隔，北立面上段设垛口墙，存垛口2个。敌台面砖风化酥碱严重，顶部存少部分垛口墙，四周植被多为灌木和杂草。

### 402. 黑龙头山02号敌台 1303233352101170402

位于石碑沟村西北1.5千米，坐标：东经119°13′12.60″，北纬40°09′27.20″，高程830米。

敌台东西接墙，砖石结构，平面布局三券室三通道，立面及剖面呈梯形，底部东西宽11.13米，南北长10.8米，高9.02米。立面为三段式，下段条石基础3层，高0.8米，白灰砌筑，白灰勾缝；中段城砖砌筑，白灰砌筑，白灰勾缝，南北辟门，东西辟门，门券室宽1.38米，高2.5米。门槛石宽0.59米，长1.74米，东立面设箭窗2个，北立面设箭窗3个，券室长7.53米，宽1.73米，高3.68米，券室间隔1.63米。通道宽1.3米，高2.1米，间隔1.67米，通道起券方式为两伏两券，其余为一伏一券。梯道位于西券室南箭窗洞内，西向东上，存台阶8阶，梯道宽0.65米，踏面宽0.23米，踢面高0.33米；中段与上段间设三层拔檐分隔；上段设施不存。

敌台面砖风化酥碱严重，西立面存裂缝一条，宽0.02～0.1米，门、箭窗毁坏严重，台室内西北角券顶坍塌，四周植被多为灌木和杂草。

### 403. 黑龙头山03号敌台 1303233352101170403

位于石碑沟村西北1.7千米，坐标：东经119°13′06.80″，北纬40°09′30.40″，高程824米。

敌台东西接墙，砖石结构，立面及剖面呈梯形，高6.3米。立面为三段式，下段条石基础，白灰砌筑，白灰勾缝；中段城砖砌筑，白灰砌筑，白灰勾缝，上部坍塌严重，面砖风化酥碱严重。四周植被多为灌木和杂草。

### 404. 黑龙头山04号敌台 1303233352101170404

位于石碑沟村西北2千米，坐标：东经119°12′51.10″，北纬40°09′29.10″，高程822米。

敌台东西接墙，砖石结构，立面及剖面呈梯形，高9.35米。立面为三段式，下段条石基础，高1.2米，白灰砌筑，白灰勾缝；中段城砖砌筑，城砖规格为0.36米×0.17米×0.08米，白灰砌筑，白灰勾缝，东西辟门，门券室宽1.07米，高2.34米，深0.98米，设箭窗宽0.54米，高0.86米，箭窗券室宽1.06米，高2.3米，深0.85米，台室内券室长7.15米，宽1.94米，高3.16米，间隔1.08米。通道宽1.06米，高2.3米，间隔1.85米。梯道位于西券室南箭窗洞内，西向东上，残存踏跺12阶。梯道宽0.65米，踏面宽0.24米，踢面高0.34米。面砖风化酥碱严重，四周植被多为灌木和杂草。

### 405. 黄楼 1303233352101170405

位于石碑沟村西北2.2千米，坐标：东经119°12′37.80″，北纬40°09′24.20″，高程826米。

敌台东西接墙，砖石结构，平面布局为三券室三通道，立面及剖面呈梯形，底部东西宽10.65米，南北长10.05米，高8.46米。立面为三段式，下段条石基础3层，高0.93米，白灰砌筑，白灰勾缝；中段城砖砌筑，白灰砌筑，白灰勾缝，东西辟门，东立面存箭窗1个，南、北立面设箭窗3个，西立面设箭窗2个，箭窗宽0.94米，高0.86米，箭窗券室宽1.08米，高2.34米，四边墙体中部窗洞内侧各有宽

0.17 米，高 0.33 米的小洞通向台体内。台室内南北向三券室，长 6.88 米，宽 2 米，高 3.52 米，东西向三通道，宽 1.07 米，高 2.13 米梯道设在南墙内，由西向东上台，宽 0.64 米，叠涩券顶，内设 14 级踏跺，踏面宽 0.24 米，踢面高 0.29 米；中段与上段间设三层拔檐分隔；上段设施无存。

面砖风化酥碱严重，门、箭窗毁坏严重，四周植被多为灌木和杂草。

### 406. 黑龙头山 06 号敌台 1303233352101170406

位于石碑沟村西北 2.2 千米，坐标：东经 119° 12′ 34.00″，北纬 40° 09′ 21.50″，高程 812 米。

敌台南北接墙，砖石结构，立面及剖面呈梯形，底部东西宽 10.79 米，南北长 10.89 米，高 6.8 米。立面为三段式，下段条石基础，白灰砌筑，白灰勾缝；中段城砖砌筑，城砖规格为 0.38 米 × 0.18 米 × 0.09 米，白灰砌筑，白灰勾缝，上部坍塌。面砖风化酥碱严重，四周植被多为灌木和杂草。

### 407. 三角楼 1303233352101170407

位于石碑沟村西北 2.2 千米，坐标：东经 119° 12′ 31.40″，北纬 40° 09′ 15.60″，高程 784 米。

敌台南北接墙，砖石结构，平面布局呈"回"字形，立面及剖面呈梯形，底部东西宽 7.72 米，南北长 9.87 米，西侧高 5.57 米，东侧高 5.85 米。立面为三段式，下段条石基础 1 层，白灰砌筑，白灰勾缝；中段城砖砌筑，城砖规格为 0.42 米 × 0.2 米 × 0.1 米，白灰砌筑，白灰勾缝，南北辟门，东立面设箭窗 3 个，箭窗券室宽 0.98 米，高 2.26 米，北立面辟门，存箭窗 1 个。台室中心为券室，内长 3.08 米，宽 2.5 米，高 3.44 米，四周设券道，宽 1.41 米，高 3.6 米。梯道设在中券室西南角，由西向东上台顶，宽 0.69 米；中段与上段间设三层拔檐分隔；上段存少量垛口墙。

敌台面砖风化酥碱严重，门、箭窗毁坏严重，四周植被多为灌木和杂草。

### 408. 黑龙头山 08 号敌台 1303233352101170408

位于竭家沟村北 1.6 千米，坐标：东经 119° 12′ 26.10″，北纬 40° 09′ 08.60″，高程 870 米。

敌台南北接墙，砖石结构，平面布局呈"回"字形，立面及剖面呈梯形，底部东西宽 9.78 米，南北长 9.98 米，高 4.8 米。立面为三段式，下段条石基础 6 层，高 1.8 米，白灰砌筑，白灰勾缝；中段城砖砌筑，白灰砌筑，白灰勾缝。台室中心部位残存梯道，踏跺 4 级，红色条石砌筑，宽 0.78 米，踏面宽 0.26 米，踢面高 0.29 米，台体西侧存登台踏跺，毛石垒砌，残长 4 米，宽 1.5 米，残高 1.1 米，存 5 级，台体西侧散落大量碎砖，吐水嘴 1 个，长 1.25 米，底宽 0.32 米，厚 0.24 米，其他设施不存。面砖风化酥碱严重，四周植被多为灌木和杂草。

### 409. 黑龙头山 09 号敌台 1303233352101170409

位于竭家沟村北 1.4 千米，坐标：东经 119° 12′ 05.60″，北纬 40° 09′ 01.60″，高程 772 米。

敌台南北接墙，立面及剖面呈梯形，底部东西宽 6.8 米，南北长 9.39 米，高 6.1 米。下段毛石基础，白灰砌筑，白灰勾缝；上段设施无存。四周散落少量碎砖瓦，城砖规格为 0.37 米 × 0.08 米，植被多为灌木和杂草。

### 410. 竭家沟 01 号敌台 1303233352101170410

位于竭家沟村西北 1.2 千米，坐标：东经 119° 12′ 02.10″，北纬 40° 08′ 53.10″，高程 673 米。

敌台南北接墙，砖石结构，平面布局呈三券室三通道，立面及剖面呈梯形，底部东西宽 10.3 米，南北长 10.6 米，高 8.45 米。立面为三段式，下段块石基础 6 层，高 1.76 米，白灰砌筑，白灰勾缝；中段城砖砌筑，白灰砌筑，白灰勾缝，南北辟门，东立面设箭窗 3 个，南立面设箭窗 2 个，西立面设箭窗 4 个，北立面设箭窗 2 个，箭窗宽 0.52 米，箭窗券室敞口式，内口宽 1.06 米，外口宽 0.65 米，高 2.47 米，深 0.86 米，台体东墙内墙体残破处存柱孔痕迹，直径 0.24 米，南北向三券室，长 7.68 米，宽 1.83 米，高 3.25 米，东西向三通道，宽 0.84 米，高 1.76 米，中券室顶中部设天窗，南北长 2.2 米，东西宽 1.1 米；中段与上段间设三层拔檐分隔；上段存垛口墙。敌台面砖风化酥碱严重，门、箭窗毁坏严重，西立面中部墙体缺失，宽 3 米的，四周植被多为灌木和杂草。

台体东北侧 15 米处，有一中国象棋棋盘，刻于一块山体岩石平面上，0.41 平方米。

### 411. 竭家沟 02 号敌台 130323352101170411

位于竭家沟村西北 1.1 千米，坐标：东经 119° 11′ 59.70″，北纬 40° 08′ 48.20″，高程 631 米。

敌台南北接墙，砖石结构，平面布局呈"回"字形，立面及剖面呈梯形，底部东西宽 9.52 米，南北长 10.04 米，高 9.1 米。立面为三段式，下段条石基础 6 层，高 3.5 米，白灰砌筑，白灰勾缝；中段城砖砌筑，白灰砌筑，白灰勾缝，南北辟门，宽 0.94 米，高 1.8 米，东立面设箭窗 3 个，南立面设箭窗 2 个，西立面设箭窗 4 个，北立面设箭窗 2 个，箭窗宽 0.6 米，高 0.68 米，箭窗券室为敞口式，内口宽 1 米，外口宽 0.66 米，深 0.93 米，高 2.05 米，梯道设于中心间东北角，宽 0.82 米，中心为券室，东西宽 4.4 米，南北长 4.79 米，四面设券道，宽 1.29 米，高 3.2 米，东西长 7.08 米，南北长 7.3 米；中段与上段间设三层拔檐分隔；上段设施不存。敌台面砖风化酥碱严重，门、箭窗毁坏严重，南立面中部墙体缺失，直径 2.4 米的，四周植被多为灌木和杂草。

### 412. 竭家沟 03 号敌台 130323352101170412

位于竭家沟村西北 1 千米，坐标：东经 119° 11′43.51″北纬 40° 08′31.7″，高程 581 米。

敌台东西接墙，砖石结构，平面布局为三券室三通道，立面及剖面呈梯形，底部东西宽 9.76 米，南北长 9.93 米，高 7.02 米。立面为三段式，下段条石基础，高 2.97 米，白灰砌筑，白灰勾缝；中段城砖砌筑，城砖规格为 0.38 米 ×0.19 米 ×0.1 米，白灰砌筑，白灰勾缝，东立面辟门，宽 1.04 米，设箭窗 3 个，南立面辟门，宽 1.09 米，高 2.59 米，进深 1.1 米，设箭窗 2 个，西立面设箭窗 2 个，北立面设箭窗 2 个，箭窗券室宽 0.71 米，高 1.88 米，进深 0.86 米，箭窗宽 0.44 米，高 0.73 米，厚 0.38 米，箭窗下均设礌石孔，高 0.34 米，宽 0.3 米，天井设在西券室北侧，南北长 1.29 米，宽 0.76 米；中段与上段间设三层拔檐分隔；上段设施不存。敌台面砖风化酥碱严重，门、箭窗毁坏严重，南、北立面存数道竖向裂缝，四周植被多为灌木和杂草。

### 413. 谢家楼 130323352101170413

位于竭家沟村西北 870 米，坐标：东经 119° 11′ 55.10″，北纬 40° 08′ 38.60″，高程 517 米。

敌台南北接墙，砖石结构，平面布局为三券室三通道，立面及剖面呈梯形，底部东西宽 10.15 米，南北长 10.09 米，高 9.13 米。立面为三段式，下段条石基础，白灰砌筑，白灰勾缝；中段城砖砌筑，白灰砌筑，白灰勾缝，东立面辟门，设箭窗 2 层，上层 4 个，下层 2 个，南、北立面辟门，设箭窗 2 层，上层 1 个，下层 2 个，西立面设箭窗 2 层，上层 3 个，下层 4 个，门宽 1.05 米，高 2.61 米，箭窗宽

0.44 米，高 0.64 米，厚 0.38 米，箭窗券室宽 0.71 米，高 2.01 米，深 0.79 米，窗台墙高 0.93 米，上下层箭窗高差 0.87 米。台室四边墙内存有柱孔，直径 0.22 米，台室南北三券室，东、西券室长 7.61 米，宽 1.79 米，中间券室宽 2.3 米，高 3.3 米，东西三通道，宽 0.76 米，高 1.91 米，天窗设在中券室中间；中段与上段间设三层拔檐分隔；上段存少量垛口墙。敌台面砖风化酥碱严重，南北立面存竖向裂缝数道，门、箭窗毁坏严重，四周植被多为灌木和杂草。

### 414. 竭家沟 05 号敌台 1303233352101170414

位于竭家沟村西北 800 米，坐标：东经 119° 11′ 54.50″，北纬 40° 08′ 35.30″，高程 486 米。

敌台南北接墙，砖石结构，立面及剖面呈梯形，底部东西宽 10.3 米，南北长 9.96 米，高 4.8 米。立面为三段式，下段条石基础，白灰砌筑，白灰勾缝；中段城砖砌筑，白灰砌筑，白灰勾缝，上部设施无存。敌台面砖风化酥碱严重，四周植被多为灌木和杂草。

### 415. 竭家沟 06 号敌台 1303233352101170415

位于竭家沟村西北 660 米，坐标：东经 119° 11′ 54.50″，北纬 40° 08′ 28.20″，高程 437 米。

敌台南北接墙，砖石结构，立面及剖面呈梯形，底部东西宽 9.8 米，南北长 10.9 米，高 6.09 米。立面为三段式，下段条石基础，白灰砌筑，白灰勾缝；中段城砖砌筑，白灰砌筑，白灰勾缝，上部设施无存。敌台面砖风化酥碱严重，四周植被多为灌木和杂草。

### 416. 竭家沟 07 号敌台 1303233352101170416

位于竭家沟村西北 870 米，坐标：东经 119° 11′ 43.50″，北纬 40° 08′ 26.00″，高程 388 米。

敌台南北接墙，砖石结构，立面及剖面呈梯形，高 2.7 米。立面为三段式，下段条石基础 1 层，白灰砌筑，白灰勾缝；中段城砖砌筑，白灰砌筑，白灰勾缝，上部设施无存。敌台面砖风化酥碱严重，四周植被多为灌木和杂草。

### 417. 竭家沟 08 号敌台 1303233352101170417

位于竭家沟村西北 1.1 千米，坐标：东经 119° 11′ 34.70″，北纬 40° 08′ 28.90″，高程 464 米。

敌台东西接墙，砖石结构，平面布局呈"回"字形，立面及剖面呈梯形。立面为三段式，下段条石基础，白灰砌筑，白灰勾缝；中段城砖砌筑，白灰砌筑，白灰勾缝，东西辟门，门券室宽 1.17 米，高 2.91 米，进深 1.05 米，东西立面设箭窗 2 个，南北立面设箭窗 4 个，箭窗券室宽 1.04 米，高 2.45 米，进深 1.02 米，箭窗内口宽 0.67 米，外口宽 0.77 米，高 0.97 米，墙厚 0.35 米，窗台石长 1.15 米，宽 0.54 米，厚 0.2 米，距地面 0.99 米高，设础石孔，台室中心为券室，南北长 2.29 米，残高 3.42 米，券室门宽 1.07 米，残高 2.1 米，墙厚 1.05 米，四周为券道，长 7.85 米，宽 1.76 米，高 3.76 米；中段与上段间设三层拔檐分隔；上段设施不存。

敌台面砖风化酥碱严重，存少量拔檐，西券道、南券道顶部坍塌一半，门、箭窗毁坏严重，顶部存少部分垛口墙，四周植被多为灌木和杂草。

### 418. 竭家沟 09 号敌台 1303233352101170418

位于竭家沟村西北 1.3 千米，坐标：东经 119° 11′ 25.30″，北纬 40° 08′ 26.20″，高程 593 米。

敌台砖石结构，平面布局为三券室三通道，立面及剖面呈梯形，底部东西宽 11.19 米，南北长 9.29

米，高 9.24 米。立面为三段式，下段条石基础 4 层，白灰砌筑，白灰勾缝；中段城砖砌筑，城砖规格为 0.36 米 ×0.17 米 ×0.08 米，白灰砌筑，白灰勾缝，东立面设箭窗 3 个，南立面辟门，宽 1.19 米，高 2.25 米，设箭窗 1 个，西立面设箭窗 2 个，北立面设箭窗 3 个，箭窗宽 0.56 米，高 0.9 米，厚 0.31 米。箭窗券室宽 0.95 米，高 2.01 米，深 0.82 米。梯道宽 0.61 米，内可见 11 级石踏跺，踏面宽 0.26 米，踢面高 0.29 米。台室南北三券室，长 7.01 米，宽 1.95 米，高 3.58 米，东西三通道，宽 1.16 米，高 1.95 米；中段与上段间设三层拔檐分隔；上段设施无存。

敌台面砖风化酥碱严重，门、箭窗毁坏严重，四周植被多为灌木和杂草。

### 419. 竭家沟 10 号敌台 130323352101170419

位于竭家沟村西 1.4 千米，坐标：东经 119° 11′ 19.90″，北纬 40° 08′ 19.40″，高程 665 米。

敌台位于长城墙体外侧 2.8 米，砖石结构，立面及剖面呈梯形，底部东西宽 10.25 米，南北长 10.23 米，高 4.49 米。下段条石基础，白灰砌筑，白灰勾缝；中段城砖砌筑，白灰砌筑，白灰勾缝，上部设施无存。面砖风化酥碱严重，四周植被多为灌木和杂草。

### 420. 天井楼 130323352101170420

位于袁家沟村西北 1.7 千米，坐标：东经 119° 11′ 07.60″，北纬 40° 08′ 16.50″，高程 702 米。

敌台南北接墙，砖石结构，平面布局为三券室三通道，立面及剖面呈梯形，底部东西宽 10.31 米，南北长 10.4 米，高 9.15 米。立面为三段式，下段条石基础 4 层，白灰砌筑，白灰勾缝；中段城砖砌筑，白灰砌筑，白灰勾缝，东、西立面设箭窗 3 个，箭窗券室宽 1.04 米，高 1.98 米，进深 1.65 米，南立面辟门，设箭窗 2 个，北立面设箭窗 3 个，箭窗券室宽 1.34 米，台室南北三券室，长 7.41 米，宽 1.92 米，高 3.86 米，东西三通道，宽 1.02 米，高 2.01 米，起券方式为三伏三券。中券室南墙内设双梯道向东向西上台，宽 0.68 米，存 13 级砖踏跺，踏面宽 0.26 米，踢面高 0.38 米；中段与上段间设三层拔檐分隔；上段设施无存。敌台面砖风化酥碱严重，门、箭窗毁坏严重，四周植被多为灌木和杂草。

### 421. 袁家沟 02 号敌台 130323352101170421

位于袁家沟村西北 1.8 千米，坐标：东经 119° 10′ 54.90″，北纬 40° 08′ 15.10″，高程 688 米。

敌台东西接墙，砖石结构，立面及剖面呈梯形，底部东西宽 10.4 米，南北长 9.17 米，高 8.04 米。立面为三段式，下段条石基础，白灰砌筑，白灰勾缝；中段城砖砌筑，白灰砌筑，白灰勾缝，东西辟门，南立面辟门，宽 1.15 米，高 2.23 米，存箭窗 3 个，北立面设箭窗 4 个，墙内存柱孔，直径 0.24 米；中段与上段间设三层拔檐分隔；上段存垛口墙，南立面存望孔 3 个，北立面存望孔 2 个。

敌台面砖风化酥碱严重，门、箭窗毁坏严重，顶部存少部分垛口墙，四周植被多为灌木和杂草。

### 422. 袁家沟 03 号敌台 130323352101170422

位于袁家沟村西北 1.7 千米，坐标：东经 119° 10′ 40.20″，北纬 40° 08′ 05.40″，高程 616 米。

敌台东西接墙，砖石结构，平面布局为四券室一通道，立面及剖面呈梯形。立面为三段式，下段条石基础，白灰砌筑，白灰勾缝；中段城砖砌筑，白灰砌筑，白灰勾缝，东西各设 1 门、1 箭窗，南北各设 4 箭窗，台室内设东、南、西、北四条券道，中间设南北向通道，通道东西侧各设一券室；中段与上段间设三层拔檐分隔；上段存少量垛口墙，南立面东侧存垛口 2 个，望孔 2 个。敌台面砖风化酥碱严重，

门、箭窗毁坏严重，四周植被多为灌木和杂草

### 423. 袁家沟 04 号敌台 130323352101170423

位于袁家沟村西北 1.8 千米，坐标：东经 119° 10′ 27.30″，北纬 40° 07′ 59.80″，高程 589 米。

敌台东西接墙，砖石结构，平面布局呈"回"字形，立面及剖面呈梯形，底部东西宽 11.34 米，南北长 9.45 米，高 8.15 米。立面为三段式，下段条石基础 8 层，高 4.1 米，白灰砌筑，白灰勾缝；中段城砖砌筑，白灰砌筑，白灰勾缝，东、西立面辟门，设箭窗 2 个，南、北立面设箭窗 4 个，宽 0.53 米，高 0.88 米，箭窗券室为内敞口式，内口宽 1 米，外口宽 0.71 米，高 2.28 米，进深 0.8 米，存柱孔，直径 0.23 米，下有柱础石，中心为券室，残宽 2.45 米，四面设券道，东西长 8.79 米，宽 1.35 米，高 3.16 米；中段与上段间设三层拔檐分隔；上段存少量垛口墙。敌台面砖风化酥碱严重，东立面南侧外包墙体缺失，门、箭窗毁坏严重，四周植被多为灌木和杂草。

### 424. 袁家沟 05 号敌台 130323352101170424

位于袁家沟村西北 2 千米，坐标：东经 119° 10′ 16.40″，北纬 40° 07′ 54.90″，高程 606 米。

敌台东西接墙，砖石结构，立面及剖面呈梯形，底部东西宽 15.2 米，南北长 7.8 米，高 8.3 米。立面为三段式，下段条石基础 2 层，高 0.8 米，白灰砌筑，白灰勾缝；中段城砖砌筑，白灰砌筑，白灰勾缝，南立面存箭窗 3 个，北立面设箭窗 4 个，宽 0.58 米，箭窗券室宽 0.83 米；中段与上段间设三层拔檐分隔，厚 0.31 米；上段存少量垛口墙。敌台面砖风化酥碱严重，门、箭窗毁坏严重，南立面外包墙体保存较好，四周植被多为灌木和杂草。

### 425. 袁家沟 06 号敌台 130323352101170425

位于袁家沟村西北 2.2 千米，坐标：东经 119° 10′ 05.50″，北纬 40° 07′ 52.40″，高程 638 米。

敌台东西接墙，砖石结构，立面及剖面呈梯形。下段条石基础，白灰砌筑，白灰勾缝；中段城砖砌筑，白灰砌筑，白灰勾缝，西立面外包墙体长 3.5 米，高 2.2 米，东立面外包墙体长 7.7 米，残高 2.4 米，包砖厚 1.2 米，上部设施无存。敌台面砖风化酥碱严重，四周植被多为灌木和杂草。

### 426. 袁家沟 07 号敌台 130323352101170426

位于袁家沟村西北 2.3 千米，坐标：东经 119° 09′ 55.90″，北纬 40° 07′ 50.30″，高程 626 米。

敌台东西接墙，砖石结构，平面布局呈"回"字形，立面及剖面呈梯形，底部东西宽 10.45 米，高 8 米。立面为三段式，下段条石基础，白灰砌筑，白灰勾缝；中段城砖砌筑，白灰砌筑，白灰勾缝，东西设门，南立面存箭窗 4 个，宽 0.59 米，箭窗券室宽 1.04 米，高 2.05 米，深 0.6 米。中心为券室，南北 5.05 米，东西 4.9 米，四周设券道，东西 2.5 米，南北 2.5 米，高 3.3 米，券室东南角设梯道，已坍塌；中段与上段间设三层拔檐分隔；上段存少量垛口墙。敌台面砖风化酥碱严重，门、箭窗毁坏严重，四周植被多为灌木和杂草。

### 427. 谢家店 01 号敌台 130323352101170427

位于谢家店村东北 1.3 千米，坐标：东经 119° 09′ 37.40″，北纬 40° 07′ 39.20″，高程 646 米。

敌台东西接墙，砖石结构，平面布局为三券室三通道，立面及剖面呈梯形，底部东西宽 10.28 米，南北长 10.24 米，高 9.39 米。立面为三段式，下段条石基础，白灰砌筑，白灰勾缝；中段城砖砌筑，白

灰砌筑，白灰勾缝，南立面中部辟门，宽1.08米，高2.19米，西侧存门柱石、压柱石和门券石，门柱石高1.23米，宽0.2米，厚0.27米，门槛石长1.25米，宽0.57米。南立面东侧、北立面箭窗保存较好，宽0.58米，高0.92米，箭窗券室宽1.08米，高2.15米，深0.85米，东墙立面中箭窗南侧设一望洞，从内墙贯穿到外墙，宽0.2米，高0.22米；中段与上段间设三层拔檐分隔；上段设施无存。敌台面砖风化酥碱严重，南门、北门均已缺失，箭窗毁坏严重，顶部存少部分垛口墙，四周植被多为灌木和杂草。

### 428. 谢家店 02 号敌台 130323352101170428

位于谢家店村北1千米，坐标：东经119° 09′ 23.00″，北纬40° 07′ 32.60″，高程629米。

敌台东西接墙，砖石结构，立面及剖面呈梯形。下段条石基础，白灰砌筑，白灰勾缝；中段城砖砌筑，白灰砌筑，白灰勾缝，仅西立面存外包墙体，长6米，高2.6米。坍塌，呈堆状，四周植被多为灌木和杂草。

### 429. 谢家店 03 号敌台 130323352101170429

位于谢家店村西北720米，坐标：东经119° 09′ 01.70″，北纬40° 07′ 20.50″，高程696米。

敌台东西接墙，砖石结构，立面及剖面呈梯形。下段条石基础，白灰砌筑，白灰勾缝；中段城砖砌筑，白灰砌筑，白灰勾缝。坍塌，呈堆状，四周散落大量碎砖，四周植被多为灌木和杂草。

### 430. 谢家店 04 号敌台 130323352101170430

位于谢家店村西北1千米，坐标：东经119° 08′ 39.50″，北纬40° 07′ 18.30″，高程765米。

敌台东西接墙，砖石结构，立面及剖面呈梯形，底部东西宽10.5米，南北长10.18米，高4.15米。下段条石基础3层，高0.92米，白灰砌筑，白灰勾缝；中段城砖砌筑，城砖规格为0.4米×0.21米×0.09米，白灰砌筑，白灰勾缝，北侧凸出城墙2.2米。上部坍塌，呈堆状。四周散落大量碎砖，植被多为灌木和杂草。

### 431. 谢家店 05 号敌台 130323352101170431

位于谢家店村西北1.1千米，坐标：东经119° 08′ 34.00″，北纬40° 07′ 11.90″，高程689米。

敌台南北接墙，砖石结构，平面布局呈"回"字形，立面及剖面呈梯形，高6.74米。立面为三段式，下段条石基础，白灰砌筑，白灰勾缝；中段城砖砌筑，白灰砌筑，白灰勾缝，仅存东立面存外包墙体长4米，箭窗2个，中券室东西3.77米，南北4.6米；上段设施不存。敌台面砖风化酥碱严重，四周植被多为灌木和杂草。

### 432. 谢家店 06 号敌台 130323352101170432

位于谢家店村西北1.2千米，坐标：东经119° 08′ 25.20″，北纬40° 07′ 05.10″，高程632米。

敌台南北接墙，砖石结构，平面布局呈"回"字形，立面及剖面呈梯形。下段条石基础3层，高1米，白灰砌筑，白灰勾缝；中段城砖砌筑，白灰砌筑，白灰勾缝，底部东西宽8.71米，高4.5米，上部无存。面砖风化酥碱严重，四周植被多为灌木和杂草。

### 433. 谢家店 07 号敌台 130323352101170433

位于谢家店村西1.3千米，坐标：东经119° 08′ 22.00″，北纬40° 07′ 01.40″，高程618米。

敌台南北接墙，砖石结构，平面布局呈"回"字形，立面及剖面呈梯形。下段条石基础3层，高1

米，白灰砌筑，白灰勾缝；中段城砖砌筑，白灰砌筑，白灰勾缝，底部东西宽8.71米，高4.5米，上部无存。面砖风化酥碱严重，四周植被多为灌木和杂草。

### 434. 谢家店 08 号敌台 130323352101170434

位于谢家店村西1.4千米，坐标：东经119° 08′ 19.70″，北纬40° 06′ 57.70″，高程642米。

敌台东西接墙，砖石结构，平面布局呈"回"字形，立面及剖面呈梯形，底部东西宽11.34米，南北长9.59米，高7.42米，北侧凸出城墙5.17米。立面为三段式，下段条石基础一层，高0.49米，白灰砌筑，白灰勾缝；中段城砖砌筑，城砖规格为0.4米×0.21米×0.09米，白灰砌筑，白灰勾缝，西立面存箭窗1个，北侧存红色砾岩石吐水嘴，残长0.83米，宽0.57米，北立面设箭窗5个，存4个，宽0.71米，箭窗券室宽1.06米；中段与上段间设三层拔檐分隔；上段设施无存。敌台面砖风化酥碱严重，西墙仅存西北角，四周植被多为灌木和杂草。

### 435. 谢家店 09 号敌台 130323352101170435

位于谢家店村西南1.8千米，坐标：东经119° 08′ 02.30″，北纬40° 06′ 49.80″，高程513米。

敌台东西接墙，砖石结构，平面布局为三券室三通道，立面及剖面呈梯形，底部东西宽11.32米，南北长11.3米，高9.43米。立面为三段式，下段条石基础8层，高2.6米，白灰砌筑，白灰勾缝；中段城砖砌筑，白灰砌筑，白灰勾缝，东西辟门，东立面设箭窗2个，西立面设箭窗2个，台室内为三券室三通道，梯道位于南墙中部箭窗券室内，为东向西上，残存踏跺8级；中段与上段间设三层拔檐分隔；上段设施无存。敌台面砖风化酥碱严重，东门缺门券石一块，西券室南面顶部坍塌，箭窗毁坏严重，四周植被多为灌木和杂草。

### 436. 吴家沟 01 号敌台 130323352101170436

位于吴家沟村东北1.9千米，坐标：东经119° 07′ 51.20″，北纬40° 06′ 42.80″，高程474米。

敌台南北接墙，砖石结构，平面布局为三券室三通道，立面及剖面呈梯形，底部11.19米见方，高9.14米。立面为三段式，下段条石基础10层，高3.4米，白灰砌筑，白灰勾缝；中段城砖砌筑，白灰砌筑，白灰勾缝，南北辟门，门券室宽1.3米，门槛石长1.43米，宽0.66米，厚0.25米。南、北立面各设箭窗2个，宽0.74米，箭窗券室宽1.29米，残高1.88米，深0.82米，台室券室长8.78米，宽1.95米，高3.98米。通道宽1.49米，高2.29米，间隔1.36米。梯道位于东墙南箭窗洞内，由南向北上，残存7级，宽0.72米，踏面宽0.23米，踢面高0.33米；上段设施无存。敌台面砖风化酥碱严重，门、箭窗毁坏严重，中券室、北券室顶部坍塌出宽1.4米的洞，四周植被多为灌木和杂草。

### 437. 吴家沟 02 号敌台 130323352101170437

位于吴家沟村东北1.6千米，坐标：东经119° 07′ 49.10″，北纬40° 06′ 33.40″，高程446米。

敌台南北接墙，砖石结构，立面及剖面呈梯形，底部南北长11.4米，高8.68米。立面为三段式，下段条石基础6层，高1.95米，白灰砌筑，白灰勾缝；中段城砖砌筑，城砖规格为0.37米×0.18米×0.09米，白灰砌筑，白灰勾缝，西立面存箭窗1个，吐水嘴1个，台室只存南、西立面少部分墙体。面砖风化酥碱严重，四周植被多为灌木和杂草。

### 438. 吴家沟 03 号敌台 130323352101170438

位于吴家沟村东北 1.4 千米，坐标：东经 119° 07′ 49.50″，北纬 40° 06′ 27.70″，高程 479 米。

敌台南北接墙，砖石结构，立面及剖面呈梯形，底部南北长 11.05 米，高 5.44 米。立面为三段式，下段条石基础，白灰砌筑，白灰勾缝；中段城砖砌筑，城砖规格为 0.37 米 ×0.19 米 ×0.09 米，白灰砌筑，白灰勾缝，南北辟门，东立面存箭窗 3 个，宽 0.59 米，高 0.94 米，券室残长 6 米，宽 1.88 米，高 2.66 米，存吐水嘴 1 个，台室存中券室。敌台面砖风化酥碱严重，四周植被多为灌木和杂草。

### 439. 吴家沟 04 号敌台 130323352101170439

位于吴家沟村北 1.3 千米，坐标：东经 119° 07′ 37.80″，北纬 40° 06′ 23.20″，高程 470 米。

敌台南北接墙，砖石结构，立面及剖面呈梯形，底部南北长 12.26 米，高 3.5 米。下段条石基础 2 层，高 0.6 米，白灰砌筑，白灰勾缝；中段城砖砌筑，白灰砌筑，白灰勾缝；上段坍塌。敌台面砖风化酥碱严重，四周植被多为灌木和杂草。

### 440. 吴家沟 05 号敌台 130323352101170440

位于吴家沟村北 940 米，坐标：东经 119° 07′ 32.60″，北纬 40° 06′ 13.30″，高程 511 米。

敌台东西接墙，砖石结构，立面及剖面呈梯形，底部东西 11.55 米，南北 11.7 米，高 3.5 米。下段条石基础 8 层，高 2.78 米，白灰砌筑，白灰勾缝；中段城砖砌筑，城砖规格为 0.38 米 ×0.19 米 ×0.09 米，白灰砌筑，白灰勾缝，上部坍塌。敌台面砖风化酥碱严重，四周植被多为灌木和杂草。

### 441. 吴家沟 06 号敌台 130323352101170441

位于吴家沟村西北 940 米，坐标：东经 119° 07′ 22.40″，北纬 40° 06′ 11.80″，高程 532 米。

敌台南北接墙，砖石结构，平面布局为三券室三通道，立面及剖面呈梯形，底部东西宽 11.48 米，南北长 11.4 米。立面为三段式，下段条石基础 9 层，高 3.12 米，白灰砌筑，白灰勾缝；中段城砖砌筑，城砖规格为 0.37 米 ×0.18 米 ×0.09 米，白灰砌筑，白灰勾缝，西立面辟门，宽 0.81 米，高 1.89 米，设箭窗 2 个；上段设施无存。敌台面砖风化酥碱严重，四周植被多为灌木和杂草。

### 442. 吴家沟 07 号敌台 130323352101170442

位于吴家沟村西北 800 米，坐标：东经 119° 07′ 17.70″，北纬 40° 06′ 06.00″，高程 479 米。

敌台东西接墙，砖石结构，平面布局为三券室三通道，立面及剖面呈梯形，底部东西宽 11.14 米，南北长 10.83 米，高 9.35 米。立面为三段式，下段条石基础 12 层，高 3.7 米，白灰砌筑，白灰勾缝；中段城砖砌筑，白灰砌筑，白灰勾缝，东西辟门，宽 0.84 米，高 1.86 米。门券室宽 1.29 米，高 2.24 米，洞深 0.93 米。设箭窗 2 个，箭窗券室宽 1.28 米，高 2.12 米，深 1.46 米。券室长 7.86 米，宽 1.98 米，高 3.83 米。通道宽 1.38 米，高 1.92 米，间隔 1.3 米。梯道位于南墙西侧箭窗洞内，为西向东上，存踏跺 8 级；中段与上段间设三层拔檐分隔；上段设施无存。敌台面砖风化酥碱严重，东门、箭窗毁坏严重，四周植被多为灌木和杂草。

### 443. 吴家沟 08 号敌台 130323352101170443

位于吴家沟村西北 790 米，坐标：东经 119° 07′ 11.50″，北纬 40° 06′ 01.90″，高程 489 米。

敌台东西接墙，砖石结构，平面布局为三券室三通道，立面及剖面呈梯形。立面为三段式，下段条石基础 7~10 层，白灰砌筑，白灰勾缝；中段城砖砌筑，白灰砌筑，白灰勾缝，东西辟门，南立面设箭窗 3 个，西立面设箭窗 2 个，梯道位于台室东南角，存石踏跺 7 级；中段与上段间设三层拔檐分隔，南立面存有吐水嘴 2 个；上段垛口墙不存。敌台面砖风化酥碱严重，台室东墙及东券室坍塌，南、北墙存有西半部，东门仅存槛石，箭窗毁坏严重，顶部存少部分垛口墙，四周植被多为灌木和杂草。

### 444. 吴家沟 09 号敌台 1303233352101170444

位于吴家沟村西北 750 米，坐标：东经 119° 07′ 05.70″，北纬 40° 05′ 54.70″，高程 568 米。

敌台东西接墙，砖石结构，平面布局为三券室三通道，立面及剖面呈梯形。下段条石基础 5 层，白灰砌筑，白灰勾缝；中段城砖砌筑，白灰砌筑，白灰勾缝，东西辟门，东立面存箭窗 1 个，西立面存箭窗 1 个，券室南北向，通道东西向，东南角设登城梯道，存砖石踏跺 9 级；中段与上段间设三层拔檐分隔，上部设施无存。

敌台面砖风化酥碱严重，门、箭窗毁坏严重，台室北墙、东墙北半部坍塌，东券室、中券室北部顶部坍塌，四周植被多为灌木和杂草。

### 445. 河口 01 号敌台 1303233352101170445

位于河口村西北 1.6 千米，坐标：东经 119° 08′ 21.30″，北纬 40° 06′ 51.60″，高程 596 米。

敌台东西接墙，毛石结构，立面及剖面呈梯形，底部东西宽 11.32 米，南北长 8.89 米，高 3.07 米。台身毛石砌筑，东、北辟门，东门宽 0.85 米，北门宽 0.9 米，距台体西北角 2.7 米，底部距地面 1.23 米；中段设石拔檐分隔；顶部四角各设角台，东南角台为 3.06 米见方，西南角台长 1.6 米，宽 1.3 米。四周植被多为灌木和杂草。

### 446. 河口 02 号敌台 1303233352101170446

位于河口村西北 1.3 千米，坐标：东经 119° 08′ 26.80″，北纬 40° 06′ 44.10″，高程 509 米。

敌台南北接墙，毛石结构，立面及剖面呈梯形，底部东西宽 5.8 米，南北长 10.07 米，高 2.9 米。台身毛石砌筑，东、北辟门，东门宽 0.85 米，北门宽 0.9 米，距台体西北角 2.7 米，底部距地面 1.23 米；中段设石拔檐分隔，上部设施不存。四周植被多为灌木和杂草。

### 447. 河口 03 号敌台 1303233352101170447

位于河口村西北 1.1 千米，坐标：东经 119° 08′ 31.00″，北纬 40° 06′ 38.50″，高程 493 米。

敌台南北接墙，毛石结构，立面及剖面呈梯形，高 5 米，毛石砌筑，坍塌，呈堆状，四周植被多为灌木和杂草。

### 448. 河口 04 号敌台 1303233352101170448

位于河口村内，坐标：东经 119° 08′ 37.90″，北纬 40° 06′ 02.70″，高程 233 米。

敌台南北接墙，砖石结构，立面及剖面呈梯形。立面为三段式，下段条石基础，白灰砌筑，白灰勾缝；中段城砖砌筑，白灰砌筑，白灰勾缝，现仅存西北角条石及其上 3 层外包砖。四周散落大量碎砖，植被多为灌木和杂草。

### 449. 河口 05 号敌台 1303233352101170449

位于河口村内，坐标：东经 119° 08′ 35.10″，北纬 40° 06′ 01.00″，高程 220 米。

敌台东西接墙，砖石结构，立面及剖面呈梯形，底部东西宽 11.48 米，南北长 15.93 米，高 3.34 米。下段条石基础 9 层，高 3.34 米，层厚 0.36～0.4 米，白灰砌筑，白灰勾缝；中段城砖砌筑，白灰砌筑，白灰勾缝，南立面存外包墙体高 1.75 米。植被多为灌木和杂草。

### 450. 河口 06 号敌台 130323352101170450

位于河口村西南 180 米，坐标：东经 119° 08′ 30.70″，北纬 40° 05′ 58.50″，高程 281 米。

敌台东西接墙，砖石结构，立面及剖面呈梯形，底部东西宽 6.65 米，南北长 10.28 米，外包毛石砌筑，台芯素土夯筑，东立面残高 2.84 米，西立面残高 3 米，上段设施无存。植被多为灌木和杂草。

### 451. 河口 07 号敌台 130323352101170451

位于河口村西南 740 米，坐标：东经 119° 08′ 26.50″，北纬 40° 05′ 39.80″，高程 564 米。

敌台东西接墙，砖石结构，坍塌，呈堆状，四周及顶部植被多为灌木和杂草。

### 452. 河口 08 号敌台 130323352101170452

位于河口村西南 1.1 千米，坐标：东经 119° 08′ 17.20″，北纬 40° 05′ 29.60″，高程 606 米。

敌台南北接墙，砖石结构，平面布局为三券室三通道，立面及剖面呈梯形，底部东西宽 8.76 米，南北长 10.2 米，高 7.16 米。立面为三段式，下段条石基础 5 层，高 1.62 米，白灰砌筑，白灰勾缝；中段城砖砌筑，白灰砌筑，白灰勾缝，东立面外包墙体长 10.2 米，存箭窗 3 个，西立面外包墙体长 7.52 米，存箭窗 2 个，宽 0.59 米，箭窗券室宽 1.24 米，东西向三券室，南北向三通道。

敌台面砖风化酥碱严重，台室南立面墙、北立面已坍塌，台室顶不存，四周植被多为灌木和杂草。

### 453. 吴家沟 10 号敌台 130323352101170453

位于吴家沟村东南 1.4 千米，坐标：东经 119° 07′ 58.30″，北纬 40° 05′ 02.00″，高程 367 米。

敌台南北接墙，砖石结构，立面及剖面呈梯形，底部东西宽 11.22 米，南北长 10.56 米。下段条石基础 6 层，高 2.07 米，白灰砌筑，白灰勾缝；中段城砖砌筑，城砖规格为 0.38 米 ×0.19 米 ×0.09 米，白灰砌筑，白灰勾缝，上部无存。敌台面砖风化酥碱严重，西南角、东南角条石缺失，北立面东侧条石坍塌，四周植被多为灌木和杂草。

### 454. 吴家沟 11 号敌台 130323352101170454

位于吴家沟村南 1.2 千米，坐标：东经 119° 07′ 38.50″，北纬 40° 05′ 05.60″，高程 387 米。

敌台东西接墙，立面及剖面呈梯形，外包毛石砌筑，台芯素土夯筑，坍塌，呈堆状，四周植被多为灌木和杂草。

### 455. 吴家沟 12 号敌台 130323352101170455

位于吴家沟村西南 920 米，坐标：东经 119° 07′ 25.30″，北纬 40° 05′ 13.90″，高程 398 米。

敌台南、西接墙，毛石砌筑，坍塌，呈堆状，四周植被多为灌木和杂草。

### 456. 吴家沟 13 号敌台 130323352101170456

位于吴家沟村西南 920 米，坐标：东经 119° 07′ 12.80″，北纬 40° 05′ 16.50″，高程 392 米。

敌台南北接墙，砖石结构，立面及剖面呈梯形，底部东西宽 10.59 米，南北长 10.59 米，高 5.3 米。下段条石基础 4 层，高 1.64 米，每层厚约 0.41 米，白灰砌筑，白灰勾缝；中段城砖砌筑，白灰砌筑，白灰勾缝，高 3.66 米，上部设施无存。敌台面砖风化酥碱严重，北立面存竖向裂缝多条，宽 0.02～0.9 米，四周植被多为灌木和杂草。

### 457. 吴家沟 14 号敌台 130323352101170457

位于吴家沟村西南 740 米，坐标：东经 119° 07′ 17.10″，北纬 40° 05′ 22.40″，高程 404 米。

敌台东西接墙，砖石结构，立面及剖面呈梯形，高 4.81 米。下段条石基础，白灰砌筑，白灰勾缝；中段城砖砌筑，白灰砌筑，白灰勾缝，上部设施无存。敌台面砖风化酥碱严重，东立面存竖向裂缝多条，宽 0.02～0.7 米，四周植被多为灌木和杂草。

### 458. 吴家沟 15 号敌台 130323352101170458

位于吴家沟村西南 820 米，坐标：东经 119° 07′ 11.40″，北纬 40° 05′ 22.40″，高程 383 米。

敌台东西接墙，砖石结构，立面及剖面呈梯形，仅存条石基础，高 3.8 米，白灰砌筑，白灰勾缝，四周植被多为灌木和杂草。

### 459. 吴家沟 16 号敌台 130323352101170459

位于吴家沟村西南 790 米，坐标：东经 119° 07′ 08.10″，北纬 40° 05′ 25.80″，高程 413 米。

敌台南北接墙，砖石结构，立面及剖面呈梯形。下段条石基础 5 层，白灰砌筑，白灰勾缝；中段城砖砌筑，白灰砌筑，白灰勾缝，高 4.79 米。面砖风化酥碱严重，四周植被多为灌木和杂草。

### 460. 吴家沟 17 号敌台 130323352101170460

位于吴家沟村西南 790 米，坐标：东经 119° 07′ 03.70″，北纬 40° 05′ 30.90″，高程 483 米。

敌台南、西接墙，砖石结构，立面及剖面呈梯形。下段条石基础 4 层，白灰砌筑，白灰勾缝；中段城砖砌筑，白灰砌筑，白灰勾缝，存高 1～2 米。面砖风化酥碱严重，四周植被多为灌木和杂草。

### 461. 吴家沟 18 号敌台 130323352101170461

位于吴家沟村西 1 千米，坐标：东经 119° 06′ 50.30″，北纬 40° 05′ 41.10″，高程 584 米。

敌台平面呈矩形，剖面呈梯形，外包毛石砌筑，13 层，白灰勾缝，上部缺失，四周植被多为灌木和杂草。

### 462. 吴家沟 19 号敌台 130323352101170462

位于吴家沟村西 1 千米，坐标：东经 119° 06′ 51.10″，北纬 40° 05′ 43.10″，高程 581 米。

敌台平面呈矩形，剖面呈梯形，东西宽 2.4 米，南北长 2.3 米，高 3.7 米，外包城砖砌筑，高 0.5 米，白灰勾缝，白灰砌筑，台芯素土夯筑，坍塌严重，四周植被多为灌木和杂草。

### 463. 九门口 1 号马面 130323352102170198

位于九门口村南 477 米处，坐标：东经 119° 44′ 17.30″，北纬 40° 06′ 54.80″，高程 163 米。

马面平面呈矩形，剖面呈梯形，近年修缮。立面为三段式，下段条石基础，白灰砌筑，白灰勾缝；中段城砖砌筑，白灰砌筑，白灰勾缝；中段与上段间设一层拔檐分隔；上段设垛口墙、宇墙，顶部地面方砖海墁。四周植被多为灌木和杂草。

### 464. 九门口 2 号马面 130323352102170199

位于九门口村东北 617 米处，坐标：东经 119° 44′ 42.20″，北纬 40° 07′ 19.50″，高程 181 米。

马面平面呈矩形，剖面呈梯形，底部南北长 7.5 米，凸出墙体 6.22 米，高 5.2 米，外包毛石砌筑，白灰勾缝，台芯素土夯筑，上部缺失，四周植被多为灌木和杂草。

### 465. 庙山口 1 号马面 130323352102170200

位于庙山口村东，坐标：东经 119° 44′ 52.70″，北纬 40° 07′ 47.60″，高程 310 米。

马面平面呈矩形，剖面呈梯形，底部南北长 6.2 米，凸出墙体 5.72 米，高 2.8 米，外包毛石砌筑，白灰勾缝，台芯素土夯筑，外包毛石缺失，台芯坍塌，呈斜坡状，四周植被多为灌木和杂草。

### 466. 庙山口 2 号马面 130323352102170201

位于庙山口村东，坐标：东经 119° 44′ 55.30″，北纬 40° 07′ 54.90″，高程 326 米。

马面平面呈矩形，剖面呈梯形，底部东西长 7.3 米，凸出墙体 2.33 米，高 3.08 米。立面为三段式，下段条石基础，白灰砌筑，白灰勾缝；中段城砖砌筑，白灰砌筑，白灰勾缝；上段设施无存。四周植被多为灌木和杂草。

### 467. 庙山口 3 号马面 130323352102170202

位于庙山口村东北，坐标：东经 119° 44′ 58.90″，北纬 40° 08′ 00.70″，高程 336 米。

马面平面呈矩形，剖面呈梯形，底部东西宽 4.48 米，南北长 5.5 米，高 5.97 米。立面为三段式，下段条石基础，白灰砌筑，白灰勾缝；中段城砖砌筑，白灰砌筑，白灰勾缝；上段设施无存。四周植被多为灌木和杂草。

### 468. 夕阳口 1 号马面 130323352102170203

位于夕阳口村东，坐标：东经 119° 45′ 17.40″，北纬 40° 08′ 13.60″，高程 349 米。

马面平面呈矩形，剖面呈梯形，底部东西长 7.46 米，南北宽 5.74 米，高 5.97 米，外包毛石砌筑，坍塌严重，四周植被多为灌木和杂草。

### 469. 夕阳口 2 号马面 130323352102170204

位于夕阳口村东北 1.6 千米处，坐标：东经 119° 45′ 16.00″，北纬 40° 08′ 46.70″，高程 358 米。

马面平面呈矩形，剖面呈梯形，底部东西长 3.1 米，南北宽 4.71 米，高 1.45 米，外包毛石砌筑，坍塌严重，顶部存方形炮台遗址，四周植被多为灌木和杂草。

### 470. 黄土岭 1 号马面 130323352102170205

位于黄土岭关东南 1.4 千米处，坐标：东经 119° 45′ 03.70″，北纬 40° 09′ 27.50″，高程 263 米。

马面平面呈矩形，剖面呈梯形，底部东西宽 3.1 米，南北长 4.71 米，高 4.22 米，外包城砖砌筑，白灰砌筑，白灰勾缝，顶部存方形炮台遗址，外包砖风化酥碱严重，四周植被多为灌木和杂草。

### 471. 黄土岭 2 号马面 130323352102170206

位于黄土岭关东南 1.3 千米处，坐标：东经 119° 45′ 03.30″，北纬 40° 09′ 30.40″，高程 284 米。

马面平面呈矩形，剖面呈梯形，底部东西宽 2.5 米，南北长 6.3 米，高 1.4 米，外包城砖砌筑，白灰砌筑，白灰勾缝，顶部存方形炮台遗址，外包砖风化酥碱严重，四周植被多为灌木和杂草。

### 472. 黄土岭 3 号马面 130323352102170207

位于黄土岭关东 1.1 千米处，坐标：东经 119° 44′ 55.70″，北纬 40° 09′ 43.00″，高程 391 米。

马面平面呈矩形，剖面呈梯形，底部东西宽 1.68 米，南北长 4.25 米，高 1.17 米，外包城砖砌筑，白灰砌筑，白灰勾缝，外包砖缺失，四周植被多为灌木和杂草。

### 473. 黄土岭 4 号马面 130323352102170208

位于黄土岭关东北 1.1 千米处，坐标：东经 119° 44′ 51.30″，北纬 40° 09′ 52.90″，高程 389 米。

马面平面呈矩形，剖面呈梯形，外包毛石砌筑，白灰砌筑，白灰勾缝，坍塌严重，北立面存外包墙体高 0.46 米，四周植被多为灌木和杂草。

### 474. 黄土岭 5 号马面 130323352102170209

位于黄土岭关东北 1.1 千米处，坐标：东经 119° 44′ 47.80″，北纬 40° 10′ 00.60″，高程 453 米。

马面平面呈矩形，剖面呈梯形，底部东西宽 5.4 米，南北长 6.45 米，高 3.31 米，外包毛石砌筑，白灰砌筑，白灰勾缝，坍塌严重，北立面存外包墙体高 3.31 米，南立面坍塌，呈坡状，四周植被多为灌木和杂草。

### 475. 黄土岭 6 号马面 130323352102170210

位于黄土岭关东北 1.4 千米处，坐标：东经 119° 44′ 49.80″，北纬 40° 10′ 11.50″，高程 444 米。

马面平面呈矩形，剖面呈梯形，东西长 8.94 米，南北长 3.77 米，高 7.17 米。立面为三段式，下段条石基础，白灰砌筑，白灰勾缝；中段城砖砌筑，白灰砌筑，白灰勾缝；中段与上段间设一层石拔檐分隔；上段设垛口墙、宇墙，置望孔，垛口墙厚 0.44 米，北侧高 0.33 米，顶部地面方砖海墁，部分缺失。四周植被多为灌木和杂草。

### 476. 黄土岭 7 号马面 130323352102170211

位于黄土岭关东北 1.4 千米处，坐标：东经 119° 44′ 49.40″，北纬 40° 10′ 14.90″，高程 453 米。

马面平面呈矩形，剖面呈梯形。立面为三段式，下段条石基础，白灰砌筑，白灰勾缝；中段城砖砌筑，白灰砌筑，白灰勾缝；中段与上段间设一层石拔檐分隔；上段东立面设垛口 3 个，南立面、北立面各 1 个，宽 0.49 米，高 0.29 米，垛口两侧为梯形砖，底部为石质预件，顶部地面方砖海墁，部分缺失。四周植被多为灌木和杂草。

### 477. 刘城子 1 号马面 130323352102170212

位于刘城子村东南 1.9 千米的山上，坐标：东经 119° 44′ 43.50″，北纬 40° 10′ 31.20″，高程 459 米。

马面平面呈矩形，剖面呈梯形，南北长 5.2 米，东西宽 2.8 米，高 1.67 米，外包毛石砌筑，白灰砌筑，白灰勾缝，上部缺失，下部台体保存较好，四周植被多为灌木和杂草。

### 478. 杜城子 1 号马面 130323352102170213

位于杜城子村东南，坐标：东经 119° 44′ 43.90″，北纬 40° 11′ 21.80″，高程 388 米。

马面平面呈矩形，剖面呈梯形，南北长 4.4 米，东西宽 4.1 米，高 1.2 米，外包毛石砌筑，白灰砌筑，白灰勾缝，上部缺失，西立面外包墙体保存较好，四周植被多为灌木和杂草。

### 479. 杜城子 2 号马面 130323352102170214

位于杜城子村东北，坐标：东经 119° 44′ 37.30″，北纬 40° 11′ 31.30″，高程 315 米。

马面平面呈矩形，剖面呈梯形，东西宽 7.46 米，南北长 8.9 米，高 7.8 米。立面为三段式，下段条石基础 3 层；中段城砖包砌，白灰勾缝，上部设施无存。墙体外立面风化酥碱严重，四周植被多为灌木和杂草。

### 480. 杜城子 3 号马面 130323352102170215

位于杜城子村北，坐标：东经 119° 44′ 31.70″，北纬 40° 11′ 43.30″，高程 400 米。

马面平面呈矩形，剖面呈梯形，底部东西宽 4.3 米，南北长 6.1 米，高 1.6 米，外包毛石砌筑、白灰砌筑，白灰勾缝，坍塌严重，呈圆堆状。四周植被多为灌木和杂草。

### 481. 苗城子 1 号马面 130323352102170216

位于苗城子村北，坐标：东经 119° 44′ 08.00″，北纬 40° 12′ 21.50″，高程 437 米。

马面平面呈矩形，剖面呈梯形，东西长 14 米，西立面宽 3.65 米，东立面宽 2.76 米，高 6.9 米。立面为三段式，下段条石基础 2 层；中段城砖包砌，白灰勾缝，台芯为三七灰土分层夯筑；中段与上段间设一层拔檐分隔；上段设垛口墙，垛口墙厚 0.4 米，高 1.6 米。台顶中间有石筑炮台 1 座，平面呈长方形，顶部地面方砖海墁，垛口墙大部分缺失，东立面存通裂缝 1 条，宽 0.05 ～ 0.13 米。四周植被多为灌木和杂草。

### 482. 破城子 1 号马面 130323352102170217

位于破城子村东北，坐标：东经 119° 41′ 55.50″，北纬 40° 12′ 15.00″，高程 474 米。

马面平面呈矩形，剖面呈梯形，底部东西宽 6.64 米，南北长 3.89 米，高 4.7 米，外包毛石砌筑、白灰砌筑，白灰勾缝，坍塌严重，四周植被多为灌木和杂草。

### 483. 破城子 2 号马面 130323352102170218

位于破城子村东北，坐标：东经 119° 41′ 47.00″，北纬 40° 12′ 19.40″，高程 434 米。

马面平面呈矩形，剖面呈梯形，顶部东西宽 8.2 米，南北长 4.55 米，底部东西宽 9.2 米，南北长 6.55 米，高 8.2 米。立面为三段式，下段条石基础 2 层；中段城砖包砌，白灰勾缝；上段设施无存，外包砖风化酥碱严重。四周植被多为灌木和杂草。

### 484. 大毛山 1 号马面 130323352102170219

位于大毛山村东北 1.4 千米处，坐标：东经 119° 40′ 37.90″，北纬 40° 13′ 06.30″，高程 369 米。

马面平面呈矩形，剖面呈梯形，底部东西宽 6.64 米，南北长 3.89 米，高 4.7 米，下部条石基础，外包毛石砌筑、白灰砌筑，白灰勾缝，顶部存方形炮台遗迹，四周植被多为灌木和杂草。

### 485. 大毛山 2 号马面 130323352102170220

位于大毛山村东北 1.2 千米处，坐标：东经 119° 40′ 11.70″，北纬 40° 13′ 25.30″，高程 468 米。

马面平面呈矩形，剖面呈梯形。立面为三段式，下段条石基础，中段城砖包砌，白灰勾缝；上段设施无存，外包砖无存。四周植被多为灌木和杂草。

### 486. 董家口 1 号马面 130323352102170221

位于董家口村西北 495 米处，坐标：东经 119° 38′ 52.90″，北纬 40° 13′ 23.70″，高程 362 米。

马面平面呈矩形，剖面呈梯形。立面为三段式，下段条石基础；中段城砖包砌，白灰勾缝，墙芯为三七灰土分层夯筑；中段与上段间设三层拔檐分隔；上段设垛口墙。顶部中间存铺房遗址，地面方砖海墁。

### 487. 董家口 2 号马面 130323352102170222

位于董家口村西北 585 米处，坐标：东经 119° 38′ 48.80″，北纬 40° 13′ 25.90″，高程 387 米。

马面平面呈矩形，剖面呈梯形，东西长 7.7 米，南北宽 7 米，通高 2.2 米，外包毛石砌筑，白灰砌筑，白灰勾缝，坍塌严重，四周植被多为灌木和杂草。

### 488. 董家口 3 号马面 1303233521021070223

位于董家口村西北 837 米处，坐标：东经 119° 38′ 38.80″，北纬 40° 13′ 31.40″，高程 383 米。

马面平面呈矩形，剖面呈梯形，东西长 4.7 米，南北宽 6.4 米，通高 2.1 米，外包毛石砌筑，白灰砌筑，白灰勾缝，台芯素土夯筑，坍塌严重，四周植被多为灌木和杂草。

### 489. 董家口 4 号马面 1303233521021070224

位于董家口村西北 1 千米处，坐标：东经 119° 38′ 35.80″，北纬 40° 13′ 36.80″，高程 444 米。

马面平面呈矩形，剖面呈梯形，东西宽 5.5 米，南北长 5 米，高 3.4 米。立面为三段式，下段条石基础 2 层，厚 0.6 米；中段城砖包砌，白灰砌筑，白灰勾缝；上段设施无存。四周植被多为灌木和杂草。

### 490. 董家口 5 号马面 1303233521021070225

位于董家口村西北 1.1 千米处，坐标：东经 119° 38′ 32.80″，北纬 40° 13′ 37.80″，高程 446 米。

马面平面呈矩形，剖面呈梯形，底部南北长 4.05 米，东西宽 7.48 米，高 6.73 米。立面为三段式，下段条石基础；中段城砖包砌，白灰勾缝，墙芯为三七灰土分层夯筑；中段与上段间设一层拔檐分隔；上段设垛口墙。顶部中间存铺房遗址，南北长 3.6 米，东西宽 3.25 米，南立面、北立面各设一门，宽 0.95 米，地面方砖海墁。

### 491. 董家口 6 号马面 1303233521021070226

位于董家口村西北 1.1 千米处，坐标：东经 119° 38′ 26.50″，北纬 40° 13′ 33.30″，高程 429 米。

马面平面呈矩形，剖面呈梯形，东西长 7.3 米，南北宽 7 米，通高 3.5 米，外包毛石砌筑，白灰砌筑，白灰勾缝，坍塌严重，四周植被多为灌木和杂草。

### 492. 董家口 7 号马面 1303233521021070227

位于董家口村西北，坐标：东经 119° 38′ 06.10″，北纬 40° 13′ 27.80″，高程 353 米。

马面平面呈矩形，剖面呈梯形，东西长 6.5 米，南北宽 6.2 米，通高 2.7 米，外包毛石砌筑，白灰砌筑，白灰勾缝，台芯素土夯筑，坍塌严重，四周植被多为灌木和杂草。

### 493. 董家口 8 号马面 1303233521021070228

位于董家口村西北，坐标：东经 119° 38′ 00.70″，北纬 40° 13′ 28.50″，高程 333 米。

马面平面呈矩形，剖面呈梯形，东西长 6.3 米，南北宽 3.6 米，通高 4.98 米，外包毛石砌筑，白灰砌筑，白灰勾缝，台芯素土夯筑，坍塌严重，四周植被多为灌木和杂草。

### 494. 董家口 9 号马面 1303233521021070229

位于董家口村西北，坐标：东经 119° 37′ 50.80″，北纬 40° 13′ 25.10″，高程 266 米。

马面平面呈矩形，剖面呈梯形，东西长 6.45 米，南北宽 4 米，通高 4.05 米，外包毛石砌筑，白灰砌筑，白灰勾缝，台芯素土夯筑，坍塌严重，四周植被多为灌木和杂草。

### 495. 董家口 10 号马面 1303233521021070230

位于董家口村西北，坐标：东经 119° 37′ 43.30″，北纬 40° 13′ 22.80″，高程 211 米。

马面平面呈矩形，剖面呈梯形，东西长 7 米，南北宽 5.2 米，通高 2.6 米，外包毛石砌筑，白灰砌筑，白灰勾缝，台芯素土夯筑，坍塌严重，四周植被多为灌木和杂草。

**496. 城子峪 1 号马面 130323352102170231**

位于城子峪村北 277 米的山上，坐标：东经 119° 37′ 27.80″，北纬 40° 13′ 18.30″，高程 203 米。

马面平面呈矩形，剖面呈梯形，外包毛石砌筑，白灰砌筑，白灰勾缝，台芯素土夯筑，坍塌严重，四周植被多为灌木和杂草。

**497. 城子峪 2 号马面 130323352102170232**

位于城子峪村西北，坐标：东经 119° 37′ 07.50″，北纬 40° 13′ 27.70″，高程 321 米。

马面平面呈矩形，剖面呈梯形，外包毛石砌筑，白灰砌筑，白灰勾缝，台芯素土夯筑，坍塌严重，四周植被多为灌木和杂草。

**498. 城子峪 3 号马面 130323352102170233**

位于城子峪村西北，坐标：东经 119° 36′ 55.00″，北纬 40° 13′ 48.40″，高程 220 米。

马面平面呈矩形，剖面呈梯形，外包毛石砌筑，白灰砌筑，白灰勾缝，台芯素土夯筑，坍塌严重，四周植被多为灌木和杂草。

**499. 城子峪 4 号马面 130323352102170234**

位于城子峪村西北，坐标：东经 119° 36′ 48.50″，北纬 40° 13′ 50.40″，高程 269 米。

马面平面呈矩形，剖面呈梯形，外包毛石砌筑，白灰砌筑，白灰勾缝，台芯素土夯筑，上部缺失，四周植被多为灌木和杂草。

**500. 水门寺 1 号马面 130323352102170235**

位于水门寺村北，坐标：东经 119° 36′ 41.40″，北纬 40° 13′ 51.30″，高程 346 米。

马面平面呈矩形，剖面呈梯形，外包毛石砌筑，白灰砌筑，白灰勾缝，台芯素土夯筑，坍塌严重，四周植被多为灌木和杂草。

**501. 水门寺 2 号马面 130323352102170236**

位于水门寺村北，坐标：东经 119° 36′ 44.30″，北纬 40° 13′ 51.00″，高程 366 米。

马面平面呈矩形，剖面呈梯形，外包毛石砌筑，白灰砌筑，白灰勾缝，台芯素土夯筑，坍塌严重，四周植被多为灌木和杂草。

**502. 平顶峪 1 号马面 130323352102170237**

位于平顶峪村东北，坐标：东经 119° 36′ 18.50″，北纬 40° 13′ 50.20″，高程 319 米。

马面平面呈矩形，剖面呈梯形，外包毛石砌筑，白灰砌筑，白灰勾缝，台芯素土夯筑，上部缺失，四周植被多为灌木和杂草。

**503、平顶峪 2 号马面 130323352102170238**

位于平顶峪村东北，坐标：东经 119° 36′ 10.80″，北纬 40° 13′ 36.90″，高程 293 米。

马面平面呈矩形，剖面呈梯形，外包毛石砌筑，白灰砌筑，白灰勾缝，台芯土石夯筑，坍塌严重，四周植被多为灌木和杂草。

### 504. 平顶峪 3 号马面 130323352102170239

位于平顶峪村东北，坐标：东经 119° 36′ 05.80″，北纬 40° 13′ 34.00″，高程 249 米。

马面平面呈矩形，剖面呈梯形，外包毛石砌筑，白灰砌筑，白灰勾缝，台芯土石夯筑，坍塌严重，四周植被多为灌木和杂草。

### 505. 平顶峪 4 号马面 130323352102170240

位于平顶峪城西北 385 米的山上，坐标：东经 119° 35′ 40.40″，北纬 40° 13′ 35.50″，高程 313 米。

马面平面呈矩形，剖面呈梯形，外包毛石砌筑，白灰砌筑，白灰勾缝，台芯土石夯筑，坍塌严重，四周植被多为灌木和杂草。

### 506. 平顶峪 5 号马面 130323352102170241

位于平顶峪城西北 492 米的山上，坐标：东经 119° 35′ 35.30″，北纬 40° 13′ 35.70″，高程 350 米。

马面平面呈矩形，剖面呈梯形，外包毛石砌筑，白灰砌筑，白灰勾缝，台芯土石夯筑，坍塌严重，四周植被多为灌木和杂草。

### 507. 平顶峪 6 号马面 130323352102170242

位于平顶峪城西北 508 米的山上，坐标：东经 119° 35′ 34.00″，北纬 40° 13′ 34.80″，高程 367 米。

马面平面呈矩形，剖面呈梯形，外包毛石砌筑，白灰砌筑，白灰勾缝，台芯土石夯筑，坍塌严重，四周植被多为灌木和杂草。

### 508. 平顶峪 7 号马面 130323352102170243

位于平顶峪城西北 678 米的山上，坐标：东经 119° 35′ 25.10″，北纬 40° 13′ 30.40″，高程 384 米。

马面平面呈矩形，剖面呈梯形，外包毛石砌筑，白灰砌筑，白灰勾缝，台芯土石夯筑，上部缺失，四周植被多为灌木和杂草。

### 509. 平顶峪 8 号马面 130323352102170244

位于平顶峪城西 773 米的山上，坐标：东经 119° 35′ 20.90″，北纬 40° 13′ 28.20″，高程 402 米。

马面平面呈矩形，剖面呈梯形，外包毛石砌筑，白灰砌筑，白灰勾缝，台芯土石夯筑，坍塌严重，四周植被多为灌木和杂草。

### 510. 平顶峪 9 号马面 130323352102170245

位于平顶峪城西 847 米的山上，坐标：东经 119° 35′ 17.90″，北纬 40° 13′ 30.30″，高程 413 米。

马面平面呈矩形，剖面呈梯形，外包毛石砌筑，白灰砌筑，白灰勾缝，台芯土石夯筑，坍塌严重，四周植被多为灌木和杂草。

### 511. 平顶峪 10 号马面 130323352102170246

位于平顶峪城西北 1 千米的山上，坐标：东经 119° 35′ 10.80″，北纬 40° 13′ 32.90″，高程 434 米。

马面平面呈矩形，剖面呈梯形，外包毛石砌筑，白灰砌筑，白灰勾缝，台芯土石夯筑，上部缺失，四周植被多为灌木和杂草。

### 512. 平顶峪 11 号马面 130323352102170247

位于平顶峪城西北 1.1 千米的山上，坐标：东经 119° 35′ 09.20″，北纬 40° 13′ 32.70″，高程 444 米。

马面平面呈矩形，剖面呈梯形，外包毛石砌筑，白灰砌筑，白灰勾缝，台芯土石夯筑，坍塌严重，四周植被多为灌木和杂草。

### 513. 平顶峪 12 号马面 130323352102170248

位于平顶峪城西北 3.6 千米的山上，坐标：东经 119° 33′ 23.30″，北纬 40° 13′ 40.50″，高程 716 米。

马面平面呈矩形，剖面呈梯形，东西长 5.4 米，凸出墙体 2.6 米，外包毛石砌筑，白灰砌筑，白灰勾缝，台芯土石夯筑，东立面、北立面存垛口墙，垛口部分缺失，四周植被多为灌木和杂草。

### 514. 板场峪 1 号马面 130323352102170249

位于板场峪村北，坐标：东经 119° 32′ 52.10″，北纬 40° 13′ 28.00″，高程 729 米。

马面平面呈矩形，剖面呈梯形，南北长 3.5 米，凸出墙体 4 米。立面为三段式，下段条石基础，中段城砖包砌，白灰砌筑，白灰勾缝；中段与上段间设一层拔檐分隔；上段设垛口墙、望孔，南立面、北立面存垛口 1 个，西立面垛口墙部分缺失，三个立面设望孔各 2 个。四周植被多为灌木和杂草。

### 515. 板场峪 2 号马面 130323352102170250

位于板场峪村西北 1.3 千米的山上，坐标：东经 119° 33′ 19.30″，北纬 40° 12′ 07.60″，高程 338 米。

马面平面呈矩形，剖面呈梯形，南北长 8.1 米，凸出墙体 3.9 米，高 6.24 米。立面为三段式，下段条石基础 4 层；中段城砖包砌，白灰砌筑，白灰勾缝，墙芯为三七灰土分层夯筑；中段与上段间设一层拔檐分隔；上段设施无存。四周植被多为灌木和杂草。

### 516. 板场峪 3 号马面 130323352102170251

位于板场峪村西北 1.1 千米的山上，坐标：东经 119° 33′ 21.70″，北纬 40° 12′ 00.70″，高程 357 米。

马面平面呈矩形，剖面呈梯形，南北长 8.68 米，凸出墙体 4.87 米，高 6.05 米。面为三段式，下段条石基础 4 层；中段城砖包砌，白灰砌筑，白灰勾缝，台芯毛石砌筑；中段与上段间设一层拔檐分隔；上段设施无存，北立面存竖向裂缝 1 条，宽 0.09 ～ 0.18 米。四周植被多为灌木和杂草。

### 517. 板场峪 4 号马面 130323352102170252

位于板场峪村西北 1 千米的山上，坐标：东经 119° 33′ 22.20″，北纬 40° 11′ 58.10″，高程 352 米。

马面平面呈矩形，剖面呈梯形，凸出墙体 3.34 米，高 4.62 米。立面为三段式，下段条石基础 4 层；中段城砖包砌，白灰砌筑，白灰勾缝，台芯毛石砌筑；上段设施无存，上部外包砖缺失。四周植被多为灌木和杂草。

### 518. 板场峪 5 号马面 130323352102170253

位于板场峪村西 848 米的山上，坐标：东经 119° 33′ 19.60″，北纬 40° 11′ 34.30″，高程 355 米。

马面平面呈矩形，剖面呈梯形，南北长 5.84 米，凸出墙体 3.68 米，高 1.5 米，外包毛石砌筑，白灰砌筑，白灰勾缝，坍塌，呈堆状，四周植被多为灌木和杂草。

### 519. 板场峪 6 号马面 130323352102170254

位于板场峪村西南 1.4 千米的山上，坐标：东经 119° 33′ 02.70″，北纬 40° 11′ 13.00″，高程 238 米。

马面平面呈矩形，剖面呈梯形，南北长 8.43 米，凸出墙体 5.15 米，高 2.4 米，外包毛石砌筑，白灰砌筑，白灰勾缝，西立面坍塌，呈坡状，四周植被多为灌木和杂草。

**520. 义院口 01 号马面 130323352102170255**

位于义院口村西 900 米，坐标：东经 119° 32′ 29.60″，北纬 40° 10′ 50.60″，高程 337 米。

马面平面呈矩形，剖面呈梯形，东西长 6.35 米，凸出墙体 1.5 米。立面为三段式，下段条石基础；中段城砖包砌，白灰砌筑，白灰勾缝；上段设施无存，上部外包砖缺失。四周植被多为灌木和杂草。

**521. 拿子峪 01 号马面 130323352102170256**

位于拿子峪村西北约 200 米，坐标：东经 119° 31′ 54.20″，北纬 40° 10′ 34.80″，高程 231 米。

马面平面呈矩形，剖面呈梯形，南北长 4.8 米，凸出墙体 1.7 米，高 6 米。立面为三段式，下段条石基础；中段城砖包砌，白灰砌筑，白灰勾缝；上段设施无存，上部外包砖缺失。四周植被多为灌木和杂草。

**522. 拿子峪 02 号马面 130323352102170257**

位于拿子峪村西约 300 米，坐标：东经 119° 31′ 45.90″，北纬 40° 10′ 30.60″，高程 270 米。

马面平面呈矩形，剖面呈梯形，南北长 8.4 米，凸出墙体 4.1 米，高 6.4 米。立面为三段式，下段条石基础 5 层，高 2.1 米；中段城砖包砌，白灰砌筑，白灰勾缝；上段设施无存，上部外包砖缺失。四周植被多为灌木和杂草。

**523. 花场峪 01 号马面 130323352102170258**

位于花场峪村北约 340 米，坐标：东经 119° 31′ 22.30″，北纬 40° 09′ 14.70″，高程 266 米。

马面平面呈矩形，剖面呈梯形，南北长 4.35 米，凸出墙体 1.9 米，条石基础 3 层，条石规格：长 0.73 米，宽 0.36 米，厚 0.25 米，外包毛石砌筑，白灰砌筑，白灰勾缝，台芯土石夯筑，台体北面设有登城石台阶。四周植被多为灌木和杂草。

**524. 东峪 01 号马面 130323352102170259**

位于孤石峪村西北约 6.8 千米，坐标：东经 119° 24′ 47.80″，北纬 40° 05′ 18.20″，高程 717 米。

马面平面呈矩形，剖面呈梯形，顶部宽 4.85 米，凸出墙体 1.2 米，高 1.9 米，外包毛石砌筑，上部设施无存，四周植被多为灌木和杂草。

**525. 东峪 02 号马面 130323352102170260**

位于孤石峪村西北约 6.9 千米，坐标：东经 119° 24′ 45.90″，北纬 40° 05′ 19.80″，高程 696 米。

马面平面呈矩形，剖面呈梯形，顶部宽 4.2 米，凸出墙体 1.2 米，高 1.93 米，外包毛石砌筑，上部设施无存，四周植被多为灌木和杂草。

**526. 东峪 03 号马面 130323352102170261**

位于孤石峪村西北约 6.9 千米，坐标：东经 119° 24′ 45.10″，北纬 40° 05′ 20.40″，高程 698 米。

马面平面呈矩形，剖面呈梯形，顶部宽 2.93 米，凸出墙体 0.95 米，高 2.95 米，外包毛石砌筑，上部设施无存，四周植被多为灌木和杂草。

**527. 梁家湾 01 号马面 130323352102170262**

位于梁家湾村北约 2.6 千米，坐标：东经 119° 20′ 39.00″，北纬 40° 07′ 05.80″，高程 712 米。

马面平面呈矩形，剖面呈梯形，顶部宽 8.5 米，凸出墙体 2.87 米，高 2.2 米，外包毛石砌筑，上部设施无存，四周植被多为灌木和杂草。

**528. 箭杆岭 01 号马面 130323352102170263**

位于箭杆岭村东南约 1.1 千米，坐标：东经 119° 20′ 00.30″，北纬 40° 07′ 39.30″，高程 546 米。

马面平面呈矩形，剖面呈梯形，南北长 4.6 米，凸出墙体 1.9 米，高 1 米，外包毛石砌筑，上部设施无存，四周植被多为灌木和杂草。

**529. 箭杆岭 02 号马面 130323352102170264**

位于箭杆岭村北约 2.4 千米，坐标：东经 119° 20′ 02.00″，北纬 40° 09′ 28.20″，高程 660 米。

马面平面呈矩形，剖面呈梯形，东西长 5.4 米，凸出墙体 1.84 米，高 1.3 米，外包毛石砌筑，白灰砌筑，白灰勾缝，上部设施无存，四周植被多为灌木和杂草。

**530. 箭杆岭 03 号马面 130323352102170265**

位于箭杆岭村北约 2.2 千米，坐标：东经 119° 19′ 44.00″，北纬 40° 09′ 25.40″，高程 624 米。

马面平面呈矩形，剖面呈梯形，东西长 7.97 米，凸出墙体 1 米，高 1.8 米，外包毛石砌筑，白灰砌筑，白灰勾缝，上部设施无存，四周植被多为灌木和杂草。

**531. 箭杆岭 04 号马面 130323352102170266**

位于箭杆岭村北约 2.3 千米，坐标：东经 119° 19′ 36.00″，北纬 40° 09′ 27.00″，高程 584 米。

马面平面呈矩形，剖面呈梯形，东西长 4.2 米，凸出墙体 1.1 米，高 1.5 米，外包毛石砌筑，白灰砌筑，白灰勾缝，上部设施无存，四周植被多为灌木和杂草。

**532. 箭杆岭 05 号马面 130323352102170267**

位于箭杆岭村西北约 2.7 千米，坐标：东经 119° 19′ 24.30″，北纬 40° 09′ 37.30″，高程 589 米。

马面平面呈矩形，剖面呈梯形，外包毛石砌筑，白灰砌筑，白灰勾缝，坍塌，呈堆状，四周植被多为灌木和杂草。

**533. 箭杆岭 06 号马面 130323352102170268**

位于箭杆岭村西北约 3 千米，坐标：东经 119° 19′ 13.60″，北纬 40° 09′ 46.20″，高程 585 米。

马面平面呈矩形，剖面呈梯形，东西长 5 米，凸出墙体 3.05 米，高 2.2 米，外包毛石砌筑，白灰砌筑，白灰勾缝，上部设施无存，四周植被多为灌木和杂草。

**534. 界岭口 01 号马面 130323352102170269**

位于界岭口村东约 2.2 千米，坐标：东经 119° 18′ 54.80″，北纬 40° 09′ 38.80″，高程 579 米。

马面平面呈矩形，剖面呈梯形，南北长 5.5 米，东西宽 7.68 米，高 2.4 米，外包毛石砌筑，白灰砌筑，白灰勾缝，坍塌，呈堆状，四周植被多为灌木和杂草。

**535. 界岭口 02 号马面 130323352102170270**

位于界岭口村东北约 1.7 千米，坐标：东经 119° 18′ 31.30″，北纬 40° 09′ 50.50″，高程 460 米。

马面平面呈矩形，剖面呈梯形，南北长 9.6 米，东西宽 5.85 米，高 4 米，外包毛石砌筑，白灰砌筑，白灰勾缝，西立面、北立面坍塌，呈坡状，四周植被多为灌木和杂草。

**536. 界岭口 03 号马面 130323352102170271**

位于界岭口村东北约 930 米，坐标：东经 119° 17′ 50.60″，北纬 40° 09′ 58.80″，高程 419 米。

马面平面呈矩形，剖面呈梯形，宽 4.5 米，凸出墙体 3.02 米，高 4.9 米。立面为三段式，下段条石基础 2 层；中段城砖包砌，白灰砌筑，白灰勾缝；上段设施无存，外包砖上部缺失。四周植被多为灌木和杂草。

### 537. 界岭口 04 号马面 130323352102170272

位于界岭口村东北约 650 米，坐标：东经 119° 17′ 40.20″，北纬 40° 09′ 53.80″，高程 375 米。

马面平面呈矩形，剖面呈梯形，顶部宽 7.68 米，凸出墙体 5.86 米，高 6.68 米。立面为三段式，下段条石基础 2～3 层，高 0.56 米；中段城砖包砌，白灰砌筑，白灰勾缝；中段与上段间设三层拔檐分隔，高 0.31 米，出檐 0.06 米；上段设施无存。四周植被多为灌木和杂草。

### 538. 界岭口 05 号马面 130323352102170273

位于界岭口村东北约 330 米，坐标：东经 119° 17′ 30.80″，北纬 40° 09′ 46.80″，高程 314 米。

马面平面呈矩形，剖面呈梯形，顶部东西长 5.4 米，向内凸出墙体 3.7 米，高 4.6 米，外包毛石砌筑，白灰砌筑，白灰勾缝，台芯素土分层夯筑，南立面及西南角、东南角外包毛石缺失，四周植被多为灌木和杂草。

### 539. 界岭口 06 号马面 130323352102170274

位于界岭口村北约 200 米，坐标：东经 119° 17′ 22.40″，北纬 40° 09′ 44.30″，高程 231 米。

马面平面呈矩形，剖面呈梯形，顶部东西长 6.7 米，向内凸出墙体 3.6 米，高 7 米，外包毛石砌筑，白灰砌筑，白灰勾缝，台芯素土分层夯筑，南立面及西立面外包毛石缺失，四周植被多为灌木和杂草。

### 540. 界岭口 07 号马面 130323352102170275

位于界岭口村北约 150 米，坐标：东经 119° 17′ 17.20″，北纬 40° 09′ 42.40″，高程 213 米。

马面平面呈矩形，剖面呈梯形，顶部内宽 12.7 米，外宽 12.45 米，向外凸出墙体 8.56 米，高 5.9 米。立面为三段式，下段条石基础五层；中段城砖包砌，白灰砌筑，白灰勾缝；上段设施无存，外包墙体风化酥碱严重，南立面存竖向裂缝 2 条，宽 0.06～0.14 米。四周植被多为灌木和杂草。

### 541. 界岭口 08 号马面 130323352102170276

位于界岭口村西 880 米，坐标：东经 119° 16′ 41.70″，北纬 40° 09′ 38.20″，高程 309 米。

马面平面呈矩形，剖面呈梯形，东西宽 4.5 米，南北长 5.2 米，高 3 米，外包毛石砌筑，白灰砌筑，白灰勾缝，台芯毛石砌筑，外包毛石缺失，四周植被多为灌木和杂草。

### 542. 界岭口 09 号马面 130323352102170277

位于界岭口村西 1.1 千米，坐标：东经 119° 16′ 33.90″，北纬 40° 09′ 37.80″，高程 312 米。

马面平面呈矩形，剖面呈梯形，东西长 5.6 米，凸出墙体 4.2 米，高 4.2 米，外包城砖砌筑，白灰砌筑，白灰勾缝，厚 0.8 米；上段设施无存，西立面外包砖缺失，北立面外包砖部分缺失，外包墙体风化酥碱严重。四周植被多为灌木和杂草。

### 543. 界岭口 10 号马面 130323352102170278

位于界岭口村西 1.9 千米，坐标：东经 119° 15′ 59.10″，北纬 40° 09′ 37.30″，高程 335 米。

马面平面呈矩形，剖面呈梯形，东西长 11.06 米，凸出墙体 4.8 米，高 3.93 米。立面为三段式，下段条石基础，外包城砖砌筑，白灰砌筑，白灰勾缝；上段设施无存，外包墙体风化酥碱严重。四周植被多为灌木和杂草。

### 544. 界岭口 11 号马面 1303233521021170279

位于界岭口村西 1.9 千米，坐标：东经 119° 15′ 57.00″，北纬 40° 09′ 35.50″，高程 339 米。

马面平面呈矩形，剖面呈梯形，外包毛石砌筑，坍塌，呈堆状，四周植被多为灌木和杂草。

### 545. 界岭口 12 号马面 1303233521021170280

位于界岭口村西 2.1 千米，坐标：东经 119° 15′ 50.50″，北纬 40° 09′ 32.60″，高程 370 米。

马面平面呈矩形，剖面呈梯形，东西长 6.8 米，高 1.9 米，外包毛石砌筑，坍塌，呈堆状，四周植被多为灌木和杂草。

### 546. 罗汉洞 01 号马面 1303233521021170281

位于石碑沟村东北 2.5 千米，坐标：东经 119° 15′ 36.80″，北纬 40° 09′ 27.50″，高程 336 米。

马面平面呈矩形，剖面呈梯形，东西长 9.8 米，凸出墙体 4.7 米，高 11.2 米。立面为三段式，下段条石基础，外包城砖砌筑，白灰砌筑，白灰勾缝；上段设施无存，外包墙体风化酥碱严重，内侧墙体上设登城步道，由中间向东、西两侧上台，台阶已坍塌，呈坡状，梯道宽 1.11 米，高 2.8 米，门宽 1.14 米，高 2.1 米，厚 0.81 米，内侧包砖厚 1.1 米。四周植被多为灌木和杂草。

### 547. 罗汉洞 02 号马面 1303233521021170282

位于石碑沟村东北 2 千米，坐标：东经 119° 15′ 13.50″，北纬 40° 09′ 23.30″，高程 433 米。

马面平面呈矩形，剖面呈梯形，东西长 6.4 米，凸出墙体 3.9 米，高 5.5 米。立面为三段式，下段条石基础三层，高 0.76 米，外包城砖砌筑，白灰砌筑，白灰勾缝；上段设施无存，外包墙体风化酥碱严重，东立面外包砖部分缺失。四周植被多为灌木和杂草。

### 548. 罗汉洞 03 号马面 1303233521021170283

位于石碑沟村东北 1.7 千米，坐标：东经 119° 15′ 04.00″，北纬 40° 09′ 20.50″，高程 421 米。

马面平面呈矩形，剖面呈梯形，东西长 7 米，凸出墙体 4.7 米，高 4 米。立面为三段式，下段条石基础四层，外包城砖砌筑，白灰砌筑，白灰勾缝；上段设施无存，外包砖部分缺失，墙体风化酥碱严重。四周植被多为灌木和杂草。

### 549. 罗汉洞 04 号马面 1303233521021170284

位于石碑沟村东北 1.5 千米，坐标：东经 119° 14′ 54.50″，北纬 40° 09′ 18.90″，高程 441 米。

马面平面呈矩形，剖面呈梯形，东西长 6.9 米，凸出墙体 4.3 米，高 6.9 米。立面为三段式，下段条石基础三层，高 0.76 米，外包城砖砌筑，白灰砌筑，白灰勾缝；上段设施无存，外包砖部分缺失，墙体风化酥碱严重。四周植被多为灌木和杂草。

### 550. 罗汉洞 05 号马面 1303233521021170285

位于石碑沟村东北 1.4 千米，坐标：东经 119° 14′ 47.80″，北纬 40° 09′ 18.30″，高程 442 米。

马面平面呈矩形，剖面呈梯形，东西长 6.6 米，凸出墙体 4.1 米，高 4.66 米。立面为三段式，下段条石基础三层，高 0.96 米，两层护脚石高 0.61 米，外包城砖砌筑，白灰砌筑，白灰勾缝；上段设施无存，西南角下部坍塌长 1.1 米，高 1.3 米，深 0.6 米，西立面存马道宽 2 米，墙体风化酥碱严重。四周植被多为灌木和杂草。

**551. 罗汉洞 06 号马面 130323352102170286**

位于石碑沟村东北 1.3 千米，坐标：东经 119° 14′ 44.20″，北纬 40° 09′ 18.00″，高程 451 米。

马面平面呈矩形，剖面呈梯形，东西长 6.6 米，凸出墙体 3.6 米，高 4.1 米。立面为三段式，下段条石基础，高 1.7 米，外包城砖砌筑，白灰砌筑，白灰勾缝；上段设施无存，外包砖部分缺失，墙体风化酥碱严重。四周植被多为灌木和杂草。

**552. 罗汉洞 07 号马面 130323352102170287**

位于石碑沟村东北 880 米，坐标：东经 119° 14′ 19.90″，北纬 40° 09′ 16.50″，高程 450 米。

马面平面呈矩形，剖面呈梯形，宽 6.5 米，凸出墙体 3.18 米，高 6.6 米。立面为三段式，下段条石基础三层，两层放脚石，外包城砖砌筑，白灰砌筑，白灰勾缝；上段设施无存，外包砖部分缺失，墙体风化酥碱严重。四周植被多为灌木和杂草。

**553. 罗汉洞 08 号马面 130323352102170288**

位于石碑沟村东北 860 米，坐标：东经 119° 14′ 13.60″，北纬 40° 09′ 18.20″，高程 454 米。

马面平面呈矩形，剖面呈梯形，宽 6.88 米，凸出墙体 3.44 米，高 6.6 米。立面为三段式，下段条石基础四层，高 1.3 米，外包城砖砌筑，白灰砌筑，白灰勾缝；上段设施无存，外包砖部分缺失，墙体风化酥碱严重。四周植被多为灌木和杂草。

**554. 罗汉洞 09 号马面 130323352102170289**

位于石碑沟村北 840 米，坐标：东经 119° 14′ 07.20″，北纬 40° 09′ 19.20″，高程 474 米。

马面平面呈矩形，剖面呈梯形，宽 5.7 米，凸出墙体 3.3 米，高 6.78 米，立面为三段式，下段条石基础三层，0.97 米，外包城砖砌筑，白灰砌筑，白灰勾缝；上段设施无存，外包砖部分缺失，墙体风化酥碱严重，四周植被多为灌木和杂草。

**555. 罗汉洞 10 号马面 130323352102170290**

位于石碑沟村北 830 米，坐标：东经 119° 14′ 01.20″，北纬 40° 09′ 19.50″，高程 502 米。

马面平面呈矩形，剖面呈梯形，东西长 6.6 米，凸出墙体 7.15 米，高 2.6 米。立面为三段式，下段条石基础，外包城砖砌筑，白灰砌筑，白灰勾缝；上段设施无存，外包砖大部分缺失，墙体风化酥碱严重，四周植被多为灌木和杂草。

**556. 罗汉洞 11 号马面 130323352102170291**

位于石碑沟村西北 900 米，坐标：东经 119° 13′ 46.20″，北纬 40° 09′ 19.80″，高程 604 米。

马面平面呈矩形，剖面呈梯形，凸出墙体 6.43 米，高 3.31 米，外包毛石砌筑，白灰砌筑，白灰勾缝，台体坍塌严重，四周植被多为灌木和杂草。

**557. 黑龙头山 01 号马面 130323352102170292**

位于石碑沟村西北 1.3 千米，坐标：东经 119° 13′ 18.00″，北纬 40° 09′ 21.40″，高程 776 米。

马面平面呈矩形，剖面呈梯形，东西长 3 米，凸出墙体 1.4 米，高 2.2 米，外包毛石砌筑，白灰砌筑，白灰勾缝，北立面上部坍塌，四周植被多为灌木和杂草。

**558. 黑龙头山 02 号马面 130323352102170293**

位于石碑沟村西北 2.2 千米，坐标：东经 119° 12′ 39.30″，北纬 40° 09′ 25.80″，高程 824 米。

马面平面呈矩形，剖面呈梯形，宽 5.64 米，凸出墙体 4.98 米，高 3.35 米，外包毛石砌筑，白灰砌筑，白灰勾缝，西立面、北立面部分坍塌，上部设施不存，四周植被多为灌木和杂草。

**559. 黑龙头山 03 号马面 130323352102170294**

位于石碑沟村西北 2.2 千米，坐标：东经 119° 12′ 35.50″，北纬 40° 09′ 23.20″，高程 812 米。

马面平面呈矩形，剖面呈梯形，宽 7 米，凸出墙体 4.94 米，高 5.02 米，外包毛石砌筑，白灰砌筑，白灰勾缝，西立面中部外包墙体缺失，上部设施不存，四周植被多为灌木和杂草。

**560. 黑龙头山 04 号马面 130323352102170295**

位于竭家沟村北 1.5 千米，坐标：东经 119° 12′ 23.10″，北纬 40° 09′ 05.20″，高程 842 米。

马面平面呈矩形，剖面呈梯形，宽 3 米，凸出墙体 1.2 米，高 1.8 米，外包毛石砌筑，白灰砌筑，白灰勾缝，上部设施不存，四周植被多为灌木和杂草。

**561. 竭家沟 01 号马面 130323352102170296**

位于竭家沟村西北 1.2 千米，坐标：东经 119° 12′ 03.50″，北纬 40° 08′ 55.50″，高程 705 米。

马面平面呈矩形，剖面呈梯形，南北长 6.25 米，凸出墙体 3.4 米，高 5.25 米，外包毛石砌筑，白灰砌筑，白灰勾缝，南立面及西南角坍塌，上部设施不存，四周植被多为灌木和杂草。

**562. 竭家沟 02 号马面 130323352102170297**

位于竭家沟村西北 1.1 千米，坐标：东经 119° 12′ 00.70″，北纬 40° 08′ 50.50″，高程 653 米。

马面平面呈矩形，剖面呈梯形。立面为三段式，南北长 9.95 米，凸出墙体 5.13 米，高 6.65 米，下段条石基础三层，高 1.1 米，外包城砖砌筑，白灰砌筑，白灰勾缝；中段与上段间设一层石拔檐分隔，石檐厚 0.11 米；上段设垛口墙，残高 0.2 米。四周植被多为灌木和杂草。

**563. 竭家沟 03 号马面 130323352102170298**

位于竭家沟村西北 770 米，坐标：东经 119° 11′ 47.70″，北纬 40° 08′ 25.20″，高程 343 米。

马面平面呈矩形，剖面呈梯形，残宽 1.5 米，凸出墙体 4 米，外包毛石砌筑，白灰砌筑，白灰勾缝，台芯素土夯筑，东立面、西立面外包毛石缺失，上部设施不存，四周植被多为灌木和杂草。

**564. 竭家沟 04 号马面 130323352102170299**

位于竭家沟村西北 1.1 千米，坐标：东经 119° 11′ 45.80″，北纬 40° 08′ 40.60″，高程 498 米。

马面平面呈矩形，剖面呈梯形，凸出墙体 7.4 米，高 4 米，外包毛石砌筑，白灰砌筑，白灰勾缝，西立面、北立面坍塌，上部设施不存，四周植被多为灌木和杂草。

**565. 竭家沟 05 号马面 130323352102170300**

位于竭家沟村西北 1.1 千米，坐标：东经 119° 11′ 41.30″，北纬 40° 08′ 39.00″，高程 474 米。

马面平面呈矩形，剖面呈梯形，宽 5.2 米，凸出墙体 6.7 米，高 5.55 米，外包毛石砌筑，白灰砌筑，白灰勾缝，西立面坍塌，上部设施不存，四周植被多为灌木和杂草。

### 566. 竭家沟 06 号马面 130323352102170301

位于竭家沟村西北 1.2 千米，坐标：东经 119° 11′ 36.30″，北纬 40° 08′ 39.40″，高程 468 米。

马面平面呈矩形，剖面呈梯形，外包毛石砌筑，白灰砌筑，白灰勾缝，坍塌，呈坡状，四周植被多为灌木和杂草。

### 567. 竭家沟 07 号马面 130323352102170302

位于竭家沟村西北 1.2 千米，坐标：东经 119° 11′ 36.20″，北纬 40° 08′ 37.90″，高程 467 米。

马面平面呈矩形，剖面呈梯形，外包毛石砌筑，白灰砌筑，白灰勾缝，坍塌，呈坡状，四周植被多为灌木和杂草。

### 568. 竭家沟 08 号马面 130323352102170303

位于竭家沟村西北 1.3 千米，坐标：东经 119° 11′ 29.00″，北纬 40° 08′ 34.40″，高程 486 米。

马面平面呈矩形，剖面呈梯形，残宽 4 米，凸出墙体 4.3 米，高 3.7 米，外包毛石砌筑，白灰砌筑，白灰勾缝，坍塌，呈坡状，四周植被多为灌木和杂草。

### 569. 袁家沟 01 号马面 130323352102170304

位于袁家沟村西北 1.7 千米，坐标：东经 119° 11′ 03.30″，北纬 40° 08′ 16.10″，高程 697 米。

马面平面呈矩形，剖面呈梯形，高出长城墙体 1.4 米，外包毛石砌筑，白灰砌筑，白灰勾缝，坍塌成坡状，四周植被多为灌木和杂草。

### 570. 袁家沟 02 号马面 130323352102170305

位于袁家沟村西北 1.8 千米，坐标：东经 119° 10′ 58.10″，北纬 40° 08′ 15.20″，高程 693 米。

马面平面呈矩形，剖面呈梯形，外包毛石砌筑，白灰砌筑，白灰勾缝，坍塌，呈坡状，四周植被多为灌木和杂草。

### 571. 袁家沟 03 号马面 130323352102170306

位于袁家沟村西北 1.8 千米，坐标：东经 119° 10′ 48.50″，北纬 40° 08′ 11.40″，高程 662 米。

马面平面呈矩形，剖面呈梯形，东西长 6 米，凸出墙体 6.5 米，高 4.86 米，外包毛石砌筑，白灰砌筑，白灰勾缝，西南角设登台梯道，宽 0.67 米，可见 5 级，高 1.87 米，北立面、东立面南侧坍塌，四周植被多为灌木和杂草。

### 572. 袁家沟 04 号马面 130323352102170307

位于袁家沟村西北 1.7 千米，坐标：东经 119° 10′ 46.60″，北纬 40° 08′ 07.60″，高程 639 米。

马面平面呈矩形，剖面呈梯形，东西长 5 米，凸出墙体 3.3 米，高 2.7 米，外包毛石砌筑，白灰砌筑，白灰勾缝，上部设施无存，西立面坍塌，呈坡状，四周植被多为灌木和杂草。

### 573. 袁家沟 05 号马面 130323352102170308

位于袁家沟村西北 1.8 千米，坐标：东经 119° 10′ 34.10″，北纬 40° 08′ 03.10″，高程 607 米。

马面平面呈矩形，剖面呈梯形，外包毛石砌筑，白灰砌筑，白灰勾缝，上部设施无存，仅西立面存外包墙体，四周植被多为灌木和杂草。

马面平面呈矩形，剖面呈梯形，宽 3.06 米，凸出墙体 1.6 米，外包毛石砌筑，白灰砌筑，白灰勾缝，坍塌严重，仅南立面存外包墙体，高 0.6 米，四周植被多为灌木和杂草。

### 591. 吴家沟 03 号马面 1303233521021703 26

位于吴家沟村南 1.1 千米，坐标：东经 119° 07′ 33.90″，北纬 40° 05′ 06.70″，高程 351 米。

马面平面呈矩形，剖面呈梯形，宽 3.06 米，凸出墙体 1.6 米，外包毛石砌筑，白灰砌筑，白灰勾缝，坍塌严重，仅南立面存外包墙体，高 0.6 米，四周植被多为灌木和杂草。

### 592. 吴家沟 04 号马面 1303233521021703 27

位于吴家沟村西南 780 米，坐标：东经 119° 07′ 07.80″，北纬 40° 05′ 26.40″，高程 415 米。

马面平面呈矩形，剖面呈梯形，凸出墙体 4 米，外包毛石砌筑，白灰砌筑，白灰勾缝，坍塌，呈圆堆状，四周植被多为灌木和杂草。

### 593. 吴家沟 05 号马面 1303233521021703 28

位于吴家沟村西 980 米，坐标：东经 119° 06′ 52.30″，北纬 40° 05′ 39.60″，高程 556 米。

马面平面呈矩形，剖面呈梯形，宽 2.4 米，凸出墙体 1.5 米，外包毛石砌筑，白灰砌筑，白灰勾缝，坍塌，呈圆堆状，四周植被多为灌木和杂草。

### 594. 九门口 1 号烽火台 1303233532011702 55

位于九门口村南 478 米的半山腰处，坐标：东经 119° 44′ 46.30″，北纬 40° 07′ 12.10″，高程 171 米。

烽火台平面呈矩形，剖面呈梯形，东西长 16.5 米，南北宽 10 米，外包毛石砌筑，白灰砌筑，白灰勾缝，台芯素土夯筑，顶部中间存一圆形石堆，四周植被多为灌木和杂草。

### 595. 九门口 2 号烽火台 1303233532011702 56

位于九门口村东 543 米的山上，坐标：东经 119° 44′ 55.10″，北纬 40° 07′ 15.90″，高程 241 米。

烽火台平面呈矩形，剖面呈梯形，东西宽 11.05 米，南北长 11.5 米，高 8 米。立面为三段式，下段条石基础 3 层，白灰砌筑，白灰勾缝；中段下部外包毛石砌筑，上部城砖砌筑，白灰砌筑，白灰勾缝；中段与上段间设三层拔檐分隔；上段设垛口墙，西立面垛口墙中部设门，两侧设垛口 2 个、望孔 4 个，东、南、北立面各设垛口 4 个，南立面设出水口 1 个，面砖风化酥碱，四周植被多为灌木和杂草。

四周设有围墙，西距烽火台 3.6 米，北距烽火台 3.1 米，毛石砌筑，东西长 37 米，南北宽 19.8 米，厚 1.16 米。

### 596. 九门口 3 号烽火台 1303233532011702 57

位于九门口村东北 1.4 千米的山上，坐标：东经 119° 45′ 09.80″，北纬 40° 07′ 12.60″，高程 314 米。

烽火台平面呈矩形，剖面呈梯形，顶部东西长 11 米，南北宽 10.8 米，高 10.2 米。立面为三段式，下段条石基础，白灰砌筑，白灰勾缝；中段城砖砌筑，白灰砌筑，白灰勾缝，东、西、南立面各设箭窗 3 个，北立面中部设门，石券顶，宽 0.73 米，高 1.83 米。门外设条石台阶 8 级，宽 1.52 米，每级高 0.33 米，门两侧各设箭窗 1 个，砖券顶，起券方式为三伏三券，宽 0.53 米，高 0.72 米。敌台内三券室三通道，中券宽 2 米，厚 1.2 米，城砖登顶梯道位于北侧门里，东西向登顶；中段与上段间设二层拔檐分隔；上段设垛口墙，顶部垛口墙大部分缺失，外包砖风化酥碱，四周植被多为灌木和杂草。

四周设有围墙，西距烽火台 3.5 米，北距烽火台 3.3 米，毛石砌筑，东西长 36.5 米，南北宽 19.5 米，厚 1.2 米。

### 597. 庙山口 1 号烽火台 130323353201170258

位于庙山口村南 298 米的山坡，坐标：东经 119° 44′ 31.70″，北纬 40° 07′ 27.10″，高程 203 米。

烽火台平面呈矩形，剖面呈梯形，底部东西宽 8.5 米，南北长 11.25 米，高 3.44 米。立面为三段式，下段条石基础 5 层，白灰砌筑，白灰勾缝；中段城砖砌筑，白灰砌筑，白灰勾缝，南立面中部设门，上部缺失，外包砖风化酥碱，四周植被多为灌木和杂草。

### 598. 庙山口 2 号烽火台 130323353201170259

位于庙山口村东北，坐标：东经 119° 44′ 10.70″，北纬 40° 07′ 11.10″，高程 342 米。

烽火台平面呈矩形，剖面呈梯形，东西长 6.8 米，南北宽 6.46 米，高 2.7 米，外包毛石砌筑，白灰砌筑，白灰勾缝，坍塌严重，呈堆状，顶部及四周植被多为灌木和杂草。

### 599. 夕阳口 1 号烽火台 130323353201170260

位于夕阳口村东南 976 米处，坐标：东经 119° 45′ 04.20″，北纬 40° 08′ 06.90″，高程 387 米。

烽火台平面呈矩形，剖面呈梯形，东西长 6.6 米，南北宽 7 米，高 3.11 米，外包毛石砌筑，白灰砌筑，白灰勾缝，坍塌严重，呈堆状，顶部寸方形石头台，顶部及四周植被多为灌木和杂草。

### 600. 夕阳口 2 号烽火台 130323353201170261

位于夕阳口村东北，坐标：东经 119° 45′ 24.50″，北纬 40° 08′ 57.00″，高程 213 米。

烽火台平面呈矩形，剖面呈梯形，东西长 6.6 米，南北宽 7 米，高 3.11 米，外包毛石砌筑，白灰砌筑，白灰勾缝，坍塌严重，呈堆状，四周设圆形围墙，直径 9.8 米，残高 1.3 米，周边植被多为灌木和杂草。

### 601. 夕阳口 3 号烽火台 130323353201170262

位于夕阳口东北，坐标：东经 119° 44′ 51.40″，北纬 40° 09′ 04.40″，高程 276 米。

烽火台平面呈矩形，剖面呈梯形，东西长 4.8 米，南北宽 4.1 米，外包毛石砌筑，白灰砌筑，白灰勾缝，坍塌严重，呈堆状，顶部存一方形炮台，四周植被多为灌木和杂草。

### 602. 黄土岭 1 号烽火台 130323353201170263

位于黄土岭村东南 1.4 千米，坐标：东经 119° 45′ 06.80″，北纬 40° 09′ 28.70″，高程 301 米。

烽火台平面呈矩形，剖面呈梯形，东西宽 7.2 米，南北长 7.76 米，高 5.04 米，外包毛石砌筑，白灰砌筑，白灰勾缝，上部缺失，四周植被多为灌木和杂草。

### 603. 刘城子 1 号烽火台 130323353201170264

位于刘城子村东南 1.9 千米处，坐标：东经 119° 44′ 48.00″，北纬 40° 10′ 42.10″，高程 531 米。

烽火台平面呈矩形，剖面呈梯形，直径 4.8 米，高 2 米，外包毛石砌筑，白灰砌筑，白灰勾缝，坍塌，呈堆状，四周植被多为灌木和杂草。

### 604. 刘城子 2 号烽火台 130323353201170265

位于刘城子村东北 1.8 千米处，坐标：东经 119° 44′ 42.00″，北纬 40° 11′ 11.10″，高程 467 米。

烽火台平面呈矩形，剖面呈梯形，东西宽 5 米，南北长 8.2 米，高 4.3 米，外包毛石砌筑，白灰砌筑，白灰勾缝，顶部存垛口墙，宽 0.9 米，东立面坍塌，四周植被多为灌木和杂草。

**605. 苗城子 1 号烽火台 130323353201170266**

位于苗城子村东北锥子山上，坐标：东经 119° 44′ 15.30″，北纬 40° 12′ 20.80″，高程 525 米。

烽火台平面呈矩形，剖面呈梯形，东西长 6.2 米，南北宽 5.4 米，高 2 米，外包毛石砌筑，白灰砌筑，白灰勾缝，上部坍塌，四周植被多为灌木和杂草。

**606. 苗城子 2 号烽火台 130323353201170267**

位于苗城子村与辽宁省绥中县立根台村金家沟自然村交界处的山上，坐标：东经 119° 44′ 01.40″，北纬 40° 12′ 19.80″，高程 444 米。

烽火台平面呈矩形，剖面呈梯形，东西长 6 米，南北宽 4.44 米，高 2.5 米，外包毛石砌筑，白灰砌筑，白灰勾缝，上部坍塌，四周植被多为灌木和杂草。

**607. 苗城子 3 号烽火台 130323353201170268**

位于苗城子村北 1.7 千米处，坐标：东经 119° 43′ 50.00″，北纬 40° 12′ 21.30″，高程 438 米。

烽火台平面呈矩形，剖面呈梯形，东西长 7.4 米，南北宽 4 米，高 2.8 米，外包毛石砌筑，白灰砌筑，白灰勾缝，上部坍塌，四周植被多为灌木和杂草。

**608. 苗城子 4 号烽火台 130323353201170269**

位于苗城子村西北，坐标：东经 119° 42′ 34.10″，北纬 40° 12′ 13.00″，高程 451 米。

烽火台平面呈矩形，剖面呈梯形，顶部东西长 6.05 米，南北宽 6.99 米，高 1.7 米，外包毛石砌筑，白灰砌筑，白灰勾缝，上部坍塌，四周植被多为灌木和杂草。

**609. 苗城子 5 号烽火台 130323353201170270**

位于苗城子村西北，坐标：东经 119° 42′ 28.70″，北纬 40° 12′ 15.50″，高程 366 米。

烽火台平面呈矩形，剖面呈梯形，顶部东西宽 6.2 米，南北长 6.25 米，高 2.4 米，外包毛石砌筑，白灰砌筑，白灰勾缝，上部坍塌，四周植被多为灌木和杂草。

**610. 破城子 1 号烽火台 130323353201170271**

位于破城子村东 2.3 千米处，坐标：东经 119° 42′ 15.40″，北纬 40° 12′ 12.90″，高程 420 米。

烽火台平面呈矩形，剖面呈梯形，底部东西宽 7.85 米，南北长 8.18 米，外包毛石砌筑，白灰砌筑，白灰勾缝，上部缺失，四周植被多为灌木和杂草。

**611. 破城子 2 号烽火台 130323353201170272**

位于破城子村东 2 千米处，坐标：东经 119° 42′ 01.60″，北纬 40° 12′ 13.30″，高程 477 米。

烽火台平面呈矩形，剖面呈梯形，底部东西长 6.88 米，南北宽 5.58 米，外包毛石砌筑，白灰砌筑，白灰勾缝，上部缺失，四周植被多为灌木和杂草。

**612. 破城子 3 号烽火台 130323353201170273**

位于破城子村东北 1.4 千米处，坐标：东经 119° 42′ 25.90″，北纬 40° 12′ 25.90″，高程 523 米。

烽火台平面呈矩形，剖面呈梯形，底部东西长 7.5 米，南北宽 5.33 米，高 1.7 米，外包毛石砌筑，白灰砌筑，白灰勾缝，上部缺失，四周植被多为灌木和杂草。

### 613. 破城子 4 号烽火台 130323353201170274

位于破城子村东 911 米处，坐标：东经 119° 41′ 16.80″，北纬 40° 12′ 16.70″，高程 391 米。

烽火台平面呈矩形，剖面呈梯形，底部东西宽 6.3 米，南北长 7.4 米，高 1.6 米，外包毛石砌筑，白灰砌筑，白灰勾缝，坍塌，呈堆状，南侧存石砌围墙，四周植被多为灌木和杂草。

### 614. 破城子 5 号烽火台 130323353201170275

位于破城子村东北 2.1 千米处，坐标：东经 119° 41′ 02.00″，北纬 40° 12′ 41.40″，高程 423 米。

烽火台平面呈矩形，剖面呈梯形，底部东西长 5.5 米，南北宽 5.3 米，高 3.4 米，外包毛石砌筑，白灰砌筑，白灰勾缝，北立面坍塌，四周植被多为灌木和杂草。

### 615. 大毛山 1 号烽火台 130323353201170276

位于大毛山村东北 1.3 千米处，坐标：东经 119° 40′ 35.70″，北纬 40° 13′ 02.40″，高程 411 米。

烽火台平面呈矩形，剖面呈梯形，外包毛石砌筑，白灰砌筑，白灰勾缝，坍塌，呈圆堆状，四周植被多为灌木和杂草。

### 616. 大毛山 2 号烽火台 130323353201170277

位于大毛山村东北 1.1 千米处，坐标：东经 119° 40′ 21.60″，北纬 40° 13′ 11.10″，高程 463 米。

烽火台平面呈矩形，剖面呈梯形，底部东西长 7.3 米，南北宽 7.2 米，高 3.2 米，外包毛石砌筑，白灰砌筑，白灰勾缝，坍塌，呈圆堆状，四周植被多为灌木和杂草。

### 617. 大毛山 3 号烽火台 130323353201170278

位于大毛山村东北 1.6 千米处，坐标：东经 119° 40′ 20.70″，北纬 40° 13′ 36.20″，高程 453 米。

烽火台平面呈矩形，剖面呈梯形，底部直径 6.8 米，高 3.3 米，外包毛石砌筑，白灰砌筑，白灰勾缝，坍塌，呈圆堆状，四周植被多为灌木和杂草。

### 618. 大毛山 4 号烽火台 130323353201170279

位于大毛山村北 1.2 千米处，坐标：东经 119° 39′ 50.80″，北纬 40° 13′ 30.40″，高程 390 米。

烽火台平面呈矩形，剖面呈梯形，外包毛石砌筑，白灰砌筑，白灰勾缝，坍塌，呈圆堆状，四周植被多为灌木和杂草。

### 619. 大毛山 5 号烽火台 130323353201170280

位于大毛山村北 962 米处，坐标：东经 119° 39′ 38.10″，北纬 40° 13′ 23.50″，高程 431 米。

烽火台平面呈矩形，剖面呈梯形，外包毛石砌筑，白灰砌筑，白灰勾缝，坍塌，呈圆堆状，四周植被多为灌木和杂草。

### 620. 大毛山 6 号烽火台 130323353201170281

位于大毛山村西北，坐标：东经 119° 39′ 20.80″，北纬 40° 13′ 14.10″，高程 386 米。

烽火台平面呈矩形，剖面呈梯形，底部东西长 6.1 米，南北宽 6.1 米，高 3.2 米，外包毛石砌筑，白灰砌筑，白灰勾缝，南立面、北立面存部分外包墙体，四周植被多为灌木和杂草。

**621. 董家口 1 号烽火台 130323353201170282**

位于董家口村北 1.3 千米处，坐标：东经 119° 38′ 55.60″，北纬 40° 13′ 51.50″，高程 476 米。

烽火台平面呈圆形，剖面呈梯形，底部直径 5.8 米，高 3.3 米，外包毛石砌筑，白灰砌筑，白灰勾缝，上部缺失，四周植被多为灌木和杂草。

**622. 城子峪 1 号烽火台 130323353201170283**

位于城子峪村东，坐标：东经 119° 37′ 59.60″，北纬 40° 13′ 13.40″，高程 476 米。

烽火台平面呈圆形，剖面呈梯形，底部直径 5.8 米，高 3.3 米，外包毛石砌筑，白灰砌筑，白灰勾缝，坍塌，呈圆堆状，四周植被多为灌木和杂草。

**623. 城子峪 2 号烽火台 130323353201170284**

位于城子峪关东北 611 米处，坐标：东经 119° 37′ 34.80″，北纬 40° 13′ 28.20″，高程 305 米。

烽火台平面呈矩形，剖面呈梯形，外包毛石砌筑，白灰砌筑，白灰勾缝，南立面坍塌，四周存块石围墙遗迹，植被多为灌木和杂草。

**624. 城子峪 3 号烽火台 130323353201170285**

位于城子峪关西北 471 米处，坐标：东经 119° 37′ 14.00″，北纬 40° 13′ 20.80″，高程 278 米。

烽火台平面呈矩形，剖面呈梯形，外包毛石砌筑，白灰砌筑，白灰勾缝，南立面坍塌，顶部呈圆堆状，植被多为灌木和杂草。

**625. 城子峪 4 号烽火台 130323353201170286**

位于城子峪村西北，坐标：东经 119° 37′ 03.40″，北纬 40° 13′ 29.80″，高程 347 米。

烽火台平面呈矩形，剖面呈梯形，外包毛石砌筑，白灰砌筑，白灰勾缝，坍塌，呈圆堆状，植被多为灌木和杂草。

**626. 水门寺 1 号烽火台 130323353201170287**

位于水门寺村北 839 米处，坐标：东经 119° 36′ 37.50″，北纬 40° 13′ 51.00″，高程 394 米。

烽火台平面呈圆形，剖面呈梯形，外包毛石砌筑，白灰砌筑，白灰勾缝，坍塌，呈圆堆状，四周植被多为灌木和杂草。

**627. 平顶峪 1 号烽火台 130323353201170288**

位于平顶峪村东北，坐标：东经 119° 36′ 13.00″，北纬 40° 13′ 39.30″，高程 328 米。

烽火台平面呈圆形，剖面呈梯形，外包毛石砌筑，白灰砌筑，白灰勾缝，坍塌，呈圆堆状，四周植被多为灌木和杂草。

**628. 平顶峪 2 号烽火台 130323353201170289**

位于平顶峪城堡北 829 米处，坐标：东经 119° 35′ 50.30″，北纬 40° 13′ 55.00″，高程 327 米。

烽火台平面呈圆形，剖面呈梯形，外包毛石砌筑，白灰砌筑，白灰勾缝，底部存部分外包墙体，上部缺失，四周植被多为灌木和杂草。

**629. 平顶峪 3 号烽火台 130323353201170290**

位于平顶峪城堡西北 269 米处，坐标：东经 119° 35′ 45.90″，北纬 40° 13′ 34.60″，高程 289 米。

烽火台平面呈圆形，剖面呈梯形，外包毛石砌筑，白灰砌筑，白灰勾缝，底部存部分外包墙体，上部缺失，四周植被多为灌木和杂草。

### 630. 平顶峪 4 号烽火台 130323353201170291

位于平顶峪城堡西北 886 米处，坐标：东经 119° 35′ 16.40″，北纬 40° 13′ 31.10″，高程 423 米。

烽火台平面呈圆形，剖面呈梯形，外包毛石砌筑，白灰砌筑，白灰勾缝，底部存部分外包墙体，上部缺失，四周植被多为灌木和杂草。

### 631. 花场峪 01 号烽火台 130323353201170292

位于花场峪村北约 1.4 千米的山坡上，位于长城墙体内侧，坐标：东经 119° 31′ 16.60″，北纬 40° 09′ 50.30″，高程 520 米。

烽火台平面呈圆形，剖面呈梯形，东西宽 6.8 米，南北长 7 米，外包毛石砌筑，白灰砌筑，白灰勾缝，坍塌，呈堆状，四周植被多为灌木和杂草。

### 632. 花场峪 02 号烽火台 130323353201170293

位于花场峪村南约 500 米，坐标：东经 119° 31′ 24.00″，北纬 40° 08′ 47.80″，高程 252 米。

烽火台平面呈圆形，剖面呈梯形，底部东西宽 8.2 米，南北长 8.59 米，高 10 米。根部设放脚，料石砌筑，逐层收分，高 1.35 米。立面为三段式，下段条石基础 6 层，高 2.14 米，中部城砖包砌，白灰勾缝，墙芯为三七灰土分层夯筑；中段与上段间设一层拔檐分隔；上段设垛口墙，高 2.9 米。台体各边上下收分 0.35 米。东立面垛口墙中间设门，宽 0.8 米，高 1.8 米，上用石过梁，下用石下槛，槛下设拴梯石，东侧设箭窗 1 个，东侧设箭窗 2 个，南立面、北立面设箭窗 2 个，垛口 1 个，箭窗置木质过梁，多数糟朽，东立面存竖向裂缝 1 条，南立面存竖向裂缝 2 条，宽 0.04 ~ 0.11 米，外包砖部分风化酥碱。

烽火台东、南设围墙，从烽火台东立面北部向东 19.5 米转向南，21.6 米折向西 27.7 米再折回，向北 13 米接于烽火台南立面西侧，面积 530.042 平方米，毛石砌筑，顶宽 2.78 米，围墙东北角处存毛石砌筑建筑遗迹，坐北朝南，东西开间 4.57 米，南墙已塌毁，边际不详。

### 633. 花场峪 03 号烽火台 130323353201170294

位于花场峪村西南约 1 千米，坐标：东经 119° 31′ 11.90″，北纬 40° 08′ 32.90″，高程 190 米。

烽火台平面呈矩形，剖面呈梯形，底部东西长 8.8 米，南北宽 8.55 米，顶部东西长 8.1 米，南北宽 7.75 米，东北部高 6.4 米，西南高 3.4 米，外包毛石砌筑，白灰砌筑，白灰勾缝，台顶北侧中间建有毛石小台，南北 2.1 米，东西 2.9 米，高 0.9 米，四周植被多为灌木和杂草。

### 634. 车厂 01 号烽火台 130323353201170295

位于车厂村西北约 1.6 千米，坐标：东经 119° 30′ 51.30″，北纬 40° 08′ 00.70″，高程 578 米。

烽火台平面呈矩形，平面布局为一券室，剖面呈梯形，底部东西长 8.6 米，南北宽 8.59 米，高 6.49 米。立面为三段式，下段条石基础 7 层，条石长 1.17 米，宽 0.43 米，厚 0.27 ~ 0.33 米，中部城砖包砌，白灰勾缝，北立面中部辟石券门，宽 1.13 米，进深 0.95 米，1.24 米处起券，通高 2.07 米，立柱石宽 0.33 米，厚 0.29 米，高 1 米，压柱石长 0.95 米，高 0.24 米。东立面、南立面各设箭窗 1 个，南立面箭窗宽 0.59 米，墙厚 0.43 米，券高 0.37 米，通高 0.97 米，下设窗槛石，长 1.27 米，宽 0.42 米，厚 0.15 米，东立面箭窗宽 0.95 米，厚 0.21 米，高 0.58 米，墙厚 0.27 米。室内地面条砖平砌，城砖规格：0.38 米 × 0.19 米 × 0.11 米，于东侧设南北向登顶梯道，宽 0.62 米，为跌落式券三段至顶，通高 3.97 米，残存砖砌台阶 8 步，踏面宽 0.62 米，踢面高 0.38 米，梯道由西向东进口折向南登顶；中段与上段间设一层拔檐分隔；上段设垛口墙、宇墙，顶部地面方砖海墁，东西各设吐水嘴一个。

铺房、垛口墙坍塌，箭窗部分缺失，外包城砖风化酥碱严重，四周植被多为灌木和杂草。

### 635. 车厂 02 号烽火台 130323353201170296

位于车厂村东北约 1.6 千米，坐标：东经 119° 31′ 51.20″，北纬 40° 07′ 48.20″，高程 181 米。

烽火台平面呈圆形，剖面呈梯形，底部直径 4.9 米，高 4 米，外包毛石砌筑，白灰砌筑，白灰勾缝，坍塌，呈圆堆状，四周植被多为灌木和杂草。

四周设围墙，东西长 21.6 米，南北宽 17.77 米，残宽 1.6 米，残高 0.7 米，毛石砌筑，坍塌严重。

### 636. 天楼 130323353201170297

位于柳观峪村西北约 2.7 千米，坐标：东经 119° 29′ 19.10″，北纬 40° 06′ 27.00″，高程 732 米。

烽火台平面呈矩形，平面布局为二券室四通道，剖面呈梯形，二层东西长 12.57 米，南北宽 7.41 米，高 9.63 米。立面为三段式，下段条石基础 4 层，高 1.28 米，中部城砖包砌，白灰勾缝，东、西立面辟门，西门外残存台阶 7 级，宽 1.3 米，踢面高 0.3 米，台内南侧设登顶梯道，宽 0.61 米，存踏跺 7 级，踏面宽 0.21 米，踢面高 0.34 米；中段与上段间设一层石拔檐分隔；上段设垛口墙、铺房，顶部地面方砖海墁。

铺房坍塌，垛口墙缺失，西立面门上部存裂缝一条，宽 0.03 ～ 0.11 米，四周植被多为灌木和杂草。

### 637. 柳观峪 02 号烽火台 130323353201170298

位于柳观峪村西北约 1.4 千米，坐标：东经 119° 29′ 54.90″，北纬 40° 05′ 54.70″，高程 267 米。

烽火台平面呈圆形，剖面呈梯形，底部直径 10 米，高 4 米，外包毛石砌筑，白灰砌筑，白灰勾缝，坍塌，呈圆堆状，四周植被多为灌木和杂草。

### 638. 箭杆岭 01 号烽火台 130323353201170299

位于箭杆岭村东南约 340 米，坐标：东经 119° 19′ 51.90″，北纬 40° 08′ 04.90″，高程 284 米。

烽火台平面呈矩形，剖面呈梯形，底部东西宽 9.8 米，南北长 9.9 米，高 6 米。立面为三段式，下段条石基础 7 层，高 2.6 米，中部城砖包砌，城砖规格：0.41 米 ×0.2 米 ×0.1 米，台芯土石混筑，东西残长 6.2 米，南北残宽 6.1 米，高 3.4 米，上部设施无存。

台芯部分缺失，外包砖缺失，四周散落大量城砖，植被多为灌木和杂草。

### 639. 界岭口 01 号烽火台 130323353201170300

位于界岭口村西南 1.8 千米，坐标：东经 119° 16′ 05.40″，北纬 40° 09′ 27.60″，高程 395 米。

烽火台平面呈圆形，剖面呈梯形，底部直径 8 米，高 5 米，坍塌，呈圆形土石堆状，四周植被多为灌木和杂草。

### 640. 界岭口 02 号烽火台 130323353201170301

位于界岭口村西南 2 千米，坐标：东经 119° 15′ 56.40″，北纬 40° 09′ 25.60″，高程 392 米。

烽火台平面呈圆形，剖面呈梯形，底部直径 9 米，高 6 米，坍塌，呈圆形石堆状，四周植被多为灌木和杂草。

### 641. 界岭口 03 号烽火台 130323353201170302

位于界岭口村西南 2.1 千米，坐标：东经 119° 15′ 50.00″，北纬 40° 09′ 22.80″，高程 397 米。

烽火台平面呈圆形，剖面呈梯形，底部直径 8 米，高 5 米，坍塌，呈圆形石堆状，四周植被多为灌木和杂草。

### 642. 罗汉洞 01 号烽火台 130323353201170303

位于石碑沟村东北 640 米，坐标：东经 119° 14′ 16.40″，北纬 40° 09′ 09.00″，高程 439 米。

烽火台平面呈圆形，剖面呈梯形，底部直径 8 米，高 7 米，坍塌，呈圆形石堆状，四周植被多为灌木和杂草。

### 643. 罗汉洞 02 号烽火台 130323353201170304

位于石碑沟村西北 1 千米，坐标：东经 119° 13′ 33.00″，北纬 40° 09′ 17.40″，高程 742 米。

烽火台平面呈矩形，剖面呈梯形，底部东西长 7 米，南北宽 7 米，高 3 米，外包毛石砌筑，白灰砌筑，白灰勾缝，仅存西立面外包墙体，四周植被多为灌木和杂草。

### 644. 竭家沟 01 号烽火台 130323353201170305

位于竭家沟村西北 1.2 千米，坐标：东经 119° 12′ 03.50″，北纬 40° 08′ 54.30″，高程 694 米。

烽火台平面呈圆形，剖面呈梯形，高 5 米，坍塌，呈圆形石堆状，四周植被多为灌木和杂草。

### 645. 谢家店 01 号烽火台 130323353201170306

位于谢家店村东北 1 千米，坐标：东经 119° 09′ 26.10″，北纬 40° 07′ 32.10″，高程 648 米。

烽火台平面呈矩形，剖面呈梯形，底部东西长 7.28 米，南北宽 7.28 米，残高 4.2 米，外包毛石砌筑，白灰砌筑，白灰勾缝，仅存南、北立面外包墙体，四周植被多为灌木和杂草。

### 646. 谢家店 02 号烽火台 130323353201170307

位于谢家店村北 900 米，坐标：东经 119° 09′ 13.40″，北纬 40° 07′ 29.50″，高程 698 米。

烽火台平面呈圆形，剖面呈梯形，底部直径 8 米，高 4 米，坍塌，呈圆形石堆状，四周植被多为灌木和杂草。

### 647. 谢家店 03 号烽火台 130323353201170308

位于谢家店村西北 1 千米，坐标：东经 119° 08′ 39.00″，北纬 40° 07′ 17.70″，高程 766 米。

烽火台平面呈矩形，剖面呈梯形，底部东西长 8.4 米，南北宽 8.1 米，残高 1.85 米，外包毛石砌筑，白灰砌筑，白灰勾缝，仅存东、北立面外包墙体，四周植被多为灌木和杂草。

### 648. 吴家沟 01 号烽火台 130323353201170309

位于吴家沟村西北 740 米，坐标：东经 119° 07′ 10.80″，北纬 40° 05′ 59.10″，高程 526 米。

烽火台平面呈圆形，剖面呈梯形，高 0.5 米，坍塌，呈圆形石堆状，四周植被多为灌木和杂草。

### 649、子母台 130323353201170310

位于九门口村西 150 米，坐标：东经 119° 44′ 08.6″，北纬 40° 07′ 10.1″，高程 80 米。

两台并立，一大一小，小台从一侧环抱大台，故名子母台。大台在西侧，圆柱体，近似鼓形，直径50.62 米，高 10.21 米，下部近年维修围砌条石 24 层，上部包砖。分内外两层，外层厚 0.28 米。其东侧有一门（已失），二层条石基础，高 125 厘米。门两侧有通往墙上的砖阶，门南侧外端有一门枕石，砌在墙里。

内层是圆形空心券顶式建筑。门在东侧，宽 0.75 米，高 2.28 米。门外两侧各有一个砖垛，砖垛间宽 60 厘米，通向内外层之间的通道，通道宽 153 厘米。台中心内部为方形，方位为东偏北 24 度。下层条石，上层包砖，券顶，南北长 3.23 米，东西宽 3.21 米。西侧中央有一小窗，宽 0.36 米，高 0.69 米。台顶有古松，底部直径 2.4 米，高约 8 米，盘根错节，枝桠虬劲，树根周围可见少量铺砖。

小台在东侧，基础条石砌筑，露明三层，上部包砖。南侧设券门拱门宽 0.73 米，高 1.78 米，北、东侧各存一券门，底部存出水口。

**650、拿子峪长城铺房 130323352105170463**

位于拿子峪村西南约 1 千米，坐标：东经 119° 31′，北纬 40° 10′，高程 440 米。

铺房处于拿子峪 14 ～ 15 号敌台之间的长城墙体顶部，靠近内侧，平面呈正方形，长宽均为 3.8 米，墙厚 0.4，现存残高 1.2 米，周围及铺房内部长满灌木、杂草，地面上散落大量砖块

**651、花场峪 01 号护关台 130323352199170464**

位于花场峪村西侧，坐标：东经 119° 31′，北纬 40° 09′，高程 157 米 。

台体底部南北宽 10.7 米，东西长 10.85 米，高 11 米。台体高 9.76 米，毛石砌筑，台芯毛石、碎石填芯，墙体收分 0.7 米。墙体与垛口墙间设拔檐分隔，垛口墙城砖砌筑，高 1.3 米，城砖规格：长 0.38 米，宽 0.185 米，厚 0.1 米，垛口墙西、南各存 5 个垛口，北存 4 个垛口，垛口下设望孔，现西、南、北各存望孔 5 个

护关台保存一般，东侧从顶部中心向下倾泻性坍塌成 "V" 字形缺口，北墙面自上而下有两条裂缝，东西两角裂缝已上下贯通，最宽处达 0.2 米，已接近坍塌的边缘。

**652、花场峪 02 号护关台 130323352199170465**

位于花场峪村西侧，坐标：东经 119° 31′，北纬 40° 09′，高程 153 米。

台体底部南北宽 10.5 米，东西长 10.6 米，高 11 米。台体边角用矩形料石砌筑，墙面用毛石砌平，毛石、碎石填芯，白灰灌浆，墙体收分 0.7 米。墙体与垛口墙间设拔檐分隔，垛口墙城砖砌筑，高 1.25 米，城砖规格：长 0.38 米，宽 0.185 米，厚 0.1 米。

保存较差，护关台西南角从顶至底坍塌严重。顶部南面存 1 垛口 1 吐水石嘴，东侧存 1 垛口 3 望孔，北侧残存 4 垛口 5 望孔 1 吐水石嘴。

**653、花场峪 01 号水关 130323352103170466**

位于花场峪村西南侧，坐标：东经 119° 31′，北纬 40° 09′，高程 166 米 。

台基东西残长 10.5 米，南北残宽 7 米，台基用 6 层过凿条石砌筑，上部城砖包砌，城砖规格：长 0.395 米，宽 0.19 米，厚 0.1 米。

调查中在河床中寻找到原水关台的石基构件，石料边际开凿有燕尾卯，卯大头 0.15 米，小口 0.08

米，长 0.1 米，深 0.04 米，虽然经多年河水冲刷，但其形制依然可辨。在水关台附近，还发现了大量经开凿过的石料。

保存较差，水关上部仅存南墙凸出墙体的 3.8 米台基和东侧南部 7 米长台基，砖砌部分全部塌毁，台基北部、西部也被河水冲毁，原建筑形制不清。据当地老人讲：关口建筑毁于 20 世纪 50 年代的一次大洪水。

### 654、叶城 130323352199170467

位于箭杆岭村东南约 400 米，坐标：东经 119° 19′，北纬 40° 08′，高程 294 米。

叶城平面呈树叶状，周长 171 米，南北残长 57 米，东西最宽处约 43 米、最窄处 17 米，残高 7 米。底部为条石基础，墙体城砖砌筑，白灰勾缝。

保存一般，底部条石基础较完整，包砖局部脱落，墙体上有几处豁口。城内无任何设施。城台被当地农民辟为农田，东南部有一大块自然石，上有人工开凿的石臼及引流槽。

### 655、谢家店 1 号地堡 130323352199170470

位于谢家店村北 96 0 米，坐标：东经 119° 09′，北纬 40° 07′，高程 624 米。

地堡呈凹槽形，毛石砌筑，凹槽长 5.3 米，宽 1.57 米，低于墙体地面 1.3 米。内侧墙体西部设有小门，门宽 0.78 米。外侧墙高 3.3 米，厚 0.64 米，外侧墙上设四个望孔，呈方形，内大外小，内侧宽 0.3 ～ 0.37 米，高 0.44 米，外侧宽 0.24 米，高 0.4 米。

保存较好，形制完整。

### 656、谢家店 2 号地堡 130323352199170468

位于谢家店村西北 770 米，坐标：东经 119° 09′，北纬 40° 07′，高程 667 米 。

地堡呈凹槽形，毛石砌筑，地堡凹槽宽 1.09 米，低于墙体顶部 0.99 米。

保存一般，内侧墙体部分坍塌，外侧墙体望孔以上墙体已坍塌。

### 657、谢家店 3 号地堡 130323352199170469

位于谢家店村西北 870 米，坐标：东经 119° 08′，北纬 40° 07′，高程 671 米。

地堡呈凹槽形，毛石砌筑，保存较差，现墙体已大部坍塌，将凹槽垫高，仅比墙体低约 0.5 米，望孔、门均不存。

## （三）关堡

抚宁县明长城关堡一览表（单位：座）

| 编号 | 认定名称 | 认定编码 | 类型 | 周长（米） | 保存程度 | | | | |
|---|---|---|---|---|---|---|---|---|---|
| | | | | | 较好 | 一般 | 较差 | 差 | 消失 |
| 1 | 九门口关城 | 130323353101170001 | 砖墙 | | | √ | | | |
| 2 | 夕阳口关城堡 | 130323353102170002 | 石墙 | | | | | √ | |
| 3 | 庙山口城堡 | 130323353102170003 | 其他 | | | | | √ | |
| 4 | 黄土岭城堡 | 130323353102170004 | 石墙 | 715 | | | | √ | |
| 5 | 黄土营城堡 | 130323353102170005 | 石墙 | 900 | | | √ | | |

（续）

| 编号 | 认定名称 | 认定编码 | 类型 | 周长（米） | 保存程度 | | | | |
|---|---|---|---|---|---|---|---|---|---|
| | | | | | 较好 | 一般 | 较差 | 差 | 消失 |
| 6 | 刘城子城堡 | 1303233531021 70006 | 石墙 | | | | | √ | |
| 7 | 杜城子城堡 | 1303233531021 70007 | 其他 | | | | | √ | |
| 8 | 小河口关城 | 1303233531011 70008 | 其他 | | | | | √ | |
| 9 | 破城子城堡 | 1303233531021 70009 | 石墙 | 260 | | | | √ | |
| 10 | 大毛山城堡 | 1303233531021 70010 | 石墙 | 290 | | | √ | | |
| 11 | 董家口城堡 | 1303233531021 70011 | 石墙 | 190 | | | | √ | |
| 12 | 柳河冲城堡 | 1303233531021 70012 | 石墙 | 320 | | | | √ | |
| 13 | 城子峪关城 | 1303233531011 70013 | 砖墙 | | | | | √ | |
| 14 | 水门寺城堡 | 1303233531021 70014 | 石墙 | | | | | √ | |
| 15 | 平顶峪城堡 | 1303233531021 70015 | 石墙 | | | | | √ | |
| 16 | 高丽古城遗址 | 1303233531021 70016 | 石墙 | | | | | √ | |
| 17 | 驻操营城堡 | 1303233531021 70017 | 石墙 | 760 | | | √ | | |
| 18 | 板场峪城堡 | 1303233531021 70018 | 石墙 | | | | | √ | |
| 19 | 义院口城堡 | 1303233531021 70019 | 砖墙 | | | | | √ | |
| 20 | 石门寨城堡 | 1303233531021 70020 | 砖墙 | | | | | √ | |
| 21 | 柳观峪城 | 1303233531021 70021 | 石墙 | | | | | √ | |
| 22 | 孤石峪城堡 | 1303233531021 70022 | 其他 | | | | | √ | |
| 23 | 平山营城堡 | 1303233531021 70023 | 其他 | | | | | | √ |
| 24 | 梁家湾城堡 | 1303233531021 70024 | 其他 | | | | | √ | |
| 25 | 驸马寨城堡 | 1303233531021 70025 | 砖墙 | | | | | √ | |
| 26 | 东胜寨城堡 | 1303233531021 70026 | 石墙 | | | | | √ | |
| 27 | 青山口关城 | 1303233531011 70027 | 石墙 | | | | | √ | |
| 28 | 台营城堡 | 1303233531021 70028 | 砖墙 | | | | | √ | |
| 29 | 无名口关城 | 1303233531011 70029 | 石墙 | | | | | √ | |
| 30 | 嘛姑营城堡 | 1303233531021 70030 | 石墙 | | | | | √ | |
| 31 | 乾涧城堡 | 1303233531021 70031 | 石墙 | | | | | √ | |
| 32 | 温泉城堡 | 1303233531021 70032 | 石墙 | | | | | √ | |
| 33 | 花场峪北沟石城 | 1303233531021 70033 | 石墙 | 266 | | | | √ | |
| 34 | 花场峪城堡 | 1303233531021 70034 | 石墙 | 384 | | | | √ | |
| 35 | 细峪口城堡 | 1303233531021 70035 | 石墙 | 238 | | | | √ | |
| 36 | 箭杆岭城堡 | 1303233531021 70036 | 石墙 | | | | | √ | |
| 37 | 界岭口关城1号 | 1303233531021 70037 | 砖墙 | 990 | | √ | | | |
| 38 | 界岭口关城2号 | 1303233531021 70038 | 砖墙 | 668 | | √ | | | |
| 39 | 罗汉洞关城 | 1303233531021 70039 | 砖墙 | 354 | | | √ | | |
| 合计 | | 共39座：砖墙9座，石墙24座，其他6座 | | | | 3 | 5 | 31 | |
| 百分比（%） | | 100 | | | | 7.7 | 12.8 | 79.5 | |

保存程度：较好、一般、较差、差、消失

### 1. 九门口关城 130323353101170001

位于抚宁县驻操营镇九门口村，坐标：东经 119° 44′ 19.20″，北纬 40° 07′ 10.00″，高程 88 米。

平面呈不规则形，城内无遗迹，原城内历史格局已辨识不清，历史建筑无存。

九门口关城由城桥、围城、九门敌台等组成。围城五座，两座小围城位于南、北桥头，青砖砌筑。三座较大的围城，位于于城桥以西，长城之内侧，东围城紧邻长城主线，与桥洞相距 70 米，东墙有 110 米为长城主线，其南墙有一拱券小门，西墙有一门与西围城相通。西围城紧邻东围城。北围城位于东、西围城之北，平面呈不规则的菱形，南与东、西围城墙墙相接，东墙为长城主线，西墙为防护战墙，墙上筑有数座敌台。

三座围城主要是驻兵防卫之所。其东南、西南角、北墙均有马面和敌台。北围城、东围城，墙体残破严重，大多倾颓，不见包砖；南围城靠近河边地方，墙体外包条石，内包毛石，整齐规整，保存大部，总长 460 米。

城堡保存一般，格局基本完整。城桥、两座小围城进行了修复保存较好。西围城西墙被村庄和公路破坏，形成一个 60 米长的豁口，北围城、东围城墙体坍塌严重，城堡内外被低矮灌木和杂草覆盖。

### 2. 夕阳口关城堡 130323353102170002

位于秦皇岛市抚宁县夕阳口村，坐标：东经 119° 44′ 23.80″，北纬 40° 08′ 12.80″。

平面形状无法辨别，南墙残长 300 米，高 5.75 ～ 0.6 米，墙体块石砌筑，白灰勾缝。

城堡保存差，格局不清，仅存南墙，堡内住满居民。

### 3. 庙山口城堡 130323353102170003

位于秦皇岛市抚宁县庙山口村中，坐标：东经 119° 43′ 15.70″，北纬 40° 07′ 20.00″。

城堡保存差。损毁严重，现已基本无存，仅存一段城墙，长 8.5 米，高 1.4 米，现存城墙损毁严重，无法辨别其形制。

### 4. 黄土岭城堡 130323353102170004

位于秦皇岛市抚宁县驻操营镇黄土岭村，坐标：东经 119° 44′ 10.50″，北纬 40° 09′ 39.90″。

平面呈矩形，城内无遗迹，原城内历史格局已辨识不清，历史建筑无存。西墙长 89 米，南墙 156 米，北墙长 470 米，墙体块石砌筑，白灰勾缝。

城堡保存差。东墙大部分坍塌、缺失，西墙存公路豁口一处，南、北墙坍塌严重。

### 5. 黄土营城堡 130323353102170005

位于抚宁县驻操营镇黄土营村东部，坐标：东经 119° 39′ 08.60″，北纬 40° 09′ 20.50″，高程 163 米。

平面略呈矩形，占地面积 45000 平方米，周长 900 米。堡内住有居民，原城内历史格局已辨识不清，历史建筑无存。墙体内外块石砌筑，白灰勾缝，墙芯碎石夯填，东、西长 300 米，南、北宽 150 米，高 0.9 ～ 1.2 米，墙宽 1.8 ～ 2 米。

城堡整体保存较差。西墙保存较好，其他三侧坍塌严重，仅有部分残墙，西、南、北三门，均已损毁。

### 6. 刘城子城堡 130323353102170006

位于抚宁县甘城子村北 1 千米的河边东侧山脚下，坐标：东经 119° 43′ 30.70″，北纬 40° 10′ 53.30″。

平面呈矩形，城内无遗迹，原历史格局已辨识不清，历史建筑无存。墙体内外块石砌筑，白灰勾缝，墙芯碎石夯填。

城堡整体保存差。南墙保存较好，现存 68 米，东现存墙 134 米，西墙、北墙大部分坍塌严重，建筑材料堆积，西城门损毁，城内种满果树，房屋遗迹不显。

**7. 杜城子城堡 130323353102170007**

位于抚宁县杜城子村内，坐标：东经 119° 43′ 56.60″，北纬 40° 11′ 26.70″。

平面呈不规则形，现状存设施北马面一座，堡内住满居民，原城内历史格局已辨识不清，历史建筑无存。墙体内外毛石砌筑，白灰勾缝，墙芯碎石夯填。马面宽 4.5 米，高 3.2 米，毛石砌筑，白灰勾缝。

城堡整体保存差。北墙残存城墙约 30 米，南墙无存，东、西墙基本无存。

**8. 小河口关城 130323353101170008**

位于抚宁县驻操营镇董家口村与辽宁省永安乡金家沟村东沟自然村南 330 米，坐标：东经 119° 42′ 24.00″，北纬 40° 12′ 13.20″，高程 301 米。

城堡整体保存差，全部损毁。

**9. 破城子城堡 130323353102170009**

位于抚宁县破城子村东南，坐标：东经 119° 40′ 39.00″，北纬 40° 12′ 11.00″。

平面呈矩形，占地面积 4000 平方米，周长 260 米。现状保存西城门一座，原城内历史格局已辨识不清，历史建筑无存。城堡东西长 80 米，南北宽 50 米，西墙辟城门。墙体内外块石砌筑，白灰勾缝，墙芯碎石夯填。东墙宽 4.3 米，高 1.6 米，南墙宽 4.5 米，高 0.7～1 米，西墙宽 4.3 米，高 0.7 米，北墙宽 4.3 米，高 0.5～3 米。

城堡整体保存差。墙体均坍塌严重，城内存大量废弃旧房，杂草、灌木滋长。

**10. 大毛山城堡 130323353102170010**

位于抚宁县驻操营镇董家口村大毛山自然村的北部，坐标：东经 119° 39′ 43.10″，北纬 40° 12′ 52.70″，高程 222 米。

平面呈矩形，占地面积 12100 平方米，周长 290 米。现状保存南城门一座，原城内历史格局已辨识不清，历史建筑无存。城堡东西宽约 110 米，南北长约 180 米，墙体内外块石砌筑，白灰勾缝，墙芯碎石夯填。南城门下段为条石基础，露明 9 层；中段城砖砌筑；中段与上段间设砖砌拔檐分隔；上段形制无法辨别，券门起券方式五伏五券。南立面券门上部设石质门额。

城堡整体保存较差。城墙损毁严重，东墙外包石全部缺失，南墙仅存包石部分，露出里面碎石和灰渣，西墙残存一小部分墙体，北墙整体缺失，形成一道壕沟。城门外包砖局部缺失，拔檐以上设施无存。

**11. 董家口城堡 130323353102170011**

位于抚宁县驻操营镇董家口村西北部，坐标：东经 119° 38′ 56.50″，北纬 40° 13′ 08.00″，高程 198 米。

平面呈矩形，占地面积 8800 平方米，周长 190 米。现状保存南城门一座、东南角台一座，原城内历史格局已辨识不清，历史建筑无存。城堡东西长约 110 米，南北宽约 80 米，墙体下部为条石基础，白灰勾缝，露明 8 层，上部内外城砖砌筑，白灰勾缝，墙芯碎石夯填。南城门下部为条石基础，白灰勾缝，露明 5 层，上部内外城砖砌筑，白灰勾缝，券门起券方式五伏五券。

城堡整体保存差。城墙损毁严重，东墙保留大部分，南墙仅存自城门至东南角台部分，长约 40 米，北墙仅存一段城墙，长约 9 米，西墙被现代民居侵占，全部消失。

**12. 柳河冲城堡 1303233353102170012**

位于抚宁县驻操营镇董家口村西 1 千米的柳河冲河左岸，坐标：东经 119° 38′ 10.60″，北纬 40° 12′ 52.40″，高程 187 米。

平面呈矩形，占地面积 6400 平方米，周长 320 米。原城内历史格局已辨识不清，历史建筑无存。城堡东西长 80 米，南北宽 80 米，墙体内外块石砌筑，白灰勾缝，墙芯碎石夯填，残高 1 ～ 1.5 米，残宽 3.5 ～ 4.5 米。

城堡整体保存差。城墙损毁严重，多年河水冲刷及人为破坏，现仅为遗址，城内外均为农田。

**13. 城子峪关城 130323353101170013**

位于抚宁县城子峪村内，坐标：东经 119° 37′ 27.20″，北纬 40° 13′ 09.40″，高程 208 米。

平面呈不规则形，现状保存南门一座，堡内住满居民，原城内历史格局已辨识不清，历史建筑无存。墙体内外块石砌筑，白灰勾缝，墙芯碎石夯填。南城门下部为条石基础，白灰勾缝，露明 9 层，上部内外城砖砌筑，白灰勾缝。

城堡整体保存差。城墙损毁严重，仅残存一段东墙，西门已毁，南门上部外包砖缺失严重，券门残存严重。

**14. 水门寺城堡 1303233353102170014**

位于抚宁县水门寺村北，坐标：东经 119° 36′ 39.90″，北纬 40° 13′ 24.00″，高程 234 米。

城堡整体保存差。损毁严重，现已基本无存，仅存一段墙，长约 10 米。

**15. 平顶峪城堡 1303233353102170015**

位于抚宁县平顶峪村中，坐标：东经 119° 35′ 53.70″，北纬 40° 13′ 28.30″，高程 230 米。

平面呈矩形，现状保存西北角台一座，堡内住满居民，原城内历史格局已辨识不清，历史建筑无存。墙体内外块石砌筑，白灰勾缝，墙芯碎石夯填，残高 2 米，残宽 3.5 米

城堡整体保存差。损毁严重，仅存北墙一段长约 20 米，西墙一段长约 50 米，南墙一段长约 30 米。原东、西、南三门均已无存。

**16. 高丽古城遗址 1303233353102170016**

位于抚宁县板场峪村 1.5 千米，坐标：东经 119° 34′ 11.90″，北纬 40° 12′ 17.00″，高程 206 米。

平面呈不规则形，现状保存西北角台一座，堡内住满居民，原城内历史格局已辨识不清，历史建筑无存。墙体内外块石砌筑，白灰勾缝，墙芯碎石夯填，残高 1.8 米。

城堡整体保存差。损毁严重，存西墙约长 110 米，东墙约长 50 米，城堡内外均为农田。

**17. 驻操营城堡 1303233353102170017**

位于抚宁县驻操营镇驻操营村东北部，坐标：东经 119° 25′ 43.20″，北纬 40° 10′ 28.00″，高程 158 米。

平面呈矩形，占地面积 36000 平方米，周长 760 米。现状保存东南角台一座，堡内住满居民，原城

内历史格局已辨识不清，历史建筑无存。城墙东西长 200 米，南北宽 180 米，墙体内外块石砌筑，白灰勾缝，墙芯碎石夯填，高 5 米，宽 5.5 米。

城堡整体保存较差。墙体损毁严重，北门以东 60 米长一段保存完好，西、南墙残存外墙皮，南、北、西三门，均已无存。

### 18. 板场峪城堡 130323353102170018

位于抚宁县板场峪村内，坐标：东经 119° 33′ 56.40″，北纬 40° 11′ 36.00″，高程 209 米。

平面呈不规则形，原城内历史格局已辨识不清，历史建筑无存。墙体内外块石砌筑，白灰勾缝，墙芯碎石夯填。

城堡整体保存差。墙体损毁严重，仅存西墙约长 30 米，南墙约长 40 米，高 2 米，北门损毁。

### 19. 义院口城堡 130323353102170019

位于抚宁县义院口村西南侧，坐标：东经 119° 33′ 06.40″，北纬 40° 10′ 54.70″，高程 146 米。

平面呈不规则形，现状保存西南角台、东南角台两座，堡内住满居民，苑城内历史格局已辨识不清，历史建筑无存。城墙下部为条石基础，白灰勾缝，上部城砖砌筑，白灰勾缝，墙芯毛石砌筑，白灰勾缝，残高 6 米，墙厚 5 米。

城堡整体保存差。南墙长 196 米，保存较好，顶部设施无存，东、西、北墙损毁严重，仅存部分残墙，三座城门，现已无存。

### 20. 石门寨城堡 130323353102170020

位于抚宁县柳观峪城堡东 7 千米，坐标：东经 119° 35′ 42.40″，北纬 40° 05′ 34.10″，高程 98 米。

平面呈不规则形，现状保存西城门一座，堡内住满居民，苑城内历史格局已辨识不清，历史建筑无存。城墙下部为条石基础，白灰勾缝，露明 9 层，上部城砖砌筑，白灰勾缝。南城门下段为条石基础，露明 2 层；中段城砖砌筑；中段与上段间设砖砌拔檐分隔；上段形制无法辨别，券门起券方式五伏五券。西立面券门上部设石质门额。

城堡整体保存差。仅存部分东城墙及城门，东城墙顶部设施无存，西城门外包砖缺失严重。

### 21. 柳观峪城 130323353102170021

位于抚宁县石门寨城堡西 7 千米，坐标：东经 119° 30′ 46.90″，北纬 40° 05′ 30.70″，高程 187 米。

城堡整体保存差。堡墙损毁严重，仅存坍塌散落的碎石。

### 22. 孤石峪城堡 130323353102170022

位于抚宁县平山营城堡北 6.3 千米，坐标：东经 119° 29′ 15.00″，北纬 40° 03′ 58.00″。

城堡整体保存差。堡墙损毁严重，仅存小部分条石基础，其余设施无存。

### 23. 平山营城堡 130323353102170023

位于抚宁县平山营村，坐标：东经 119° 30′ 10.00″，北纬 40° 00′ 35.00″。

城堡无存。

### 24. 梁家湾城堡 130323353102170024

位于抚宁县青山口城堡东南 11 千米，坐标：东经 119° 20′ 18.90″，北纬 40° 05′ 42.60″，高程 200 米。

城堡整体保存差。堡墙损毁严重，仅存遗迹。

### 25. 驸马寨城堡 130323353102170025

位于抚宁县平山营城堡西南 6.2 千米，坐标：东经 119° 19′ 54.00″，北纬 39° 56′ 46.20″，高程 46 米。

城堡整体保存差。堡墙损毁严重，仅存北墙局部。

### 26. 东胜寨城堡 130323353102170026

位于抚宁县青山口城堡西南 6.1 千米，坐标：东经 119° 09′ 12.10″，北纬 40° 05′ 36.90″，高程 200 米。

墙体内外毛石，灰泥勾缝，墙芯碎石夯填。

城堡整体保存差。堡墙损毁严重，仅存东墙 30 米。

### 27. 青山口关城 130323353101170027

位于抚宁县东升寨城堡 6.1 千米，坐标：东经 119° 12′ 48.50″，北纬 40° 07′ 26.10″，高程 203 米。

墙体内外块石砌筑，灰泥勾缝，墙芯碎石夯填。

城堡整体保存差。堡墙损毁严重，残存仅东墙一段、西墙残存数段墙基，北墙一段保存相对较好，墙体长约 60 米，高 6 米，宽 4 米。关城原有东、西、南三座城门，现已无存。

### 28. 台营城堡 130323353102170028

位于抚宁县麻姑营城堡东南 4.2 千米，坐标：东经 119° 12′ 41.20″，北纬 40° 01′ 27.70″，高程 71 米。

城堡整体保存差。堡墙基本无存，仅残存西北角条石基础。

### 29. 无名口关城 130323353101170029

位于抚宁县杜城子西 975 米（两省交界处的山梁顶上），坐标：东经 119° 44′ 34.40″，北纬 40° 11′ 29.90″，高程 305 米。

平面呈近似刀把形，占地面积 13300 平方米。现状保存南、北城门两座，原城内历史格局已辨识不清，历史建筑无存。墙体内外毛石砌筑，白灰勾缝，墙芯碎石夯填。北城门宽 1.77 米，高 2.72 米，厚 4.54 米。

城堡整体保存差。堡墙损毁严重，东墙保存一般，南墙保存一段，长 64 米，宽 0.55 米，高 3.68 ～ 3 米，西墙已无存，北墙仅存部分墙基。南城门残损严重形制无法辨别。

### 30. 嘛姑营城堡 130323353102170030

位于抚宁县台营城堡西北 4.2 千米，坐标：东经 119° 09′ 40.50″，北纬 40° 01′ 40.50″，高程 75 米。

墙体内外块石砌筑，白灰勾缝，墙芯碎石夯填。

城堡整体保存差。堡墙损毁严重，仅残存北墙 80 米，高 2 米，宽 4 米。东、西、南三门，现已无存。

### 31. 乾涧城堡 130323353102170031

位于抚宁县嘛姑营城堡西北 4.5 千米，坐标：东经 119° 08′ 07.40″，北纬 40° 03′ 49.10″，高程 148 米。

墙体内外块石砌筑，白灰勾缝，墙芯碎石夯填。

城堡整体保存差。堡墙损毁严重，东墙残存 80 米，南墙残存 10 米，墙高 6 米，宽 4 米，西、北墙无存。南门现残存部分条石基础，西门无存。

### 32. 温泉城堡 130323353102170032

位于抚宁县石门寨城堡西，坐标：东经 119° 22′ 55.20″，北纬 40° 02′ 02.30″，高程 342 米。

墙体内外块石干垒，墙芯碎石夯填。

城堡整体保存差。堡墙损毁严重，基本无存，仅残存小部分墙基。

### 33. 花场峪北沟石城 130323353102170033

位于秦皇岛市抚宁县花场峪北沟村西北 300 米，坐标：东经 119° 31′ 41.00″，北纬 40° 09′ 51.30″，高程 295 米。

平面呈矩形，占地面积 4175 平方米，周长 266 米。现保存东南角台一座，堡内住满居民，原城内历史格局已辨识不清，历史建筑无存。墙体内外块石砌筑，白灰勾缝，墙芯碎石夯填，残高 1～3 米，残宽 3.2～3.8 米，墙体上残存垛口墙痕迹，宽 0.9 米，四角设半圆形角台，凸出墙体 1.6 米。

城堡整体保存差。墙体多处坍塌，顶部垛口墙无存，城门无存，东南、东北、西南三面角台已全部毁坏。

### 34. 花场峪城堡 130323353102170034

位于秦皇岛市抚宁县花场峪村东 50 米，坐标：东经 119° 31′ 33.20″，北纬 40° 08′ 56.20″，高程 163 米。

平面呈矩形，占地面积 8892 平方米，周长 384 米，原城内历史格局已辨识不清，历史建筑无存。城堡东西宽 78 米，南北长 114 米，墙体内外块石砌筑，白灰勾缝，墙芯碎石夯填，残高 1.2～3.5 米，残宽 5 米。

城堡整体保存差。墙体坍塌严重，残存北墙、东墙及南墙一小部分，南墙及西南角已缺失。城内为农田，遗址遭到扰乱，地面遗物不明显。

### 35. 细峪口城堡 130323353102170035

位于秦皇岛市抚宁县花场峪村南第 2 道东西走向的峡谷南侧山坡上，坐标：东经 119° 31′ 22.40″，北纬 40° 08′ 30.90″，高程 160 米。

平面呈矩形，占地面积 3450 平方米，周长 238 米，原城内历史格局已辨识不清，历史建筑无存。城堡东西长 69 米，南北宽 50 米，墙体内外块石砌筑，白灰勾缝，墙芯碎石夯填，残高约 2.9 米，残宽 2.8～3 米。

城堡整体保存差。墙体坍塌严重，北墙东部保存较好，块石墙面平整，有白灰勾缝的痕迹，其余部分均呈石埂状。现城内已为农田，遗址遭到扰乱，建筑形制不清。

### 36. 箭杆岭城堡 130323353102170036

位于秦皇岛市抚宁县箭杆岭村中，坐标：东经 119° 19′ 41.10″，北纬 40° 08′ 12.50″，高程 217 米。

平面状呈不规则形，现存西城门一座，原城内历史格局已辨识不清，历史建筑无存。

墙体内外块石砌筑，白灰勾缝，墙芯碎石夯填。东墙残长 60 米，残高 4.5 米，厚约 6 米；南墙外侧可见高度 2.9 米，内侧可见高度 3.3 米，顶宽 3.4 米；北墙残长 23 米，残高 1.8 米。

西城门宽 3.4 米，券高 3.97 米，厚 6.58 米，下部 5 层条石基础，上部为城砖砌筑，白灰勾缝，券门起券方式为三伏三券。设门闩石 2 个，长 0.46 米，宽 0.45 米、厚 0.18 米，内孔直径 0.2 米。

城堡整体保存差。墙体坍塌严重，仅存部分墙体，城址边界已不清晰，西城门外包砖坍塌严重，裸露墙芯。

### 37. 界岭口关城 1 号 130323353102170037

位于秦皇岛市抚宁县界岭口村中，坐标：东经 119° 17′ 16.90″，北纬 40° 09′ 37.00″，高程 200 米。

平面呈矩形，占地面积 65575 平方米，周长 990 米，现存西城门一座，原城内历史格局已辨识不清，历史建筑无存。城门南侧城墙长 25.72 米，外侧包砖、内侧块石砌筑，外侧城墙残高 3.1 米，下宽 3.2 米，上宽 2.7 米，外包砖厚 1.9 米，内侧块石砌筑，高 0.85 米，城墙芯为土层、卵石层相间夯实，夯土层厚 0.3 米，卵石层厚 0.1 米，再向南 31.4 米城墙倒塌，上建民房。东南侧城墙高 9.36 米，宽 3.5 米，外侧包砖厚 1.66 米，内侧块石砌筑，墙体内碎石夯土，顶设垛口墙，残长 11.53 米，高 1.8 米，上厚 0.37 米，下厚 0.64 米，垛口高 0.86 米，宽 0.48 米，垛口距墙面 0.7 米，望孔宽 0.24 米，高 0.43 米。北侧连接墙宽 10.01 米，底部 2 层条石高 0.71 米。西北城墙宽 3.8 米，高 7.7 米。两侧均为居民住房，有的院墙直接连到城墙上。

城堡整体保存一般。墙体包砖大部脱落，只有少部分墙体存有包砖。南侧墙体消失约 100 米，现为民居所占据。墙体现坍塌有多处豁口。

### 38. 界岭口关城 2 号 130323353102170038

位于秦皇岛市抚宁县界岭口村西侧山坡上，坐标：东经 119° 17′ 10.60″，北纬 40° 09′ 32.80″，高程 263 米。

平面呈不规则形，占地面积 32385 平方米，周长 668 米，现存券门一座，原城内历史格局已辨识不清，历史建筑无存。墙体外侧城砖砌筑，残高 8.98～9.2 米，宽 5.4 米，内侧块石砌筑，高 2.2 米。东南角设有登城券门一处，门口宽 2.15 米，高 2.08 米，进深 1.76 米，起券方式为三伏三券。门洞宽 2.43 米，高 2.69 米，进深 1.92 米。

城堡整体保存一般。墙体包砖大部脱落，只有少部分墙体存有包砖。南墙外包砖全部缺失；西墙面砖缺失，包砖坍塌长 11.17 米；北墙外包砖缺失；东墙局部坍塌。墙体顶部设施全无，长满茂密的灌木及杂草，城内现为农田。

### 39. 罗汉洞关城 130323353102170039

位于秦皇岛市抚宁县石碑沟村北侧，坐标：东经 119° 14′ 17.00″，北纬 40° 09′ 15.30″，高程 441 米。

平面呈不规则方形，东西长 97 米，南北宽 83 米，占地面积约 6543 平方米，周长约 354 米，原城内历史格局已辨识不清，历史建筑无存。关堡北城墙为长城主线墙体，基础块石砌筑。白灰勾缝，内外包砌城砖；关堡东、西、南三面墙体为大块毛石垒砌，白灰勾缝，残高 2.8 米，宽 3.5 米。北墙上建有关门一座，城门为后期改造，城砖包砌，宽 3.44 米，高 3.26 米。城门内侧残存登城马道。

城堡整体保存较差。北城墙包砖脱落严重，顶部设施无存，东、西、南三面墙体坍毁严重。

## （四）相关遗存

抚宁县相关遗存一览表（单位：处）

| 编号 | 认定名称 | 认定编码 | 保存程度 | | | | |
|---|---|---|---|---|---|---|---|
| | | | 较好 | 一般 | 较差 | 差 | 消失 |
| 1 | 花场峪长城 01 号居住址 | 130323354107170001 | | | √ | √ | |
| 2 | 花场峪长城 02 号居住址 | 130323354107170002 | | | √ | | |
| 3 | 祖山东门长城 01 号居住址 | 130323354107170003 | | | √ | | |
| 4 | 祖山东门长城 02 号居住址 | 130323354107170004 | | | √ | | |
| 5 | 箭杆岭长城居住址 | 130323354107170005 | | | √ | | |
| 6 | 竭家沟长城居住址 | 130323354107170006 | | | √ | | |
| 7 | 谢家店长城 03 号居住址 | 130323354107170010 | | | √ | | |
| 8 | 谢家店长城 04 号居住址 | 130323354107170011 | | | √ | | |
| 9 | 祖山东门长城 06 号碑刻 | 130323354111170019 | √ | | | | |
| 10 | 祖山东门长城 11 号碑刻 | 130323354111170024 | √ | | | | |
| 11 | 香山纪寿刻石 | 130323354110170026 | √ | | | | |
| 合计 | | 共 11 处：居住址 8 处，碑刻 3 处 | 3 | 0 | 8 | 0 | 0 |
| 百分比（%） | | 100 | 27 | 0 | 73 | 0 | 0 |

保存程度：较好、一般、较差、差、消失

**1. 花场峪长城 01 号居住址 130323354107170001**

位于花场峪村西北 1.6 千米，坐标：东经 119° 31′ 05.70″，北纬 40° 09′ 54.10″，高程 641 米。

居住址处于花场峪 01 号敌台南门南侧约 3 米处的墙体内侧，墙体为毛石砌筑，墙体已大部分坍塌，仅存部分墙基。残存墙体南北长 4 米，东西宽 2.5 米，墙残高 0.8 米，墙厚 0.65 ～ 0.7 米。

**2. 花场峪长城 02 号居住址 130323354107170002**

位于花场峪村西北 1 千米，坐标：东经 119° 31′ 19.30″，北纬 40° 09′ 37.10″，高程 406 米。

居住址处于花场峪 04 号敌台北侧约 25 米处的长城墙体内侧，与长城墙体相连。墙体为毛石砌筑，现墙体已大部分坍塌，仅存墙基，残存墙体南北长 9 米，东西宽 3.5 米，墙残高 1.2 米，墙厚 0.5 ～ 0.7 米。

**3. 祖山东门长城 01 号居住址 130323354107170003**

位于车厂村西北 1.8 千米，坐标：东经 119° 30′ 01.90″，北纬 40° 07′ 45.80″，高程 356 米。

居住址处于祖山东门 04 号敌台东侧约 14 米处，此处墙体为山险，居住址依山势而建，为砖砌，白灰勾缝，墙体南北宽 3.37 米，东西长 4.52 米，北墙高 1.45 米，东墙高 2.1 米，西墙高 2.1 米，墙厚 0.4 米，南墙已坍塌。

**4. 祖山东门长城 02 号居住址 130323354107170004**

位于车厂村西南 2.4 千米，坐标：东经 119° 29′ 25.20″，北纬 40° 06′ 50.80″，高程 523 米。

居住址处于祖山东门 12 号敌台北侧，紧邻敌台北门，现保存较差，墙体为毛石砌筑，现墙体已大部分坍塌，仅存墙基，长 4.2 米，宽 3.5 米，残高 1.1 米。

### 5. 箭杆岭长城居住址 130323354107170005

位于箭杆岭村东南 1.4 千米，坐标：东经 119° 20′ 12.00″，北纬 40° 07′ 33.00″，高程 531 米。

居住址处于箭杆岭 03 号敌台南侧约 25 米的长城墙体内侧，紧邻城墙，依山势而建，现保存较差。墙体为毛石砌筑，白灰勾缝，现墙体已大部分坍塌，西侧存有墙体，其余三侧仅存墙基，南北长 6.75 米，东西残宽 4.2 米，西侧墙体残高 3.4 米。

### 6. 竭家沟长城居住址 130323354107170006

位于竭家沟村西北 1.2 千米，坐标：东经 119° 12′ 02.40″，北纬 40° 08′ 53.10″，高程 671 米。

居住址处于竭家沟 01 号敌台东侧约 7 米的长城墙体内侧，紧邻敌台东墙，依山势而建，现保存较差。墙体为毛石干砌，现墙体已大部分坍塌，仅东侧、北侧存有墙体，其余两侧仅存墙基，顶部不存。残存墙体南北宽 3.7 米，东西长 7.4 米，东侧墙体残高 1.5 米，北侧残高 1.3 米，墙厚 0.85 米。

### 7. 谢家店长城 03 号居住址 130323354107170010

位于谢家店村西北 700 米，坐标：东经 119° 09′ 01.70″，北纬 40° 07′ 20.10″，高程 698 米。

居住址位于谢家店 03 号敌台南侧约 4 米处，紧邻敌台，现保存较差。仅存底部大块毛石干砌的台基，顶部墙体及设施不存。台基东西长 7.4 米，南北宽 3.9 米，残高 1.2 米。

### 8. 谢家店长城 04 号居住址 130323354107170011

位于谢家店村西北 1.2 千米，坐标：东经 119° 08′ 27.00″，北纬 40° 07′ 06.60″，高程 633 米。

居住址处于谢家店村 11 号敌台东侧紧挨长城墙体内侧，以长城墙体为墙，现保存较差。墙体为毛石干砌，现顶部坍塌，仅存四面部分墙体。残存墙体南北长 4.7 米，东西宽 2.7 米，残高 1.3 米，墙厚 0.6 米。

### 9. 祖山东门长城 06 号碑刻 130323354111170019

位于车厂村西 2.4 千米，坐标：东经 119° 29′ 26.00″，北纬 40° 07′ 07.80″，高程 491 米。

石碑原镶嵌于祖山东门 09 台顶东垛墙中部，青石质，卷草纹边饰，竖排阴刻楷书 52 字，字 0.035 米见方，字迹清晰。

碑刻录文：真定標下車營左部 / 二司把總官馬紹 / 臣管修敵臺一座 / 週圍一十二丈高 / 連垛口三丈五尺 / 照式修完訖 / 萬曆三十六年十月吉旦立

### 10. 祖山东门长城 11 号碑刻 130323354111170024

位于车厂村西南 2.6 千米，坐标：东经 119° 29′ 20.60″，北纬 40° 06′ 43.50″，高程 503 米。

石碑现镶嵌于祖山东门 14 号敌台南侧长城墙体上，保存较好，碑文较清晰。

碑刻录文：秋防德州營右部二司修完二等邊

牆東接本營中部新城頭起五丈九

尺三寸

右部二司把總百戶胡臣夏管修砌

泥水匠韓都□

王奴婢

萬曆三十六年九月吉日旦

### 11. 香山纪寿刻石 130323354110170026

位于梁家湾村东北 900 米，坐标：东经 119° 20′ 54.90″，北纬 40° 05′ 54.30″，高程 196 米。

石刻刻在梁家湾沟内，大、小香山脚下的一块大石之上，现保存较好，刻字较清晰。

碑刻录文："香山記壽 / 台頭守張爵鑴 / 萬曆庚辰十月 / 朔日少保戚公 / 初度之辰焉東 / 征至台頭閩中 / 郭造卿稱觴因 / 遊擊李逢時當 / 此而品山川可 / 與少保爭奇少 / 保黨與山川敵 / 壽者也 / □□□□書"

# 卢龙县

卢龙县位于秦皇岛市西部，地理坐标：东经 118° 45′ 54″～119° 08′ 06″，北纬 39° 43′ 00″～40° 08′ 42″之间，县域东西宽 22 千米，南北长 50.3 千米，总面积 961 平方千米。东与抚宁县接壤，南依昌黎县，西与唐山市迁安县、滦县相望，北与青龙满族自治县毗邻。距秦皇岛市区 58.5 千米，距石家庄 431.1 千米，距北京市 287 千米，距天津市 263 千米，距沈阳市 520 千米。

卢龙县明长城分布在共 2 个乡镇，分别为燕河营镇、刘家营乡。东接抚宁县吴家沟长城 03 段，西接唐山市迁安县徐流口长城 1 段。

长城起点：燕河营镇重峪口村东北、抚宁卢龙青龙三县界碑，坐标：东经 119° 06′ 52.70″，北纬 40° 05′ 50.00″，高程 619 米。

长城止点：刘家营乡刘家口村，坐标：东经 118° 55′ 06.40″，北纬 40° 08′ 52.80″，高程 341 米。

卢龙县调查长城资源墙体 21 段，总长 21188 米；单体建筑 127 座，其中：敌台 80 座、马面 33 座、烽火台 14 座；关堡 11 座。

## （一）墙体

卢龙县明长城墙体一览表（单位：米）

| 编号 | 认定名称 | 认定编码 | 类型 | 长度 | 保存程度 | | | | |
|---|---|---|---|---|---|---|---|---|---|
| | | | | | 较好 | 一般 | 较差 | 差 | 消失 |
| 1 | 重峪口长城 1 段 | 130324382102170001 | 石墙 | 1000 | | | | 1000 | |

（续）

| 编号 | 认定名称 | 认定编码 | 类型 | 长度 | 保存程度 | | | | |
|---|---|---|---|---|---|---|---|---|---|
| | | | | | 较好 | 一般 | 较差 | 差 | 消失 |
| 2 | 重峪口长城2段 | 130324382103170002 | 砖墙 | 112 | 112 | | | | |
| 3 | 重峪口长城3段 | 130324382102170003 | 石墙 | 1809 | | | 609 | 1200 | |
| 4 | 重峪口长城4段 | 130324382103170004 | 砖墙 | 417 | 147 | | 270 | | |
| 5 | 重峪口长城5段 | 130324382102170005 | 石墙 | 3657 | | | 2663 | 994 | |
| 6 | 梧桐峪长城1段 | 130324382106190006 | 山险 | 106 | 106 | | | | |
| 7 | 梧桐峪长城2段 | 130324382102170007 | 石墙 | 373 | | | | | 373 |
| 8 | 桃林口长城1段 | 130324382106190008 | 山险 | 174 | 174 | | | | |
| 9 | 桃林口长城2段 | 130324382102170009 | 石墙 | 521 | | | | | 521 |
| 10 | 桃林口长城3段 | 130324382103170010 | 砖墙 | 957 | | | 957 | | |
| 11 | 桃林口长城4段 | 130324382102170011 | 石墙 | 1334 | | | 676 | 614 | 44 |
| 12 | 水峪城长城1段 | 130324382102170012 | 砖墙 | 170 | | | 170 | | |
| 13 | 水峪城长城2段 | 130324382102170013 | 石墙 | 2869 | | 569 | 2300 | | |
| 14 | 水峪城长城3段 | 130324382102170014 | 石墙 | 77 | | | | | 77 |
| 15 | 水峪城长城4段 | 130324382102170015 | 砖墙 | 331 | | | | 331 | |
| 16 | 破城子长城 | 130324382102170016 | 石墙 | 3842 | 505 | 1000 | | 2300 | 37 |
| 17 | 佛儿峪长城 | 130324382102170017 | 砖墙 | 1200 | | | | 1200 | |
| 18 | 刘家口长城1段 | 130324382102170018 | 石墙 | 388 | | | | 388 | |
| 19 | 刘家口长城2段 | 130324382102170019 | 石墙 | 235 | | | 235 | | |
| 20 | 刘家口长城3段 | 130324382102190020 | 石墙 | 72 | | | | | 72 |
| 21 | 刘家口长城4段 | 130324382102170021 | 砖墙 | 1544 | 102 | | 520 | 922 | |
| 合计 | | 共21段：砖墙7段，石墙12段，山险2段 | | 21188 | 1146 | 1569 | 8400 | 8949 | 1124 |
| 百分比（%） | | 100 | | | 5.4 | 7.4 | 39.6 | 42.3 | 5.3 |

类型：砖墙、石墙、土墙、山险墙、山险

保存程度：较好、一般、较差、差、消失

### 1. 重峪口长城1段 130324382102170001

位于燕河营镇重峪口城堡东北4千米山上，起点坐标：东经119°06′52.70″，北纬40°05′50.00″，高程619米；止点坐标：东经119°06′16.40″，北纬40°06′01.30″，高程613米。

墙体长1000米，其间设敌台4座，马面5座，包括重峪口1～4号敌台、重峪口1～5号马面，呈东南—西北走向，毛石砌筑，内侧白灰勾缝，可见二次包砌现象，土石混筑台芯，墙宽3.9米，基宽4.3米，外侧高4.49米，内侧高2.48米，垛口墙垛口宽0.82米，高1.5米。部分地段坍塌严重，存少量垛口墙，四周植被茂盛。

### 2. 重峪口长城2段 130324382103170002

位于燕河营镇重峪口城堡东北3.6千米山上，起点坐标：东经119°06′16.40″，北纬40°06′01.30″，高程613米；止点坐标：东经119°06′12.60″，北纬40°05′59.40″，高程611米。

墙体长 112 米，呈东北—西南走向，条石墙基，外包城砖砌筑，墙芯土石混筑，墙宽 3.8 米，基宽 4.2 米，外侧高 6.47 米，内侧高 2.4 米，内侧宇墙存高 3～4 层砖，外侧垛口墙厚 0.4 米，高 1.66 米。垛口大部分残损，内侧设出水口和望孔。

### 3. 重峪口长城 3 段 130324382102170003

位于燕河营镇重峪口城堡东北 3.5 千米山上，起点坐标：东经 119° 06′ 12.60″，北纬 40° 05′ 59.40″，高程 611 米；止点坐标：东经 119° 05′ 10.20″，北纬 40° 05′ 35.20″，高程 396 米。

墙体长 1809 米，其间设敌台 4 座，马面 3 座，烽火台 1 座，便门 1 座，包括重峪口 5～8 号敌台、重峪口 6～8 号马面、重峪口 1 号烽火台、8 号敌台西城墙便门，呈东北—西南走向，毛石砌筑，部分外墙包砌石块坍塌、鼓闪，外侧存少量垛口墙，残高 0.3 米，墙厚 0.82 米。

### 4. 重峪口长城 4 段 130324382103170004

位于燕河营镇重峪口城堡东北 2.1 千米山上，起点坐标：东经 119° 05′ 10.20″，北纬 40° 05′ 35.20″，高程 396 米；止点坐标：东经 119° 04′ 53.20″，北纬 40° 05′ 36.80″，高程 384 米。

墙体长 417 米，其间设敌台 2 座，包括重峪口 9、10 号敌台，原为外包毛石砌筑，二次扩筑为条石墙基，外包城砖，墙芯土石混筑。按照保存情况可分为 2 段，第一段：长 147 米，整体状况较好，走向为东南—西北，墙宽 3.8 米，基宽 4.2 米，内侧宇墙存高 3～4 层砖，外侧垛口墙厚 0.4 米，高 1.66 米，外侧高 6.47 米，内侧高 2.4 米，垛口墙大部分残损，局部地段设出水口和望孔。第二段：长 270 米，整体状况较差，走向为东—西，多处坍塌，损毁严重，以外侧坍塌居多。

### 5. 重峪口长城 5 段 130324382102170005

位于燕河营镇重峪口城堡东北 2 千米山上，起点坐标：东经 119° 04′ 53.20″，北纬 40° 05′ 36.80″，高程 384 米；止点坐标：东经 119° 02′ 54.40″，北纬 40° 06′ 32.00″，高程 474 米。

墙体长 3657 米，其间设敌台 9 座，马面 1 座，烽火台 2 座，城墙便门 1 座，包括重峪口 11、12 号敌台、梧桐峪 1～7 号敌台，重峪口 9 号马面，重峪口 2 号烽火台、梧桐峪 1 号烽火台，10 号敌台西城墙便门 1 座，呈东—西走向，毛石砌筑，土石混筑墙芯。按照保存情况可分为 5 段，第 1 段：长 1800 米，整体状况较差，走向为东南—西北，顶宽 2.61 米，外高 1.5～2.15 米，内高 1.15～1.85 米，坍塌严重。第 2 段：长 163 米，整体状况差，走向为东北—西南，多处整体坍塌，石块散落。第 3 段：长 863 米，整体状况较差，走向为东南—西北，大部分坍塌，局部存垛口墙，厚 0.83 米，外侧最高 0.38 米，内侧最高 0.21 米，最宽处 3.79 米，最窄处 1.8 米，墙基宽 4.2 米。第 4 段：长 831 米，整体状况差，走向为东南—西北，仅存少量碎石，局部存外侧垛口墙，残高 0.3 米，墙厚 0.82 米，内侧坍塌。

### 6. 梧桐峪长城 1 段 130324382106190006

位于燕河营镇梧桐峪城堡西北 2.1 千米山上，起点坐标：119° 02′ 54.40″，北纬 40° 06′ 32.00″，高程 474 米；止点坐标：东经 119° 02′ 51.40″，北纬 40° 06′ 34.50″，高程 479 米。

墙体长 106 米，为自然山体。

### 7. 梧桐峪长城 2 段 130324382102170007

位于燕河营镇梧桐峪城堡西北 2.3 千米山上，起点坐标：东经 119° 02′ 51.40″，北纬 40° 06′ 34.50″，高程 479 米；止点坐标：东经 119° 02′ 35.40″，北纬 40° 06′ 37.10″，高程 230 米。

墙体长 373 米，已被水淹没。

**8. 桃林口长城 1 段 130324382106190008**

位于燕河营镇梧桐峪城堡西北 2.5 千米山上，起点坐标：东经 119° 02′ 35.40″，北纬 40° 06′ 37.10″，高程 230 米；止点坐标：东经 119° 02′ 28.90″，北纬 40° 06′ 37.90″，高程 89 米。

墙体长 174 米，其间设敌台 2 座，包括桃林口 1、2 号敌台，为自然山体。

**9. 桃林口长城 2 段 130324382102170009**

位于燕河营镇桃林口城堡东南 757 米山上，起点坐标：东经 119° 02′ 28.90″，北纬 40° 06′ 37.90″，高程 89 米；止点坐标：东经 119° 02′ 05.70″，北纬 40° 06′ 51.10″，高程 85 米。

墙体长 521 米，其间设敌台 3 座，包括桃林口 3～5 号敌台，墙体整体消失。

**10. 桃林口长城 3 段 130324382103170010**

位于燕河营镇桃林口城堡东 291 米山上，起点坐标：东经 119° 02′ 05.70″，北纬 40° 06′ 51.10″，高程 85 米；止点坐标：东经 119° 01′ 54.80″，北纬 40° 07′ 16.20″，高程 108 米。

墙体长 957 米，其间设敌台 4 座，马面 2 座，包括桃林口 6～9 号敌台，桃林口 1、2 号马面，呈东南—西北走向，条石墙基，外包城砖砌筑，墙芯土石混筑，墙宽 4.2 米，基宽 4.6 米，最高处 6.2 米，多处坍塌，垛口墙缺失，顶面及四周为菜地和果园。

**11. 桃林口长城 4 段 130324382102170011**

位于燕河营镇桃林口城堡西北 749 米山上，起点坐标：东经 119° 01′ 54.80″，北纬 40° 07′ 16.20″，高程 108 米；止点坐标：东经 119° 01′ 18.30″，北纬 40° 07′ 47.40″，高程 252 米。

墙体长 1334 米，其间设敌台 3 座，马面 1 座，烽火台 1 座，包括水峪城 1～3 号敌台，桃林口 3 号马面，桃林口 2 号烽火台，呈东南—西北走向，毛石砌筑，宽 4.26 米，高 4.28 米。按照保存情况可分为 3 段，第 1 段：长 614 米，整体状况差，走向为东南—西北。第 2 段：长 44 米，整体状况消失，走向为东南—西北。第 3 段：长 676 米，整体状况较差，走向为东南—西北。墙体多处坍塌，墙芯碎石裸露。

**12. 水峪城长城 1 段 130324382102170012**

位于刘家营乡水峪城城堡西北 2.3 千米山上，起点坐标：东经 119° 01′ 18.30″，北纬 40° 07′ 47.40″，高程 252 米；止点坐标：东经 119° 01′ 13.70″，北纬 40° 07′ 51.70″，高程 262 米。

墙体长 170 米，呈东南—西北走向，条石墙基，外包城砖砌筑，墙芯土石混筑，四周杂草丛生。

**13. 水峪城长城 2 段 130324382102170013**

位于刘家营乡水峪城城堡西北 2.4 千米山上，起点坐标：东经 119° 01′ 13.70″，北纬 40° 07′ 51.70″，高程 262 米；止点坐标：东经 118° 59′ 54.30″，北纬 40° 08′ 04.80″，高程 230 米。

墙体长 2869 米，其间设敌台 10 座，马面 4 座，烽火台 3 座，包括水峪城 4～13 号敌台，桃林口 4、5 号马面，水峪城 1、2 号马面，水峪城 1～3 号烽火台，呈东南—西北走向，毛石砌筑，墙芯土石混筑。按照保存情况可分为 2 段，第 1 段：长 2300 米，整体状况较差，走向为南—北，大部分向内侧坍塌。第 2 段：长 569 米，整体状况一般，走向为东—西，大部完好，墙宽 2.8 米，基宽 3.2 米，外侧存垛口墙，厚 0.86 米，内侧最高 2.45 米，外侧最高 3.28 米。

### 14. 水峪城长城 3 段 130324382102170014

位于刘家营乡水峪城城堡西北 2.3 千米山上，起点坐标：东经 118° 59′ 54.30″，北纬 40° 08′ 04.80″，高程 230 米；止点坐标：东经 118° 59′ 52.80″，北纬 40° 08′ 07.10″，高程 176 米。

墙体长 77 米，呈东南—西北走向，墙体已消失。

### 15. 水峪城长城 4 段 130324382102170015

位于刘家营乡水峪城城堡西北 2.4 千米山上，起点坐标：东经 118° 59′ 52.80″，北纬 40° 08′ 07.10″，高程 176 米；止点坐标：东经 118° 59′ 40.00″，北纬 40° 08′ 06.60″，高程 302 米。

墙体长 331 米，其间设敌台 2 座，马面 2 座，包括水峪城 14、15 号敌台，水峪城 3、4 号马面，呈东南—西北走向，原为外包毛石，二次扩筑为条石墙基，城砖砌筑，墙芯土石混筑，墙宽 3.29 米，基宽 4.2 米，外侧最高 5.94 米，内侧最高 2.36 米，垛口墙、宇墙缺失，多处坍塌。

### 16. 破城子长城 130324382102170016

位于刘家营乡破城子城堡东北 3.4 千米山上，起点坐标：东经 118° 59′ 40.00″，北纬 40° 08′ 06.60″，高程 302 米；止点坐标：东经 118° 57′ 16.30″，北纬 40° 08′ 32.20″，高程 205 米。

墙体长 3842 米，其间设敌台 15 座，马面 3 座，包括水峪城 16 号敌台、破城子 1～7 号敌台、佛儿峪 1～7 号敌台，水峪城 5～6 号马面、佛儿峪 1 号马面，呈东南—西北走向，原为外包毛石，二次扩筑为条石墙基，城砖砌筑，墙芯土石混筑。按照保存情况可分为 4 段，第 1 段：长 2300 米，整体状况差，走向为东南—西北，墙体多处坍塌。第 2 段：长 505 米，整体状况较好，走向为东—西，大部完好，墙宽 2.8 米，基宽 3.2 米，外侧存砖砌垛口墙，厚 0.42 米，最高 5.84 米，存少量垛口及望孔，内侧砖砌宇墙存高 3～4 层砖，内侧墙高 2.45 米，局部存地面墁砖，外侧坍塌较多，大部分为两侧砖墙倒向中间。第 3 段：长 1000 米，整体状况一般，走向为东—西，墙宽 2.8 米，基宽 3.2 米，外侧存砖砌垛口墙，厚 0.42 米，最高 5.84 米，局部存垛口及望孔，内侧砖砌宇墙存高 3～4 层砖，内侧墙最高 2.45 米。第 4 段：长 37 米，走向为东—西，墙体已消失。

### 17. 佛儿峪长城 130324382102170017

位于刘家营乡佛儿峪古城东北 1.9 千米山上，起点坐标：东经 118° 57′ 16.30″，北纬 40° 08′ 32.20″，高程 205 米；止点坐标：东经 118° 56′ 27.40″，北纬 40° 08′ 29.20″，高程 219 米。

墙体长 1200 米，其间设敌台 8 座，马面 5 座，包括佛儿峪 8～15 号敌台，佛儿峪 2～6 号马面，呈东—西走向，原为外包毛石，二次扩筑为条石墙基，城砖砌筑，墙芯土石混筑，多处坍塌，墙宽 3.29 米，基宽 4.2 米，外侧最高 5.94 米，内侧最高 2.36 米，垛口墙、宇墙无存。

### 18. 刘家口长城 1 段 130324382102170018

位于刘家营乡刘家口关城东北 406 米山上，起点坐标：东经 118° 56′ 27.40″，北纬 40° 08′ 29.20″，高程 219 米；止点坐标：东经 118° 56′ 13.20″，北纬 40° 08′ 31.00″，高程 160 米。

墙体长 388 米，间设敌台 3 座，马面 2 座，包括刘家口关城 1～3 号敌台，佛儿峪 7 号马面、刘家口关城 1 号马面，呈东—西走向，毛石砌筑，墙芯土石混筑，墙体多处坍塌，形制不清。

### 19. 刘家口长城 2 段 1303243821002170019

位于刘家营乡刘家口关城北 162 米山上，起点坐标：东经 118° 56′ 13.20″，北纬 40° 08′ 31.00″，高程 160 米；止点坐标：东经 118° 56′ 04.30″，北纬 40° 08′ 29.00″，高程 108 米。

墙体长 235 米，其间设敌台 1 座，马面 1 座，包括刘家口关城 4 号敌台，刘家口关城 1 号马面，呈东北—西南走向，毛石砌筑，墙芯土石混筑，墙体多处坍塌，4 号敌台西侧存垛口墙长 30 米，垛口缺失，存望孔。

### 20. 刘家口长城 3 段 1303243821002190020

位于刘家营乡刘家口关城西北 180 米山上，起点坐标：东经 118° 56′ 04.30″，北纬 40° 08′ 29.00″，高程 108 米；止点坐标：东经 118° 56′ 01.40″，北纬 40° 08′ 28.70″，高程 117 米。

墙体长 72 米，间设敌台 1 座，包括刘家口关城 5 号敌台，呈东—西走向，通往青龙满族自治县的公路穿段，形成豁口。

### 21. 刘家口长城 4 段 1303243821002170021

位于刘家营乡刘家口关城西北 180 米山上，起点坐标：东经 118° 56′ 01.40″，北纬 40° 08′ 28.70″，高程 117 米；止点坐标：东经 118° 55′ 06.40″，北纬 40° 08′ 52.90″，高程 342 米。

墙体长 1544 米，其间设敌台 8 座，马面 4 座，包括刘家口关城 7 ～ 14 号敌台，刘家口关城 3 ～ 6 号马面，呈东南—西北走向，原为外包毛石，二次扩筑为条石墙基，城砖砌筑，墙芯土石混筑。按照保存情况可分为 4 段，第 1 段长 92 米，整体状况差，走向为东—西，墙体多处坍塌。第 2 段长 520 米，整体状况较差，走向为东南—西北，下为石条基础，大部分段落残破严重，内外侧包砖大面积剥落，露出里面包石，多处坍塌。第 3 段长 829 米，整体状况差，走向为东南—西北，墙体多处坍塌，个别地段几近消失。第 4 段长 102 米，整体状况较好，走向为东—西，内外包砖大部完好，外侧存垛口墙，垛口均残，下设望孔，内侧宇墙无存，墙宽 3.7 米，基宽 4.1 米，外侧最高 6.12 米，内侧最高 4.23 米。

## （二）单体建筑

卢龙县明长城单体建筑一览表（单位：座）

| 序号 | 认定名称 | 认定编码 | 材质 | 保存程度 | | | | |
|---|---|---|---|---|---|---|---|---|
| | | | | 较好 | 一般 | 较差 | 差 | 消失 |
| 1 | 重峪口堡 1 号敌台 | 1303243521001170001 | 砖 | | | | √ | |
| 2 | 重峪口堡 2 号敌台 | 1303243521001170002 | 砖 | | | | √ | |
| 3 | 重峪口堡 3 号敌台 | 1303243521001170003 | 砖 | | | | √ | |
| 4 | 重峪口堡 4 号敌台 | 1303243521001170004 | 砖 | | | | √ | |
| 5 | 重峪口堡 5 号敌台 | 1303243521001170005 | 砖 | | | | √ | |
| 6 | 重峪口堡 6 号敌台 | 1303243521001170006 | 砖 | | | | √ | |
| 7 | 重峪口堡 7 号敌台 | 1303243521001170007 | 砖 | | | | √ | |
| 8 | 重峪口堡 8 号敌台 | 1303243521001170008 | 砖 | | | | √ | |

（续）

| 序号 | 认定名称 | 认定编码 | 材质 | 保存程度 | | | | |
|---|---|---|---|---|---|---|---|---|
| | | | | 较好 | 一般 | 较差 | 差 | 消失 |
| 9 | 重峪口堡 9 号敌台 | 1303243521011170009 | 砖 | | | | √ | |
| 10 | 重峪口堡 10 号敌台 | 1303243521011170010 | 砖 | | | | √ | |
| 11 | 重峪口堡 11 号敌台 | 1303243521011170011 | 砖 | | | | √ | |
| 12 | 重峪口堡 12 号敌台 | 1303243521011170012 | 砖 | | | | √ | |
| 13 | 梧桐峪堡 1 号敌台 | 1303243521011170013 | 砖 | | | | √ | |
| 14 | 梧桐峪堡 2 号敌台 | 1303243521011170014 | 砖 | | | | √ | |
| 15 | 梧桐峪堡 3 号敌台 | 1303243521011170015 | 砖 | | | | √ | |
| 16 | 梧桐峪堡 4 号敌台 | 1303243521011170016 | 砖 | | | | √ | |
| 17 | 梧桐峪堡 5 号敌台 | 1303243521011170017 | 砖 | | | √ | | |
| 18 | 梧桐峪堡 6 号敌台 | 1303243521011170018 | 砖 | | | | √ | |
| 19 | 梧桐峪堡 7 号敌台 | 1303243521011170019 | 砖 | | | √ | | |
| 20 | 桃林口堡 1 号敌台 | 1303243521011170020 | 砖 | | | √ | | |
| 21 | 桃林口堡 2 号敌台 | 1303243521011170021 | 砖 | | | | √ | |
| 22 | 桃林口堡 3 号敌台 | 1303243521011170022 | 砖 | | | | | √ |
| 23 | 桃林口堡 4 号敌台 | 1303243521011170023 | 砖 | | | | | √ |
| 24 | 桃林口堡 5 号敌台 | 1303243521011170024 | 砖 | | | | | √ |
| 25 | 桃林口堡 6 号敌台 | 1303243521011170025 | 砖 | | | | √ | |
| 26 | 桃林口堡 7 号敌台 | 1303243521011170026 | 砖 | | | | √ | |
| 27 | 桃林口堡 8 号敌台 | 1303243521011170027 | 砖 | | | | √ | |
| 28 | 桃林口堡 9 号敌台 | 1303243521011170028 | 砖 | | | √ | | |
| 29 | 水峪城 1 号敌台 | 1303243521011170029 | 砖 | | | | √ | |
| 30 | 水峪城 2 号敌台 | 1303243521011170030 | 砖 | | | | √ | |
| 31 | 水峪城 3 号敌台 | 1303243521011170031 | 砖 | | | | √ | |
| 32 | 水峪城 4 号敌台 | 1303243521011170032 | 砖 | | | | √ | |
| 33 | 水峪城 5 号敌台 | 1303243521011170033 | 砖 | | √ | | | |
| 34 | 水峪城 6 号敌台 | 1303243521011170034 | 砖 | | | | √ | |
| 35 | 水峪城 7 号敌台 | 1303243521011170035 | 砖 | | | √ | | |
| 36 | 水峪城 8 号敌台 | 1303243521011170036 | 砖 | | | | √ | |
| 37 | 水峪城 9 号敌台 | 1303243521011170037 | 砖 | | √ | | | |
| 38 | 水峪城 10 号敌台 | 1303243521011170038 | 砖 | | √ | | | |
| 39 | 水峪城 11 号敌台 | 1303243521011170039 | 砖 | | | √ | | |
| 40 | 水峪城 12 号敌台 | 1303243521011170040 | 砖 | | | √ | | |
| 41 | 水峪城 13 号敌台 | 1303243521011170041 | 砖 | | | √ | | |
| 42 | 水峪城 14 号敌台 | 1303243521011170042 | 砖 | | | | √ | |
| 43 | 水峪城 15 号敌台 | 1303243521011170043 | 砖 | | | | √ | |
| 44 | 水峪城 16 号敌台 | 1303243521011170044 | 砖 | | √ | | | |
| 45 | 破城子城 1 号敌台 | 1303243521011170045 | 砖 | | | √ | | |

（续）

| 序号 | 认定名称 | 认定编码 | 材质 | 保存程度 | | | | |
|---|---|---|---|---|---|---|---|---|
| | | | | 较好 | 一般 | 较差 | 差 | 消失 |
| 46 | 破城子城 2 号敌台 | 1303243521011170046 | 砖 | | | | √ | |
| 47 | 破城子城 3 号敌台 | 1303243521011170047 | 砖 | | | | √ | |
| 48 | 破城子城 4 号敌台 | 1303243521011170048 | 砖 | | √ | | | |
| 49 | 破城子城 5 号敌台 | 1303243521011170049 | 砖 | | | | √ | |
| 50 | 破城子城 6 号敌台 | 1303243521011170050 | 砖 | | | | √ | |
| 51 | 破城子城 7 号敌台 | 1303243521011170051 | 砖 | √ | | | | |
| 52 | 佛儿峪古城 1 号敌台 | 1303243521011170052 | 砖 | | √ | | | |
| 53 | 佛儿峪古城 2 号敌台 | 1303243521011170053 | 砖 | | | √ | | |
| 54 | 佛儿峪古城 3 号敌台 | 1303243521011170054 | 砖 | √ | | | | |
| 55 | 佛儿峪古城 4 号敌台 | 1303243521011170055 | 砖 | | √ | | | |
| 56 | 佛儿峪古城 5 号敌台 | 1303243521011170056 | 砖 | √ | | | | |
| 57 | 佛儿峪古城 6 号敌台 | 1303243521011170057 | 砖 | | √ | | | |
| 58 | 佛儿峪古城 7 号敌台 | 1303243521011170058 | 砖 | | | | √ | |
| 59 | 佛儿峪古城 8 号敌台 | 1303243521011170059 | 砖 | | | √ | | |
| 60 | 佛儿峪古城 9 号敌台 | 1303243521011170060 | 砖 | | | √ | | |
| 61 | 佛儿峪古城 10 号敌台 | 1303243521011170061 | 砖 | | | √ | | |
| 62 | 佛儿峪古城 11 号敌台 | 1303243521011170062 | 砖 | | | √ | | |
| 63 | 佛儿峪古城 12 号敌台 | 1303243521011170063 | 砖 | | | √ | | |
| 64 | 佛儿峪古城 13 号敌台 | 1303243521011170064 | 砖 | | | √ | | |
| 65 | 佛儿峪古城 14 号敌台 | 1303243521011170065 | 砖 | | | | √ | |
| 66 | 佛儿峪古城 15 号敌台 | 1303243521011170066 | 砖 | | | | √ | |
| 67 | 刘家口关城 1 号敌台 | 1303243521011170067 | 砖 | | | | √ | |
| 68 | 刘家口关城 2 号敌台 | 1303243521011170068 | 砖 | | | | √ | |
| 69 | 刘家口关城 3 号敌台 | 1303243521011170069 | 砖 | | √ | | | |
| 70 | 刘家口关城 4 号敌台 | 1303243521011170070 | 砖 | | | | √ | |
| 71 | 刘家口关城 5 号敌台 | 1303243521011170071 | 砖 | | √ | | | |
| 72 | 刘家口关城 6 号敌台 | 1303243521011170072 | 砖 | | | | √ | |
| 73 | 刘家口关城 7 号敌台 | 1303243521011170073 | 砖 | | | | √ | |
| 74 | 刘家口关城 8 号敌台 | 1303243521011170074 | 砖 | | | | √ | |
| 75 | 刘家口关城 9 号敌台 | 1303243521011170075 | 砖 | | | √ | | |
| 76 | 刘家口关城 10 号敌台 | 1303243521011170076 | 砖 | | | √ | | |
| 77 | 刘家口关城 11 号敌台 | 1303243521011170077 | 砖 | | | √ | | |
| 78 | 刘家口关城 12 号敌台 | 1303243521011170078 | 砖 | | √ | | | |
| 79 | 刘家口关城 13 号敌台 | 1303243521011170079 | 砖 | | √ | | | |
| 80 | 刘家口关城 14 号敌台 | 1303243521011170080 | 砖 | | | √ | | |
| 81 | 重峪口堡 1 号马面 | 1303243521021170081 | 石 | | | | √ | |
| 82 | 重峪口堡 2 号马面 | 1303243521021170082 | 石 | | | | √ | |

（续）

| 序号 | 认定名称 | 认定编码 | 材质 | 保存程度 | | | | |
|---|---|---|---|---|---|---|---|---|
| | | | | 较好 | 一般 | 较差 | 差 | 消失 |
| 83 | 重峪口堡 3 号马面 | 1303243521020170083 | 石 | | | | √ | |
| 84 | 重峪口堡 4 号马面 | 1303243521020170084 | 石 | | | | √ | |
| 85 | 重峪口堡 5 号马面 | 1303243521020170085 | 石 | | | | √ | |
| 86 | 重峪口堡 6 号马面 | 1303243521020170086 | 石 | | | | √ | |
| 87 | 重峪口堡 7 号马面 | 1303243521020170087 | 石 | | | | √ | |
| 88 | 重峪口堡 8 号马面 | 1303243521020170088 | 石 | | √ | | | |
| 89 | 重峪口堡 9 号马面 | 1303243521020170089 | 石 | | | √ | | |
| 90 | 桃林口堡 1 号马面 | 1303243521020170090 | 石 | | √ | | | |
| 91 | 桃林口堡 2 号马面 | 1303243521020170091 | 砖 | | | √ | | |
| 92 | 桃林口堡 3 号马面 | 1303243521020170092 | 石 | | | | √ | |
| 93 | 桃林口堡 4 号马面 | 1303243521020170093 | 石 | | | | √ | |
| 94 | 桃林口堡 5 号马面 | 1303243521020170094 | 石 | | | | √ | |
| 95 | 水峪城 1 号马面 | 1303243521020170095 | 石 | | √ | | | |
| 96 | 水峪城 2 号马面 | 1303243521020170096 | 石 | | √ | | | |
| 97 | 水峪城 3 号马面 | 1303243521020170097 | 石 | | √ | | | |
| 98 | 水峪城 4 号马面 | 1303243521020170098 | 石 | | √ | | | |
| 99 | 水峪城 5 号马面 | 1303243521020170099 | 石 | | √ | | | |
| 100 | 水峪城 6 号马面 | 1303243521020170100 | 石 | | | √ | | |
| 101 | 佛儿峪古城 1 号马面 | 1303243521020170101 | 石 | | | | √ | |
| 102 | 佛儿峪古城 2 号马面 | 1303243521020170102 | 砖 | | | | √ | |
| 103 | 佛儿峪古城 3 号马面 | 1303243521020170103 | 石 | | | | √ | |
| 104 | 佛儿峪古城 4 号马面 | 1303243521020170104 | 砖 | | √ | | | |
| 105 | 佛儿峪古城 5 号马面 | 1303243521020170105 | 石 | | √ | | | |
| 106 | 佛儿峪古城 6 号马面 | 1303243521020170106 | 石 | | √ | | | |
| 107 | 佛儿峪古城 7 号马面 | 1303243521020170107 | 石 | √ | | | | |
| 108 | 刘家口关城 1 号马面 | 1303243521020170108 | 砖 | | | | √ | |
| 109 | 刘家口关城 2 号马面 | 1303243521020170109 | 石 | | | | √ | |
| 110 | 刘家口关城 3 号马面 | 1303243521020170110 | 砖 | | | | √ | |
| 111 | 刘家口关城 4 号马面 | 1303243521020170111 | 砖 | | | √ | | |
| 112 | 刘家口关城 5 号马面 | 1303243521020170112 | 石 | | | | √ | |
| 113 | 刘家口关城 6 号马面 | 1303243521020170113 | 石 | | | | √ | |
| 114 | 重峪口堡 1 号烽火台 | 1303243532010170114 | 石 | | | | √ | |
| 115 | 重峪口堡 2 号烽火台 | 1303243532010170115 | 石 | | | | √ | |
| 116 | 梧桐峪堡 1 号烽火台 | 1303243532010170116 | 石 | | | | √ | |
| 117 | 梧桐峪堡 2 号烽火台 | 1303243532010170117 | 石 | | | | √ | |
| 118 | 桃林口堡 1 号烽火台 | 1303243532010170118 | 砖 | | | √ | | |
| 119 | 桃林口堡 2 号烽火台 | 1303243532010170119 | 石 | | | | √ | |

（续）

（续）

| 序号 | 认定名称 | 认定编码 | 材质 | 保存程度 | | | | |
|------|----------|----------|------|----------|----|----|----|----|
| | | | | 较好 | 一般 | 较差 | 差 | 消失 |
| 120 | 水峪城 1 号烽火台 | 130324353201170120 | 石 | | | | √ | |
| 121 | 水峪城 2 号烽火台 | 130324353201170121 | 石 | | | | √ | |
| 122 | 水峪城 3 号烽火台 | 130324353201170122 | 石 | | | | √ | |
| 123 | 破城子城烽火台 | 130324353201170123 | 石 | | | | √ | |
| 124 | 佛儿峪古城 1 号烽火台 | 130324353201170124 | 石 | | | √ | | |
| 125 | 佛儿峪古城 2 号烽火台 | 130324353201170125 | 石 | | | | √ | |
| 126 | 佛儿峪古城 3 号烽火台 | 130324353201170126 | 石 | | | | √ | |
| 127 | 佛儿峪古城 4 号烽火台 | 130324353201170127 | 石 | | | | √ | |
| 合计 | | 共 127 座：砖 87 座，石 40 座 | | 4 | 22 | 26 | 72 | 3 |
| 百分比（%） | | 100 | | 3.1 | 17.3 | 20.5 | 56.7 | 2.4 |

类型：单体建筑包括敌台、烽火台、马面等

保存程度：较好、一般、较差、差、消失

**1. 重峪口堡 1 号敌台 130324352101170001**

位于燕河营镇重峪口城堡东北 4 千米，坐标：东经 119° 06′ 51.1″，北纬 4° 05′ 52.3″，高程 593 米。

敌台东西接墙，砖石结构，平面布局呈"回"字形，立面及剖面呈梯形，底边东西长 10.11 米，南北宽 10.36 米，高 6.8 米。敌台为三段式，下段条石基础 4 层；中段城砖砌筑，东西辟 1 门、2 箭窗，南北不详，西门存门槛石，东门坍塌，西侧存南箭窗，窗台石为红色黄岗岩，起券方式为一伏一券，券砖局部缺失；中段与上段间设三层砖拔檐分隔，第二层为菱角花檐，上下层为直檐；上段为垛口墙，存高 3～5 层砖。

敌台南侧存回廊券一道，东侧回廊券券砖缺失顶部砌体临空，北侧坍塌，敌台稳定性差。

**2. 重峪口堡 2 号敌台 130324352101170002**

位于燕河营镇重峪口城堡东北 4 千米，坐标：东经 119° 06′ 42.90″，北纬 40° 05′ 57.60″，高程 543 米。

敌台东西接墙，砖石结构，平面布局三券室二通道，立面及剖面呈梯形，底边南北宽 8.07 米，东西长 14.5 米，东部残高 8.94 米。敌台为三段式，下段条石基础 2 层；中段城砖砌筑，东西辟 1 门、1 箭窗，南辟 3 箭窗，北辟 6 箭窗，门已缺失；中段与上段间设三层砖拔檐分隔，第二层为菱角花檐，上下层为直檐；上段为垛口墙，存高 3～4 层砖，东立面中部设石沟嘴子。

敌台东立面存通裂缝 1 条，石沟嘴子下部存小裂缝 1 条，墙面风化酥碱严重，西券室及西墙坍塌，天井位于东券室。

**3. 重峪口堡 3 号敌台 130324352101170003**

位于燕河营镇重峪口城堡东北 4 千米，坐标：东经 119° 06′ 36.20″，北纬 40° 06′ 02.20″，高程 558 米。

敌台东西接墙，台体坍塌严重，呈堆状，仅存少量城砖墙体高 7 层。

**4. 重峪口堡 4 号敌台 130324352101170004**

位于燕河营镇重峪口城堡东北 3.8 千米，坐标：东经 119° 06′ 23.60″，北纬 40° 06′ 02.60″，高程 619 米。

敌台东西接墙，台体坍塌严重，在台体四周散落城砖砌体一块，四周杂草丛生，植被较茂盛。台体南侧 20 米处，存一建筑遗址，南北长 9.16，东西宽 7.47 米，残墙高 1.34 米。

**5. 重峪口堡 5 号敌台 130324352101170005**

位于燕河营镇重峪口城堡东北 3.4 千米，坐标：东经 119° 06′ 06.20″，北纬 40° 05′ 57.70″，高程 609 米。

敌台南北接墙，砖石结构，立面及剖面呈梯形，底边东西长 8.89 米，南北长 13.26 米，高 10.13 米。敌台为三段式，下段条石基础 6 层；中段城砖砌筑，东西辟 3 箭窗，南北辟 1 门、1 箭窗，北墙无法辨别，北门及箭窗已坍塌，南门东侧存门肩石半块；中段与上段间设三层砖拔檐分隔，第二层为菱角花檐，上下层为直檐；上段为垛口墙，存高 2～3 层砖。

敌台西南角、东南角、南券室东端顶部及北券室均已坍塌，楼梯位于东券室，石级八级，由东向西登顶，楼梯已无存，楼梯顶为砖叠涩砌筑。

**6. 重峪口堡 6 号敌台 130324352101170006**

位于燕河营镇重峪口城堡东北 2.9 千米，坐标：东经 119° 05′ 51.20″，北纬 40° 05′ 48.20″，高程 598 米。

台体坍塌严重，墙体残高 0.44 米，四周杂草丛生，植被较茂盛。

**7. 重峪口堡 7 号敌台 130324352101170007**

位于燕河营镇重峪口城堡东北 2.4 千米，坐标：东经 119° 05′ 35.60″，北纬 40° 05′ 36.20″，高程 471 米。

敌台东西接墙，砖石结构，平面布局三券室二通道，立面及剖面呈梯形，底边南北宽 7.8 米，东西长 12.63 米，东部残高 8.35 米。敌台为三段式，下段条石基础露明 4 层；中段城砖砌筑，东西辟 1 门 1 箭窗，南辟 3 箭窗，东门券砖大部缺失；中段与上段间设三层砖拔檐分隔，第二层为菱角花檐，上下层为直檐；上段为垛口墙，存高 1～2 层砖。

敌台西、北立面坍塌，梯井口位于东南侧券室。台体西南 50 米处半山腰上存建筑基址，仅存墙角。台体北 50 米处山坡上设壕沟两道。

**8. 重峪口堡 8 号敌台 130324352101170008**

位于燕河营镇重峪口城堡东北 2.1 千米，坐标：东经 119° 05′ 13.80″，北纬 40° 05′ 34.30″，高程 407 米。

敌台东西接墙，砖石结构，平面布局北侧南北向三券室，南侧东西向一券室，三通道，立面及剖面呈梯形，底边南北宽 9.29 米，东西长 11.95 米，高 8.94 米。敌台为三段式，下段条石基础露明 3 层；中段城砖砌筑，东西辟 1 门 1 箭窗，南北辟 3 箭窗，门已缺失，箭窗平面外抹角呈外"八"字形；中段与上段间设三层砖拔檐分隔，第二层为菱角花檐，上下层为直檐；上段为垛口墙，存高 2～3 层砖。

敌台南侧东西向券室、北侧西券室坍塌，楼梯位于西券室，石台阶为十三级，由北向南登顶，铺房仅存部分基础。台体西北 32 米处，存一城墙券洞，处在山谷凹地处，条石三层，上为包砖，高 2.04 米，宽 3.29 米。台体北 50 米处山坡上设壕沟两道。

**9. 重峪口堡 9 号敌台 130324352101170009**

位于燕河营镇重峪口城堡东北 2.1 千米，坐标：东经 119° 05′ 04.60″，北纬 40° 05′ 37.30″，高程 433 米。

敌台东西接墙，砖石结构，东面存门槛石，台体整体坍塌，四周散落大量城砖墙体。台体西侧 50 米处，存建筑基址，仅存两段残墙，块石垒砌，高 0.46 米。台体北 50 米处山坡上设壕沟两道。

### 10. 重峪口堡 10 号敌台 130324352101170010

位于燕河营镇重峪口城堡东北 2 千米，坐标：东经 119° 04′ 53.20″，北纬 40° 05′ 36.80″，高程 384 米。

敌台东西接墙，砖石结构，平面布局四券室二通道，立面及剖面呈梯形，底边南北宽 8.89 米，东西长 13.26 米，高 8.19 米。敌台为三段式，下段条石基础 6 层；中段城砖砌筑，东西辟 1 门 1 箭窗，南北辟 4 箭窗，门坍塌严重，东、西立面箭窗窗台墙缺失，箭窗设窗台石、下辟礌石孔；拔檐及上段垛口墙缺失，西立面南侧存石沟嘴子 1 块，根部折断。

敌台存多条裂缝，墙面风化酥碱严重楼梯位于南侧，现存石台阶 8 级，向西通顶。台体北侧 239 米处，存一城墙券门洞，为城墙内侧通道，设登城步道，高 1.81 米，宽 0.82 米。台体北 50 米处山坡上设壕沟两道。

### 11. 重峪口堡 11 号敌台 130324352101170011

位于燕河营镇重峪口城堡北 2.1 千米，坐标：东经 119° 04′ 31.60″，北纬 40° 05′ 42.30″，高程 429 米。

敌台东西接墙，砖石结构，平面布局三券室三通道，立面及剖面呈梯形，底边南北宽 8.19 米，东西长 13.4 米，高 8.7 米。敌台为三段式，下段条石基础最高处 6 层；中段城砖砌筑，东西辟 1 门 2 箭窗，南北辟 3 箭窗，东西门坍塌严重，均存一门槛石；中段与上段间设三层砖拔檐分隔，第二层为菱角花檐，上下层为直檐；上段垛口墙缺失。

敌台券室宽 3.36 米，高 3.85 米，楼梯位于北侧，由西向东登顶，梯井房南墙为影壁，下部砖砌须弥座保存较完整，影壁芯残损严重，铺房墙体仅存东墙。

### 12. 重峪口堡 12 号敌台 130324352101170012

位于燕河营镇重峪口城堡西北 2.3 千米，坐标：东经 119° 04′ 06.70″，北纬 40° 05′ 43.90″，高程 445 米。

敌台东西接墙，砖石结构，平面布局三券室三通道，立面及剖面呈梯形，底边南北宽 8.85 米，东西长 13.88 米，高 8.44 米。敌台为三段式，下段条石基础最高处 4 层；中段城砖砌筑，东西辟 1 门 2 箭窗，南北辟 3 箭窗，西门存少量券砖，东门保存较好，为门槛石、门柱石、门券石、上为两伏一券砖，箭窗破损严重，起券方式为一伏一券；中段与上段间设三层砖拔檐分隔，第二层为菱角花檐，上下层为直檐；上段垛口墙缺失。

敌台顶部设施缺失，楼梯位于南侧，存石台基六级，由东向西登顶，顶部长满杂草。

### 13. 梧桐峪堡 1 号敌台 130324352101170013

位于燕河营镇梧桐峪城堡东北 1.6 千米，坐标：东经 119° 04′ 02.40″，北纬 40° 05′ 50.00″，高程 537 米。

敌台东西接墙，砖石结构，平面布局三券室三通道，立面及剖面呈梯形，底边南北宽 13.85 米，东西长 9.2 米，高 8.98 米。敌台为三段式，下段条石基础北侧 7 层、东侧 3 层；中段城砖砌筑，东西辟 1 门 2 箭窗，南北辟 3 箭窗，东西门坍塌严重，东门存门肩石半块；拔檐及上段垛口墙缺失。

敌台南侧墙体及部分券室坍塌，楼梯位于南侧东段，存石台基 7 级，由东向西登顶，顶部长满杂草。

### 14. 梧桐峪堡 2 号敌台 130324352101170014

位于燕河营镇梧桐峪城堡东北 1.6 千米，坐标：东经 119° 03′ 52.90″，北纬 40° 05′ 57.90″，高程 433 米。

敌台砖石结构，立面及剖面呈梯形，底边南北宽 13.85 米，东西长 9.2 米，高 4.31 米。敌台为三段式，下段条石基础 3 层；中段城砖砌筑，坍塌严重，门、箭窗不详，残高 3.3 米；拔檐及上段垛口墙缺失。

**15. 梧桐峪堡 3 号敌台 130324352101170015**

位于燕河营镇梧桐峪城堡东北 1.4 千米，坐标：东经 119° 03′ 47.40″，北纬 40° 05′ 56.30″，高程 389 米。台体坍塌严重仅存痕迹，碎砖石散落满地，四周植被茂盛。

**16. 梧桐峪堡 4 号敌台 130324352101170016**

位于燕河营镇梧桐峪城堡东北 1.3 千米，坐标：东经 119° 03′ 41.00″，北纬 40° 05′ 55.40″，高程 403 米。

敌台东西残长 7.23 米，南北残宽 5.63 米，残高 4.3 米，台体坍塌严重，存少量背里城砖墙，台芯毛石裸露，四周植被茂盛。台体外侧 50 米山坡上，存壕沟一道，仅存痕迹。

**17. 梧桐峪堡 5 号敌台 130324352101170017**

位于燕河营镇梧桐峪城堡北 1.8 千米，坐标：东经 119° 03′ 21.70″，北纬 40° 06′ 18.40″，高程 585 米。

敌台东西接墙，砖石结构，平面布局三券室三通道，立面及剖面呈梯形，底边南北宽 13.12 米，东西长 9.56 米，通高 9.25 米。敌台为三段式，下段条石基础 5 层；中段城砖砌筑，东西辟 3 箭窗，南北辟 1 门、2 箭窗，北门缺失，南门存门券石、门肩石、门槛石，门柱石缺失，门高 1.65 米，宽 0.64 米，箭窗起券方式为一伏一券；中段与上段间设三层砖拔檐分隔，第二层为菱角花檐，上下层为直檐；上段垛口墙缺失。

敌台北券室及东南角坍塌，楼梯位于南侧，现存石台阶 11 级。台体外侧 50 米的山坡上，存壕沟一道，仅存痕迹。台体西侧的长城墙体上，存长方形石圈。

**18. 梧桐峪堡 6 号敌台 130324352101170018**

位于燕河营镇梧桐峪城堡北 2.1 千米，坐标：东经 119° 03′ 09.00″，北纬 40° 06′ 28.60″，高程 605 米。

敌台砖石结构，平面布局三券室三通道，立面及剖面呈梯形，底边南北宽 8.34 米，东西长 8.83 米，通高 3.23 米，台体坍塌严重，仅存西南角的部分基础、砖砌墙体，四周杂草丛生。台体外侧 50 米的山坡上，存壕沟一道，仅存痕迹。

**19. 梧桐峪堡 7 号敌台 130324352101170019**

位于燕河营镇梧桐峪城堡西北 2.2 千米，坐标：东经 119° 03′ 04.40″，北纬 40° 06′ 32.40″，高程 517 米。

敌台东西接墙，砖石结构，平面布局三券室三通道，立面及剖面呈梯形，底边南北宽 10.9 米，东西长 10.99 米，东部残高 8.3 米。敌台为三段式，下段条石基础 2 层；中段城砖砌筑，东西辟 1 门、2 箭窗，南北辟 3 箭窗，西墙箭窗部分残损严重；中段与上段间设三层砖拔檐分隔，第二层为菱角花檐，上下层为直檐；上段垛口墙存高 2 ～ 4 层砖。

楼梯位于台体南侧，梯券已坍塌，顶部铺房坐北朝南，东、西各存一城砖垒砌墙体，残高 2.1 米。台体外侧 50 米的山坡上，设壕沟一道，仅存痕迹。台体内存"万历九年"石碑一通。

**20. 桃林口堡 1 号敌台 130324352101170020**

位于刘家营乡桃林口城堡东南 880 米青龙河东岸的山坡上，坐标：东经 119° 02′ 35.40″，北纬

40°06′37.10″，高程 230 米。

敌台东西接墙，砖石结构，平面布局三券室三通道，立面及剖面呈梯形，底边南北宽 9.56 米，东西长 10.52 米，西北角高 9.46 米。敌台为三段式，下段条石基础 2 层；中段城砖砌筑，南辟 1 门、2 箭窗，东西北辟 3 箭窗，门高 1.66 米，宽 0.76 米，设门槛、门柱、门券石、上施一伏一券，箭窗起券方式一伏一券；中段与上段间设三层砖拔檐分隔，第二层为菱角花檐，上下层为直檐；上段垛口墙存高 6～9 层砖，南侧辟望孔 5 个。

敌台东北角、西北角及东券室均已坍塌，南立面东侧存大型裂缝 1 条，墙面风化酥碱严重，楼梯位于西侧，存石台阶 12 级，向北登顶，铺房存西、北墙，白灰罩面，存高均为 2 米。

**21. 桃林口堡 2 号敌台 130324352101170021**

位于刘家营乡桃林口城堡东南 827 米青龙河东岸的山坡上，坐标：东经 119°02′33.20″，北纬 40°06′38.50″，高程 173 米。

敌台砖石结构，平面布局三券室二通道，立面及剖面呈梯形，底边南北宽 8.15 米，东西长 9.88 米，高 9.65 米。敌台为三段式，下段条石基础 2 层；中段城砖砌筑；中段与上段间设三层砖拔檐分隔，第二层为菱角花檐，上下层为直檐；上段垛口墙存高 1～3 层砖。

敌台两券室全部坍塌，南、西墙大部分残存，楼梯位于台体南侧，石阶可见八级，向西登顶，跌落式券顶，梯井房存部分须弥座。

**22. 桃林口堡 3 号敌台 130324352101170022**

位于刘家营乡桃林口城堡东南 755 米青龙河东岸，坐标：东经 119°02′28.90″，北纬 40°06′37.90″，高程 89 米。

已被河水淹没，根据村民指认其方位。

**23. 桃林口堡 4 号敌台 130324352101170023**

位于刘家营乡桃林口城堡东南 523 米青龙河西岸，坐标：东经 119°02′22.70″，北纬 40°06′44.30″，高程 87 米。

台体已无存，根据村民指认其方位。

**24. 桃林口堡 5 号敌台 130324352101170024**

位于刘家营乡桃林口城堡东南 435 米青龙河西岸，坐标：东经 119°02′19.40″，北纬 40°06′45.60″，高程 85 米。

台体已无存，根据村民指认其方位。

**25. 桃林口堡 6 号敌台 130324352101170025**

位于刘家营乡桃林口城堡东南 302 米青龙河西岸，坐标：东经 119°02′16.00″，北纬 40°06′50.60″，高程 87 米。

敌台砖石结构，平面布局呈"回"字形，立面及剖面呈梯形，底边南北宽 12.86 米，东西长 5.98 米，高 8.4 米。敌台为三段式，下段条石基础 10 层；中段城砖砌筑，北墙存五箭窗，上侧二窗，下侧三窗，箭窗平面外抹角呈外"八"字形，箭窗起券方式为一伏一券，券室宽 3.36 米，高 3.85 米；拔檐缺失；上段垛口墙缺失。

敌台西半部分坍塌，台芯夯土裸露。

**26. 桃林口堡 7 号敌台 130324352101170026**

位于刘家营乡桃林口城堡东北 275 米，坐标：东经 119° 02′ 14.30″，北纬 40° 06′ 56.00″，高程 88 米。

台体仅存部分条石基础，存高 5 层，上两层条石风化酥碱。

**27. 桃林口堡 8 号敌台 130324352101170027**

位于刘家营乡桃林口城堡东北 298 米，坐标：东经 119°02′11.00″，北纬 40°07′00.40″，高程 95 米。

台体立面及剖面呈梯形，底边南北宽 11.37 米，东西长 11.8 米，高 5.79 米，条石基础 10 层，台体南侧条石基础保存较差，西侧条石全部坍塌，东侧顶部存门柱石 2 根。

**28. 桃林口堡 9 号敌台 130324352101170028**

位于刘家营乡桃林口城堡西北 758 米，坐标：东经 119° 01′ 54.80″，北纬 40° 07′ 16.20″，高程 108 米。

敌台南北接墙，砖石结构，平面布局三券室二通道，立面及剖面呈梯形，底边南北宽 11.15 米，东西长 7.82 米，高 11.84 米。敌台为三段式，下段条石基础 11 层；中段城砖砌筑，北辟 1 门、1 箭窗，东墙存 3 箭窗，西墙存券门，券门保存完整，存门槛、门柱、门券、上为两伏一券，北券门门柱石上雕刻文官画像，水泥砌砖封堵，箭窗起券方式一伏一券，东墙存一层直檐 4 块；上段垛口墙缺失。

敌台南侧坍塌墙体、券室坍塌，东南角条石基础存大型裂缝 1 条。

**29. 水峪城 1 号敌台 130324352101170029**

位于刘家营乡水峪城城堡东北 2.3 千米，坐标：东经 119° 01′ 35.70″，北纬 40° 07′ 29.10″，高程 152 米。

敌台坍塌严重，呈堆状，仅存部分基础，残高 2.7 米。

**30. 水峪城 2 号敌台 130324352101170030**

位于刘家营乡水峪城城堡东北 2.2 千米，坐标：东经 119° 01′ 29.00″，北纬 40° 07′ 33.20″，高程 198 米。

敌台位于墙体主线上另开支线到悬崖边，长 16 米，砖石结构，立面及剖面呈梯形，底边南北宽 10.07 米，东西长 10.59 米，高 9.28 米。敌台为三段式，下段条石基础 2 层；中段城砖砌筑，券室起券方式两伏三券；拔檐及上段垛口墙缺失。

敌台西南角存少量墙体、中券北部存小段券顶，其他设施均已坍塌。台体西北处山顶上，存一长方形建筑基址，规格较小。

**31. 水峪城 3 号敌台 130324352101170031**

位于刘家营乡水峪城城堡东北 2.3 千米，坐标：东经 119° 01′ 20.60″，北纬 40° 07′ 42.80″，高程 226 米。

敌台南北接墙，砖石结构，平面布局三券室二通道，立面及剖面呈梯形，底边南北宽 11.17 米，东西长 11.38 米，高 6.86 米。敌台为三段式，下段条石基础 8 层；中段城砖砌筑；拔檐及上段垛口墙缺失。

敌台仅存中券的中间一段和二通道，门窗均不存。

**32. 水峪城 4 号敌台 130324352101170032**

位于刘家营乡水峪城城堡东北 2.6 千米，坐标：东经 119° 01′ 07.00″，北纬 40° 08′ 04.10″，高程 323 米。

敌台南北接墙，砖石结构，立面及剖面呈梯形，底边南北宽 13.68 米，东西长无法测量。敌台为三段式，下段条石基础 2 层；中段城砖砌筑；中段与上段间设二层砖拔檐分隔，第一层为菱角花檐，第二层为直檐；上段垛口墙存高 1 层砖。

敌台坍塌严重，南立面存小部分墙体，上宽下窄，下宽 1.5 米。

### 33. 水峪城 5 号敌台 130324352101170033

位于刘家营乡水峪城城堡东北 2.8 千米，坐标：东经 119° 01′ 06.00″，北纬 40° 08′ 13.20″，高程 355 米。

敌台南北接墙，砖石结构，平面布局三券室二通道，南北向三道纵券，东西向两通道，立面及剖面呈梯形，底边南北宽 11.02 米，东西长 10.2 米，通高 9.29 米。敌台为三段式，下段条石基础 9 层；中段城砖砌筑，东西辟 3 箭窗，南北辟 1 门、2 箭窗，南门门柱石缺失 1 块，北门仅存门槛石，箭窗平面外抹角呈外"八"字形，窗下均有礌石孔，箭窗起券方式为一伏一券；中段与上段间设三层砖拔檐分隔，第一层为半混砖檐，第二层为菱角花檐，第三层为直檐；上段垛口墙缺失，顶部铺房坐东朝西，东西侧辟门，南北山墙保持较好，东墙保存一般，高 3.13 米，西墙保存较差，存高 1.1 米，南北宽 6.03 米，东西长 4.15 米。

敌台一层地面及楼顶三合土垫层厚 0.15 米的，梯位于台体西侧，石台阶可见 12 级，向北登顶，梯券下方设长方形小券室。

### 34. 水峪城 6 号敌台 130324352101170034

位于刘家营乡水峪城城堡东北 3 千米，坐标：东经 119° 01′ 04.40″，北纬 40° 08′ 20.10″，高程 415 米。

敌台南北接墙，砖石结构，平面布局三券室，可见二通道，南北向三道纵券，东西向通道，立面及剖面呈梯形，底边南北宽 12.69 米，东西长 10.96 米，通高 8.13 米。敌台为三段式，下段条石基础 11 层；中段城砖砌筑，西、南墙存 1 箭窗，东墙存 5 箭窗，北墙坍塌，仅存中券券壁，两侧及券顶均坍塌；拔檐及上段垛口墙缺失。

### 35. 水峪城 7 号敌台 130324352101170035

位于刘家营乡水峪城城堡东北 3 千米，坐标：东经 119° 00′ 54.80″，北纬 40° 08′ 23.00″，高程 399 米。

敌台东西接墙，砖石结构，平面布局东西向通券 1 道，南北向短券 3 道，两券间通道门 3 个分隔，立面及剖面呈梯形，底边南北宽 10.23 米，东西长 11.08 米，通高 9.82 米。敌台为三段式，下段条石基础 4 层；中段城砖砌筑，东西辟 1 门、2 箭窗，南北辟 3 箭窗，东门缺失，西门存门券、门槛、门柱石，上施两伏一券，箭窗起券方式为一伏一券；中段与上段间设三层砖拔檐分隔，第一层为半混砖檐，第二层为菱角花檐，上下层为直檐；上段垛口墙，西立面南侧存垛口 1 个，望孔 2 个。

敌台东墙、西北角坍塌，楼梯位于南墙，石台阶可见 15 级，向西登顶，券顶为跌落式，存梯井房，铺房仅存部分墙体。

### 36. 水峪城 8 号敌台 130324352101170036

位于刘家营乡水峪城城堡东北 2.9 千米，坐标：东经 119° 00′ 43.80″，北纬 40° 08′ 21.30″，高程 415 米。

敌台东西接墙，砖石结构，平面布局三券室三通道，立面及剖面呈梯形，底边南北宽 10.18 米，东西长 11.53 米，通高 7.54 米。敌台为三段式，下段条石基础 7 层；中段城砖砌筑，东门存门槛石，券室仅存中券室和通道 2 个；拔檐及上段垛口墙缺失。

敌台东、南、北墙体及券室坍塌，南侧设楼梯，可见台阶 10 级，向西登顶。

**37. 水峪城 9 号敌台 130324352101170037**

位于刘家营乡水峪城城堡东北 2.8 千米，坐标：东经 119° 00′ 36.50″，北纬 40° 08′ 18.90″，高程 477 米。

敌台东西接墙，砖石结构，实芯台，底边南北宽 7.15 米，东西长 7.02 米，通高 9.02 米。敌台为三段式，下段条石基础 11 层，角部为条石，中部为毛石砌筑；中段城砖砌筑；中段与上段间设三层砖拔檐分隔，第一层为半混砖檐，第二层为菱角花檐，第三层为直檐；上段垛口墙，高 1.5 米，西立面存两垛口、望孔。

敌台南墙局部坍塌，东西侧存多条大型裂缝，顶部垛口墙大部分残存，铺房仅存小部分基础，门位于南墙，为悬梯登入，已残毁。

**38. 水峪城 10 号敌台 130324352101170038**

位于刘家营乡水峪城城堡东北 2.6 千米，坐标：东经 119° 00′ 31.00″，北纬 40° 08′ 12.80″，高程 449 米。

敌台东西接墙，砖石结构，平面布局三券室三通道，立面及剖面呈梯形，底边南北宽 10.45 米，东西长 11.38 米，通高 9.57 米。敌台为三段式，下段条石基础 9 层；中段城砖砌筑，东西辟 1 门 2 箭窗，南北辟 3 箭窗，东券门残损严重，西券门保存较好，箭窗起券方式为一伏一券；中段与上段间设三层砖拔檐分隔，第一层为半混砖檐，第二层为菱角花檐，上下层为直檐；上段垛口墙存高 4～6 层砖。

敌台券室仅存中间一道，其他两侧均已坍塌，楼梯位于台体西南侧，可见石台阶 13 级，向西登顶，梯井房顶部坍塌。

**39. 水峪城 11 号敌台 130324352101170039**

位于刘家营乡水峪城城堡北 2.3 千米，坐标：东经 119° 00′ 17.30″，北纬 40° 08′ 06.10″，高程 404 米。

敌台东西接墙，砖石结构，平面布局一券室，立面及剖面呈梯形，底边南北宽 7.72 米，东西长 14.14 米，通高 6.23 米。敌台为三段式，下段条石基础 7 层；中段城砖砌筑，东西辟 1 门、1 箭窗，南墙存 5 箭窗；中段与上段间设二层砖拔檐分隔，第一层为菱角花檐，第二层为直檐；上段垛口墙存高 1～2 层砖。

**40. 水峪城 12 号敌台 130324352101170040**

位于刘家营乡水峪城城堡西北 2.2 千米，坐标：东经 119° 00′ 07.10″，北纬 40° 08′ 03.40″，高程 342 米。

敌台东西接墙，砖石结构，平面布局三券室三通道，东西向三券室，南北向三通道，立面及剖面呈梯形，底边南北宽 10.59 米，东西长 11.06 米，通高 8.35 米。敌台为三段式，下段条石基础 9 层；中段城砖砌筑，东西辟 1 门、2 箭窗，南北辟 3 箭窗，西立面墙体及部分券顶坍塌；中段与上段间设三层砖拔檐分隔，第一层为半混砖檐，第二层为菱角花檐，上下层为直檐；上段垛口墙存高 13 层砖。

**41. 水峪城 13 号敌台 130324352101170041**

位于刘家营乡水峪城城堡西北 2.4 千米，坐标：东经 118° 59′ 54.30″，北纬 40° 08′ 04.80″，高程 230 米。

敌台东西接墙，砖石结构，平面布局三券室三通道，南北向三券室，东西向三通道，立面及剖面呈梯形，底边南北宽 11.11 米，东西长 12.08 米，通高 9.79 米。敌台为三段式，下段条石基础 7 层；中段城砖砌筑，东西门、箭窗缺失，南北辟 3 箭窗，东南角墙体及部分券顶坍塌；拔檐及上段垛口墙缺失，铺房残长 1.23 米。

### 42. 水峪城 14 号敌台 130324352101170042

位于刘家营乡水峪城城堡西北 2.5 千米，坐标：东经 118° 59′ 52.10″，北纬 40° 08′ 08.20″，高程 204 米。

敌台东西接墙，砖石结构，立面及剖面呈梯形，底边南北宽 11.12 米，东西长 11 米，残高 5.8 米。敌台为三段式，下段毛石基础，角部为条石；中段城砖砌筑，存高 7 层砖，坍塌严重，四周散落大量碎砖石，上部设施无存。

### 43. 水峪城 15 号敌台 130324352101170043

位于刘家营乡水峪城城堡西北 2.5 千米，坐标：东经 118° 59′ 45.00″，北纬 40° 08′ 07.60″，高程 263 米。

敌台东西接墙，砖石结构，平面布局三券室三通道，东西向三券室，南北向三通道，立面及剖面呈梯形，底边南北宽 10.15 米，东西长 11.37 米，通高 6.98 米。敌台为三段式，下段毛石基础，角部为条石 3 层；中段城砖砌筑，大部坍塌，仅存南壁和中间两道券壁，北壁、西壁坍塌，南墙存三箭窗；中段与上段间设二层砖拔檐分隔，第一层为半混砖檐，第二层为菱角花檐；上段垛口墙存高 2 层砖。

### 44. 水峪城 16 号敌台 130324352101170044

位于刘家营乡水峪城城堡西北 2.6 千米，坐标：东经 118° 59′ 30.20″，北纬 40° 08′ 06.20″，高程 425 米。

敌台东西接墙，砖石结构，平面布局三券室三通道，南北向三券室，东西向三通道，立面及剖面呈梯形，底边南北宽 10.85 米，东西长 10.88 米，通高 9.1 米。敌台为三段式，下段条石基础 7 层；中段城砖砌筑，东西 1 门、2 箭窗，南北 3 箭窗，大部完好；中段与上段间设三层砖拔檐分隔，第一层为直檐，第二层为菱角花檐，第三层为石檐；上段垛口墙高 1.8 米，东南、西南角存垛两处券窗口，上层砖砌直檐 1 层，垛口墙下侧外立面方砖贴面，上辟券形望孔，东西立面北侧第一层檐下两层砖置石质吐水嘴。

楼梯位于台体南侧，台阶可见 13 级，楼梯券完好，二层存铺房基础。

### 45. 破城子城 1 号敌台 130324352101170045

位于刘家营乡破城子城堡东北 2.7 千米，坐标：东经 118° 59′ 02.70″，北纬 40° 08′ 04.70″，高程 549 米。

敌台南北接墙，砖石结构，平面布局三券室三通道，东西向三券室，南北向三通道，立面及剖面呈梯形，底边南北宽 10.77 米，东西长 10.21 米，通高 9.22 米。敌台为三段式，下段条石基础 7 层；中段城砖砌筑，东西 3 箭窗，南北 1 门、2 箭窗，门置门槛、门柱、门券石，上为两伏一券，箭窗内室呈内"八"字形，东侧券室坍塌，中券北段坍塌；中段与上段间设三层砖拔檐分隔，第一层为半混直檐，第二层为菱角花檐，第三层为直檐；上段垛口墙存高 3 层砖。

楼梯位于西侧，由南向北登顶，踏跺破损严重，楼梯下辟券形储藏室。

### 46. 破城子城 2 号敌台 130324352101170046

位于刘家营乡破城子城堡东北 2.7 千米，坐标：东经 118° 58′ 58.90″，北纬 40° 08′ 08.10″，高程 536 米。

敌台东西接墙，砖石结构，平面布局无法辨别，立面及剖面呈梯形，底边南北宽 10.17 米，东西长 9.27 米，通高 8.58 米。敌台为三段式，下段条石基础 5 层；中段城砖砌筑，东西各存门槛石 1 块，券道墙体存一券壁，辟 3 通道门；上段坍塌。

### 47. 破城子城 3 号敌台 130324352101170047

位于刘家营乡破城子城堡东北 2.6 千米，坐标：东经 118° 58′ 50.00″，北纬 40° 08′ 10.10″，高程 523 米。

敌台东西接墙，砖石结构，平面布局无法辨别，立面及剖面呈梯形，底边南北宽 12.05 米，东西长 13.53 米，通高 8.04 米。敌台为三段式，下段毛石基础，转角处条石基础 7 层；中段城砖砌筑，仅存北墙及东、西墙北段，北辟 5 箭窗，东存 1 箭窗痕迹，西存 1 门槛石、1 箭窗痕迹；上段坍塌。

### 48. 破城子城 4 号敌台 130324352101170048

位于刘家营乡破城子城堡东北 2.5 千米，坐标：东经 118° 58′ 27.90″，北纬 40° 08′ 14.50″，高程 611 米。

敌台东西接墙，砖石结构，平面布局呈"回"字形，立面及剖面呈梯形，底边南北宽 8.89 米，东西长 10.58 米，通高 8.85 米。敌台为三段式，下段条石基础 7 层；中段城砖砌筑，东西 1 门 2 箭窗，南北 3 箭窗，门置门槛、门柱、门券石，上为两伏一券，箭窗内室呈内"八"字形，窗下辟望孔；中段与上段间设三层砖拔檐分隔，第一层为半混直檐，第二层为菱角花檐，第三层为直檐；上段垛口墙存高 4 层砖。

楼梯位于西侧，由北向南登顶，踏跺破损严重，铺房仅存一西墙。

### 49. 破城子城 5 号敌台 130324352101170049

位于刘家营乡破城子城堡东北 2.6 千米，坐标：东经 118° 58′ 21.50″，北纬 40° 08′ 20.70″，高程 573 米。

敌台东西接墙，砖石结构，平面布局不详，立面及剖面呈梯形，底边南北宽不清，东西长 11 米，通高 6.7 米。敌台为三段式，下段条石基础 2 层；中段城砖砌筑，东西存 1 门痕迹，南辟 3 箭窗，仅存南墙；中段与上段间存直檐 1 层，菱角花檐 1 层；上段坍塌。

### 50. 破城子城 6 号敌台 130324352101170050

位于刘家营乡破城子城堡东北 2.6 千米，坐标：东经 118° 58′ 16.80″，北纬 40° 08′ 25.30″，高程 565 米。

敌台东西接墙，砖石结构，平面布局三券室三通道，东西三券室，南北三通道，立面及剖面呈梯形，底边南北宽 10.97 米，东西长 10.74 米，通高 8.53 米。敌台为三段式，下段毛石基础 9 层；中段城砖砌筑，东西 1 门、2 箭窗，北辟 3 箭窗，东门存门槛石 1 块，西门存门槛石、门柱石各 1 块；中段与上段间设三层砖拔檐分隔，第一层为半混直檐，第二层为菱角花檐，第三层为直檐；上段垛口墙存高 14 层砖，西侧存 1 箭窗、2 望孔，望孔外立面方形石贴面，上辟圆形孔，内立面为方形孔，西立面中部存断裂的吐水嘴 1 块。

### 51. 破城子城 7 号敌台 130324352101170051

位于刘家营乡破城子城堡东北 2.6 千米，坐标：东经 118° 58′ 09.40″，北纬 40° 08′ 26.30″，高程 530 米。

敌台东西接墙，砖石结构，平面布局三券室三通道，东西三券室，南北三通道，立面及剖面呈梯形，底边南北宽 10.2 米，东西长 10.33 米，通高 7.37 米。敌台为三段式，下段条石基础 4 层；中段城砖砌筑，东西 1 门、2 箭窗，南北辟 3 箭窗，箭窗均有不同程度残损，窗下辟磳石孔，东门石构件缺失，西门存门柱石、两块石头拼接的券脸石，室内个别通道券局部缺失；中段与上段间设三层砖拔檐分隔，第一层为直檐，第二层为菱角花檐，第三层为直檐；上段垛口墙大部分保存完好，东、西侧设石质吐水嘴，铺房无存。

楼梯位于南侧，城砖垒砌，向东登顶，墙面存多条裂缝。

### 52. 佛儿峪古城 1 号敌台 130324352101170052

位于刘家营乡佛儿峪古城东北 2.4 千米，坐标：东经 118° 57′ 56.10″，北纬 40° 08′ 28.90″，高程 501 米。

敌台东西接墙，砖石结构，平面布局三券室三通道，南北三券室，东西三通道，立面及剖面呈梯形，底边南北宽 9.89 米，东西长 11.73 米，通高 8.73 米。敌台为三段式，下段条石基础 6 层；中段城砖砌筑，东西 1 门、2 箭窗，南北辟 3 箭窗，西券门损毁较严重，东门石构件存门柱石、券脸石；中段与上段间设三层砖拔檐分隔，第一层为半混砖，第二层为枭砖，第三层为直檐；上段垛口墙存高 5 层砖，西面存望孔 1 个，外面方形石贴面，中部辟圆孔，东、西侧设石质吐水嘴，铺房无存。

楼梯位于南侧，现存石台阶为 13 级，北侧券室局部顶部坍塌，墙面存多条裂缝，台内墙上存文字砖 10 多块，其文字为一种："万历十五年德州营右部造"，砖长 0.39 米 × 宽 19.5 米 × 0.09 米。

### 53. 佛儿峪古城 2 号敌台 130324352101170053

位于刘家营乡佛儿峪古城东北 2.6 千米，坐标：东经 118° 57′ 50.30″，北纬 40° 08′ 30.60″，高程 457 米。

敌台东西接墙，砖石结构，平面布局三券室三通道，南北三券室，东西三通道，立面及剖面呈梯形，底边南北宽 9.22 米，东西长 11.55 米，通高 7.35 米。敌台为三段式，下段条石基础 8 层；中段城砖砌筑，东西 1 门、2 箭窗，南北辟 3 箭窗，东券门保存较好，西门缺失门柱石 1 块、券脸石 2 块；中段与上段间设三层砖拔檐分隔，第一层为直檐，第二层为菱角花檐，第三层为石拔檐；上段垛口墙存高 16 层砖，垛口置垛口石，东西均辟望孔 5 个，望孔外面方砖贴面，下部辟券形孔，东、西面北侧设石质吐水嘴，根部断裂，铺房无存。

楼梯位于东南侧，现存石台阶为 15 级，东墙上镶嵌有保护标志，水泥材质，阴刻"河北省重点文物保护单位 万里长城 河北省人民委员会一九五六年九月七日公布 卢龙县人民政府"。

### 54. 佛儿峪古城 3 号敌台 130324352101170054

位于刘家营乡佛儿峪古城东北 2.1 千米，坐标：东经 118° 57′ 39.30″，北纬 40° 08′ 28.10″，高程 414 米。

敌台东西接墙，砖石结构，平面布局三券室三通道，东西三券室，南北三通道，立面及剖面呈梯形，底边南北宽 9.66 米，东西长 10.98 米，通高 9.95 米。敌台为三段式，下段毛石基础，四角设条石基础 8 层；中段城砖砌筑，东西 1 门、2 箭窗，南北辟 3 箭窗，门券石均有缺失，箭窗下辟礌石孔，窗台墙大部分缺失；中段与上段间设三层砖拔檐分隔，第一层为半混砖，第二层为菱角花檐，第三层为直檐；上段垛口墙存高 15 层砖，四面均辟望孔 5 个，外面方形石贴面，中部辟圆孔，东、西侧设石质吐水嘴，根部断裂，铺房无存。

楼梯口位于中券室，墙面存多条裂缝。

**55. 佛儿峪古城 4 号敌台 130324352101170055**

位于刘家营乡佛儿峪古城东北 2.1 千米，坐标：东经 118° 57′ 32.50″，北纬 40° 08′ 26.10″，高程 390 米。

敌台东西接墙，砖石结构，平面布局二券室四通道，东西二券室，南北四通道，立面及剖面呈梯形，底边南北宽 9.66 米，东西长 10.98 米，通高 9.95 米。敌台为三段式，下段毛石基础 10 层；中段城砖砌筑，东西 1 门、2 箭窗，南北辟 4 箭窗，门柱石及门券石均有缺失，箭窗多处券砖缺失；中段与上段间设三层砖拔檐分隔，第一层为半混砖，第二层为菱角花檐，第三层为直檐；上段垛口墙存高 15 层砖，四面均辟 5 垛口、望孔，外面方形石贴面，中部辟圆孔，高、宽均为 0.53 米，厚 0.33 米，孔径 0.15 米，东、西侧设石质吐水嘴，根部断裂，铺房存基础。

毛石基础及墙体鼓闪严重，墙面存多条通裂缝。

**56. 佛儿峪古城 5 号敌台 130324352101170056**

位于刘家营乡佛儿峪古城东北 1.9 千米，坐标：东经 118° 57′ 26.60″，北纬 40° 08′ 27.80″，高程 322 米。

敌台东西接墙，砖石结构，平面布局呈"回"字形，两道南北向纵券及两道东西向短券构成，立面及剖面呈梯形，底边南北宽 9.76 米，东西长 10.2 米，通高 10.56 米。敌台为三段式，下段条石基础 7 层；中段城砖砌筑，东辟 1 门，西辟 1 门、2 箭窗，南北辟 4 箭窗，东门保存较好，西门仅存门槛石，西面箭窗窗台墙缺失严重；中段与上段间设三层砖拔檐分隔，第一层为半混砖，第二层为菱角花檐，第三层为直檐；上段垛口墙存高 13 层砖，四面均辟 4 垛口、5 望孔，东、西侧设排水孔，铺房无存。

中心室设券顶及天井，墙面存多处裂缝，砖件风化酥碱严重部位，早期白灰膏封堵。

**57. 佛儿峪古城 6 号敌台 130324352101170057**

位于刘家营乡佛儿峪古城东北 1.8 千米，坐标：东经 118° 57′ 20.30″，北纬 40° 08′ 29.30″，高程 261 米。

敌台东西接墙，砖石结构，平面布局三券室三通道，南北三券室，东西三通道，立面及剖面呈梯形，底边南北宽 10.7 米，东西长 11.4 米，通高 8.96 米。敌台为三段式，下段条石基础 7 层；中段城砖砌筑，东 1 门 3、箭窗，南北辟 3 箭窗，西门无法辨别，门石构件均已缺失，东立面箭窗上部存两处封堵的箭窗；中段与上段间设三层砖拔檐分隔，第一层为半混砖，第二层为菱角花檐，第三层为直檐；上段垛口墙存高 13 层砖，四面均辟望孔 5 个，外面方形石贴面，中部辟圆孔，直径 0.15 米，铺房存基础。

梯井口位于东侧券，室内墙体多处破损，墙面存多条裂缝。

**58. 佛儿峪古城 7 号敌台 130324352101170058**

位于刘家营乡佛儿峪古城东北 1.8 千米，坐标：东经 118° 57′ 17.00″，北纬 40° 08′ 32.20″，高程 229 米。
底边东西长 11.5 米，南北宽不清，高 3.4 米，条石基础 8 层，其他设施全部坍塌。

**59. 佛儿峪古城 8 号敌台 130324352101170059**

位于刘家营乡佛儿峪古城东北 1.9 千米，坐标：东经 118° 57′ 14.30″，北纬 40° 08′ 34.60″，高程 249 米。

敌台东南接墙，砖石结构，平面布局呈"回"字形，立面及剖面呈梯形，底边东西长 11.38 米，南北宽 11.3 米，通高 6.6 米。敌台为三段式，下段条石基础 8 层；中段城砖砌筑，东南辟 1 门、2 箭窗，南北辟 3 箭窗，东门保存较好，南门损毁严重，窗台下辟礌石孔，四面箭窗上部存多处券窗砌筑完成后，二次封堵的痕迹；中段与上段间设三层砖拔檐分隔，第一层为半混砖，第二层为菱角花檐，第三层为直檐；上段垛口墙缺失，铺房无存。

楼梯位于北侧券壁内，城砖垒砌，向北登顶，台室内部大部分城砖缺失，地面灰泥铺地，墙面存多条裂缝。

### 60. 佛儿峪古城 9 号敌台 130324352101170060

位于刘家营乡佛儿峪古城东北 1.8 千米，坐标：东经 118° 57′ 09.80″，北纬 40° 08′ 32.60″，高程 257 米。

敌台东西接墙，砖石结构，平面布局三券室三通道，立面及剖面呈梯形，底边东西长 11 米，南北宽不清，通高 6.7 米。敌台为三段式，下段条石基础 6 层；中段城砖砌筑，东西 1 门、1 箭窗，南北辟 3 箭窗，门已缺失，仅存少量伏砖，箭窗置窗台石，下辟礌石孔，起券方式为一伏一券，大部分券砖缺失；中段与上段间设三层砖拔檐分隔，第一、三层为直檐，第二层为半混砖；上段垛口墙存痕迹。

个别通道门及箭窗内室券砖缺失，券室局部坍塌，楼梯位于台室南侧，为石台阶，墙面砖风化酥碱严重，存多条裂缝。

### 61. 佛儿峪古城 10 号敌台 130324352101170061

位于刘家营乡佛儿峪古城东北 1.8 千米，坐标：东经 118° 57′ 06.40″，北纬 40° 08′ 32.00″，高程 251 米。

敌台东西接墙，砖石结构，平面布局三券室三通道，东西三券室，南北三通道，立面及剖面呈梯形，底边东西长 10.74 米，南北宽 10.97 米，通高 8.53 米。敌台为三段式，条石放脚 1 层，下段条石基础 7、9 层；中段城砖砌筑，东西 1 门、2 箭窗，南北辟 3 箭窗，门已缺失，仅西门存伏砖 2 块，箭窗呈"八"字形，下辟礌石孔，起券方式为一伏一券，个别箭窗券砖缺失；中段与上段间设三层砖拔檐分隔，第一、三层为直檐，第二层为菱角花檐；上段垛口墙存高 3 层砖，顶面杂草丛生。

南券室顶部大部分坍塌，立面存改造痕迹，现箭窗上部存早期封堵箭窗痕迹。

### 62. 佛儿峪古城 11 号敌台 130324352101170062

位于刘家营乡佛儿峪古城东北 1.6 千米，坐标：东经 118° 56′ 56.80″，北纬 40° 08′ 31.30″，高程 270 米。

敌台东西接墙，砖石结构，平面布局三券室三通道，东西三券室，南北三通道，立面及剖面呈梯形，底边东西长 10.33 米，南北宽 10.2 米，通高 7.37 米。敌台为三段式，块石放脚 3 层，条石放脚 2 层，下段条石基础 10 层；中段城砖砌筑，东西 1 门、2 箭窗，南北辟 3 箭窗，东门已缺失，西门保存较好，门起券方式为两伏一券、门券石为多块门石构件砌成，两侧设门柱石，箭窗呈外"八"字形，下辟礌石孔，起券方式为一伏一券，个别箭窗券砖缺失；中段与上段间设三层砖拔檐分隔，第一、三层为直檐，第二层为菱角花檐；上段垛口墙存高 5 层砖，东西侧均设石质吐水嘴 1 块，根部断裂，顶面杂草丛生。

梯井口位于台室南侧，室内存柱位，木柱已无存，立面存改造痕迹，现箭窗上部存早期封堵箭窗痕迹。

### 63. 佛儿峪古城 12 号敌台 130324352101170063

位于刘家营乡佛儿峪古城东北 1.5 千米，坐标：东经 118° 56′ 48.50″，北纬 40° 08′ 30.00″，高程 252 米。

敌台东西接墙，砖石结构，平面布局三券室三通道，东西三券室，南北三通道，立面及剖面呈梯形，底边东西长 11.73 米，南北宽 9.89 米，通高 8.73 米。敌台为三段式，条石放脚 2 层，下段条石基础 10 层；中段城砖砌筑，东西 1 门、2 箭窗，南北辟 3 箭窗，西门已缺失，东门存少量券砖，箭窗下辟礌石孔，起券方式为一伏一券，箭窗券砖大部分缺失；中段与上段间拔檐缺失；上段垛口墙无存。

券顶大部分坍塌，楼梯位于台室南侧，石台阶 13 级，立面存改造痕迹，现箭窗上部存早期封堵箭窗痕迹，内外存文字砖共计二十余块。

### 64. 佛儿峪古城 13 号敌台 130324352101170064

位于刘家营乡佛儿峪古城东北 1.4 千米，坐标：东经 118° 56′ 43.40″，北纬 40° 08′ 29.60″，高程 246 米。

敌台东西接墙，砖石结构，平面布局三券室三通道，东西三券室，南北三通道，立面及剖面呈梯形，底边东西长 11.02 米，南北宽 9.78 米，通高 8.4 米。敌台为三段式，下段条石基础 9 层；中段城砖砌筑，东 1 门、3 箭窗，其他面已缺失，东门券砖缺失，箭窗起券方式为一伏一券，现存箭窗券砖部分缺失；中段与上段间拔檐缺失；上段垛口墙无存。

仅存东侧券室，西侧券室大部分坍塌，中券存北部三分之一，立面存改造痕迹，现箭窗上部存早期封堵箭窗痕迹。

### 65. 佛儿峪古城 14 号敌台 130324352101170065

位于刘家营乡佛儿峪古城北 1.4 千米，坐标：东经 118° 56′ 37.20″，北纬 40° 08′ 28.60″，高程 245 米。

敌台东西接墙，砖石结构，平面布局不详，台体平面呈矩形，剖面呈梯形，底边东西长 11.89 米，南北宽 9.88 米，通高 5.4 米，条石基础可见 8 层。

台体仅存基础，全部坍塌，四周散落大量碎砖石。

### 66. 佛儿峪古城 15 号敌台 130324352101170066

位于刘家营乡佛儿峪古城北 1.4 千米，坐标：东经 118° 56′ 29.80″，北纬 40° 08′ 28.90″，高程 227 米。

敌台东西接墙，砖石结构，平面布局不详，台体平面呈矩形，剖面呈梯形，尺寸不详，残高 5.4 米。

台体仅存基础，墙体全部坍塌，四周散落大量碎砖石。

### 67. 刘家口关城 1 号敌台 130324352101170067

位于刘家营乡刘家口关城东北 355 米，坐标：东经 118° 56′ 25.00″，北纬 40° 08′ 29.50″，高程 212 米。

敌台东西接墙，砖石结构，平面布局不详，东西残长 8.5 米，南北残宽 7.8 米，残高 2.4 米。

仅存台芯，周围全拆光。

### 68. 刘家口关城 2 号敌台 130324352101170068

位于刘家营乡刘家口关城东北 179 米，坐标：东经 118° 56′ 17.20″，北纬 40° 08′ 29.10″，高程 203 米。

敌台东西接墙，砖石结构，平面布局不详，全部坍塌，仅存部分基础，西侧存有门槛石。

### 69. 刘家口关城 3 号敌台 130324352101170069

位于刘家营乡刘家口关城北 162 米，坐标：东经 118° 56′ 13.20″，北纬 40° 08′ 31.00″，高程 160 米。

敌台东西接墙，砖石结构，平面布局三券室三通道，南北三券室，东西三通道，立面及剖面呈梯形，底边南北宽 8.56 米，东西长 7.2 米，东部残高 6.5 米。敌台为三段式，下段条石基础 6 层；中段城砖砌筑，东西辟 1 门、2 箭窗，南北辟 3 箭窗，东门存门槛石及门肩石各 1 块，箭窗起券方式为一伏一券，个别箭窗券砖局部缺失；中段与上段间设三层拔檐分隔，第一、三层为直檐，第二层为菱角花檐；上段垛口墙无存，上层铺房坐北朝南，仅存西壁，高 1.88 米。

墙面风化酥碱严重，梯位于台室南侧，石台阶 11 级或再上为砖砌，向东登顶。

### 70. 刘家口关城 4 号敌台 130324352101170070

位于刘家营乡刘家口关城北 97 米，坐标：东经 118° 56′ 10.00″，北纬 40° 08′ 29.20″，高程 141 米。

敌台平面布局不详，坍塌严重，呈堆状，四周杂草丛生，墙芯毛石散落。

### 71. 刘家口关城 5 号敌台 130324352101170071

位于刘家营乡刘家口关城西北 188 米，坐标：东经 118° 56′ 03.50″，北纬 40° 08′ 28.70″，高程 107 米。

敌台东西接墙，砖石结构，平面布局三券室三通道，东西二券室，南北六通道，立面及剖面呈梯形，底边南北宽 10.2 米，东西长 21.29 米，通高 13.32 米。敌台为三段式，下段条石基础 5 层，中部辟门洞，内侧起券方式为四伏四券，宽 4.21 米，高 6.49 米，外侧迎水面，门口抹边砌筑，起券方式三券四伏，下置门券石；中段城砖砌筑，南侧门洞上方置石质匾额，镌刻"刘家口关"四字，东西 1 门、1 箭窗，南北辟 6 箭窗，西券门仅存门槛石，东券门损毁严重，箭窗下辟礌石孔，起券方式为一伏一券，箭窗券砖大部分缺失；中段与上段间设三层拔檐分隔，第一、三层为直檐，第二层为菱角花檐；上段垛口墙存高 15 层砖，存东北、西北二角，各存 1 望孔和 1 垛口，望孔系石质，方石雕成，边长 0.46 米，孔径 0.15 米。

券室顶部均有不同程度坍塌，东西向中券室辟三个方形券室，南北侧方形券室设四券门，中部方形券室设三券门。台室西侧及东侧各设一楼梯，东侧楼梯向北登顶，石台阶 14 级，西侧楼梯向南登顶，石台阶 17 级。顶部铺房坐北朝南，仅存东西二山墙，东西长 15.08 米，南北宽 3.97 米，高 3.85 米。

楼内南侧墙上有万历六年石碑一通。

### 72. 刘家口关城 6 号敌台 130324352101170072

位于刘家营乡刘家口关城西北 327 米，坐标：东经 118° 55′ 57.60″，北纬 40° 08′ 29.40″，高程 174 米。

敌台南北接墙，砖石结构，平面布局不详，台体坍塌严重，仅存台芯，四周散落大量碎砖石，尺寸无法测量。

敌台内侧 12 米处，有一小型居住址，东西长 4.5 米，南北 3.9 米，残高 0.49 米。

### 73. 刘家口关城 7 号敌台 130324352101170073

位于刘家营乡刘家口关城西北 519 米，坐标：东经 118° 55′ 51.60″，北纬 40° 08′ 34.30″，高程 201 米。

敌台南北接墙，砖石结构，平面布局不详，台体坍塌严重，存少量包砖墙体，东西长 12.04 米，南北宽 12.23 米，残高 2.18 米，西墙南部存门槛石，长 1.44 米，宽 0.49 米，厚 0.39 米。

敌台南侧存一大型遗址，东西长 40 米，南北宽 4.88 米，残高 0.89 米。

### 74. 刘家口关城 8 号敌台 130324352101170074

位于刘家营乡刘家口关城西北 595 米，坐标：东经 118° 55′ 49.50″，北纬 40° 08′ 36.50″，高程 227 米。

敌台东西接墙，砖石结构，平面布局不详，台体坍塌严重，仅存台芯，四周散落大量碎砖石，尺寸无法测量。

### 75. 刘家口关城 9 号敌台 130324352101170075

位于刘家营乡刘家口关城西北 823 米，坐标：东经 118° 55′ 40.90″，北纬 40° 08′ 39.20″，高程 295 米。

敌台东西接墙，砖石结构，平面布局三券室三通道，东西三券室，南北三通道，券室长 7.3 米，宽 2.36 米，高 3.29 米，券室间隔为 1.82 米，通道宽 0.98 米，高 2.19 米，间隔为 1.31 米，立面及剖面呈梯形，底边南北宽 9.48 米，东西长 9.63 米，通高 6.21 米。敌台为三段式，下段条石基础 10 层；中段城砖砌筑，东西辟 1 门、2 箭窗，南北辟 3 箭窗，券门缺失，仅存门槛石，箭窗内室宽 1.03 米，深 0.73 米，箭窗起券方式为一伏一券，个别箭窗券砖局部缺失，下辟礌石孔；中段与上段间设三层拔檐分隔，第一、三层为直檐，第二层为菱角花檐；上段垛口墙存高 11 层砖。

梯井口位于中券室西侧，墙面存多条裂缝。

### 76. 刘家口关城 10 号敌台 130324352101170076

位于刘家营乡刘家口关城西北 1.1 千米，坐标：东经 118° 55′ 30.30″，北纬 40° 08′ 43.00″，高程 376 米。

敌台东西接墙，砖石结构，平面布局三券室三通道，南北三券室，东西三通道，券室长 8.25 米，宽 2 米，高 3.85 米，间隔 1.2 米，通道宽 1.41 米，高 2.18 米，间隔 2.3 米，立面及剖面呈梯形，底边南北宽 11.08 米，东西长 11.25 米，通高 6.25 米。敌台为三段式，下段条石基础 6 ～ 10 层；中段城砖砌筑，东西辟 1 门、2 箭窗，南北辟 3 箭窗，券门缺失，仅存门槛石，箭窗起券方式为一伏一券，置窗台石，窗台墙大部分缺失，南墙西侧有一藏兵洞，宽 0.63 米，高 1.38 米，深 1.28 米；中段与上段间设三层拔檐分隔，第一、三层为直檐，第二层为菱角花檐；上段垛口墙缺失。

楼梯券为叠落券，踏步 14 级，踏步宽 0.21 米，高 0.31 米。

台体内侧 4 米处，存一小型遗址。

### 77. 刘家口关城 11 号敌台 130324352101170077

位于刘家营乡刘家口关城西北 1.3 千米，坐标：东经 118° 55′ 23.00″，北纬 40° 08′ 45.80″，高程 341 米。

敌台东西接墙，砖石结构，平面布局三券室三通道，南北三券室，东西三通道，券室长 9.06 米，宽 1.62 米，高 3.45 米，间隔 1.21 米，通道宽 1.78 米，高 2.06 米，间隔 1.85 米，立面及剖面呈梯形，底边南北宽 11.01 米，东西长 11 米，通高 9.52 米。敌台为三段式，下段条石基础 11 层，高 4.2 米；中段城砖砌筑，东西辟 1 门、2 箭窗，南北辟 3 箭窗，券门仅存门槛石，箭窗起券方式为一伏一券，箭窗内室宽 1.75 米，高 1.72 米，箭窗高 0.87 米，宽 0.59 米，除南墙东侧与北墙东侧两窗损坏严重外，其余保存较好；中段与上段间设三层拔檐分隔，第一、三层为直檐，第二层为菱角花檐；上段垛口墙存高 12 层。

梯道室位于西南角，单向 4 梯次券顶型，14 级条石踏步，最上 4 级损坏，地面为城砖墁地，仅存部分，墙面存多条裂缝。

### 78. 刘家口关城 12 号敌台 130324352101170078

位于刘家营乡刘家口关城西北 1.5 千米，坐标：东经 118° 55′ 15.70″，北纬 40° 08′ 49.90″，高程 377 米。

敌台东西接墙，砖石结构，平面布局呈"回"字形，四周券室长 7.9 米，宽 1.65 米，高 3.08 米，中心室长 3.15 米，宽 1.71 米，梯井口位于中心室，立面及剖面呈梯形，底边南北宽 9.95 米，东西长 9.48 米，通高 7.93 米。敌台为三段式，下段条石基础 10 层；中段城砖砌筑，东西辟 1 门、1 箭窗，南北辟 4 箭窗，券门仅存门槛石，箭窗起券方式为一伏一券，箭窗内室宽 1.2 米，深 0.63 米，高 2.18 米，间隔 0.77 米；中段与上段间设三层拔檐分隔，第一、三层为直檐，第二层为菱角花檐；上段垛口墙存高 12 层，辟礌石孔 5 个，垛口 4 个，东西置石质吐水嘴，根部折断。

### 79. 刘家口关城 13 号敌台 130324352101170079

位于刘家营乡刘家口关城西北 1.6 千米，坐标：东经 118° 55′ 10.50″，北纬 40° 08′ 52.30″，高程 357 米。

敌台东西接墙，砖石结构，平面布局呈"回"字形，立面及剖面呈梯形，底边南北宽 10.32 米，东西长 11.19 米，通高 7.7 米。敌台为三段式，下段条石基础 8 层，高 3.85 米；中段城砖砌筑，东西辟 1 门、2 箭窗，南北辟 3 箭窗，东门存门槛石，西门存门柱石及券脸石各 1 块，箭窗起券方式为一伏一券，下辟礌石孔；中段与上段间设三层拔檐分隔，第一、三层为直檐，第二层为菱角花檐；上段垛口墙存高 13 层，厚 0.42 米，辟礌石孔 5 个，外置方形石，中部为圆孔，高 0.45 米，宽 0.45 米，厚 0.4 米，垛口 4 个，东西置石质吐水嘴，根部折断。

### 80. 刘家口关城 14 号敌台 130324352101170080

位于刘家营乡刘家口关城西北 1.7 千米，坐标：东经 118° 55′ 06.40″，北纬 40° 08′ 52.90″，高程 342 米。

敌台东西接墙，砖石结构，平面布局三券室三通道，南北三券室，东西三通道，立面及剖面呈梯形，底边南北宽 10.32 米，东西长 11.19 米，通高 7.7 米。敌台为三段式，下段条石基础 8 层；中段城砖砌筑，东西辟 1 门、3 箭窗，西门存门槛石，箭窗起券方式为一伏一券，下辟礌石孔；中段与上段间设三层拔檐分隔，第一为半混，第二层为菱角花檐，第三层为直檐；上段垛口墙存高16层，顶部东西南三侧均存垛口墙，垛口东南各存3，西存2，望孔东南各4，西存3，望孔为石质，方形圆孔，高0.45米，宽0.45米，厚0.4米，东西置石质吐水嘴，根部折断。

北墙坍塌，西券北部坍塌，中券顶坍塌一部分，推测为梯井口。

### 81. 重峪口堡 1 号马面 130324352102170081

位于燕河营镇重峪口堡东北4千米处，坐标：东经119° 06′ 52.60″，北纬40° 05′ 50.40″，高程620米。

马面外包毛石砌筑，台芯土石混筑，坍塌严重，底边东西长7.3米，墙体内侧，南北向凸出墙体6.75米，高4.2米，存少量外包毛石墙，顶部杂草丛生。

### 82. 重峪口堡 2 号马面 130324352102170082

位于燕河营镇重峪口堡东北4千米处，坐标：东经119° 06′ 44.90″，北纬40° 05′ 55.90″，高程568米。

马面外包毛石砌筑，台芯土石混筑，坍塌严重，底边东西长5.2米，南北向凸出墙体3.32米，高1.4米，存少量外包毛石墙，顶部杂草丛生。

### 83. 重峪口堡 3 号马面 130324352102170083

位于燕河营镇重峪口堡东北3.9千米处，坐标：东经119° 06′ 39.10″，北纬40° 05′ 58.60″，高程538米。

马面外包毛石砌筑，台芯土石混筑，坍塌严重，底边南北长5.3米，东西向凸出墙体5.3米，高2.3米，存少量外包毛石墙，顶部杂草丛生。

### 84. 重峪口堡 4 号马面 130324352102170084

位于燕河营镇重峪口堡东北3.9千米处，坐标：东经119° 06′ 30.60″，北纬40° 06′ 03.20″，高程556米。

马面外包毛石砌筑，台芯土石混筑，除西侧外全部坍塌，底边东西长6.48米，南北向凸出墙体5.23米，高3.75米，顶部杂草丛生。

### 85. 重峪口堡 5 号马面 130324352102170085

位于燕河营镇重峪口堡东北3.7千米处，坐标：东经119° 06′ 22.50″，北纬40° 06′ 02.40″，高程619米。

马面外包毛石砌筑，台芯土石混筑，坍塌严重，底东西边长5.3米，南北向凸出墙体4.6米，高3.2米，存少量外包毛石墙，顶部杂草丛生。

### 86. 重峪口堡 6 号马面 130324352102170086

位于燕河营镇重峪口堡东北3.2千米处，坐标：东经119° 05′ 58.30″，北纬40° 05′ 53.60″，高程610米。

马面外包毛石砌筑，台芯土石混筑，坍塌严重，底东西边长8.7米，南北向凸出墙体5.8米，高3.3米，存少量外包毛石墙，顶部杂草丛生。

### 87. 重峪口堡 7 号马面 130324352102170087

位于燕河营镇重峪口堡东北2.7千米处，坐标：东经119° 05′ 42.90″，北纬40° 05′ 44.40″，高程578米。

马面外包毛石砌筑，台芯土石混筑，坍塌严重，尺寸无法辨别，顶部杂草丛生。

**88. 重峪口堡 8 号马面 1303243352102170088**

位于燕河营镇重峪口堡东北 2.1 千米处，坐标：东经 119° 05′ 10.20″，北纬 40° 05′ 35.20″，高程 396 米。

马面台芯土石混筑，条石基础 3 层，上为包砖，坍塌严重，底东西边长 7.72 米，南北向凸出墙体 2.43 米，高 2.6 米，存少量外包毛石墙，顶部杂草丛生。

**89. 重峪口堡 9 号马面 1303243352102170089**

位于燕河营镇重峪口堡西北 2.1 千米处，坐标：东经 119° 04′ 21.30″，北纬 40° 05′ 40.90″，高程 432 米。

马面外包毛石砌筑，台芯土石混筑，坍塌严重，尺寸无法辨别，顶部杂草丛生。

**90. 桃林口堡 1 号马面 1303243352102170090**

位于刘家营乡桃林口关城东北 288 米的山上，坐标：东经 119° 02′ 12.90″，北纬 40° 06′ 58.40″，高程 89 米。

马面外包毛石砌筑，白灰勾缝，台芯土石混筑，角部使用大块毛石，底边南北长 9.8 米，东西向凸出墙体 3.7 米，高 6.56 米，局部灰缝脱落，顶部杂草丛生。

**91. 桃林口堡 2 号马面 1303243352102170091**

位于刘家营乡桃林口关城东北 473 米的山上，坐标：东经 119° 02′ 08.10″，北纬 40° 07′ 07.50″，高程 84 米。

马面外包城砖砌筑，台芯土石混筑，面砖缺失，背里砖裸露，外侧为农田，种有棉花、玉米，顶部杂草丛生。

**92. 桃林口堡 3 号马面 1303243352102170092**

位于刘家营乡桃林口关城西北 2 千米的山上，坐标：东经 119° 01′ 18.30″，北纬 40° 07′ 47.40″，高程 252 米。

马面外包毛石砌筑，台芯土石混筑，坍塌严重，底边东西长 4.33 米，南北向凸出墙体 2.4 米，高 1.89 米，顶部杂草丛生。

**93. 桃林口堡 4 号马面 1303243352102170093**

位于刘家营乡桃林口关城西北 2.2 千米的山上，坐标：东经 119° 01′ 13.70″，北纬 40° 07′ 57.10″，高程 262 米。

马面外包毛石砌筑，台芯土石混筑，坍塌严重，底边南北长 5.91 米，东西向凸出墙体 5.7 米，高 3.7 米，顶部杂草丛生。

**94. 桃林口堡 5 号马面 1303243352102170094**

位于刘家营乡桃林口关城西北 2.6 千米的山上，坐标：东经 119° 01′ 07.00″，北纬 40° 08′ 02.50″，高程 314 米。

马面外包毛石砌筑，台芯土石混筑，坍塌严重，底边南北长 5.77 米，东西向凸出墙体 2.63 米，高 3.33 米，顶部杂草丛生。

### 95. 水峪城 1 号马面 130324352102170095

位于刘家营乡水峪村西北 2.3 千米的山上，坐标：东经 118° 59′ 59.10″，北纬 40° 08′ 03.50″，高程 266 米。

马面外包毛石砌筑，台芯土石混筑，坍塌严重，底边东西长 3.18 米，南北向凸出墙体 1.55 米，高 1.87 米，顶部杂草丛生。

### 96. 水峪城 2 号马面 130324352102170096

位于刘家营乡水峪村西北 2.3 千米的山上，坐标：东经 118° 59′ 57.10″，北纬 40° 08′ 04.40″，高程 251 米。

马面外包毛石砌筑，台芯土石混筑，东西长存少量垛口墙，厚 0.85 米，存垛口 2 个，望孔 1 个，底边东西长 7.27 米，南北向凸出墙体 4.18 米，高 6.46 米，顶部杂草丛生。

### 97. 水峪城 3 号马面 130324352102170097

位于刘家营乡水峪村西北 2.5 千米的山上，坐标：东经 118° 59′ 51.10″，北纬 40° 08′ 08.40″，高程 203 米。

马面外包毛石砌筑，台芯土石混筑，坍塌严重，底边东西长 4.63 米，南北向凸出墙体 2.92 米，高 3.35 米，顶部杂草丛生。

### 98. 水峪城 4 号马面 130324352102170098

位于刘家营乡水峪村西北 2.5 千米的山上，坐标：东经 118° 59′ 40.00″，北纬 40° 08′ 06.60″，高程 302 米。

马面外包毛石砌筑，台芯土石混筑，坍塌严重，仅存基础，底边东西长 7.35 米，南北向凸出墙体 1.58 米，高 2.41 米，顶部杂草丛生。

### 99. 水峪城 5 号马面 130324352102170099

位于刘家营乡水峪村西北 2.6 千米的山上，坐标：东经 118° 59′ 28.10″，北纬 40° 08′ 05.20″，高程 424 米。

马面外包毛石砌筑，台芯土石混筑，坍塌严重，底边东西长 4.48 米，南北向凸出墙体 2.55 米，高 3.66 米，顶部杂草丛生。

### 100. 水峪城 6 号马面 130324352102170100

位于刘家营乡水峪村西北 2.8 千米的山上，坐标：东经 118° 59′ 02.80″，北纬 40° 08′ 03.30″，高程 540 米。

马面外包毛石砌筑，台芯土石混筑，坍塌严重，底边东西长 4.39 米，南北向凸出墙体 5.46 米，高 1.92 米，顶部杂草丛生。

### 101. 佛儿峪古城 1 号马面 130324352102170101

位于刘家营乡佛儿峪城东北 2.5 千米的山上，坐标：东经 118° 57′ 57.30″，北纬 40° 08′ 28.50″，高程

502 米。

马面外包毛石砌筑，台芯土石混筑，坍塌严重，尺寸无法辨别，顶部杂草丛生。

**102. 佛儿峪古城 2 号马面 130324352102170102**

位于刘家营乡佛儿峪城东北 1.6 千米的山上，坐标：东经 118° 57′ 01.90″，北纬 40° 08′ 31.00″，高程 277 米。

马面外包毛石砌筑，台芯土石混筑，坍塌严重，仅存东侧台体，西侧大部坍塌，底边东西长无法辨别，南北向凸出墙体 3.4 米，高 3.15 米，顶部杂草丛生。

**103. 佛儿峪古城 3 号马面 130324352102170103**

位于刘家营乡佛儿峪城东北 1.6 千米的山上，坐标：东经 118° 56′ 53.70″，北纬 40° 08′ 31.40″，高程 269 米。

马面外包毛石砌筑，台芯土石混筑，白灰勾缝，部分勾缝灰脱落，坍塌严重，底边东西长 8.5 米，南北向凸出墙体 7 米，高 5.2 米，顶部杂草丛生。

**104. 佛儿峪古城 4 号马面 130324352102170104**

位于刘家营乡佛儿峪城东北 1.4 千米的山上，坐标：东经 118° 56′ 39.70″，北纬 40° 08′ 29.20″，高程 243 米。

马面外包城砖砌筑，台芯土石混筑，条石基础 3 层，坍塌严重，底边东西长 10 米，南北向凸出墙体 6.5 米，高 5.2 米，顶部杂草丛生。

**105. 佛儿峪古城 5 号马面 130324352102170105**

位于刘家营乡佛儿峪城北 1.4 千米的山上，坐标：东经 118° 56′ 33.10″，北纬 40° 08′ 28.80″，高程 234 米。

马面外包毛石砌筑，台芯土石混筑，白灰勾缝，部分勾缝灰脱落，坍塌严重，顶部存城砖垛口墙一层，底边东西长 9.5 米，南北向凸出墙体 8 米，高 6.38 米，顶部杂草丛生。

**106. 佛儿峪古城 6 号马面 130324352102170106**

位于刘家营乡佛儿峪城西北 1.4 千米的山上，坐标：东经 118° 56′ 29.80″，北纬 40° 08′ 28.90″，高程 227 米。

马面外包毛石砌筑，台芯土石混筑，白灰勾缝，部分勾缝灰脱落，坍塌严重，底边东西长 8.48 米，南北向凸出墙体 6.4 米，高 6.5 米，顶部杂草丛生。

**107. 佛儿峪古城 7 号马面 130324352102170107**

位于刘家营乡佛儿峪城西北 1.4 千米的山上，坐标：东经 118° 56′ 21.20″，北纬 40° 08′ 27.60″，高程 209 米。

马面外包毛石砌筑，台芯土石混筑，白灰勾缝，顶部设施坍塌，底边东西长 6.45 米，南北向凸出墙体 4.8 米，高 5.6 米，顶部杂草丛生。

### 108. 刘家口关城 1 号马面 130324352102170108

位于刘家营乡刘家口关城东北 143 米的山上，坐标：东经 118° 56′ 14.40″，北纬 40° 08′ 29.80″，高程 161 米。

马面外包城砖砌筑，台芯土石混筑，坍塌严重仅存基础，形制无法辨别，顶部杂草丛生。

### 109. 刘家口关城 2 号马面 130324352102170109

位于刘家营乡刘家口关城西北 157 米的山上，坐标：东经 118° 56′ 05.70″，北纬 40° 08′ 29.60″，高程 134 米。

马面外包城砖砌筑，台芯土石混筑，坍塌严重仅存基础，形制无法辨别，顶部杂草丛生。

### 110. 刘家口关城 3 号马面 130324352102170110

位于刘家营乡刘家口关城西北 450 米的山上，坐标：东经 118° 55′ 53.50″，北纬 40° 08′ 32.50″，高程 192 米。

马面外包毛石砌筑，台芯土石混筑，白灰勾缝，外部有包砖痕迹，周围散落大量残砖，底边东西长 5.34 米，南北向凸出墙体 6.67 米，高 3.6 米，顶部杂草丛生。

### 111. 刘家口关城 4 号马面 130324352102170111

位于刘家营乡刘家口关城西北 614 米的山上，坐标：东经 118° 55′ 50.10″，北纬 40° 08′ 36.50″，高程 221 米。

马面外包毛石砌筑，台芯土石混筑，白灰勾缝，外包砖，包砖墙厚 1.18 米，坍塌严重，底边东西长 7.34 米，南北向凸出墙体 7.35 米，高 5.2 米，顶部杂草丛生。

### 112. 刘家口关城 5 号马面 130324352102170112

位于刘家营乡刘家口关城西北 793 米的山上，坐标：东经 118° 55′ 36.60″，北纬 40° 08′ 40.20″，高程 323 米。

马面外包毛石砌筑，台芯土石混筑，白灰勾缝，部分勾缝灰脱落，坍塌严重，底边东西长 7.5 米，南北向凸出墙体 6.05 米，高 2.78 米，顶部杂草丛生。

### 113. 刘家口关城 6 号马面 130324352102170113

位于刘家营乡刘家口关城西北 1.3 千米的山上，坐标：东经 118° 55′ 23.90″，北纬 40° 08′ 45.60″，高程 344 米。

马面外包毛石砌筑，台芯土石混筑，坍塌严重，尺寸无法辨别，顶部杂草丛生。

### 114. 重峪口堡 1 号烽火台 130324353201170114

位于燕河营镇重峪口村东北 2 千米的山顶，坐标：东经 119° 05′ 27.00″，北纬 40° 05′ 26.20″，高程 502 米。

烽火台毛石垒砌，整体坍塌，形制不清，仅存北侧一段残墙基，方位无法测定。

### 115. 重峪口堡 2 号烽火台 130324353201170115

位于燕河营镇重峪口村北 2.1 千米的山顶，坐标：东经 119° 04′ 37.10″，北纬 40° 05′ 42.10″，高程 488 米。

烽火台毛石垒砌，整体坍塌，直接建造在自然山体上，东北两侧均为悬崖，形制不清。

**116. 梧桐峪堡 1 号烽火台 130324353201170116**

位于燕河营镇梧桐峪村东北 1.4 千米的山顶，坐标：东经 119° 03′ 31.30″，北纬 40° 06′ 02.20″，高程 521 米。

烽火台毛石垒砌，底部南北长 6.6 米，东西长 6.4 米，残高 2.76 米，坍塌严重，距长城墙体 4 米。

**117. 梧桐峪堡 2 号烽火台 130324353201170117**

位于燕河营镇梧桐峪村北 1.9 千米的山顶，坐标：东经 119° 03′ 09.80″，北纬 40° 06′ 20.60″，高程 618 米。

烽火台毛石垒砌，整体坍塌，呈堆状，形制不清。

**118. 桃林口堡 1 号烽火台 130324353201170118**

位于刘家营乡桃林口村西 300 米的山顶，坐标：东经 119° 01′ 56.30″，北纬 40° 06′ 35.80″，高程 191 米。

烽火台城砖包砌，平面呈矩形，立面及剖面呈梯形，条石基础 5 层，底边东西 10.02 米，南北 10.23 米，北侧高 7.43 米，东侧中部存条石 1 层，上部构件缺失，两侧面砖缺失。

**119. 桃林口堡 2 号烽火台 130324353201170119**

位于刘家营乡桃林口村东北 300 米的山顶，坐标：东经 119° 01′ 43.20″，北纬 40° 07′ 23.00″，高程 185 米。

烽火台城砖包砌，条石基础 5 层，底边东西 6.53 米，南北 8.46 米，北侧高 1.43 米，坍塌严重，四周杂草丛生。

**120. 水峪城 1 号烽火台 130324353201170120**

刘家营乡水峪村东北 2.5 千米的山顶，坐标：东经 119° 01′ 08.70″，北纬 40° 07′ 59.60″，高程 331 米。

烽火台毛石砌筑，土石混筑台芯，底边东西 8.53 米，南北 6.05 米，北侧高 2.48 米，外设围墙，仅存南侧一段，高 1.4 米，四周杂草丛生。

**121. 水峪城 2 号烽火台 130324353201170121**

刘家营乡水峪村东北 3 千米的山顶，坐标：东经 119° 00′ 50.40″，北纬 40° 08′ 23.30″，高程 415 米。

烽火台毛石砌筑，土石混筑台芯，紧靠墙体内侧，平面呈矩形，仅存基础，形制不清。

**122. 水峪城 3 号烽火台 130324353201170122**

刘家营乡水峪村东北 2.4 千米的山顶，坐标：东经 119° 00′ 27.10″，北纬 40° 08′ 05.70″，高程 511 米。

烽火台毛石砌筑，土石混筑台芯，紧靠墙体内侧，平面呈矩形，南北 8.59 米，东西 5.2 米，北侧高 2.2 米，大部分坍塌。

**123. 破城子城烽火台 130324353201170123**

刘家营乡破子城村东北 2.7 千米的山顶，坐标：东经 118° 59′ 05.10″，北纬 40° 08′ 00.00″，高程 581 米。

烽火台毛石砌筑，土石混筑台芯，紧靠墙体内侧，平面呈矩形，东西 8.16 米，南北 8.43 米，高 2.89 米，大部分坍塌，四周杂草丛生。

**124. 佛儿峪古城 1 号烽火台 130324353201170124**

位于刘家营乡佛儿峪城东北 2 千米的山顶，坐标：东经 118° 57′ 20.30″，北纬 40° 08′ 31.80″，高程 232 米。

烽火台毛石砌筑，白灰勾缝，土石混筑台芯，平面呈矩形，立面及剖面呈梯形，东西5.88米，南北8.16米，高2.89米，南侧坍塌，四周杂草丛生。

**125. 佛儿峪古城2号烽火台 130324353201170125**

位于刘家营乡佛儿峪城东北2千米的山顶，坐标:东经118° 57′ 17.00″，北纬40° 08′ 36.30″，高程257米。

烽火台毛石砌筑，土石混筑台芯，坍塌严重，尺寸不详，残高2.44米，四周杂草丛生。

**126. 佛儿峪古城3号烽火台 130324353201170126**

位于刘家营乡佛儿峪城北1.6千米的山顶，坐标:东经118° 56′ 37.80″，北纬40° 08′ 36.00″，高程247米。

烽火台毛石砌筑，土石混筑台芯，坍塌严重，尺寸不详，残高2.52米，四周杂草丛生。

**127. 佛儿峪古城4号烽火台 130324353201170127**

位于刘家营乡佛儿峪城西北1.6千米的山顶，坐标：东经118° 56′ 20.50″，北纬40° 08′ 35.90″，高程225米。

烽火台毛石砌筑，土石混筑台芯，坍塌严重，尺寸不详，残高2.12米，四周杂草丛生。

## （三）关堡

卢龙县明长城关堡一览表（单位：座）

| 序号 | 认定名称 | 认定编码 | 类型 | 周长（米） | 保存程度 | | | | |
|---|---|---|---|---|---|---|---|---|---|
| | | | | | 较好 | 一般 | 较差 | 差 | 消失 |
| 1 | 梧桐峪城堡 | 130324353102170001 | 石墙 | | | | | √ | |
| 2 | 桃林口城堡 | 130324353102170002 | 石墙 | | | | √ | | |
| 3 | 燕河营城堡 | 130324353102170003 | 其他 | | | | | √ | |
| 4 | 重峪口城堡 | 130324353102170004 | 石墙 | | | | √ | | |
| 5 | 刘家营城堡 | 130324353102170005 | 石墙 | | | | √ | | |
| 6 | 佛儿峪城堡 | 130324353102170006 | 石墙 | | | | √ | | |
| 7 | 破城子城 | 130324353102170007 | 其他 | | | | | √ | |
| 8 | 水峪城堡 | 130324353102170008 | 石墙 | | | | | √ | |
| 9 | 桃林营城 | 130324353102170009 | 砖墙 | 2000 | | | | √ | |
| 10 | 刘家口关城 | 130324353101170010 | 砖墙 | | | | | √ | |
| 11 | 永平府城 | 130324353102170011 | 砖墙 | | | | √ | | |
| 合计 | | 共11座：砖墙3座，石墙6座，其他2座 | | | | | 5 | 6 | |
| 百分比（%） | | 100 | | | | | 45 | 55 | |

保存程度：较好、一般、较差、差、消失

**1. 梧桐峪城堡 130324353102170001**

位于燕河营镇梧桐峪村西北200米的山梁下，坐标：东经119° 03′ 08.20″，北纬40° 05′ 20.50″，高程153米。

平面呈不规则形，仅存一段东墙，大块毛石砌筑，长约30米，高2米，宽3米，周边种有玉米等。

**2. 桃林口城堡 130324353102170002**

位于刘家营乡桃林口村，坐标：东经 119° 02′ 01.00″，北纬 40° 06′ 57.10″，高程 104 米。

平面呈矩形，设城门 4 座，仅存南、北门遗址，墙芯土石混筑，外包城砖砌筑，城墙大部分缺失，包砖多处剥落，顶部及四周种有农作物，北门存门券洞，起券方式为五伏五券，南门门洞缺失。

**3. 燕河营城堡 130324353102170003**

位于燕河营镇燕河营村，坐标：东经 119° 03′ 38.60″，北纬 40° 02′ 09.90″，高程 88 米。

平面呈不规则形，遗址已无存。

**4. 重峪口城堡 130324353102170004**

位于燕河营镇重峪口村，坐标：东经 119° 04′ 35.60″，北纬 40° 04′ 33.30″，高程 150 米。

平面呈矩形，设城门 4 座四门，均已无存，城墙大多残毁，存几段墙基，总长不足 30 米，高不到 1 米，大块块石垒砌。

**5. 刘家营城堡 130324353102170005**

位于刘家营乡刘家营村，坐标：东经 118° 56′ 10.50″，北纬 40° 06′ 24.40″，高程 77 米。

平面呈矩形，设城门 3 座，为东、西、南门，均已无存。城墙基础为条石，上部为城砖包砌。东西墙长 195 米，原西门以北城墙地表尚存部分条石基础，可见两层，上部被民宅占压，条石摆砌方式为"一顺一丁"，石条厚 0.39 米，长度 0.9～1.12 米，北墙距西北角 160 米处始向东存长 1.5 米，高 2 米，毛石筑城墙残段，"唐山至昌黎"省级公路将城之东、西门及城墙穿断。除以上地表可见部分外，城门及其余城墙墙体已无存。

**6. 佛儿峪城堡 130324353102170006**

位于刘家营乡东风村，坐标：东经 118° 56′ 31.60″，北纬 40° 07′ 43.70″，高程 145 米。

平面呈矩形，毛石砌筑墙体，地表以上城墙及城门已无存，仅存长 6.5 米，宽 1.9 米，卵石墙芯。村北台地上存有古松树 6 棵，古松树处原为城的中心，其西约 50 米为铁矿开采场，村西北约 2.5 千米为下庄村及长城主线。

**7. 破城子城 130324353102170007**

位于刘家营乡破子城村西北，坐标：东经 118° 57′ 39.80″，北纬 40° 07′ 04.90″，高程 132 米。

平面呈矩形，城内址现为耕地，原城门及墙体已无存。城址东北约 50 米有一处白灰窑址，城址西为防护育林铁栅栏。

**8. 水峪城堡 130324353102170008**

位于刘家营乡水峪村，坐标：东经 119° 00′ 14.10″，北纬 40° 06′ 50.20″，高程 99 米。

平面呈不规则形，毛石筑垒墙体，城墙东南角保存完整，南墙原南门以东墙体现状基本完整，南门以西已无存，东墙为不规则弧线形，残高 2.5～2.8 米，北墙亦为不规则弧线形，残高 2.2～2.4 米，西墙已无存，城东北有一小型水库，北有一烽燧与长城主线相呼应。

**9. 桃林营城 130324353102170009**

位于刘家营乡桃林营村，坐标：东经 118° 59′ 12.90″，北纬 40° 04′ 40.70″，高程 90 米。

平面呈矩形，设城门 3 座，为东、西、南门，城门及墙体已无存，每面墙长 500 米，城墙基础为条石，上部包砌大砖。原南门有一石桥，城外有护城河，村内公路呈南北向从原南门位置穿过，距南门以北约 30 米存八角形水井一眼。

### 10. 刘家口关城 130324353101170010

位于刘家营乡刘家口村，坐标：东经 118° 59′ 12.90″，北纬 40° 04′ 40.70″，高程 90 米。

平面呈不规则形，刘家口关城紧靠关楼东面山坡上，依山而建，分为内城和外城，内城为砖墙，外城为石墙。内城从谷底的刘家口关楼至山坡最高点处敌台，墙多倾颓，西、南墙保存较好，南墙近山顶处存一券洞，城内有方形石砌墙台一座。

### 11. 永平府城 130324353102170011

据《水经注》记载，永平府即卢龙古城，始建于东汉"建安十二年（207），魏武征踏顿所筑也"，始为土城，后经多次拓建。古时因卢龙一带地理位置显要，素为兵家必争之地，故于明洪武四年（1371）卢龙古城为永平府治，应兵事之需，由指挥费愚将原来的"月牙城"向东拓建。周九里十三步，高三长，内充夯土，外砌砖石，雄伟之势，数倍于前。因地形地势及多次拓建之故，乃成"三山不显，四门不对"之建筑格局。东门曰迎旭；南门曰德胜；西门曰望京；北门曰拱辰。并有"东门金鸡叫""南门推车换伞""西门牛虎斗""北门铁棒槌"等美妙传说。卢龙古城自明景泰年间至民国十九年，上下五百年间，历经修葺，终保完整坚壁，有"京东第一府"之美誉。

明初设立永平府后，为适应边关需要，洪武四年（1371）经平滦府奏准，由永平卫指挥费愚主持重修府城，在原城址基础上"廓其东而大之"，拆除元代前城垣夯土就地挖取，完工后修整为护城河。城垣高三丈六尺、底宽三丈、顶宽二丈、周长九里十三步，城设四门和西水门，城门上均有城楼，并有登城马道。嘉靖四十二年（1563）兵备温景葵督修重建七座城楼，城楼上高悬匾额。东之"高明"改为"通辽"，南之"得胜"改为"望海"，西之"镇平"改为"护蓟"，北之"拱辰"改为"威胡"。万历八年（1580）知府任铠筑城垣顶部内圈宇墙一周，设立雉堞，同时修葺城四楼。南内楼曰"北平雄镇"，南水关曰"凭虚"，西水门楼曰"观澜"，西北隅（菊花台处）角楼处"武备"（供城防瞭望之用）。万历二十一年（1593）知府马崇谦于上水关城上建"玄览楼"，二十七年（1599）管府事徐重修武备、大西门、南门等城楼，改大西门为"望京"，南门曰"观海"。

城厢四门、西水门均设有绞索提架木制大型御寇防洪双用闸，魁星楼泄水洞、南门西泄洪道、西水门下砖拱泄洪涵洞均行关闭，一般很少入城。北、东、南城垣下护城河岸，均筑有灰浆砖砌堤岸，防止水流冲刷西城垣下青龙河岸筑有防洪、漕运泊舟两用青龙河码头。

城墙为条砖砌筑内外墙体，以糯米浆和灰砌砖，内衬 1.5 ～ 2 米夹灰三合土，墙芯为黄土分层夯筑，顶面铺墁方砖，顶面铺墁、垛口墙及宇墙无存。局部城墙段条砖墙体内层遗存有毛石墙体。初步判断为局部城墙段，在原历史毛石城墙的基础上后包砌条砖砌筑。

城台、城墙的材料和砌筑形式一般为采用 0.38 米 × 0.18 米 × 0.08 米条砖砌筑，墙厚 0.8 ～ 1.6 米，收分角 5.5°；采白灰砂浆砌筑，灰浆饱满，砌筑方式一顺一丁砌式、糙淌白，分层灌白灰浆灰缝宽度约为 5 ～ 8 毫米。砖缝用白灰膏勾缝。

城墙下宽上窄,沉稳坚固。底部用三四层条石奠基,上部用长方形条砖包砌,白灰砌缝,墙内用黄土、白灰砂浆夯筑墙芯。

**（1）东门**

位于古城东垣城墙偏南位置,乃卢龙古城之东大门。名曰"镇东",嘉靖四十二年（1563）改为"通辽",清乾隆三十一年（1766）又改为"迎旭"。城楼为三层重檐转角黑活瓦顶后带抱厦大木式结构角楼。居中为城门洞,洞门宽阔,门、闸齐备。光绪时天下动荡,战争频繁,光绪二十六年（1900）,东城楼被洋兵炮火轰毁,东门处也遭炮火轰击致多处损坏,到1949年前已残破甚重,后又因城镇建设被拆除而荡然无存。

**（2）南门**

位于古城西南角,坐落于南垣城墙上,乃卢龙古城之南大门,名曰"德胜"。嘉靖四十二年（1563）改为"望海"。门上城楼与东门同。为明洪武五年（1372）费愚所建。城门洞高6.5米,宽4.5米,现存门洞南北长11.7米,地面由条石铺成,条石规格基本一致,为1.3米×0.5米×0.3米,原有木制铁钉城门两扇,现已不复存在。现存残存之南门高7.8米,至今仍是卢龙县古城内向南出城的主要通道。

**（3）西门**

位于古城之西部偏南位置,乃古城之西大门,距南门很近,只有450米,名曰"望京"。嘉靖四十二年（1563）改为"护蓟"。结构、材料、风格均与南门相同,门洞长21.52米,宽4.1米,高4.47米。距门洞西侧2.15米处设有绞索提升式木制大型御寇、防洪双用闸。石质闸门轨道槽高9.57米,宽0.45米。顶部有提升闸门用的石柱支架,石柱顶端为半圆形凹槽,以便放置绞轴起落闸门。遇滦河、青龙河泛滥,关闭闸门,一般洪水很少入城。闸门往东1.1米处原有木制铁钉门两扇,现已消失,至今还可看到门枕石、门闩孔和闸门轨道槽。地面均为条石所铺,条石大小不一,最大规格为1.28米×0.5米×0.4米。因年代久远,人车踩磨,条石已失去棱角,门洞外有石狮一对,北面石狮保存基本完好,南面石狮只残存狮身。由于战事,西门城台上的城楼早毁,但其他部分基本完好。

**（4）西水门**

在西门北262米处有西水门,洞长18.3米,宽2.8米,高2.97米,门洞下面配有大型砖拱泄洪涵洞。城门洞靠城外侧3.4米处设有阻洪木制闸门,城门城台上设有向城内凸出的石制排水出水嘴。由于卢龙地势东北高,西南低,小西门经常为水道,故又称"西水门"。1976年受唐山大地震影响,将西水门顶部中心局部震塌。后由于不断修葺,保存基本完好。

**（5）北门**

位于古城北垣城墙偏东位置,乃卢龙古城之北大门。名曰"拱辰"。嘉靖四十二年（1563）,改为"威胡"。建筑比较独特,其一,城楼分布为上下两层,一层为九联砖拱券洞,二层为大木架硬山瓦顶带箭窗的战房。其二,城台北侧中部悬空向外设门,用绳梯上下。由于战争和城镇扩建,北门早已无存。

### （6）瓮城

古城的东西南北四门外侧均建有瓮城，并与城楼相呼应，组成完整防御体系。东门瓮城位于东城门东侧，平面呈矩形，瓮城城门向南，与东门呈 90°角，随着东门的损毁而消失；南瓮城位于南门南侧，平面近似正方形，在瓮城西墙设一门，瓮城内东侧另设关帝庙一座，出南门瓮城门向南原建有德胜门，早废。南门瓮城 20 世纪 70 年代被毁；西瓮城位于大西门西侧，平面呈不规则椭圆形，总面积约 220 平方米，墙高 8.47 米，西瓮城门面向西南，门洞长 13.3 米，宽 3.6 米，高 4.33 米，与西门相距 14 米，地面用矩形石板铺设，至今沿用。最大石板长 2.43 米，宽 0.8 米。因长年人车踩磨，现已失去棱角。原亦有铁钉木门两扇，于 1949 年前遭到破坏，现仍留有清晰可见的门闩孔。西瓮城由于经过多次修缮，现保存基本完好；北瓮城位于北门北侧，平面约呈方形，有内外双重瓮城，出北门向东、出内瓮城门、再向东出外瓮城门可达城外。北城门处结构紧密，设多层防线，建筑独特，双重瓮城更有利于城之防御。内瓮城中设有精忠庙一座，为精忠报国之意。

# 青龙满族自治县

青龙满族自治县位于秦皇岛市西北部，地理坐标东经 118° 33′ 31″ ～ 119° 36′ 30″，北纬 40° 04′ 40″ ～ 40° 36′ 52″，县域东西宽 88.65 千米，南北长 56.96 千米，总面积 3510 平方千米。东界至龙王庙乡与辽宁省建昌县、绥中县交界，南界至抚宁县、卢龙县、唐山市迁安县，西界至凉水河、八道河乡与唐山市迁西县、宽城满族自治县交界，北界至大石岭乡与辽宁省凌源市交界。距秦皇岛市区 117 千米，距石家庄 463.3 千米，距北京市 287 千米，距天津市 263 千米，距沈阳市 520 千米。

青龙满族自治县明长城分布在共 3 个乡镇，分别为祖山镇、隔河头镇、七道河乡。南邻抚宁县、卢龙县、唐山市迁安市明长城，西南邻唐山市迁西县明长城。

长城起点：祖山镇山神庙村东，坐标：东经 119° 32′ 06.60″，北纬 40° 11′ 27.70″，高程 205 米。

长城止点：唐山迁西县擦崖子城西北，坐标：东经 118° 35′ 27.20″，北纬 40° 15′ 38.90″，高程 274 米。

青龙满族自治县调查长城资源单体建筑烽火台 20 座；关堡 2 座。

## （一）单体建筑

青龙满族自治县明长城单体建筑一览表（单位：座）

| 编号 | 认定名称 | 认定编码 | 材质 | 保存程度 | | | | |
|---|---|---|---|---|---|---|---|---|
| | | | | 较好 | 一般 | 较差 | 差 | 消失 |
| 1 | 山神庙 01 号烽火台 | 1303213532011170001 | 石 | | √ | | | |
| 2 | 山神庙 02 号烽火台 | 1303213532011170002 | 石 | | | √ | | |
| 3 | 拿子峪 01 号烽火台 | 1303213532011170003 | 石 | | | √ | | |

（续）

| 编号 | 认定名称 | 认定编码 | 材质 | 保存程度 | | | | |
|------|----------|----------|------|------|------|------|------|------|
| | | | | 较好 | 一般 | 较差 | 差 | 消失 |
| 4 | 拿子峪 02 号烽火台 | 130321353201170004 | 石 | | √ | | | |
| 5 | 拿子峪 03 号烽火台 | 130321353201170005 | 石 | | | √ | | |
| 6 | 拿子峪 04 号烽火台 | 130321353201170006 | 砖 | | | | √ | |
| 7 | 拿子峪 05 号烽火台 | 130321353201170007 | 砖 | | | | √ | |
| 8 | 拿子峪 06 号烽火台 | 130321353201170008 | 砖 | | | | √ | |
| 9 | 花场峪 01 号烽火台 | 130321353201170009 | 石 | | | | | √ |
| 10 | 花场峪 02 号烽火台 | 130321353201170010 | 石 | | | | √ | |
| 11 | 花场峪 03 号烽火台 | 130321353201170011 | 石 | | | | √ | |
| 12 | 花场峪 04 号烽火台 | 130321353201170012 | 石 | | | | | √ |
| 13 | 独石 01 号烽火台 | 130321353201170013 | 砖 | | √ | | | |
| 14 | 独石 02 号烽火台 | 130321353201170014 | 砖 | | √ | | | |
| 15 | 罗汉洞 03 号烽火台 | 130321353201170015 | 砖 | | | | √ | |
| 16 | 老边沟 01 号烽火台 | 130321353201170016 | 石 | | | | | √ |
| 17 | 四道河 1 号烽火台 | 130321353201170017 | 石 | | √ | | | |
| 18 | 南杖子 1 号烽火台 | 130321353201170018 | 石 | | √ | | | |
| 19 | 了望山 01 号烽火台 | 130321353201170019 | 石 | | | | | √ |
| 20 | 了望山 02 号烽火台 | 130321353201170020 | 石 | | | | | √ |
| 合计 | | 共 20 座：砖 6 座，石 14 座 | | | 6 | 3 | 6 | 5 |
| 百分比（%） | | 100 | | | 30 | 15 | 30 | 25 |

类型：单体建筑包括敌台、烽火台、马面等

保存程度：较好、一般、较差、差、消失

**1. 山神庙 01 号烽火台 130321353201170001**

位于祖山镇山神庙村东 760 米，坐标：东经 119°32′06.60″，北纬 40°11′27.70″，高程 205 米。

台体毛石垒砌，白灰勾缝，平面呈正方形，底边长 8.45 米，残高 5 米，四周地面散落碎砖。

**2. 山神庙 02 号烽火台 130321353201170002**

位于祖山镇山神庙村东南 1.6 千米，坐标：东经 119°32′36.20″，北纬 40°11′02.80″，高程 288 米。

台体毛石垒砌，白灰勾缝，平面呈正方形，边长 7.7 米，残高 1.6～3.35 米，西、南侧基础利用山顶自然岩石，上部以大块毛石找平建成，台体坍塌严重，仅存基址。

**3. 拿子峪 01 号烽火台 130321353201170003**

位于祖山镇拿子峪村东北 740 米，坐标：东经 119°32′06.90″，北纬 40°10′55.70″，高程 276 米。

台体毛石垒砌，白灰勾缝，南北 7.2 米，东西 7.6 米，坍塌严重，仅存基址。

**4. 拿子峪 02 号烽火台 130321353201170004**

位于祖山镇拿子峪村东北 700 米，坐标：东经 119°32′03.20″，北纬 40°10′54.80″，高程 289 米。

台体毛石垒砌，白灰勾缝，东西 7.5 米，南北 7.5 米，残高 1～5 米，北侧坍塌严重，顶部设施不存。

### 5. 拿子峪 03 号烽火台 130321353201170005

位于祖山镇拿子峪村西北 500 米，坐标：东经 119° 31′ 56.90″，北纬 40° 10′ 48.30″，高程 252 米。

台体毛石干垒，底径约 10 米，残高 3.5 米，毛石规格：0.6 米 × 0.5 米 × 0.4 米，坍塌严重，四周墙体大部坍塌，仅存东侧部分墙体。

### 6. 拿子峪 04 号烽火台 130321353201170006

位于祖山镇拿子峪村内西北部，坐标：东经 119° 31′ 54.70″，北纬 40° 10′ 39.90″，高程 164 米。

烽火台立面及剖面呈梯形，通高 11.56 米。台体为三段式，下段毛石墙体，高 7.35 米；中段城砖砌筑，高 1.2 米；中段与上段间设三层砖拔檐分隔，第二层为菱角花檐，上下层为直檐，南北两侧拔檐线角下设吐水石嘴，北侧已残；上段为垛口墙，东面辟 1 门、2 箭窗，其他面辟 4 箭窗，四面均辟望孔 4 处，墙体存多条裂缝。

### 7. 拿子峪 05 号烽火台 130321353201170007

位于祖山镇拿子峪村西北 250 米，坐标：东经 119° 31′ 48.00″，北纬 40° 10′ 34.50″，高程 243 米。

烽火台立面及剖面呈梯形，通高 11.65 米。台体为三段式，下段毛石墙体，高 5.75 米；中段城砖砌筑，高 4.42 米；中段与上段间设三层砖拔檐分隔，第二层为菱角花檐，上下层为直檐，高 0.38 米，四面拔檐线角下设石吐水嘴，吐水嘴不存；上段为垛口墙，残高 1.1 米，南墙垛口东侧辟门，门槛石长 0.9 米，宽 0.4 米，厚 0.13 米。顶南墙面 3 条裂缝均匀分布于墙面，尚没贯通，拔檐以上垛口不存；西面墙完整，有 6 条细裂缝均匀分布于墙面，两边的已贯通，垛墙保存，垛口塌毁，留有 4 个望孔；东墙 2 条裂缝，其中北侧一条最宽处 0.2 米并已纵贯上下，上灌木丛生。

### 8. 拿子峪 06 号烽火台 130321353201170008

位于祖山镇拿子峪村西南 600 米，坐标：东经 119° 31′ 35.50″，北纬 40° 10′ 24.50″，高程 283 米。

烽火台立面及剖面呈梯形，底边长 10 米，通高 10 米。台体为三段式，下段毛石墙体；中段城砖砌筑；中段与上段间设三层砖拔檐分隔，第二层为菱角花檐，上下层为直檐，东西两侧拔檐下设石吐水嘴；上段为垛口墙，南面辟门，已塌毁，城砖规格：长 0.41 米，宽 0.19 米，厚 0.1 米。南墙西侧上下裂缝贯通；北面墙东北角裂缝将坍塌，缝最宽处达 0.3 米，上下贯通；西墙完好；东面砖墙植物生长形成孔洞，高 1 米，宽 0.6 米，孔洞处可见台中有券室，台四周不设门。

### 9. 花场峪 01 号烽火台 130321353201170009

位于祖山镇花场峪村东北 1.2 千米，坐标：东经 119° 30′ 55.50″，北纬 40° 10′ 05.50″，高程 583 米。

烽火台毛石垒砌，残高 3.5 米，已全部坍塌，毛石所覆盖，现为一圆形石堆。

### 10. 花场峪 02 号烽火台 130321353201170010

位于祖山镇花场峪村东北 300 米，坐标：东经 119° 30′ 51.60″，北纬 40° 09′ 27.90″，高程 235 米。

烽火台为毛石垒砌，白灰勾缝，底边东西 6.5 米，南北 6.5 米，通高 11.6 米，至顶收分 0.3 米，台芯土石混筑，上部为砖砌垛墙。北面墙体上有人为拆毁的大洞，近似圆形，直径 2.2 米，最深 2.1 米，经走访当地百姓，为 1958 年拆毁。北面设门，应为借助木梯或绳梯登顶，南面砖砌垛口墙存垛口 2 个，东、西面均存垛口 2 个，石质吐水嘴 1 个，北面存垛口 1 个。

### 11. 花场峪 03 号烽火台 130321353201170011

位于祖山镇花场峪村东南 700 米，坐标：东经 119° 30′ 57.90″，北纬 40° 09′ 08.60″，高程 239 米。

烽火台毛石垒砌，白灰勾缝，底部南北 7.5 米，东西 6.5 米，通高 3.3～7.8 米，顶部南北 6.1 米，东西 5.8 米，直接建于山体上的岩石上，台芯为土石混筑。设石拔檐一层，厚 0.07～0.15 米，上部为石砌垛墙，残高 0.6 米，厚 0.4 米，垛口墙上辟望孔，东侧 3 个，西侧 2 个，北侧 2 个，高 0.25 米，宽 0.3 米。台顶铺房全部坍塌，仅存基址，西侧辟门，南北 3.1 米，东西 2.19 米，墙宽 0.4 米。西侧垛口墙上残存长方形槽 3 个，平均分布于墙体上部，长 0.17 米，宽 0.1 米，深 0.25 米。

### 12. 花场峪 04 号烽火台 130321353201170012

位于祖山镇花场峪村南 1 千米，坐标：东经 119° 30′ 49.10″，北纬 40° 08′ 54.70″，高程 345 米。

烽火台直径 8 米，残高约 5 米，现已坍塌，呈堆状，为毛石所覆盖。

### 13. 独石 01 号烽火台 130321353201170013

位于隔河头镇都石村东南 1.8 千米，坐标：东经 119° 19′ 12.40″，北纬 40° 09′ 47.60″，高程 591 米。

烽火台为砖石砌筑，立面及剖面呈梯形，底边东西 9.9 米，南北 9.86 米，通高 7.6 米，至顶收分为 0.3 米。台体为三段式，下段毛石墙体；中段城砖砌筑，高 3.4 米；中段与上段间设三层砖拔檐分隔，第二层为菱角花檐，上下层为直檐；上段为垛口墙，南面中部辟门。北墙中部外侧包砖脱落严重，西北角基础石坍塌成一直径约 2 米的大洞，洞深 1 米。

### 14. 独石 02 号烽火台 130321353201170014

位于隔河头镇都石村南 1 千米，坐标：东经 119° 18′ 09.30″，北纬 40° 09′ 59.00″，高程 433 米。

烽火台为砖石砌筑，立面及剖面呈梯形，底边东西 10.7 米，南北残长 9.6 米，通高 5.1 米，毛石基础 3 层，高 1.3 米，包砖墙厚 1.2 米，北、东墙全部坍塌，南墙保存较好，内部为夯土实心，夯土层厚 0.1 米，内夹杂碎石，台体顶部坍塌不存。

### 15. 罗汉洞 03 号烽火台 130321353201170015

位于隔河头镇罗汉洞村东南 1 千米，坐标：东经 119° 16′ 04.30″，北纬 40° 09′ 39.50″，高程 321 米。

烽火台为砖石砌筑，立面及剖面呈梯形，底部东西 10.87 米，南北 10.82 米，通高 9.1 米。台体为三段式，下段条石基础 3 层，高 1 米；中段城砖砌筑；中段与上段间设二层砖拔檐分隔，第一层为菱角花檐，上层为直檐；上段为垛口墙。南侧条石基础中部存孔洞，深 5.2 米，宽 1.1 米，高 1 米，垛口墙坍塌严重。

### 16. 老边沟 01 号烽火台 130321353201170016

位于隔河头镇老边沟村东南 1.4 千米，坐标：东经 119° 11′ 29.60″，北纬 40° 08′ 37.40″，高程 459 米。

烽火台现已坍塌成一毛石堆，边界不清，石堆残高 3.2 米，东西残长 6.7 米，南北残宽 6.2 米。

### 17. 四道河 1 号烽火台 130321353201170017

位于七道河乡四道河村西南约 1 千米，坐标：东经 118° 51′ 35.40″，北纬 40° 10′ 52.60″，高程 252 米。

烽火台毛石砌筑，台芯土石混筑，东西 11.1 米，南北 11.25 米，残高 5.12 米，西墙、北墙坍塌，顶部长满荒草、灌木。

**18. 南杖子 1 号烽火台 130321353201170018**

位于迁安市南杖子村南约 1 千米，坐标：东经 118° 45′ 01.00″，北纬 40° 11′ 28.70″，高程 364 米。

烽火台毛石砌筑，台芯土石混筑，东西 10.53 米，南北 10.34 米，残高 3.36 米，东南角坍塌。

**19. 了望山 01 号烽火台 130321353201170019**

位于唐山迁西县擦崖子城北 650 米，坐标：东经 118° 35′ 41.80″，北纬 40° 15′ 40.10″，高程 217 米。

烽火台毛石砌筑，台芯土石混筑，坍塌严重，呈堆状，东西宽 11.92 米，南北 9.8 米，四周渣土堆积。

**20. 了望山 02 号烽火台 130321353201170020**

位于唐山迁西县擦崖子城西北 700 米，坐标：东经 118° 35′ 27.20″，北纬 40° 15′ 38.90″，高程 274 米。

烽火台外包条石，台芯土石混筑，东西 17.7 米，南北 18.6 米，残高 3.2 米，仅西北侧存部分条石，残高 1.6 米，坍塌严重，成堆状。

## （二）关堡

**青龙满族自治县明长城关堡一览表（单位：座）**

| 序号 | 认定名称 | 认定编码 | 类型 | 周长（米） | 保存程度 | | | | |
|---|---|---|---|---|---|---|---|---|---|
| | | | | | 较好 | 一般 | 较差 | 差 | 消失 |
| 1 | 清水关关城 | 130321353101170001 | 石墙 | | | | | √ | |
| 2 | 东营城堡 | 130321353102170002 | 石墙 | 310 | | | √ | | |
| 合计 | | 共 2 座：石墙 2 座 | | | | | 1 | 1 | |
| 百分比（%） | | 100 | | | | | 50 | 50 | |

保存程度：较好、一般、较差、差、消失

**1. 清水关关城 130321353101170001**

位于祖山镇花场峪村一组，坐标：东经 119° 30′，北纬 40° 09′，高程 191 米。

现关城墙体由南向北分成四条平行于东西向的山岭间的沟谷中，形成重墙关隘，墙体坍毁严重，全部坍塌成埂状。四条墙体自南而北间距为 100、75、70 米。

第一道墙东西长约 80 米，底宽 3～5 米，残高 1.5 米，西端抵西侧山底南端，东端消失于花场峪村第一组民居附近；

第二道墙体长约 150 米，底宽 18～20 米，残高 3.5～5 米，西端抵西侧山崖中部偏南处，距山崖 15 米处有上宽 8 米、下宽 3.5 米、高 3.5 米的豁口一处，为近年埋设电缆所致，东端消失于花场峪村第一组北面，现全部被河水冲毁，该墙体应是原清水关关隘的主要墙体；

第三道墙体方向为北偏东 35°，残长 100 米，宽 7 米，残高 1 米，西端抵于西侧山崖中部偏北的位置，东端也被河水冲毁；

第四道墙体位于第三条北侧 70 米处，整体走向为北偏东 25°，西侧抵于山崖北侧，现存长 200 米，宽 7～8 米，残高 1～2 米，其中被河水冲毁近 50 米，东侧有 50 米已被农民接筑为农田围堰，向南转去，原向东的石墙已不见踪迹，西侧山崖顶端有一石筑烽火台遗址，石筑墙体以此为起点向西顺山脊延伸远去，东面墙体向沟谷方向的坡脊上分又为南北两条，北侧一条相对于关隘最北的第四条墙体，南侧一条相对于关隘的第二条即主要关墙，墙体均为毛石砌筑，保存较好处顶残宽 3.5 米，残高 2.4 米。

**2. 东营城堡 130321353102170002**

位于青龙满族自治县东峪林场内，在长城主线外侧（东侧），东距东峪护林站 235 米，坐标：东经 119° 22′，北纬 40° 05′，高程 409 米。

平面呈方形，东西约 75 米，南北约 80 米，占地面积 6000 平方米，周长 310 米，墙体为毛石垒砌，现坍塌成埂状，南侧设门，门宽约 12 米，已坍毁，残高 1.5～2 米。

秦皇岛市明长城资源

分布图

## 图二 山海关区明长城墙体、关堡分布图

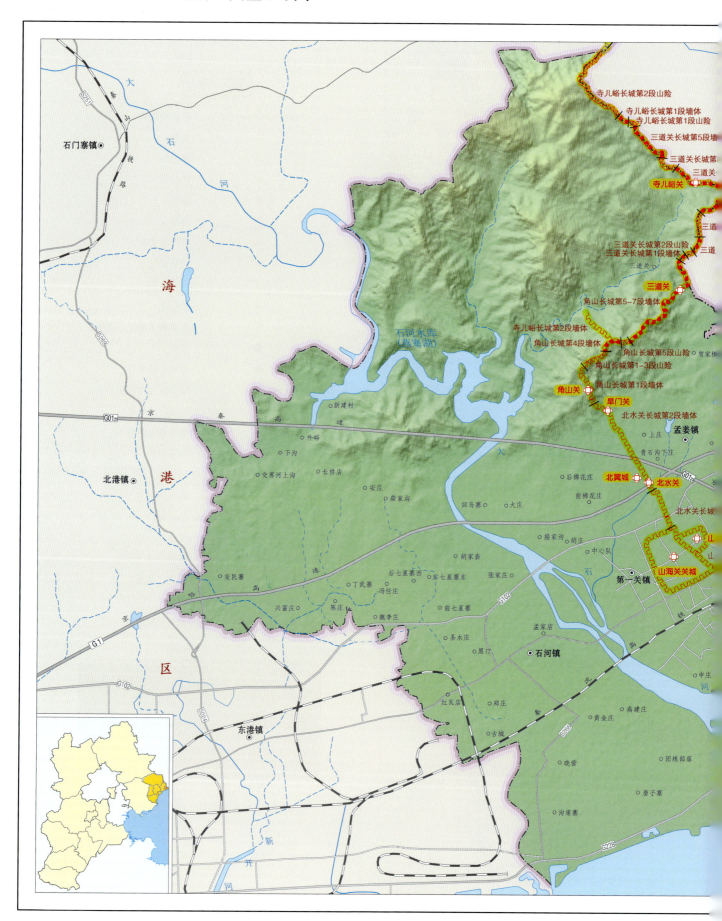

图二 山海关区明长城墙体、关堡分布图

| | |
|---|---|
| | 土墙 |
| | 石墙 |
| | 砖墙 |
| | 消失墙体 |
| | 山险 |
| | 河险 |
| | 山险墙 |
| | 壕堑 |
| | 其他墙体 |
| | 关堡 |
| | 烽火台 |
| | 挡马墙 |
| | 敌台 |
| | 马面 |
| | 水关（门） |
| | 砖瓦窑 |
| | 碑碣 |
| | 居住址 |
| | 其他相关遗址、遗迹 |
| | 省级行政中心 |
| | 地级行政中心 |
| | 县级行政中心 |
| | 乡、镇 |
| | 行政村 |
| | 省级界 |
| | 地级界 |
| | 雄安新区界 |
| | 县级界 |
| | 铁路 |
| G7 | 高速公路及编号 |
| G207 | 国道及编号 |
| S247 | 省道及编号 |
| | 县道 |
| | 水系及闸坝 |

比例尺　1：79 000

## 山海关区长城资源概况

　　山海关区调查长城资源墙体36段，总长27639米；单体建筑102座，其中：敌台23座、马面60座、烽火台18座、水关（门）1座；关堡11座。

## 图三　山海关区明长城单体建筑分布图

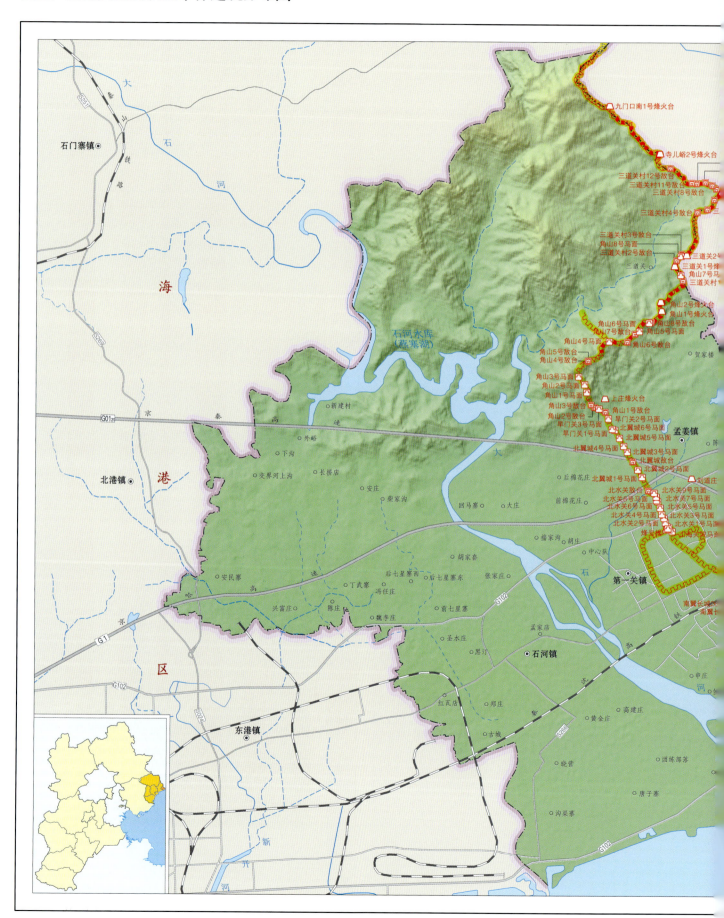

## 图 例

| | |
|---|---|
| 土墙 | |
| 石墙 | |
| 砖墙 | |
| 消失墙体 | |
| 山险 | |
| 河险 | |
| 山险墙 | |
| 壕堑 | |
| 其他墙体 | |
| 关堡 | |
| 烽火台 | |
| 挡马墙 | |
| 敌台 | |
| 马面 | |
| 水关（门） | |
| 砖瓦窑 | |
| 碑碣 | |
| 居住址 | |
| 其他相关遗址、遗迹 | |
| 省级行政中心 | |
| 地级行政中心 | |
| 县级行政中心 | |
| 乡、镇 | |
| 行政村 | |
| 省级界 | |
| 地级界 | |
| 雄安新区界 | |
| 县级界 | |
| 铁路 | |
| G7  高速公路及编号 | |
| G207  国道及编号 | |
| S247  省道及编号 | |
| 县道 | |
| 水系及闸坝 | |

比例尺　1：79 000

## 山海关区长城资源概况

　　山海关区调查长城资源墙体36段，总长27639米；单体建筑102座，其中：敌台23座、马面60座、烽火台18座、水关（门）1座；关堡11座。

## 图四 海港区明长城墙体、关堡、烽火台分布图

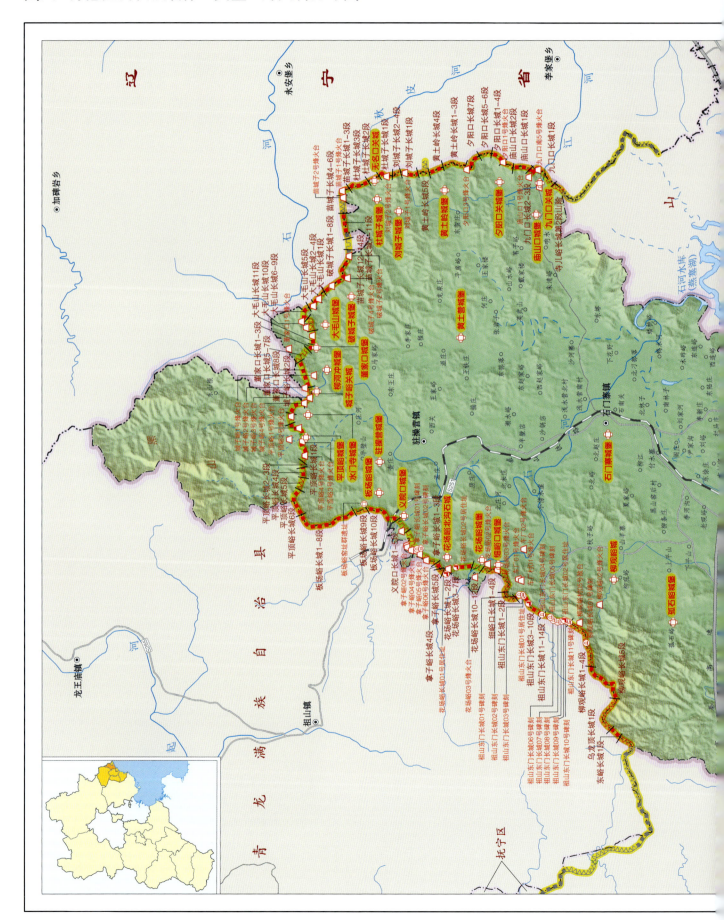

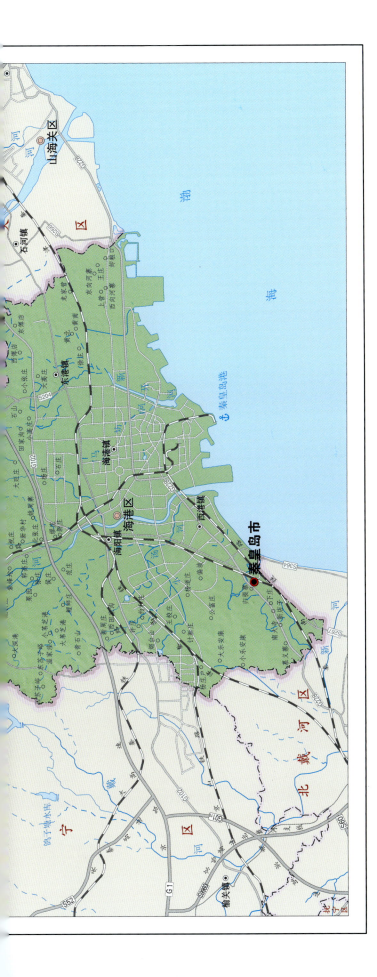

## 图 例

| | |
|---|---|
| | 土墙 |
| | 石墙 |
| | 砖墙 |
| | 消失墙体 |
| | 山险 |
| | 河险 |
| | 山险墙 |
| | 壕堑 |
| | 其他墙体 |
| | 关堡 |
| | 烽火台 |
| | 挡马墙 |
| | 敌台 |
| | 马面 |
| | 水关（门） |
| | 砖瓦窑 |
| | 碑碣 |
| | 居住址 |
| | 其他相关遗址、遗迹 |
| | 省级行政中心 |
| | 地级行政中心 |
| | 县级行政中心 |
| | 乡、镇 |
| | 行政村 |
| | 省级界 |
| | 地级界 |
| | 雄安新区界 |
| | 县级界 |
| | 铁路 |
| G7 | 高速公路及编号 |
| G207 | 国道及编号 |
| S247 | 省道及编号 |
| | 县道 |
| | 水系及闸坝 |

比例尺　1∶170 000

### 海港区长城资源概况

　　海港区调查长城资源墙体138段，总长65260米；单体建筑400座，其中：敌台291座、马面64座、烽火台45座；关堡27座。

## 图五 海港区明长城敌台、马面分布图

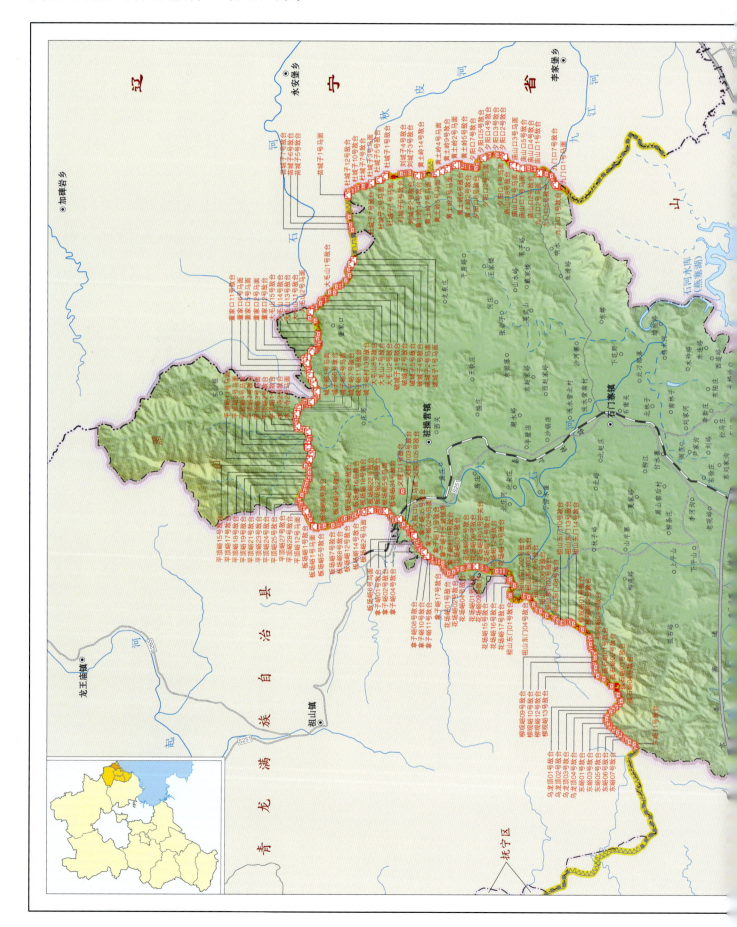

图五 海港区明长城敌台、马面分布图

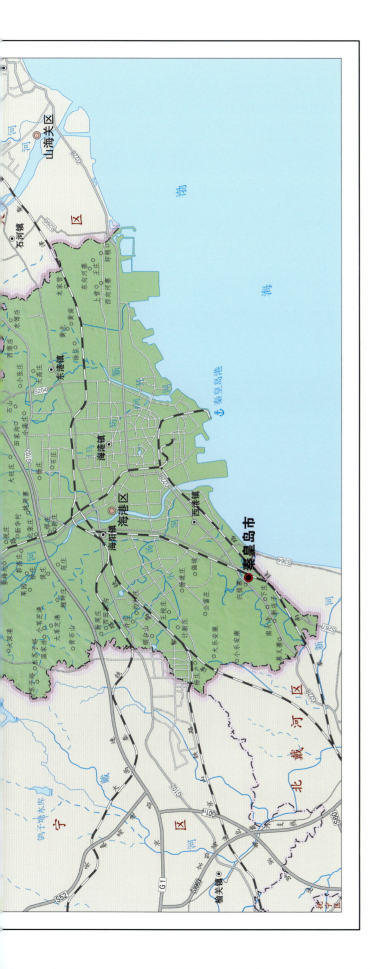

## 图 例

| | |
|---|---|
| 土墙 | |
| 石墙 | |
| 砖墙 | |
| 消失墙体 | |
| 山险 | |
| 河险 | |
| 山险墙 | |
| 壕堑 | |
| 其他墙体 | |
| 关堡 | |
| 烽火台 | |
| 挡马墙 | |
| 敌台 | |
| 马面 | |
| 水关（门） | |
| 砖瓦窑 | |
| 碑碣 | |
| 居住址 | |
| 其他相关遗址、遗迹 | |
| 省级行政中心 | |
| 地级行政中心 | |
| 县级行政中心 | |
| 乡、镇 | |
| 行政村 | |
| 省级界 | |
| 地级界 | |
| 雄安新区界 | |
| 县级界 | |
| 铁路 | |
| 高速公路及编号 | |
| 国道及编号 | |
| 省道及编号 | |
| 县道 | |
| 水系及闸坝 | |

比例尺 1∶170 000

## 海港区长城资源概况

　　海港区调查长城资源墙体138段，总长65260米；单体建筑400座，其中：敌台291座、马面64座、烽火台45座；关堡27座。

## 图六 抚宁区明长城墙体、关堡、相关遗存分布图

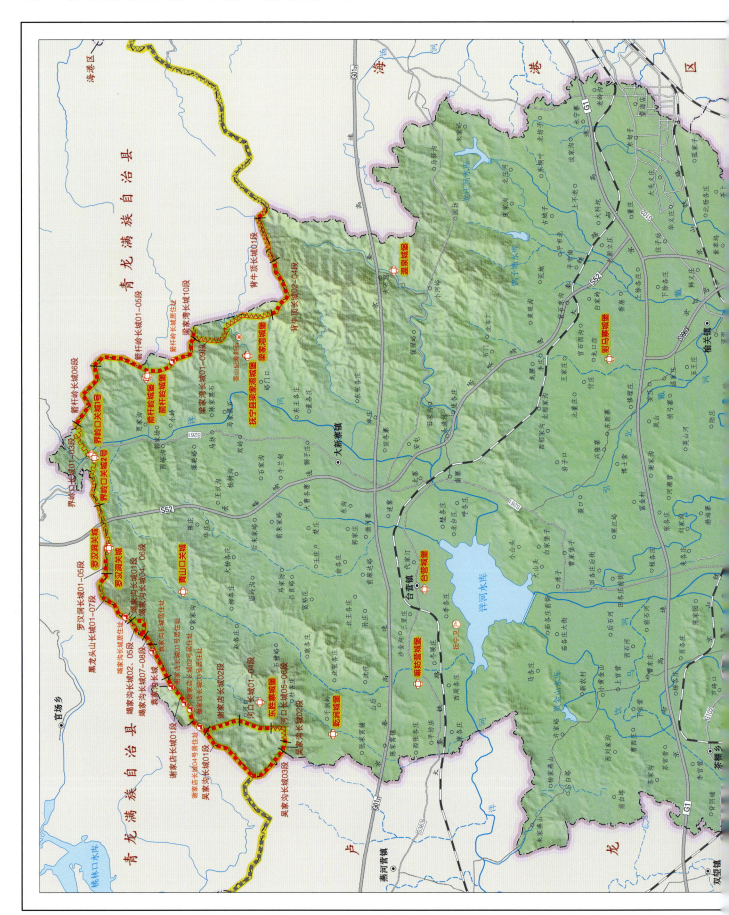

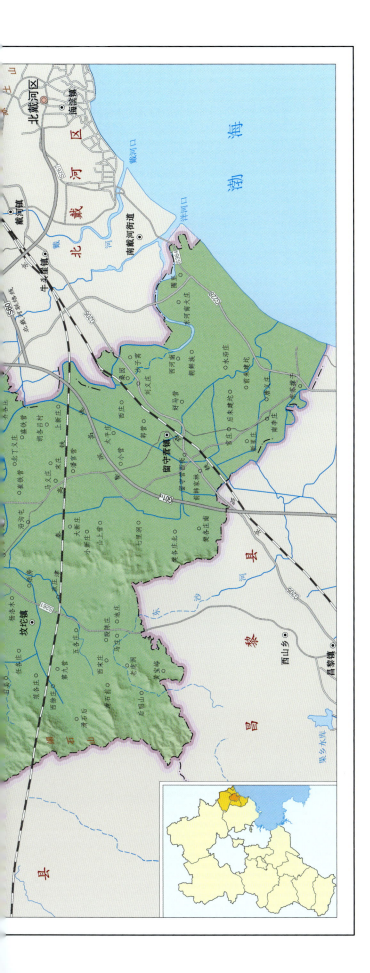

## 图 例

| | |
|---|---|
| ⌇⌇⌇⌇⌇ | 土墙 |
| ▬▬▬ | 石墙 |
| ⌐⌐⌐ | 砖墙 |
| ─── | 消失墙体 |
| ΛΛΛ | 山险 |
| ∩∩∩ | 河险 |
| ΛΛΛ | 山险墙 |
| ▲▲▲ | 壕堑 |
| ═══ | 其他墙体 |
| ⌖ | 关堡 |
| △ | 烽火台 |
| ⊟ | 挡马墙 |
| ▣ | 敌台 |
| ⊡ | 马面 |
| ▨ | 水关（门） |
| ◉ | 砖瓦窑 |
| Ⓟ | 碑碣 |
| ◩ | 居住址 |
| ▦ | 其他相关遗址、遗迹 |
| ✹ | 省级行政中心 |
| ● | 地级行政中心 |
| ◎ | 县级行政中心 |
| ◉ | 乡、镇 |
| ○ | 行政村 |
| ─·─ | 省级界 |
| ─── | 地级界 |
| ─── | 雄安新区界 |
| ─── | 县级界 |
| ▬▬ | 铁路 |
| G7 | 高速公路及编号 |
| G207 | 国道及编号 |
| S247 | 省道及编号 |
| ─── | 县道 |
| ∿ | 水系及闸坝 |

比例尺　1：160 000

### 抚宁区长城资源概况

　　抚宁区调查长城资源墙体53段，总长47896米；单体建筑257座，其中：敌台171座、马面67座、烽火台11座、铺房1座、水关（门）1座、其他单体建筑6座；关堡12座；相关遗存11处。

## 图七 抚宁区明长城单体建筑分布图

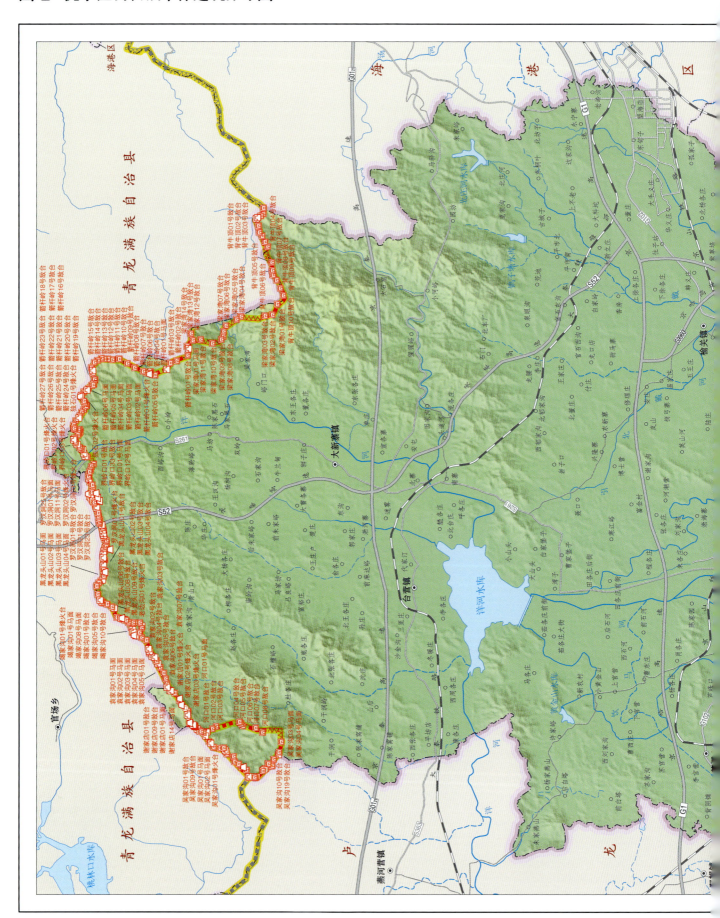

## 图 例

| | |
|---|---|
| 土墙 | |
| 石墙 | |
| 砖墙 | |
| 消失墙体 | |
| 山险 | |
| 河险 | |
| 山险墙 | |
| 壕堑 | |
| 其他墙体 | |
| 关堡 | |
| 烽火台 | |
| 挡马墙 | |
| 敌台 | |
| 马面 | |
| 水关（门） | |
| 砖瓦窑 | |
| 碑碣 | |
| 居住址 | |
| 其他相关遗址、遗迹 | |
| 省级行政中心 | |
| 地级行政中心 | |
| 县级行政中心 | |
| 乡、镇 | |
| 行政村 | |
| 省级界 | |
| 地级界 | |
| 雄安新区界 | |
| 县级界 | |
| 铁路 | |
| 高速公路及编号 G7 | |
| 国道及编号 G207 | |
| 省道及编号 S247 | |
| 县道 | |
| 水系及闸坝 | |

比例尺　1 : 160 000

### 抚宁区长城资源概况

抚宁区调查长城资源墙体53段，总长47896米；单体建筑257座，其中：敌台171座、马面67座、烽火台11座、铺房1座、水关（门）1座、其他单体建筑6座；关堡12座；相关遗存11处。

## 图八 卢龙县明长城墙体、关堡、烽火台、马面、相关遗存分布图

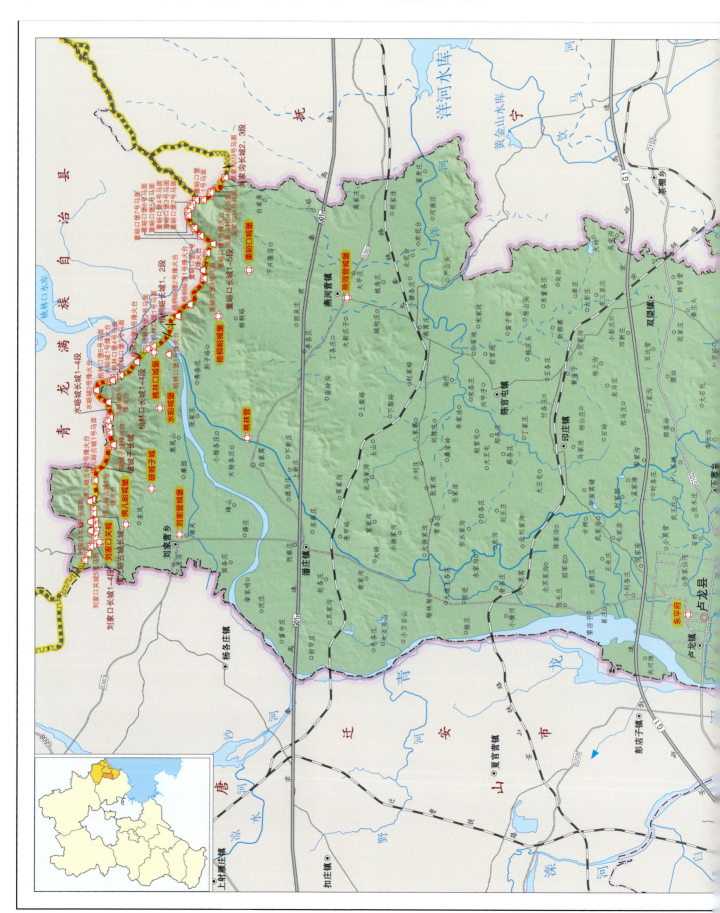

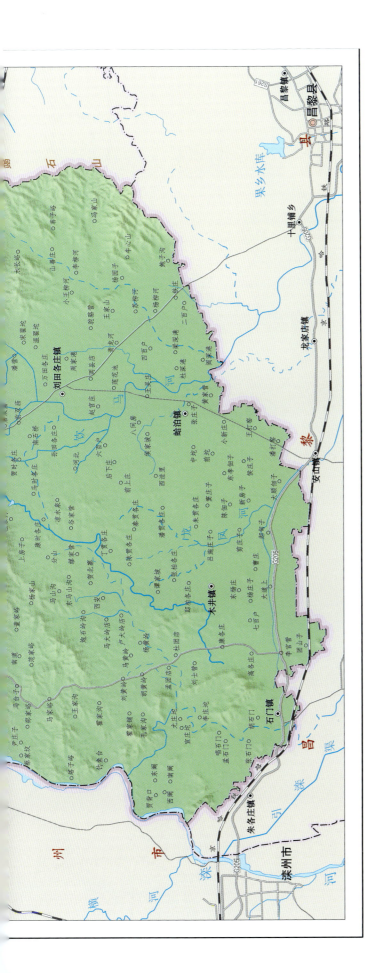

## 图 例

| | |
|---|---|
| | 土墙 |
| | 石墙 |
| | 砖墙 |
| | 消失墙体 |
| | 山险 |
| | 河险 |
| | 山险墙 |
| | 壕堑 |
| | 其他墙体 |
| | 关堡 |
| | 烽火台 |
| | 挡马墙 |
| | 敌台 |
| | 马面 |
| | 水关（门） |
| | 砖瓦窑 |
| | 碑碣 |
| | 居住址 |
| | 其他相关遗址、遗迹 |
| | 省级行政中心 |
| | 地级行政中心 |
| | 县级行政中心 |
| | 乡、镇 |
| | 行政村 |
| | 省级界 |
| | 地级界 |
| | 雄安新区界 |
| | 县级界 |
| | 铁路 |
| G7 | 高速公路及编号 |
| G207 | 国道及编号 |
| S247 | 省道及编号 |
| | 县道 |
| | 水系及闸坝 |

比例尺　1：160 000

## 卢龙县长城资源概况

卢龙县调查长城资源墙体21段，总长21188米；单体建筑127座，其中：敌台80座、马面33座、烽火台14座；关堡11座。

## 图一〇　青龙满族自治县明长城墙体、关堡、相关遗存分布图

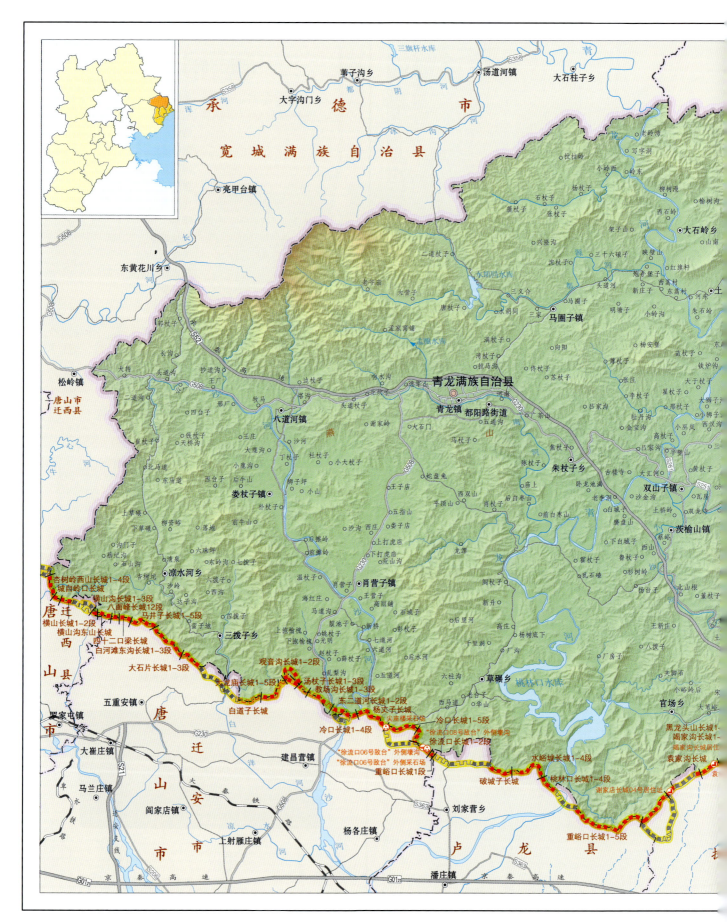

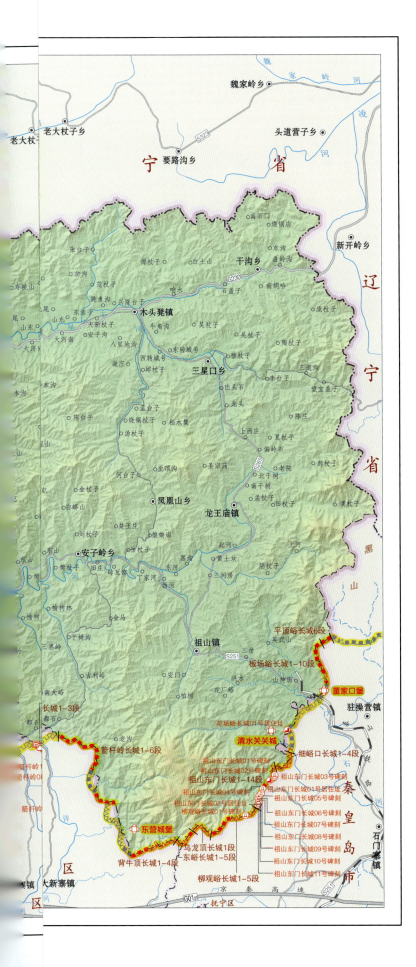

## 图　例

- 土墙
- 石墙
- 砖墙
- 消失墙体
- 山险
- 河险
- 山险墙
- 壕堑
- 其他墙体
- 关堡
- 烽火台
- 挡马墙
- 敌台
- 马面
- 水关（门）
- 砖瓦窑
- 碑碣
- 居住址
- 其他相关遗址、遗迹
- 省级行政中心
- 地级行政中心
- 县级行政中心
- 乡、镇
- 行政村
- 省级界
- 地级界
- 雄安新区界
- 县级界
- 铁路
- G7　高速公路及编号
- G207　国道及编号
- S247　省道及编号
- 县道
- 水系及闸坝

比例尺　1：280 000

### 青龙满族自治县长城资源概况

　　青龙县调查长城资源单体建筑烽火台20座；关堡2座。

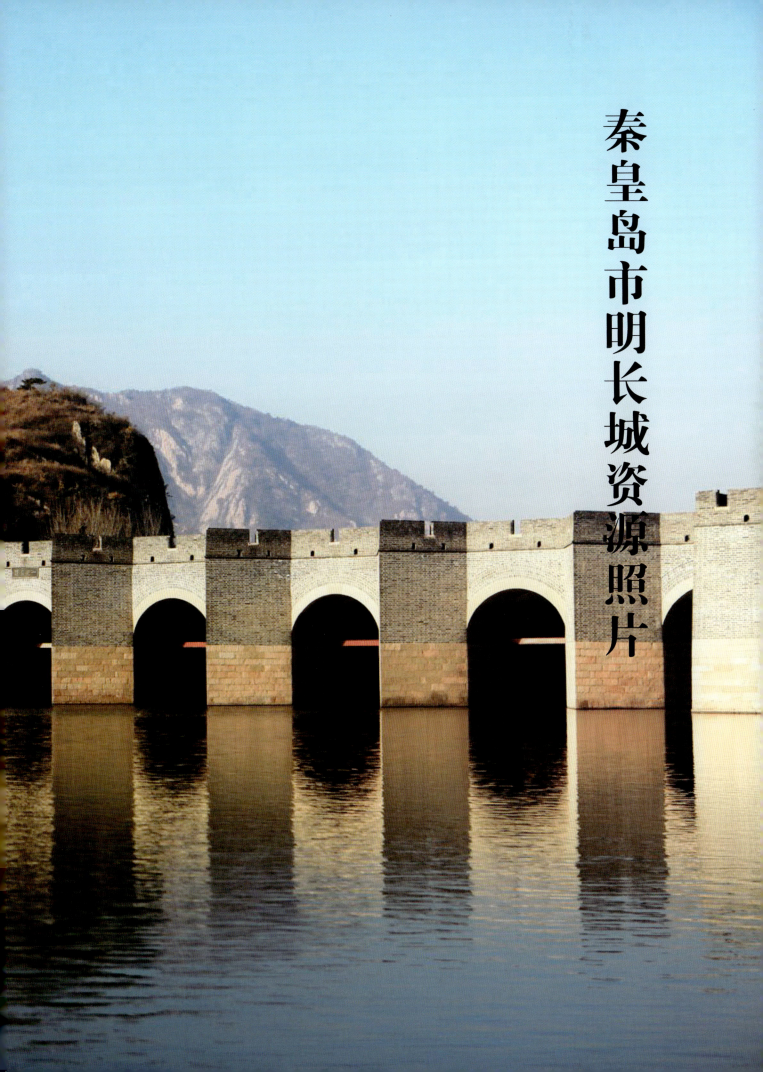

秦皇岛市明长城资源照片

山海关区

## （一）墙体

1. 滨海长城 130303382103170001

2. 南翼长城 1 段 130303382103170002　　3. 南翼长城 2 段 130303382103170003

4. 南翼长城 3 段 130303382103170004　　5. 南翼长城 4 段 130303382103170005

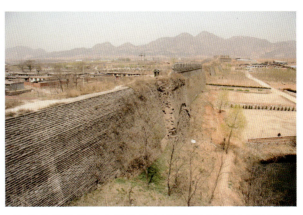

6. 山海关关城东墙 130303382103170006　　7. 北水关长城第 1 段墙体 130303382103170007

8. 北水关长城第 2 段墙体 130303382103170008

9. 角山长城第 1 段墙体 130303382103170009

10. 角山长城第 1 段山险 130303382106170010

11. 角山长城第 2 段墙体 130303382102170011

12. 角山长城第 2 段山险 130303382106170012

13. 角山长城第 3 段墙体 130303382102170013

14. 角山长城第 3 段山险 130303382106170014

15. 角山长城第 4 段墙体 130303382102170015

16. 角山长城第 5 段山险 1303033382106170016

17. 角山长城第 5 段墙体 1303033382102170017

18. 角山长城第 6 段山险 1303033382106170018

19. 角山长城第 6 段墙体 1303033382102170019

20. 角山长城第 7 段山险 1303033382106170020

21. 角山长城第 7 段墙体 1303033382102170021

22. 三道关长城第 1 段山险 1303033382106170022

23. 三道关长城第 1 段墙体 1303033382102170023

24. 三道关长城第 2 段山险 1303033382106170024

25. 三道关长城第 2 段墙体 1303033382102170025

26. 三道关长城第 3 段山险 1303033382106170026

27. 三道关长城第 3 段墙体 1303033382102170027

28. 三道关长城第 4 段山险 1303033382106170028

29. 三道关长城第 4 段墙体 1303033382102170029

30. 三道关长城第 5 段山险 1303033382106170030

31. 三道关长城第 5 段墙体 1303033382102170031

32. 寺儿峪长城第 1 段山险 130303382106170032

33. 寺儿峪长城第 1 段墙体 130303382102170033

34. 寺儿峪长城第 2 段山险 130303382106170034

35. 寺儿峪长城第 2 段墙体 130303382103170035

36. 寺儿峪长城第 3 段山险 13030338210617003

## （二）单体建筑

1. 靖卤台 130303352101170001

2. 澄海楼 130303352104170002

3. 北水关敌台 130303352101170042

4. 北翼城敌台 130303352101170043

5. 角山1号敌台 130303352101170044

6. 角山2号敌台 130303352101170045

7. 角山3号敌台 130303352101170046

8. 角山4号敌台 130303352101170047

9. 角山 5 号敌台 1303033352101170048

10. 角山 6 号敌台 1303033352101170049

11. 角山 7 号敌台 1303033352101170050

12. 角山 8 号敌台 1303033352101170051

13. 三道关村 1 号敌台 1303033352101170052

14. 三道关村 2 号敌台 1303033352101170053

15. 三道关村 3 号敌台 1303033352101170054

16. 三道关村 4 号敌台 1303033352101170055

33. 南翼长城 07 号马面 1303033352102170011

34. 南翼长城 08 号马面 1303033352102170012

35. 南翼长城 09 号马面 1303033352102170013

36. 南翼长城 10 号马面 1303033352102170014

37. 南翼长城 11 号马面 1303033352102170015

38. 南翼长城 12 号马面 1303033352102170016

39. 南翼长城 13 号马面 1303033352102170017

40. 南翼长城 14 号马面 1303033352102170018

41. 南翼长城 15 号马面 130303352102170019

42. 南翼长城 16 号马面 130303352102170020

43. 南翼长城 17 号马面 130303352102170021

44. 南翼长城 18 号马面 130303352102170022

45. 南翼长城 19 号马面 130303352102170023

46. 南翼长城 20 号马面 130303352102170024

47. 南翼长城 21 号马面 130303352102170025

48. 南翼长城 22 号马面 130303352102170026

49. 南翼长城 23 号马面 1303033521021700 27

50. 南翼长城 24 号马面 1303033521021700 28

51. 南翼长城 25 号马面 1303033521021700 29

52. 南翼长城 26 号马面 1303033521021700 30

53. 南翼长城 27 号马面 1303033521021700 31

54. 南翼长城 28 号马面 1303033521021700 32

55. 南翼长城 29 号马面 1303033521021700 33

56. 南翼长城 30 号马面 1303033521021700 34

57. 山海关城马面 1303033521102170035

58. 烽号楼 1303033521102170036

59. 北水关 1 号马面 1303033521102170064

60. 北水关 2 号马面 1303033521102170065

61. 北水关 3 号马面 1303033521102170066

62. 北水关 4 号马面 1303033521102170067

63. 北水关 5 号马面 1303033521102170068

64. 北水关 6 号马面 1303033352102170069

65. 北水关 7 号马面 1303033352102170070

66. 北水关 8 号马面 1303033352102170071

67. 北水关 9 号马面 1303033352102170072

68. 北翼城 1 号马面 1303033352102170073

69. 北翼城 2 号马面 1303033352102170074

70. 北翼城 3 号马面 1303033352102170075

71. 北翼城 4 号马面 1303033352102170076

72. 北翼城 5 号马面 130303352102170077

73. 北翼城 6 号马面 130303352102170078

74. 旱门关 1 号马面 130303352102170079

75. 旱门关 2 号马面 130303352102170080

76. 旱门关 3 号马面 130303352102170081

77. 角山 1 号马面 130303352102170082

78. 角山 2 号马面 130303352102170083

79. 角山 3 号马面 130303352102170084

96. 寺儿峪 2 号烽火台 130303353201170096

97. 九门口南 1 号烽火台 130303353201170097

98. 九门口南 2 号烽火台 130303353201170098

99. 九门口南 3 号烽火台 130303353201170099

100. 九门口南 4 号烽火台 130303353201170100

101. 九门口南 5 号烽火台 130303353201170101

102. 九门口南 6 号烽火台 130303353201170102

（三）关堡

1. 宁海城 130303353102170001

2.铁门关圈城 1303033353101170002

3. 山海关关城 13030335 3101170003

4. 威远城 130303353102170004

5. 陈斗庄营盘遗址 130303353102170005

6. 北水关 130303353101170006

7. 北翼城 130303353101170007

8. 旱门关 130303353101170008

9. 角山关 130303353101170009

10. 三道关 130303353101170010

11. 寺儿峪关 130303353101170011

抚宁县

## （一）墙体

1.九门口长城1段130323382103170001

2.九门口长城1段130323382103170002

3.九门口长城1段130323382103170003

4.庙山口长城1段130323382102170004

5.庙山口长城1段130323382102170005

6.夕阳口长城1段130323382102170006

7.夕阳口长城2段130323382102170007

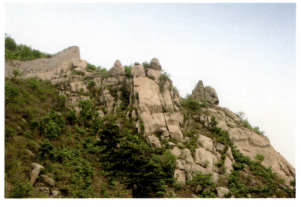

8.夕阳口长城3段130323382102170008

9. 夕阳口长城 4 段 1303233821102170009　　10. 夕阳口长城 5 段 1303233821106170010

11. 夕阳口长城 6 段 1303233821106170011　　12. 夕阳口长城 7 段 1303233821106170012

13. 黄土岭长城 1 段 1303233821103170013　　14. 黄土岭长城 2 段 1303233821102170014

15. 黄土岭长城 3 段 1303233821102170015　　16. 黄土岭长城 4 段 1303233821102170016

63.董家口长城 6 段 130323382102170063

64.董家口长城 7 段 130323382102170064

65.董家口长城 8 段 130323382102170065

66.城子峪长城 1 段 130323382103170066

67.城子峪长城 2 段 130323382103170067

68.水门寺长城 1 段 130323382103170068

69.平顶峪长城 1 段 130323382102170069

70. 平顶峪长城 2 段 13032338210217700670

71. 平顶峪长城 3 段 13032338210217700671

72. 平顶峪长城 4 段 13032338210217700672

73. 平顶峪长城 5 段 13032338210217700673

74. 平顶峪长城 6 段 13032338210217700674

75. 板场峪长城 1 段 1303233821003170075

76. 板场峪长城 2 段 1303233821003170076

77. 板场峪长城 3 段 1303233821003170077

94.拿子峪长城 05 段 130323382103170094

95.花场峪长城 01 段 130323382102170095

96.花场峪长城 02 段 130323382102170096

97.花场峪长城 03 段 130323382102170097

98.花场峪长城 04 段 130323382102170098

99.花场峪长城 05 段 130323382102170099

100.花场峪长城 06 段 130323382102170000100

101.花场峪长城 07 段 130323382102170000101

102.花场峪长城 08 段 130323382102170102

103.花场峪长城 09 段 130323382102170103

104.花场峪长城 10 段 130323382102170104

105.花场峪长城 11 段 130323382102170105

106.花场峪长城 12 段 130323382102170106

107.细峪口长城 01 段 130323382106170107

108.细峪口长城 02 段 130323382106170108

109.细峪口长城 03 段 130323382106170109

110.细峪口长城 04 段 130323382106170110

111.祖山东门长城 01 段 130323382102170111

112.祖山东门长城 02 段 130323382102170112

113.祖山东门长城 03 段 130323382102170113

115.祖山东门长城 05 段 130323382102170115

114.祖山东门长城04段1303233382102170114

116.祖山东门长城06段1303233382102170116

117.祖山东门长城07段1303233382102170117

118.祖山东门长城08段1303233382102170118

119.祖山东门长城09段1303233382102170119

120.祖山东门长城10段1303233382102170120

121.祖山东门长城11段1303233382102170121

122.祖山东门长城12段1303233382102170122

123. 祖山东门长城 13 段 1303233382102170123

124. 祖山东门长城 14 段 1303233382102170124

125. 柳观峪长城 01 段 1303233382106170125

126. 柳观峪长城 02 段 1303233382106170126

127. 柳观峪长城 02 段 1303233382106170127

128. 柳观峪长城 04 段 1303233382106170128

129. 柳观峪长城 05 段 1303233382106170129

130. 乌龙顶长城 01 段 1303233382106170130

131. 东峪长城 01 段 130323382102170131

132. 东峪长城 02 段 130323382102170132

133. 东峪长城 03 段 130323382102170133

134. 东峪长城 04 段 130323382102170134

135. 东峪长城 05 段 130323382102170135

136. 背牛顶长城 01 段 130323382106170136

137. 背牛顶长城 02 段 130323382106170137

138. 背牛顶长城 03 段 130323382106170138

139. 背牛顶长城 04 段 130323382106170139

140. 梁家湾长城 01 段 130323382106170140

141. 梁家湾长城 02 段 130323382106617014

142. 梁家湾长城 03 段 130323382106170142

143. 梁家湾长城 04 段 130323382106170143

144. 梁家湾长城 05 段 130323382106170144

145. 梁家湾长城 06 段 130323382106170145

146. 梁家湾长城 07 段 130323382106170146

147. 梁家湾长城 08 段 130323382106170147

148. 梁家湾长城 09 段 130323382106170148

149. 梁家湾长城 10 段 130323382106170149

150. 箭杆岭长城 01 段 130323382102170150

151. 箭杆岭长城 02 段 130323382102170151

152. 箭杆岭长城 03 段 130323382102170152

153. 箭杆岭长城 04 段 130323382102170153

154.箭杆岭长城 05 段 1303233382102170154　　155.箭杆岭长城 06 段 1303233382102170155

156.界岭口长城 01 段 1303233382103170156　　158.界岭口长城 03 段 1303233382103170158

159.罗汉洞长城 01 段 1303233382103170159　　160.罗汉洞长城 02 段 1303233382103170160

161.罗汉洞长城 03 段 1303233382103170161　　162.罗汉洞长城 04 段 1303233382103170162

163.罗汉洞长城 05 段 130323382103170163

164.黑龙头山长城 01 段 130323382103170164

165.黑龙头山长城 02 段 130323382103170165

166.黑龙头山长城 03 段 130323382103170166

167.黑龙头山长城 04 段 130323382103170167

168.黑龙头山长城 05 段 130323382103170168

169.黑龙头山长城 06 段 130323382103170169

170.黑龙头山长城 07 段 130323382103170170

171.竭家沟长城01段 130323382103170171

172.竭家沟长城02段 130323382103170172

173.竭家沟长城03段 130323382103170173

174.竭家沟长城04段 130323382103170174

175.竭家沟长城05段 130323382103170175

176. 竭家沟长城 06 段 1303233382103170176

177. 竭家沟长城 07 段 1303233382103170177

178. 竭家沟长城 08 段 1303233382103170178

179. 袁家沟长城 1303233382102170179

180. 谢家店长城 01 段 1303233382102170180

181. 吴家沟长城 01 段 1303233382102170181

182. 谢家店长城 02 段 1303233382102170182

183. 河口长城 01 段 1303233382103170183

184.河口长城 02 段 1303233382103170184

186.河口长城 04 段 1303233382103170186

187.河口长城 05 段 1303233382103170187

188.河口长城 06 段 1303233382103170188

190.吴家沟长城 03 段 1303233382102170190

191.板厂峪长城支线 1303233382102170191

## （二）单体建筑

1.九门口 1 号敌台 13032335210 11170001

2.九门口 2 号敌台 1303233521 01170002

3.九门口 3 号敌台 1303233521 01170003

4.九门口 4 号敌台 1303233521 01170004

5.九门口 5 号敌台 1303233521 01170005

6.九门口 6 号敌台 1303233521 01170006

7.九门口 7 号敌台 1303233521 01170007

8.九门口 8 号敌台 1303233521 01170008

9. 九门口 9 号敌台 1303233352101170009

10. 九门口 10 号敌台 1303233352101170010

11. 九门口 11 号敌台 1303233352101170011

12. 九门口 12 号敌台 1303233352101170012

13. 庙山口 1 号敌台 1303233352101170013

14. 庙山口 2 号敌台 1303233352101170014

15. 庙山口 3 号敌台 1303233352101170015

16. 庙山口 4 号敌台 1303233352101170016

17. 庙山口 5 号敌台 130323352101170017

18. 庙山口 6 号敌台 130323352101170018

19. 庙山口 7 号敌台 130323352101170019

20. 庙山口 8 号敌台 130323352101170020

21. 夕阳口 1 号敌台 130323352101170021

22. 夕阳口 2 号敌台 130323352101170022

23. 夕阳口 3 号敌台 130323352101170023

24. 夕阳口 4 号敌台 130323352101170024

25. 夕阳口 5 号敌台 1303233352101170025

26. 夕阳口 6 号敌台 1303233352101170026

27. 夕阳口 7 号敌台 1303233352101170027

28. 夕阳口 8 号敌台 1303233352101170028

29. 黄土岭 1 号敌台 1303233352101170029

30. 黄土岭 2 号敌台 1303233352101170030

31. 黄土岭 3 号敌台 1303233352101170031

32. 黄土岭 4 号敌台 1303233352101170032

33. 黄土岭 5 号敌台 130323352101170033

34. 黄土岭村 6 号敌台 130323352101170034

35. 黄土岭 7 号敌台 130323352101170035

36. 黄土岭 8 号敌台 130323352101170036

37. 黄土岭 9 号敌台 130323352101170037

38. 黄土岭 10 号敌台 130323352101170038

39. 黄土岭 11 号敌台 130323352101170039

40. 黄土岭 12 号敌台 130323352101170040

41.黄土岭 13 号敌台 130323352101170041　　　42.黄土岭 14 号敌台 130323352101170042

43.刘城子 1 号敌台 130323352101170043　　　44. 刘城子 2 号敌台 130323352101170044

45.刘城子 3 号敌台 130323352101170045　　　46. 刘城子 4 号敌台 130323352101170046

47.刘城子 5 号敌台 130323352101170047　　　48.刘城子 6 号敌台 130323352101170048

49. 杜城子 1 号敌台 1303233352101170049

50. 杜城子 2 号敌台 1303233352101170050

51. 杜城子 3 号敌台 1303233352101170051

52. 杜城子村 4 号敌台 1303233352101170052

53. 杜城子 5 号敌台 1303233352101170053

54. 杜城子 6 号敌台 1303233352101170054

55. 杜城子 7 号敌台 1303233352101170055

56. 杜城子 8 号敌台 1303233352101170056

57.杜城子 9 号敌台 1303233352101170057

58.杜城子 10 号敌台 1303233352101170058

59.杜城子 11 号敌台 1303233352101170059

60.杜城子 12 号敌台 1303233352101170060

61.苗城子 1 号敌台 1303233352101170061

62.苗城子 2 号敌台 1303233352101170062

63.苗城子 3 号敌台 1303233352101170063

64.苗城子 4 号敌台 1303233352101170064

65. 苗城子 5 号敌台 130323352101170065

66. 苗城子 6 号敌台 130323352101170066

67. 苗城子 7 号敌台 130323352101170067

68. 苗城子 8 号敌台 130323352101170068

69. 苗城子 9 号敌台 130323352101170069

70. 苗城子 10 号敌台 130323352101170070

71. 苗城子 11 号敌台 130323352101170071

72. 破城子 1 号敌台 130323352101170072

73.破城子 2 号敌台 1303233352101170073

74.破城子 3 号敌台 1303233352101170074

75.破城子 4 号敌台 1303233352101170075

76.破城子 5 号敌台 1303233352101170076

77.破城子 6 号敌台 1303233352101170077

78.破城子 7 号敌台 1303233352101170078

79.破城子 8 号敌台 1303233352101170079

80.破城子 9 号敌台 1303233352101170080

81. 破城子 10 号敌台 130323352101170081

82. 破城子 11 号敌台 130323352101170082

83. 破城子 12 号敌台 130323352101170083

84. 大毛山 1 号敌台 130323352101170084

85. 大毛山 2 号敌台 130323352101170085

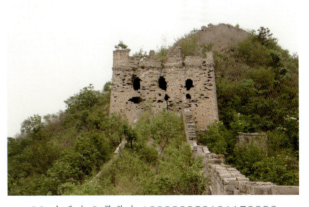

86. 大毛山 3 号敌台 130323352101170086

87. 大毛山 4 号敌台 130323352101170087

88. 大毛山 5 号敌台 130323352101170088

89. 大毛山 6 号敌台 1303233352101170089

90. 大毛山 7 号敌台 1303233352101170090

91. 大毛山 8 号敌台 1303233352101170091

92. 大毛山 9 号敌台 1303233352101170092

93. 大毛山 10 号敌台 1303233352101170093

94. 大毛山 11 号敌台 1303233352101170094

95. 大毛山 12 号敌台 1303233352101170095

96. 大毛山 13 号敌台 1303233352101170096

97. 大毛山 14 号敌台 13032335210117 0097

98. 大毛山 15 号敌台 13032335210117 0098

99. 大毛山 16 号敌台 13032335210117 0099

100. 董家口 1 号敌台 13032335210117 0100

101. 董家口 2 号敌台 13032335210117 0101

102. 董家口 3 号敌台 13032335210117 0102

103. 董家口 4 号敌台 13032335210117 0103

104. 董家口 5 号敌台 13032335210117 0104

121. 城子峪 5 号敌台 130323352101170121

122. 城子峪 6 号敌台 130323352101170122

123. 城子峪 7 号敌台 130323352101170123

124. 城子峪 8 号敌台 130323352101170124

125. 城子峪 9 号敌台 130323352101170125

126. 城子峪 10 号敌台 130323352101170126

127. 城子峪 11 号敌台 130323352101170127

129. 城子峪 13 号敌台 130323352101170129

130. 城子峪 14 号敌台 130323352101170130

131. 城子峪 15 号敌台 130323352101170131

132. 水门寺 1 号敌台 130323352101170132

133. 水门寺 2 号敌台 130323352101170133

134. 平顶峪 1 号敌台 130323352101170134

135. 平顶峪 2 号敌台 130323352101170135

136. 平顶峪 3 号敌台 130323352101170136

137. 平顶峪 4 号敌台 130323352101170137

154. 平顶峪 21 号敌台 130323352101170154

155. 平顶峪 22 号敌台 130323352101170155

156. 平顶峪 23 号敌台 130323352101170156

157. 平顶峪 24 号敌台 130323352101170157

158. 平顶峪 25 号敌台 130323352101170158

159. 平顶峪 26 号敌台 130323352101170159

160. 平顶峪 27 号敌台 130323352101170160

161. 平顶峪 28 号敌台 130323352101170161

162.板场峪 1 号敌台 130323352101170162

163.板场峪 2 号敌台 130323352101170163

164.板场峪 3 号敌台 130323352101170164

165.板场峪 4 号敌台 130323352101170165

166.板场峪 5 号敌台 130323352101170166

167.板场峪 6 号敌台 130323352101170167

168.板场峪 7 号敌台 130323352101170168

169.板场峪 8 号敌台 130323352101170169

186. 板场峪 25 号敌台 130323352101170186

187. 板场峪 26 号敌台 130323352101170187

188. 板场峪 27 号敌台 130323352101170188

189. 板场峪 28 号敌台 130323352101170189

190. 板场峪 29 号敌台 130323352101170190

191. 板场峪 30 号敌台 130323352101170191

192. 板场峪 31 号敌台 130323352101170192

193. 板场峪 32 号敌台 130323352101170193

194.板场峪 33 号敌台 130323352101170194

195.板场峪 34 号敌台 130323352101170195

196.板场峪 35 号敌台 130323352101170196

197.义院口 1 号敌台 130323352101170197

198.义院口 02 号敌台 130323352101170198

199.义院口 03 号敌台 130323352101170199

200.义院口 04 号敌台 130323352101170200

201.义院口 05 号敌台 130323352101170201

217.拿子峪 14 号敌台 1303233352101170216

218.拿子峪 15 号敌台 1303233352101170217

219.媳妇楼 1303233352101170218

220.拿子峪 17 号敌台 1303233352101170219

221.拿子峪 18 号敌台 1303233352101170220

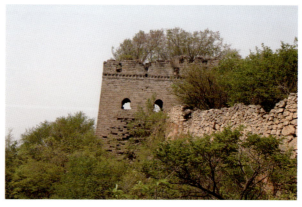

222.花场峪 01 号敌台 1303233352101170221

223.花场峪 02 号敌台 1303233352101170222

224.花场峪 03 号敌台 1303233352101170223

225. 花场峪 04 号敌台 130323352101170224

226. 花场峪 05 号敌台 130323352101170225

227. 花场峪 06 号敌台 130323352101170226

228. 花场峪 07 号敌台 130323352101170227

229. 花场峪 08 号敌台 130323352101170228

230. 花场峪 09 号敌台 130323352101170229

231. 花场峪 10 号敌台 130323352101170230

232. 花场峪 11 号敌台 130323352101170231

233. 花场峪 12 号敌台 130323352101170232

234. 花场峪 13 号敌台 130323352101170233

235. 花场峪 14 号敌台 130323352101170234

236. 花场峪 15 号敌台 130323352101170235

237. 花场峪 16 号敌台 130323352101170236

238. 花场峪 17 号敌台 130323352101170237

239. 祖山东门 01 号敌台 130323352101170238

240. 祖山东门 02 号敌台 130323352101170239

241. 祖山东门 03 号敌台 130323352101170240

242. 祖山东门 04 号敌台 130323352101170241

243. 祖山东门 05 号敌台 130323352101170242

244. 祖山东门 06 号敌台 130323352101170243

245. 祖山东门 07 号敌台 130323352101170244

246. 祖山东门 08 号敌台 130323352101170245

247. 祖山东门 09 号敌台 130323352101170246

248.祖山东门 10 号敌台 13032335210117 0247

250.祖山东门 12 号敌台 13032335210117 0249251　　249.祖山东门 11 号敌台 13032335210117 0248

251.祖山东门 13 号敌台 13032335210117 0250　　252.祖山东门 14 号敌台 13032335210117 0251

253.柳观峪 01 号敌台 13032335210117 0252　　254.柳观峪 02 号敌台 13032335210117 0253

255. 柳观峪村 03 号敌台 130323352101170254

256. 柳观峪 04 号敌台 130323352101170255

257. 柳观峪 05 号敌台 130323352101170256

259. 柳观峪 07 号敌台 130323352101170258

258. 柳观峪 06 号敌台 130323352101170257

260. 柳观峪 08 号敌台 130323352101170259

261. 柳观峪 09 号敌台 130323352101170260

262. 柳观峪 10 号敌台 1303233352101170261

263. 柳观峪 11 号敌台 1303233352101170262

264. 柳观峪 12 号敌台 1303233352101170263

265. 柳观峪 13 号敌台 1303233352101170264

266. 孤石峪 01 号敌台 1303233352101170265

267. 孤石峪 02 号敌台 1303233352101170266

268. 孤石峪 03 号敌台 1303233352101170267

269. 孤石峪 04 号敌台 1303233352101170268

270. 韭菜楼 130323352101170269

271. 乌龙顶 01 号敌台 130323352101170270

272. 乌龙顶 02 号敌台 130323352101170271

273. 乌龙顶 03 号敌台 130323352101170272

274. 乌龙顶 04 号敌台 130323352101170273

275. 乌龙顶 05 号敌台 130323352101170274

276. 东峪 01 号敌台 130323352101170275

277. 东峪 02 号敌台 130323352101170276

278. 东岭 03 号敌台 1303233352101170277

279. 东岭 04 号敌台 1303233352101170278

280. 东岭 05 号敌台 1303233352101170279

281. 东岭 06 号敌台 1303233352101170280

282. 东岭 07 号敌台 1303233352101170281

283. 东岭 08 号敌台 1303233352101170282

285. 东岭 10 号敌台 1303233352101170284

284. 东峪 09 号敌台 130323352101170283

286. 东峪 11 号敌台 130323352101170285

287. 东峪 12 号敌台 130323352101170286

288. 东峪 13 号敌台 130323352101170287

289. 东峪 14 号敌台 130323352101170288

290. 东峪 15 号敌台 130323352101170289

291. 东峪 16 号敌台 130323352101170290

292. 背牛顶 01 号敌台 130323352101170291

293. 背牛顶 02 号敌台 130323352101170292

294. 背牛顶 03 号敌台 130323352101170293

295. 背牛顶 04 号敌台 130323352101170294

296. 背牛顶 05 号敌台 130323352101170295

297. 背牛顶 06 号敌台 130323352101170296

299. 背牛顶 08 号敌台 130323352101170298

298. 背牛顶 07 号敌台 130323352101170297

300.背牛顶 09 号敌台 1303233352101170299

301.背牛顶 10 号敌台 1303233352101170300

302.梁家湾 01 号敌台 1303233352101170301

303..梁家湾 02 号敌台 1303233352101170302

304..梁家湾 03 号敌台 1303233352101170303

305..梁家湾 04 号敌台 1303233352101170304

306.梁家湾 05 号敌台 1303233352101170305

307.梁家湾 06 号敌台 1303233352101170306

308. 梁家湾 07 号敌台 130323352101170307

309. 梁家湾 08 号敌台 130323352101170308

310. 梁家湾 09 号敌台 130323352101170309

311. 梁家湾 10 号敌台 130323352101170310

312. 梁家湾 11 号敌台 130323352101170312

313. 梁家湾 12 号敌台 130323352101170313

314. 梁家湾 13 号敌台 130323352101170314

315. 梁家湾 14 号敌台 130323352101170315

316. 箭杆岭 01 号敌台 1303233352101170316

317. 箭杆岭 02 号敌台 1303233352101170317

318. 箭杆岭 03 号敌台 1303233352101170318

319. 箭杆岭 04 号敌台 1303233352101170319

320. 箭杆岭 05 号敌台 1303233352101170320

321. 箭杆岭 06 号敌台 1303233352101170321

322. 箭杆岭 07 号敌台 1303233352101170322

323. 箭杆岭 08 号敌台 1303233352101170323

324. 箭杆岭 09 号敌台 1303233352101170324

325. 箭杆岭 10 号敌台 1303233352101170325

326. 箭杆岭 11 号敌台 1303233352101170326

327. 箭杆岭 12 号敌台 1303233352101170327

328. 箭杆岭 13 号敌台 1303233352101170328

329. 箭杆岭 14 号敌台 1303233352101170329

330. 箭杆岭 15 号敌台 1303233352101170330

331. 箭杆岭 16 号敌台 1303233352101170331

332. 箭杆岭 17 号敌台 1303233352101170332

333. 箭杆岭 18 号敌台 1303233352101170333

334. 箭杆岭 19 号敌台 1303233352101170334

335. 箭杆岭 20 号敌台 1303233352101170335

336. 箭杆岭 21 号敌台 1303233352101170336

337. 箭杆岭 22 号敌台 1303233352101170337

338. 箭杆岭 23 号敌台 1303233352101170338

339. 箭杆岭 24 号敌台 1303233352101170339

340. 箭杆岭 25 号敌台 130323352101170340

341. 箭杆岭 26 号敌台 130323352101170341

342. 箭杆岭 27 号敌台 130323352101170342

343. 界岭口 01 号敌台 130323352101170343

344. 界岭口 02 号敌台 130323352101170344

345. 界岭口 03 号敌台 130323352101170345

346. 界岭口 04 号敌台 130323352101170346

347. 界岭口 05 号敌台 130323352101170347

348. 界岭口 06 号敌台 130323352101170348

349. 界岭口 07 号敌台 130323352101170349

350. 界岭口 08 号敌台 130323352101170350

351. 界岭口 09 号敌台 130323352101170351

352. 界岭口 10 号敌台 130323352101170352

353. 界岭口 11 号敌台 130323352101170353

354. 界岭口 12 号敌台 130323352101170354

355. 界岭口 13 号敌台 130323352101170355

356. 界岭口 14 号敌台 1303233352101170356

357. 界岭口 15 号敌台 1303233352101170357

358. 界岭口 16 号敌台 1303233352101170358

359. 界岭口 17 号敌台 1303233352101170359

360. 界岭口 18 号敌台 1303233352101170360

361. 界岭口 19 号敌台 1303233352101170361

362. 界岭口 20 号敌台 1303233352101170362

363. 界岭口 21 号敌台 1303233352101170363

364. 界岭口 22 号敌台 130323352101170364

365. 界岭口 23 号敌台 130323352101170365

366. 界岭口 24 号敌台 130323352101170366

367. 界岭口 25 号敌台 130323352101170367

368. 界岭口 26 号敌台 130323352101170368

369. 界岭口 27 号敌台 130323352101170369

370. 界岭口 28 号敌台 130323352101170370

371. 界岭口 29 号敌台 130323352101170371

372. 界岭口 30 号敌台 13032333521101170372

373. 界岭口 31 号敌台 13032333521101170373

374. 界岭口 32 号敌台 13032333521101170374

375. 界岭口 33 号敌台 13032333521101170375

376. 罗汉洞 01 号敌台 13032333521101170376

377. 罗汉洞 02 号敌台 13032333521101170377

378. 罗汉洞 03 号敌台 13032333521101170378

379. 罗汉洞 04 号敌台 13032333521101170379

380. 罗汉洞 05 号敌台 1303233352101170380

381. 罗汉洞 06 号敌台 1303233352101170381

382. 罗汉洞 07 号敌台 1303233352101170382

383. 罗汉洞 08 号敌台 1303233352101170383

384. 罗汉洞 09 号敌台 1303233352101170384

385. 罗汉洞 10 号敌台 1303233352101170385

386. 罗汉洞 11 号敌台 1303233352101170386

387. 罗汉洞 12 号敌台 1303233352101170387

405.黄楼 130323352101170405

404.黑龙头山 04 号敌台 130323352101170404

406.黑龙头山 06 号敌台 130323352101170406

407.三角楼 130323352101170407

408.黑龙头山 08 号敌台 130323352101170408

409.黑龙头山 09 号敌台 130323352101170409

410.竭家沟 01 号敌台 130323352101170410

411. 竭家沟 02 号敌台 130323352101170411

412. 竭家沟 03 号敌台 130323352101170412

413. 谢家楼 130323352101170413

414. 竭家沟 05 号敌台 130323352101170414

415. 竭家沟 06 号敌台 130323352101170415

416. 竭家沟 07 号敌台 130323352101170416

417. 竭家沟 08 号敌台 130323352101170417

418. 竭家沟 09 号敌台 130323352101170418

419. 竭家沟 10 号敌台 1303233352101170419

420. 天井楼 1303233352101170420

421. 袁家沟 02 号敌台 1303233352101170421

422. 袁家沟 03 号敌台 1303233352101170422

423. 袁家沟 04 号敌台 1303233352101170423

424. 袁家沟 05 号敌台 1303233352101170424

425. 袁家沟 06 号敌台 1303233352101170425

426. 袁家沟 07 号敌台 1303233352101170426

427. 谢家店 01 号敌台 13032335210117 0427

428. 谢家店 02 号敌台 13032335210117 0428

429. 谢家店 03 号敌台 13032335210117 0429

430. 谢家店 04 号敌台 13032335210117 0430

431. 谢家店 05 号敌台 13032335210117 0431

432. 谢家店 06 号敌台 13032335210117 0432

433. 谢家店 07 号敌台 13032335210117 0433

434. 谢家店 08 号敌台 13032335210117 0434

435.谢家店 09 号敌台 1303233521011170435

436.吴家沟 01 号敌台 1303233521011170436

437.吴家沟 02 号敌台 1303233521011170437

438.吴家沟 03 号敌台 1303233521011170438

439.吴家沟 04 号敌台 1303233521011170439

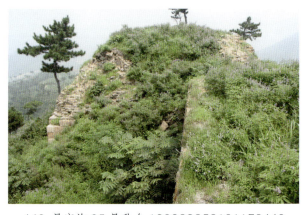

440.吴家沟 05 号敌台 1303233521011170440

441.吴家沟 06 号敌台 1303233521011170441

442.吴家沟 07 号敌台 1303233521011170442

443. 吴家沟 08 号敌台 13032335 2101170443

444. 吴家沟 09 号敌台 13032335 2101170444

445. 河口 01 号敌台 13032335 2101170445

446. 河口 02 号敌台 13032335 2101170446

447. 河口 03 号敌台 13032335 2101170447

448. 河口 04 号敌台 13032335 2101170448

449. 河口 05 号敌台 13032335 2101170449

450. 河口 06 号敌台 13032335 21011704450

467. 庙山口 3 号马面 1303233352102170202

468. 夕阳口 1 号马面 1303233352102170203

469. 夕阳口 2 号马面 1303233352102170204

470. 黄土岭 1 号马面 1303233352102170205

471. 黄土岭 2 号马面 1303233352102170206

472. 黄土岭 3 号马面 1303233352102170207

473. 黄土岭 4 号马面 1303233352102170208

474. 黄土岭 5 号马面 1303233352102170209

475.黄土岭 6 号马面 1303233352102170210

476.黄土岭 7 号马面 1303233352102170211

477.刘城子 1 号马面 1303233352102170212

478.杜城子 1 号马面 1303233352102170213

479.杜城子 2 号马面 1303233352102170214

480.杜城子 3 号马面 1303233352102170215

481.苗城子 1 号马面 1303233352102170216

482.破城子 1 号马面 1303233352102170217

483.破城子 2 号马面 13032335210217021　　　484.大毛山 1 号马面 1303233352102170219

485.大毛山 2 号马面 1303233352102170220　　　486.董家口 1 号马面 1303233352102170221

487.董家口 2 号马面 1303233352102170222　　　488.董家口 3 号马面 1303233352102170223

489.董家口 4 号马面 1303233352102170224　　　490.董家口 5 号马面 1303233352102170225

491. 董家口 6 号马面 1303233352102170226

492. 董家口 7 号马面 1303233352102170227

493. 董家口 8 号马面 1303233352102170228

494. 董家口 9 号马面 1303233352102170229

495. 董家口 10 号马面 1303233352102170230

496. 城子峪 1 号马面 1303233352102170231

497. 城子峪 2 号马面 1303233352102170232

498. 城子峪 3 号马面 1303233352102170233

499. 城子峪 4 号马面 1303233352102170234

500. 水门寺 1 号马面 1303233352102170235

501. 水门寺 2 号马面 1303233352102170236

502. 平顶峪 1 号马面 1303233352102170237

503. 平顶峪 2 号马面 1303233352102170238

504. 平顶峪 3 号马面 1303233352102170239

505. 平顶峪 4 号马面 1303233352102170240

506. 平顶峪 5 号马面 1303233352102170241

507.平顶峪6号马面 130323352102170242

508.平顶峪7号马面 130323352102170243

509.平顶峪8号马面 130323352102170244

510.平顶峪9号马面 130323352102170245

511.平顶峪10号马面 130323352102170246

512.平顶峪11号马面 130323352102170247

513.平顶峪12号马面 130323352102170248

514.板场峪1号马面 130323352102170249

515.板场峪 2 号马面 1303233352102170250

516.板场峪 3 号马面 1303233352102170251

517.板场峪 4 号马面 1303233352102170252

518.板场峪 5 号马面 1303233352102170253

519.板场峪 6 号马面 1303233352102170254

522.拿子峪 02 号马面 1303233352102170257

520.义院口 01 号马面 1303233352102170255

523. 花场峪 01 号马面 130323352102170258

521. 拿子峪 01 号马面 130323352102170256

524. 东峪 01 号马面 130323352102170259

525. 东峪 02 号马面 130323352102170260

526. 东峪 03 号马面 130323352102170261

527. 梁家湾 01 号马面 130323352102170262

528. 箭杆岭 01 号马面 130323352102170263

529. 箭杆岭 02 号马面 130323352102170264

530. 箭杆岭 03 号马面 130323352102170265

531. 箭杆岭 04 号马面 130323352102170266

532. 箭杆岭 05 号马面 130323352102170267

533. 箭杆岭 06 号马面 130323352102170268

534. 界岭口 01 号马面 130323352102170269

535. 界岭口 02 号马面 130323352102170270

536. 界岭口 03 号马面 130323352102170271

537. 界岭口 04 号马面 1303233352102170272

538. 界岭口 05 号马面 1303233352102170273

539. 界岭口 06 号马面 1303233352102170274

540. 界岭口 07 号马面 1303233352102170275

541. 界岭口 08 号马面 1303233352102170276

542. 界岭口 09 号马面 1303233352102170277

543. 界岭口 10 号马面 1303233352102170278

544. 界岭口 11 号马面 1303233352102170279

545. 界岭口 12 号马面 1303233521021 70280

546. 罗汉洞 01 号马面 1303233521021 70281

547. 罗汉洞 02 号马面 1303233521021 70282

548. 罗汉洞 03 号马面 1303233521021 70283

549. 罗汉洞 04 号马面 1303233521021 70284

550. 罗汉洞 05 号马面 1303233521021 70285

551. 罗汉洞 06 号马面 1303233521021 70286

552. 罗汉洞 07 号马面 1303233521021 70287

553. 罗汉洞 08 号马面 1303233352102170288

555. 罗汉洞 10 号马面 1303233352102170290

554. 罗汉洞 09 号马面 1303233352102170289

556. 罗汉洞 11 号马面 1303233352102170291

557. 黑龙头山 01 号马面 1303233352102170292

558. 黑龙头山 02 号马面 1303233352102170293

559. 黑龙头山 03 号马面 1303233352102170294

560.黑龙头山 04 号马面 1303233352102170295

561.竭家沟 01 号马面 1303233352102170296

562.竭家沟 02 号马面 1303233352102170297

563.竭家沟 03 号马面 1303233352102170298

564.竭家沟 04 号马面 1303233352102170299

565.竭家沟 05 号马面 1303233352102170300

566.竭家沟 06 号马面 1303233352102170301

567.竭家沟 07 号马面 1303233352102170302

568.竭家沟 08 号马面 1303233352102170303

569.袁家沟 01 号马面 1303233352102170304

570.袁家沟 02 号马面 1303233352102170305

571.袁家沟 03 号马面 1303233352102170306

572.袁家沟 04 号马面 1303233352102170307

573.袁家沟 05 号马面 1303233352102170308

574.谢家店 01 号马面 1303233352102170309

575.谢家店村 02 号马面 1303233352102170310

576. 谢家店 03 号马面 1303233352102170311

577. 谢家店 04 号马面 1303233352102170312

578. 谢家店 05 号马面 1303233352102170313

579. 谢家店 06 号马面 1303233352102170314

580. 谢家店 07 号马面 1303233352102170315

581. 谢家店 08 号马面 1303233352102170316

582. 谢家店 09 号马面 1303233352102170317

583. 谢家店 10 号马面 1303233352102170318

584.谢家店 11 号马面 1303233521 02170319

585.谢家店 12 号马面 1303233521 02170320

586.谢家店 13 号马面 1303233521 02170321

587.谢家店 14 号马面 1303233521 02170322

588.吴家沟 01 号马面 1303233521 02170323

589.吴家沟 02 号马面 1303233521 02170324

590.河口 01 号马面 1303233521 02170325

591.吴家沟 03 号马面 1303233521 02170326

592.吴家沟 04 号马面 130323352102170327

593.吴家沟 05 号马面 130323352102170328

594.九门口 1 号烽火台 130323353201170255

595.九门口 2 号烽火台 130323353201170256

596.九门口 3 号烽火台 130323353201170257

597.庙山口 1 号烽火台 130323353201170258

598.庙山口 2 号烽火台 130323353201170259

599.夕阳口 1 号烽火台 130323353201170260

600.夕阳口 2 号烽火台 130323353201170261

601.夕阳口 3 号烽火台 130323353201170262

602.黄土岭 1 号烽火台 130323353201170263

603.刘城子 1 号烽火台 130323353201170264

604.刘城子 2 号烽火台 130323353201170265

605.苗城子 1 号烽火台 130323353201170266

606.苗城子 2 号烽火台 130323353201170267

607.苗城子 3 号烽火台 130323353201170268

608. 苗城子 4 号烽火台 130323353201170269

609. 苗城子 5 号烽火台 130323353201170270

610. 破城子 1 号烽火台 130323353201170271

611. 破城子 2 号烽火台 130323353201170272

612. 破城子 3 号烽火台 130323353201170273

613. 破城子 4 号烽火台 130323353201170274

614. 破城子 5 号烽火台 130323353201170275

615. 大毛山 1 号烽火台 130323353201170276

616.大毛山 2 号烽火台 130323353201170277

617.大毛山 3 号烽火台 130323353201170278

618.大毛山 4 号烽火台 130323353201170279

619.大毛山 5 号烽火台 130323353201170280

620.大毛山 6 号烽火台 130323353201170281

621.董家口 1 号烽火台 130323353201170282

622.城子峪 1 号烽火台 130323353201170283

623.城子峪 2 号烽火台 130323353201170284

624.城子峪 3 号烽火台 130323353201170285

625.城子峪 4 号烽火台 130323353201170286

626.水门寺 1 号烽火台 130323353201170287

627.平顶峪 1 号烽火台 130323353201170288

628.平顶峪 2 号烽火台 130323353201170289

629.平顶峪 3 号烽火台 130323353201170290

630.平顶峪 4 号烽火台 1130323353201170291

631.花场峪 01 号烽火台 1130323353201170292

632.花场峪 02 号烽火台 1130323353201170293

633.花场峪 03 号烽火台 1130323353201170294

634.车厂 01 号烽火台 1130323353201170295

635.车厂 02 号烽火台 1130323353201170296

636.天楼 1130323353201170297

637.柳观峪 02 号烽火台 1130323353201170298

638.箭杆岭 01 号烽火台 1130323353201170299

639.界岭口 01 号烽火台 1130323353201170300

640. 界岭口 02 号烽火台 1130323353201170301

641. 界岭口 03 号烽火台 1130323353201170302

642. 罗汉洞 01 号烽火台 1130323353201170303

643. 罗汉洞 02 号烽火台 1130323353201170304

644. 竭家沟 01 号烽火台 1130323353201170305

645. 谢家店 01 号烽火台 1130323353201170306

646. 谢家店 02 号烽火台 1130323353201170307

647. 谢家店 03 号烽火台 1130323353201170308

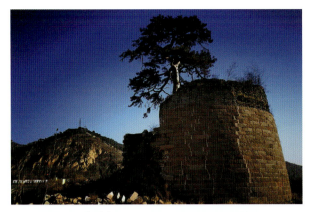

648. 吴家沟 01 号烽火台 1130323353201170309

649. 子母台 1130323353201170310

650. 拿子峪长城铺房 130323352105170463

651. 花场峪 01 号护关台 130323352105170464

652. 花场峪 02 号护关台 130323352105170465

653. 花场峪 01 号水关 130323352105170466

654. 叶城 130323352105170467

655. 谢家店 1 号地堡 130323352105170470

656.谢家店 2 号地堡 130323352105170468　　　　657.谢家店 3 号地堡 130323352105170469

（三）关堡

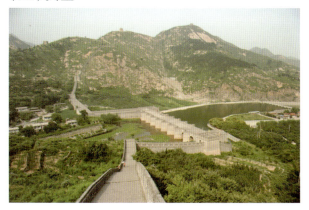

1.九门口关城 130323353101170001

2.夕阳口关城堡 130323353102170002

4.黄土岭城堡 130323353102170004

5.黄土营城堡 130323353102170005

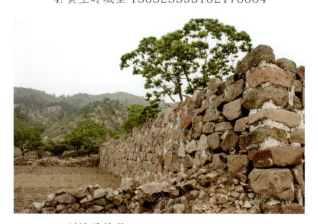

6.刘城子城堡 130323353102170006

7.杜城子城堡 130323353102170007

8.小河口关城 130323353101170008

9.破城子城堡 130323353102170009

10.大毛山城堡 1303233353102170010

11.董家口城堡 1303233353102170011

12.柳河冲城堡 1303233353102170012

13.城子峪关城 1303233353101170013

14.水门寺城堡 1303233353102170014

15.平顶峪城堡 1303233353102170015

16.高丽古城遗址 1303233353102170016

17.驻操营城堡 1303233353102170017

18.板场峪城堡 13032335 3102170018

19.义院口城堡 13032335 3102170019

20.石门寨城堡 13032335 3102170020

21.柳观峪城 13032335 3102170021

22.孤石峪城堡 13032335 3102170022

26.东胜寨城堡 13032335 3102170026

27.青山口关城 13032335 3101170027

28.台营城堡 13032335 3102170028

29.无名口关城 130323353101170029

30.嘛姑营城堡 130323353102170030

31.乾涧城堡 130323353102170031

32.温泉城堡 130323353102170032

33.花场峪北沟石城 130323353102170033

34.花场峪城堡 130323353102170034

35.细峪口城堡 130323353102170035

36.箭杆岭城堡 130323353102170036

37.界岭口关城 1 号 130323353102170037

38.界岭口关城 2 号 130323353102170038

39.罗汉洞关城 130323353102170039

（四）相关遗存

1.花场峪长城01号居住址130323354107170001

2.花场峪长城02号居住址130323354107170002

3.祖山东门长城01号居住址130323354107170003

4.祖山东门长城02号居住址130323354107170004

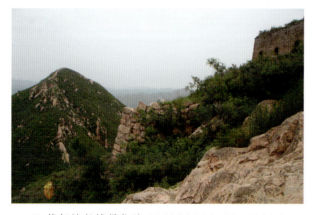

5.箭杆岭长城居住址130323354107170005

6.竭家沟长城居住址130323354107170006

7.谢家店长城03号居住址130323354107170010

8.谢家店长城04号居住址130323354107170011

9.祖山东门长城 06 号碑刻 130323354111170019

10.祖山东门长城 11 号碑刻 130323354111170024

11.香山纪寿刻石 130323354110170026

卢龙县

## （一）墙体

1.重峪口长城1段130324382102170001

2.重峪口长城2段130324382103170002

3.重峪口长城3段130324382102170003

4.重峪口长城4段130324382103170004

5.重峪口长城5段130324382102170005

6.梧桐峪长城1段130324382106190006

8.桃林口长城1段130324382106190008

7.梧桐峪长城2段 1303243821702170007

9.桃林口长城2段 1303243821702170009

10.桃林口长城3段 1303243821703170010

11.桃林口长城4段 1303243821702170011

12.水峪城长城1段 1303243821702170012

13.水峪城长城2段 1303243821702170013

14.水峪城长城3段 1303243821702170014

15.水峪城长城4段 1303243821702170015

16. 破城子长城 130324382102170016

17. 佛儿峪长城 130324382102170017

18. 刘家口长城 1 段 130324382102170018

19. 刘家口长城 2 段 130324382102170019

20. 刘家口长城 3 段 130324382102190020

21. 刘家口长城 4 段 130324382102170021

## （二）单体建筑

1. 重峪口堡 1 号敌台 1303243521011 70001

2. 重峪口堡 2 号敌台 1303243521011 70002

3. 重峪口堡 3 号敌台 1303243521011 70003

4. 重峪口堡 4 号敌台 1303243521011 70004

5. 重峪口堡 5 号敌台 1303243521011 70005

6. 重峪口堡 6 号敌台 1303243521011 70006

7. 重峪口堡 7 号敌台 1303243521011 70007

8. 重峪口堡 8 号敌台 1303243521011 70008

9.重峪口堡 9 号敌台 130324352101170009

10.重峪口堡 10 号敌台 130324352101170010

11.重峪口堡 11 号敌台 130324352101170011

12.重峪口堡 12 号敌台 130324352101170012

13.梧桐峪堡 1 号敌台 130324352101170013

14.梧桐峪堡 2 号敌台 130324352101170014

15.梧桐峪堡 3 号敌台 130324352101170015

16.梧桐峪堡 4 号敌台 130324352101170016

17. 梧桐峪堡 5 号敌台 130324352101170017

18. 梧桐峪堡 6 号敌台 130324352101170018

19. 梧桐峪堡 7 号敌台 130324352101170019

20. 桃林口堡 1 号敌台 130324352101170020

21. 桃林口堡 2 号敌台 130324352101170021

22. 桃林口堡 3 号敌台 130324352101170022

23. 桃林口堡 4 号敌台 130324352101170023

24. 桃林口堡 5 号敌台 130324352101170024

25. 桃林口堡 6 号敌台 1303243521011170025

26. 桃林口堡 7 号敌台 1303243521011170026

27. 桃林口堡 8 号敌台 1303243521011170027

28. 桃林口堡 9 号敌台 1303243521011170028

29. 水峪城 1 号敌台 1303243521011170029

30. 水峪城 2 号敌台 1303243521011170030

31. 水峪城 3 号敌台 1303243521011170031

32. 水峪城 4 号敌台 1303243521011170032

33. 水峪城 5 号敌台 1303243521101170033

34. 水峪城 6 号敌台 1303243521101170034

35. 水峪城 7 号敌台 1303243521101170035

36. 水峪城 8 号敌台 1303243521101170036

37. 水峪城 9 号敌台 1303243521101170037

38. 水峪城 10 号敌台 1303243521101170038

39. 水峪城 11 号敌台 1303243521101170039

40. 水峪城 12 号敌台 1303243521101170040

41.水峪城 13 号敌台 130324352101170041

42.水峪城 14 号敌台 130324352101170042

43.水峪城 15 号敌台 130324352101170043

44.水峪城 16 号敌台 130324352101170044

45.破城子城 1 号敌台 130324352101170045

46.破城子城 2 号敌台 130324352101170046

47.破城子城 3 号敌台 130324352101170047

48.破城子城 4 号敌台 130324352101170048

49. 破城子城 5 号敌台 1303243532101170049

50. 破城子城 6 号敌台 1303243532101170050

51. 破城子城 7 号敌台 1303243532101170051

52. 佛儿峪古城 1 号敌台 1303243532101170052

53. 佛儿峪古城 2 号敌台 1303243532101170053

54. 佛儿峪古城 3 号敌台 1303243532101170054

55. 佛儿峪古城 4 号敌台 1303243532101170055

56. 佛儿峪古城 5 号敌台 1303243532101170056

57. 佛儿峪古城 6 号敌台 130324352101170057

58. 佛儿峪古城 7 号敌台 130324352101170058

59. 佛儿峪古城 8 号敌台 130324352101170059

60. 佛儿峪古城 9 号敌台 130324352101170060

61. 佛儿峪古城 10 号敌台 130324352101170061

62. 佛儿峪古城 11 号敌台 130324352101170062

63. 佛儿峪古城 12 号敌台 130324352101170063

64. 佛儿峪古城 13 号敌台 130324352101170064

65. 佛儿峪古城 14 号敌台 1303243352101170065

66. 佛儿峪古城 15 号敌台 1303243352101170066

67. 刘家口关城 1 号敌台 1303243352101170067

68. 刘家口关城 2 号敌台 1303243352101170068

69. 刘家口关城 3 号敌台 1303243352101170069

70. 刘家口关城 4 号敌台 1303243352101170070

71. 刘家口关城 5 号敌台 1303243352101170071

72. 刘家口关城 6 号敌台 1303243352101170072

73. 刘家口关城 7 号敌台 1303243521011170073

74. 刘家口关城 8 号敌台 1303243521011170074

75. 刘家口关城 9 号敌台 1303243521011170075

76. 刘家口关城 10 号敌台 1303243521011170076

77. 刘家口关城 11 号敌台 1303243521011170077

78. 刘家口关城 12 号敌台 1303243521011170078

79. 刘家口关城 13 号敌台 1303243521011170079

80. 刘家口关城 14 号敌台 1303243521011170080

81. 重峪口堡 1 号马面 130324352102170081

82. 重峪口堡 2 号马面 130324352102170082

83. 重峪口堡 3 号马面 130324352102170083

84. 重峪口堡 4 号马面 130324352102170084

85. 重峪口堡 5 号马面 130324352102170085

86. 重峪口堡 6 号马面 130324352102170086

87. 重峪口堡 7 号马面 130324352102170087

88. 重峪口堡 8 号马面 130324352102170088

89.重峪口堡 9 号马面 13032435 2102170089

90 桃林口堡 1 号马面 13032435 2102170090

91.桃林口堡 2 号马面 13032435 2102170091

92.桃林口堡 3 号马面 13032435 2102170092

93.桃林口堡 4 号马面 13032435 2102170093

94.桃林口堡 5 号马面 13032435 2102170094

95.水峪城 1 号马面 13032435 2102170095

96.水峪城 2 号马面 13032435 2102170096

97. 水峪城 3 号马面 130324352102170097　　　98. 水峪城 4 号马面 130324352102170098

99. 水峪城 5 号马面 130324352102170099　　　100. 水峪城 6 号马面 130324352102170100

101. 佛儿峪古城 1 号马面 130324352102170101　　102. 佛儿峪古城 2 号马面 130324352102170102

103. 佛儿峪古城 3 号马面 130324352102170103　　104. 佛儿峪古城 4 号马面 130324352102170104

105. 佛儿峪古城 5 号马面 130324352102170105

106. 佛儿峪古城 6 号马面 130324352102170106

107. 佛儿峪古城 7 号马面 130324352102170107

108. 刘家口关城 1 号马面 130324352102170108

109. 刘家口关城 2 号马面 130324352102170109

110. 刘家口关城 3 号马面 130324352102170110

111. 刘家口关城 4 号马面 130324352102170111

112. 刘家口关城 5 号马面 130324352102170112

## （三）关堡

1.梧桐峪城堡 130324353102170001

2.桃林口城堡 130324353102170002

3.燕河营城堡 130324353102170003

4.重峪口城堡 130324353102170004

9.桃林营城 130324353102170009

10.刘家口关城 130324353101170010

11.永平府城 130324353102170011

青龙满族自治县

## （一）单体建筑

1. 山神庙 01 号烽火台 13032135320117 0001

2. 山神庙 02 号烽火台 13032135320117 0002

3. 拿子峪 01 号烽火台 13032135320117 0003

4. 拿子峪 02 号烽火台 13032135320117 0004

5. 拿子峪 03 号烽火台 13032135320117 0005

6. 拿子峪 04 号烽火台 13032135320117 0006

7. 拿子峪 05 号烽火台 13032135320117 0007

8. 拿子峪 06 号烽火台 13032135320117008

9. 花场峪 01 号烽火台 13032135320117009

10. 花场峪 02 号烽火台 13032135320117010

11. 花场峪 03 号烽火台 13032135320117011

12. 花场峪 04 号烽火台 13032135320117012

13. 独石 01 号烽火台 13032135320117013

14. 独石 02 号烽火台 13032135320117014

15. 罗汉洞 03 号烽火台 13032135320117015

16. 老边沟 01 号烽火台 13032135320117 0016

17. 四道河 1 号烽火台 13032135320117 0017

18. 南杖子 1 号烽火台 13032135320117 0018

19. 了望山 01 号烽火台 13032135320117 0019

20. 了望山 02 号烽火台 13032135320117002